作者简介

杨立新，男，1952年1月出生于吉林省通化市，山东省长岛县人，广东财经大学法治与经济发展研究所研究员、广东财经大学法学院特聘教授，中国人民大学法学院教授，中国人民大学民商事法律科学研究中心学术委员会副主席、研究员；中国法学会民法学研究会副会长、世界侵权法学会主席、东亚侵权法学会理事长，国家法官学院、国家检察官学院、北京大学法学院等院校兼职、客座教授。1975年至1989年在吉林省通化市中级人民法院任审判员、副庭长、副院长、常务副院长；1990年至1992年任最高人民法院民事审判庭审判员、婚姻家庭合议庭负责人；1993年至1994年任烟台大学法学院副教授；1995年至2000年任最高人民检察院检察委员会委员、民事行政检察厅厅长、检察员；2001年以来，在中国人民大学法学院任教授、民商事法律科学研究中心主任。兼任全国人大常委会法工委立法专家委员会立法专家，参与《合同法》《物权法》《侵权责任法》《消费者权益保护法》等十余部法律的起草和修订工作。2015年以来全程参与《民法典》编纂工作，参加了总则编和分则各编的起草工作。研究领域为民法总则、侵权责任法、人格权法、物权法、债法、婚姻家庭法和继承法，著作有民法专著、民法教材、其他民法读物共100余部，在《中国社会科学》《法学研究》《中国法学》等刊物发表民法论文500余篇。

总　序

曾憲義

在人类文明与文化的发展中，中华民族曾作出过伟大的贡献，不仅最早开启了世界东方文明的大门，而且对人类法治、法学及法学教育的生成与发展进行了积极的探索与光辉的实践。

在我们祖先生存繁衍的土地上，自从摆脱动物生活、开始用双手去进行创造性的劳动、用人类特有的灵性去思考以后，我们人类在不断改造客观世界、创造辉煌的物质文明的同时，也在不断地探索人类的主观世界，逐渐形成了哲学思想、伦理道德、宗教信仰、风俗习惯等一系列维系道德人心、维持一定社会秩序的精神规范，更创造了博大精深、义理精微的法律制度。应该说，在人类所创造的诸种精神文化成果中，法律制度是一种极为奇特的社会现象。因为作为一项人类的精神成果，法律制度往往集中而突出地反映了人类在认识自身、调节社会、谋求发展的各个重要进程中的思想和行动。法律是现实社会的调节器，是人民权利的保障书，是通过国家的强制力来确认人的不同社会地位的有力杠杆，它来源于现实生活，而且真实地反映现实的要求。因而透过一个国家、一个民族、一个时代的法律制度，我们可以清楚地观察到当时人们关于人、社会、人与人的关系、社会组织以及哲学、宗教等诸多方面的思想与观点。同时，法律是一种具有国家强制力、约束力的社会规范，它以一种最明确的方式，对当时社会成员的言论或行动作出规范与要求，因而也清楚地反映了人类在各个历史发展阶段中对于不同的人所作出的种种具体要求和限制。因此，从法律制度的发展变迁中，同样可以看到人类自身不断发展、不断完善的历史轨迹。人类社会几千年的国家文明发展历史已经无可争辩地证明，法律制度乃是维系社会、调整各种社会关系、保持社会稳定的重要的工具。同时，法律制度的不断完善，也是人类社会文明进步的显著体现。

由于发展路径的不同、文化背景的差异，东方社会与西方世界对于法律的意义、底蕴的理解、阐释存有很大的差异，但是，在各自的发展过程中，都曾比较注重法律的制定与完善。中国古代虽然被看成是“礼治”的社会、“人治”的世界，被认为是“只有刑，没有法”的时代，但从《法经》到《唐律疏议》《大清律例》等数十部优秀成文法典的存在，充分说明了成文制定法在中国古代社会中的突出地位，唯这些成文法制所体现出的精神旨趣与现代法律文明有较大不同而已。时至20世纪初叶，随着西风东渐、东西文化交流加快，中国社会开始由古代的、传统的社会体制向近现代文明过渡，建立健全的、符合现代理性精神的法律文明体系方成为现代社会的共识。正因为如此，近代以来的数百年间，在西方、东方各主要国家里，伴随着社会变革的潮起潮落，法律改革运动也一直呈方兴未艾之势。

从历史上看，法律的文明、进步，取决于诸多的社会因素。东西方法律发展的历史均充分证明，推动法律文明进步的动力，是现实的社会生活，是政治、经济和社会文化的变迁；同时，法律内容、法律技术的发展，往往依赖一大批法律专家以及更多的受过法律教育的社会成员的研究和推动。从这个角度看，法学教育、法学研究的发展，对于法律文明的发展进步，也有着异常重要的意义。正因为如此，法学教育和法学研究在现代国家的国民教育体系和科学研究体系中，开始占有越来越重要的位置。

中国近代意义上的法学教育和法学研究，肇始于19世纪末的晚清时代。清光绪二十一年（公元1895年）开办的天津中西学堂，首次开设法科并招收学生，虽然规模较小，但仍可以视为中国最早的近代法学教育机构（天津中西学堂后改名为北洋大学，又发展为天津大学）。三年后，中国近代著名的思想家、有“维新骄子”之称的梁启超先生即在湖南《湘报》上发表题为《论中国宜讲求法律之学》的文章，用他惯有的富有感染力的激情文字，呼唤国人重视法学，发明法学，讲求法学。梁先生是清代末年一位开风气之先的思想巨子，在他的辉煌的学术生涯中，法学并非其专攻，但他仍以敏锐的眼光，预见到了新世纪中国法学研究和法学教育的发展。数年以后，清廷在内外压力之下，被迫宣布实施“新政”，推动变法修律。以修订法律大臣沈家本为代表的一批有识之士，在近十年的变法修律过程中，在大量翻译西方法学著作，引进西方法律观念，有限度地改造中国传统的法律体制的同时，也开始推动中国早期的法学教育和法学研究。在20世纪初，中国最早设立的三所大学——北洋大学、京师大学堂、山西大学堂均设有法科或法律学科目，以期“端正方向，培养通才”。1906年，应修订法律大臣沈家本、伍廷芳等人的奏请，清政府在京师正式设立中国第一所专门的法政教育机构——京师法律学堂。次年，另一所法政学堂——直属清政府学部的京师法政学堂也正式招生。这些大学法科及法律、法政学堂的设立，应该是中国历史上近代意义上的正规专门法学教育的滥觞。

自清末以来，中国的法学教育作为法律事业的一个重要组成部分，随着中国社会的曲折发展，经历了极不平坦的发展历程。在20世纪的大部分时间里，中国社会一直充斥着各种矛盾和斗争。在外敌入侵、民族危亡的沉重压力之下，中国人民为寻找适合中国国情的发展道路而花费了无穷的心力，付出过沉重的代价。从客观上看，长期的社会骚动和频繁的政治变迁曾给中国的法治与法学带来过极大的消极影响。直至70年代末期，以“文化大革命”宣告结束为标志，中国社会开始用理性的目光重新审视中国的过去，规划国家和社会的未来，中国由此进入长期稳定、和平发展的大好时期，以这种大的社会环境为背景，中国的法学教育也获得了前所未有的发展机遇。

从宏观上看，实行改革开放以来，经过二十多年的努力，中国的法学教育事业所取得的成就是辉煌的。首先，经过“解放思想，实事求是”思想解放运动的洗礼，在中国法学界迅速清除了极左思潮及苏联法学模式的一些消极影响，根据本国国情建设社会主义法治国家已经成为国家民族的共识，这为中国法学教育和法学研究的发展奠定了稳固的思想基础。其次，随着法学禁区的不断被打破、法学研究的逐步深入，一个较为完善的法学学科体系已经建立起来。理论法学、部门法学各学科基本形成了比较系统和成熟的理论体系和学术框架，一些随着法学研究逐渐深入而出现的法学子学科、法学边缘学科也渐次成型。1997年，国家教育主管部门和教育部高校法学学科教学指导委员会对原有专业目录进行了又一次大幅度调整，决定自1999年起法学类本科只设一个单一的法学专业，按照一个专业招生，从而使法学学科的布局更加科学和合理。同时，在充分论证的基础上，确定了法学专业本科教学的14门核心课程，加上其他必修、选修课程的配合，由此形成了一个传统与更新并重、能够适应国家和社会发展需要的教学体系。法学硕士和博士研究生及法律硕士专业学位研究生的专业设置、课程教学和培养体系也日臻完善。再次，法学教育的规模迅速扩大，层次日趋齐全，结构日臻合理。目前中国有六百余所普通高等院校设置了法律院系或法律本科专业，在校本科学生和研究生已达二十余万人。除本科生外，在一些全国知名的法律院校，法学硕士研究生、法律硕士专业学位研究生、法学博士研究生已经逐步成为培养的重点。

众所周知，法律的进步、法治的完善，是一项综合性的社会工程。一方面，现实社会关系的发展，国家政治、经济和社会生活的变化，为法律的进步、变迁提供动力，提供社会的土壤。另一方面，法学教育、法学研究的发展，直接推动法律进步的进程。同时，全民法律意识、法律素质的提高，则是实现法治国理想的关键的、决定性的因素。在社会发展、法学教育、法学研究等几个攸关法律进步的重要环节中，法学教育无疑处于核心的、基础的地位。中国法学教育过去二十多年所走过的历程令人激动，所取得的成就也足资我们自豪。随着国家的发展、社会的进步，在21世纪，我们面临着更严峻的挑战和更灿烂的前景。“建设世界一流法学教育”，任重道远。

首先，法律是建立在经济基础之上的上层建筑，以法治为研究对象的法学也就成为一门实践性很强的学科。社会生活的发展变化，势必要对法学教育、法学研究不断提出新的要求。经过二十多年的奋斗，中国改革开放的前期目标已顺利实现。但随着改革开放的逐步深入，国家和社会的一些深层次问题，比如说社会主义市场经济秩序的真正建立、国有企业制度的改革、政治体制的完善、全民道德价值的重建、环境保护和自然资源的合理利用等等，也已经开始浮现出来。这些复杂问题的解决，无疑最终都会归结到法律制度的完善上来。建立一套完善、合理的法律制度，构建理想的和谐社会，乃一项持久而庞大的社会工程，需要全民族的智慧和努力。其中的基础性工作，如理论的论证、框架的设计、具体规范的拟订、法律实施中的纠偏等等，则有赖于法学研究的不断深入，以及高素质人才，特别是法律人才的养成，而培养法律人才的任务，则是法学教育的直接责任。

其次，21世纪是一个多元化的世纪。20世纪中叶发生的信息技术革命，正在极大地改变着我们的世界。现代科学技术，特别是计算机网络信息技术的发展，使传统的生活方式、思想观念发生了根本的改变，并由此引发许多人类从未面对过的问题。就法学教育而言，在21世纪所要面临的，不仅是教学内容、研究对象的多元化问题，而且还有培养对象、培养目标的多元化、教学方式的多元化等一系列问题，这些问题都需要法学界去思考、去探索。

中国人民大学法学院建立于1950年，是新中国诞生后创办的第一所正规高等法学教育机构。在半个多世纪的岁月中，中国人民大学法学院以其雄厚的学术力量、严谨求实的学风、高水平的教学质量以及丰硕的学术研究成果，在全国法学教育领域处于领先地位，并开始跻身于世界著名法学院之林。据初步统计，中国人民大学法学院已经为国家培养法学专业本科生、硕士生、博士生一万余人，培养各类成人法科学生三十余万人。经过多年的努力，中国人民大学法学院形成了较为明显的学术优势，在现职教师中，既有一批资深望重、在国内外享有盛誉的法学前辈，更有一大批在改革开放后成长起来的优秀中青年法学家。这些老、中、青法学专家多年来在勤奋研究法学理论的同时，也积极投身于国家的立法、司法实践，对国家法制建设贡献良多。

有鉴于此，中国人民大学法学院与中国人民大学出版社经过研究协商，决定结合中国人民大学法学院的学术优势和中国人民大学出版社的出版力量，出版一套“21世纪法学系列教材”。自1998年开始编写出版本科教材，包括按照教育部所确定的法学专业核心课程和其所颁布印发的《全国高等学校法学专业核心课程基本要求》而编写的14门核心课程教材，也包括法学各领域、各新兴学科教材及教学参考书和案例分析在内，到2000年12月3日在人民大会堂大礼堂召开举世瞩目的“21世纪世界百所著名大学法学院院长论坛暨中国人民大学法学院成立五十周年庆祝大会”之时，业已出版了50本作为50周年院庆献礼，到现在总共出版了80本。为了进一步适应高等法学教育发展的形势和教学改革的需要，最近中国人民大学法学院与中国人民大学出版社决定将这套教材扩大为四个系列，即：“本科生用书”、“法学研究生用书”、“法律硕士研究生用书”以及“司法考试用书”，总数将达二百多本。我们设想，本套教材的编写，将更加注意“高水准”与“适用性”的合理结合。首先，本套教材将由中国人民大学法学院具有全国影响的各学科的学术带头人领衔，约请全国高校优秀学者参加，形成学术实力强大的编写阵容。同时，在编写教材时，将注意吸收中国法学研究的最新的学术成果，注意国际学术发展的最新动向，力求使教材内容能够站在21世纪的学术前沿，反映各学科成熟的理论，体现中国法学的水平。其次，本套教材在编写时，将针对新时期学生特点，将思想性、学术性、新颖性、可读性有机结合起来，注意运用典型生动的案例、简明流畅的语言去阐释法律理论与法律制度。

我们期望并且相信，经过组织者、编写者、出版者的共同努力，这套法学教材将以其质量效应、规模效应，力求成为奉献给新世纪的精品教材，我们诚挚地祈望得到方家和广大读者的教正。

2006年7月1日

序　言

法学教育是高等教育的重要组成部分，是建设社会主义法治国家、构建社会主义和谐社会的重要基础，并居于先导性的战略地位。在我国社会转型的新世纪、新阶段，法学教育不仅要为建设高素质的法律职业共同体服务，而且要面向全社会培养大批治理国家、管理社会、发展经济的高层次法律人才。近年来，法学教育取得了长足的进步，法科数量增长很快，教育质量稳步提高，培养层次日渐完善，目前已经形成了涵盖本科生、第二学士学位生、法学硕士研究生、法律硕士研究生、法学博士研究生的完整的法学人才培养体系，接受法科教育已经成为莘莘学子的优先选择之一。随着中国法治事业的迅速发展，我们有理由相信，中国法学教育的事业大有可为，中国法学教育的前途充满光明。

教育的基本功能在于育人，在于塑造德才兼备的高素质人才。法学教育的宗旨并非培养只会机械适用法律的“工匠”，而承载着培养追求正义、知法懂法、忠于法律、廉洁自律的法律人的任务。要完成法学教育的使命，首先必须认真抓好教材建设。我始终认为，教材是实现教育功能的重要工具和媒介，法学教材不仅仅是法学知识传承的载体，而且是规范教学内容、提高教学质量的关键，对法学教育的发展有着不可估量的作用。

第一，法学教材是传授法学基本知识的工具。初学法律，既要有好的老师，又要有好的教材。正如冯友兰先生所言：“学哲学的目的，是使人作为人能够成为人，而不是成为某种人。其他的学习（不是学哲学）是使人能够成为某种人，即有一定职业的人。”一套好的教材，能够高屋建瓴地展示法律的体系，能够准确简明地阐释法律的逻辑，能够深入浅出地叙述法律的精要，能够生动贴切地表达深奥的法理。所以，法学教材是学生学习法律的向导，是学生步入法律殿堂的阶梯。如果在入门之初教材就有偏颇之处，就可能误人子弟，学生日后还要花费大量时间与精力来修正已经形成的错误观念。

第二，法学教材是传播法律价值理念的载体。好的法学教材不仅要传授法学知识，更要传播法律的精神和法治的理念，例如对公平、正义的追求，尊重权利的观念。本科、研究生阶段的青年学子，正处在人生观、价值观形成的阶段，一套优秀的法学教材，对于他们价值观的塑造和健全人格的培养具有重要意义。

第三，法学教材是形成职业共同体的主要条件。建设社会主义法治国家，有赖于法律职业共同体的生成。一套好的法学教材，向法律研习者传授共同的知识，这对于培养一个接受共同的价值理念、共同的法律思维、共同的话语体系的法律共同体，具有重要的作用。

第四，法学教材是所有法律研习者的良师益友。没有好的教材，一个好的教师或可弥补教材的欠缺和不足，但对那些没有老师指导的自学者而言，教材就是老师，其重要作用是显而易见的。

长期以来，在我们的评价体系中，教材并没有获得应有的注重，对学术成果的形式优先考虑的往往是专著而非教材。在不少人的观念中，教材与创新、与学术精品甚至与学术无缘。其实，要真正写出一部好的教材，其难度之大、工作之艰辛、影响之深远，绝不低于一部优秀的专著，它甚至可以成为在几百年甚至更长的时间内发挥作用的传世之作。以查士丁尼的《法学阶梯》为例，所谓法学阶梯，即法学入门之义，就是一部教材。但它概括了罗马法的精髓，千百年来，一直是人们研习罗马法最基本的著述。日本著名学者我妻荣说过，大学教授有两大任务：一是写出自己熟悉的专业及学术领域的讲义乃至教科书；二是选择自己最有兴趣、最看重的题目，集中精力进行终生的研究。实际上，这两者是相辅相成的。写出一部好教材，必须要对相关领域形成一个完整的知识体系，还要能以深入浅出的语言将问题讲清楚、讲明白。没有编写教材的基本功，实际上也很难写出优秀的专著。当然，也只有对每一个专题都有一定研究，才能形成对这个学术领域的完整把握。

虽然近几年我国法学教育发展迅速，成绩显著，但是法学教育也面临许多挑战。各个学校的师资队伍和教学质量参差不齐，这就更需要推出更多的结构严谨、内容全面、角度各有侧重、能够适应不同需求的法学教材，为提高法学教学和人才培养质量、保障法学教育健康发展提供前提条件。

长期以来，中国人民大学法学院始终高度重视教材建设。作为新中国成立后建立的第一所正规的法学教育机构，中国人民大学法律系最早开设了社会主义法学教学课堂，编写了第一套社会主义法学讲义，培养了新中国第一批法学本科生和各学科的硕士生、博士生，产生了新中国最早的一批法学家和法律工作者。中国人民大学法律系因此被誉为“新中国法学教育的工作母机”。半个多世纪以来，中国人民大学法学院为社会主义法制建设培养了大批优秀的法律人才，并为法学事业的振兴和繁荣作出了卓越贡献，也因此成为引领中国法学教育的重镇、凝聚国内法律人才的平台和沟通中外法学交流的窗口，并在世界知名法学院行列中崭露头角。为了对中国法学教育事业作出更大的贡献，我们有义务也有责任出版一套体现我们最新研究成果的法学教材。

承蒙中国人民大学出版社的大力支持，我们组织编写了本套教材，其中包括本科生用书、法律硕士研究生用书、法学研究生用书和司法考试用书四大系列，分别面向不同层次法科教育需求。编写人员以中国人民大学法学院教师为主，反映了中国人民大学法学院整体的研究实力和学术视野。相信本套教材的出版，一定能够为新时期法学教育的繁荣发展发挥应有的作用。

是为序。

2006年7月10日

第四版修订说明

本教材自2007年初版以来，已经修订过两次，受到法学院校老师和同学的欢迎，也受到法官、检察官和律师以及其他热心读者的欢迎。随着《中华人民共和国民法典》（以下简称《民法典》）颁布、实施，有关侵权责任的规定有了较大的修订，侵权损害赔偿的属性也有所改变，因而有必要再次修订，出版第四版。故作者依据《民法典》的规定，对本书进行了全面修订。

本版修订的内容较多，主要的修改是：

第一，对侵权损害赔偿属性进行说明，侵权责任既是侵权之债，也是侵权责任。对侵权责任法在债与责任之间徘徊的立法现象进行分析说明，着重界定了其民事权利保护法的基本地位。

第二，对于侵权责任编调整的范围，根据《民法典》第1164条规定进行了系统的说明。

第三，对于损害赔偿的具体内容和方法，着重补充了对惩罚性赔偿和侵害人身权益、财产利益损害赔偿的详细说明。

第四，对于书中的一些具体内容，根据《民法典》的规定进行了删减和补充。

第五，对各章的参考文献进行了全面修订。

本书以理论联系实际为特点。本次修订仍然坚持这一特点，将《民法典》关于侵权责任的规定与司法实践紧密结合在一起，讲清楚侵权责任法的原理和实践操作，使之更能适应教学需要。

欢迎法学院的教师、法学专业同学以及其他各位读者对本书提出宝贵意见。

中国人民大学民商事法律科学研究中心研究员

中国人民大学法学院教授

杨立新

2022年6月20日于世纪城

编写说明

侵权责任法是民事权利保护法，是违反民事义务的责任法。我国民法对侵权责任法越来越重视，侵权责任法在社会生活中的作用也越来越突出。国家立法机关已经确定将侵权责任法作为“中华人民共和国民法”的单独一编，并且先单独制定《中华人民共和国侵权责任法》，以充分发挥侵权责任法保护民事权利、制裁民事违法行为、促进社会和谐发展的重要的法律调整功能。因此，在法律硕士研究生的教学中，应当特别重视侵权责任法的教学和研究工作。《侵权责任法原理与案例教程》就是按照21世纪法学系列教材编审委员会的统一规划，根据社会生活的实际需求和法律硕士研究生的教学要求编写的。

应当看到的是，近年来，在我国的法学教育中，各级各类法学院校的法学教育都突出了侵权责任法的教学工作。这与我国侵权责任法的立法进展密切相关，是必需的。但是，同时也应当看到，各法学院校在侵权责任法的教学中也存在诸多不尽如人意的问题。各地院校教师反映的重要问题之一，是侵权责任法教材的理论和实践脱节，使学生无法将书本上的理论说明与司法实践中的操作结合起来。看来，在侵权责任法的教学中，更重要的是要有理论结合实际，能够使学生学以致用的教材。

正因为如此，笔者编写本教材的宗旨是：立足我国侵权责任法立法和司法的现实需要，吸收侵权责任法研究的最新成果，将理论和实践紧密结合起来，既要有较为全面深入的理论阐释，又要有可供操作的司法实践方法，使学生能够在按照本教材的思路认真学习之后，掌握侵权责任法的理论基础，并且能够实际应用，处理侵权纠纷案件的实际问题。

关于本教材，笔者还要作以下说明：

第一，本教材力图结合法律硕士研究生的教学特点，适合法律硕士研究生教学使用。法律硕士研究生的主体，是没有法学专业基础的其他学科本科毕业生，但是他们在复习考试的时候，又对法律专业有了相当程度的掌握。因此，教学时，既不能按照民商法学专业硕士研究生的培养要求那样纯粹讲侵权责任法的专题，又不能按照本科教学那样对侵权责任法的诸多问题面面俱到。因此，在本教材的内容设计上，坚持全面介绍和突出重点相结合。在总体上，对侵权责任法的理论进行了全面介绍，但对重点问题予以突出，便于法律硕士研究生掌握。

第二，法律硕士研究生毕业后的方向主要是实践工作，因此，本教材在内容上突出对侵权责任法的实践操作部分的说明。首先，在每节之前，都选择有针对性的典型案例，每节之后都有对这个案例的分析点评，并且围绕典型案例设计了思考题。通过这样的方法，使学生在学习中更能够面向实践，毕业后能够有更好的法律应用能力。

第三，为了帮助教师讲授和学生理解，本教材在阐释内容时增加了一些图表，在文中增加了重点的导读和资料等内容，使教材的内容更加集中、醒目、活泼、生动。

第四，本教材的设计篇幅比较适中，便于教学使用和学生理解。全书共分19章，大体上按照每个学期18周教学时间设计，只有“侵权责任构成要件”和“单独责任与共同责任”这两章篇幅较长，其他的都较为简短。教师在授课时可以作适当取舍。

第五，由于篇幅所限，关于侵权行为类型的阐释，每种基本类型中只着重介绍一种具体类型，其他具体类型从略。如果有意扩展研究领域，可以参阅作者的相关著作。

第六，本教材最后附有关键词索引，便于教师、学生和读者查阅。

完成一部教材后，虽然略有完成任务的轻松，但也有更多的紧张，因为不知道教材中还存在哪些问题需要改进。对此，我期待各位教师、研究生以及关注和研究侵权责任法发展的法官、仲裁员、律师、检察官以及读者的批评指正。

中国人民大学民商事法律科学研究中心
杨立新教授
2007年9月16日于香港城市大学马会堂教学公寓

目　录

第七章

第八章

第九章

第十章

第十一章

第十二章

第十三章

第十四章

第一章
侵权责任法

参考文献

(一) 著作

1. 杨立新．侵权责任法．北京：法律出版社，2021：3 - 29

2. 杨立新．中国侵权责任法研究：第 1 卷．北京：中国人民大学出版社，2018：3 - 107

3. 王利明．侵权责任法研究：上卷．北京：中国人民大学出版社，2019：75 - 179

4. 黄薇主编．中华人民共和国民法典侵权责任编释义．北京：法律出版社，2020：13

5. 最高人民法院民法典贯彻实施工作领导小组．中华人民共和国民法典理解与适用：侵权责任编．北京：人民法院出版社，2020：1 - 22

6. 张新宝．中国民法典释评：侵权责任编．北京：中国人民大学出版社，2020：1 - 6

7. 张新宝．侵权责任法原理．北京：中国人民大学出版社，2005：11 - 19

8. 邹海林，朱广新．民法典评注：侵权责任编：第 1 册．北京：中国法制出版社，2020：3 - 5

9. 朱岩．侵权责任法通论：总论．北京：法律出版社，2011：1 - 121

10. 王泽鉴．侵权责任法．北京：中国政法大学出版社，2001：1

11. 邱聪智．新订民法债编通则：上卷．北京：中国人民大学出版社，2003：94

12. ［德］克雷斯蒂安・冯・巴尔．欧洲比较侵权责任法：上册．张新宝，译．北京：法律出版社，2001：1

(二) 论文

1. 王利明．合久必分：侵权责任法与债法的关系//法学前沿：第 1 辑．北京：法律出版社，1997

2. 王利明．论侵权责任法的独立成编．现代法学，2003 (4)

3. 杨立新．侵权责任法：徘徊在债与责任之间的立法价值．现代法学，2021 (4)

4. 杨立新．侵权责任法回归债法的可能及路径．比较法研究，2019 (2)

5. 张新宝．侵权责任编：在沉寂中完善和创新．中国法学，2020 (4)

6. 周友军．民法典侵权责任编的守成与创新．当代法学，2021 (4)

7. 石冠彬．民法典侵权责任编：体系解读与立法评析．中国人民大学学报，2020 (4)

8. 徐爱国．侵权法的历史散论．法学，2006 (1)

9. 丁以升．侵权责任法的经济学分析．法律科学，2004 (1)

10. 麻昌华．21 世纪侵权责任法的革命．法商研究，2002 (6)

参考法规

《民法典》第 118、120、1164、1165、1166 条，《国家赔偿法》和《道路交通安全法》第 76 条等

第一节 侵权责任徘徊在债与责任之间的立法价值

引例 “丈夫车祸丧失性功能妻子请求侵权损害赔偿”案

司机周某某受公交运输有限公司指派，驾驶大型卧铺客车搭载乘客时发生重大交通事故，周某某应当承担事故责任。吕某的丈夫詹某在事故中受伤，经司法鉴定为阴茎勃起功能重度障碍，构成伤残六级。吕某以丈夫受伤落下严重残疾，导致夫妻之间无法过正常夫妻生活为由，诉请法院判令运输公司与周某某共同赔偿其精神损害抚慰金 5 万元。法院认为，詹某的身体被侵权最终导致无法过正常的夫妻生活，吕某也是受害人，对其在精神上及肉体所造成的痛苦显而易见，夫（或）妻同居的权益受到侵害，发生侵权损害赔偿之债，侵权人应当承担侵权责任。

《民法典》规定侵权法律关系，一方面确认其为侵权之债，另一方面却不把侵权责任规定在合同编之中或者之后，而是规定在第七编即最后一编中。这使侵权之债与合同之债、无因管理之债、不当得利之债以及法律规定的其他之债相分离，没有构成形式完整的债的类型体系，突出强调其民事责任的属性，使侵权责任在债与责任之间徘徊。这种立法现象体现的究竟是何种立法思想，体现的立法价值是什么，特别值得研究。

一、我国民事立法关于侵权责任属性的立法演变

在我国民事立法中，对有关侵权责任属性的认识，前后发生过不同变化。在《民法通则》立法之前，一般都认为侵权的后果是侵权之债。[①]《民法通则》将侵权后果确认为民事责任，使其告别了债的体系。[②]《民法典》又把侵权后果的法律属性界定为侵权之债。[③] 这种立法的演变主要表现在以下几方面。

（一）《民法通则》：规定侵权法律关系是民事责任

1986 年制定的《民法通则》，规定了统一的民事责任制度，分为"一般规定""违反合同的民事责任""侵权的民事责任""承担民事责任"四节。第五章"民事权利"第二节"债权"没有规定侵权之债，这使侵权责任与债分离，成为民事责任的组成部分，确认侵权后果的民事责任性质。

《民法通则》之所以对侵权责任性质采取这样一种立法方法，主要原因有以下三点。

第一，满足现实司法实践对侵权责任规范的急需。在改革开放之前，最高人民法院只有一部综合性的司法解释《关于贯彻执行民事政策几个问题的意见》，其中没有规定侵权损害赔偿纠纷案件的处理，对侵权民事纠纷案件的审理只能依据习惯判决，急需法律和司法解释作为裁判依据。在改革开放之后，1979 年最高人民法院《关于贯彻执行民事政策法律的意见》规定了"赔偿问题"，但是只规定了一般性原则。在制定出新的民事法律规范之前，最高人民法院于 1984 年 8 月 30 日颁布了《关于贯彻执行民事政策法律若干问题的意见》，其中第九部分规定的是"损害赔偿问题"，规定了审理侵权损害赔偿纠纷案件的一般规则和具体规范共 10 条。《民法通则》为适应司法实践的急需，不仅规定了大一统的民事责任制度，而且专门规定了"侵权的民事责任"一节，设置 17 个条文，再加上这一章其他可以适用于侵权责任纠纷的条文。侵权责任规范比较丰满，正是为了适应司法实践的现实需要。

第二，侵权之债确实具有民事责任属性。把侵权后果称为侵权之债是传统民法的做法，自 1949 年以来，虽然没有法律对侵权后果进行规范，但在习惯上也将其称为侵权之债，也确认侵权后果是民事责任之一种，为侵权民事责任或者侵权损害赔偿责任。所以，侵权行为发生的权利义务关系确实具有两种不同的属性：一是侵权之债，二是民事责任。

---

① 参见中央政法干部学校民法教研室：《中华人民共和国民法基本问题》，179 页，北京，法律出版社，1958。

② 参见王利明等：《民法新论》，511 页，北京，中国政法大学出版社，1988。

③ 参见杨立新：《侵权责任回归债法的可能及路径——对民法典侵权责任编草案二审稿修改要点的理论分析》，载《比较法研究》，2019（2）。

在现实的司法实践基础上，《民法通则》把侵权法律关系直接规定为民事责任，故意模糊其债的性质，不把它规定在债权中，而是规定在"民事责任"一章，并非没有道理。

第三，实现建立大一统民事责任体系的立法思想。《民法通则》将侵权后果规定为侵权责任的更重要原因，是立法者建立大一统民事责任体系的立法思想。立法者想要仿造《刑法》的规范方法，寻找建立统一的民事责任立法的基础，在各种民事法律关系中，将民事责任的规范抽象出来，规定到统一的民事责任体系中，确定民事责任的归责原则、民事责任构成、民事责任承担方式以及民事责任类型等，创立不同于各国民事立法的新体系，形成我国民法不同于其他国家和地区民法的独特风格。① 在这种立法思想的指导下，在纷繁复杂的民事法律关系中，抽象出统一的民事责任规则，建立起统一的民事责任体系的理想，形成了《民法通则》的"民事责任"一章，完成了大一统民事责任体系的构建。侵权责任作为其中一种，成为我国民事责任的主要类型之一，这使侵权之债告别了债法体系，走进民事责任的怀抱。

基于上述三个原因，《民法通则》把侵权责任规定在"民事责任"一章，成为统一民事责任体系的组成部分，确立了独特的立法体例。

(二)《民法总则》：将侵权法律关系的属性定位为侵权之债

此后三十多年的司法实践证明，无论怎样确认侵权法律关系的民事责任属性，都不能否认其侵权之债的属性，因实施侵权行为造成损害，侵权人与被侵权人之间形成债权债务关系。② 侵权法律关系就是债的一种类型，只有与合同之债、无因管理之债、不当得利之债以及单方允诺之债等一起，才能构成完整的债的类型体系。2015 年开始编纂《民法典》，在制定《民法总则》时，确认侵权法律关系的属性是侵权之债，于第 118 条第 2 款规定："债权是因合同、侵权行为、无因管理、不当得利以及法律的其他规定，权利人请求特定义务人为或者不为一定行为的权利。"这一规定构建了完整的债权体系，特别是规定了债的类型体系，侵权责任是其中之一③，把侵权责任之债的属性作了根本改变，使《民法通则》认定侵权后果为民事责任的做法被推翻，确认了侵权责任的债的性质。

《民法总则》对侵权后果的法律性质作出这种根本性改变，主要原因有三点。

第一，《民法通则》的后续立法已经掏空了其建立的民事责任体系。在《民法通则》之后制定的新的民法单行法，由于都需要制定该种权利的保护制度，因而逐渐掏空了《民法通则》的统一民事责任体系。1999 年《合同法》制定了完整的合同责任体系，概括了缔约过失责任、合同无效责任、预期违约责任、加害给付责任、实际违约责任和后契约责任④，形成了完整的合同责任制度，这使《民法通则》关于"违反合同的民事责任"的内容全都丧失了适用价值。2007 年《物权法》规定了物权请求权，包括返还原物、排除妨害、消除危险、恢复原状、损害赔偿以及其他民事责任，这使《民法通则》规定的民事责

---

① 参见魏振瀛：《制定侵权责任法的学理分析——侵权行为之债立法模式的借鉴与变革》，载《法学家》，2009 (1)。

② 参见黄薇主编：《中华人民共和国民法典总则编释义》，311 页，北京，法律出版社，2020。

③ 参见黄薇主编：《中华人民共和国民法典总则编释义》，311 页，北京，法律出版社，2020。

④ 参见杨立新：《中国合同责任研究》，载《河南省政法管理干部学院学报》，2000 (1~2)。

任制度中侵害财产的侵权责任也被掏空。2009年制定《侵权责任法》，把八种侵权责任方式全都写在《侵权责任法》第15条，规定了人身损害赔偿、财产损害赔偿、精神损害赔偿以及侵害他人人身权益造成财产损失的损害赔偿等救济方法，又把《民法通则》民事责任中的侵权责任规定全部掏空，大一统的民事责任体系彻底被瓦解，不复存在。在这种情况下制定《民法典》，须对侵权法律关系的法律属性有一个新的界定。

第二，否定侵权法律关系的债的性质违反民事立法的传统。在侵权责任与债法之分离之后，经过三十多年的实践检验，发现割裂侵权责任与债法之关系的做法，是我国民事立法的“一厢情愿”，背离了民法传统。编纂《民法典》时，立法者看到，因侵权行为，侵权人与被侵权人之间形成债权债务关系①，产生的是侵权之债，完全符合债的属性，继而决定推翻反传统的统一民事责任方法。全面观察侵权后果的法律属性，既确定侵权之债的属性而使侵权之债回归债的体系，又确定其具有民事责任的属性，坚持其民事权利保护法的职能，是正确的选择。

第三，坚持理顺民事权利保护方法的体系。各国民事立法都不规定完整的民事责任制度，而是把保护民事权利的方法分配给民法典分则各编作具体规定，即物权有物权的保护方法，身份权有身份权的保护方法等，即使对债权也有二次请求权的保护方法。所以，各国民法典，特别是德国法系的民法典，在总则编通常会有一个类似于民事权利保护的章节②，对民事权利保护方法作出简要的规定。欧陆民法典的立法传统，认为民事权利保护方法为请求权的方法。权利保护请求权包括以下两部分：一是固有请求权。例如人格权请求权、身份权请求权、物权请求权、继承权回复请求权、债的二次请求权等，都是固有请求权。③ 二是侵权请求权。当民事权利受到侵害造成损失后，权利人会新享有一种权利，就是侵权请求权。权利人的侵权请求权对应侵权人的损害赔偿等义务/责任，可以请求损害赔偿、恢复原状、返还原物等。权利人行使侵权请求权，义务人承担了义务/责任，受到侵害的权利就得到了恢复。这两种方法结合在一起，构成全面保护民事权利的方法体系。《民法总则》理顺了民事权利保护方法的逻辑体系，分清固有请求权与侵权请求权之间的关系，改变请求权相互交叉、混杂的状况。把侵权请求权的性质界定为侵权之债，为理顺民事权利保护方法体系的内部和谐打好基础，实现了固有请求权与侵权请求权的分离，形成了两大请求权作为保护民事权利方法的类型结构。

（三）《民法典》：合同编与侵权责任编的分离

《民法总则》第118条和第120条已经对侵权之债作出明确规定，但是，《民法典》没有按照人格权编、婚姻家庭编、物权编、合同（债）编、侵权责任编、继承编的当然顺序排列分则各编，却采取了物权编、合同编、人格权编、婚姻家庭编、继承编、侵权责任编

---

① 参见黄薇主编：《中华人民共和国民法典总则编释义》，311页，北京，法律出版社，2020。

② 例如：《德国民法典》总则编第六章为“行使权利、自卫行为、自助行为”，规定了民事权利保护的内容，《俄罗斯联邦民法典》总则编第二章为“民事权利和义务的产生，民事权利的实现与保护”，《乌克兰民法典》总则卷第三章为“民事权益的保护”，《越南民法典》总则编第二章为“民事权利的确立、行使与保护”，《土库曼斯坦民法典》总则编第一章第二节为“民事权利和义务的产生；民事权利的行使与保护”。

③ 如果不包括债的二次请求权，这种请求权也被称为“绝对权请求权”。参见黄薇主编：《中华人民共和国民法典侵权责任编释义》，43页，北京，法律出版社，2020。

的排列方法，将侵权责任规定在最后一编。

《民法典》合同编的本质就是债编，侵权责任编规定的也是债法内容，因为侵权法律关系的属性是侵权之债，也是债法的组成部分。如果《民法典》把侵权责任的内容放到合同编中，合同编就是完整的债法；即使不把侵权之债放在合同编里，也应当把它放在合同编之后，两编加在一起，就是债法。恰恰相反，《民法典》的做法使我国的债法“身首分离”，使侵权责任徘徊在债与责任之间，形成立法逻辑上的错位。

《民法典》将债法分割成为合同编和侵权责任编，且在两者之间穿插人格权编、婚姻家庭编、继承权编，分裂了债法的形式体系。不过，其立法形式虽然存在逻辑错位，但是体现了立法者的另一种重要的立法思想，具有重要的立法价值。

二、我国民法立法对侵权责任属性认定的理论基础

我国民事立法从 1949 年始到 2020 年《民法典》编纂完成，走过了 70 余年，经历了非法典化、类法典化和法典化三个时期[①]，最终实现了民法法典化。在前两个时期，立法对侵权责任属性的理论基础构建得不完善，导致立法不当。

（一）把侵权责任单纯认定为民事责任的理论基础不当

立法机关制定《民法通则》的重要立法思想之一，就是要实现侵权责任与债法的分离，建立统一的民事责任制度。[②]《民法通则》只有 156 个条文，但需要解决的问题又非常多，不仅要把民法总则的一般规则写出来，还要着重解决司法实践中急需的民事责任具体规则，因而，把精力集中在民事责任体系的构建上，没有把民事责任与民事权利之间的关系处理好，没有看到民事权利本身包含的固有请求权，只规定了统一民事责任制度。这不符合民事立法传统。

民法的内容非常复杂，对不同的民事法律关系，其保护方法也不同，因此才有了物权请求权、人格权请求权、身份权请求权、继承权请求权和债的二次请求权作为固有请求权，保护民事权利。同样，侵权请求权也是保护民事权利的方法，当民事权利受到侵害造成损失时，受害人可行使侵权请求权主张损害赔偿责任，救济造成的损害。因此，民法形成了固有请求权和侵权请求权这两种不同的保护民事权利方法。可是，制定《民法通则》时还没有这样的理论准备，只是建立大一统的民事责任体系，因而确认侵权责任性质的理论基础不当。

（二）《民法典》确认侵权责任为侵权之债却又将它与债法分离

编纂《民法典》时采取“两步走”策略：《民法总则》把侵权责任认定为侵权之债，与合同之债、无因管理之债、不当得利之债以及法律规定的其他债是一个整体。《民法典》把侵权责任编规定在第七编，这使债法在《民法典》中首尾不能相连。其主要原因有以下

---

① 参见杨立新：《从民法通则到民法总则：中国当代民法的历史性跨越》，载《中国社会科学》，2018（2）。

② 参见魏振瀛：《债与民事责任的起源及其相互作用》，载《法学家》，2013（1）。

几点：

第一，我国民法独立规定侵权责任已经形成立法惯性。在改革开放后，我国的侵权责任立法和理论研究都有了极大发展，使侵权责任法在中国的社会生活和司法实践中发挥了重大作用，因而都强调侵权责任应该是民法相对独立的组成部分①，形成了侵权责任应该在《民法典》中单独成编的主张。《侵权责任法》生效实施后，将侵权责任作为民法相对独立的组成部分已经形成了立法惯性，产生了巨大影响，立法机关尽管把侵权责任确认为侵权之债，但却仍然把它作为单独一编。

第二，《民法典》突出侵权责任编的地位是为了满足司法实践的需要。《民法通则》实施后的侵权责任法发展迅速，普及了侵权责任的观念，权利受到侵害后可以请求损害赔偿救济已经被广大民众所熟知。同样，司法机关审理侵权责任纠纷案件有了法律依据，最高人民法院对如何适用侵权责任规定了大量司法解释。这使我国的侵权责任规范形成了制定法和法官法两大系统，特别丰满，适应了司法实践的需要，也表现了我国侵权责任法的发达程度。这也是《民法典》中侵权责任在债与责任之间徘徊的一个原因。

第三，《民法通则》关于侵权责任与债法分离的观念影响对《民法典》分则各编的设计思路。自《民法通则》实施以来，侵权责任与债法分离的观念不仅在实践中，而且在学理上被大多数人所接受，形成了比较普遍的观念，认为侵权责任与债是有区别的。如果把侵权责任规范强制加入债法，反倒不能适应。这也是《民法典》中侵权责任在债与责任之间徘徊的原因之一。

（三）侵权责任确实具有双重法律属性

侵权责任是侵权行为产生的法律后果，如果只认为其具有债的属性，而不具有民事责任的属性，这是不正确的，因为侵权责任确实具有债与民事责任的双重属性。只有看到这一点，才能真正认识《民法典》中侵权责任在债与责任之间徘徊的立法价值。

1. 侵权之债与其他债的区别

债包括合同之债、侵权之债、无因管理之债、不当得利之债以及单方允诺之债等。侵权之债与其他债确实是有区别的。

侵权之债与其他债的主要区别，在于合同之债通过约定产生，单方允诺之债通过单方意思表示产生，即使无因管理之债是通过行为产生的，却也有产生债的意志因素。侵权之债没有这样的属性，侵权人致伤他人，并非在主观意志上是为了产生损害赔偿之债。所以，侵权之债的产生基础是违法行为，并造成被侵权人损害后果，才在双方当事人间产生赔偿的债权债务关系，没有产生债的主观意志因素。因此，侵权之债与其他债相比，其特殊性突出表现在性质上的不同。②

同样，侵权人造成对方损害，在双方之间产生的法律关系中，权利所对应的既是义务又是责任，不能说只是义务而不是责任。侵权之债与其他债的不同之处还在于，被侵权人

---

① 参见王利明：《当代侵权法的发展趋势》，载《王利明学术文集》，侵权责任编，79页以下，北京，北京大学出版社，2020；王利明：《侵权责任法的中国特色》，载《法学家》，2010（2）。

② 参见最高人民法院贯彻实施民法典工作领导小组主编：《中华人民共和国民法典理解与适用》，总则编，596页，北京，人民法院出版社，2020。

可以直接向法院起诉请求侵权人承担责任，并非须先请求侵权人履行义务，在义务不履行时，义务才转化为责任。所以，侵权请求权对应的既是义务也是责任，是侵权之债与其他债的主要区别之一，也是《民法典》中侵权责任在债与责任之间徘徊的重要理论根据。

2. 权利对应义务与权利对应责任

在通常情况下，一般的债的法律关系中，权利对应义务，而不是对应责任。而固有请求权对应的是责任，权利受到妨害后，权利人行使人格权请求权、身份权请求权、物权请求权等，行为人承担的就是责任，而不是义务，因为责任以国家的强制力为基础。

侵权请求权与固有请求权虽然都是权利保护请求权，但是，侵权请求权是新生的请求权，而不是权利中固有的请求权。固有请求权对应的是责任，而侵权请求权对应的既是义务也是责任。因此，侵权请求权与其他固有请求权也存在区别，也使侵权请求权具有双重属性。正是因为侵权法律关系具有这种双重属性，《民法典》才出现了《民法典》中侵权责任在债与责任之间徘徊的立法结果。

说到底，不同类型的请求权有不同的价值。作为权利类型的请求权是债权，当然对应的就是义务。作为权利保护方法的请求权，是民法保护民事权利的方法，而不是基本权利类型，因而固有请求权对应的是责任。由于侵权责任具有两种属性，作为债的类型的请求权，对应的是义务；作为保护方法的请求权，就对应责任，因此，其既对应义务也对应责任。

（四）编纂《民法典》对类法典化立法经验的抉择

编纂《民法典》时面对的是经过三十多年建立起来的类法典化的民法体系。在这样的基础上建立起来的《民法典》，保留我国民法类法典化立法的某些痕迹是必然的。

《民法通则》建立起来的民事责任立法体系，使侵权责任与债法脱离，成为民事责任的一部分，进而又实现《侵权责任法》单独立法，形成了类法典化的民事立法体系。编纂《民法典》时不得不面对该种情况并且吸取其经验。

将侵权责任脱离债法形成独立立法，虽然与大陆法系立法传统不同，但是，给侵权责任法的发展创造了极大的空间，能更好地保护民事主体的权利。在这样的立法空间中，中国侵权责任法不断发展，不仅具有欧陆侵权法一般化立法的基本特点，更具有英美法系侵权法的类型化优势。正是这种一般化与类型化结合的立法模式，不仅给侵权责任法的发展提供了制度空间，能够更好地扩展自己的内涵，成为成功的立法方法，而且也在实践中具有特别的优势，既有一般规范，又有具体类型，使其具有特别的立体感和实用性，使其在司法实践中的具体适用更加便捷。编纂《民法典》时面对这样的立法经验，不能不考虑予以吸收和借鉴。

基于上述理论基础，中国侵权责任法理论不断积累、发展，为《民法典》如何对待侵权责任的属性以及在分则各编的地位确定时，就形成了这样一种看似矛盾但却有理论依据的做法，使侵权责任徘徊在债与责任之间。

三、《民法典》中侵权责任在债与责任之间徘徊的独特立法价值

《民法典》规定侵权责任在债与责任之间徘徊，具有独特的立法价值。

（一）实现侵权损害赔偿回归债法传统的目的

1. 侵权损害赔偿是债之一种

侵权行为的法律后果当然是债的一种，即侵权损害赔偿之债。其虽然是新生权利，但是，由于侵权责任救济损害的最基本方法是损害赔偿，在侵权人与被侵权人之间产生损害赔偿的债权债务，符合《民法典》第118条第2款规定的“权利人请求特定义务人为或者不为一定行为的权利”的债权特征，因而侵权责任当然是一种债。

2. 回归民法立法的传统和理性

自罗马法以来，传统民法一直把侵权责任认定为债，这具有传统的合理性。罗马法把侵权损害赔偿规定为私犯，在侵权人和被侵权人之间产生的私犯关系就是债之一种。后世的法国法和德国法等复兴罗马法的传统，仍然采用这样的方法界定侵权责任的属性。这种立法传统是科学的、合理的。此前我国三十多年民法立法背离这一科学的传统，《民法典》恢复这一传统，把侵权责任确认为债，完全符合民事立法的传统要求。

3. 实现《民法典》立法的科学性和合理性

使侵权责任徘徊于债与责任之间，是《民法典》为了实现立法的科学性和合理性而采取的措施。《民法通则》对民事立法传统提出的挑战是不成功的。三十多年后立法者终于看到民法传统的科学性和合理性，不再继续坚持错误立法的方式，回归具有科学性和合理性的传统立法，实现《民法典》的科学性和合理性。这是《民法典》纠正过去的立法失误，回归科学的立法传统的正确选择。

（二）科学构建民事权利保护方法的请求权体系

长期以来，我国由于对固有请求权和侵权请求权这两类民事权利保护方法体系缺少认识，认为民事责任是保护民事权利的唯一方法，没有看到，也没有规定与民事责任所对应的民事权利保护请求权，没有看到请求权在保护民事权利方面具有的重大作用，才采纳了统一民事责任的立法，没有构建起完整的民事权利保护请求权体系。

三十多年来，我国对民事权利的请求权保护方法从无到有，从开始忽略、兴起到全面完善。编纂《民法典》时，不仅要把侵权请求权的性质确认下来，还要把固有请求权与侵权请求权分开，建立起民事权利保护请求权体系的完整结构。同时，对固有请求权与侵权请求权作了明确界分，确定损害赔偿、恢复原状是侵权请求权的内容，不用登记的动产返还财产也是侵权请求权的内容；除了这三种民事责任承担方式之外，《民法典》第179条规定的其他民事责任承担方式都是固有请求权的内容。

有了对固有请求权与侵权请求权的明确、具体规定，《民法典》就完成了对民事权利保护请求权体系的构建任务。侵权责任虽然在债与责任之间徘徊，但是这种做法的优势是使民事权利保护请求权的体系有了完整的构建和清晰的分工。

（三）保持债法规则的整体性和通用性

侵权责任在债与责任之间徘徊具有另一个立法价值，就是构建完整的债法，保持债法规则的整体性，使债法规则具有通用性。

债虽然有不同的类型之分，但是，债权有共同的属性和特征，有统一、通用的规则。这些债法的一般规则，规定在《民法典》合同编第一分编“通则”之中。侵权责任在债与责任之间徘徊，就给侵权责任适用债的一般规则提供了重要的立法依据：当《民法典》规定的侵权责任规则不足时，可以直接适用合同编“通则”规定的债的一般规则。

如果仅把侵权责任的性质界定为民事责任，而认为其不具有债的属性，对侵权责任纠纷案件就有不适用债法规则的可能。侵权责任在债与责任之间徘徊，使它既有债的属性又有民事责任的性质，当侵权责任编立法不足时，就可以直接适用合同编“通则”关于债法的一般规则的规定。这正是侵权责任在债与责任之间徘徊的重要立法价值的体现。

（四）确认侵权责任法的基本功能是民事权利保护法

侵权责任属于《民法典》分则规定的调整具体民事法律关系的规则，但是，侵权责任不仅具有债的属性，同时也是民事责任，其基本功能是对所有的民事权利提供保护方法。换言之，《民法典》分则各编，除侵权责任编之外，规定的物权、债权、人格权、身份权和继承权等都是民事主体享有的民事权利，形成人法（人格权、身份权）和财产法（物权、债权、继承权）两大部分。侵权责任法既不属于人法，也不属于财产法，而是独立的、所有的民事权利受到侵害后都能够提供保护的部分。这方面突出的是侵权责任的民事责任属性，因此使侵权责任法成为民事权利保护法。

对侵权责任坚持民事责任的属性，就是要把它作为民事权利保护法，规定在《民法典》的最后一编。这种立法方法的最大价值，就是相对地改变了《民法典》的“总—分”结构，而形成了“总—分—总”结构。《民法典》总则编是前一个“总”，人法和财产法是两个“分”，作为民事权利保护法的侵权责任编是后一个“总”。

按照这样的思路，《民法典》就形成了由四个部分组成的框架式结构，即由总则、人法、财产法和权利保护法构成的框架式民法结构。民法总则处于框架式结构的顶部，表现的是民法的一般性规则，是对民法全部内容的概括，是对民事法律关系的抽象规则，是对民法典全部内容的抽象，是统领民法全部内容的总纲。在民法总则之下，是民法的两个基本构成部分，是框架式结构的人法和财产法。它们是民法的两大支柱，是民法的基本部分。第四部分是民事权利保护法即侵权责任法，是民法的最后部分，位于框架结构的底部，表明侵权责任法在民法中作为民事权利保护法的地位。尽管《民法典》将侵权后果规定为债，却不能因此而否定侵权责任法为权利保护法的地位和性质。①

这样理解和解释《民法典》的结构，是完全说得通的。依此，如果把侵权责任编归并到合同编或者使紧跟其后，虽然能够形成债法的完整形式，但是，侵权责任法作为民事权利保护法的功能将会被削弱。反之，把侵权责任编放到第七编，就形成了民法总则、人法、财产法和民事权利保护法的完整的四边形逻辑结构，成为“总—分—总”的《民法典》新格局。

所以，《民法典》既确认侵权责任的债的性质，又强调其民事责任属性，使侵权责任在债与责任之间徘徊，具有独特的立法价值，也是《民法典》的一个突出特色。

---

① 参见杨立新：《民法总则》，56页，北京，法律出版社，2020。

【引例评析】

依《民法典》第120条的规定，侵权行为发生的法律后果是产生侵权损害赔偿请求权。夫妻之间享有配偶权，同居是该权利的内容之一，包括在"民事权益"之中。该权益受到侵害造成损害的，在侵权人与被侵权人之间发生的损害赔偿权利义务关系，既是侵权损害赔偿之债，也是侵权民事责任方式，具有双重属性。

第二节 侵权责任法概述

引例 "不按程序解剖尸体非法侵害尸体"案

一名被公安机关收容审查的少年在被关押十几天后患病，在保外就医期间死亡，医院诊断的结论是大叶性肺炎致死。死者父母对死因有疑义，请求进行法医检验鉴定。公安机关委托该省医学院教授对尸体进行解剖，鉴定死因。医学院教授在解剖过程中，组织教学活动，并采集了尸体的部分器官制作标本。死者家属向法院起诉，认为医学院教授的做法侵害了死者的尸体利益。

一、侵权责任法的概念和特征

(一) 侵权责任法的概念

我国的侵权责任法，是指《民法典》侵权责任编，以及该法中有关侵权责任的规定，例如第118条、120条，以及有关民事责任的规定。

关于"侵权责任法"的概念，国外学者通常认为是调整关于某人受到损害时可能将损失转移给他人的关系的一组法律规范的总和[①]；或者认为侵权法可以被称为有关私人过错的法律[②]；或者认为侵权法是保持人们在自由与其义务、权利之间的关系达到平衡的工具[③]；或者认为侵权法是私法的一个部分，它决定某人在受到侵害后是否有权得到赔偿

① See Peter H. Schuck, *Tort Law and the Public Interest*, W. W. Norton Co., 1991, p. 17. 转引自张新宝：《中国侵权责任法》，21页，北京，中国社会科学出版社，1995。

② 参见［美］莫里斯：《论侵权行为》，1页，纽约，布鲁克林出版公司，1953。

③ 参见《国际比较法百科全书·侵权行为·概述》，15页，纽约，海洋出版公司，1975。

(或者说在出现此等侵害情形时，是否有权得到法律上的救济)，尽管受到侵害只构成双方当事人之间的法定之债。①

中国学者通常认为，侵权法是关于侵权行为和侵权行为民事责任的法律规范的总称②；或者认为侵权法是调整有关侵害他人财产、人身的行为而产生的相关侵权责任的法律规范的总和③；或者认为侵权法是有关侵权行为的定义、种类，对侵权行为制裁以及对侵权损害后果予以补救的民事法律规范的总称。④ 笔者和王利明教授编写的“九五”规划高等学校法学教材《侵权行为法》，采用的是上述第三种定义。⑤

(二) 侵权责任法的特征

大陆法系各法域在编纂民法典时，差不多都是把侵权责任法作为债法的内容，即把侵权责任法放在债法之中，作为债法的组成部分。

【资料】

《法国民法典》虽然将侵权责任法放在一个独立的编中，但是其标题是“非经约定而发生的债”，认其为债。《德国民法典》则将侵权责任法放在债法的第七章“各个债的关系”中，作为最后一种债的关系即侵权行为之债加以规定。《日本民法典》突出侵权责任法的地位，将其与契约之债、不当得利之债和无因管理之债并列，认其为侵权行为之债。《意大利民法典》的做法与《日本民法典》基本相同。《俄罗斯联邦民法典》将侵权行为作为债的一种形式，规定在债编之中，为“因损害所发生的债”。

这些做法的基本原因在于，侵权行为所产生的权利义务与合同产生的权利义务本质相同，因而同属于债法的组成部分，称为侵权行为之债或者侵权之债。

在英美法系的法律体系中，侵权责任法是相对独立的民法部门，与财产法、合同法等民法部门法的地位是平等的。同时，英美法系的民法中没有债法的概念，不考虑侵权责任法与债法的协调问题，也没有必要将其与合同法之间的共同之处进行平衡，侵权责任法有相对独立的地位。

【拓展阅读】

随着历史的发展，世界上的两大法系无论是在立法形式上还是在法学理论上，都相互融合、渗透，相互之间越来越注意借鉴对方的优点和长处，以补充、完善自己，从而使两大法系之间的差别越来越模糊。在英美法系，侵权责任法的成文法倾向越来越明显，制定了一些成文的单行侵权责任法，改变了一直延续下来的判例法习惯。在大陆法系，虽然还没有一个国家制定单行的侵权责任法，但是制定单行的侵权责任特别法的越来越多，尤其是在理论上，有的打破侵权责任法是债法组成部分的传统观念，倾向于把侵权责任法作为民法的一个相对独立的法律部门。

---

① 参见［德］克雷斯蒂安·冯·巴尔:《欧洲比较侵权行为法》，上册，张新宝译，1页，北京，法律出版社，2001。

② 参见佟柔主编:《中国法学大词典》，民法卷，530页，北京，中国检察出版社，1996。

③ 参见张新宝:《中国侵权行为法》，2页，北京，中国社会科学出版社，1995。

④ 参见王利明主编:《民法·侵权行为法》，1页，北京，中国人民大学出版社，1993。

⑤ 参见王利明、杨立新:《侵权行为法》，11页，北京，法律出版社，1996。

在我国，立法者在制定《民法通则》时，就把侵权行为的规定从债权中独立出来，放在“民事责任”中单独作出规定，使侵权责任法的相对独立地位有了进一步增强。2009 年立法机关制定《中华人民共和国侵权责任法》，体现的正是这样的思路。不过，分久必合，2020 年编纂《民法典》时，确认侵权行为发生的后果是债，使侵权责任重归债法怀抱，但是仍然单独规定侵权责任编，与合同编并立。这体现了在我国侵权责任既是债的组成部分，又具有民事权利保护法的地位。①

侵权责任法作为《民法典》的一个相对独立的部分，有其独特的逻辑体系和完整结构。与民法的物权法、债权法、人格权法、知识产权法、继承法和婚姻家庭法等相比，有如下特征。

1. 侵权责任法的条文具有高度概括性

侵权责任法的内容极其广泛，涉及的范围特别宽。但是，从各国立法来看，侵权责任法的内容极为简洁、概括。《法国民法典》共有 2 283 条，但是有关侵权责任法的第四编第二章却只有 5 个条文，只占 0.21%；《德国民法典》共有 2 385 条，有关侵权行为的规定有 31 条，在各国侵权责任法中是较多的，也只占 1.3%；《埃塞俄比亚民法典》中侵权责任法的条文是最多的，全文共 3 367 条，侵权责任法的条文有 135 条，占 4.01%。在我国《民法典》共有 1 260 条，侵权责任编的规定为 97 条，所占比例较大，为 7.62%，属于条文数量较多的立法。

对于内容广泛的一种法律类型，却能用极其简要的法律条文加以规定，不能不归因于侵权责任法的条文极具概括性。正如法国学者泰尔瑞伯尔（Tarriple）所说的那样：“这一条款广泛地包括了所有类型的损害，并要求对损害作出赔偿，赔偿的数额要与受损害的程度相一致。从杀人到轻微伤人，从烧毁大厦到拆除一间价值甚微的板棚……对任何损害都适用同一标准。”② 正因为如此，侵权责任法才具有这样的高度概括性。

2. 侵权责任法的内容具有复杂性

侵权责任法是一种非常复杂的法律。这是因为：一方面，侵权行为不仅发生在人身关系和财产关系领域，而且广泛地发生在其他各种领域，例如劳动关系、环境保护关系、自然资源管理关系等，举凡有人类生活和活动的场合，就有侵权行为发生的可能；另一方面，在当代社会中，大量的法律关系发生竞合，侵权行为与犯罪行为、侵权行为与行政违法行为之间的竞合大量发生，许多犯罪行为可以同时构成侵权行为，多数违反行政管理的行政违法行为也都构成侵权行为，其中所有的违反治安管理法造成损害的行政违法行为都构成侵权行为。此外，侵权责任法的渊源也极其复杂，法律规范的内容、层次、等级各不相同。可见，侵权责任法是一种内容极为复杂的法律。

3. 侵权责任法的内容和体系相当完备、系统

侵权责任法的内容尽管十分概括又十分复杂，但是它有完备的立法体系和完善的理论系统。这是由侵权责任法的历史发展决定的。在几千年以前就产生了侵权责任法，在罗马法时期，关于侵权责任法就有了较为完整的立法体系和较为完善的理论系统，又经过了一

---

① 参见杨立新：《侵权责任：徘徊在债与责任之间的立法价值》，载《现代法学》，2021 (4)。

② 《国际比较法百科全书·侵权行为·为自己的行为之责任》，13 页，纽约，海洋出版公司，1975。

千多年的不断完善和发展，经过千锤百炼，侵权责任法成为成熟的法律。

侵权责任法的完整性和完善性表现于：在立法上，侵权责任法的条文虽然不多，但是它逻辑严谨，内容完备。在短短的条文中概括了侵权行为的一般概念、种类、归责原则、制裁手段和救济方法等内容，使侵权责任法成为一部立法最精练、内容最广泛、体系最完整的法律。这是任何一种法律都很难达到的程度。在理论上，侵权责任法学也是具有完备体系的理论系统，其在理论体系的复杂程度上并不亚于刑法学。

4. 侵权责任法是具有强制性的法律

侵权责任法以保护民事主体的民事权利为己任。其主要功能不在于对民事权利的确认，而是在于对民事权利的保护。在这一点上，侵权责任法与其他民法部门法有着明显的区别。侵权责任法主要着眼于对侵权行为的制裁和对侵权行为受害人的法律保护。这种制裁和保护都是与侵权行为人实施侵权行为的初衷相违背的，与其意愿和目的完全相反。因而，侵权责任法的规范绝大多数是强行性规范，而不是任意性规范，不允许当事人对侵权行为的归责原则、责任构成、举证责任等强行性规范通过协议予以改变，也不允许行为人将自己应当承担的侵权民事责任转嫁他人，更不允许侵权人拒绝承担侵权责任。

二、侵权责任法的调整功能

侵权责任法的调整功能，是指通过侵权责任法的适用所应达到的目的。侵权责任法的调整功能是民法之调整功能的具体体现，也是全部侵权责任法规范存在的目的。围绕侵权责任法的基本功能，侵权责任法的基本内容（包括归责原则、责任构成要件、免责条件、举证责任等）发挥不同的作用。

(一) 补偿功能

侵权责任法的补偿功能，是指侵权责任法采用损害赔偿的手段，责令侵权人向受害人支付赔偿金，以填补受害人因侵权行为所受到的损害的基本作用。

在理论上，关于侵权责任法的调整功能大陆法国家占统治地位的观点认为，侵权责任法的补偿功能是唯一的功能，而英美法国家则认为侵权责任法具有补偿功能和惩罚功能，且惩罚功能并不是次要的功能，与补偿功能相当。

侵权责任法之所以与其他民事法律有所不同，原因就在于它的基本功能是补偿损害。侵权责任法正是因为它的补偿功能，承担了保护民事权利的重任，成为民法中的民事权利保护法。但是，如果认为填补损害是侵权责任法唯一的调整功能，也是不正确的。这是因为侵权责任法的功能并不只是补偿，也包括制裁和预防。既坚持填补损害是侵权责任法的主要功能，又坚持填补损害不是侵权责任法的唯一功能，才能全面概括侵权责任法的法律调整功能。

所谓补偿，是指在行为人实施侵权行为造成他人损害以后，行为人应向该他人负赔偿责任，以填补受害人因其行为所受到的损失。侵权责任法的补偿功能包括三方面的内容，即对人身损害的补偿、对财产损害的补偿和对精神损害的补偿。侵权责任法上补偿的宗旨，在于使被侵害的权利得到补救或恢复，体现的是民法的等价有偿原则。

补偿的目的在于保护民事权利，补偿和保护是一个问题的两个方面。侵权责任法的补偿，一方面救济了损害，另一方面保护了权利。侵权责任法正是通过补偿实现了对民事权利的保护。不能将侵权责任法的补偿功能和保护功能割裂开来。

(二) 惩罚功能

惩罚功能也称作制裁功能。侵权行为是侵害他人人身权和财产权的行为，具有社会危害性，因此应受到法律制裁。侵权责任法责令侵权人承担民事责任，体现了侵权责任法对侵权行为的惩罚。制裁不法行为是法律对漠视社会利益和他人利益、违背义务和公共行为准则之行为的谴责和惩戒，它意味着法律依据社会公认的价值准则和行为准则，对某种侵权行为所作的否定性评价，也是矫正不法行为的重要措施。①

不能否认侵权责任法的惩罚功能。我国侵权责任法的惩罚功能表现在：一方面，侵权人依法应当承担的损害赔偿等责任，是其对国家应负的责任，损害赔偿等民事责任虽可根据受害人的意愿而免除，但是不得由侵权人抛弃或者拒绝承担。另一方面，在绝大多数情况下，侵权人在实施侵权行为造成受害人损害时，自己并没有获得财产上的利益。② 侵权责任法责令没有享有财产利益的侵权人承担财产责任，支付金钱，对受害人而言是补偿损失，对侵权人而言当然是一种财产惩罚，体现了法律对侵权行为的谴责和非难，是对侵权人的制裁。另外，《民法典》还规定了恶意产品侵权、故意侵害知识产权以及故意污染环境破坏生态造成严重损害后果的惩罚性赔偿责任，当然更具有鲜明的惩罚性。

对侵权行为惩罚和制裁，并不是为了实现报复性惩罚的目的，而主要是为了保护民事主体的合法权利、矫正不法行为，并起到行为导向的作用：提出正确行为的导向，要求民事主体尊重他人权利，恪尽职守。所以，惩罚的目的就是要保证对民法规范的遵守，保障民事权利的实现和民事义务的履行。

(三) 预防功能

侵权责任法的预防功能，是指侵权责任法通过规定侵权人应负的民事责任，以及在行为人实施了侵权行为以后责令其承担损害赔偿等民事责任，来教育不法行为人，引导人们的正确行为，预防各种损害的发生，从而保持社会秩序的稳定和社会生活的和谐。

我国侵权责任法的预防功能表现在：通过对民事违法行为的制裁，对社会和人们起到普遍的警戒和教育作用，促使民事主体在实施民事行为时不得故意或者过失侵害他人的民事权利，履行必要的注意义务，积极采取预防措施，努力避免和减少损害；在造成损害时，要采取合理措施避免损害后果的扩大。这样，就可以减少社会危险因素，预防损害的发生。

具体而言，一方面，我国侵权责任法以过错责任原则作为归责的一般原则，要求行为人在过错致人损害的情况下对其过错行为的后果负责，体现了对有悖于法律的行为的非难，具有明显的教育和预防作用。另一方面，我国侵权责任法要求行为人预见行为可能产生的损害后果，并要求当事人采取合理措施避免损害后果的发生和扩大。也即我国民法中

① 参见王家福主编：《中国民法学·民法债权》，441～443页，北京，法律出版社，1991。

② 在侵害知识产权等例外的场合，侵权人实施侵权行为的，能够享有财产利益。

的侵权责任是与行为人应当而且能够避免的结果联系在一起的，行为人对其不能预见以及不能控制、避免的后果不负责任。这就把法律后果置于行为人的意志之下，从而鼓励行为人谨慎行事，避免损害，促进社会安全。

【引例评析】

本节引例“不按程序解剖尸体非法侵害尸体”案，是关于保护死者人格利益的典型案例。原《民法通则》对死者人格利益的保护没有作出具体规定。在司法实践中，关于死者人格利益的保护是文明社会的法律必须解决的问题，如果不加以保护，就会造成对人格尊严的损害，损害正常的社会生活秩序。最高人民法院依照侵权行为一般条款和有关条文的规定，确认侵权责任法不仅要保护民事主体的权利和利益，还要对死者的姓名、肖像、名誉、荣誉、隐私以及遗体和遗骨等人格利益进行保护。《民法典》采纳了司法解释的这些规则，确认保护死者的人格利益，包括保护死者的遗体。在司法实践中适用侵权责任法，应当把侵权责任法作为一个整体看待，全面理解和适用，以更好地保护民事主体的民事权利。

第三节 侵权特别法

引例 “少女因‘嫖娼’被错误行政拘留索赔”案

陕西少女麻某某被认定为“嫖娼”，被当地公安机关处以治安拘留和罚款，经过审查确认是错案。在麻某某起诉的侵权损害赔偿诉讼中，法院确定只赔偿因错误拘押导致的财产损失数百元，对其精神损害赔偿的请求予以驳回。

一、我国侵权责任法的结构

（一）侵权责任法的结构

侵权责任法的结构是指侵权责任法的内在组成部分。我国侵权责任法的结构，是由侵权普通法和侵权特别法两个部分组成的。①

① 关于侵权特别法的问题，可以参见杨立新：《侵权特别法通论》，长春，吉林人民出版社，1991。

我国的侵权普通法，是指《民法典》侵权责任编以及其他关于侵权责任的规范的总称。

我国的侵权特别法，是指在单行民法规范和非民事法律中规定的关于侵权责任的法律规范总和，包括有关侵权行为的单行法和其他非民事法律中的侵权责任法律规范。

从另一个角度来说，侵权普通法是适用于全国范围内一切侵权行为和侵权人的法律规范的总称，侵权特别法是适用于特定领域内的特定侵权行为和特定侵权人的法律规范的总称。

（二）侵权普通法与侵权特别法的区别

侵权普通法与侵权特别法二者之间是一般与特殊的关系。《民法典》第11条规定："其他法律对民事关系有特别规定的，依照其规定。"可以说，侵权特别法是民法特别法的组成部分。两者的区别具体体现为以下几方面。

1. 适用范围的区别

《民法典》关于侵权责任的规定是侵权普通法，它的适用范围是普遍的，即适用于一切侵权行为。在大量的单行法律和行政法规中有关侵权责任的规定，仅适用于特定领域和特定事项的侵权行为。例如，《国家赔偿法》只适用于国家赔偿领域，《道路交通安全法》规定的侵权责任规范只适用于道路交通事故领域。

2. 对人效力的区别

对一切侵权人普遍适用的侵权责任法，是侵权普通法；仅适用于特定的侵权人的侵权责任规范，属于侵权特别法。例如，《民法典》关于侵权行为的规定，对一切侵权人都发生效力；而《邮政法》专门规定的邮政侵权损害赔偿责任，仅适用于在邮政企业范围内发生的邮政企业或邮政工作人员因从事邮政业务而致受害人损害的情况，因而属于侵权特别法。

3. 具体内容的区别

《民法典》中关于侵权责任的规定是侵权普通法，其内容是普遍适用的，包括侵权责任的概念、归责原则、责任构成以及赔偿原则、赔偿方法、诉讼时效等。侵权特别法规定的侵权行为，在具体内容上总有所区别。可见，侵权普通法和侵权特别法的区别主要体现在具体内容上。以抗辩事由为例：《民法典》规定不可抗力为一般的抗辩事由，是普遍适用的。《邮政法》则规定，对保价邮件和汇款，对不可抗力造成的损失亦应承担赔偿责任，不为正当的抗辩事由。

二、我国侵权特别法的立法类型

我国侵权特别法在形式上分为三大类。

（一）单行的侵权特别法

我国的单行侵权特别法，目前只有《国家赔偿法》。《国家赔偿法》是专门调整国家机关作为侵权行为人的侵权赔偿法律关系的专门法。[1] 它包含"行政赔偿法"和"司法赔偿

① 有人望文生义，认为《国家赔偿法》就是国家关于赔偿的法律，因此，它是关于赔偿责任（包括侵权损害赔偿和违约损害赔偿等所有的赔偿）的最高法律。这种认识犯的是一个低级错误。

法”两部分内容，对国家行政侵权损害赔偿和刑事损害赔偿作了具体规定。

《国家赔偿法》对国家赔偿的种类、国家赔偿的原则、国家赔偿的主体、国家赔偿的范围和具体办法等，都作了规定，与《民法典》规定的一般侵权责任规则不同。

（二）主要内容是侵权特别法的立法

在近年的立法中，一些重要的法律都包含了大量的侵权特别法规范。这是侵权特别法的主体内容。例如《产品质量法》《未成年人保护法》《妇女权益保障法》《残疾人保障法》《消费者权益保护法》《老年人权益保障法》《道路交通安全法》《反不正当竞争法》《反垄断法》等。这些法律从一个方面或者几个方面，对侵权普通法作了修改和补充，完善了侵权责任法的体系和内容，对保护民事主体的合法权益起了重要的作用。

【资料】

《产品质量法》着重对产品责任进行完善，使我国的产品侵权责任制度有了完整的内容。《产品质量法》对产品、产品缺陷的基本概念作出了准确的界定，对产品侵权的归责原则、赔偿法律关系、赔偿范围、免责事由等都作了详细规定，使在实务中处理产品侵权责任纠纷有法可依。

（三）其他法律中关于侵权责任的具体条款

在其他一些法律中，多数都规定了与该法有关的侵权责任的具体内容。这些法律规定的侵权特别法的主要内容是：第一，依据侵权普通法的除外条款作出新的规定；第二，在侵权普通法的原则指导下增加新的规定；第三，不在侵权普通法的约束下，又创造了新的原则性规定；第四，丰富了侵权普通法的具体内容。

三、我国侵权特别法的作用和立法特点

（一）我国侵权特别法的作用

原《侵权责任法》第5条规定：“其他法律对侵权责任另有特别规定的，依照其规定。”《民法典》将这一条文上升规定为民法适用的一般规则，侵权特别法包括在其中。我国侵权特别法的作用是：适应市场经济的不断发展和依法治国、建设法治国家的需要，补充侵权普通法的不足，创设新的侵权损害赔偿法律规范，更好地保护民事主体的民事权利，促进民事流转，保障社会主义现代化建设的顺利进行。

（二）我国侵权特别法的立法特点

1. 立法思想坚持一致性与创新性相结合

立法思想必须一致，这是立法必须遵守的基本原则。我国侵权特别法坚持了这样的立法原则，使侵权特别法与侵权普通法之间和谐统一，成为一个有机的整体。但是，立法思想的一致性并不是绝对的统一，而是在坚持相对的一致性基础上，进行必要的创新，创造新的侵权责任法规范，以适应市场经济发展的需要。

2. 立法内容坚持必要性与完整性相结合

我国侵权特别法既坚持立法内容的必要性原则，也考虑该部门法的立法内容的完整性，使二者有机地结合起来。特别法应当是在确有修改、补充、发展普通法的必要时方可制定，但是，在制定单行法时为保持自身完整性，也可以制定与普通法的规定衔接的规范。

3. 立法技术坚持统一性与多样性相结合

我国侵权特别法在立法技术上，从侵权普通法的基本原则出发，坚持多样性原则，在表现形式上逐步发展，不断完善。特别是晚近的立法，创造了灵活多样的立法形式，既有单行的侵权特别法，又有非民事法律中的侵权特别法规范，表现形式不断发展。

四、我国侵权特别法的适用方法

（一）我国侵权特别法的优先适用效力

第一，同一位阶的特别法与普通法关系中的适用。同一机关制定的法律的特别规定与一般规定不一致的，优先适用特别规定。在同一位阶的不同法律中，例如都是基本法，存在普通法与特别法的区别的，优先适用特别法。民法是基本法，行政法和刑法也是基本法，位阶相同，但行政法和刑法规定的民法规范与《民法典》规定的民法规范不一致的，应当优先适用行政法和刑法中的民法规范。

第二，不同位阶的侵权特别法与侵权普通法关系中的适用。如果侵权普通法与侵权特别法处于不同的法律位阶，适用侵权特别法问题不大。因为所说的侵权普通法是指《民法典》本身，它的性质是基本法，是全国人民代表大会制定的法律，但是更多的侵权特别法是由全国人民代表大会常务委员会制定的法律，这两种法律也有一个位阶问题。在原《侵权责任法》通过时，学者就提出这个问题：原《民法通则》是全国人民代表大会制定的法律，原《侵权责任法》尽管也具有基本法的性质，但却是全国人民代表大会常务委员会制定的法律，因此效力是有差别的，尽管原《侵权责任法》是新法，但是它的效力不能改变原《民法通则》的规定。原因在于全国人民代表大会与全国人民代表大会常务委员会不属于同一个立法机关，且有立法权限的区别。[①] 疑问是：如果按照这样的逻辑，立法机关为什么要制定原《侵权责任法》呢？如果原《侵权责任法》不能优先于原《民法通则》规定的侵权民事责任规范，制定原《侵权责任法》就完全没有必要，是毫无意义的。因此，侵权特别法更多的还是不同位阶的法律，特别是在《民法典》的下一个位阶的法律中规定的法律规范。这样的法律也是侵权特别法，具有优先适用的效力。

（二）对我国侵权特别法规范的识别

既然侵权特别法在法律适用中具有优先效力，而且其他非民事法律中规定的民事法律规范浩如烟海，必须确定一部法律或者非民事法律中规定的某种民事法律规范是侵权特别法，也即必须进行识别。如果法官在适用法律中不能识别哪一部法律是侵权特别法，哪一

---

① 参见韩大元：《全国人大常委会新法能否优于全国人大旧法》，载《法学》，2008（10）。

部非民事法律中的民法规范是侵权特别法，就不能正确适用法律，可能造成法律适用的错误。

1. 侵权特别法规范的一般识别方法

侵权特别法规范的一般识别方法，是指对一部法律或者非民事法律中规定的民事法律规范条款，依据什么样的标准确认其为侵权特别法。

《民法典》侵权责任编是侵权普通法，在《民法典》之外还有很多单行法对侵权责任作出了规定，例如关于侵害知识产权的责任《商标法》《专利法》《著作权法》作出了规定；关于商事侵权责任，《公司法》《海商法》《票据法》《保险法》《证券法》《信托法》等都作了有关规定，关于交通事故责任《道路交通安全法》《铁路法》《民用航空法》作了规定；对环境污染责任作出特别规定的就有《环境保护法》《水污染防治法》《大气污染防治法》《固体废物污染环境防治法》《海洋环境保护法》《环境噪声污染防治法》《放射性污染防治法》等。[①] 当考察侵权特别法时，对上述这些特别法的规范就有一个识别的问题，即究竟哪些是侵权特别法，哪些不是侵权特别法。在上述内容中，起码关于侵害知识产权责任的规定，关于商事侵权责任的规定，都是侵权特别法，属于侵权特别法中的具体民法规范。在前述列举的侵权特别法中，在《环境保护法》等非民事法律的单行法中规定的侵权责任规范，是其他非民事法律规定的具体侵权特别法。

判断侵权特别法是否有优先适用的效力时，一是要强调"另有"，二是要强调"特别"。"另有"是指侵权普通法之外的法律有规定，"特别"一定是指与侵权普通法而言具有特别的意义。"另有"是在形式上，"特别"是在内容上。在侵权普通法以外的法律中规定的侵权责任规范，主要有两种情况：多数情况是在法律责任部分作出规定，即对造成损害的应当承担赔偿责任；这就是"另有"，但是，这样的规定还不具有"特别"的意义，因而是一般性规定，不属于特别法。少数情况不是这样，例如《道路交通安全法》第76条，对侵权责任都有详细、具体的规定，这些规定就具有"特别"的意思。[②]

根据以上经验，识别是否为侵权特别法应当掌握以下两个标准：

第一，是在《民法典》以外的法律中规定的民事法律规范。

这是"另有"的意思，即侵权特别法的表现形式。《民法典》包括民法的所有部分，既包括总则也包括分则。只有在完整的《民法典》以外的其他法律中规定了民事法律规范的，才具备"另有"的条件。《民法典》本身包含的民事法律规范不能成为侵权特别法。

在"另有"的含义即侵权特别法的形式要件上，包括三种情况：

一是在《民法典》以外的法律是侵权特别法。例如《国家赔偿法》，尽管很多人都认为其为国家法范畴[③]，但是，国家作为侵权人侵害他人权益造成损害承担赔偿责任的规范，无论在哪种意义上都是民法规范，仅仅是责任主体以及承担赔偿责任的资金来源具有特殊性而已，这恰恰证明其为侵权特别法。商法的单行法和知识产权单行法都属于这种侵权特别法。

二是在《民法典》以外的特别法中规定的大部分规范是民事法律规范。例如《消费者

① 参见王胜明主编：《中华人民共和国侵权责任法释义》，39～40页，北京，法律出版社，2013。

② 参见杨立新：《侵权责任法条文背后的故事与难题》，34～35页，北京，法律出版社，2011。

③ 参见林莉红等：《〈国家赔偿法〉的修改与反思》，载《河南省政法管理干部学院学报》，2011（1）。

权益保护法》，其中大部分规范都是民事法律规范，都是把消费者作为民事主体中的特殊主体特别加以保护。关于消费者权利和经营者义务的规定，都是对民事主体的特别规定；采用网络、电视、电话、邮购等方式销售商品，消费者有权在7日内退货的规定，不仅确定了消费者在商品交易中的特权，而且确定了消费者解除合同的特别规则，是《民法典》合同编没有规定的特别法。关于商品欺诈和服务欺诈造成死亡或健康严重损害时承担惩罚性赔偿责任的规范，更是侵权特别法。

三是在非民事法律中规定的民事法律规范。这种情况比比皆是，几乎所有的非民事法律在“法律责任”一章，都规定了“造成损害的，应当承担赔偿责任”这样的条款。这些条款也具有“另有”的形式要件。

第二，在《民法典》以外的法律或者法律规范中包含的民事法律规范，具有区别于《民法典》一般规则的不同规则。

换言之，作为侵权特别法，不仅需要“另有”，即在《民法典》以外的其他法律中规定有民事法律规范，而且该民事法律规范还必须具有与《民法典》一般规则有所不同的特别规则。这就是“特别”的含义，即侵权特别法的实质要件。这正是罗马法学家保罗所说的“个别法是立法当局为某些功利而引入的违背法的一般规则的法”①。特别法必须与普通法有所不同，如果《民法典》以外的其他法律中的民事法律规范规定的内容与《民法典》规定的民法一般规则没有区别，是相同的，那么，这种其他法律规定的民事法律规范就不具有侵权特别法的性质。

所以，识别侵权特别法，作为形式要件的“另有”与作为实质要件的“特别”必须同时具备。只有“另有”而没有“特别”，不构成侵权特别法。同样，只有“特别”而没有“另有”，则为民法的法条重合。法官在司法实践中判断《民法典》以外的其他法律规定的民事法律规范究竟是否为侵权特别法，必须依据这两个要件进行一般性的识别。只有具备了这两个要件，才能认定为侵权特别法，才具有优先适用的效力，否则就不是侵权特别法，不具有优先适用的效力。

2. 侵权特别法规范的特别识别

首先，对于《民法典》以外的其他法律个别规定的民事法律规范进行侵权特别法的识别，应当对该民事法律规范进行上述两个要件的判断。当该民事法律规范既具有“另有”的要件，又具有“特别”的要件时，它就具有侵权特别法的性质。事实上，对这两个要件的判断，更重要的是“特别”要件，因为“另有”是形式要件，“特别”要件才是实质要件。“特别”的一般表现应该是：就地域来说，“特别”表现在适用于局部地域；就适用主体而论，“特别”表现在适用于特定的民事主体；就时间而论，“特别”表现在适用于特别时期；就情事而论，“特别”表现在适用于特别的情事。② 这正是《立法法》第92条所规定的“特别规定与一般规定不一致”的具体表现，是构成侵权特别法的实质要件。“特别”中的“不一致”，表现为《民法典》一般规则没有规定的内容，而其他法律规范中的民事法律规范对此有了规定，这也是“特别”，具有侵权特别法的性质。例如，《产品质量法》

---

① 汪全胜：《特别法与一般法之关系及适用问题探讨》，载《法律科学》，2006（6）。

② 参见王胜明主编：《中华人民共和国侵权责任法释义》，41页，北京，法律出版社，2013。

在其属性上属于经济法，是《民法典》以外的非民事法律，但是其中规定了很多民事法律规范。其第 2 条第 2 款规定："本法所称产品是指经过加工、制作，用于销售的产品。""建设工程不适用本法规定；但是，建设工程使用的建筑材料、建筑构配件和设备，属于前款规定的产品范围的，适用本法规定。"第 46 条规定："本法所称缺陷，是指产品存在危及人身、他人财产安全的不合理的危险；产品有保障人体健康和人身、财产安全的国家标准、行业标准的，是指不符合该标准。"第 41 条第 2 款规定："生产者能够证明有下列情形之一的，不承担赔偿责任：（一）未将产品投入流通的；（二）产品投入流通时，引起损害的缺陷尚不存在的；（三）将产品投入流通时的科学技术水平尚不能发现缺陷的存在的。"上述关于产品、产品缺陷和产品责任免责事由的规定，在《民法典》关于产品责任的规定中都未见，因此这些规定是侵权特别法。《价格法》第 41 条规定："经营者因价格违法行为致使消费者或者其他经营者多付价款的，应当退还多付部分；造成损害的，应当依法承担赔偿责任。"其中前一分句规定的是不当得利，后一分句规定的是侵权损害赔偿规则，是侵权普通法的一般规则，不具有侵权特别法的属性。

其次，对于《民法典》以外的其他法律本身就是侵权特别法的，在侵权特别法的识别上，应当识别在作为侵权特别法的法律中那些不属于侵权特别法的规范。无论是商法的单行法，还是知识产权法的单行法，以及《消费者权益保护法》《未成年人保护法》《残疾人保护法》《妇女权益保护法》等，其主要的法律规范是民事法律规范，但是，其中包含的非民事法律规范即公法的法律规范，并不是侵权特别法，不具有在民法领域中优先适用的效力，而是应当遵循公法的适用方法。对它们的识别，应当依照"另有"要件和"特别"要件加以衡量，不具有这些要件的就不是侵权特别法，就排除其作为民事法律适用的效力。

（三）在司法实践中对侵权特别法的具体适用

在司法实践中适用侵权特别法，最根本的要求，是赋予侵权特别法以优先适用的效力，排斥《民法典》规定的一般规则的适用。正像德国卡尔·拉伦茨教授所言，当数个法条或规则相互竞合时，只有从个别法条与其所属规则之间的关系，以及重启与其他规则及各该规则之间的关系，才能真正理解各该法条的适用范围。在法效果相互排斥的法条竞合中，特殊规范必然排斥一般规范的适用，否则特殊规范将全无适用领域。①

1. 作为侵权特别法的法律的规定优先适用

表现为侵权特别法的法律，例如商法的单行法、知识产权法的单行法，以及《消费者权益保护法》等法律，都是侵权特别法，这些法律中的民事法律规范都具有优先适用的效力。当一个具体案件所适用的法律是作为侵权特别法的法律中的具体法律条款时，直接适用该条款。

2. 作为侵权特别法的法律规范优先适用

《民法典》以外的其他非民事法律中规定的民法规范，识别为侵权特别法的，也具有优先适用的效力。这样的侵权特别法本身就是请求权的法律基础，可依据这样的规定，直

---

① 参见［德］卡尔·拉伦茨：《法学方法论》，陈爱娥译，146～147 页，北京，商务印书馆，2005。

接确定争议双方当事人的权利义务，解决双方的争议。

3. 作为侵权特别法的法律规范可以被纳入民法一般规则的选择适用

值得研究的是，当《民法典》以外的其他非民事法律规定的民事法律规范具有侵权特别法的性质，但同时也可以经过解释纳入《民法典》的一般规则中时，在适用时，究竟是适用侵权特别法的规范，还是适用经过解释的《民法典》规定的一般规则呢？在适用法律中出现上述情形，应当寻找最简捷的途径，而不是选择曲折路线。因此，凡是《民法典》以外的其他非民事法律规定的民事法律规范已经被识别为侵权特别法的，尽管同时也可以被解释为民法一般规则中应当包含的内容，却不必将其确认为民法一般规则的组成部分，直接适用作为侵权特别法的规范确定民事法律关系的内容即可。

【引例评析】

在本节引例“少女因‘嫖娼’被错误行政拘留索赔”案中，明显看出侵权特别法中存在的问题。《国家赔偿法》是侵权特别法，当时规定的赔偿范围明显过窄，不利于保护民事主体的民事权利。

目前，《国家赔偿法》已经把精神损害列为赔偿项目之一，可以更好地实现对被侵权人的救济。

第四节 侵权责任法司法解释

引例 “夫妻看黄碟被拘押侵害隐私权”案

××市某新婚不久的夫妇，夜间在自己的家中观看“黄碟”，被邻居举报。警察闯入该夫妇家中，进行搜查，并将二人拘留，后来在社会舆论的压力下不得不将人放出。

一、侵权责任法司法解释的基本概况

（一）侵权责任法司法解释的意义

自1949年以来，特别是在改革开放之后，最高人民法院针对侵权责任法的适用制定了大量司法解释。这些司法解释针对侵权纠纷案件审判中的具体问题，依照侵权责任法的立法条文和基本原则，对于侵权责任法如何适用作了具体的解释，从而解决了大量的实际问题，推动了侵权责任法理论研究和司法实务的发展与进步，一些重要的司法解释，在侵权

责任法的发展过程中具有历史性的意义。《民法典》实施之后，最高人民法院对以往颁布的侵权责任法司法解释进行整理，重新颁布，以规范对《民法典》规定的侵权责任规范的具体适用，同时也在制定新的侵权责任法司法解释。

（二）侵权责任法司法解释的形式

侵权责任法司法解释的种类，按照其外在的表现形式，可以分成两种。

1. 规范性侵权责任法司法解释

规范性的侵权责任法司法解释，是最高人民法院针对侵权责任法适用中的概括性问题作出的，以规范性的条文形式表现出来的司法解释。这种侵权责任法司法解释的特点是：形式规范，条文简洁，内容概括，是效力最高的司法解释，在侵权责任法司法实务中具有普遍适用的效力。

【拓展阅读】

最高人民法院作出的《关于确定民事侵权精神损害赔偿责任若干问题的解释》（以下简称《精神损害赔偿司法解释》）、《关于审理人身损害赔偿案件适用法律若干问题的解释》（以下简称《人身损害赔偿司法解释》），以及《关于审理铁路运输损害赔偿案件若干问题的解释》《关于审理铁路运输人身损害赔偿纠纷案件适用法律若干问题的解释》《关于审理环境侵权责任纠纷案件适用法律若干问题的解释》《关于审理医疗损害责任纠纷案件适用法律若干问题的解释》《关于审理生态环境损害赔偿案件的若干规定》《关于审理道路交通事故损害赔偿案件适用法律若干问题的解释》《关于审理食品、药品纠纷案件适用法律若干问题的规定》《关于审理利用信息网络侵害人身权益民事纠纷案件适用法律若干问题的规定》等，都是这样的规范性司法解释。尽管有些学者认为最高人民法院大量作出司法解释有取代立法的倾向，但是，司法解释确实在规范全国的司法活动、补充立法不足等方面具有不可替代的作用，因此，对其价值是应当充分肯定的。实际上，我国的司法解释是对制定法的解释和补充。最高司法机关在作出司法解释的时候，应当规范自己的司法解释行为，注意不要越权，遵守司法解释的必要性规则，注意不应出现比较明显的错误。

2. 批复性侵权责任法司法解释

批复性侵权责任法司法解释，是最高人民法院针对侵权责任法适用中的具体问题，以批复、复函的形式作出的司法解释，解决的是侵权责任法在适用中的具体问题，或者具体案件中适用侵权责任法的问题。其特点是，内容具体，针对性强，形式灵活，但效力不及规范性司法解释的效力强，仅对个案的处理有拘束力，对类似问题具有参照效力。近年来，这样的司法解释在逐渐减少。

二、侵权责任法司法解释的基本作用

侵权责任法司法解释作为广义侵权责任法的组成部分，也是侵权责任法渊源的一种。因此，它的基本作用同样如此。但是，从技术的角度上，侵权责任法司法解释对于其母体法即侵权责任法本身的基本作用是以下几点。

（一）补充侵权责任法立法的不足

任何法律都不会是十全十美的。这不仅因为立法的技术，还因为立法者对社会生活现象认识的局限性。《民法典》侵权责任编，也是存在这种情况的。在司法实务中，不断发现侵权责任法立法的不足，理论研究中发现的问题也不断地反映到司法实务之中。侵权责任法司法解释抓住这些问题，作出如何适用法律的说明，丰富了侵权责任法的内涵，补充了立法的漏洞，完善了侵权责任法的体系和具体内容。

（二）明确适用侵权责任法的分歧

对任何法律在适用中都会产生认识、理解上的分歧，这是正常现象。在学理解释上的不同认识、不同主张，也会影响着法院适用法律。侵权责任法司法解释的重要作用之一，就是明确侵权责任法适用中的认识分歧，作出肯定哪种主张、否定哪种主张的解释，并在实务中应用。

（三）将侵权责任法不确定的问题具体化

法律的不确定的规范性概念和概括条款在《民法典》侵权责任编以及侵权特别法中大量存在。法律的不确定的规范性概念及概括条款的主要功能之一，在于使法院能根据社会经济发展及伦理道德价值的变化而适用法律，使法律能与时俱进，实践其规范功能。① 这些规范性概念和概括条款如果不具体化，那么在实务中便无法适用。因此，将侵权责任法中不确定的问题即规范性概念和概括条款实现具体化，也是侵权责任法司法解释的基本作用之一。例如，《民法典》第 1179 条规定了人身损害赔偿的范围，包括医疗费、误工损失、残疾者生活补助费、丧葬费、必要生活费等，但是没有规定具体适用办法。最高人民法院《人身损害赔偿司法解释》通过其规定，对这些问题进行了专门解释，就使《民法典》第 1179 条的适用有了具体办法，统一了司法适用标准。

（四）采纳侵权责任法的科学理论作为司法解释的基础

侵权责任法学理论是侵权责任法立法及司法的理论基础，侵权责任法学理论的深入发展，又推动侵权责任法立法和司法不断进步。侵权责任法司法解释采用科学的侵权责任法理论，将理论与实践紧密结合起来，正是侵权责任法司法实务不断进步的原因之一，同时又可以推动立法，促进侵权责任法学的研究不断发展，形成良性循环。在这方面应当特别提到的司法解释有如下几种：

一是，1988 年 10 月 14 日《关于雇工合同应当严格执行劳动保护法规问题的批复》，确定民事侵权责任构成的相当因果关系理论是科学的理论。我国法学界和实务界长期以来囿于必然因果关系的理论偏见，拒绝采纳相当因果关系理论。但该批复在认定案情时，采纳了这一科学的理论，改变了以往的片面认识，取得了经验，为司法实务运用这一学说提供了依据。同时，这一批复性司法解释肯定了雇工合同中免除雇主人身损害赔偿责任条款无效的原则，被《民法典》第 506 条第 1 项采纳，成为重要规则。

二是，关于不作为的行为可否构成侵害名誉权。有学者认为，报纸杂志发表文章侵害他人权利，负有更正的义务，违反这一义务不作为，构成侵权。1992 年 8 月 14 日《关于

---

① 参见王泽鉴：《基础理论》，159 页，台北，三民书局，1982。

朱秀琴、朱良发、沈珍珠诉〈青春〉编辑部名誉权纠纷案的复函》采用这一理论，认定《青春》编辑部发表侵权小说以后，拒不履行为原告消除影响的义务，致使小说继续流传于社会中，扩大了不良影响，这种不作为的行为构成侵害名誉权。

三是，也是最重要的，是最高人民法院《精神损害赔偿司法解释》和《人身损害赔偿司法解释》，全面吸收了学术界关于人格权和精神损害赔偿责任研究的成果，完整地规定了精神损害赔偿在保护人格权方面的内容，从而成为极为重要的司法解释。在《民法典》施行后，最高人民法院对其进行修订，成为适用《民法典》侵权责任规则的司法解释。

(五) 重申侵权责任法的有关规定

在侵权责任法司法解释中，有些只是对侵权责任法某些规定的重申，起到了一种强调的作用，并没有新的内容。但是，这些司法解释是针对一些具体问题而发的，仍有其存在的价值。在《民法典》施行后，最高人民法院进行司法解释清理，已经将这样的司法解释予以废除。不过，在今后的司法解释中，这种情况应当避免。

三、侵权责任法司法解释的适用

侵权责任法司法解释适用的原则是，规范性司法解释具有普遍适用的效力，批复性司法解释原则上只具有参照适用的效力。对于后者，如果只简单地说有参照适用的效力还不准确，因为其中涉及普遍性问题的批复、复函，仍具有普遍适用的效力。

司法解释适用的前提是公开。近年来，侵权责任法司法解释在公开方面做得比较好，绝大部分已通过各种方式向社会公开。细究起来，规范性司法解释完全通过官方渠道予以公开，已经基本上做到了；批复性司法解释，只有一部分是通过官方渠道公开的，另一部分是通过学者、编辑而向社会公开的。现在，最高人民法院对其所作出的司法解释都在媒体上公开，有时还将司法解释草案予以公开，征求社会各界的意见。这都是司法解释公开化的好做法，应当坚持。

【引例评析】

本节引例“夫妻看黄碟被拘押侵害隐私权”案的突出问题，是司法解释的作用。在引例中，受到侵害的是隐私权。原《民法通则》对隐私权的保护没有作出规定。1988 年最高人民法院《关于贯彻执行〈中华人民共和国民法通则〉若干问题的意见（试行)》规定，对隐私权的保护可以采取间接保护方法，按照侵害名誉权的规定追究行为人的民事责任。2001 年《精神损害赔偿司法解释》确定采用直接保护方法保护隐私利益。在这样的基础上，原《侵权责任法》第 2 条规定对隐私权进行保护，《民法典》人格权编专门规定了“隐私权”一章。

【问题与思考】

1. 侵权责任徘徊在《民法典》的债与责任之间，体现了何种立法价值？

2. 侵权责任法既保护民事主体的民事权利，也保护民事主体的民事利益。结合第二节引例“不按程序解剖尸体非法侵害尸体”案，思考：《民法典》第 1164 条规定的侵权责任保护的民事权益应当包括哪些内容呢？

3. 第三节引例“少女因‘嫖娼’被错误行政拘留索赔”案是一个引起广泛关注的案例，它说明了侵权特别法适用中的一些问题。请结合实际，说明侵权特别法适用的基本规则。

4. 讨论第四节引例“夫妻看黄碟被拘押侵害隐私权”案，重点研究我国侵权责任法对隐私权保护的不断发展过程。思考：侵权责任法的司法解释在侵权责任法中的地位如何？

第二章

侵权行为与侵权行为一般条款

参考文献

(一) 著作

1. 杨立新. 侵权责任法. 北京：法律出版社，2021：36-41

2. 杨立新. 中国侵权责任法研究：第1卷. 北京：中国人民大学出版社，2018：108-120

3. 王利明. 侵权责任法研究：上卷. 北京：中国人民大学出版社，2019：1-74

4. 黄薇主编. 中华人民共和国民法典总则编释义. 北京：法律出版社，2020：313-315

5. 最高人民法院民法典贯彻实施工作领导小组. 中华人民共和国民法典理解与适用：总则编：上卷. 北京：人民法院出版社，2020：607-612

6. 张新宝. 中国民法典释评：侵权责任编. 北京：中国人民大学出版社，2020：9-11

7. 张新宝. 侵权责任法原理. 北京：中国人民大学出版社，2005：11-18

8. 邹海林，朱广新. 民法典评注：侵权责任编：第1册. 北京：中国法制出版社，2020：4-10

9. 邱聪智. 新订民法债编通则：上卷. 北京：中国人民大学出版社，2003：97

(二) 论文

1. 王利明. 侵权行为概念之研究. 法学家，2003 (3)

2. 张新宝. 侵权行为法的一般条款. 法学研究，2001 (4)

3. 杨立新. 民法典对侵权责任保护范围的准确界定——对民法典第1164条

含义理解的进一步厘清．兰州大学学报（社会科学版），2021（1）

4. 杨立新．论侵权行为的一般化和类型化及其我国侵权行为法立法模式选择．河南省政法管理干部学院学报，2003（1）

5. 房绍坤．论侵权责任立法中的一般条款与类型化及其适用．烟台大学学报（哲学社会科学版），2009（4）

6. 曾世雄．从“资源本位”检视侵权行为之传统思维．河北法学，2005（8）

7. 周友军．论我国过错侵权的一般条款．法学，2007（1）

参考法规

《民法典》第 1164 条、第 1165 条第 1 款

第一节 侵权行为

引例 “错将离婚后抚养纠纷作为侵害监护权”案

张某与辛甲协议离婚，约定：婚生男孩辛乙由女方张某抚养；如果一方再婚，孩子辛乙由没有再婚的一方抚养。张某再婚后，辛甲主张变更抚养关系，由自己抚养辛乙，张某予以拒绝。辛甲随后以看望孩子为由，将辛乙“抢”回，由自己抚养。张某以侵害监护权为案由，向当地法院起诉。法院判决确认这是一起侵权行为案件，辛甲应当承担侵权责任。

一、立法对侵权行为概念的规定

侵权行为是侵权责任法中最重要的概念，但在立法、司法、学说上，没有一个统一的、为人们共同接受的准确定义。为了更准确地揭示侵权行为这个概念的内涵，应当先就立法对侵权行为概念的规定进行如下比较。

（一）外国法

侵权行为的概念，直接来源于罗马法上的“私犯”概念。有学者指出：罗马法上私犯

的概念，是指因故意或过失不法侵害他人权利的行为。[①] 按照查士丁尼《法学总论》第四卷第一篇“侵权行为所发生的债务”的规定，侵权行为（私犯）所发生的债务“仅有一种，因为这些债务是从一种事务产生的，即侵权行为，例如盗窃、抢劫、财产上损害或人身伤害”[②]。准私犯，也是一种侵权行为。《法学总论》规定，准私犯包括审判员错判案件，从建筑物投掷或倾泼某物或悬挂物坠落，家父对家子的侵权行为负责，船长、店主或马厩主人对其服务人员所致伤害负责任等。[③] 可见，罗马法对私犯、准私犯概念的界定着眼于其外延，对于其内涵没有准确表述。

《法国民法典》在历史上第一次使用了“侵权行为”的概念，在其第四编第二章规定了“侵权行为与准侵权行为”，其中第1382条规定：“任何行为使他人受损害时，因自己的过错而致使损害发生之人，对该他人负赔偿的责任。”第1383条规定：“任何人不仅对因其行为所引起的损失，而且对因其过失或疏忽所造成的损害，负赔偿责任。”《法国民法典》的上述规定源于罗马法，并进行了高度的科学概括，创设了世界上第一个侵权行为一般条款，极为简洁地表述了侵权行为的内涵。《法国民法典》关于侵权行为的规定，结束了立法对侵权行为要作具体规定的历史，开创了侵权责任法一般化立法的新时期。

《德国民法典》接受了《法国民法典》将近一百年的经验，在坚持侵权责任法立法一般化的基本立场上，对侵权行为概念作了更准确的表述。其第823条规定：“因故意或过失不法侵害他人的生命、身体、健康、自由权或其他权利者，对被害人负损害赔偿的义务。”“1. 违反以保护他人为目的的法律者，负相同的义务。2. 如依法律的内容，虽无过失亦可能违反此种法律者，仅在有过失时，始负损害赔偿的义务。”这一规定构成了法国法系和德国法系在侵权责任法上的主要区别，即：法国法界定侵权行为侧重于过错，而德国法界定侵权行为则强调违法性。

《荷兰民法典》是20世纪末民事立法的代表，其第6：162条规定的侵权行为概念为：“1. 对他人实施了可归责的不法行为的人，必须对他人因此遭受的损害进行救济。2. 除有正当合法理由者外，以下行为被认定为不法行为：侵害权利，以作为或不作为方式违反法定义务或违反旨在维护正常社会管理的不成文法规则。3. 不法行为可以因行为人的过错而归责于行为人，也可以归责于依据法律规定或社会共同观念应由其承担责任的人。”

值得重视的是《埃塞俄比亚民法典》关于侵权行为一般条款的规定，它对侵权行为的界定是独具特色的。该法第2027条规定：“1. 任何人应对因过犯给他人造成的损害承担责任，而不论他为自己设定的责任如何。”“2. 在法律有规定的情形，一个人应对因其从事的活动或所占有的物给他人造成的损害承担责任。”“3. 如果某人根据法律应对第三人负责，它应对第三人因过错或依法律规定发生的责任负责。”这一规定，显然是受法国法的影响，又在《法国民法典》第1382条的基础上，加进了第1384条以及无过错责任的内容，形成

---

① 参见江平、米健：《罗马法基础》，修订本，287页，北京，中国政法大学出版社，1991。

② ［古罗马］查士丁尼：《法学总论》，190页，北京，商务印书馆，1989。文中所译的“侵权行为”，是意译，按其原意，应译为“私犯”。

③ 参见［古罗马］查士丁尼：《法学总论》，204～205页，北京，商务印书馆，1989。

了一个完整的侵权行为概念。

（二）中国法

近代以来，在立法上，《大清民律草案》和《民国民律草案》都规定了侵权行为一般条款，其内容基本相同。在1929年11月22日公布、1930年5月5日施行的《中华民国民法》“债编”第184条对侵权行为作了规定。这一条文深受《德国民法典》第823条的影响，内容基本相同。该条文的内容是：“因故意或过失，不法侵害他人之权利者，负损害赔偿责任。故意以悖于善良风俗之方法，加损害于他人者，亦同。”“违反保护他人之法律者，推定其有过失。”这一立法将《德国民法典》第823条和第826条结合起来，完整地表达了对侵权行为概念的界定，尤其是对违法性概念的强调。与德国法的规定相比，这条规定对侵权行为的表述更简明、更准确。

自1949年以来起草民法活动中，各个民法草案多次涉及侵权行为的概念。在改革开放之后，起草的民法草案多次规定侵权行为的概念。例如，1980年8月15日民法草案稿第442条规定：“公民和法人由于自己的过错对社会主义公共财产或者他人的人身、财产造成损害的，应当承担民事责任。”1981年4月10日民法草案第二稿第一次明确将侵权责任这一编命名为“侵权损害的责任”，于第338条规定：“公民和法人由于自己的过错对社会主义公共财产或者他人的人身、财产造成损害的，应当承担民事责任。”1981年7月31日民法草案第三稿将民事责任集中规定在“总则”当中，值得注意的是规定了一个民事责任的一般条款，对侵权行为的规定没有变化。1982年5月1日民法草案第四稿将民事责任放在第七编，基本内容与第三稿没有区别：一是规定民事责任的一般条款，二是规定了侵权行为的一般条款。其第421条规定：“公民、法人对社会主义公共财产或者对他人的人身、财产造成损害的，只在有过错的情况下才承担民事责任。”这一规定，是在前述一般条款中写得最好的，但是，把侵权责任严格限制在过错要件中，还不是一个好的选择。

在这样的基础上，1986年《民法通则》第106条第2款、第3款对侵权行为作了规定：“公民、法人由于过错侵害国家的、集体的财产，侵害他人财产、人身的，应当承担民事责任。”“没有过错，但法律规定应当承担民事责任的，应当承担民事责任”。这一规定的特色在于：一是将对财产权利的保护列为首位，二是将侵权责任的承担方式从损害赔偿扩大到几乎全部的民事责任承担方式，三是将无过错责任包括在其中。2009年《侵权责任法》第6条和第7条规定：“行为人因过错侵害他人民事权益，应当承担侵权责任。根据法律规定推定行为人有过错，行为人不能证明自己没有过错的，应当承担侵权责任。”“行为人损害他人民事权益，不论行为人有无过错，法律规定应当承担侵权责任的，依照其规定。”这些规定纠正了原《民法通则》上述规定的不当，确立了完善的侵权行为的内涵和外延。

《民法典》第1165条和第1166条分别规定：“行为人因过错侵害他人民事权益造成损害的，应当承担侵权责任。”“依照法律规定推定行为人有过错，其不能证明自己没有过错的，应当承担侵权责任。”“行为人造成他人民事权益损害，不论行为人有无过错，法律规定应当承担侵权责任的，依照其规定。”与原《侵权责任法》的上述规定相比较，《民法典》的规定确认构成侵权责任应当具备损害的要件，因而确定侵权责任的主要承担方式就是损害赔偿，纠正了原《民法通则》《侵权责任法》将侵权责任承担方式与固有请求权责任方式相混淆的错误。

（三）分析说明

就前述各国立法对侵权行为的规定而言，尽管或详尽或简明地规定了侵权行为的内涵或外延，但是，这些规定的立法目的不在于规定侵权行为的概念，而在于规定侵权行为的责任。应当看到的是，成文法国家立法在对侵权行为概念的界定上，最主要的区别体现在对过错和违法性的说明上。

【拓展阅读】

德国法对侵权行为的界定着重于规定违法性，确定侵权行为的基本特征是违法性。依其界定，具有违法性的致人损害的行为，就是侵权行为。法国法强调的是侵权行为是有过错的行为。法国法不强调侵权行为的违法性特征，而认为侵权行为的本质在于过错，凡是造成了他人损害的行为，是具有过错的行为，就是侵权行为。中国传统的民法采用德国法立场，在《大清民律草案》《民国民律草案》① 中明确地体现出来，而在《中华民国民法》中被正式确定下来。1949年之后，中国民法转采取苏联民法的立场，但是在对侵权行为的界定上，事实上还是坚持德国法的立场，坚持侵权行为的违法性立场。《民法典》确定的侵权行为概念，是中国法律对侵权行为概念的最新界定。

《民法典》对侵权行为的界定是准确的，不过，这个定义对侵权行为的违法性规定得还不够明确，还需要进一步研究。有很多学者认为，中国立法并不承认侵权行为的违法性特征。② 这是不够准确的见解。

二、侵权行为概念的内涵

从以上所列举的情况看，立法对于侵权行为概念的揭示，并未着眼于对这一概念作出准确的界定。对于这样重大的法律问题，只能交由学说解决。

研究侵权行为的概念，应当首先准确地揭示这一概念的内涵，以与其他相近的法律概念区别开来。

【资料】

侵权行为，英语称为 tort，拉丁语称为 delictum，德语称为 unerlaubte Handlung，法语称为 délit，日语则称为不法行为，我国将其一直称为侵权行为。这些称谓都是指侵权行为。

（一）外国对侵权行为概念的界定

在学理上，关于究竟何为侵权行为，没有统一的定义，各国学者众说纷纭，存在见解分歧。

---

① 参见杨立新校订：《大清民律草案·民国民律草案》，123、234页，长春，吉林人民出版社，2002。

② 参见王利明主编：《民法·侵权行为法》，160页，北京，中国人民大学出版社，1993；孔祥俊：《侵权责任要件研究》，载《政法论坛》，1993（1）。

在德国，有学者认为侵权行为实际上就是“在一定的条件下，一方当事人如果没有对对方的权利和利益予以必要的尊重，无论是故意的还是过失的，他将要承担责任”[①]。在法国，大多数学者根据《法国民法典》第1382条的规定，认为侵权行为就是一种损害赔偿的责任。[②] 日本学说认为：“由其行为引起对他人的损害，以致发生赔偿责任的场合，称其行为为不法行为。”[③]

英国学者约翰·福莱明认为：“侵权行为是一种民事过错，而不是违反合同，对这种过错，法院将在一种损害赔偿的诉讼形式中提供补救。”[④] 另一位英国学者P.H.温菲尔德认为：“侵权行为的责任系由违反法律事先规定的义务引起，此种义务针对一般公民而言，违反此种义务的补救方法，就是对未清偿的损害赔偿的诉讼。”[⑤] 美国学者莫里斯指出：“如果简单地概括侵权行为，可以说它是私法上的过错。”[⑥]《牛津法律大辞典》认为，该术语表示可以引起民事诉讼的伤害或不法行为，侵权行为规则要求不得加害于他人的义务，以及加害了他人，则应对之进行补救或赔偿的义务，不是由当事人的协议而设定的，而是根据一般法律的实施产生的，与当事人的协议无关。[⑦]

将上述诸多对侵权行为的定义归纳起来，可以分为三种不同见解。一是“过错说”，强调侵权行为是一种过错行为，如福莱明、莫里斯的定义。二是“违反法定义务说”，将侵权行为与违约行为相区别，确认侵权行为是违反法律事先规定的义务的行为，如温菲尔德的主张。三是“责任说”，认为侵权行为就是应负损害赔偿责任的行为，如日本、法国学者的意见。

（二）我国学者对侵权行为概念的界定

在1949年以来我国民法理论对侵权行为概念的研究不断深入。

最早的民法讲义《中华人民共和国民法基本问题》认为，“侵权行为是一种违法行为”，“行为人不法侵害他人的财产权利或人身权利，并造成财产上的损失时，根据法律的规定，行为人和受害人之间发生债的关系，受害人有请求赔偿的权利，行为人负有赔偿的义务”[⑧]。“文化大革命”之后出版的第一本《法学词典》将侵权行为定义为，“不法侵害他人人身或财产权利而负担民事赔偿责任的行为”[⑨]。第一部法学统编教材《民法原理》认为，“侵权行为是债的发生根据之一，它是行为人不法侵害他人的财产权利或者人身权利的行为”[⑩]。《中国大百科全书·法学》将侵权行为定义为“因作为或不作为而不法侵害他人财产或人身权利的行为”[⑪]。

---

① ［德］克雷斯蒂安·冯·巴尔：《欧洲比较侵权行为法》，上册，张新宝译，6页，北京，法律出版社，2001。
② 参见《国际比较法百科全书·侵权行为》，77页，纽约，海洋出版公司，1974。
③ ［日］我妻荣编：《新版新法律学辞典》，841页，北京，中国政法大学出版社，1991。
④ ［英］约翰·福莱明：《侵权行为法》，英文4版，1页，牛津，牛津大学出版社，1971。
⑤ ［英］温菲尔德、约瑟威茨：《侵权法》，7页，伦敦，史威特和马克思威尔出版公司，1991。
⑥ ［美］莫里斯：《论侵权行为》，1页，纽约，布鲁克林出版公司，1953。
⑦ 参见《牛津法律大辞典》，886页，北京，光明日报出版社，1988。
⑧ 中央政法干校民法教研室：《中华人民共和国民法基本问题》，322页，北京，法律出版社，1958。
⑨ 《法学词典》编辑委员会编：《法学词典》，529页，上海，上海辞书出版社，1980。
⑩ 佟柔主编：《民法原理》，219页，北京，法律出版社，1983。
⑪ 《中国大百科全书》，法学，472页，北京，中国大百科全书出版社，1984。

在原《民法通则》施行以后，学者对侵权行为的定义主要有：（1）侵权行为是一种侵犯社会公共财产、侵犯他人财产和人身权利的不法行为，是指因作为或不作为而不法侵害他人财产权利和人身权利的行为。① （2）侵权行为是指行为人由于过错侵害他人的财产、人身，依法应承担民事责任的行为，以及法律特别规定应对受害人承担民事责任的其他致害行为。②（3）侵权行为就是指行为人由于过错侵害他人的财产和人身，依法应承担民事责任的行为，以及依法律特别规定应当承担民事责任的其他损害行为。③ 或者认为，侵权行为就是指行为人由于过错侵害他人的人身和财产并造成损害，违反法定义务，依法应当承担民事责任的行为。④

我国民法学者对侵权行为这一概念的研究是相当深入的，比较准确地揭示了它的内涵，但也还有不尽如人意之处，主要表现在：一是有些定义过于简单，对于侵权行为的完整内涵没有揭示出来；二是将侵害财产权列于侵害人身权之前，因而有重财产权保护而轻人身权保护的嫌疑⑤；三是由于原《民法通则》将侵权行为的法律后果规定为民事责任，因而有的定义强调侵权行为以损害赔偿为主的法律后果不够；四是对无过错责任原则的表述不够准确。

（三）对侵权行为概念的界定

侵权行为是指行为人由于过错，或者在法律有特别规定的场合不问过错，违反法律规定的义务，以作为或不作为的方式，侵害他人人身权益和财产权益，依法应当承担损害赔偿等法律后果的行为。其特点是以下几点。

1. 侵权行为是一种违法行为

违法性是侵权行为的基本属性。首先，侵权行为不是合法行为，而是一种违反法律规定的行为。侵权行为这一概念本身，就体现了法律的谴责。其次，侵权行为违反的法律是国家关于保护民事主体民事权益的法律规范，以及禁止侵害民事主体民事权益的法律规范。最后，侵权行为违法的方式是，违反法律事先规定的义务，包括法定的作为义务和不作为义务。因此，侵权行为必定是具有违法性的行为。

2. 侵权行为是一种有过错的行为

构成侵权行为须有过错，只在法律有特别规定的情况下，才不要求过错要件。正如美国学者莫里斯所说，如果简单地概括侵权行为，可以说它是私法上的过错。除法律特别规定的产品致害、高度危险致害、环境污染和生态破坏、饲养动物致害等特殊侵权行为可以不要求具备过错这一主观要件以外，侵权行为都是行为人主观上具有故意或过失的违法行为。

3. 侵权行为是包括作为和不作为两种方式的行为

侵权行为首先必须是一种客观的行为，而不能是思想活动。其次，这种客观的行为，

---

① 参见杨立新：《侵权损害赔偿》，3页，长春，吉林人民出版社，1990。

② 参见佟柔主编：《中国民法》，557页，北京，法律出版社，1990。

③ 参见王利明主编：《民法·侵权行为法》，12页，北京，中国人民大学出版社，1993。

④ 参见王利明：《侵权行为概念之研究》，载《法学家》，2003（3）。

⑤ 参见王泽鉴：《民法通则侵权责任的基本问题》，载《法学丛刊》，第131期。

可以是采作为的方式，也可以是采不作为的方式，其具体方式的形成根源，在于法律赋予行为人法定义务方式的不同。除了作为和不作为的方式之外，侵权行为没有其他的表现方式。

4. 侵权行为是以损害赔偿为主要责任承担方式的行为

侵权行为是以损害赔偿为基本法律后果，同时也包括其他的承担民事责任的形式的行为。侵权行为造成损害，必然引起损害赔偿法律关系，行为人承担的主要法律后果就是损害赔偿。按照《民法典》的规定，侵权行为的法律后果还包括恢复原状、返还财产的责任承担方式，而停止侵害、排除妨碍、消除危险、消除影响、恢复名誉、赔礼道歉，都不是侵权责任承担方式，而是固有请求权的行使方式。

三、侵权行为概念的外延

法律概念的外延，是指一个法律概念所确指的对象的范围。侵权行为概念的外延，就是指侵权行为这一法律概念所涵盖的范围。

在罗马法上，完整的私犯概念的外延，包括私犯和准私犯，如前文说明包含的各种侵权行为。在法国法上，侵权行为被高度概括，完整的外延包括侵权行为和准侵权行为，前者是为自己的行为负责的侵权行为，后者是为他人的行为负责或者为自己管领下的物件造成的损害负责的侵权行为。在德国法上，对于准私犯、准侵权行为概念所包含的内容，称为特殊侵权行为。更重要的是，德国侵权法从违法性的角度出发，将侵权行为界定为违反法定义务的侵权行为，违反保护他人的法律的侵权行为，以及故意违背善良风俗致人损害的侵权行为。换言之，是以侵权法所保护的民事主体的权益为标准，界定侵权行为概念的外延。德国法区别受保护的利益，且异其主观的构成要件；英美法上的侵权行为依其所侵害的利益，而有不同的构成要件、救济方法和抗辩。① 大陆法系依据权益等方面确定侵权行为的外延。但英美法系则不从这些方面区分侵权行为的外延，而是采取界定侵权行为类型的方法界定侵权行为的范围。

在我国，原《民法通则》第 117 条至第 120 条，对我国侵权行为概念的外延作了法律上的限定，包括四种：一是第 117 条规定的侵害财产的侵权行为；二是第 118 条规定的侵害知识产权的侵权行为，包括侵害著作权、专利权、商标专用权、发现权、发明权以及其他科技成果权的侵权行为；三是第 119 条规定的侵害生命健康权的侵权行为；四是第 120 条规定的侵害精神性人格权和人格利益的侵权行为，包括侵害姓名权、名称权、肖像权、名誉权、荣誉权等的侵权行为。

对原《民法通则》关于侵权行为外延的上述规定，王泽鉴教授认为：其一，对知识产权设有特别规定，在比较法上罕见其例。其二，关于人格利益的保护采列举主义，仅承认身体、生命权外的姓名权、肖像权、名誉权和荣誉权，自由权不包括在内，尚不承认一般人格权，对于贞操权、隐私权亦未加以保护。其三，身份上的权利未被列入受保护利益的范畴，如与有配偶之人通奸的，侵害配偶权。其四，对于第三人侵害债权的侵权行为未设

---

① 参见王泽鉴：《民法通则侵权责任的基本问题》，载《法学丛刊》，第 131 期。

规定。[①]

原《民法通则》对侵权行为外延的规定有如下缺陷：（1）对于侵害财产权益的侵权行为没有作具体的规定，仅称侵害财产，从字义上容易理解为只有对现实的财产即对财产所有权的侵害才属于侵权行为。但从广义的财产概念来理解，这样的规定则很宽泛，可以作更多的解释，例如债权、纯粹经济利益损失等都可以包含在内。（2）对于侵害身体健康的侵权行为，第119条实际上只概括了对健康权、生命权侵害的侵权行为，至于身体权，未列入保护范围，因而侵害身体权是否属于侵权行为，尚不明确。（3）对于侵害姓名权、名誉权等具体人格权的侵权行为限制过于狭窄，对于隐私权、人身自由权、性自主权、信用权等，都没有规定为侵权行为的客体，对于一般人格权更未规定在保护范围之内，造成立法不认其为侵权行为客体的错觉，实属失当。（4）对于侵害身份权的行为没有作出规定，实属一大疏漏。

按照原《侵权责任法》第6条和第7条的规定，可以将我国侵权行为的外延界定为以下三类：（1）过错责任的侵权行为；（2）过错推定责任的侵权行为；（3）无过错责任的侵权行为。如果按照侵权行为侵害的客体划分，则为以下六种侵权行为：（1）侵害生命健康权的侵权行为，包括侵害生命权、身体权和健康权的侵权行为，即侵害人体的侵权行为；（2）侵害精神性人格权的侵权行为，包括侵害一般人格权、名誉权、肖像权、姓名权、信用权、隐私权、个人信息权、性自主权等权利的侵权行为；（3）侵害身份权的侵权行为，以配偶权、亲权和亲属权为侵害对象；（4）侵害物权的侵权行为，以民事主体的物权为侵害对象；（5）侵害债权的侵权行为；（6）侵害知识产权的侵权行为，侵害的对象是著作权、专利权和商标专用权。

《民法典》仍然按照原《侵权责任法》的做法，于第1165条和第1166条规定了过错责任的侵权行为、过错推定的侵权行为和无过错的侵权行为。这样来确定侵权行为概念的外延，是比较适当的。

【引例评析】

本节引例“错将离婚后抚养纠纷作为侵害监护权”案所涉及的，是离婚后按照抚养子女的协议履行子女抚养义务发生的纠纷，不符合侵权行为概念的内涵和外延的要求，因此不是侵权行为，而是离婚后的子女抚养纠纷，应当适用有关婚姻家庭法的规定处理。对此，最高人民法院认为，本案的判决错误理解了侵权行为的概念。这对于揭示侵权行为的内涵和外延具有重要参考意义。

---

① 参见王泽鉴：《民法通则侵权责任的基本问题》，载《法学丛刊》，第131期。

第二节 侵权行为一般条款

引例 "无正当诉因恶意诉讼"案

某报社记者贾某调查某镇个体性病医院骗取钱财的不道德事件，在报纸上载文予以揭露。文章中用化名提到一个被骗钱财的性病患者甲。在离此镇100公里外的另一个镇里，也有一个患同种性病的乙就叫这个化名。乙向法院起诉，以侵害其名誉权为由请求报社和记者承担精神损害赔偿责任。在诉讼中，乙与贾某协商，要求其承认侵权，胜诉后将获得的赔偿金与贾某分享，但被贾某拒绝。一审法院判决报社和记者贾某的行为构成侵权，报社和贾某承担赔偿责任。二审法院则判决驳回乙的诉讼请求。贾某和报社向法院起诉，追究乙的恶意诉讼侵权责任。

一、侵权行为一般条款和一般侵权行为

成文法国家或者地区的民法典对侵权行为的规定多采用一般化的立法方法，规定侵权行为一般条款，通过侵权行为一般条款来确定一般侵权行为。这些立法中的侵权行为一般条款，如《法国民法典》第1382条、《德国民法典》第823条、《日本民法典》第709条等。

对于什么是侵权行为的一般条款，学者有不同理解。一种意见认为：侵权行为一般条款就是在成文法中居于核心地位的、作为一切侵权请求之基础的法律规范，所有的基于侵权行为的请求权都要符合这一条文的要求。也就是说，侵权行为一般条款就是一个国家或地区的民法典调整侵权行为全部请求权的基础。在这个条文之外，不存在另外任何侵权行为请求权的基础，这个条文一统天下。① 另一种意见认为：将侵权行为一般条款理解为对所有侵权行为的全面概括，是对侵权行为一般条款作了扩大解释。侵权行为一般条款就是规定一般侵权行为的条款。②

这两种意见的分歧在于，前者认为侵权行为一般条款规定的是全部侵权行为、一切侵权行为，其公式为：

---

① 参见张新宝：《侵权行为法的一般条款》，载《法学研究》，2001（4）。

② 参见杨立新：《论侵权行为一般化和类型化及其我国侵权行为法立法模式的选择》，载《河南省政法管理干部学院学报》，2003（1）。

侵权行为一般条款＝全部侵权行为

而后者认为，侵权行为一般条款不过是概括了一般侵权行为，尽管其概括的是多数的侵权行为；而其他的侵权行为则由特殊侵权行为这一概念来概括。作这种理解的侵权行为一般条款的公式为：

侵权行为一般条款＝一般侵权行为

一般侵权行为＋特殊侵权行为＝全部侵权行为

或者：

侵权行为一般条款＋特殊侵权行为特别规定＝侵权法

一般说来，前一种主张是有道理的。可以作为证明的如《欧洲统一侵权法（草案）》就是采用这种意见来规定侵权行为一般条款。其第1条规定的是基本规则（一般条款）：“（1）任何人遭受具有法律相关性的损害，有权依据本法之规定请求故意造成损害的人、因违反义务而造成损害的人或者对损害依法负有责任的其他人赔偿。（2）损害的发生处于紧急情势时，将遭受损害的人享有本法赋予的防止损害发生的权利。（3）为了本法的目的，具有法律相关性的损害指的是本法第二章所规定的‘具有法律相关性的损害’；故意和违反义务的判定以本法第三章第一节，以及第四章所规定的特殊情形下所造成的具有法律相关性的损害为依据。（4）本条所指权利由本法其他条款予以规定。”还可以作为证明的，是前文所引述的《埃塞俄比亚民法典》第2027条的规定。[①] 这两种规定显然是概括了全部侵权行为请求权的。

不过，在成文法国家或地区的侵权法立法中，规定侵权行为一般条款的主要模式是后一种。提出侵权行为一般条款是概括全部侵权行为请求权的依据之一是法国的侵权行为一般条款，其规定侵权行为的三个条文即第1382条、第1383条和第1384条，都被作为侵权行为一般条款。这样理解，有将侵权行为一般条款扩大化的嫌疑。实际上，《法国民法典》关于侵权行为一般条款的规定，是第1382条，第1384条是对准侵权行为即特殊侵权行为的概括性规定，统管以下的第1385条和第1386条。如果说《法国民法典》这三个条文是侵权行为一般条款，就等于说《法国民法典》的全部侵权行为的规定（5个条文）都是规定侵权行为一般条款。这显然说不通。因此，《法国民法典》的基本结构就是：第1382条规定的是一般侵权行为，以后的条文规定的是准侵权行为。若将这两个部分放在一起，都称为侵权行为一般条款，理解不准确。

【拓展阅读】

从多数大陆法系国家侵权法的立法情况来观察，侵权行为一般条款并不是概括所有侵权行为请求权的条款，而只是关于一般侵权行为的概括性条款。其含义是，侵权行为一般条款是指概括一般侵权行为的特点和构成要件的侵权法条款，对一般侵权行为的基本构成要件和基本特征进行概括，是作为一般侵权行为请求权基础的条款。就一般情况而言，侵权行为一般条款是关于一般侵权行为的侵权法条款，而不是概括所有的侵权行为及其请求权的条款。

---

① 《埃塞俄比亚民法典》第2027条规定：（1）任何人应对因过犯给他人造成的损害承担责任，而不论他为自己设定的责任如何。（2）在法律有规定的情形，一个人应对因其从事的活动或所占有的物给他人造成的损害承担责任。（3）如果某人根据法律应对第三人负责，他应对该第三人因过犯或依法律规定发生的责任负责。

二、大陆法系侵权法一般化立法模式的发展过程

大陆法系侵权法采用一般化的立法模式，经历了一个渐进的发展过程，贯穿了大陆法系侵权法发展的整个过程，大致分为五个阶段。

(一) 古代成文法时期

在历史上，无论是两河流域的立法还是其他国家的古老立法，凡是关于侵权行为的法律规定都是具体规定，没有出现过对侵权行为作出概括的一般化规定的条文。在四千多年以前的乌尔第三王朝的《乌尔纳姆法典》以及《苏美尔法典》中，关于侵权行为的规定都是极为具体的规定，例如“殴打自由民之女，致堕其身内之物者，应赔偿银三分之一明那”①。

中国同样是这样。中国古代立法关于侵权行为的规定，散见于律令的各个篇章中，就不同的侵权行为作出不同的规定，直到《唐律·杂律》才出现过有关侵害财产权的侵权行为的概括性条文，即“诸弃毁、亡失及误毁官私器物者，各备偿（赔偿）”。这一条文具有很高的概括性，表明了中国古代侵权法发展的先进程度。② 但这也不是侵权行为一般条款，而仅仅是关于侵害财产权的侵权行为、具有一定概括性的条文。

古代成文法的侵权法结构如表 2-1 所示：

表 2-1 古代成文法的侵权法结构

侵权法
对各种不同类型的侵权行为的具体规定

(二) 罗马法时期

古代罗马法，尤其是后期罗马法，对侵权法的一般化的进程起到了巨大的推动作用，开启了大陆法系侵权法一般化的历史进程。这就是罗马法关于私犯和准私犯的规定，它为后世的侵权法一般化立法奠定了基础。

早期的罗马法对侵权行为并没有作出私犯和准私犯的划分，采用的也是规定具体侵权行为的做法。查士丁尼制定罗马法典，将侵权行为分为私犯和准私犯，其中私犯就是后来被概括为一般侵权行为的侵权行为。按照查士丁尼《法学总论》的规定，私犯包括四种类型，即：(1) 盗窃；(2) 抢劫；(3) 财产上的损害；(4) 人身伤害。由于罗马法对私犯的规定刑民不分，所以，罗马法上的私犯既是侵权行为，也包括某些犯罪行为，如盗窃和抢劫也被规定在其中。不过，按照一般理解，罗马法上的私犯即一般侵权行为，就是对人私犯和对物私犯。这些私犯，都是行为人自己实施的侵权行为，具有一般侵权行为的基本特征，因而与准私犯不同。但是凑巧的是，这种关于私犯和准私犯的划分方法，恰好反映了现代侵权法中的一般侵权行为和特殊侵权行为的基本概念：私犯所涵盖的是现代意义上的

---

① 杨立新：《侵权法论》，113 页，长春，吉林人民出版社，2000。

② 关于中国古代侵权法的概括性的说明，请参见杨立新：《疑难民事纠纷司法对策》，207 页，长春，吉林人民出版社，1991。

一般侵权行为，准私犯所涵盖的正是特殊侵权行为。因此，有学者作出的罗马法将新产生的违法行为称为准私犯的判断①，很难说是准确的。

正是由于罗马法对侵权行为采取了这样的划分方法，才开始了侵权法的侵权行为一般化的历史进程：私犯被以后的立法概括为一般侵权行为，出现了大陆法系侵权法的侵权行为一般条款；准私犯则被概括为准侵权行为或者特殊侵权行为。看来，历史的发展就是由某些看起来属于偶然，而实际上蕴含了历史发展必然的事件构成的。这就是历史发展的规律性。侵权法的发展同样如此。可以说，罗马法为近代侵权法的一般化立法已经奠定了坚实基础。

罗马法的侵权法结构如表 2-2 所示：

表 2-2　罗马法的侵权法结构

侵权法	
私犯	准私犯
1. 盗窃 2. 抢劫 3. 对人私犯 4. 对财产私犯	1. 审判员错判 2. 抛掷物致害 3. 悬挂物致害 4. 家父对家子的责任 5. 船长对船员、马厩主人、店主责任 6. 家父对奴隶

（三）法国法时期

1804 年《法国民法典》的诞生，标志着人类社会完成了侵权法中侵权行为一般化的立法进程。这就是，《法国民法典》对侵权行为的基本内容作出了最概括、最一般化的规定，其第 1382 条规定的一般侵权行为（只排除准侵权行为），概括了几乎 90%的侵权行为。任何行为侵害了他人的权利造成损害，只要符合这个侵权行为一般条款的要求，就构成一般侵权行为，受害人就享有损害赔偿请求权，以此救济权利的损害改变了只有按照侵权行为的具体条文规定才能请求损害赔偿的习惯做法。因此，《法国民法典》第 1382 条才是真正的侵权行为一般条款，是对侵权行为作了最大限度概括的一般化条文。②《法国民法典》规定侵权行为那一章的章名，就作了这样的区别，即“侵权行为和准侵权行为”，其中侵权行为就是一般侵权行为，就是第 1382 条规定的侵权行为，而准侵权行为则是第 1384 条及以后的条文规定的内容。

《法国民法典》关于侵权行为一般化的立法模式，开启了大陆法系对侵权行为一般化立法的先河。从此，成文法国家民法典规定侵权行为的做法，差不多都是按照《法国民法典》的立法例，尽管在具体写法上有所不同，但是基本立法方式都没有离开这个模式。

法国侵权法的结构如表 2-3 所示：

---

① 参见周枏：《罗马法原论》，785 页，北京，商务印书馆，1994。

② 《法国民法典》第 1382 条和第 1383 条的关系是：第 1382 条规定的是过错侵权行为，第 1383 条宣称的是一个人不仅对故意行为承担责任，而且对他或她的过失造成的损害承担责任。参见［德］克雷斯蒂安·冯·巴尔：《欧洲比较侵权行为法》，上册，张新宝译，18 页，北京，法律出版社，2001。

表 2－3 法国法的侵权法结构

侵权法	
侵权行为一般条款（第 1382 条）规定的侵权行为	准侵权行为条款（第 1384 条）规定的准侵权行为
构成要件为： （1）过错行为 （2）损害 （3）因果关系	第 1385 条和第 1386 条规定具体的准侵权行为

（四）德国法时期

《德国民法典》规定侵权法，同样坚持的是一般化立法，所不同的是，《德国民法典》在规定侵权行为一般条款的同时，对特殊侵权行为作了较为具体的规定。《德国民法典》第 823 条规定：（1）因故意或者过失不法侵害他人生命、身体、健康、自由、所有权或者其他权利者，对他人因此而产生的损害负赔偿义务。（2）违反以保护他人为目的的法律者，负相同的义务。如果根据法律的内容并无过失也可能违反此种法律的，仅在有过失的情况下，始负赔偿义务。第 826 条规定：以违背善良风俗方式故意对他人施加损害的人，对他人负有损害赔偿义务。这种将各种诉因类型化，将侵权行为概括为对权利的侵犯、违反保护性规定和违反善良风俗的一般条款，同样规定的是一般侵权行为。[①] 除此之外，《德国民法典》还规定了特殊侵权行为，与具有这三种诉因的一般侵权行为一起，构建了德国侵权法体系。

德国侵权法的基本特点，仍然是坚持法国法创立的侵权行为一般化的立法模式，但对一般侵权行为的诉因类型作出了规定（侵权行为违法性的三种基本类型），而不是像《法国民法典》那样，仅仅规定了故意或者过失，而不强调违法性为侵权行为构成要件。

德国侵权法的结构如表 2－4 所示：

表 2－4 德国法的侵权法结构

侵权法	
一般侵权行为（第 823 条）	特殊侵权行为
侵权责任的构成要件： （1）行为人责任能力 （2）过错 （3）加害行为 （4）行为的违法性 （5）损害 （6）因果关系	第 824、825、828、831、832、833、834、836、837、838、839、841 条等

（五）埃塞俄比亚法时期

埃塞俄比亚法时期，是指 1960 年制定《埃塞俄比亚民法典》开创的侵权行为一般化立

① 参见［德］克雷斯蒂安·冯·巴尔：《欧洲比较侵权行为法》，上册，张新宝译，21 页，北京，法律出版社，2001。

法的新时期。这个做法被《欧洲统一侵权法（草案）》所接受。在当代，大陆法系侵权法的立法在向进一步的一般化发展，使侵权行为一般条款不仅涵盖一般侵权行为，而且向着概括全部侵权行为的方向发展。

1960年制定的《埃塞俄比亚民法典》第2027条①是其侵权行为一般条款。与以往的大陆法系侵权行为一般条款不同，该条不是仅仅概括一般侵权行为，而是概括全部侵权行为。这一条款规定：第一，过犯侵权行为；第二，在法律有规定的情形，替代责任的侵权行为；第三，根据法律，对第三人因过犯或依法律规定发生的责任负责，即无过错责任。尤其值得注意的是，该法典这一条文被放在侵权法最为显著的地位，是在全部侵权法的五章规定之前，而不是放在五章的任何一章之中。这样的条文设计，彰显了侵权行为一般条款的地位。

埃塞俄比亚法侵权法的结构如表2-5所示：

表2-5 埃塞俄比亚法的侵权法结构

侵权法		
侵权行为一般条款（第2027条）		
因过犯所生责任的侵权行为类型	对他人行为承担责任的侵权行为类型	过犯阙如责任的侵权行为类型

《欧洲统一侵权法（草案）》也是采用这种方式规定侵权行为一般条款，与《埃塞俄比亚民法典》的立法模式相一致。

这种对侵权行为一般条款的规定，是侵权行为一般条款发展的第五个阶段：既规定侵权行为一般条款，也规定侵权行为类型。这种新的侵权法立法模式，正是将侵权行为一般化和类型化结合起来的新尝试，也是世界侵权法发展的潮流。

三、侵权行为一般条款的意义

大陆法系民法典的基本立法方式是具体化，因而拥有数千个条文。但是，其中只有侵权法在民法典中独树一帜，采用这样的一般化立法方法作出规定。民法典采用侵权行为一般化的立法方法，规定侵权行为一般条款的基本意义在于以下几点。

（一）使立法简明扼要

侵权行为一般条款的最大价值就在于，简化立法，用最简单、最少的法律条文，最大限度地扩充侵权法的含量，概括最丰富、最大量的侵权行为，而不用再在几千个条文的民法典中另外构建一个复杂、庞大的侵权法体系，避免民法典更为臃肿、复杂。《法国民法典》规定侵权法只用短短5个条文的做法，就是最好的说明。

（二）增强条文的弹性，使之与时俱进

侵权行为一般条款具有高度浓缩性，使之成为一个弹性极大、能够与时俱进的法律条

① 参见徐国栋主编：《埃塞俄比亚民法典》，薛军译，370、371页，北京，中国法制出版社；香港，金桥文化出版（香港）有限公司，2002。

文，可以包容任何符合这一条款要求的侵权行为。这使这一条文高度概括，对具体的一般侵权行为不再一一作出具体规定，能够适应社会生活的新变化，不断伸展其弹性，使其具有高度的包容性。

（三）赋予法官概括的裁判准则

大陆法系的侵权法与其民法典的其他部分规定的内容，如物权法、合同法、继承法、亲属法等，是完全不一样的，没有详细的规则，只有基本的规则作为裁判准则。侵权行为一般条款赋予法官以概括的裁判准则，使法官在这一条文面前，享有高度的自由裁量权，发挥法官的创造性，依据侵权行为一般条款，对所有的一般侵权行为作出准确的判决。

【引例评析】

对于本节引例“无正当诉因恶意诉讼”案的处理，就应当适用侵权行为一般条款确定侵权责任。按照《民法典》第1165条第1款的规定，一个行为具有违法性，行为人具有过错，其行为已经造成了受害人的损害，具有因果关系，就构成侵权责任。在本案中，乙与报社和贾某的报道毫无关系，却偏要“对号入座”，认为构成侵权行为，进行恶意诉讼，意图获得非法利益。乙具有故意的心理状态，行为具有违法性，故其行为符合侵权行为一般条款的要求，法官可依照侵权行为一般条款的规定，责令恶意诉讼人承担侵权责任。

第三节 《民法典》规定的侵权行为一般条款

一、原《侵权责任法》大小搭配的侵权行为一般条款

世界各国和地区侵权法对侵权责任一般条款的规定，有三种典型模式，即法国式、德国式和埃塞俄比亚式。

德国式和法国式的侵权行为一般条款尽管有所不同，但它们概括的都是一般侵权行为而不是全部侵权行为，是小的一般条款；而埃塞俄比亚式的侵权行为一般条款则是概括全部侵权行为的一般条款，是大的一般条款。在我国1930年制定的民国民法借鉴的是德国式，原《民法通则》第106条第2款的规定与《法国民法典》第1382条比较相似。

2009年制定的《侵权责任法》第6条第1款关于过错责任原则的规定，与原《民法通则》第106条第2款基本相似，但由于有了原《侵权责任法》第2条第1款而丧失了大的

一般条款的地位。原《侵权责任法》第2条第1款作为侵权行为一般条款，采用的既不是德国模式也不是法国模式，与其最相近似的是埃塞俄比亚式，是“大”的侵权行为一般条款。原《侵权责任法》对侵权行为一般条款的设计，采用的是大小搭配的模式，既有第2条规定的大的一般条款，又有第6条第1款规定的小的一般条款，分别起到不同的作用。

原《侵权责任法》第2条第1款作为侵权行为一般条款，借鉴的是埃塞俄比亚侵权法的侵权行为一般条款立法模式。其作用是将所有的侵权行为概括在一起，无论进行何种程度的侵权行为类型的规定，即使随着社会的发展出现新型的侵权行为，都在这个条文的概括范围之中，因此，原《侵权责任法》对具体侵权行为类型的规定，写多写少并没有问题。如果采取小的侵权行为一般条款模式，则只能够覆盖一般侵权行为，而对于特殊侵权行为就必须进行完全、完整的规定，出现新的特殊侵权行为时必须补充立法，因此这种做法并不是一个理想的选择。可见，埃塞俄比亚模式比法国模式要好，能够体现与时俱进的发展要求，无论侵权行为发生什么新变化，都能够用这个一般条款将其概括起来，解决法律适用问题。原《侵权责任法》第2条第1款选择的，就是最新的侵权行为一般条款的立法模式。应当看到的是，原《侵权责任法》不只是一部侵权赔偿法，除了规定损害赔偿责任之外，还于第15条规定了其他7种侵权责任承担方式，这些不是第6条和第7条所能概括的，因此，更需要第2条来作出调整。①

第6条第1款规定的是小的一般条款，对于一般侵权行为，原《侵权责任法》并没有作出类型化的规定，仍然必须依照过错责任的一般规定适用法律，确定一般侵权责任的请求权基础仍然是第6条第1款。

两个一般条款相互搭配，各自起到不同的作用，构成了原《侵权责任法》的一个鲜明特点，有别于其他任何国家的侵权法。

二、《民法典》对侵权行为一般条款的规定

（一）改变侵权行为一般条款的双重立法体例

《民法典》由于让侵权责任重回债法体系，因而也改变了原《侵权责任法》对侵权行为一般条款采双重立法体例的做法，回归传统民法的侵权行为一般条款的立法模式，于第1165条第1款规定：“行为人因过错侵害他人民事权益造成损害的，应当承担侵权责任。”原《侵权责任法》第2条第1款规定的大的一般条款被改造为第120条，规定在总则编，内容是：“民事权益受到侵害的，被侵权人有权请求侵权人承担侵权责任。”这实际上规定的是侵权请求权。

《民法典》第1165条第1款规定的侵权行为一般条款，基本上回归了原《民法通则》第106条第1款的立法模式，与原《侵权责任法》第6条第1款近似，但是在内容上有所不同。

《民法典》第1165条第1款与原《民法通则》第106条第1款规定的差别：一是将“公

---

① 对此，本书建议采用《埃塞俄比亚民法典》第2027条规定侵权行为一般条款的做法，参见杨立新：《论埃塞俄比亚侵权法对中国侵权法的借鉴意义》，载《扬州大学学报（人文社会科学版）》，2005（5）。

民、法人”表述为“行为人”，与原《侵权责任法》第6条第1款规定的“行为人”相一致；二是将原《民法通则》中的“国家、集体”改变为“他人”，与原《侵权责任法》规定的“他人”相一致；三是将“侵害财产、人身”，改变为“侵害……民事权益”，与原《侵权责任法》规定相一致；四是增加规定“损害”要件，原《民法通则》《侵权责任法》都没有规定这个要件；五是将“民事责任”改为“侵权责任”，与原《侵权责任法》的规定相一致。

（二）《民法典》改变侵权行为一般条款的主要原因

《民法典》第1165条第1款通过以上修改和完善，使我国的侵权行为一般条款的内容更加规范、更加准确，突出了侵权法是侵权损害赔偿法，准确调整一般侵权责任的法律适用，更能够发挥侵权行为一般条款的职能作用。

《民法典》作出这一改变的主要原因是以下几点。

第一，区分作为民事权利保护方法的固有请求权与侵权请求权的界限。在我国民法立法的类法典化时期，对于民事权利的保护统一采用侵权责任的方式进行，不区分固有请求权与侵权请求权，甚至将固有请求权的保护方法与侵权请求权的保护方法相混淆，不能分清对民事权利的这两种保护方法的不同功能。《民法典》将固有请求权和侵权请求权界定为两种不同的民事权利保护方法，分别对应不同的民事责任承担方式，构建了我国科学的民事权利保护方法体系。

第二，确认侵权请求权的主要责任方式是损害赔偿。原《侵权责任法》之所以要规定大的侵权行为一般条款，主要是为了迁就规定的八种侵权责任承担方式，因为在这八种侵权责任承担方式中，多数责任方式的构成并不需要过错要件，例如停止侵害；只有损害赔偿、恢复原状等才须具备过错要件。将侵权责任回归债法，实现固有请求权与侵权请求权的职能分工——固有请求权主司受到妨碍的民事权利的恢复性救济职能，侵权请求权主司受到损害的民事权利的补偿性救济职能。主要的侵权责任承担方式是侵权损害赔偿，就没有必要再规定大的侵权行为一般条款。

综上，规定大的侵权行为一般条款的基础已经不存在，没有必要再叠床架屋，设置大小搭配的双重侵权行为一般条款。《民法典》规定侵权行为一般条款时，就由双重立法体例改变为单一立法体例，使对侵权行为一般条款的规定回归侵权法的传统立法体例。采用单一的侵权行为一般条款，不仅适应了《民法典》对侵权行为的规定，而且与民法的立法传统相一致，因而是《民法典》立法之必然。

三、侵权行为一般条款的调整功能与适用

（一）侵权行为一般条款的调整功能

《民法典》第1165条第1款规定的侵权行为一般条款，其调整范围是确定一般侵权行为的范围和责任构成要件，规定对一般侵权责任适用侵权法的一般规则，确定一般侵权责任的界限，为一般侵权行为请求权提供法律基础。因此，在《民法典》的适用上，应当遵照侵权行为一般条款（例如《德国民法典》第823条、《法国民法典》第1382条、《日本民法典》第709条等）的规定，确定具体规则。

(二) 司法实践中适用侵权行为一般条款的具体规则

法官在侵权行为一般条款面前，可以创造性地发挥主观能动性，将任何具备这一条文规定的构成要件的民事违法行为认定为侵权行为，对行为人予以侵权损害赔偿的制裁，对受害人受到损害的权利和利益进行救济。

1. 法官须对侵权行为一般条款有明确的认识和准确的理解

侵权行为一般条款的最基本含义，就是将全部一般侵权行为概括在一起，因此这个条文具有高度的概括性，具有极大的容量，凡是一般侵权行为都被概括在其中。法官在办理侵权行为纠纷案件时，必须准确掌握侵权行为一般条款的含义，掌握一般侵权行为的基本规则，充分发挥它的创造性，准确适用，更好地保护民事主体的民事权益。

2. 法官应当掌握一般侵权行为基本规则

(1) 侵权行为一般条款所概括的是一般侵权行为，不包括特殊侵权行为。

(2) 适用侵权行为一般条款处理一般侵权行为，适用过错责任原则，不适用过错推定原则和无过错责任原则。

(3) 适用侵权行为一般条款确定侵权责任，其责任构成要件是违法行为、损害事实、因果关系和过错。只要一个行为具备了所要求的这四个要件，就应当认定它为一般侵权行为，适用侵权行为一般条款作出判决。

(4) 适用侵权行为一般条款审理侵权案件，其举证责任在原告，原告须对侵权责任构成的四个要件举证证明，被告原则上不承担举证责任。

(5) 适用侵权行为一般条款的一般侵权行为，其侵权责任形态是为自己的行为负责，即自己责任形态。

3. 法官应当敢于适用侵权行为一般条款

法官应当敢于依照侵权行为一般条款的规定依法裁判，而不能在遇到不熟悉或者以前没有遇到的侵权行为纠纷案件时，就非要找法律的明文规定，没有明文规定就不敢办，就不会办。法官一定要明确，对于符合侵权行为一般条款要求的侵权行为，就用侵权行为一般条款来调整，法律不再对一般侵权行为作出规定。如果是要特别规定的，都是特殊侵权行为，都不属于侵权行为一般条款调整的范围。所以，法官在符合《民法典》第1165条第1款规定的新型侵权行为纠纷案件面前不能缩手缩脚，不敢判决。

【拓展阅读】

按照法律关于侵权行为的规定，法官在遇到一个以前没有遇到过的新型侵权行为纠纷案件的时候，其规则是：第一，要看《民法典》第1188条至第1258条关于特殊侵权责任的规定中，是不是对此有明文规定。有明文规定的，该行为就是特殊侵权行为，应当按照相应的特殊规定确定其侵权责任。第二，如果上述法律条文没有明文规定，应当看其他法律和司法解释是否还规定了其他特殊侵权责任类型，如果有明文规定，应当按照规定处理。第三，上述其他法律或者司法解释没有明文规定的，这个侵权行为就不是特殊侵权行为，可能是一般侵权行为，应当按照《民法典》第1165条第1款的规定，确定其是否具备侵权责任的四个构成要件：如果具备四个构成要件，则为一般侵权行为，直接适用该条款确定侵权责任。如果不具备全部四个构成要件，则不属于侵权行为，行为人不应承担侵权责任。

第四节 侵权责任的保护范围

引例 “恶意转移证券妨害财产保全侵害债权”案

中银国际在明知普鑫公司已通过法院对唯美特公司实施财产保全的情况下，未经唯美特公司同意，擅自以变更指定交易的方式违法转移唯美特公司的财产，使法院针对普鑫公司的债权所采取的保全措施大部分落空，导致普鑫公司的债权未获全额清偿。一审法院认为，中银国际转移财产的行为主观恶意明显，行为与普鑫公司因债权未获清偿所产生损失的因果关系明确，故中银国际对普鑫公司侵权的事实成立。二审法院认为，中银国际出于对其自身利益的考虑，恶意阻挠普鑫公司申请在先的保全，以此非法手段争夺财产保全的次序，侵害普鑫公司合法债权的恶意明显，普鑫公司有权就其债权受损依法请求侵权法保护。

一、《民法典》第1164条规定的侵权责任保护范围

（一）对《民法典》第1164条条文主旨的一致看法

《民法典》第1164条的主旨，是规定侵权责任的调整范围。[①] 其既是对侵权责任保护范围的规定[②]，也是对侵权行为范围的规定。

《民法典》第1164条改变了原《侵权责任法》第2条第2款规定侵权责任保护范围的做法，不再列举具体的保护对象，而是采取概括的方法，规定所有的“民事权益”都是侵权责任的保护范围。这样，就将侵权责任保护范围界定在《民法典》总则编第五章规定的民事权益，该章所列举的人格权、身份权、物权、债权、知识产权、继承权、股权和其他投资性权利，以及第126条规定的“民事主体享有法律规定的其他民事权利和利益”，都是侵权责任的保护范围。[③]

（二）对《民法典》第1164条之具体内容的不同看法

在统一理解《民法典》第1164条之主旨的基础上，学界在对侵权责任保护的“民事权

① 参见黄薇主编：《中华人民共和国侵权责任编释义》，2页，北京，法律出版社，2020；最高人民法院民法典贯彻实施工作领导小组：《中华人民共和国民法典理解与适用》，侵权责任编，13页，北京，人民法院出版社，2020。

② 参见杨立新：《侵权责任法》，31页，北京，法律出版社，2020。

③ 参见杨立新：《侵权责任法》，31页，北京，法律出版社，2020。

益”概念的理解上，还存在一些不同看法。

1. 债权是否为侵权责任保护的范围

有的认为：合同债权也是一种民事权利，但原则上不属于侵权责任的保护范围。对于第三人侵害债权是否受侵权责任的调整，法律没有规定。如果第三人侵害债权的行为足够恶劣，第三人有过错，能够构成相应的侵权行为的，可以适用《民法典》侵权责任编的规定。① 另一种意见认为：债权属于典型的相对权。债权应当受到法律保护，但关于侵权法对债权如何保护以及保护到什么程度则争议很大。② 这两种看法分歧较大。

质言之，既然债权不受侵权责任的保护，就不应该认为对足够恶劣的可以适用《民法典》侵权责任编规定。这样的说法本身就是矛盾的。显然，债权是否为侵权责任的保护范围，仍然是一个需要解决的问题。

2. 侵权责任保护的民事权利和民事利益是否有区别

民事权利和民事利益当然是有区别的，可是也有认为侵权责任保护的民事权利和民事利益是没有区别的见解。这也是对《民法典》第 1164 条规定的不同看法之一，即认为权利和利益的界限比较模糊，很难清楚地加以区分；而且权利和利益是可以相互转换的，随着社会的发展，纠纷增多，法院通过判例将原来认定为利益的转而认定为权利，即将利益“权利化”，因此本条没有区分权利和利益。③ 相反，另有见解认为《民法典》侵权责任编以民事权益统领民事权利和民事利益，对二者并未明确区分，而是均列入保护范围，但由于民事利益的特殊性，并不能不加区分地一概予以保护。④ 这样不一致的看法需要统一认识。

3. 对数据和网络虚拟财产应当用“权利”保护还是用“其他合法权益”保护

《民法典》第 127 条规定，法律对数据和网络虚拟财产的保护有规定的，依照其规定。对此，有的学者在解释侵权责任保护数据和网络虚拟财产时认为，《民法典》虽然没有明确数据和网络虚拟财产被规定为民事权利，也应当被认为是侵权责任法所保护的“其他合法权益”⑤。数据和网络虚拟财产应当受到侵权责任保护，但是，数据和网络虚拟财产的性质究竟是“权利”的客体，还是“其他民事权益”，还值得讨论，应当统一见解。

4. 侵权责任保护胎儿究竟是对权利的保护还是对利益的保护

胎儿在受到人身损害时享有的侵权损害赔偿请求权，以及供养人被侵权行为致害而丧失生命或者丧失劳动能力，从而使胎儿在出生后享有的抚养来源损害赔偿请求权，所保护的究竟是权利还是利益，见解不一。有人认为，在符合《民法典》第 16 条规定的情况下，胎儿利益保护应当与自然人利益保护采用一致的规则，不可一概采用民事利益保护模式，也不适宜适用其母亲的身体权、健康权受到侵害的规则。⑥ 这些话说得比较模糊，既然与

---

① 参见黄薇主编：《中华人民共和国民法典侵权责任编释义》，3 页，北京，法律出版社，2020。

② 参见最高人民法院民法典贯彻实施工作领导小组：《中华人民共和国民法典理解与适用》，侵权责任编，17 页，北京，人民法院出版社，2020。

③ 参见黄薇主编：《中华人民共和国民法典侵权责任编释义》，3 页，北京，法律出版社，2020。

④ 参见最高人民法院民法典贯彻实施工作领导小组：《中华人民共和国民法典理解与适用》，侵权责任编，19 页，北京，人民法院出版社，2020。

⑤ 张新宝：《中国民法典释评》，侵权责任编，4 页，北京，中国人民大学出版社，2020。

⑥ 参见最高人民法院民法典贯彻实施工作领导小组：《中华人民共和国民法典理解与适用》，侵权责任编，22 页，北京，人民法院出版社，2020。

自然人利益保护采用一致的原则，那么为何又不可一概采用民事利益保护模式，不知侵权责任究竟应当如何保护胎儿的人身权益。

5.《民法典》第1164条是否可以作为民事裁判的依据予以援引

有人认为，《民法典》第1164条属于重要的裁判规则，在相关案件中可以作为一条重要的援引依据，特别是对于一些民事权益侵权案件，在侵权责任编其他条文没有规定的情况下，要作为援引依据。①《民法典》第1164条究竟属于何种性质，是否能够作为民事裁判的援引依据，需要认真研究。可以说，任何一个侵权行为纠纷案件，都涉及是否在侵权责任保护范围内的问题，因而每一个侵权行为纠纷案件似乎都要援引这一条文。

上述这些问题都涉及对侵权责任保护范围的界定问题，需要深入研究，统一认识，进而统一对侵权行为纠纷案件适用《民法典》规范的准确性。

二、对《民法典》第1164条的评价及问题辨析

（一）对《民法典》第1164条的一般性评价

《民法典》第1164条规定了侵权责任的保护范围，不仅强调了侵权责任编调整侵权责任法律关系，还强调了侵权法律关系的产生是因为“侵害民事权益”。立法者通过这样一个关于侵权责任编调整范围的规定，替代了原《侵权责任法》第2条第2款，赋予了侵权责任编调整范围条款以更深刻、更实用的内容。其具有两个功能：第一，规定侵权责任编的调整范围是侵权责任法律关系；第二，规定侵权责任的保护范围是民事权益。

第一个功能比较好理解，不必多加解释。第二个功能，规定侵权责任的保护范围首先是民事权利，其次是民事利益。这就是说，侵害民事权利的行为是侵权行为，侵害民事利益的行为也是侵权行为，只要符合侵权责任构成要件，都构成侵权责任，也就都应由侵权责任编调整。

（二）对《民法典》第1164条认识不一致的具体问题的说明

对《民法典》第1164条认识不一致的具体见解，需要进一步研究和说明，因为对这些问题不讨论清楚，不得出一致的结论，就会影响侵权责任规则的具体适用。

1.债权应当属于侵权责任的保护范围

在我国的侵权责任法领域，债权究竟是不是侵权责任的保护对象，一直是一个没有得到很好解决的问题。自《民法典》颁布以来，学界对此有四种不同看法：一是认为债权是民事权利类型，虽然是相对权，但仍然是民事权利，包括在“民事权益”的权利范畴之内。② 二是认为，第三人恶意侵害债权应当承担侵权责任，这些都是可以被看作侵权责任对“其他合法权益”的保护。③ 三是认为，债权应当受到法律保护，对此没有分歧，但在

---

① 参见最高人民法院民法典贯彻实施工作领导小组：《中华人民共和国民法典理解与适用》，侵权责任编，19页，北京，人民法院出版社，2020。

② 参见杨立新：《侵权责任法》，31页，北京，法律出版社，2020；杨立新、李怡雯：《中国民法典新规则要点》，606页，北京，法律出版社，2021。

③ 参见张新宝：《中国民法典释评》，侵权责任编，4页，北京，中国人民大学出版社，2020。

侵权责任法上对债权如何保护以及保护到何种程度则争议很大，侵权责任法保护债权，是通过对第三人故意侵害债权的行为科以侵权责任的方式。[①] 四是认为，合同债权也是一种民事权利，但它原则上不属于侵权责任的保护范围。[②] 对此，笔者陈述以下意见。

首先，在我国侵权责任法领域，虽然对债权是否在侵权责任保护范围内的问题一直在争论中，但是，主流意见是肯定的看法，即使在原《侵权责任法》的制定过程中肯定意见也是主导意见。至于原《侵权责任法》第2条第2款为什么没有明文规定债权，主要是担心侵害债权的侵权责任与违约责任发生混淆，引起误解，对债权的保护主要还是合同法的功能，不能让人误解合同法和侵权责任法都保护债权。立法机关工作人员在《中华人民共和国侵权责任法释义》一书中说明：对于第三人侵害债权是否应为侵权责任法调整，没有明确作出规定，大多数意见认为侵害债权应当属于侵权责任保护的范围。原《侵权责任法》第2条第2款列举了部分民事权益，最后用了“等人身、财产权益”，这可以涵盖第三人侵害债权的问题。[③] 因此可以说，不论是原《侵权责任法》第2条第2款规定的“等人身、财产权益”，还是《民法典》第1164条规定的“民事权益”，其中都包含债权，即债权是侵权责任的保护范围。

其次，债权不是“其他民事权益”，而是民事权利。债权是《民法典》第118条规定的民事权利，是一种基本权利类型，其性质不会因为对其在不在侵权责任保护范围的争论而改变。如果因为对债权的这种争论而使其基本民事权利类型的性质都受到怀疑，进而变成“其他民事权益”，显然是不妥当的。

再次，认为债权原则上不属于侵权责任保护的范围的观点，是不正确的。不论是大陆法系的还是英美法系的侵权法，都对债权提供保护，只不过不是着眼于救济债务人对债权的侵害，而是针对第三人侵害债权。侵权责任法对第三人侵害债权的行为科以损害赔偿责任，同样是侵权责任法保护债权的体现。一方面承认如果第三人侵害债权的行为足够恶劣，第三人有过错，能够构成相应的侵权行为的，可以适用《民法典》侵权责任编的规定；另一方面又说债权原则上不属于侵权责任保护的范围，这是自相矛盾的。只要有一种侵害债权的侵权责任是肯定的，那么，债权就在侵权责任法的保护范围内。

最后，最高人民法院民法典贯彻实施工作领导小组在这个问题上的意见是正确的，即侵权责任保护的权利（一是绝对权，二是相对权），再加上第三种保护内容即对民事利益的保护[④]，就构成了侵权责任保护的全部范围。

2. 侵权责任保护的民事权利和民事利益有原则区别

有些学者认为侵权责任保护民事权利和保护民事利益没有区别的主要依据是，“在实践中，权利和利益的界限较为模糊，很难清楚地加以划分，对于什么是权利，意见纷纭”。“本条没有区分权利和利益，而是统一规定，‘本编调整因侵害民事权益产生的民事关系’”[⑤]。这

---

① 参见最高人民法院民法典贯彻实施工作领导小组：《中华人民共和国民法典理解与适用》，侵权责任编，17页，北京，人民法院出版社，2020。

② 参见黄薇主编：《中华人民共和国侵权责任编释义》，3页，北京，法律出版社，2020。

③ 参见王胜明主编；《中华人民共和国侵权责任法释义》，30页，北京，法律出版社，2013。

④ 参见最高人民法院民法典贯彻实施工作领导小组：《中华人民共和国民法典理解与适用》，侵权责任编，17～19页，北京，人民法院出版社，2020。

⑤ 黄薇主编：《中华人民共和国民法典侵权责任编释义》，3页，北京，法律出版社，2020。

种认识将权利和利益混淆起来，违反了民法区分权利和利益的基本原理，是不正确的。民事权利就是民事权利；被民事权利保护的民事利益就是民事权利的客体；民事利益在没有受到以权利方式的保护时，需要法律提供保护的，就是法益，而不是权利。权利乃享受特定利益的法律之力，特定利益是权利的内容，法律上之力为权利的外形。① 尽管如此，权利与利益仍然不是一回事：权利是法律之力，依据权利享有的特定利益就是权利的客体。利益是一个内容庞大的体系，被分为三个部分：一是作为民事权利客体的利益，例如物权的客体是物，债权的客体是权利人请求义务人为或者不为一定行为②，人格权的客体是人格构成要素，身份权的客体是亲属身份利益，等等，这些都是民事利益；二是受到法益保护的民事利益，它们没有受到具体民事权利的保护，但是，法律同样认为应当保护且予以提供保护；三是不受法律保护的利益，例如有人提出的所谓“亲吻权”的亲吻利益，是可以概括在其他权利之内的利益，或者特定利益过于轻微而不必予以保护。对权利的保护是以权利受到侵害为前提的，利益受有损害需要保护时，须法律有明文规定，或者加害人以违背善良风俗的方式故意加害。模糊权利与利益的界限，甚至将权利与利益混为一谈，带来的只能是民法理论的混乱和司法实践的不统一。

3. 数据和网络虚拟财产是权利客体不是“其他民事权益”

在《民法典》编纂的过程中，特别是在之前《民法总则》制度的过程中，数据和网络虚拟财产的属性是争议最大的问题之一。这里规定的数据实际上是衍生数据，是那些“经过加工无法识别特定个人且不能复原的”③ 信息数据，属于数据专有权的客体④，并不是一般的民事利益，应当采用保护知识产权的方式进行保护，故其当然在侵权责任保护范围。至于网络虚拟财产，通常认为属于无形物的范畴，是物权的客体，应当采用权利保护模式，当然在侵权责任保护之下。将对数据和网络虚拟财产的保护界定为对“其他民事权益”的保护，降低了数据专有权和网络虚拟财产物权的法律地位。侵权责任保护的是数据专有权和网络虚拟财产物权，而不是“其他民事权益”。

4. 对胎儿人身权益的保护是保护胎儿的利益而不是保护其权利

对胎儿的人格利益予以保护本无争议，但在对胎儿视为具有部分民事权利能力的情况下，是不是胎儿的人身受到侵害造成损失时，构成侵害其身体权或者健康权了呢？对胎儿视为具有部分民事权利能力，并不等于其就已经具有了民事权利能力，其身体、健康受到侵害时，所侵害的仍然还是民事利益，即身体利益和健康利益。

5.《民法典》第 1164 条在特定条件下可以作为裁判依据予以援引

在侵权责任领域，能够作为民事裁判依据而被援引的法律条文，通常是包含侵权请求权的基础条文，即包含侵权请求权的法律条文才可以作为民事裁判的法律依据。当《民法典》的某个条文不存在请求权的法律基础时，原则上不必作为民事裁判的法律依据予以援引。《民法典》第 1164 条并不包含请求权基础，所以，在对具体的侵权责任纠纷案件的裁判中，一般不需要在裁判文书中援引该条，因为虽然它是重要的裁判依据，但不是“对于

---

① 参见申卫星：《溯源求本道“权利”》，载《法制与社会发展》，2006 (5)。

② 参见《中华人民共和国民法典》第 118 条第 2 款规定的内容。

③ 《民法典》第 1038 条的内容。

④ 参见杨立新、陈小江：《衍生数据是数据专有权的客体》，载《中国社会科学报》，2016 - 07 - 13。

一些民事权益侵权案件，在本编及其他法律法规没有规定的情况下，要作为援引依据”的法律条文。对于在原告起诉的侵权行为纠纷案件中认为不属于侵权责任编调整范围、不属于侵权责任保护范围的，法院倒是可以援引这一条文而驳回其起诉。

三、《民法典》第1164条规定的侵权责任保护范围的界定

对《民法典》第1164条规定的侵权责任保护范围进行全面的界定的结论是：凡是民事权利，即“民事权益”中之“权”，都应受到侵权责任的保护；没有具体民事权利要予以保护，法律又规定应当保护的民事利益，即“民事权益”中之“益”，也就是法益，也应受到侵权责任的保护。简言之，《民法典》第1164条规定的侵权责任保护范围，包括民事权利和法益。

（一）侵权责任保护的民事权利范围

凡是民事权利，都应受到侵权责任的保护。用一个简单的公式概括，即“7＋N”。

所谓“7”，是指《民法典》总则编第五章规定的七种基本民事权利，即人格权、身份权、物权、债权、知识产权、继承权、股权及其他投资性权利。所谓“N”，是指《民法典》第126条关于“民事主体享有法律规定的其他民事权利和利益”之规定中的“其他民事权利”。

1. 人格权

人格权受到侵权责任保护，是毫无疑问的。《民法典》人格权编规定的生命权、身体权（包括身体自由权和性自主权）、健康权、姓名权、名称权、肖像权、声音权、名誉权、荣誉权、隐私权和个人信息权等，都应受到侵权责任的保护。对于人格权受到侵害造成损害应当承担损害赔偿责任的，不论是人身损害赔偿责任、精神损害赔偿责任还是侵害人身权益造成财产损失时的损害赔偿责任，都属于侵权请求权的保护方法，遵守《民法典》侵权责任编的规定。

2. 身份权

身份权包括配偶权、亲权、亲属权。这些身份权受到侵害，采用停止侵害等救济方法的，属于身份权请求权保护的范围；造成损害，应当采用损害赔偿救济方法的，是侵权责任保护范围。例如，侵权人侵害负有扶养义务的亲权人或者亲属权人的人身导致后者丧失劳动能力或者死亡的，侵害的是亲权和亲属权中的扶养请求权，这些都在侵权责任对身份权的保护范围内。

3. 物权

物权受侵害的，有物权请求权和侵权请求权方法进行保护，引发的问题是物权请求权与侵权请求权在保护物权方面如何分工。财产损害赔偿（《民法典》第1184条）、恢复原状（《民法典》第237条）、不用登记的动产物权的返还原物请求权（《民法典》第196条），都是侵权请求权。

4. 债权

债权为侵权责任保护对象，对此不应当有那么多的不同看法，因为规定第三人侵害债

权的侵权责任是各国侵权法的立法通例，而非罕见的立法之策。对此，最高人民法院民法典贯彻实施工作领导小组的见解是正确的，即侵权责任法保护债权，是通过对第三人故意侵害债权的行为科以侵权责任的方式。[①]

5. 知识产权

著作权、商标专用权、专利权以及其他知识产权，侵权责任予以保护，自无疑问。知识产权单行法通常规定了侵害这类知识产权的侵权责任认定规则，一般不在侵权责任一般规则中对此予以研究。笔者对此不多加评论，只是强调所有的知识产权都是侵权责任的保护范围，受到侵权责任的保护。

6. 继承权

在司法实践中，很少有用侵权责任保护继承权的，对通常的侵害继承权行为能够通过继承恢复请求权的行使，即可恢复继承权人的继承权。继承权受到侵害，行使继承恢复请求权无法恢复继承权，又造成损害的，应当适用侵权责任法予以保护，使侵权人承担侵权责任，救济继承权的损害。

7. 股权及其他投资性权利

股权及其他投资性权利也是民事权利，也在侵权责任保护范围之内。例如，代持股权后撕毁股权代持协议而以股权人自居，侵夺股权人的股权，或者通过让与担保获得名义股权而侵吞之，或者依仗大股东地位而侵蚀小股东的股权等，都是侵害股权及其他投资性权利的侵权行为。侵权责任保护股权及其他投资性权利，就是对股权及其他投资性权利的损害予以赔偿，进而救济权利人。

8. 其他法律规定的民事权利

“7＋N”中的N，就是其他法律规定的民事权利。民法特别法中规定的民事权利，例如企业的商业秘密权等也是民事权利，受到侵害后也都能获得侵权责任的保护和救济。[②]这一部分权利的范围比较宽，侵权责任保护功能的发挥更为必要。

（二）侵权责任保护的民事利益范围

侵权责任保护的民事利益范围，是比较难确定的。确定的基本原则是，那些没有具体的民事权利提供保护，法律又确需保护的民事利益，就是侵权责任保护的法益。其具体的范围是以下几点。

1. 其他人格利益

其他人格利益是一般人格权保护的范围，即《民法典》第990条第2款规定的“其他人格权益”。当这些其他人格权益受到侵害且不需要予以损害赔偿救济时，以人格权请求权予以保护。如果受到损害后需要予以损害赔偿救济，即为侵权责任的保护范围。

2. 胎儿的人格利益

对此，前文已经作了说明，胎儿的人格利益，是侵权责任保护的范围。这是对法益的

---

① 参见最高人民法院民法典贯彻实施工作领导小组：《中华人民共和国民法典理解与适用》，侵权责任编，17页，北京，人民法院出版社，2020。

② 商业秘密权作为知识产权，被规定在《民法典》第123条。对于不构成知识产权的商业秘密权，应当作为其他民事权利进行保护。

保护而不是对权利的保护。《民法典》第16条并没有明文提到保护胎儿的人格利益，明文提到的仅是继承遗产和接受赠与。对胎儿人格利益的保护，应当包含在“等”字中。例如，胎儿在孕育期间受到人身损害，产生人身损害赔偿请求权；在胎儿孕育期间，其供养人受到侵权行为损害使其丧失抚养来源，其在出生后享有抚养损害赔偿请求权等。

3. 死者的人格利益

《民法典》第994条确认了这一侵权责任保护规则，认定死者的姓名、肖像、名誉、荣誉、隐私以及遗体等受到侵权责任的保护。这里的“等”字，也表明是不完全列举，例如对于第1023条第2款规定的声音、第1034条规定的个人信息等，在自然人死亡后，也都应当予以保护。

4. 其他身份利益

在配偶权、亲权、亲属权这三大基本身份权之外，还有其他不能被基本身份权保护的身份利益。这些身份利益受到侵害后，无法获得身份权的保护，但又有损亲属的人格尊严的，也应当予以侵权责任保护。例如，长期以欺诈方法，将与他人生育的子女谎称为自己丈夫的子女，在谎言破灭时带走孩子，致使丈夫享有子嗣的身份利益受到损害的，可以对这种其他身份利益予以侵权责任保护，将其他身份利益作为法益，纳入侵权责任的保护范围。

5. 其他财产利益

对于物权、债权、知识产权、继承权、股权及其他投资性权利等财产权利无法予以保护，但是又事关权利主体的重大利益，需要予以保护的法益也是侵权责任保护范围。例如有关纯粹经济损失的利益等，就属于此类其他财产利益。①

【引例评析】

本案是第三人侵害债权的典型情形。《民法典》第1164条规定侵权责任保护的是“民事权益”，对此应以《民法典》总则编第五章“民事权利”规定的范围为准。《民法典》第118条规定债权是基本的民事权利，因而债权在《民法典》第1164条规定的侵权责任的保护范围之中。

【问题与思考】

1. 第一节引例“错将离婚后抚养纠纷作为侵害监护权”案中，辛甲的行为为什么不构成侵权行为？请结合案情说出具体理由。

2. 结合关于侵权行为一般条款发展历史的阐述，请指出：法国法与德国法的侵权行为一般条款

---

① 参见最高人民法院民法典贯彻实施工作领导小组：《中华人民共和国民法典理解与适用》，侵权责任编，16页，北京，人民法院出版社，2020。

的区别是什么？

3.《埃塞俄比亚民法典》关于侵权行为一般条款的规定，有哪些重要意义？

4.《民法典》规定侵权行为一般条款采取何种模式？在实践中应当如何适用？

5.第二节引例“无正当诉因恶意诉讼”案中应当如何适用侵权行为一般条款？适用法律的思考过程是什么？

6.第四节引例“恶意转移证券妨害财产保全侵害债权”案，是否在侵权责任法保护范围之内？

第三章
侵权责任归责原则

参考文献

(一) 著作

1. 杨立新．侵权责任法．北京：法律出版社，2021：42-55

2. 杨立新．中国侵权责任法研究：第1卷．北京：中国人民大学出版社，2018：219-232

3. 王利明．侵权责任法研究：上卷．北京：中国人民大学出版社，2019：221-302

4. 王利明．侵权行为法归责原则研究．北京：中国政法大学出版社，2004

5. 黄薇主编．中华人民共和国民法典侵权责任编释义．北京：法律出版社，2020：3-11

6. 最高人民法院民法典贯彻实施工作领导小组．中华人民共和国民法典理解与适用：侵权责任编：上卷．北京：人民法院出版社，2020：23-41

7. 张新宝．中国民法典释评：侵权责任编．北京：中国人民大学出版社，2020：6-19

8. 张新宝．侵权责任法原理．北京：中国人民大学出版社，2005：24-46

9. 邹海林，朱广新．民法典评注：侵权责任编：第1册．北京：中国法制出版社，2020：5-23

10. 朱岩．侵权责任法通论：总论．北京：法律出版社，2011：229-303

11. 王卫国．过错责任原则：第三次勃兴．北京：中国法制出版社，2000：245

12. 曾世雄．损害赔偿法原理．北京：中国政法大学出版社，2001：72-95

13. 邱聪智．从侵权行为归责原理之变动论危险责任之构成．北京：中国人

民大学出版社，2006

14. 陈聪富．侵权归责原则与损害赔偿．北京：北京大学出版社，2005

(二) 论文

1. 张佩霖．也论侵权损害的归责原则．政法论坛，1990 (2)

2. 王利明．论民事责任的过错原则．法学评论，1983 (2)

3. 王卫国．试论民事责任的过错推定．法学研究，1982 (5)

4. 孔祥俊．论侵权行为的归责原则．中国法学，1992 (5)

5. 崔建远．无过错责任原则若干问题之我见．当代法学，1991 (3)

6. 刘士国．论无过错责任．法学研究，1994 (5)

7. 刘淑珍．试论侵权损害的归责原则．法学研究，1984 (4)

8. 程啸．现代侵权行为法中过错责任原则的发展．当代法学，2006 (1)

9. 张新宝．"公平责任"的再定位．法商研究，2021 (5)

10. 孟强．公平原则归责原则的终结——《民法典》第 1186 条的解释论．广东社会科学，2021 (1)

参考法规

《民法典》第 1165、1166 条

第一节　侵权责任归责原则及其体系

引例 "汽车风挡玻璃突然爆裂产品侵权责任"案

甲驾驶进口吉普车在从厦门到福州的高速公路上行驶，时速 110 公里。快到福州时，汽车的前右侧风挡玻璃突然爆裂，高压气流从裂口处冲至副驾驶员座位上的乙胸口，致其昏迷。司机停车后，截住其他车辆将乙送往医院，乙经抢救无效死亡，死因为内脏爆震伤。交通管理部门勘查事故现场，未发现任何外力致风挡玻璃爆裂的原因，初步鉴定意见为风挡玻璃自身发生爆裂为爆震伤原因。经与该车生产厂家代表协商，厂家代表认为没有外力原因汽车风挡玻璃不会爆裂，拒绝承担责任，与乙的近亲属发生争执。经协商，双方协议，物证先由厂家代表保存，待双方共同委托鉴定机构进行玻璃质量鉴定。当晚，厂家代表将该风挡玻璃空运回国，经过本厂技术部门鉴定，认为该风挡玻璃没有质量问题，回到中国后，遂拒绝任何赔偿请求。甲起诉，认为厂家违背协议，自行进行鉴定，致使对风挡玻璃的质量无法继续鉴定，请求厂家承担侵权责任。

一、归责和归责原则

（一）归责的概念和意义

归责，是指行为人在其行为和物件致他人损害的事实发生以后，应依何种根据使其负责。此种根据体现了法律的价值判断，即法律应以行为人的过错还是应以已发生的损害结果为价值判断标准，而使行为人承担侵权责任。

从侵权责任法的角度研究归责的概念，包含以下三层意义。

1. 归责的根本含义是确定责任的归属

归责的根本含义是决定侵权行为造成损害的赔偿责任的归属问题，即决定何人对侵权行为造成的损害结果负担赔偿责任。归责，就是将侵权行为造成的损害后果归于对此损害后果负有责任的人。如果没有归责的过程，侵权行为所造成的损害后果就没有人来承担，受害人的损害就没有办法得到救济，侵权人的违法行为就不能得到民法的制裁。

2. 归责的核心是标准问题

归责的核心，是在决定何人对侵权行为的结果负担责任时应依据何种标准的问题。这种标准，是某种特定的法律价值判断因素。侵权责任归属的标准和依据，就是法律所确认的价值判断因素。这种法律价值判断因素，在立法者看来有两个，这就是：过错因素和损害结果的因素。侵权行为的归责，是针对侵权行为的不同情况，分别依据不同的法律价值判断因素，将赔偿的责任归属于对此损害负有责任的人。

3. 归责与责任不同

归责是一个过程，责任是归责的结果。如果将侵权行为的损害事实作为起点，将责任作为终点，那么归责就是连接这两个点的过程。因此，归责是一个复杂的责任判断过程，只是为责任是否成立寻求根据，而并不以责任的成立为最终目的。

（二）归责原则的概念

归责原则，是确定侵权人承担侵权损害赔偿责任的一般准则，是在损害事实已经发生的情况下，确定侵权人对自己实施的行为造成的损害是否需要承担赔偿责任的原则。侵权责任的归责原则，实际上是归责的规则，是确定行为人的侵权民事责任的根据和标准，也是贯彻于整个侵权责任法之中的，并对各个侵权责任法规范起着统领作用的立法指导方针。一定的归责原则直接体现了侵权立法政策，同时又集中表现了侵权责任法的规范功能。①

---

① 参见王利明：《侵权行为法归责原则研究》，18页，北京，中国政法大学出版社，1992。

二、侵权责任归责原则体系

（一）对我国侵权责任归责原则体系的不同主张

在确认我国侵权责任归责原则体系究竟由几个归责原则构成的问题上，学界有不同的看法，理论上有很大争论，主要的意见有以下几种。

1. 一元论观点

这种主张认为，侵权法中只有一个归责原则，即过错责任原则；单一的过错责任原则体系，构造主观式的民事责任制度的和谐体系。① 王卫国教授在他的《过错责任原则：第三次勃兴》一书中详细地阐述了他的同种观点。

2. 二元论观点

这种主张认为，在相当的历史时期内，侵权法的归责原则是二元制，即过失责任原则与无过失责任原则并存，而公平责任“多半是赔偿标准问题而不是责任依据问题。所以，它能否作为一种独立的归责原则还大有探讨余地”②。

3. 三元论——A 观点

这种主张认为，我国民事法律制度中同时存在三个归责原则：一般侵权损害适用过错责任原则，特殊侵权损害适用无过失责任原则，无行为能力的人致人损害而监护人不能赔偿的特别案件适用公平责任原则。③ 刘淑珍在《试论侵权损害的归责原则》一文提出这种观点，为多数学者所采纳。

4. 三元论——B 观点

这种主张认为，侵权责任的归责原则为过错责任原则、过错推定原则和公平责任原则，无过错责任不是一种独立的归责原则。④

5. 三元论——C 观点

这种主张认为，侵权责任归责原则体系是由过错责任原则、过错推定原则和无过错责任原则构成的，公平责任不再作为一种独立的归责原则，只是作为一种侵权责任形态。⑤

（二）主张“三元论——C 观点”的理由

1. 关于过错责任原则

过错责任原则是我国侵权责任法的基本归责原则，是主要的归责原则，调整一般侵权行为的责任归属问题。对此，没有任何反对意见。

2. 关于过错推定原则

过错推定原则从本质上说，也是过错责任原则，其价值判断标准和责任构成要件也都与一般的过错责任原则的要求是一致的。王利明教授在他的《侵权行为法归责原则研究》

---

① 参见张佩霖：《也论侵权损害的归责原则》，载《政法论坛》，1990（2）。

② 米健：《现代侵权行为法归责原则探索》，载《法学研究》，1985（5）。

③ 参见刘淑珍：《试论侵权损害的归责原则》，载《法学研究》，1984（4）。

④ 参见王利明：《侵权行为法归责原则研究》，30 页，北京，中国政法大学出版社，1991。

⑤ 参见杨立新：《简明类型侵权法讲座》，95 页，北京，高等教育出版社，2003。

一书将过错推定作为一个独立的归责原则。① 这种意见的主要理由是：

第一，过错责任原则和过错推定原则的调整范围完全不同。依一般的过错责任原则调整的侵权行为范围是一般侵权行为，而过错推定责任原则调整的不是一般侵权行为，而是一部分特殊侵权行为。

第二，过错责任原则和过错推定原则的举证责任不同。依一般的过错责任原则，其举证责任由原告承担，而过错推定原则在证明过错要件上实行举证责任倒置，原告不承担举证责任，而是被告承担举证责任。

第三，过错责任原则与过错推定原则适用法律并不相同。依据一般的过错责任原则处理侵权案件，适用《民法典》第1165条第1款，即侵权行为一般条款；而依据过错推定原则审理侵权案件适用《民法典》第1165条第2款，以及关于特殊侵权责任的特别条款，不适用侵权行为一般条款的规定。

第四，适用过错责任原则和适用过错推定原则的侵权责任形态不同。适用过错责任原则的侵权行为是一般侵权行为，其侵权责任形态是直接责任。适用过错推定原则的侵权行为是特殊侵权行为，其责任形态一般是替代责任。

第五，从历史的角度观察，这两个归责原则也是不同的。过错责任原则在诞生之时，就被分为两种不同形式，作出不同的规定，调整不同的侵权案件。这就是《法国民法典》第1382条和第1384条。

综上可以确定，过错推定原则与过错责任原则是两个不同的归责原则。将过错推定原则独立起来，作为一个单独的归责原则，具有积极意义。

3. 关于无过错责任原则

无过错责任原则是一个独立的归责原则，其在调整的范围上与过错责任原则、过错推定原则不同，独立地调整着部分特殊侵权行为的责任归属，具有独立存在的价值。尽管有不同意见，但是通说并不否认它的独立归责原则的地位。

无过错责任原则是一个独立的归责原则。它不仅以《民法典》第1166条的法律规定作为依据，同时，其在调整的范围上也与过错责任原则、过错推定原则不同，独立地调整着产品侵权、高度危险致害等特殊侵权行为的责任归属。如果不认为它是一个独立的归责原则，那么高度危险致害、产品侵权、饲养动物致害等特殊侵权行为的责任确定将由什么归责原则调整呢？

认为无过错责任原则不是一个独立的归责原则观点的论据：一是它与过错责任原则相对立，二是它只是过错责任原则的补充性规定。这种观点的不当之处，就在于对这两个归责原则的关系认识不正确。这种观点认为，确定一个行为人应否承担民事责任，首先应依照过错责任原则进行衡量，如果确认行为人无过错，再考虑法律是否规定无过错时也应赔偿；如果有明文规定，就按无过错责任来确定其应承担侵权责任。其实，法律确定无过错时也应当承担侵权责任，在这一个范围内的侵权行为就不再由过错责任原则调整，而由无过错责任原则调整。只要符合这一法律规定，则行为人无论有无过错都应承担民事责任。这样，无过错责任原则不仅不与过错责任原则相对立，而且具有独立的地位，不只是作为

① 参见王利明：《侵权行为法归责原则研究》，30页，北京，中国政法大学出版社，1991。

过错责任原则的补充。也有人认为，无过错责任原则只调整一部分侵权行为的责任归属，因而不适于作为一个独立的归责原则。对此，有学者指出："我们没有必要从某一个归责原则起作用的范围之大小（或说适用于多少种类的侵权行为）而确认其为原则或否认其为原则。"① 这种说法是正确的。

4. 关于公平责任原则

公平责任原则不能作为一个独立的归责原则，理由是以下几点。

第一，原《民法通则》并没有规定公平责任原则是一个归责原则，原《侵权责任法》也没有规定公平责任是一个归责原则，《民法典》同样如此。《民法典》规定公平分担损失规则的位置并不是规定归责原则的位置。《民法典》规定归责原则的条文是第 1165 条和第 1166 条。这两个条文没有规定公平责任原则。相反，规定所谓的公平责任原则的条文是第 1186 条，前者是在侵权责任编的第一章"一般规定"，后者是在侵权责任编第二章"损害赔偿"。这样的立法方法说明，公平分担损失不是一个归责原则，只是关于损害赔偿的一个适用范围很小的具体规则。

第二，调整的范围过于狭小且不属于严格的侵权行为。所谓的公平责任原则在实际中适用的范围也不是典型的侵权行为。所谓的公平责任原则"调整"的侵权行为，是对于损害的发生，加害人没有过错，受害人也没有过错的情形。这种情形并不是严格意义上的侵权行为，而只是被侵权责任法视为侵权行为的一种特殊情况。一个"归责原则"调整这样狭小的范围，并且调整的显然不是严格意义上的侵权行为，其归责原则的地位还不值得怀疑吗？

第三，在实践中对于双方都无过错的损害纠纷并非一律适用这个规则。在司法实践中，也并不是在所有的侵权纠纷案件中，凡是双方当事人均无过错的，就一定要由"公平责任原则"调整，由双方当事人公平分担责任，而是"依照法律的规定由双方分担损失"：一是要另有法律规定，二是分担损失而不是承担责任。

因此，我国侵权责任法归责原则体系是由过错责任原则、过错推定原则和无过错责任原则这三个归责原则构成的，它们各自调整着不同的侵权行为。《民法典》第 1165 条和第 1166 条正是这样规定的。

三、研究侵权责任归责原则的意义

侵权责任归责原则，是侵权责任法的统帅和灵魂，是侵权责任法理论的核心。

【拓展阅读】

研究侵权责任归责原则的重要意义在于：第一，在侵权责任法中，归责原则是侵权责任法的核心规则，是侵权责任法的灵魂，侵权责任法的一切规则都建筑在归责原则的基础之上。第二，在理论上，研究侵权责任法，首先必须研究归责原则，在此基础上，才能够进一步展开全面研究。没有搞清楚侵权责任归责原则，就没有掌握侵权责任法理论的钥匙，就不能打开侵权责任法理论的大门。第三，司法实务工作者要正确处理侵权纠纷案件，也必须准确掌握侵权责

---

① 张新宝：《中国侵权行为法》，45 页，北京，中国社会科学出版社，1995。

任法的归责原则，不然就无法确认各类侵权损害赔偿纠纷责任的性质，无法给侵权纠纷案件定性，也就无法正确适用法律。第四，对于广大群众而言，掌握侵权责任归责原则，有助于保护自己的合法权益，在受到损害时能够保证及时得到赔偿。

之所以这样来提出问题和认识问题，就是因为，归责原则除了在理论研究上有重要意义外，在司法实务中，更是处理侵权纠纷的基本准则，在侵权责任立法不甚完备的情况下，充分发挥侵权责任归责原则的功能，具有更为重要的意义。

【引例评析】

对于本节引例“汽车风挡玻璃突然爆裂产品侵权责任”案，一审法院判决认为，原告甲在起诉和诉讼过程中，没有举出证据证明被告在该事故中有过错，因此无法认定被告的行为构成侵权，遂判决驳回原告的诉讼请求。甲上诉后，二审法院判决认为，本案的性质是产品侵权责任，应当适用无过错责任原则，甲不负有证明厂家过错的举证责任，原审据此驳回甲的诉讼请求不当；本案的因果关系要件，由于厂家破坏协议自行进行物证鉴定，致使无法确认证据的真实性，所以推定甲的死亡与厂家的风挡玻璃缺陷有因果关系，厂家没有举出证据证明自己的玻璃质量没有缺陷，与死者的死亡后果没有因果关系，因此因果关系推定成立，遂判决厂家应当承担侵权责任。

本案的性质属于产品侵权责任，应当适用无过错责任原则归责。一审法院判决适用过错责任原则，适用归责原则错误，因此导致了本案的错判后果。二审法院适用无过错责任原则，同时解决了因果关系的认定问题，因此解决了本案的适用法律问题，创造了一个在归责原则适用上极具说服力的典型案例。

可见，在审理侵权纠纷案件时，归责原则确定正确，案件的法律适用就有了基本保障。归责原则适用错误，案件的适用法律就存在根本性错误，无法保护受害人的合法权益。

第二节　具体的归责原则

引例　“定作人指示过失造成承揽人及他人伤害索赔”案

向某要建两层楼住房，由11个建筑工人合伙承包建设。房架上梁后，在房架上装檩条时，合伙负责人问向某房架是否合格、是否有危险。向某明知房架质量不好，买的是不合格的木材制作的，却说没有问题。数名工人上到房架上工作，房架折断，将在下面施工的一名合伙人和另外一个过路人砸伤，经抢救无效死亡。受害人的近亲属向法院起诉，要求向某承担侵权责任。

一、过错责任原则

（一）过错责任原则的概念

过错责任原则，是以过错作为价值判断标准，判断行为人对其造成的损害应否承担侵权责任的归责原则。《民法典》第 1165 条第 1 款规定："行为人因过错侵害他人民事权益造成损害的，应当承担侵权责任。"

一般侵权行为引起的损害赔偿纠纷案件中，应当由主观上有过错的一方承担赔偿责任。过错是侵权损害赔偿责任构成的要件之一，缺少这一要件，即使加害人的行为造成了损害事实，且加害人的行为与损害结果之间有因果关系，加害人也不承担赔偿责任。

（二）过错责任原则的历史沿革

早期的成文法采取加害原则，也称为结果责任原则，即行为人致他人损害的，无论其有无过错，只要有损害结果的存在，行为人就应负赔偿责任。这一原则的不合理性在于，对造成的损害类型不加区分，使正当行使权利造成他人损害的人也须承担民事责任。

在历史上过错责任原则的萌芽，出现在罗马法时代。在《十二铜表法》有关私犯的条文中，就有多处使用了"过失"的概念。到 12 世纪，罗马法学者正式提出了应把过失作为赔偿责任标准的见解，这使过错责任原则开始萌发。

过错责任原则作为一般的归责原则，最早出现在 1804 年《法国民法典》中。100 年后的《德国民法典》也接受并采用了过错责任原则。在以后的时间里，各资产阶级国家的民法都陆续确认了这一归责原则。在英美法，初期的侵权法采取程序诉讼制度，针对具体的侵权行为索赔要进行具体的诉讼程序，没有过失的概念，直至晚近，法院的判例中才使用"过失"的概念，接受了过错责任原则。①

（三）侵权法确定过错责任原则的意义

传统民法采用过错责任原则的原因是，在资本主义自由竞争时期，民事主体需要保持行使权利的绝对性，不能受到任何限制，而行使权利就不可避免地会损害他人的利益，所以要用"过错"这个价值判断标准作为侵权损害赔偿责任构成的必要条件。实行过错责任原则，能够保证行为自由，只要行为人尽到注意义务，即使造成损害也不必负责，因而鼓励资产阶级大胆地放手改革创新，有利于生产力和社会的发展。

---

① 参见王泽鉴：《侵权行为法》，第 1 册，13 页，台北，三民书局，1999。

王泽鉴教授在总结过错责任原则的历史意义时指出：第一，过错责任原则具有道德观念。确认个人就自己的过失行为所致损害，应负赔偿责任，乃正义的要求；反之，如果行为非出于过失，行为人已尽注意之能事时，在道德上无可非难，应不负侵权责任。第二，过错责任原则具有社会价值。任何法律必须调和“个人自由”与“社会安全”这两项基本价值，过错责任被认为最能达成此项任务，因为个人如果已尽其注意，即得免负侵权责任，则自由不受束缚，聪明才智可得发挥。人人尽其注意，一般损害亦可避免，社会安全亦足维护。第三，过错责任体现人的尊严。过错责任肯定人的自由，承认个人抉择、区别是非的能力，个人基于自由意思决定，从事某种行为，造成损害，因其具有过错，法律予以制裁，使其负赔偿责任，最足表现对个人尊严的尊重。①

我国侵权责任法把过错责任原则作为最基本的归责原则，其根本目的就是保护民事主体的人身权利和财产权利不受侵犯，保护民事主体的权利能够平等、自由地行使。把过错责任原则作为基本归责原则，是通过对因自己的过错而造成他人合法权益损害的不法行为人，强加包括赔偿损失在内的民事责任，保护自然人、法人和非法人组织的人身权利与财产权利，教育民事主体遵纪守法，促进精神文明建设和物质文明建设，预防和减少侵权行为的发生。

（四）过错责任原则的含义

在我国的侵权责任法中，过错责任原则的含义是以下几种。

1. 过错责任原则的性质是主观归责原则

过错责任原则要求在确定侵权人的责任时，要依行为人的主观意思状态来确定，而不是依行为的客观方面来确定。依此，就使过错责任原则与加害责任以及其他客观责任区别开来。加害原则以受害人所受损害作为归责的价值判断标准，已经被历史淘汰。在现代侵权责任法中，无过错责任原则虽然也是将客观损害事实与违法行为之间的因果关系作为归责的价值判断标准，但是在适用上有严格的限制。即使如此，过错责任原则与它们都不相同，而是以行为人在主观上有过错作为归责的绝对标准。行为人在主观上没有过错就没有可非难性，就不能承担赔偿责任，除此没有其他标准。

2. 以过错作为侵权责任的构成要件

构成法律上的责任，须具备法律规定的一切要件。在侵权责任法规定适用过错责任原则的场合，行为人的过错是要件。如果行为人在主观上没有过错，就缺少构成要件，就不能构成侵权责任。在侵权责任归责原则体系中，只有过错责任原则才有这样的要求。

3. 以过错为责任构成的最终要件

德国学者耶林指出：“使人负损害赔偿的，不是因为有损害，而是因为有过失，其道理就如同化学上之原则，使蜡烛燃烧的，不是光，而是氧，一般地浅显明白。”② 这一论述精彩地描绘了过错要件在侵权责任构成中的最终决定地位。过错责任原则以过错作为法律价值判断标准，不仅要求将过错作为侵权责任构成的一般要件，而且将过错作为决定侵权

---

① 参见王泽鉴：《侵权行为法》，第1册，14页，台北，三民书局，1999。

② 转引自王泽鉴：《民法学说与判例研究》，第2册，144～145页，北京，中国政法大学出版社，1998。

责任构成的最终的、决定的要件。只有这样，才能彻底贯彻“无过错即无责任”的精神，将过错作为最后的和最基本的构成要件，最终确定侵权责任应当由谁来承担。

（五）过错责任原则的适用规则

适用过错责任原则的规则是以下几点。

1. 适用范围

过错责任原则适用于一般侵权行为。确定的标准是，只有在法律有特别规定的情况下，才不适用过错责任原则，即特殊侵权行为不适用过错责任原则。例如，符合《民法典》第1165条第1款规定的情形，都不是特殊侵权行为，都应适用过错责任原则。

2. 责任构成要件

适用过错责任原则确定的赔偿责任，其构成要件是四个，即违法行为、损害事实、违法行为与损害事实之间的因果关系和过错。这四个要件缺一不可。

3. 举证责任

适用过错责任原则时，举证责任按照民事诉讼的基本规则进行，由原告举证。原告要对自己的主张承担全部举证责任，若举证不足或者举证不能，应当承担败诉的结果。

4. 责任形态

适用过错责任原则的侵权行为是一般侵权行为，因此，其责任形态基本上是自己责任，行为人对自己的行为承担责任，不实行替代责任。

二、过错推定原则

（一）过错推定原则的概念

过错推定原则，是指在法律有特别规定的场合，从损害事实本身推定加害人有过错，并据此确定造成他人损害的行为人承担赔偿责任的归责原则。《民法典》第1165条第2款规定：“依照法律规定推定行为人有过错，其不能证明自己没有过错的，应当承担侵权责任。”

【拓展阅读】

所谓推定，是指法律或法官从已知的事实推论未知事实而得出的结果，实际上就是根据已知的事实对未知的事实进行推断和认定。[①] 过错推定，也称为过失推定，在侵权责任法中，就是受害人在诉讼中举证证明违法行为、损害事实和因果关系这三个要件后，如果加害人不能证明对于损害的发生自己没有过错，那么，就从损害事实本身推定加害人在致人损害的行为中有过错，并就此承担赔偿责任。

（二）过错推定原则的历史沿革

过错推定原则的发展历史可以上溯到罗马法时期。罗马法的根本训条“对偶然事件谁也不负责任”“偶然事件应落在被击中者的身上”，就已经包含着过错推定的萌芽。[②] 在罗

① 参见《法国民法典》第1349条规定的内容。

② 参见王卫国：《试论民事责任的过错推定》，载《法学研究》，1982（5）。

马法的一些条文中，确实有过错推定的某些内容。

在17世纪，法国法官多马（Domat）创造了过错推定理论。他在《自然秩序中的民主》一书中，详细论述了代理人的责任、动物致害责任和建筑物致害责任，提出对这些责任都应当采取推定的方式来确定侵权责任。在他的理论影响下，《法国民法典》首先在第1384条确认过错推定原则。在20世纪初期，过错推定原则有了新的发展。在1925年让·德尔诉卡勒里·拜尔福戴斯案的判决中，法国最高法院明确指出，民法典第1384条第1款确定了过错推定制度。[①] 在德国的普通法时代，德国法院在实务中就采取过错推定原则。在制定民法典时，立法者反对将无过错责任原则写进条文之中，主张对雇佣人责任、动物致人损害责任、地上工作物致害责任等都适用过错推定原则。在同一时期，英国的判例法也已经形成了比较系统的过错推定制度，如事故损害发生后，只需证明事故发生的原因是处于被告操纵之下，便足以推定被告的过错责任。

在当代，过错推定原则已被各国立法所确认。有的国家的立法将过错推定原则称为过错责任与严格责任之间的中间责任。

（三）过错推定原则的意义

适用过错推定原则的意义在于，在坚持过错责任原则的情况下，使受害人处于有利的诉讼地位，加重加害人的责任，切实保护受害人的合法权益，有效地制裁民事违法行为，促进社会和谐和发展。

适用过错推定原则，从损害事实中推定行为人有过错，就使受害人被免除了对过错要件的举证责任而处于有利地位，而行为人则因担负无过错的举证责任而加重了责任，因而更有利于保护受害人的合法权益。正因为过错推定原则具有这些优越性，它才随着侵权法理论的发展而发展，经久不衰，日臻完善，成为侵权法的归责原则之一。

（四）适用过错推定原则的规则

1. 适用范围

过错推定原则适用于一部分特殊侵权责任。下述特殊侵权责任适用过错推定原则：(1) 监护人责任和委托监护责任（《民法典》第1188条、第1189条）；(2) 用人者责任（《民法典》第1191条和第1192条第1款）；(3) 定作人指示过失责任（《民法典》第1193条）；(4) 无民事行为能力的学生在教育机构受到损害的学校责任（《民法典》第1199条）；(5) 机动车与非机动车驾驶人、行人交通事故赔偿责任（《民法典》第1208条和《道路交通安全法》第76条）；(6) 动物园的动物致人损害责任（《民法典》第1248条）；(7) 除高空抛物以外的物件致人损害责任（《民法典》第1252、1253、1255～1258条）。

2. 责任构成要件

在适用过错推定原则确定侵权责任时，其侵权责任构成与适用过错责任原则一样，没有变化，仍须具备损害事实、违法行为、因果关系和过错这四个要件。

3. 过错推定规则

在过错推定原则适用的场合，关于举证责任有特殊的推定规则：

---

① 转引自王利明：《侵权行为法归责原则研究》，60～61页，北京，中国政法大学出版社，1991。

（1）原告起诉应当举证证明三个要件：一是违法行为，二是损害事实，三是因果关系。

（2）这三个要件的举证责任完成之后，法官直接推定被告有过错，不要求原告去证明被告在主观上存在过错，直接从损害事实的客观要件以及它与违法行为之间的因果关系中，推定被告有过错。

（3）对过错要件实行举证责任倒置。如果被告认为自己在主观上没有过错，则举证责任倒置，由被告证明自己没有过错。证明成立者，推翻过错推定，否认被告的侵权责任。

（4）被告对自己无过错的证明不足或者不能证明，则推定过错成立，被告应当承担侵权民事责任。

4. 侵权责任形态

在适用过错推定原则的场合，行为人承担的责任形态基本上是替代责任，包括对人的替代责任和对物的替代责任。

三、无过错责任原则

（一）无过错责任原则的真实含义

《民法典》第 1166 条规定："行为人造成他人民事权益损害，不论行为人有无过错，法律规定应当承担侵权责任的，依照其规定。"这一条文规定的就是无过错责任原则。

无过错责任原则是指在法律有特别规定的情况下，以已经发生的损害结果为价值判断标准，与该损害结果有因果关系的行为人，不论其有无过错，都要承担侵权赔偿责任的归责原则。

（二）无过错责任原则的发展历史

无过错责任原则是伴随着社会化大生产的迅速发展，尤其是大型危险性工业的兴起而产生和发展起来的。

在资本主义初期，实行过错责任原则，行为人对造成的损害结果，只有在自己主观上有过错的情况下，才负侵权损害赔偿责任。因此，在自由资本主义时期，具有高度危险性的工业企业大规模兴建，在事故造成的损害面前，受害人必须证明事故的责任者即工厂主有过错后，才能获得赔偿。而拘泥于过错责任原则的后果，是在事实上剥夺了工人的一切保护，不仅受害人无法证明工厂主造成工业事故的"过错"，而且工厂主也会利用过错责任原则，借口"无过错"而拒绝赔偿受害人的损失。这使工厂主几乎不可能败诉。在这种情况下，侵权法一方面坚持过错责任原则，另一方面例外地就特殊损害事故承认无过错责任，在立法上出现了无过错责任（或称严格责任）的规定，即在特定的情况下，即使致人损害的一方没有过错，也应承担赔偿责任。

【资料】

首先确认无过错责任原则的是普鲁士王国：于 1838 年制定《铁路企业法》，承认了无过错责任原则；于翌年制定《矿业法》，把这一原则的适用范围从铁路企业致害扩大到矿害方面。在德国，曾于 1872 年制定《国家责任法》，规定经营矿山、采石场及工厂者，对其所雇用的监督者和工头的过失致劳工损害者，在一定范围内负损害赔偿责任而不管雇主有无过失。严格地说，这种无过失责任并不彻底，因为还要受害人证明监督者和工头的过失。1884年，德国制定《劳工伤害赔偿法》，规定了工业事故社会保险制度，真正确立了事故责任的无过错责任制度。法国于1898年制定《劳工赔偿法》，规定了工业事故的无过错责任。英国于1880年制定《雇主责任法》，多次修改《工厂法》，逐渐加重了雇主的责任；于1897年制定《劳工补偿法》，规定在即使存在“共同过失”，即受害的雇员及其同伴或者第三人对损害的发生有过错，而雇主无过错的情况下，雇主仍应对雇员在受雇期间所受的损害承担赔偿责任。美国也先后用特别立法或者判例等方法，确认了无过错责任原则，使之成为一个通行的归责原则。

我国民事立法确立无过错责任原则的根本目的在于，切实地保护民事主体的人身、财产的安全，更好地保护其合法权益，促使从事高度危险业务和危险行为的人、产品制造者和销售者、环境污染的制造者，以及动物的饲养人、管理人等行为人，对自己的工作高度负责，谨慎小心从事，不断改进技术安全措施、提高工作质量，尽力保障周围人员、环境的安全；一旦造成损害，应迅速、及时地查清事实，尽快赔偿人们的人身损害和财产损失。

（三）无过错责任原则的意义

适用无过错责任原则的意义在于，加重加害人的责任，使受害人的损害赔偿请求权更容易实现，受到损害的权利及时得到救济。在这一点上，可以在无过错责任原则与过错推定原则的比较中，得到证实。

【拓展阅读】

在适用过错推定原则的情况下，受害人不必举证证明加害人的过错，而是从已经证明的损害事实中，推定加害人的过错。这样，受害人就免除了证明加害人过错的举证责任，转而由加害人承担举证证明自己无过错的责任，对受害人的保护因此而比实行过错责任原则更优。在适用无过错责任原则的情况下，受害人当然更不用证实加害人的过错。在这一点上，无过错责任原则与过错推定原则相比，并没有不同。但是，在举证责任倒置的内容上，情况大不一样：实行过错推定原则，举证责任在加害人，证明的内容是加害人自己没有过错；实行无过错责任原则，举证责任在加害人，证明的内容是损害系由受害人的故意或者重大过失引起的。加害人证明自己无过错，在实践中尚属可能；加害人证明损害是由受害人的故意或者重大过失引起的，实属不易。这样相比，无过错责任原则对于受害人的保护来说，要比过错推定原则更为有利。

应当注意的是，在实行无过错责任原则的时候，并不是所有的加害人都没有过错。在很多情况下，受害人都能够证明或者从损害事实中推定出他们的故意或者过失。法律确认无过错责任原则，是说明过错不是责任构成要件，行为人无论有无过错，都应当承担赔偿责任。这样，就将行为人置于严格的侵权责任之下，把受害人置于受到更为妥善保护的地位。

（四）适用无过错责任原则的规则

1. 适用范围

无过错责任原则适用于《民法典》侵权责任编第四章规定的产品侵权责任（含第六章规定的医疗产品损害责任）、第七章规定的环境污染和生态破坏责任、第八章规定的高度危险责任、第九章规定的饲养动物致人损害责任，以及其他法律规定的工伤事故责任。除此之外，除非有法律特别规定，不得适用无过错责任原则。

在上述无过错责任原则适用的场合，应当注意有以下例外：

第一，《民法典》第1203条第2款第二句规定，产品销售者的最终责任实行过错责任原则。第1204条规定，第三人过错产生产品缺陷的，对第三人过错的认定也适用过错责任原则。

第二，《民法典》第1248条规定，对于动物园饲养的动物致人损害责任，适用过错推定原则，不适用无过错责任原则。

2. 责任构成要件

适用无过错责任原则的侵权责任构成要件为三个，即：违法行为、损害事实和因果关系。

在适用无过错责任原则归责的情况下，一方面由于决定责任是否构成的基本要件是谁造成了损害结果，另一方面由于过错不再是侵权责任的构成要件，因而，决定责任是否构成的基本要件是因果关系。当损害结果和违法行为之间具有因果关系时，侵权责任即为构成。

3. 举证责任

适用无过错责任原则的举证责任，也存在由被告承担，实行举证责任倒置的规则，具体的规则是：

（1）受害人即原告应当举证证明违法行为、损害事实和因果关系这三个要件。

（2）在受害人完成上述证明责任以后，如果加害人即被告主张不构成侵权责任或者免责，自己应当承担举证责任，实行举证责任倒置。被告要证明的不是自己无过错，而是受害人的故意或者重大过失是造成损害的原因。这是无过错责任原则与推定过错原则的一个根本性的区别。

（3）行为人能够证明损害是由受害人的故意或者重大过失所引起的，即免除赔偿责任。

（4）行为人对上述举证责任举证不足或者举证不能，侵权责任即告成立，被告应承担侵权责任。

4. 侵权责任形态

适用无过错责任原则的侵权行为，其责任形态一般是替代责任，包括对人的替代责任和对物的替代责任。

5. 加害人过错的问题

在适用无过错责任原则的侵权行为中，法律只是不问加害人的过错。在现实中，大多数适用无过错责任原则的侵权行为的行为人在行为时是有过错的，受害人可以提供证据加以证明。对此，可以实行以下规则。

（1）行为人的过错对于侵权责任的构成没有意义。因为凡是在无过错责任原则适用的场合，研究构成侵权责任与否都不问过错。即使行为人有过错，受害人也已经证明，在这一环节上也不加考虑。

（2）行为人的过错对于侵权损害赔偿责任的范围具有较大的决定作用。如果行为人确实没有过错，或者没有证明行为人的过错，行为人的赔偿责任按照法律的一般规定确定，行为人承担法律所要其承担的侵权赔偿责任。

（3）如果行为人对损害的发生或者扩大具有过错，对于损害赔偿责任范围的确定，应当按照过错责任原则的要求进行，对于与其过错行为有因果关系的损害结果，都应当予以赔偿。例如，对于产品侵权责任法律规定为无过错责任原则。产品侵权责任人无过错造成损害的，应当按照《民法典》和《产品质量法》的规定予以赔偿。如果产品生产者或销售者对于缺陷产品是明知的，却仍然生产或销售，依照《民法典》第1207条的规定，对于造成的严重人身损害应当予以惩罚性赔偿。

关于这三种归责原则的适用规则可参见表3-1。

表3-1 归责原则适用规则

归责原则类型	适用范围	构成要件	举证责任	责任形态
过错责任原则	一般侵权行为	违法行为、损害事实、因果关系、过错	全部构成要件的举证责任均由受害人负担	自己责任
过错推定原则	一部分特殊侵权行为	违法行为、损害事实、因果关系、过错	违法行为、损害事实和因果关系要件由受害人证明；过错要件实行推定，举证责任倒置，由加害人证明自己没有过错	一般是替代责任
无过错责任原则	一部分特殊侵权行为	违法行为、损害事实、因果关系	三个要件由受害人举证证明。如果加害人主张损害是由受害人故意所致，则举证责任倒置，由加害人证明	一般是替代责任

【引例评析】

本节引例“定作人指示过失造成承揽人及他人伤害索赔”案中，侵权责任的性质是定作人指示过失责任。定作人指示过失是特殊侵权行为。原来的大陆法系侵权法没有规定这种特殊侵权行为，是日本民法从美国侵权法中借鉴的侵权行为类型。我国在清末变法制定民法时，从日本民法中引进，作为特殊侵权行为规定。《民法典》第1193条规定对这种侵权行为适用过错推定原则。本案的建筑工人合伙承包建筑工程，属于订立承揽合同，因履行承揽合同造成损害，本应当由承揽人承担责任，但是，定作人明知自己建房用的房架质量不好，却隐瞒质量问题，造成了施工工人和过路人的人身损害，构成定作人指示过失责任。在这种侵权行为类型中，对定作人的过失进行推定，应当依照过错推定原则的适用规则，确定本案的侵权责任，而不适用过错责任原则和无过错责任原则。

【问题与思考】

1. 在侵权责任法的理论上和实践中研究归责原则，具有哪些重大意义？

2. 原告和被告系某中学同学，某日在校，利用午休时间与其他数名同学在学校操场上踢足球。原告作守门员，被告射门，足球经过原告的手挡了之后，打在原告左眼，造成伤害。原告起诉，请求被告予以人身赔偿损害。法院认为：足球运动具有群体性、对抗性及人身危险性，出现人身伤害事件属于正常现象，应在意料之中，参与者无一例外地处于潜在的危险之中，既是危险的潜在制造者，又是危险的潜在承担者。足球运动中出现的正当危险后果是被允许的，参与者有可能成为危险后果的实际承担者，而正当危险的制造者不应为此付出代价。被告的行为不违反运动规则，不存在过失，不属于侵权行为。结合本案，请讨论：公平分担损失责任是否应当成为侵权责任法的一个归责原则？

3. 结合讨论第一节引例“汽车风挡玻璃突然爆裂产品侵权责任”案，请研究：适用无过错责任原则审理侵权纠纷案件的一般规则是什么？

4. 结合讨论第二节引例“定作人指示过失造成承揽人及他人伤害索赔”案，请研究：适用过错推定原则，如何确定加害人是否有过错？过错推定原则的适用范围如何确定？

第四章

侵权责任构成要件

参考文献

(一) 著作

1. 杨立新. 侵权责任法. 北京: 法律出版社, 2021: 56-80

2. 杨立新. 中国侵权责任法研究: 第1卷. 北京: 中国人民大学出版社, 2018: 168-218

3. 王利明. 侵权责任法研究: 上卷. 北京: 中国人民大学出版社, 2019: 303-416

4. 黄薇主编. 中华人民共和国民法典侵权责任编释义. 北京: 法律出版社, 2020: 3-12

5. 最高人民法院民法典贯彻实施工作领导小组. 中华人民共和国民法典理解与适用: 侵权责任编: 上卷. 北京: 人民法院出版社, 2020: 25-30, 37-39

6. 张新宝. 中国民法典释评: 侵权责任编. 北京: 中国人民大学出版社, 2020: 9-14

7. 张新宝. 侵权责任法原理. 北京: 中国人民大学出版社, 2005: 47-76

8. 张新宝. 侵权责任构成要件研究. 北京: 法律出版社, 2006

9. 邹海林, 朱广新. 民法典评注: 侵权责任编: 第1册. 北京: 中国法制出版社, 2020: 10-18

10. 朱岩. 侵权责任法通论: 总论. 北京: 法律出版社, 2011: 122-228

11. 张俊浩. 民法学原理. 北京: 中国政法大学出版社, 1991: 834

12. 王泽鉴. 侵权行为法: 第1册. 北京: 中国政法大学出版社, 2002: 299-230

13. 陈聪富．因果关系与损害赔偿．北京：北京大学出版社，2004

(二) 论文

1. 杨立新．《民法典》对侵权责任规则的修改与完善．国家检察官学院学报，2020 (4)

2. 魏振瀛．论构成民事责任条件中的过错．中国法学，1986 (5)

3. 陈聪富．环境污染责任之违法性判断．中国法学，2006 (5)

4. 张新宝．侵权法上的原因力理论研究．中国法学，2005 (2)

5. 孔祥俊．侵权责任要件研究．政法论坛，1993 (2)

6. 叶金强．侵权构成中违法性要件的定位．法律科学（西北政法学院学报），2007 (1)

7. 廖焕国．论我国侵权责任构成中违法性要件之取舍．求索，2006 (5)

8. 左传卫．质疑侵权法中因果关系的二分法．法学，2007 (4)

9. 张民安．法定义务在过错侵权责任中的地位．学术研究，2002 (8)

10. 周友军．德国民法上的违法性理论研究．现代法学，2007 (1)

11. 程啸．侵权法中“违法性”概念的产生原因．法律科学（西北政法学院学报），2004 (1)

参考法规

《民法典》第 1165 条、第 1166 条

第一节 违法行为

引例 “以摆放花圈的方式故意违背善良风俗妨害经营”案

周某和李某先后在一条街上相邻开快餐店。周某经营有方，生意红火。李某生意冷清，不久改开花圈店，仍不景气。为泄愤，某日李某将很多样品花圈放在与周某快餐店相邻一侧，但没有越界。因周某店门紧挨双方分界墙，民众误认为周某店里正在办丧事，而不去周某的快餐店吃饭，使周某的生意受到影响。周某发现后，用一张薄席遮挡自己方一侧，使来本店吃饭的客人看不到摆放的花圈。李某随即架高花圈，周某只得随之架高遮挡物。李某将样品花圈吊在屋檐上，使周某无法继续遮挡。周某因生意受到严重影

响，便起诉李某恶意摆放花圈，妨害其正常经营，要求停止侵害，赔偿损失。李某称自己在店前摆放样品花圈，没有侵害他人权利，不具有违法性，不应承担责任。

一、违法行为概述

（一）违法行为的概念和结构

违法行为，是指自然人、法人或者非法人组织违反法定义务、违反保护他人的法律或者故意违背善良风俗而实施的作为或不作为。违法行为是侵权责任构成要件之一。

违法行为作为侵权责任构成的客观要件，包括行为和违法两个要素。侵权行为须由行为构成，这种行为须在客观上违反法律，具有违法性的特征。

（二）行为

一般认为，行为是发端于人类思想之身体动静；行为为身体之动静，动指作为，静指不作为；行为为人类身体之动静，即行为主体必为人类，苟非人类身体之动静，则为单纯之事实，而非行为；行为为发端于人类思想之身体动静，即行为须本于吾人之意思活动为之，苟非本于吾人之意思活动，不问其外部强制或内部强制，均非真正的行为。① 日本学者认为，行为指作为人的自发意思表现出来的身体的动作或静止的状态。② 我国台湾地区学者认为：行为者，有意思之身体动作也。无意识之动作，不能构成侵权行为。身体动作，非仅指积极的作为而言，消极的不作为亦为行为。③

以上关于行为的界定，主要是针对自然人的行为而言的，但是，行为的主体不仅包括自然人，还包括法人和非法人组织。同时，侵权法上的行为不仅包括狭义上的行为，而且还包括广义上的行为，即行为主体对支配、管领下的物件所体现的作为或不作为。

行为，是自然人、法人、非法人组织受其意志支配，并且以其自身或者控制、管领对象或他人的动作、活动，表现于客观上的作为或不作为。

（三）违法性

界定违法，在理论上有肯定主义与否定主义之分。肯定主义肯定违法的内涵，如认为违法者，狭义的谓违反禁止或命令之规定，广义的包括狭义违法及实质的违法，即故意以悖于善良风俗之方法加害于他人④；或者认为，所谓违法，系指实质的违法及形式的违法而言，违反强制或禁止之规定者，为形式的违法，悖于善良风俗或公共秩序者，为实质的

---

① 参见胡长清：《中国民法债编总论》，122～123 页，上海，商务印书馆，1946。

② 参见［日］我妻荣编：《新版新法律学辞典》，董璠舆等译校，259 页，北京，中国政法大学出版社，1991。

③ 参见何孝元：《损害赔偿之研究》，95 页，台北，“商务印书馆”，1982。

④ 参见胡长清：《中国民法债编总论》，142 页，上海，商务印书馆，1946。

违法。[①] 否定主义采用否定不违法的行为的方法，界定违法概念，如认为：此所谓不法，系指无阻却违法之事由而言。侵害权利虽常属不法，但有阻却违法事由存在时，则非不法。[②]

违法是指行为在客观上与法律规定相悖，表现为违反法定义务、违反保护他人的法律或者故意违背善良风俗致人损害。

1. 违反法定义务

违反法定义务，是对法律规定的法定义务的不履行。其主要表现为两种形式。

（1）绝对权的义务人违反其不可侵义务。自然人、法人、非法人组织作为绝对权法律关系中的义务主体，即对他人享有的绝对权负有义务者，根据该法律关系负有法定的不得侵害的法定义务。如果该义务人侵害权利人的绝对权，即违反了该法定的不可侵义务，构成违法性。

（2）相对权的第三人违反其不可侵义务。相对权即债权，按照债权相对性原则，本来只约束债权关系的双方当事人，并不约束债权关系之外的第三人。但是，第三人虽然不受债权债务关系的约束，却依据债权的不可侵原则，也负有不得侵害他人债权的义务。违反债权的不可侵义务，也具有违反法定义务的违法性。

2. 违反保护他人为目的的法律

法律有时候直接规定对某种利益的特别保护。法律所保护的利益，称为法益。对于法益，虽然其他民事主体与其并不构成权利义务关系，但是依据《民法典》第 3 条的规定，民事主体对他人的其他合法权益也负有不可侵义务。违反这种法定义务，侵害他人享有的法益，也构成违反法定义务。例如，死者的姓名利益、肖像利益、名誉利益、荣誉利益、隐私利益以及遗体等，都是《民法典》保护的法益。违反这种保护他人的法律，具有违法性。《消费者权益保护法》第 18 条第 1 款第一句规定：“经营者应当保证其提供的商品或者服务符合保障人身、财产安全的要求。”按照这一规定，经营者在提供商品或者服务的时候，对消费者的人身安全和财产安全负有保障义务，经营者若疏于这种保护义务，就违反了保护他人为目的的法律，违反保护他人为目的的法律的违法性。

3. 故意违背善良风俗致人损害

违背善良风俗本为不当，当故意以其为方法而加害于他人时，构成违法，故学说及立法例认其为不法。《民法典》第 8 条规定了公序良俗原则。一般认为，行为既不违反法定义务，亦不违反保护他人的法律，但行为人故意违背善良风俗直接或间接地加害于他人，亦具有违法性。本节引例中李某的行为就具有这样的违法性。

【拓展阅读】

上述三种具有违法性的方式，分为两种性质：一是形式违法，包括违反法定义务和违反保护他人的法律两种违法，在形式上就违反法律规定，构成形式违法。二是实质违法，即故意违背善良风俗。这种行为方式在形式上并不违法，但是在实质上是违法的，构成实质违法。

二、违法行为的方式

违法行为依其方式，分为作为和不作为两种。

---

① 参见史尚宽：《债法总论》，120 页，台北，荣泰印书馆，1978。

② 参见何孝元：《损害赔偿之研究》，99 页，台北，“商务印书馆”，1982。

区分行为的作为与不作为，应以法律规定的义务为标准。行为人违反法律规定的不作为义务而为之，为作为的违法行为。反之，行为人违反法律规定的作为义务而不履行的，为不作为的违法行为。

（一）作为

作为是违反法律规定的不作为的义务而实施的行为。

作为的违法行为是侵权行为的主要行为方式。人格权、身份权、物权、知识产权等均为绝对权，权利主体以外的其他任何人都负有不得侵害其权利的法定义务，即使是对于债权，第三人也负有不可侵义务。行为人违反不可侵义务而侵害之，为作为的侵权行为。如伤害他人健康，用语言诽谤他人，侵害他人所有权等皆是。

（二）不作为

不作为是违反法律规定的作为的义务而实施的行为。

不作为的违法行为亦可构成侵权行为的行为方式。确定不作为为违法行为的前提，是行为人负有特定的作为义务。这种特定的作为义务不是一般的道德义务，而是法律所要求的具体义务。

特定的法定作为义务的来源，为以下三种。

1. 法律的直接规定

法律特别规定的作为义务，行为人必须遵守。例如，《民法典》规定，父母有管教未成年子女的义务，母亲对于哺乳期子女有抚养义务，亲属之间相互负有扶养义务等。违反上述法定的作为义务而为之，即为不作为的违法行为，例如应扶养而不扶养的遗弃行为，为不作为侵害亲属权的行为；应喂养哺乳期子女而不喂养致其饿毙，亦为不作为侵权行为。

2. 业务或职务的要求

特定的业务或者职务，对行为人提出的履行特定义务的要求，也是法定作为义务的来源。例如，修建地下工作物者应负的预防危险的作为义务，游泳场救护员负有的抢救落水者的作为义务，消防队员负有的扑救火灾的义务，游泳教练员对学习游泳者应负的救护义务，都是来自职业的或者业务上的要求，都是作为义务。违反上述职务上或业务上的作为义务而不作为者，为不作为的侵权行为。

3. 行为人先前的行为

行为人先前的行为给他人带来某种危险时，行为人必须承担避免危险的作为义务。例如，小说的出版编辑者在具有侵权内容的作品出版或发表后，负有采取措施，为受害人消除影响、恢复名誉的作为义务。违反这一义务，构成不作为的侵害名誉权的违法行为。又如，成年人带领未成年人进山砍柴的这一行为，就使其负有保护该未成年人人身安全的作为义务，在遇到危险时，该成年人如果不予救助，成立不作为的侵权行为。

三、违法行为的样态

（一）三种不同的违法行为样态

违法行为具体表现为三种不同的样态。

1. 自己的行为

自己的行为是直接行为，是一般侵权责任构成的违法行为样态。行为人自己实施行为，无论是作为还是不作为，均构成一般侵权责任，即为自己的行为负责的直接责任。侵害人格权、身份权以及物权等权利，均可由这种行为样态构成。

2. 监护、管理下的人所实施的行为

这种行为是间接行为，构成特殊侵权行为。对这种间接行为构成的侵权行为所承担的侵权责任为替代责任。例如，未成年子女实施的侵权行为，雇工执行雇佣活动致人损害的行为，用人单位的工作人员执行任务致人损害的行为，均为此种间接行为，由其父母、雇主、用人单位承担替代责任。《法国民法典》第 1384 条规定："任何人不仅对其自己的行为所造成的损害，而且对应由其负责的他人的行为或在其管理下的对象所造成的损害，均应负赔偿的责任。"其中"应由其负责的他人的行为"，即为这种间接行为。《民法典》第 1188 条、第 1191 条分别规定了监护人对被监护人的行为致害他人时的侵权责任和用人单位对其工作人员的行为致人损害时的侵权责任，第 1193 条规定了定作人对因自己过错而使承揽人造成他人损害的间接行为负责的责任。这些被监护人、工作人员以及承揽人的行为，就是这种间接行为。

3. 对物件的管理不当行为

对物件的管理不当行为也是间接行为。对于自己管理、控制的物件应妥善处置，管理不当，致使物件致人损害的，虽非自己的直接行为，但却为间接行为，构成特殊侵权行为。《法国民法典》第 1384 条关于任何人对"在其管理下的对象所造成的损害"应负赔偿责任的规定所针对的行为，为此种间接行为。在我国《民法典》第 1202～1294 条、第 1223 条、第 1245 条、第 1252～1258 条等规定的产品侵权责任、高度危险责任、饲养动物致人损害责任、建筑物和物件致人损害责任所针对的行为，均为此种间接行为。

(二) 区分违法行为样态的意义

侵权法区分违法行为的上述三种不同样态，意义在于行为人应根据不同的行为样态承担不同的侵权责任。自己的行为是直接行为，行为人承担的是自己责任，即自己为自己的行为承担侵权责任。他人的行为和自己控制、管领对象的不当行为，为间接行为，责任人承担的是替代责任，是为他人的行为负责，或者为自己管领的对象所致损害负责。前者为一般侵权行为，适用过错责任原则；后者为特殊侵权行为，根据法律的规定，适用过错推定原则或者无过错责任原则。在审判实践中，应当注意区别违法行为究竟是直接行为还是间接行为，这对于正确确定侵权责任形态、正确适用侵权法，具有重要意义。

【引例评析】

在本节引例"以摆放花圈的方式故意违背善良风俗妨害经营"案中，被告故意在自己店前摆放花圈，妨害原告经营活动的行为，从形式上看，是不违反法律的，因为其就是在自己经营花圈的店前摆放样品花圈，没有超出自己的经营领域和土地范围。但是，其实施这一行为的目的在于妨害原告的经营活动，这种意图通过其行为可以体现出来：始则摆放，且一而再、再而三地加高花圈位置。因此，构成故意违背善良风俗，故意加损害于他人的实质违法，具有违法性，构成妨害经营的商业侵权行为。

第二节 损害事实

引例 “待装裱祖宗画像被作为废品卖掉请求精神损害赔偿”案

叶某藏有一张百余年的祖宗画像，画像上的祖宗是其家周围三十多户叶姓人家的共同祖先。叶某将之交给装裱店的老板装裱。在老板外出旅游时，其岳母将该画像作为破烂卖了，无法找回。店老板与叶某协商赔偿，无法达成协议。叶某向法院起诉，请求赔偿祖宗画像的财产损失和精神损害。

一、损害事实的概念和结构

（一）损害事实的概念

损害事实，是指特定行为致使民事主体的人身权利、财产权利以及其他利益受到侵害，造成财产利益和非财产利益减少或灭失的客观事实。损害事实是侵权责任构成要件之一。

（二）损害事实的结构

损害事实是由两个要素构成的：一是权利被侵害，二是权利因被侵害而造成利益受损害。一个损害事实须完整地具备客体被侵害和利益受损害这两个要素，缺少其中任何一个要素，都不是侵权法意义上的损害事实，不符合侵权责任构成要件的要求。

1. 权利被侵害

侵权行为的侵害客体，包括如下民事权利：

（1）人身权。人身权包括人格权和身份权。人格权包括物质性人格权，即生命权、身体权和健康权；还包括精神性人格权，即姓名权、名称权、肖像权、声音权、名誉权、信用权、荣誉权、隐私权、个人信息权、性自主权、人身自由权、婚姻自主权和一般人格权。身份权包含配偶权、亲权、亲属权。

（2）财产权。财产权包括物权、债权和知识产权等。物权包括所有权、共有权、建筑物区分所有权、土地承包经营权、建设用地使用权、宅基地使用权、地役权、居住权、典权、抵押权、质押权和留置权；知识产权包括专利权、商标专用权、著作财产权和其他智力成果权；其他财产权包括债权和继承权。

确定权利受侵害的意义：一是界定侵权责任的构成，二是确定侵权行为的范围。

2. 利益受损害

对利益受损害这一要素的确定，意义在于确定是否成立损害赔偿责任，以及如何确定赔偿范围。在侵害财产权的场合，利益的损害包括直接损害和间接损害。一般的侵害财产权，没有造成财产的直接损失或者间接损失，不构成侵权责任。在侵害人身权的场合，利益的损害包括人格利益损害和身份利益损害。当违法行为作用于人身时，如果情节轻微，没有造成人身利益损害的，也不构成侵权责任。只有违法行为作用于权利主体的财产权利或者人身权利，并且造成了财产利益以及人格利益和身份利益受损害的时候，才能成立侵权责任，并且依此损害的实际范围，确定赔偿责任。

3. 完整的损害事实要件

权利侵害和利益损害结合在一起，构成侵权责任的损害事实要件。这一客观要件的存在，是侵权法律关系赖以产生的根据。侵权责任只有在违法行为侵害了权利并且造成相应利益损害的条件下，才能产生。如果仅有违法行为而无权利侵害和利益损害的损害事实，不能产生侵权损害赔偿责任。

二、损害事实的种类

损害事实包括两大类：一是对人身权利及利益的损害事实，二是对财产权利的损害事实。

（一）对人身权利及利益的损害事实

侵害人身权利及利益损害事实，最终表现为人格利益损害和身份利益损害这两种不同的损害事实种类。

1. 人格利益损害

（1）人身损害。人身损害是对人格利益的有形损害。首先，表现为侵害自然人的身体权、健康权、生命权，导致死亡、丧失劳动能力、伤害或者身体的完整性受到损害。其次，表现为自然人为医治伤害、死者丧葬所支出的费用，伤残误工的工资损失，护理伤残的误工损失，丧失劳动能力或死亡所造成的受扶养人的扶养费损失等。

（2）人格利益的无形损害。侵害精神性人格权所造成的人格利益损害，是无形的损害。精神性人格权的客体均为无形的人格利益，在客观上没有实在的外在表象。例如名誉权的客体，是他人对自然人、法人、非法人组织所给予的社会评价，其损害的形态是无形的。其人格利益遭受有形损害的主体只能是自然人，法人、非法人组织不会遭受这种损害。

2. 身份利益损害

身份利益损害是侵害身份权所造成的损害事实。由于身份权有基本身份权和派生身份权之分，因而身份利益损害也表现为两种形式，即身份利益的表层损害和身份利益的深层损害。这两种不同的损害构成身份利益损害的两个不同层次，违法行为侵害身份权，首先引起身份利益的表层损害，其次引起身份利益的深层损害。身份利益的深层损害是身份利益损害的最终形式。

（1）亲情关系损害。例如侵害配偶权，可以造成夫妻感情的破裂或者一定程度的伤害，使相互依赖、共同生活的亲情受到破坏以致最终丧失。侵害亲权，则破坏了亲子关系，使父母与未成年子女之间的亲情受到损害。

（2）财产利益的损失。身份利益的深层损害，包括扶养权利的减损或丧失，获得物质利益的权利的丧失或减损。

（3）精神痛苦和感情创伤。侵害身份权与侵害人格权一样，都能够造成受害人的精神痛苦和感情创伤，亦为侵害身份权的损害事实。

（二）对财产权利的损害事实

财产损害事实，主要是侵占财产和损坏财产。除此之外，财产损害还包括其他财产利益的损害，主要是所有权以外的其他财产权利的丧失或者减损。

财产损害表现为财产损失，包括直接损失和间接损失。

1. 直接损失

直接损失是受害人现有财产的减少，也就是加害人的不法行为侵害了受害人的财产权利，致使受害人的现有财产直接受到的损失，如财物被毁损、被侵占而使受害人财富减少等。

2. 间接损失

间接损失是受害人可得利益的丧失，即应当得到的利益因受不法行为的侵害而没有得到。它有三个特征：（1）损失的是一种未来的可得利益，而不是既得利益。在侵害行为实施时，它只具有取得的可能性，还不是现实的财产利益。（2）这种丧失的未来利益是具有实际意义的，是必得利益而不是假设利益。（3）这种可得利益必须是在一定的范围之内，即侵权行为的直接影响所及的范围内，超出该范围，则不认为是间接损失。在传统上，往往认为间接损失是直接损失的派生损失，这不完全正确。在一般情况下，直接损失产生间接损失，在侵害财产所有权以外的其他财产权利的场合，往往并不造成直接损失，而是产生间接损失。如侵害债权，债权受到损害以后，并不产生直接损失，而是使可得的债权财产利益丧失，产生的是间接损失。

侵害具有人身意义的特定物，除造成了该物品的直接损失之外，还会造成该物品所有权人的人格利益损害，造成精神痛苦。这也是一种特殊的损害事实。《民法典》第1183条第2款规定的就是精神损害事实。

三、多重损害事实

（一）研究多重损害事实的意义

一个侵权行为可以形成数个损害事实，这种情况称为多重损害事实。单一的损害事实只产生一个损害赔偿请求权；多重损害事实中有几个损害事实，就产生几个损害赔偿请求权。这是研究多重损害事实的意义。多重损害事实的数个赔偿请求权究竟应当如何行使，是研究多重损害事实的目的所在。

(二) 多重损害事实的形式

多重损害事实分为以下三种形式。

1. 单一受害主体单一权利的多重损害

当一个侵权行为侵害了单一主体的单一权利时，可能只造成对一种利益的损害，也可能造成对数种利益的损害。例如，侵害健康权，只造成了财产利益的损害，这种损害是单一损害。单一受害主体单一权利的多重损害事实产生的法律后果是，受害人享有数个赔偿请求权。例如，侵害生命权，既造成了死者近亲属丧葬费的损失，又造成了死者近亲属丧失亲人的精神痛苦，由此死者近亲属享有丧葬费及医疗等费用的财产损失赔偿请求权，还享有死亡赔偿金的请求权。这两种赔偿请求权都可以被行使。

2. 单一受害主体多项权利的多重损害

一个侵权行为侵害单一受害主体，造成了该受害主体多项权利受损害的，构成复杂的多重损害。例如，在报刊上未经本人同意公布其幼时病容照片，既侵害了肖像权人的肖像权，又侵害了该权利主体的隐私权。单一受害主体多项权利多重损害的法律后果，应依多项权利的性质和救济方法的不同而有所不同。当一个行为既侵害物质性人格权又侵害精神性人格权时，其救济方法分别为财产损害赔偿和精神损害赔偿，在这种情况下，两种损害赔偿请求权并行不悖。例如，以公然侮辱方式实施侵权行为，既造成了人身伤害，又造成了名誉毁损，受害人得行使两种不同的损害赔偿请求权。当一个行为侵害同一性质的数项权利且救济方法相同时，可以择其中一种损害赔偿请求权行使，对于造成他种权利的损害，采取“吸收加重”的原则，即吸收在这一请求权中，适当加重侵权人的民事责任①；当然也可以分别行使赔偿请求权，合并计算损害赔偿金。

3. 多个受害主体的权利的多重损害

一个侵权行为造成多个受害主体的权利损害，其中必有一个为直接受害人，另有间接受害人。这种多重损害事实，构成特殊的多重损害。例如，一个行为侵害受害人的健康权，造成劳动能力丧失的后果，致使其在伤前直接扶养的子女的扶养请求权受损害。该受害人为直接受害人，其子女是间接受害人。这一行为，既造成了对直接受害人健康权的损害，又造成了对间接受害人身份权的损害。于多个受害主体的权利的多重损害，多个受害主体均享有损害赔偿请求权，可以一并行使。

多重损害事实的前提依据，是一个行为。多个行为造成数个损害事实，不构成多重损害事实。例如，某医院怀疑本院某职工患有精神病，对其进行强制治疗，又公布了怀疑其患有精神病的材料。这是两个行为造成了对两个权利的损害，即侵害人身自由权的行为致人身自由权的损害和侵害隐私权的行为致隐私权的损害。这是两个侵权行为，当然产生两项侵权损害赔偿请求权。

---

① 当然，这只是一家之说。也可以采取数种请求权同时行使的办法，但是，这样做比较烦琐且不实用。

【引例评析】

本节引例“待装裱祖宗画像被作为废品卖掉请求精神损害赔偿”案的损害事实，是财产损害中的精神损害问题。2001 年最高人民法院《精神损害赔偿司法解释》第 4 条规定，侵害具有人格象征意义的特定纪念物品的，受害人请求精神损害赔偿的，应当予以支持。《民法典》第 1183 条吸收这一司法经验，规定：“因故意或者重大过失侵害自然人具有人身意义的特定物造成严重精神损害的，被侵权人有权请求精神损害赔偿。”本案中受到损害的祖宗画像，是具有人身意义的特定物，其中包含人格利益因素。该画像受到侵害后，既造成财产的损失，也必然造成画像持有人的严重精神损害，造成精神痛苦，使人格利益受到损害，构成多重损害事实。因此，其向法院请求财产损害赔偿和精神损害赔偿，是完全有道理的。

第三节 因果关系

引例 “发射防雹炮弹弹片致害他人适用推定因果关系”案

某年 7 月 7 日下午 5 时半至 6 时半，某县气象站为防冰雹，向空中发射 30 枚防雹气象炮弹。邻县旧街方向村民常某在田里劳动，见开始下雨，急忙从田里回家。刚进院里，常某便发出一声惊叫，倒卧在窗前，头部受伤流血，昏迷不醒。其妻和在场人都以为是遭到雷击，将常某送至医院。诊断发现，常某头部有一 7 厘米裂伤，深至颅骨，创缘不齐，颅骨凹陷，有脑组织溢出，为脑挫伤、开放性颅骨骨折。7 天后，常某死亡，是由一硬物以高速冲击所致。常某亲属联想到当天某县气象站发射防雹炮弹，推想可能是弹皮碎片落下所致，并在现场寻找到一块铁块，经鉴定为三七炮弹弹皮残骸，上有“人雨·17 秒”字样。气象站不承认该弹皮是当时打的炮弹弹皮，常某亲属又找到一块 186 克的三七炮弹尾部碎片，遂向法院起诉。法院确认气象站的行为与损害结果之间有因果关系，判决其承担侵权责任。

一、因果关系的概念

（一）侵权法上的因果关系的哲学基础

原因和结果是唯物辩证法的一对基本范畴。这对范畴及因果关系概念反映的是事物、现象之间的相互联系、相互制约的普遍形式之一。无论是在自然界中，还是在人类社会中，处在普遍联系、相互制约中的任何一种或一些现象的出现，都是由某种或某些现象引起的，而前者又会进一步引起另外一种或一些现象的产生。在这里，引起某一或某些现象产生的现象叫原因，而被某一或某些现象所引起的现象叫结果。客观现象之间的这种引起和被引起的关系，就是事物间的因果关系。

【拓展阅读】

当人们运用哲学因果关系的原理来指导理解侵权法上的原因和结果及其相互关系时，就形成了侵权法上的因果关系概念。侵权法上的因果关系以及原因和结果的概念，既不同于哲学上的相同概念，又与哲学上的相同概念具有密切的关系。

（二）侵权法上的因果关系的概念

侵权责任构成中的因果关系要件，就是侵权法中的因果关系，是指违法行为作为原因，损害事实作为结果，在它们之间存在的前者引起后者，后者被前者所引起的客观联系。

二、因果关系中的原因

（一）不同学说

在侵权责任构成要件的因果关系中，究竟何为原因？对此有不同的学说。

1. 行为原因说

该说认为因果关系只是确定责任的一个条件，查找因果关系的目的不在于考虑行为人的行为是否违法，而在于确定行为人的行为与结果之间的联系。民法中的因果关系是指行为人的行为及物件与损害事实之间的因果关系。①

2. 过错原因说

该说认为民法上的因果关系为过错与损害之间的关系，只有过错才能成为侵权法上的原因，正是由于过错，行为人才对其行为造成的损害负责；亦正是由于过错所产生的损害，行为人才负赔偿之责。反之，尽管行为人的行为造成了损害，行为与损害之间有因果关系，但损害若非过错造成，此损害即不属于赔偿之列。这种因果关系的公式是："若无此过错，则不生此损害；若有此过错，通常即生此损害。"②

3. 违法行为原因说

该说认为侵权责任构成要件中的因果关系，是指违法行为和损害事实之间的因果关

---

① 参见王利明主编：《民法·侵权行为法》，144页，北京，中国人民大学出版社，1993。

② 孔祥俊等：《侵权责任要件研究》，载《政法论坛》，1993（2）。

系。在侵权损害赔偿法律关系中，违法行为与损害事实之间的前者引起后者的这种引起与被引起的客观联系就是违法行为与损害事实之间的因果关系。①

4. 其他学说

一是主张侵权行为为原因，认为侵权行为与损害事实之间的因果关系就是原因与结果之间的内在必然联系。② 民国时期胡长清持这种观点。③ 二是主张被控行为为原因，认为被控行为与损害事实之间应具有因果关系，始构成侵权要件。④ 三是主张加害行为为原因。

(二) 侵权责任中因果关系的原因应为违法行为

以过错作为损害事实的原因，是将主观意志与客观结果作因果关系的联系，其中间缺少行为这一客观的中介，因而此说难谓正确。以侵权行为作为损害事实的原因，等同于将侵权行为作为侵权责任构成的原因，在逻辑上说不通。以被控行为作为损害事实的原因，则混淆了实体法上的和程序法上的概念，是不适当的。以加害行为作为损害事实的原因，是较为客观的主张，但其缺点是行为性质没有明确。

【拓展阅读】

违法行为要件承担的任务是判断行为的具体表现以及它在客观上是否违法，损害事实要件承担的任务是判断受害人是否受有权利的损害。在这两个要件成立的情况下，因果关系要件承担的任务，是判断损害结果是否为该违法行为所引起的，该违法行为是否为该损害事实的客观原因。因果关系要件的职能是在被控行为被确定违法的情况下，考察判断它与损害事实之间是否具有引起与被引起的因果关系：有因果关系，则可能构成侵权责任；无因果关系则不构成侵权责任。因而不必担心以违法行为为损害事实的原因，会舍弃损害的真正原因。

【典型案例】

甲诉乙违法驾驶拖拉机致其伤害，要求乙承担赔偿责任。事实是，甲为修房，请乙等数人为其用拖拉机运河沙，乙为司机。在从河床向河坝行驶途中，因坡道较陡，拖拉机牵引力不够，众人想办法，坐、立在拖拉机发动机盖、保险杠和驾驶室两侧脚踏板上，以增加机车牵引力；并约定爬上河坝停车时再下来。前几次都很顺利，最后一次，当乙驾驶拖拉机爬上河坝尚未停车时，甲从脚踏板上跳入拖拉机后侧拖车联结处，抓住拖车保险架，欲踏住拖车与拖拉机联结的三角钩架，因失足，跌入拖车前轮，致左腿断离伤。

在该案中，甲有损害事实，乙有违法驾车的违法行为，但违法驾车的行为不是造成甲受伤的原因，违法行为与损害事实之间没有因果关系，其致害原因是甲自身的行为。因而，乙不构成侵权责任。这一判断过程，足以说明以上原理。

因此，侵权责任构成要件中因果关系的原因为违法行为。违法行为与损害事实之间构成因果关系，才成立侵权责任构成的因果关系要件。

---

① 参见中央政法干校民法教研室：《中华人民共和国民法基本问题》，333 页，北京，法律出版社，1958；佟柔主编：《民法原理》，242 页，北京，法律出版社，1986；杨立新、韩海东：《侵权损害赔偿》，73 页，长春，吉林人民出版社，1988。

② 参见马原主编：《中国民法教程》，308 页，北京，人民法院出版社，1989。

③ 参见胡长清：《中国民法债编总论》，136 页，上海，商务印书馆，1946。

④ 参见张俊浩：《民法学原理》，834 页，北京，中国政法大学出版社，1991。

三、确定因果关系的理论

由于因果关系的复杂性和多样化，在理论上关于如何确定因果关系，便产生了多种不同的学说。

（一）条件说

该说认为凡是引起损害结果发生的条件，都是损害结果的原因，因而具备因果关系要件。

这种理论不承认事实上的原因和法律上的原因的区别，而将逻辑上导致该结果出现的所有条件都视为法律上的原因，行为人都要承担责任。其公式就是："没有前者，即没有后者"[①]。

这一学说是由德国学者弗·布里于19世纪70年代首创的，坚持这一学说的人从主观主义和社会责任论出发，只注重研究从损害结果中反映出来的行为人的人身危险性，认为只要行为人在实施行为时能够认识到有发生危害结果的可能，就不能以任何理由减轻其责任。

为了避免条件说将原因行为扩大化的弊病，主张"条件说"的学者又提出了"因果关系中断"论，认为前行之条件行为与结果之间，如果介入自然力、被害人的行为或者被害人的特殊体质、第三人的过失行为，因果关系不中断；如果介入第三人的故意行为，则因果关系中断。这就是，基于有责任能力人之自由且有故意之行为，在法律上常引发新的独立因果关系，第一意思活动与引起结果间之因果关系，因此而中断。[②]

（二）原因说

该说也称为限制条件说，主张对原因和条件应严格加以区别，仅承认原因与结果之间存在因果关系，而不承认条件与结果之间有因果关系，因而法律上的原因与事实上的原因不同。

这种理论的主要之点在于：原因是对结果的发生有重要贡献的条件，而其他条件则对结果的发生只起到背景的作用，无直接的贡献，故其仅为条件，不具有对结果发生的原因力。

这一学说由德国学者宾丁（Binding）首创，后来经不断发展，被广泛采用，形成了必然原因说等多种主张。这种理论着眼于已发现的外部的现实的各个违法行为及其结果，重视研究行为对于结果发生的作用，主张把行为与结果之间的因果关系定型化，以限定追究行为人的责任范围。其中以必然因果关系说对责任范围的限制最为严格。

原因说有各种不同的主张，以下列举主要学说的见解。

1. 必要条件说

该说认为在导致结果发生的各种条件中，只有结果发生所必要的、不可缺少的条件才是原因，其他的则为单纯条件，不成为原因。其代表人物是波奈尔（Bohner）。

---

① 李光灿等：《刑法因果关系论》，37页，北京，北京大学出版社，1986。

② 参见李光灿等：《刑法因果关系论》，39页，北京，北京大学出版社，1986。

2. 优势条件说

此说认为，条件分为两种类型：一是对结果的产生起积极作用的条件，二是阻碍结果发生的条件。在通常情况下，这两种条件都保持着均势，只有当这种均势被破坏，积极条件优于消极条件时，才会发生损害结果。这种优势的积极条件就是结果发生的原因。这种学说的代表人物是德国学者宾丁。

3. 最后条件说

此说认为在引起结果发生的数个条件中，最后一个条件行为是破坏以前所保持的均衡状态、引发结果的因素，故最后一个条件就是原因。其代表人物是德国学者奥托曼（Ortman)。

4. 最有力条件说

此说认为对于结果的产生施加最有力影响的条件就是原因，其他则为单纯的条件。其代表人物是德国学者毕克迈耶（Birkmeyer)。

5. 动力条件说

此说认为条件分为两种：一种是动的条件，另一种是静的条件。对于结果的产生给予催化、驱动的条件为原因，这种条件使原本静态的事件发生变化，相当于哲学上所谓“质变的条件”。而另一种条件只赋予事件的进程相应的背景，是既有状况的维持力。其代表人物为库雷尔（Kohler)。

6. 反则条件说

此说认为区分当事人的行为对结果的影响力的关键在于，该行为是否违背了日常生活的常规，在多数条件行为中，违反常规的行为通常是引起损害发生的原因，而其他正常行为一般为单纯条件。其代表人物是冯·巴尔（Christian von Bar)。

7. 最先原因说

此说认为在多数条件中，最先引起结果的条件或者有直接关系的条件为原因，较晚进入的或者有间接关系的为条件。其代表人物为麦耶尔（M. E. Mayer)。

8. 决定条件说

此说认为判断原因行为应依社会评价标准，如果依社会一般的认识，某行为对结果的发生或者事件发展方向有决定性的支配力，则该行为就是原因，其他的则为条件。其代表人物为耐格勒（Nagler)。

（三）相当因果关系说

该说也称为适当条件说，在19世纪末由德国学者巴尔首先提出，由克利斯发表的《论客观可能性的概念》一文确定了它的基础，成为多数国家民法采用的理论。这种学说认为，某一事实仅于现实情形发生某种结果，尚不能认为有因果关系，必须在一般情形，依社会的一般观察，亦认为能发生同一结果的时候，才能认为有因果关系。

这种理论，实际上在我国古代就已出现。如《宋刑统·斗讼》中的“保辜”条疏云：“假殴人头伤，风从头疮而入，因风致死之类，仍依杀人论。若不因头疮得风别因他病而死，是为他故，各依本殴伤法，不以杀人论。”[①] 这体现的就是相当因果关系规则。《宋刑统》编

---

① 《宋刑统》，330页，北京，中华书局，1984。

纂于10世纪中后期，可见我国法律对相当因果关系理论的实际应用，比德国大约早一千年。

相当因果关系学说分为以下三种不同观点。

1. 主观的相当因果关系说

该说认为确定适当条件应当以行为人在行为时所知道或者应当知道的事实作为判断的基础。至于该情事是否为普通人所能认知，则在所不问。因而，将普通人所能认知而行为人并未认知或不能认知的情形除外，不认为该行为与结果之间有因果关系。

2. 客观的相当因果关系说

该说认为确定适当条件是基于法官的立场，法官以社会一般人对行为及结果能否预见为标准，以行为发生时在客观上所表现的情事及行为所发生的结果为观察对象，决定是否为适当条件，而不是以行为人的主观方面作为主要判断依据，来确定因果关系。

3. 折中的相当因果关系说

该学说综合了主观说和客观说的立场，认为应当以一般人能够认知和预见的情形以及行为人的特别认知、预见的情形为判断基础，也就是以行为时一般人所预见或可能预见以及虽然一般人不能预见而为行为人所认识或能认识的特别情事为基础，判断因果关系的有无。凡是一般人能预见到行为与结果之间存在伦理上的条件关系，不论行为人是否能预见，都应认为存在因果关系。一般人不能预见但是行为人能预见的，亦认为存在因果关系。

（四）客观归属理论

这种学说为德国学者霍尼希在1930年首创，罗克辛继续发展，形成了完整的理论，被称为客观归属理论或者危险增加理论。这种学说认为，行为人创造出法律所不容许之危险，此危险在结果实现时，即将结果归属于行为人。其要点是，法律的任务在于对侵害法益的结果归责，而客观归责的要素在于“客观目的性”，决定于行为人的行为是否制造了足以引起构成要件上侵害结果的法律上的重要风险。而在客观归责中，只有客观的目的性才是归责的决定要素，决定于规范的目的和行为的客观风险制造能力。它包含三个判断标准：一是制造不被容许的风险，二是实现不被容许的风险，三是构成要件的效力范围。

（五）疫学因果关系说

这种理论是用医学的流行病学原理来认定因果关系的学说，要点是，某种因素在某种疾病发生的一段时间内存在着，如果发病前不存在该因素，则排除因果关系存在的可能；该因素发挥作用的程度越高，相应地，该病的罹患率就越高。换言之，该因素的作用提高，病患就增多或病情加重；该因素的作用降低，病患随之减少或病情随之减轻。该因素的作用能无矛盾地得到生物学的说明。这种理论改变了以往在诉讼中依具体个体对因果关系证明的方法，而转以民众的罹患率为参照系，即只要原告证明被告的行为与罹患率之间的随动关系，即为完成了证明责任。

（六）盖然性因果关系说

该说也称为推定因果关系说，是关于在原告和被告之间分配证明因果关系的举证责任的理论。其基本规则是，原告证明因果关系要达到盖然性标准，而盖然性就是可能性。例如，在公害案件诉讼中，原告证明了公害案件中的侵权行为与损害后果之间存在某种程度的因果关联的可能性，就完成了自己的举证责任；然后由被告举反证，以证明其行为与原告的损害之间无因果关系，不能反证或者反证不成立的，即可确认因果关系成立。日本学者将这种学说称为“优势证据”说：在民事案件中，心证的判断只要达到因果关系存在的盖然性大于因果关系不存在的盖然性这一程度，便可认定因果关系的存在。①

（七）间接反证说

这种学说的目的在于对举证责任的分配，将构成因果关系的事实不是作为一个要件事实，而是作为复合的要件事实加以把握，分别予以认定。依此理论，第一，将因果关系这一要件分为数个认定主题，如 A—B—C—D—E 等；第二，原告无须对上述各项事实全过程举证，而只要举证证明了其中主要事实，其他过程则可以依据通常经验推定，如果被告有异议，则须对上述各项逐一反证。这种理论同样有助于缓解原告在复杂的案件中的举证困难，不过，由于其过于烦琐，因而在实践中适用得不多。

（八）法律因果关系说

英美法系的因果关系学说不是注重于哲学上的分析，而是注重于实证上的分析，从大量的案件中总结出来判断法律因果关系的规则。他们认为，在多个原因或者条件造成一个损害结果的时候，将因果关系分为两个层次：一是事实上的因果关系，二是法律上的因果关系。原告不仅要证明被告的行为有过失，而且还要证明这一过失行为造成了他的损害，证明被告的行为与损害结果之间存在着因果关系，不仅有事实上的因果关系，而且有法律上的因果关系。

确定存在事实上的原因是认定因果关系的第一步，但还不是全部，还必须证明行为与损害之间具有法律上的原因。只有证明后者，才能够认定法律因果关系的存在。

四、我国侵权责任法确认因果关系要件的规则

（一）分析意见

对以上各种因果关系学说应当进行分析，结合司法实际进行研究，才能够确定我国侵权责任法在侵权责任构成因果关系要件上应当适用的规则。

在大陆法系侵权法的因果关系学说中，最主要的就是条件说、原因说和相当因果关系说。学者一般认为：条件说范围太宽，原因说则属于过严，且认定困难，均不宜采用。唯有相当因果关系说与民法公平原则颇相符合，堪称允正，应予采用。“客观归属理论”较为抽象，不易掌握，在实践中不宜采用。而盖然性因果关系说、疫学因果关系说和间接反证说，不过是在区分复杂的因果关系时的个别方法，并不是一般的因果关系学说，在实践中可以根据不同情况适用。至于英美法系的法律因果关系说，是判断因果关系的各种不同

① 参见［日］加藤一郎：《公害法的生成与发展》，29页，东京，岩波书店，1968。

方法，其基本思路与相当因果关系说在实质上是相通的，因此也可以借鉴。

（二）确定因果关系要件的基本规则

在我国的侵权责任法理论中，确定行为与结果之间的因果关系，既应当参考国外的因果关系理论的精华之处，又要根据我国的具体情况，确立我国的因果关系规则。对此，应当区别情况，遵循以下五个规则进行。

1. 直接原因规则

行为与结果之间具有直接因果关系的，无须再适用其他因果关系理论判断，直接确认其具有因果关系。

最常见的直接因果关系，就是一因一果的因果关系类型。一个原因行为出现，引起了一个损害结果的发生。这种因果关系比较简单，容易判断。在这样的情况下，再作其他的判断，是舍本逐末。

对于虽然有其他条件介入，但是原因行为与损害结果之间自然连续、没有被外来事件打断，可以确定这些条件并不影响原因行为作为直接原因的，应当认定其与损害事实之间具有因果关系。

2. 相当因果关系规则

在行为与结果之间有其他介入的条件，使因果关系判断较为困难，无法确定直接原因的，应当适用相当因果关系理论来判断。确认行为是损害结果发生的适当条件的，认定行为与结果之间具有相当因果关系，否则为没有因果关系。

采用相当因果关系说，应当摒弃过去一直影响我国法律因果关系判断的“必然因果关系学说”。这两种学说的根本区别是：前者强调判断因果关系的客观标准是“可能性”，而后者强调的标准是“必然性”；前者强调的可能性取决于社会的一般见解，而后者强调的必然性则是客观的存在，与人的认识无关。相当因果关系学说的正确性在于，它不要求法官对每一个案件均脱离一般人的智识经验和认识水平，去追求客观的、本质的必然联系，只要求判明原因事实与损害结果之间在通常情形下存在着联系的可能性。这种判断不是依法官个人的主观臆断，而是依一般社会见解，按照当时社会所达到的智识和经验水平，只要一般人认为在同样情况下有发生同样结果的可能性即可；其客观依据，则在于事实上这种原因事实已经引发了这样的结果。这样，主观的认识和客观的根据就结合在一起了。必然因果关系理论要求法官处理每一件具体案件，都要掌握其必然的、本质的联系，这违反了唯物辩证法的要求。

适用相当因果关系理论，关键在于掌握违法行为是导致损害事实发生的适当条件。适当条件是该种损害结果发生的不可缺条件，它不仅在特定情形下偶然地引起损害，而且是同种结果一般发生的有利条件。对于如何判断相当因果关系，史尚宽曾经概括了一个公式，即：“以行为时存在而可为条件之通常情事或特别情事中，于行为时吾人智识经验一般可得而知及为行为人所知情事为基础，而且其情事对于其结果为不可缺之条件，一般的有发生同种结果之可能者，其条件与其结果为有相当因果关系。”① 简言之，确定行为与结

① 史尚宽：《债法总论》，163页，台北，荣泰印书馆，1978。

果之间有无因果关系，要以行为时的一般社会经验和智识水平或者行为人所知作为判断标准。若认为该行为有引起该损害结果的可能，而在实际上该行为又确实引起了该损害结果，则该行为与该损害结果之间为有因果关系。

对于如何判断违法行为与损害结果之间是否具有相当因果关系，可以运用以下公式：

大前提：依据一般的社会智识经验，该种行为能够引起该种损害结果；

小前提：在现实中，该种行为确实引起了该种损害结果；

结　论：那么，该种行为是该种损害结果发生的适当条件，因而，二者之间具有相当因果关系。

例如，伤害他人之后，送受害人去医院治疗，不幸医院失火，致受害人被烧死。这里的伤害与烧死就现实情形而言，固然不能说没有关系，但是医院失火属于意外，依一般情况，不具有相当因果关系。如果伤害后患破伤风以致死亡，则在一般情形依通常经验观察，能致死亡后果，故其伤害行为与死亡结果之间为有因果关系。

3. 推定因果关系规则

在特定的场合，可以适用推定因果关系规则认定因果关系。盖然性因果关系就是一种推定因果关系，其基本要点是保护弱者，在受害人处于弱势，没有办法完全证明因果关系要件的时候，只要受害人举证证明到一定的程度，就推定行为与损害之间存在因果关系，然后由被告举证，证明自己的行为与损害发生之间没有因果关系。

应当注意的是，适用推定因果关系规则一定要有法律规定，例如环境污染侵权，在其他场合适用这一规则应当特别谨慎。

因果关系推定的运用方法如下：

第一，分清违法行为与损害事实的时间顺序。作为原因的违法行为必定在前，作为结果的损害事实必须在后。违背这一时间顺序的，为无因果关系。

第二，区分违法行为与损害事实之间是否存在客观的、合乎规律的联系。确定其间的因果联系，即在案件中，如果在违法行为与损害结果之间存在盖然性联系，则应解释在法律上存在因果关系。盖然性因果关系的证明责任由受害人承担。法官根据所积累的情况，如果可以作出与有关科学原理无矛盾的说明，即应当解释为法律上的因果关系得到了证明。

其推定形式是：

大前提：在一般情况下，这类行为能够造成这类损害；

小前提：这一结论与有关科学原理无矛盾；

结　论：那么，这种损害事实是由这种行为造成的。

第三，由于这种因果关系是推定的，因而，还应当在损害事实与行为之间排除其他可能性。排除其他可能性的方法，包括举证责任倒置，由被告证明因果关系不成立的事实。如果证明因果关系不成立，不构成侵权责任。当确定这种损害事实没有任何其他原因所致的可能时，即可断定该种行为是损害事实的原因，即推定因果关系成立。

实行因果关系推定，就意味着受害人在因果关系的要件上，不必承担过重的证明责任，在证明了因果关系的盖然性之后，由法官实行推定。

因果关系推定规则适用的范围是：

第一，环境污染和生态破坏案件。由于这种案件中污染和破坏的行为复杂多样，致害范围广泛，依照一般常识难以判断，需要高度的自然科学知识的特殊性，对其因果关系的确定，各国多采用因果关系推定原则，即只要证明企业已经排放了可能危及人身健康的有害物质，而公众的人身健康在排污后受到或正在受到危害，就可以推定这种危害是由该排污行为所致的。《民法典》第1230条规定："因污染环境、破坏生态发生纠纷，行为人应当就法律规定的不承担责任或者减轻责任的情形及其行为与损害之间不存在因果关系承担举证责任。"

第二，其他有必要适用因果关系推定的案件。在某些特定的场合，也可以有条件地适用因果关系推定规则。例如，对于很多高科技领域中侵权责任因果关系要件的认定，也可以适用因果关系推定规则。本节引例就是一个适用因果关系推定的典型案例。

4. 法律原因规则

在特别情况下，如果确认因果关系确有困难，可以适用英美法系侵权法中的"事实原因—法律原因"规则。这就是：首先，确定行为是否构成损害的事实原因，即产生一个结果的多个前提事实总和中的一个因素；其次，确定行为是否为损害的法律原因，即一种自然的、未被介入因素打断的原因，没有这样的原因，就不会发生原告受损害的结果。行为对于损害而言，既是事实原因，又是法律原因的，即可确定行为与损害之间的因果关系。

具体判断时，要掌握事实上的原因和法律上的原因的构成。

事实上的原因，就是跟随结果发生同时存在的各个事实。确定事实上的原因通常有四种规则：(1) 传统规则，即"but for test"规则，就是"非他莫属"。倘若没有被告的行为，原告就不会遭受损害，那么被告的行为就是原告受损害的原因。(2) 实质要件规则。如果被告的行为是原告受损害的实质要件或者重要因素，那么，被告的行为就是原告受损害的事实上的原因。(3) 复合原因规则。造成原告受损害的原因力不是单一的，如果是两个或者两个以上的原因力共同作用导致同一个后果，这就是复合原因。在分辨责任时，需要确立划分责任的标准，并确定各自承担的赔偿数额。如果不能分清各自原因力的大小，则应承担连带责任。(4) 其他方法。当采用以上方法都无法确认谁的行为是损害的实际原因时，原告必须证明被告当中有一个人的过失引起了他的损害，然后每一个被告都要证明自己的过失不是损害的实际原因。如果他们没有一个能够如此证明，那么，他们就要共同为原告的损害负责。

法律上的原因也称为近因，是被告对原告承担责任的最近原因，是一种自然的和继续的、没有被介入因素打断的原因。若没有这种原因，就不会发生原告受损害的结果。所谓最近，不必是时间或空间上的最近，而是一种因果关系上的最近，因此，损害的近因是主因或有效原因。附加原因、介入原因虽然在时间上或空间上是最近的，但并不是近因。[①] 确定法律上的原因的步骤有三：一是分析直接原因，二是分析后果的预见性，三是分析介入原因。直接原因就是被告的行为与损害后果之间自然连续，没有被外来事件打断，被告的行为直接导致了损害后果。预见性，就是被告只对他在行为的时候可以预见的后果负责。而介入原因，是在被告的行为与损害后果之间介入的外来事件或者行动，与被告的行

---

① 参见布莱恩·加纳：《布莱克法律词典》，1103页，北京，北京市图书进出口有限公司，1990。

为结合起来导致损害结果的发生。介入原因的出现改变了事件发生的过程和结果，改变了当事人之间的关系与责任。当介入原因能够取代被告的行为的时候，被告的责任就可能得到解除。

5. 间接因果关系的应用

在某些侵权行为中，间接因果关系的存在也可能导致成立因果关系要件。例如，在承担相应的补充责任的场合，承担补充责任的责任人的行为与损害发生之间的因果关系就是间接因果关系。《民法典》第1191条第2款规定，劳务派遣单位对损害的发生有过错的，应当承担相应的补充责任；第1198条第2款规定，对第三人实施侵权行为造成被保护人的损害，经营者、公共场所管理者或群众性活动组织者违反安全保障义务的，应当承担相应的补充责任；第1201条规定，学校等教育机构对第三人造成未成年学生损害有过错的，应当承担相应的补充责任。在这些场合，造成受害人损害的直接原因，都是直接侵权人的侵权行为；而补充责任人的行为均为损害发生的间接原因，即均为直接侵权人实施侵权行为提供了条件。在这种情况下，法律出于对公共政策的考量，确定实施具有间接因果关系的行为的行为人承担相应的补充责任，就是为了更好地保护受害人的合法权益。因此，间接因果关系也构成这类侵权责任的因果关系要件。

五、原因力及其作用

在侵权责任构成为多因一果的情况下，这些多种原因对于损害事实的发生为共同原因。共同原因中的各个原因对于损害事实的发生发挥不同的作用，因而有原因力大小的问题。

原因力，是指在导致损害结果的共同原因中，各个原因对于损害结果的发生或扩大所发挥的作用力。单一原因对于结果的发生，原因力为100%，因而考察其原因力不具有实际的意义。只有在共同原因中，考察原因力才有现实意义和实用价值。

原因力的大小决定于各个共同原因的性质、原因事实与损害结果的距离，以及原因事实的强度。直接原因的原因力优于间接原因的原因为；原因事实距损害结果近的原因力优于原因事实距损害结果远的原因力；原因事实强度大的原因力优于原因事实强度小的原因力。根据这样一些因素，可以判定共同原因中各个原因对于损害事实发生的具体原因力的大小。

原因力大小在共同侵权行为和过失相抵的责任分担上具有相对的决定作用。在共同侵权行为中，行为的原因力大，则行为人应承担较多的责任份额；行为的原因力小，则行为人应承担较少的责任份额。在过失相抵中，加害人和受害人双方的行为是损害发生的共同原因，各行为人的行为原因力大小，对确定各自的责任也发生如上作用。

【引例评析】

在侵权责任构成中，因果关系是由原告举证证明的要件，被告不承担举证责任。在本节引例“发射防雹炮弹弹片致害他人适用推定因果关系”案中，适用一般的因果关系判断标准难以保护受害人的合法权益。这是因为，高科技领域的行为原因造成的侵权损害的受害人往往无法证明加害人的行为与损害结果之间的因果关系。在司法实践中，除了环境污染、生态破坏侵权纠纷案件之外，可以适当扩大因果关系推定规则的适用范围，以更好地保护受害人的权利。对此，多数学者持肯定态度。本案就是根据这样的法理主张，在环境污染之外的场合适用因果关系推定规则认定因果关系要件的典型案例。在原告已经举出了能够证明损害原因的部分证据之后，面临的现状是证据不足但是又无法取得确切证据。法院认可其证明已经达到了盖然性的证明标准，依照职权实行因果关系推定，责令被告即气象站承担举证责任，被告无法证明损害与自己的行为没有因果关系，即可认定存在因果关系。因此，气象站应当承担侵权责任，对受害人的损害予以赔偿。本案的判决结果有利于受害人，保护了受害人的权利。

第四节　过错

引例　“撰写、发表历史小说侵害他人名誉权”案

原告胡某、周某、石某与被告刘某同在某县文化馆工作。该县文化系统在评定中级职称过程中，出现了一份手写匿名传单，列数了刘某若干表现，对其进行人格攻击，并指责其作品格调低下，不应给他评定中级职称。刘某怀疑该文为三原告所写，极为不满，曾说：“他们搞了我手写的，我是要还情的，要搞个印刷的。”嗣后，刘某在某晚报上连载其撰写的长篇历史纪实小说，在该事件发生后的连载内容中，集中出现了与三原告姓名字形相似、读音近似的三个反面人物，分别是大烟贩子、皮条客和地痞，以三原告的外貌形象、身世、专业特征进行描写，使熟悉的人一看便知写的是三原告。小说对该三个人物形象极尽丑化描写，在原告所在县引起强烈反响。三名原告联名致信该晚报报社领导，强烈要求停止刊载该文，不删除侵权内容不得继续连载。小说的插图作者和当地文联领导也都向报社负责人及编辑要求删改在小说中的不当内容后再连载。该报社对此不予理睬，继续连载包含对三原告进行丑化描写的内容。

一、过错的概念

(一) 关于过错概念之性质的争论

对过错究竟是主观概念还是客观概念，学说上有以下不同的主张。

1. 过错是主观概念

认为所谓过错，就是违法行为人对自己的行为及其后果所具有的主观心理状态。这种主张对行为人行为的违法从主观和客观两个方面加以区分，创造了“客观的不法和主观的不法”的概念，主观的不法即过错，包括故意、过失以及恶意。这种主张得到了广泛的赞同，成为很多国家民法学的理论基础。

2. 过错是客观概念

认为过错是指任何与善良公民行为相偏离的行为①，过错是对事先存在的义务的违反。② 马泽奥德和顿克则将法国司法上认定的过错解释为，一个谨慎人置身于加害人造成损害时的“客观”环境中所不会犯的行为差错。③ 我国有学者也认为，对过错的判断标准应当客观化，即应采用客观过错，摒弃现行的主观过错说，认为这种客观过错指行为人未尽到一般人所能尽到的注意义务，也即违背了社会秩序要求的注意。④

3. 过错是综合概念

认为过错既是一种心理状态又是一种行为活动，是一种舆论和道德谴责，因而是综合概念。这种主张认为，过错首先是行为人进行某种行为时的心理状态，即使是法人，也具有这种法律上的心理状态。但是，过错虽然是一种心理状态，它也必然是通过行为人的具体行为体现出来的，因此判定一个人有无故意或者过失，总是和一定的行为联系起来的，并以该行为为前提和条件。没有行为，不管人们具备什么样的心理状态，也谈不上过错。这种过错，实际上是对行为人在进行这种行为时所具有的心理状态以及行为本身的社会评价和价值评价。⑤

(二) 过错的本质属性

确定过错的本质属性，应当从过错的本质上去揭示它。理论上的“主观过错说”和“客观过错说”，并不是说过错的本质属性是主观的或者是客观的，而是就判断过错的标准而言。正如有学者所指出的那样，“主观过错说是以一定的心理状态作为衡量过错的标准”“客观过错说是以人的行为为判断标准”⑥，或者“注意”的衡量标准就是一种客观标准。⑦除了少数学者坚持过错是一种行为，认为过错是客观的概念外，绝大多数学者都认为过错就其本质属性而言，是人的主观心理状态，因而是主观的概念。

---

① 参见［法］安德烈·蒂克：《过错在现代侵权行为法中的地位》，载《法学译丛》，1991（4）。

② 参见［法］普兰尼奥尔：《法国民法实用教程》，第6卷，863页，巴黎，1952。

③ 参见王卫国：《过错责任原则：第三次勃兴》，186页，杭州，浙江人民出版社，1987。

④ 参见孔祥俊等：《侵权责任要件研究》，载《政法论坛》，1993（2）。

⑤ 参见王利明主编：《人格权法新论》，96～97页，长春，吉林人民出版社，1994。

⑥ 王利明主编：《人格权法新论》，90、92页，长春，吉林人民出版社，1994。

⑦ 参见［荷］W.J. 瓦格纳：《波兰法上的债》，载《波兰民法》，第2卷，152页，莱顿，1974。

【拓展阅读】

检验过错标准的客观化，是民法理论发展的必然。但是，检验过错标准的客观化不能导致过错的本质属性发生质的改变而使过错本身客观化。就过错是客观概念的主张而言，它就是沿着这一条道路走下去，改变了过错的本质属性，使过错由主观概念变成了客观概念。而过错是综合概念的主张，虽然以承认过错是主观心理状态为前提，但是，它在过错须由行为表现出来，又须以行为来检验其有无的基础上，认为过错既是主观的概念，又是客观的概念。因此，综合过错理论是折中主义的产物。

检验过错用客观标准，是指判断过错时，采用客观的标准来衡量。按此客观标准，违反之，为有过错；符合之，为无过错。过错的有无，仍然是说行为人在主观上有无不注意的心理状态，并不是说这种过错已经离开了行为人的主观世界，而成为客观上的形态，因为过错永远不能离开行为人的主观世界，而成为客观的实在形态。

同样道理，过错体现在行为人的行为之中，但不能说过错是行为本身。主张从行为出发检验、判断行为人主观上是否有过错，是正确的观点。但是，由于过错体现在行为之中，并且应从行为出发检验、判断行为人是否有过错，进而认为过错本身就是行为，或者过错本身就具有客观属性，也是对之过错本质属性的误解。

实际上，用客观标准衡量过错，并不是绝对的，用客观标准衡量、判断的只是过失，却无法用客观标准衡量、判断故意。对于故意，要用主观标准来衡量。例如某人故意伤害他人身体、故意毁坏他人名誉、故意泄露他人隐私、故意侵害他人人身自由，均由主观标准予以衡量，不必舍本求末，转而用客观标准去检验其有无。如果说用客观标准衡量过错就是过错的客观化，那么用客观标准衡量故意，难道还能使故意客观化吗？无论是用主观标准还是用客观标准，都改变不了过错的主观本质属性，过错就是行为人决定其行为的主观心理状态。

二、过错的两种形态

过错分为两种基本形态，即故意和过失。

(一) 故意

故意，是行为人能预见自己行为的结果，仍然希望该结果发生或者听任该结果发生的主观心理状态。

关于确定故意，在侵权法理论上有意思主义和观念主义之争。意思主义强调故意必须有行为人对损害后果的“希望”或“意欲”，观念主义强调行为人认识或预见到行为的后果。这两种主张中，意思主义比观念主义要求为严。为此，应当采用折中主义的主张，即行为人应当认识到或者预见到行为的结果，同时又希望或听任其发生。

侵权法中的故意，也包括直接故意和间接故意两种形式。其实有一个最简单的推论就是，若过失都能导致侵权责任成立，间接故意比过失的过错程度为重，肯定也应当导致侵权责任成立。

(二) 过失

1. 过失的概念

过失，包括疏忽和懈怠。行为人对自己行为的结果应当预见或者能够预见而没有预见，为疏忽；行为人对自己行为的结果虽然预见了却轻信可以避免，为懈怠。疏忽和懈怠，都是过失，都是受害人对应负的注意义务的违反。因此，民法上的过失，就是行为人对受害人应负注意义务的疏忽或懈怠。换言之，正如有学者指出的那样："过失者，行为人对于自己的行为，所生一定之结果，如为相当之注意，即可避免，而欠缺此注意之心理状态也。"①

2. 判断过失的注意标准

既然过失是一种不注意的心理状态，即对自己注意义务的违反，那么，判断注意义务就应当有客观的标准。国外民法通常确立三种不同的标准。

（1）普通人的注意。这种注意标准，是指在正常情况下，只用轻微的注意即可预见的情形。这种注意义务，是把一般人在通常情况下能够注意到作为标准。如果在通常情况下一般人也难以注意到，那么，行为人尽管没有避免损害，但尽到了注意义务的，不能认为行为人有过失。相反，对于一般人能够在一般情况下注意到的却没有注意到，为有过失。例如，从屋内向窗外抛砖石，击中行人致伤，这就违反了普通人的注意，为有过失。这种注意标准，为客观标准。

（2）应与处理自己事务为同一注意。所谓自己事务，包括法律上、经济上、身份上一切属于自己利益范围内的事务。与处理自己事务为同一注意，应以行为人平日处理自己事务所用的注意为标准。判断这种注意义务，应以行为人在主观上是否尽到了注意的义务为标准，即主观标准。如果行为人证明自己在主观上已经尽到了注意义务，应认定其为无过失；反之，则应认定其有过失。②

（3）善良管理人的注意。这种注意，与罗马法上的"善良家父之注意"和德国法上的"交易上必要之注意"相当，都是要以交易上的一般观念认为具有相当智识、经验的人对一定事件的所用注意作为标准，客观地加以认定。行为人有无尽此注意的智识和经验，以及他向来对于事务所用的注意程度，均不过问，只是依其职业斟酌，所用的注意，应比普通人的注意和与处理自己事务为同一注意要求更高。这种注意的标准是客观标准。

3. 不同程度的过失

上述三种注意义务，从程度上分为三个层次，以普通人的注意程度为最低，以与处理自己事务为同一注意程度为中，以善良管理人的注意程度为最高。与此相适应，违反这三种注意义务，构成三种过失。

（1）重大过失。违反普通人的注意义务，为重大过失，亦称重过失。如果行为人仅用一般人的注意，即可预见，而竟怠于注意，不为相当准备，就存在重大过失。

（2）具体轻过失，是指违反应与处理自己事务为同一注意的义务。如果行为人不能证明自己在主观上已尽该种注意，即存在具体轻过失。

（3）抽象轻过失，是指违反善良管理人的注意义务。这种过失是抽象的，不以行为人的主观意志为标准，而以客观上应不应当做到为标准。因而，这种注意的义务最高，其未尽注意义务的过失则为抽象轻过失。

应当注意的是，后两种轻过失并不是一般过失或者轻微过失，而是轻于重大过失的过

① 刘清波：《民法概论》，267页，台北，开明书店，1979。

② 在这种情况下，确定过错的标准也是主观标准，而不是客观标准。由此也可以说明过错并不都是依客观标准衡量的，因而不能说过错是客观概念。

失，其程度重于一般过失以及轻微过失，是应当担责的过失。

4. 确定注意义务的主要因素

在确定行为人的注意义务时，必须具体化和类型化，以探究违反注意义务的实质基准。有学者指出应当有以下三种考量因素。

（1）危险或者侵害的严重性。行为的危险性越高，所生侵害越重时，其注意程度应当相对提高。例如，独眼人从事某种易于伤害眼睛的工作时，雇主应采特别防范措施，避免意外事故，即为应当尽到较高的注意。

（2）行为的效益。这是指对行为的目的及效用的考量，行为的效益越重，其注意义务就要相应减低。例如，医生为挽救病患的生命，从事某种困难手术时，应容许产生如副作用等可计算的危险，唯应告知病患，得其同意。

（3）防范避免的负担，即为除去或者减少危险而采取预防措施或替代行为所需支付的费用或带来的不便。例如，在人口稀少的地区容许无人看管的铁路平交道口存在。①

5. 汉德公式的应用

现代侵权法强调对过失的经济分析。美国法官汉德（Learned Hand）创造了一个简便的确定过失的公式，就是汉德公式：

设定发生损失的概率为P，损失金额为L，预防成本为B，则在B<P×L（预防成本小于损失金额乘以损失发生概率）时，加害人始有过失。

汉德公式的基本思想在于建立所谓的经济效率思想，即借助鼓励以合理费用预防意外事故，而不鼓励在安全上的超过投资，而对财富极大化，对成本费用极小化。这种思想符合对侵权行为的经济分析方法。例如，美国伊利诺伊州法院判决的某案件：一个16岁的男孩子在被告废弃的已盛满泉水的露天矿井游泳时受到伤害。被告虽然认识到该矿井可能将被用作游泳水湾，而且在小孩潜水和受伤地方的水面之下有隐蔽的突出物，可能造成危险，仍未为必要的控制。法官认为，只要用1.2万～1.4万美元的钢丝就能封闭整个水面，此与小孩受伤害的风险相比，成本微不足道。故为有过失。遂判决被告败诉。

王泽鉴教授在引述了上述案件之后认为：对过失的经济分析具有启发性，加害人活动的价值及防止危险的经济因素，应作为认定过失的相关因素，自值得赞同。唯应指出的是，侵权法上的过失，不应使之等同于纯为经济上的方程式。第一，侵权法植根于个人的道德性，所注重的是个人间的公平，而非增进广泛的社会政策或福利。第二，过失认定还包括人格等非经济的价值，难以用金钱或财富加以计算。第三，法官有无能力从事经济分析，甚有疑问，如何量化也显非易事。因此，对过失的认定应当考量经济因素，但是侵权法的理念在于维护个人自由并合理分配损害，非仅为成本、效益的微积分，不能使侵权法上的善良管理人成为冷血、精于计算的经济人。② 王教授的分析极为妥当，笔者赞同这种意见。在实践中，有条件的法官，可以做这种分析以确定行为人的过失，但是不能陷入纯粹的经济分析之中。

（三）过错的特殊形式

在通常情况下，过错都是行为人对于行为后果的故意或者过失。但在特殊情况下，行为

① 以上观点参见王泽鉴：《侵权行为法》，第1册，297～298页，台北，三民书局，1999。

② 参见王泽鉴：《侵权行为法》，第1册，299～230页，台北，三民书局，1999。

人无对于行为后果的过错，也可能使侵权责任中的过错要件成立。《民法典》第1190条第1款规定，“完全民事行为能力人对自己的行为暂时没有意识或者失去控制造成他人损害有过错的，应当承担侵权责任”。第1191条第2款规定：“劳务派遣期间，被派遣的工作人员因执行工作任务造成他人损害的，由接受劳务派遣的任务工单位承担侵权责任；劳务派遣单位有过错的，承担相应的责任。”前者中的过错，是行为人对于自己的身体状况处于暂时丧失心智存在的过错，而不是对行为结果的过错。后者中的过错，是对派遣工作人员的过错，属于对行为本身的过错，也不是对行为结果的过错。但是，这些过错都间接地与行为的后果发生关系。因此，法律规定这样的过错也是侵权责任构成中的过错，是成立侵权责任的要件。

三、过错与侵权责任之间的关系

过错程度有轻重之分，但是，关于过错程度的轻重与侵权责任的关系，传统学说一直认为，“区分故意与过失，在刑法上对于定罪量刑具有重要意义，而在民法上，一般情况下，对于确定行为人的民事责任并无实际意义，因为民事责任的承担，完全是根据损害事实决定的，行为人故意造成他人伤害与过失造成他人伤害在民事责任的承担上是完全一样的”[①]。这种观念不完全准确。就法律的一般情形而言，这种意见是正确的；但是在法律有特别规定和共同过错、过失相抵及第三人过错的情况下，过错程度的轻重对于民事责任具有决定性的作用。

（一）民事责任的轻重等级

民事责任按其轻重程度，分为以下六个等级。

1. 仅为故意负责

第一等级，为责任最轻者，仅就故意负责。例如，非法干涉他人行使姓名权、名称权，须以故意为前提。侵害债权，通常只有在故意的情况下才能构成侵权责任。诸如此类的侵权责任，仅以存在故意方可构成责任，存在过失不构成责任。《民法典》第1185条规定：“故意侵害他人知识产权，情节严重的，被侵权人有权请求相应的惩罚性赔偿。”第1207条规定：“明知产品存在缺陷仍然生产、销售，或者没有依据前条规定采取有效补救措施，造成他人死亡或者健康严重损害的，被侵权人有权请求相应的惩罚性赔偿。”第1232条规定：“侵权人违反法律规定故意污染环境、破坏生态造成严重损害后果的，被侵权人有权请求相应的惩罚性赔偿。”这些惩罚性赔偿责任都以故意为构成要件，存在过失或者重大过失不构成该种侵权责任。

2. 仅为重大过失负责

第二等级，是仅为重大过失负责。《民法典》第1183条第2款规定：“因故意或者重大过失侵害自然人具有人身意义的特定物造成严重精神损害的，被侵权人有权请求精神损害赔偿。”其含义为，行为人应负与处理自己事务同一的注意义务，但连一般普通人的注意也未尽到的，为重大过失，应负民事责任。存在一般过失不构成这种精神损害赔偿责任。

3. 为具体轻过失负责

第三等级，是为具体轻过失负责。依照《民法典》第1253条的规定，建筑物及其他设

---

① 马原主编：《中国民法教程》，310～311页，北京，人民法院出版社，1989。

施以及建筑物上的悬挂物、搁置物的所有人，应负与处理自己事务同一的注意义务。未尽此注意义务，致他人损害的，应当负侵权责任。

4. 为抽象轻过失负责

第四等级，是为抽象轻过失负责，违反善良管理人的注意义务者，负侵权责任。《民法典》对于一般的侵权责任，均要求违反此注意义务，如侵害身体权、健康权、生命权、名誉权、隐私权，有抽象轻过失者，应负侵权责任。此为“举轻以明重”，至于有其他过失及故意者，更应负责。监护人对被监护人致害责任，即是因违反此种注意义务所负责任。

5. 为通常事变负责

第五等级，是为通常事变负责，即通常的无过错责任。如产品侵权责任、高度危险责任、饲养动物致害责任、环境污染和生态破坏责任，均为无过错责任，造成损害的，如无受害人故意或第三人过错或不可抗力，无论有无过失，行为人均应承担民事责任。

6. 为不可抗力负责

第六等级，是为不可抗力亦应负责。此种责任最重，如法律无明文规定，不得令行为人承担此种责任。《邮政法》第48条规定，因不可抗力造成的保价的给据邮件的损失，不适用本条规定的免责规定，即系不可抗力原因造成损失的亦应赔偿。这是最重的民事责任。

故意和过失共分四个等级，分别居于民事责任的第一至第四等级上。由此可见，过错程度的轻重，对民事责任的轻重有着决定性的影响。其中仅为故意负责者，责任最轻。在过失中，注意义务轻重、过失程度轻重、责任轻重之间的关系是：注意义务越轻，则过失程度越重，而责任越轻；反之，注意义务越重，则过失程度越轻，而责任越重。当行为人应负普通人的注意义务时，其违反该注意义务，为重大过失；当为重大过失负责，对一般轻过失不负责任时，此种责任显然较轻。当行为人负善良管理人的注意义务时，其违反善良管理人的注意义务，为抽象的轻过失；而有抽象轻过失亦应负责者，这种责任当然很重。

（二）共同责任中过错程度的轻重

在共同过错、过失相抵和第三人过错中，其侵权责任应由共同侵权人、受害人和加害人、加害人与第三人分担。这种由数人分担侵权责任的情形，可以称为共同责任。[①]

共同责任如何分担，有两个标准，须综合评断：一是过错程度的轻重，二是原因力大小。其中过错程度的轻重对于共同责任的分担起主要作用。

确定共同责任各方责任所依据的过错，一般分为四个等级。

第一等级，为故意。故意所为的行为，为最重的过错，应承担的侵权责任为最重。

第二等级，为重大过失。因重大过失为中等的过错，其应分担的责任轻于故意，重于轻过失。确定重大过失，亦应以确定过失的三个注意程度为标准，当法律要求负有较高的注意标准时，该行为人非但没有遵守这种较高的注意标准，而且连较低的注意标准也未达到，即为有重大过失。例如，行为人应负与处理自己事务同一的注意时，非但未尽此注意，反而连普通人的注意义务也未尽到，则为有重大过失。同理，应负善良管理人的注意

① 这里所称的共同责任，与后文侵权责任形态中的共同责任概念不同，仅指所表述的这种情况，而不是指侵权责任形态中的共同责任。

义务，不仅未尽此注意，且连与处理自己事务同一的注意或普通人的注意义务也未尽到，亦为有重大过失。违反普通人的注意义务，均为有重大过失。

第三等级，为轻过失。轻过失是较轻的过失，应分担一般的责任份额，在程度上低于重大过失的责任份额。确定轻过失的标准，是负有较高注意义务的行为人虽然未尽此义务，但未违反普通人应尽的注意义务。

第四等级，为一般过失。一般过失是低于轻过失、重于轻微过失的过失，是一般的疏忽和懈怠，是一般的不注意心理状态。

根据以上等级，再加上原因力大小，综合评断共同责任的分担，能够达到公平、合理、准确的价值评断标准的要求。当然，这种分担并不否定共同责任的连带责任规则。

【引例评析】

在本节引例"撰写、发表历史小说侵害他人名誉权"案中，被告刘某的行为是故意的，而且是直接故意。这可以从刘某表示的"他们搞了我手写的，我是要还情的，要搞个印刷的"，就可以确定其具有故意。具有故意，当然构成侵权责任的过错要件。

被告报社发表侵权小说的行为具有侵权的间接故意，依据有三：一是原告在看到报纸的侵权内容之后即向报社提出侵权问题；二是小说的插图作者看到原稿中的诽谤性描写之后，向报社提出这个小说有侵权内容，如果不删除这些内容将不再为其插图；三是地区文联主席看到文章后也向报社领导提议不应当刊登这样的文章。报社已经知道自己发表的历史小说是侵权作品，却继续发表，放任侵权后果的发生，具有间接故意，应当承担侵权责任。这是在侵权责任构成中间接故意的过错形式，具有典型性。

【问题与思考】

1. 确定违法性的三个标准应当如何掌握？结合第一节引例"以摆放花圈的方式故意违背善良风俗妨害经营"案，说明违背善良风俗致人以损害的违法性的判断标准。

2. 损害事实在认定侵权责任构成中的作用是什么？结合第二节引例"待装裱祖宗画像被作为废品卖掉请求精神损害赔偿"案，研究损害事实的不同形态及意义。

3. 认定因果关系的判断标准应当如何把握？在第三节引例"发射防雹炮弹弹片致害他人适用推定因果关系"案中适用因果关系推定确认该案的因果关系要件，是否有道理？

4. 结合第四节引例"撰写、发表历史小说侵害他人名誉权"案中的事实，分析两被告的过错的不同及认定方法。

5. 注意义务在判断过错要件方面的意义是什么？

第五章

侵权责任竞合、聚合、并合与侵权责任承担方式

参考文献

(一) 著作

1. 杨立新 . 侵权责任法 . 北京：法律出版社，2021：116 - 127

2. 杨立新 . 中国侵权责任法研究：第 1 卷 . 北京：中国人民大学出版社，2018：313 - 340

3. 王利明 . 侵权责任法研究：上卷 . 北京：中国人民大学出版社，2019：609 - 670

4. 黄薇主编 . 中华人民共和国民法典侵权责任编释义 . 北京：法律出版社，2020：42 - 70

5. 最高人民法院民法典贯彻实施工作领导小组 . 中华人民共和国民法典理解与适用：侵权责任编：上卷 . 北京：人民法院出版社，2020：139 - 215

6. 张新宝 . 中国民法典释评：侵权责任编 . 北京：中国人民大学出版社，2020：53 - 85

7. 张新宝 . 侵权责任法原理 . 北京：中国人民大学出版社，2005：93 - 107，465 - 508

8. 邹海林，朱广新 . 民法典评注：侵权责任编：第 1 册 . 北京：中国法制出版社，2020：157 - 278

9. 陈聪富 . 侵权归责原则与损害赔偿 . 北京：北京大学出版社，2005

(二) 论文

1. 王利明 . 论违约责任和侵权责任的竞合 . 法学评论，1988 (4)

2. 王利明 . 论返还不当得利责任与侵权责任的竞合 . 中国法学，1994 (5)

3. 蓝承烈 . 民事责任竞合论 . 中国法学，1992 (2)

4. 郭明瑞．关于侵权责任的几个问题．法学杂志，2006（6）
5. 崔建远．绝对权请求权抑或侵权责任方式．法学，2002（11）
6. 温世扬．论物权的民法保护之范式——以物上请求权与侵权请求权为中心考察．中南大学学报（社会科学版），2004（1）
7. 张平华．违约责任与侵权责任竞合：理想模式、现实状态与未来趋势，北方法学，2019（5）
8. 谢鸿飞．违约责任与侵权责任竞合理论的再构成．环球法律评论，2014（6）

参考法规

《民法典》第179、186条，其他法律的相关条文

第一节 侵权责任竞合、聚合与并合

引例 “业主被杀害物业管理人承担补充责任”案

徐甲购买了一套商品房，与妻子周某和女儿徐乙共同居住。业主与物业管理人签订有关物业管理的“公共契约”，约定物业管理人承担安全保护等物业管理义务。小区的监控设施没有经过有关部门验收而未正常使用，小区一楼业主要求安装防护铁窗，被物业管理人拒绝。2015年3月5日凌晨1时许，两名犯罪分子借小区通往垃圾场的一扇小铁门没有上锁的机会，进入小区，闯入徐家，将徐乙奸淫后杀害。其中一名犯罪分子被抓获归案，被判处刑罚。徐甲依据“公共契约”的约定，向法院提起诉讼，请求物业管理人承担违约损害赔偿责任。法院判决物业管理人违反合同约定的安全保障义务，承担违约损害赔偿4万元，对徐甲的精神损害赔偿请求不予支持。

一、侵权责任竞合

（一）侵权责任竞合概述

1．民事责任竞合

民事责任竞合，是指某种法律事实的出现，致两种或两种以上的民事责任产生，各项

民事责任相互发生冲突的现象。责任竞合作为一种客观存在的现象，既可以发生在同一法律部门内部，如民法中的违约责任与侵权责任的竞合，也可以发生在不同的法律部门之间，如民事责任与刑事责任、民事责任与行政责任的竞合等。

民事责任竞合，从民事权利的角度来看，是不法行为人实施的一个行为在法律上符合数个法律规范的要求，因而使受害人享有多项请求权，这些请求权相互冲突。故其又被称为请求权竞合。《民法典》第186条规定了侵权责任与违约责任的竞合：因侵权人的违约行为，侵害对方人身、财产权益的，受损害方有权选择依照本法要求其承担违约责任或者依照其他法律要求其承担侵权责任。

民事责任竞合具有如下特点。

(1) 民事责任竞合是由违反民事义务的行为引起的。责任是违反法定义务的必然后果。如果没有民事违法行为，就没有民事责任的产生，当然也就没有民事责任竞合的产生。因此，民事责任竞合是行为人违反民事义务所产生的结果。

(2) 数个民事责任是由一个违反民事义务的行为造成的。一个不法行为产生数个民事责任，或者说一个违反民事义务的行为使对方当事人享有数个请求权，这是民事责任竞合构成的前提条件。行为人虽然仅实施了一种行为，但该行为同时触犯了数个法律规范，并符合法律关于数个责任构成要件的规定，由此使行为人要承担数种民事责任。

(3) 一个行为产生的数个责任之间相互冲突。一个民事违法行为产生数个责任，数个责任之间相互冲突：一方面，是指行为人承担不同的法律责任，在后果上是不同的；另一方面，相互冲突意味着由同一不法行为产生的数个责任，彼此间既不能相互吸收，也不应同时并存。相互吸收，是指一种责任可以包容另一种责任。同时并存，是指行为人依法应承担数种责任形式。行为人究竟应当承担一种责任还是数种责任，需要在法律上确定。

2. 侵权责任竞合

侵权责任竞合也叫作侵权请求权的竞合，是指侵权请求权与依其他民事规范产生的请求权是由同一法律事实引发的，侵权请求权与其他民事请求权的竞合。

侵权责任竞合的形态包括以下几种。

(1) 侵权责任与违约责任竞合，即一个侵权行为，既产生侵权损害赔偿请求权，又产生违约损害赔偿请求权。两个请求权救济的内容是一致的，权利人只能行使一个请求权。

(2) 侵权责任与不当得利责任竞合。侵权责任与不当得利责任竞合，是指一个行为既产生侵权损害赔偿请求权，又产生返还不当得利请求权。

(3) 侵权责任与其他民事责任竞合。侵权责任与其他民事责任竞合，是指一个行为既产生侵权损害赔偿请求权，又产生其他请求权。

3. 侵权责任竞合的法律后果

对于侵权责任竞合处理的原则是，采取择一方式，两个请求权中只能选择一个行使；一个请求权行使后，另一个请求权即行消灭。例如，对于故意领受出纳员多给钱款者，无论是主张返还不当得利请求权，还是主张侵权损害赔偿请求权，内容和标的都是同一具体标的物，并且未事前约定责任，因此，或者选择前者，或者选择后者，只能择其一而行使；择其一行使后，另一请求权即行消灭，而不能两个请求权一并行使或者分别行使。

(二) 侵权责任与违约责任竞合

在国外，处理侵权责任与违约责任的竞合主要有三种模式：一是以法国为代表的国家禁止当事人自行选择，合同当事人不得因对方在履行合同过程中有侵权行为而提起侵权诉讼，但合同无效的除外。二是以英美为代表的国家采取有限选择原则，受害人可以选择提出一个请求，如败诉，不得依另一个请求再诉。在一些特殊情况下，法律规定只能依侵权提起诉讼，如人身侵权等。三是以德国为代表的国家规定受害人可以任意选择，如提起侵权之诉后因时效届满等原因被驳回后，还可以依违约再提起诉讼；而且在诉讼中也可以变更诉讼请求。尽管各国对侵权责任与违约责任竞合时的处理规定不同，但在权利人只能行使一个请求权方面，各国的立法和司法实践的立场是一致的。①

我国《民法典》第 186 条规定了侵权责任和违约责任竞合的一般规则，确立了民事责任竞合时的选择规则，虽然它规定的只是侵权责任与违约责任的竞合规则，但为侵权责任竞合的其他形式的处理也提供了法律依据。

1. 侵权责任与违约责任竞合的原因

侵权责任与违约责任是两类基本的民事责任。由于民事关系的复杂性和民事违法行为性质的多重性，这两类责任常常发生竞合。《民法典》第 186 条就是对这种责任竞合作出的规定。

侵权责任与违约责任竞合的根本原因在于，一个违约行为不仅侵害了债权人的预期利益，而且侵害了债权人的固有利益。侵害债权人的预期利益，产生了违约损害赔偿的请求权，构成违约责任。侵害债权人的固有利益，如人身权益和财产权益，既产生了侵权损害赔偿的请求权，构成侵权责任，也产生了违约损害赔偿请求权，构成违约责任。在侵害固有利益这一点上，两个请求权完全重合在一起。这两个损害赔偿请求权所救济的内容完全一致，保护的内容都是一样的，因此，构成侵权责任和违约责任的竞合。

2. 侵权责任与违约责任竞合的形式

(1) 合同当事人的违约行为，同时侵犯了法律规定的强行性义务，如保护、照顾、通知、忠实等附随义务或其他法定的不作为义务，如故意引诱使双方订立不可能履行的合同，使其轻信自己的履行而遭受损失。在某些情况下，一方当事人违反法定义务的行为(如出售有瑕疵的产品致人损害)，同时也违反了合同瑕疵担保的义务。

(2) 侵权性的违约和违约性的侵权。这包括两种情况：一是“侵权性的违约行为”，即在某些情况下，侵权行为直接构成违约的原因，如保管人依保管合同占有对方的财产以后，非法使用对方的财产，造成财产毁损或者灭失。二是“违约性的侵权行为”，即违约行为造成侵权的后果。例如，供电部门违约中止供电，致对方当事人的财产和人身遭受损害。

(3) 不法行为人在实施故意侵犯他人权利并造成他人损害的侵权行为时，在加害人和受害人之间事先存在一种合同关系，这种合同关系的存在，使加害人对受害人的损害行为，不仅可以被看作侵权行为，也可以被看作违反当事人事先规定的义务的违约行为。例

① 参见浦增平、翟崇林：《民事法律关系中的侵权与违约责任竞合》，载《法学》，1989 (11)。

如，医生因重大过失造成病人的伤害或死亡，既是一种侵权行为，也是一种违反了事先存在的医疗服务合同的行为。

（4）一种违法行为虽然只符合一种责任要件，但是，法律从保护受害人的利益出发，要求合同当事人根据侵权制度提出请求和提起诉讼，或者将侵权责任纳入合同责任的范围。例如，产品侵权责任突破了“合同相对性”原则的限制，允许因产品缺陷遭受损害的合同当事人和第三人向加害人提起侵权之诉或者提起违约之诉。

3. 侵权责任和违约责任的基本区别

研究侵权责任与违约责任的区别，就是给受害人提供进行比较、选择的标准，使受害人经过比较，选择行使对自己有利的请求权，诉请法院予以保护。

选择请求权时，应当基本考虑的侵权损害赔偿和违约损害赔偿的区别主要有以下几点。

（1）诉讼管辖不同。根据《民事诉讼法》的规定，因合同纠纷提起的诉讼，由被告住所地或者合同履行地人民法院管辖，合同的双方当事人可以在书面合同中协议选择被告住所地、合同履行地、合同签订地、原告住所地、标的物所在地人民法院管辖。而因侵权行为提起的诉讼，由侵权行为地或者被告住所地人民法院管辖。受害人在起诉时注意管辖的规定，可明确究竟怎样选择对自己有利。

（2）在损害赔偿法律关系发生之前双方当事人之间有无特定的权利义务关系不同。若在侵权损害赔偿法律关系发生之前，双方当事人之间没有特定的权利义务关系，则受害人在此之前的财产权利、人身权利都是对世权，那么其义务人并非特定的个人。若违约损害赔偿法律关系发生之前，双方当事人存在特定的债权债务关系，那么债权人的权利是对人权，其债务人就是特定合同的一方当事人。合同的义务内容是根据合同当事人的意志和利益关系确定的，所以，某些形式上的双重违法行为，依据侵权法已经构成违法。但依据合同法可能尚未达到违约的程度，如果当事人提起违约之诉，将不能依法受偿。对此，受害人应当仔细斟酌。

（3）赔偿范围不同。于侵犯财产权利的侵权赔偿，应当用相当的实物或现金赔偿，如果受害人因此而遭受其他重大损失的，加害人也应赔偿这些损失；如果侵害的是具有人身意义的特定物，则还可以请求赔偿精神损害抚慰金。非法侵害他人身体权、健康权、生命权的，应当赔偿由此造成的财产损失，同时还可能赔偿精神损害抚慰金。非法侵害自然人的姓名权、肖像权、名誉权、荣誉权、隐私权、人身自由权等精神性人格权益，虽未造成财产损失的，也可以要求赔偿精神损害。但在违约损害赔偿中，通常依当事人的事先约定，虽然赔偿范围应当相当于另一方因此所受到的损失，但是不得超过订立合同时应当预见到的因违反合同可能造成的损失。

（4）举证责任不同。侵权损害赔偿的举证责任通常在受害人，由受害人举证证明加害人的过错，加害人在一般情况下不负举证责任。违约损害赔偿的举证责任在债务人，债务人不履行债务致对方损害，就可推定债务人有过错，因此，债务人负有举证证明自己无过错的责任，债权人作为违约行为的受害人不负举证责任。在这一点上，受害人选择行使违约损害赔偿请求权较为有利。

（5）诉讼时效期间有区别。从《民法典》的规定来看，因侵权行为产生的损害赔偿请求权适用 3 年的时效规定。而其第 594 条规定："因国际货物买卖合同和技术进出口合同争议提起诉讼或者仲裁的时效期间为四年。"两类责任适用的时效期限有区别，受害人在选择时应当注意这些不同规定，从有利于自己利益的角度选择请求权。

(6) 责任构成要件和免责条件不同。在违约责任中，行为人只要实施了违约行为，且不具有有效的免责事由，就应当承担违约责任。一般来说，违约是否造成损害后果，不影响违约金责任的成立。但是，在侵权责任中，损害事实是侵权损害赔偿责任成立的前提条件，无损害事实便无侵权责任的产生。

由于侵权责任和违约责任存在以上重要区别，在责任竞合的情况下，不法行为人承担何种责任，将导致不同法律后果的产生，并严重影响如何保护受害人的利益和制裁不法行为人的问题。

(三) 侵权责任与不当得利责任竞合

1. 侵权责任与不当得利责任竞合发生的原因

不当得利，是指在没有法律、合同上的根据，或者虽有根据后来却已消失的情况下，损害他人利益而使自己获得利益。

不当得利的法律事实发生后，于不当得利者与利益所有人之间发生不当得利之债，利益所有人享有向不当得利者请求返还不当得利的权利，不当得利者负有将不当得利返还给利益所有人的义务。不当得利虽然是在损害利益所有人的情况下获得的，但这种法律事实的产生，并不是由不当得利者的违法行为造成的，而是由误解或第三人的过错造成的。因此，返还不当得利并不是法律予以的惩罚，而是一种义务。当这种义务不履行时，将以民事责任的形式，强令不当得利的返还。

因侵权行为而发生不当得利，构成侵权责任与不当得利责任的竞合。发生这种情况的原因有以下几种。

(1) 无权处分。在未经权利人同意的情况下，无标的物处分权的人擅自处分他人标的物，可能引起侵权责任和不当得利返还责任，两种责任发生竞合。

(2) 非法出租他人财产。无租赁权或未经他人同意而擅自出租他人财产，或在租赁关系消灭以后，拒不返还租赁物而将租赁物出租给他人，从而获取租金的，既构成不当得利，亦构成对他人财产权利的侵害；不法行为人负有向权利人返还不当得利或者赔偿损失的责任，形成责任竞合。

(3) 非法使用他人之物并获取收益。不法行为人非法使用他人的财产并获取收益，如非法使用他人房屋，在租赁期满后不返还租赁物而对租赁物继续使用和收益等，均构成对他人物权的侵害，同时构成不当得利返还的责任。这两种责任发生竞合，行为人应负侵权责任或者不当得利返还的责任。

(4) 侵害知识产权而获取利益。行为人侵害他人的知识产权，如抄袭或非法复制他人有著作权的作品、非法使用他人商标或擅自制造并销售他人注册商标标识、未经专利权人许可而使用其专利等，均构成侵权责任。如果这种侵权行为又使侵权人获利，就构成不当得利返还责任。两种责任发生竞合。

(5) 侵害肖像权、名称权、姓名权获得利益。这些人格权具有一定的财产利益，侵害这些权利可能使行为人获得财产上的利益，从而构成不当得利返还的请求权和侵权损害赔偿请求权的竞合。例如，擅自使用他人名称权，获得利益，既构成侵权责任，又构成不当得利返还责任。两种责任发生竞合。明确这一点，对于理解和适用《民法典》第1182条规定的损害赔偿责任，特别有价值。

2. 不当得利返还请求权和侵权损害赔偿请求权的区别

侵权损害赔偿与不当得利的返还，都是基于侵权人的单方行为所产生的责任，在与单方行为有关的当事人之间发生特定的权利义务关系。这两种责任存在较大差异，适用不同的责任，直接影响到行为人的责任范围和受害人的利益保护。因此，受害人如何选择请求权，不能不加以慎重的考虑，经过反复衡量，选择对自己最有利的请求权，诉请人民法院予以保护。

选择侵权请求权还是选择不当得利返还请求权，应当注意以下问题。

(1) 看行为人一方在造成损害的当时在主观上是否具有过错，并考虑举证责任的不同和债务是否可以抵销。侵权行为和不当得利都给对方当事人造成损失，但是，侵权行为造成损害时侵权人一般在主观上具有故意或过失。而不当得利一方在获得利益的当时不具有主观过错，对方的利益受损害往往是由他本人的过错行为造成的，或者是由误解、第三人过错等其他原因所致。

(2) 看行为人实施行为的结果是否使自己获得了利益，考虑赔偿范围和返还财产的不同。侵权行为与不当得利的共同特点是，都能致对方当事人遭受财产损失，但在通常情况下，侵权人不能因其侵权行为而得到利益。因此，在一般情况下，并不会发生这种责任竞合。但是在前述因侵权而获利的时候，就会发生竞合。而若构成不当得利，则不当得利者必然得到利益。在选择请求权的时候，如果行为人在实施行为的时候没有获得利益，就不构成不当得利，不能选择行使不当得利的返还财产请求权。如果获得了利益，构成竞合，则要考虑不当得利返还财产的范围与侵权责任的赔偿范围：不当得利返还财产的范围，就是不当得利的范围，不包括其他损失的赔偿；侵权责任的赔偿，则除了对所得的财产利益要予以返还外，还分为直接损失和间接损失的赔偿，这种赔偿范围肯定要比不当得利返还财产的范围要宽。

(3) 看对于损害后果是否需要通过其他责任形式救济，考虑行为人所承担的责任方式的不同。侵权责任的主要承担方式是赔偿损失，除此之外还包括赔礼道歉、恢复名誉、停止侵害、消除危险等责任承担方式。不当得利的责任承担方式只有一项，就是返还财产。由于它不是违法行为，所以不能适用上述责任承担方式。

二、侵权责任聚合

(一) 侵权责任聚合概述

责任聚合，是指对同一法律事实，基于法律的规定，以及损害后果的多重性，使责任人承担多种法律责任的形态。[①] 在侵权法领域，侵权责任聚合包括两种情形：一是一般的

① 参见王利明：《侵权行为法研究》，上卷，654页，北京，中国人民大学出版社，2004。

侵权责任聚合，二是特殊的侵权责任聚合。

1. 一般的侵权责任聚合

一般的侵权责任聚合，是指侵权人实施的一个行为造成他人损害，依照法律产生多项侵权请求权，行为人应当承担多项侵权责任的情形。在侵权法中，一般的侵权责任聚合是大量的、常见的。例如，侵害他人名誉权，既要承担精神损害赔偿责任，又要承担人格权请求权的消除影响、恢复名誉以及赔礼道歉的责任。四种侵权责任聚合，是为了保护受害人的不同利益。这种责任聚合，实际上是侵权请求权与固有请求权的聚合，精神损害赔偿责任是侵权请求权的内容，消除影响、恢复名誉是人格权请求权的内容。

2. 特殊的侵权责任聚合

特殊的侵权责任聚合是指侵权人实施的一个行为造成他人损害，依照法律不仅产生侵权请求权，而且还产生了其他民事请求权，侵权人应当承担不同的民事责任的情形。这种责任聚合的形成，是因为一个行为既造成了受害人固有利益的损害，同时也造成了其他的损害，形成多重损害事实，依照责任竞合的规则无法救济受害人的损害，因此法律赋予受害人两个以上的请求权，以救济受害人的损害。

特殊的侵权责任聚合包括以下四种情形。

(1) 侵权责任与违约责任聚合。一个履行合同义务的行为，既造成了债权人合同预期利益的损害，又造成了其固有利益的损害，这形成违约责任和侵权责任聚合。例如，买卖合同中债务人交付的产品有缺陷，爆炸后造成了债权人的人身损害，其中，产品本身的损失是合同预期利益的损失，产生违约损害赔偿责任；产品缺陷造成人身损害，构成侵权责任。两个损害赔偿请求权救济的目的不同，都有适用的必要，因此形成侵权责任与违约责任的聚合。

(2) 侵权责任与不当得利责任聚合。在租赁合同中，承租人将租赁物非法转租，既侵害了出租人的财产权，又在非法转租中获得了不当得利。出租人仅仅享有一个请求权不足以救济其损害，因此应构成侵权责任和不当得利责任的聚合。

(3) 侵权责任与无因管理责任聚合。在无因管理中，如果管理人在实施管理行为的时候，不仅支出了管理费用，而且还造成了自己的财产受损害，那么，管理人在请求本人承担支付管理费用的责任之外，还可以请求本人承担侵权损害赔偿责任。

(4) 侵权责任与缔约过失责任聚合。缔约人在缔约过程中，由于自己的过错，造成了对方当事人信赖利益的损失，同时还造成了对方的人身损害或者财产损害等固有利益的损失时，仅仅赔偿一种损失不足以救济损害，也应构成侵权责任与缔约过失责任的聚合。

(二) 责任聚合的法律后果

与民事责任竞合的法律后果不同，民事责任聚合及其法律后果是，在侵权损害事实发生前双方有后同法律关系，并且有法定和约定违约责任，产生的数个请求权的目的各不相同的，可以数个请求权分别行使。例如，出卖人出卖瑕疵物而致害，买卖合同规定了违约责任，依据侵权法出卖人应当承担侵权责任，故可既追究违约责任，又追究侵权责任。这种责任聚合下，数个请求权可以分别行使，一个请求权行使完了不影响另一请求权的行使，既然可以分别行使，那么也可以就此同时向法院提起两个请求权的诉讼，法院应当同时受理。

三、侵权责任并合

（一）侵权责任并合及其类型

1. 侵权责任并合的概念和目的

侵权责任并合，是指在多数人侵权中，法律原本规定了一种侵权责任形态，又增加规定了新的侵权人承担同一种侵权责任形态或者其他侵权责任形态，构成更多的侵权人对同一损害承担同一种或者不同种侵权责任并相互重合的责任形态。例如，《民法典》第1203条规定产品生产者和销售者对缺陷产品造成的损害承担不真正连带责任，《消费者权益保护法》第45条又规定广告主、广告经营者、广告发布者以及广告代言人对同一损害承担连带责任，这就是在法律规定的不真正连带责任的基础上，又增加规定了其他侵权人对同一损害承担连带责任，构成多数人侵权的不真正连带责任与连带责任的并合。

侵权责任并合的基本特征包括：第一，原侵权人和新侵权人的行为造成的是同一个损害；第二，法律原本规定了一种多数人侵权责任形态；第三，法律又规定新增加的侵权人加入多数人侵权责任之中；第四，原本规定的侵权责任形态与新增加的侵权人承担的责任形态相重合。

侵权法规定侵权责任并合的目的是：通过侵权责任并合的方法，增加连带责任或者不真正连带责任的责任人，更好地保护被侵权人，同时，让与损害发生有关联的侵权人承担相应的责任，对其予以制裁，发挥侵权责任的阻吓作用，警示营销参与者，防范侵权行为发生。

2. 侵权责任并合与相关概念的区别

侵权责任并合与侵权责任竞合不同。它们虽然都是不同法律的规定竞合在一起，但是侵权责任并合并不发生请求权竞合的后果，而是扩大就同一损害事实承担责任的责任主体范围，让更多的责任人参加到这一个多数人侵权责任之中，让更多的人对受害人的同一个损害承担责任，使受害人的索赔权利更加有保障，更容易得到实现。

侵权责任并合与侵权责任聚合也不同。侵权责任并合既不是一个侵权行为引发几个不同责任承担方式的请求权，侵权人承担几种不同的责任，也不是造成了几种不同的损害，分别由侵权责任和违约责任救济，而是数个不同的侵权人实施的加害行为造成受害人的同一个损害，在原来法律规定的承担多数人侵权责任的基础上，又增加侵权人，共同承担对同一个损害进行赔偿的责任形态，以提高受害人赔偿请求权实现的保障。

3. 侵权责任并合的类型

（1）同质并合。

同质并合，即同种类责任形态的侵权责任并合，是指原来的多数人侵权责任形态与后来增加的侵权人承担的责任形态属于同一性质，是相同的侵权责任形态的并合。最高人民法院《关于审理道路交通事故损害赔偿案件适用法律若干问题的解释》第4条规定，拼装车、报废车或者依法禁止行驶的其他机动车被多次转让，并发生交通事故造成损害的，所有的转让人和受让人都要承担连带责任。《民法典》第1214条规定的这种连带责任主体只有转让人和受让人，该司法解释将责任主体范围扩大，多次转让的再转让人和再受让人等也都加入这个连带责任的责任主体范围中，共同承担连带责任。这使连带责任人的范围扩大，构成侵权责任的同质并合。

（2）同质异形并合。

同质异形并合，是相同的基本侵权责任形态中不同具体责任形态的并合，侵权人承担的尽管是连带责任或者不真正连带责任，但是并合的是非典型的连带责任、典型的不真正连带责任形态，例如附条件的不真正连带责任、先付责任或者补充责任。例如，《消费者权益保护法》第44条第1款规定的是网络交易平台提供者承担附条件的不真正连带责任，与《民法典》第1203条规定的生产者、销售者承担典型的不真正连带责任之间发生并合，这属于侵权责任的同质异形并合。

（3）异质并合。

异质并合，即非同种类责任形态的侵权责任并合，是指原来的多数人侵权责任形态与后增加的侵权人承担的责任形态不属于同一性质，是不同的多数人侵权责任形态的并合，具体表现为典型形态的连带责任、不真正连带责任和按份责任之间的并合。例如，《消费者权益保护法》第44条第2款规定的网络交易平台提供者承担的连带责任，就是加入《民法典》第1203条规定的产品生产者与销售者承担的不真正连带责任之中，从而形成了不真正连带责任与连带责任的并合，为异质并合。

（二）侵权责任并合的责任主体是营销参与者

法律规定了侵权责任并合制度的适用范围，即增加的责任主体是营销参与者。

1. 营销参与者的概念

营销参与者是指在商品和服务的交易领域中，为商品的生产、销售以及服务提供营销支持，促成商品、服务经营者与消费者达成交易的经营者或者非经营者。其特征是：第一，多数营销参与者是交易领域的经营者，其目的与经营者相同，都具有营利目的，但是也包括为保障交易安全的非经营者，如食品检验机构、认证机构等；第二，营销参与者服务、支持的交易活动包括商品生产、销售以及服务的营销，而不只是商品的生产和销售；第三，营销参与者并不直接参加交易，而仅仅是对商品和服务的交易提供营销支持，促成交易进行，因而不是直接的商品、服务的经营者，是为商品、服务交易提供服务的经营者或者非经营者。

我国的营销参与者可以分为三种类型：一是为商品、服务提供广告宣传支持的营销参与者，如广告经营者、发布者，广告代言人；二是为商品生产、销售和提供服务而提供支持的营销参与者，例如为没有许可证而生产食品的生产者提供生产经营场所或者其他条件的经营者，为用非食品原料等物质制造食品的经营者提供生产经营场所或者其他条件的经营者，柜台出租者，展销会举办者，网络交易平台提供者；三是为商品、服务提供检验、认证服务的营销参与者，例如食品检验机构和认证机构。

2. 营销参与者承担侵权责任并合的条件

法律规定营销参与者承担侵权责任并合的法律后果，除了应当具备营销参与者的身份之外，还应当具备以下要件。

(1) 损害要件。营销参与者承担责任的受害主体，须为造成损害的经营者和营销参与者以外的第三人，通常是消费者，也包括受到损害的其他人。

(2) 行为要件。营销参与者实施何种行为才应当对其提供服务的经营者承担并合的侵权责任，通常是由法律规定的。这些行为是为商品或者服务交易提供服务支持的行为，须具有违法性。

(3) 因果关系要件。营销参与者对营销提供服务支持的行为，与消费者以及其他人受到人身损害之间须有因果关系。这种因果关系中并非其行为都具有直接的原因力，而是其行为对损害的发生具有了一定的原因参与度。

(4) 主观要件。营销参与者承担并合的侵权责任，对主观要件的要求有所不同，有的规定为有过失，有的规定为无过失。这与美国侵权法对提供服务而对第三人承担责任的要求[①]，以及营销参与者的要求不同。

(三) 侵权责任并合的责任分担规则

1. 侵权责任同质并合的责任分担规则

(1) 典型连带责任与典型连带责任并合。

典型连带责任与典型连带责任并合，相当于构成了一个增大的连带责任，新责任人与原责任人都是连带责任人。

连带责任与连带责任并合，不论增加多少连带责任人，都要依照《民法典》第 178 条规定的规则承担连带责任。

(2) 典型不真正连带责任与典型不真正连带责任并合。

典型的不真正连带责任相互发生并合，相当于一个不真正连带责任的责任人范围的扩大，有更多的不真正连带责任人加入对同一个损害承担不真正连带责任的责任主体范围，因而对受害人的损害赔偿请求权给予更高的保障。原来的和新增加的不真正连带责任人都对同一个损害事实承担不真正连带责任。

更多的责任人加入同一个不真正连带责任的责任主体范围，对责任性质不产生影响，仍然是不真正连带责任，每一个责任人对同一个损害都负有全部赔偿责任的中间责任。每一个承担了中间责任的人，只要不是最终责任人，就有权向最终责任人进行全额追偿。

2. 侵权责任同质异形并合的责任分担规则

(1) 典型的不真正连带责任与附条件的不真正连带责任并合。

典型的不真正连带责任与附条件的不真正连带责任发生并合，最典型的是《消费者权益保护法》第 44 条第 1 款第三句、《食品安全法》第 131 条第 2 款与《民法典》第 1203 条并合的情形。

在附条件的不真正连带责任所附条件成就之前，不产生不真正连带责任，因而不产生与典型不真正连带责任并合的问题。

当附条件的不真正连带责任所附条件成就时，发生的就是不真正连带责任的后果；如果此时法律还规定了此种情形下仍有他人与此附条件的不真正连带责任的责任人承担不真正连带责任，就发生了实际上的不真正连带责任相互之间的并合，属于同质并合。因而其

---

① 依照《美国侵权法重述（第二次）》第 324A 条规定，提供服务而对第三人造成的损害负责的基础是其有过失。

责任分担规则就与不真正连带责任并合的规则是完全一样的，即不真正连带责任人的范围扩大，责任性质仍然属于不真正连带责任，按照不真正连带责任的规则分担责任。

（2）典型的不真正连带责任与先付责任并合。

典型的不真正连带责任与先付责任并合，如《民法典》第1203条与第1204条发生的并合。不过，关于这种并合法律已经有了明确的责任分担规则，即《民法典》第1204条，因此，应当优先适用第1204条，即先适用先付责任规则，由不真正连带责任人先承担全部赔偿责任，之后再向后顺位的责任人进行追偿。如果其他法律又规定了不真正连带责任的责任主体，则该不真正连带责任人加入的是先顺序不真正连带责任的责任主体范围，受害人可在他们之间选择任一责任人承担中间责任，然后由后者向后顺位的最终责任人追偿。

（3）典型的不真正连带责任与补充责任并合。

典型的不真正连带责任与补充责任并合时，尽管是不同的不真正连带责任，但由于补充责任的承担具有先后顺位，因此会发生责任分担规则的改变。但法律规定承担补充责任的人，永远都是在第二顺位的责任人，只有法律规定承担不真正连带责任的责任人，才是第一顺位的责任人。

3. 侵权责任异质并合的责任分担规则

（1）典型的连带责任与典型的不真正连带责任并合。

连带责任与不真正连带责任之间多会发生并合，且并合发生之后，会对责任分担产生较大影响。例如，依照《消费者权益保护法》第44条第2款和《食品安全法》第131条第1款，除了这两条规定的销售者和网络交易平台提供者之间要承担连带责任之外，还要加入造成损害的缺陷产品的生产者作为责任主体，因而形成典型的连带责任与典型的不真正连带责任的并合。

连带责任与不真正连带责任在中间责任上是一致的，即无论是连带责任还是不真正连带责任，在中间责任上都是连带的。连带责任与不真正连带责任发生并合后，受害人可以向任何一个连带责任人和不真正连带责任人主张承担全部赔偿责任，而无须考虑其究竟应当承担何种形式的最终责任。

连带责任与不真正连带责任的最终责任承担方式不同，即连带责任实质性的最终责任是要分配给全体连带责任人的，而不真正连带责任的实质性最终责任是归属于应当承担最终责任的那个责任人，该责任人承担全部赔偿责任。因此，在受害人对数个责任人行使了承担全部赔偿责任的请求权之后的追偿关系是：第一，如果承担中间责任的责任人是连带责任的最终责任人，在承担了超过其最终责任的份额之后，其有权向其他应当承担最终责任的责任人进行追偿；第二，如果承担责任的责任人是不真正连带责任的最终责任人，则其在承担了最终责任之后，不得向任何责任人追偿；第三，如果承担责任的责任人是不真正连带责任的中间责任人，则其在承担了中间责任之后，可以向其他最终责任人（包括连带责任的最终责任人和不真正连带责任的最终责任人）进行追偿。

（2）典型的连带责任与按份责任并合。

连带责任与按份责任会发生并合，其后果是发生单向连带责任，即混合责任，规则是：受害人可以向承担连带责任的人请求承担连带责任，连带责任人承担了全部赔偿责任之后，就其中间责任部分，可以向按份责任人进行追偿。受害人向中间责任人请求赔偿。

只能请求其承担按份责任，不能请求其承担连带责任，不得要求按份责任人就全部损害承担全部赔偿责任。

【引例评析】

本节引例“业主被杀害物业管理人承担补充责任”案中，物业管理人的安全保障义务来自约定，但它也是法定义务。物业管理人的过错行为造成了受害人死亡的结果，造成的是固有利益的损害，因此，按照《民法典》第186条的规定，受害人可以选择侵权诉因或者违约诉因起诉，行使责任竞合时的选择权。本案当事人选择违约诉因起诉，法院予以支持，并且判决不支持原告精神损害赔偿的请求，是正确的。理由是，在案件发生当时，我国司法实践中的做法是，对违约行为不得请求精神损害赔偿，对此，《精神损害赔偿司法解释》有明确规定。原告主张精神损害赔偿，则应当选择侵权诉因起诉，才能得到精神损害赔偿。《民法典》第996条改变了这一做法，因当事人一方的违约行为，损害对方人格权并造成严重精神损害，受损害方选择请求其承担违约责任的，不影响受损害方请求精神损害赔偿。《民法典》实施后，权利人可以在请求行为人赔偿人身损害的同时，可以同时请求行为人承担精神损害赔偿责任。

第二节 侵权责任承担方式

引例 “写作纪实小说对他人进行诽谤”案

××年1月18日，某日报发表了长篇通讯《蔷薇怨》，《人民日报》予以转载，对某县农机公司统计员王某某与单位领导的不正之风斗争的事迹作了报道。嗣后，女作家刘某到该县体验生活，根据一些人的反映，认为《蔷薇怨》的内容失实，以“为正视听，挽回《蔷薇怨》给某县带来的严重损失”为写作目的，撰写了“及时纪实小说”《特号产品王某某》。文章使用真实姓名，声称“要展览一下王某某”，在文章的人物对话中，使用“小妖精”“大妖怪”“流氓”“疯狗”“政治骗子”“扒手”“造反派”“江西出产的特号产品”“一贯的恶霸”“小辣椒”“专门的营私者”“南方怪味鸡”“打斗演员”等语言，侮辱王某某人格。该文在《女子文学》《法制文学选刊》《江河文学》和

《文汇月刊》四个刊物发表，四个刊物共发行64.9万册。王某某向法院起诉，要求刘某和发表这一作品的刊物承担侵害名誉权的民事责任。法院支持了王某某的诉讼请求。

一、侵权责任承担方式的概念和特征

（一）侵权责任承担方式的概念

侵权责任承担方式，是指侵权人依据侵权法就自己实施的侵权行为承担具体的民事责任的方式。从抽象的意义上说，侵权责任承担方式，就是侵权法规定的侵权人实施侵权行为所应当承担的具体的法律后果。

《民法典》第179条规定了11种民事责任承担方式，即停止侵害，排除妨碍，消除危险，返还财产，恢复原状，修理、重作、更换，继续履行，赔偿损失，支付违约金，消除影响、恢复名誉，赔礼道歉。这些责任承担方式都是由民法调整的财产关系和人身关系的特殊性所决定的，是适用于所有民事领域的。在《民法典》规定的侵权责任领域，承担民事责任的方式没有这么多，只有损害赔偿、恢复原状和返还原物。

（二）侵权责任承担方式的特征

1. 侵权责任承担方式是落实侵权责任的具体形式

侵权民事责任构成了，侵权人就应当承担这种法律后果。民事责任总是要落实到具体的形式上，因此，侵权责任承担方式必须化为具体的形式。侵权责任是侵权责任承担方式的抽象，而侵权责任承担方式是侵权责任的具体表现。没有侵权责任承担方式，侵权责任就是一句空话。

2. 侵权责任承担方式是责任与义务、向法律负责和向受害人负责的结合

侵权责任承担方式既是法院运用审判权判令侵权人承担责任的方式，也是侵权人应向受害人履行的义务。民事责任是向国家法律负责和向对方当事人负责的结合，且其主要方面是向对方当事人负责。

3. 赔偿损失是承担侵权民事责任的主要方式

侵权责任承担方式有三种，但是基本方式是赔偿损失。《民法典》改变原《侵权责任法》第15条规定八种侵权责任承担方式的做法，规定侵权责任承担方式为损害赔偿、恢复原状以及部分返还财产，从而能集中地发挥侵权责任承担方式的作用，更好地保护自然人、法人、非法人组织的合法权益，其基本的侵权责任承担方式还是损害赔偿。

二、侵权责任承担方式的适用原则

对侵权人适用民事责任承担方式，应当掌握的原则是以下几种。

(一) 救济损害需要原则

确定侵权责任承担方式最重要的原则，就是根据救济受害人权利损害的实际需要。在恢复受害人受到侵害的权利的目标下，需要适用什么责任承担方式，就适用对应的责任承担方式。对于单纯的财产权利损害，可以单独适用损害赔偿方式救济损害；对于生命健康权的损害，可以赔偿财产损失，同时可以赔偿精神损害；对于精神性人格权的损害，可以单独适用精神型的责任承担方式，也可以根据需要适用财产型的责任承担方式。

(二) 可以并用原则

在侵权责任承担方式中，各种方式各具特点，对于侵权行为造成损害的救济，可以单独适用一种责任承担方式，也可以适用多种责任承担方式。法官应当掌握侵权法制裁行为人的责任承担方式体系，明确侵权人应负的义务，掌握保护权利人权利的具体方法和措施，根据不同的案件特点来决定某一侵权人应当承担责任的一种或者多种不同的方式。

(三) 适当处分原则

从受害人的角度看，侵权责任承担方式就是受害人自己享有的请求权。按照民法的基本原则，权利人可以处分自己的权利。在确定侵权人的责任承担方式时，同样应当贯彻这样的原则。受害人坚持自己的请求权，法院应当予以支持；受害人处分自己的请求权的，法院不应当干预。但在违背公序良俗的情况下，受害人的自由处分权利应当受到限制。

三、侵权责任承担方式的适用

(一) 未登记的动产物权返还财产

返还财产是普遍适用的责任承担方式，是指侵权人将不法侵占的财产予以返还。《民法典》将返还财产分为物权请求权的返还财产和侵权请求权的返还财产，不登记的动产物权返还财产，是侵权责任承担方式，适用侵权责任编的规定。

返还财产责任因侵权人非法占有不登记的动产而产生。无法律和合同的根据而占有他人的动产，侵害了动产所有权人或者占有人的权利。如甲抢夺乙的财产据为已有，非法占有人负有返还财产的责任。

返还财产的适用条件是，被侵占的财产原物依然存在。如果原物已经灭失，返还原物为客观不能，所有权人只能要求赔偿损失，而不能要求返还原物。如果原物虽然存在，但已经遭受毁损，所有权人可以在请求返还财产的基础上再请求赔偿损失。返还财产在性质上是物的占有的转移，而不是所有权的转移，因此，须占有人将所有物转移至所有权人的控制之下，才能视为财产已经返还。

【典型案例】

叶某与胡某系同学关系，都是集邮爱好者。胡某的父亲将自己收藏的一枚“放光芒”邮票(1956 年国庆节拟发行的纪念邮票，为“1956 特 15・首都名胜 4”，由于认为有政治错误而未发行，但是江西某地提前发行过十几枚，邮市上极为罕见）交给胡某收藏。该邮票是盖销票，票面上盖有“1956.10.16·江西南昌”的邮戳。胡某向叶某说明此事，叶某便要求借看这枚邮票。叶某到胡某家后，认为该邮票真假难辨，要求借走邮票找其老师鉴定真伪。胡某应允，叶某便将该邮票放在书本中夹着带走。嗣后，胡某多次要求叶某返还邮票，叶某都以邮票丢失，需要找寻为借口，长期拖延不还。胡某向法院起诉，法院以侵占财产为由，确认叶某侵权责任成立，限期返还财产；若不能按照期限返还，则应按照高于该邮票的市场流通价的数额赔偿胡某的财产损失。

这一判决，首先确定的就是返还财产责任；考虑到侵权人恶意占有被侵权人财产的实际情况，预测其不会返还，因此确定如果不能按照期限返还财产，则应当按照高于市场价格的数额承担赔偿责任。这是确定不登记的动产物权返还财产责任承担方式适用的正确方法。

返还财产时应当返还原物所生的孳息。构成侵权行为的侵占财产均为恶意。在恶意占有的情况下，占有人应返还其在全部恶意占有期间所获得的一切孳息，且无权请求所有权人补偿其支付的费用。

（二）恢复原状

恢复原状是指恢复权利被侵犯前的原有状态，一般是指将损坏的财产修复，即所有权人的财产在被他人非法侵害遭到损坏时，如果能够修理，则所有权人有权要求加害人通过修理恢复财产原有的状态。在《民法典》中，虽然恢复原状与修理、重作、更换的责任承担方式联系十分密切，采纳广义的恢复原状的概念，修理、重作、更换不过是恢复原状的手段，目的在于恢复权利人被侵害的权利①，但是，狭义的修理、重作、更换不是侵权责任承担方式，也不是恢复原状的具体形式，而是违约责任承担方式。适用恢复原状责任承担方式，应当具备的条件是：一是须有修复的可能，二是须有修复的必要。

确立恢复原状请求权的基础是，当被毁损的物是不可替代物时，加害人应当负责修缮，而不能通过金钱赔偿方式请求所有权人让与该物的所有权。承认所有权人对恢复原状或价格赔偿有选择权，其主动权在于所有权人，所有权失去保障的顾虑则根本不存在。因此，恢复原状是一项独立的请求权，对于保护物权具有重要意义。恢复原状的标准是，使受到损坏的原物性状如初。通过修理或者重作以及其他方法，使受到损害的物恢复到原来状态，就完成了恢复原状的要求。不过在实际上，原物被损坏后，通过修理，尽管能够达到原物的使用性能，通常会使价值贬损，损失并没有完全得到填补。这种被称为“技术上贬值”的损失，不能达到恢复原状的要求。对于通过维修等使受到损坏的物初步恢复原状，但是，仍然存在技术贬值的，对贬值部分应当予以赔偿。

（三）赔偿损失

赔偿损失是最主要、最基本的侵权责任承担方式，是指行为人因侵权行为而给他人造成损害，应以其财产赔偿受害人所受的损失。适用赔偿损失的侵权责任承担方式，是所有权人的财产遭受他人的不法侵害，致使财产不能修复，或者原物已经灭失，不能返还的，可以请求不法行为人赔偿因财产遭受损害而造成的损失；行为人侵害他人的人身权和知识

① 参见王利明、杨立新：《侵权行为法》，104页，北京，法律出版社，1996。

产权，造成他人的财产损失、人身伤害和精神损害的，应赔偿受害人所受到的损失。因此，侵权法上的赔偿损失，包括人身损害赔偿、财产损害赔偿和精神损害赔偿三种形式。

损害赔偿是侵权法救济损害的最基本方式，在理论上和实践中都十分复杂，本教材在后文专门进行阐释。

【引例评析】

本节引例“写作纪实小说对他人进行诽谤”案，是故意侵权，构成侵害名誉权的侵权责任。法院判决作者和发表侵权作品的刊物对受害人承担精神损害赔偿责任。

在研究这一案件时，对侵权人即侵权小说作者发表侵权小说所获稿酬应当怎样处理问题，意见不一致：有的主张收缴，有的主张作为赔偿金的一部分。法院采纳了前一种意见，判决将侵权行为的非法所得予以收缴。

学者认为这种做法不合适，因这种财产属于不当得利，此种情况属于不当得利责任与损害赔偿责任的竞合，按照责任竞合的办法处理更为适当。

【问题与思考】

1. 讨论违约损害赔偿与侵权损害赔偿责任竞合的处理方法。结合第一节引例“业主被杀害物业管理人承担补充责任”案，讨论本案原告选择哪种请求权对保护自己的合法权益最为有利。

2. 物权请求权与侵权请求权有哪些区别？在其发生竞合的时候，应当怎样选择？

3. 确定责任竞合的基本原理是什么？

4. 侵权责任承担方式的适用原则应当怎样理解？结合第二节引例“写作纪实小说对他人进行诽谤”案，讨论侵权责任承担方式应当怎样适用。

5. 对侵权责任并合应当怎样理解？

第六章

侵权责任免责事由与诉讼时效

参考文献

(一) 著作

1. 杨立新. 侵权责任法. 北京: 法律出版社, 2021: 166-182

2. 杨立新. 中国侵权责任法研究: 第2卷. 北京: 中国人民大学出版社, 2018: 169-205

3. 王利明. 侵权责任法研究: 上卷. 北京: 中国人民大学出版社, 2019: 417-474

4. 黄薇主编. 中华人民共和国民法典侵权责任编释义. 北京: 法律出版社, 2020: 28-41

5. 最高人民法院民法典贯彻实施工作领导小组. 中华人民共和国民法典理解与适用: 侵权责任编: 上卷. 北京: 人民法院出版社, 2020: 91-138

6. 张新宝. 中国民法典释评: 侵权责任编. 北京: 中国人民大学出版社, 2020: 37-52

7. 张新宝. 侵权责任法原理. 北京: 中国人民大学出版社, 2005: 109-133

8. 邹海林, 朱广新. 民法典评注: 侵权责任编: 第1册. 北京: 中国法制出版社, 2020: 93-154

9. 朱岩. 侵权责任法通论: 总论. 北京: 法律出版社, 2011: 479-508

10. 张安民. 过错侵权责任制度研究. 北京: 中国政法大学出版社, 2002

(二) 论文

1. 杨立新. 自甘风险: 本土化的概念定义、类型结构与法律适用——以白银山地马拉松越野赛体育事故为视角. 东方法学, 2021 (4)

2. 彭秦. 民法典侵权责任编自助行为规则适用思考. 浙江万里学院学报, 2021 (5)

3. 陈龙业．论《民法典》侵权责任编关于免责事由的创新发展与司法．适用法律，2020（13）

4. 刘凯湘．论不可抗力．法学研究，2000（6）

5. 程啸．论侵权行为法中受害人的同意．中国人民大学学报，2004（4）

6. 杨立新．论中国新闻侵权抗辩及体系与具体规则．河南省政法管理干部学院学报，2008（5）

7. 张洪波．诉讼时效制度修订后的过渡规则．现代法学，2018（6）

8. 赵万一．民事诉讼时效制度初探．河北法学，1987（5）

9. 汪渊智．我国民法诉讼时效制度之构想．法学研究，2003（3）

10. 谢鸿飞．论潜在损害的诉讼时效．社会科学研究，2007（3）

11. 程啸．论诉讼时效客体．法律科学（西北政法学院学报），2000（1）

12. 陈英．诉讼时效的客体与效力——兼谈民法典诉讼时效制度的设定．法学，2005（4）

参考法规

《民法典》第180～182条、第1173～1177条

第一节 侵权免责事由

引例 “协商解决未经同意进行录音不构成侵害人身自由权”案

某市有部分声讯台挂靠在该市某区民政局，进行违法经营。该市电台记者进行调查，在采访该民政局局长时，没有经过局长同意，在谈话开始时就进行录音。下午4点采访结束时，记者收回录音机，局长予以制止，并称没有经过其同意而录音，是非法的，要求记者洗掉录音。记者不同意，局长就不准其离开。双方争执到晚上10点，在电台新闻部主任到现场进行调解和协商，并洗掉了录音之后，记者才得以离开。记者向法院起诉，认为局长侵害其采访权和人身自由权，请求赔偿其精神损害1分钱。法院判决驳回其诉讼请求。

一、免责事由概述

（一）免责事由的概念

免责事由是指被告针对原告的诉讼请求提出的证明原告的诉讼请求不成立或不完全成立的事实。在侵权法中，免责事由是针对承担民事责任的请求提出来的，所以，又被称免责或减轻责任的事由，也被称为抗辩事由。①

（二）免责事由的构成

侵权法上的免责事由是由侵权责任的归责原则和侵权责任构成要件派生出来的。适用不同的归责原则，就有不同的责任构成要件，因而也就总是要求与归责原则和责任构成要件相对应的特定的免责事由。侵权法的归责原则多样化，与此相适应，不同的侵权责任其免责事由也不同。

免责事由有效成立都必须具备以下两个构成要件。

1. 对抗性要件

对抗性要件是指能够对抗侵权责任构成的具体要件，破坏整个侵权责任构成的内在结构，使原告诉请的侵权责任归于不能成立的事实要件。免责事由虽然是对抗对方当事人的诉讼请求的事由，但它具体对抗的是侵权责任构成的内在结构，破坏对方当事人请求权的成立，导致对方的诉讼请求在法律上不能成立。这就是侵权行为免责事由的对抗性要求。侵权纠纷案件的被告提出的主张如果不具有对抗性，而仅仅能证明自己具有可谅解性，不足以对抗对方当事人的请求，则不能成为免责事由。②

2. 客观性要件

免责事由必须是客观事实，具有客观性。它要求免责事由必须是客观存在的、已经发生的事实，不能是主观臆断的或尚未发生的情况。仅仅表明某种损害未发生的，或单纯否认对方请求权不存在的，也不能成为免责事由。

（三）免责事由的分类

1. 一般免责事由与特别免责事由

在我国的侵权责任法中，经常出现的免责事由主要是职务授权行为、正当防卫、紧急避险、受害人同意、自甘风险、自助行为、受害人过错、第三人过错、不可抗力和意外事件等。对于这些免责事由，有的学者将其分为两类，即正当理由和外来原因。③ 将免责事由分为一般免责事由和特别免责事由这样两大类，更容易理解。

一般免责事由是指损害确系被告的行为所致，但其行为是正当的、合法的。这种免责事由与阻却违法事由相同，如正当防卫、紧急避险、职务授权行为、自助行为等。

特别免责事由是指损害并不是被告的行为所致，而是一个外在于其行为的原因独立造

---

① 参见王利明、杨立新：《侵权行为法》，76页，北京，法律出版社，1997。

② 参见佟柔主编：《中国民法》，571页，北京，法律出版社，1995。

③ 参见王利明、杨立新：《侵权责任法》，76～77页，北京，法律出版社，1977。

成的，如意外事件、不可抗力、受害人过错和第三人过错等。

这两种免责事由的主要区别在于：基于一般免责事由而致人损害的，行为人已经实施某种行为，但其行为是正当的、合法的，排除了行为人行为的违法性，因而表明行为人是没有过错的。据此，行为人应予以免责。在特别免责事由存在的情况下，行为人根本没有实施某种致人损害的行为，或者外来原因作用于行为人，使行为人不可避免地造成了损害，由此行为人不应当承担民事责任。各种一般免责事由和特别免责事由能否适用于具体案件，应当根据具体案件和法律的具体规定来确定，不能一概而论。

2. 法定免责事由和非法定免责事由

《民法典》在总则编和侵权责任编规定了部分免责事由，没有规定全部的免责事由，在司法实践中还有一些《民法典》没有规定的免责事由。据此，可以将免责事由分为法定免责事由和非法定免责事由两种。

二、《民法典》总则编规定的免责事由

(一) 不可抗力

1. 不可抗力的概念和确定

不可抗力是指人力所不可抗拒的力量，包括自然原因（如地震、台风、洪水、海啸等）和社会原因（如战争等）。不可抗力是独立于人的行为之外，并且不受当事人的意志支配的现象，是各国立法通行的免责事由。《民法典》第180条对此作了规定。

不可抗力作为免责事由的根据是，让人们承担与其行为无关而又无法控制的事故的后果，不仅对责任的承担者来说是不公平的，也不能起到教育人们和约束人们行为的积极后果。依据这样的价值观念，将不可抗力作为免责事由必须不可抗力是导致损害结果发生的全部原因。只有在损害完全是由不可抗力引起的情况下，才能表明行为人的行为与损害结果之间毫无因果关系，同时表明行为人没有过错，因此应被免除责任。

确定不可抗力有三种不同的学说：一是客观说，主张应以事件的性质和外部特征为标准，凡属于一般人无法防御的重大的外来力量，均为不可抗力。二是主观说，主张以当事人的预见力和预防能力为标准，凡属于当事人虽尽最大努力仍不能防止其发生者，为不可抗力。三是折中说，认为应采主客观相结合的标准，凡基于外来因素而发生，当事人以最大谨慎和最大努力仍不能防止的事件为不可抗力。[①]

我国立法采纳第三种学说，《民法典》第180条规定：“因不可抗力不能履行民事义务的，不承担民事责任。法律另有规定的，依照其规定。”这是民事责任的一般免除事由，从字面上看，似乎于侵权责任的免除而言针对性不强。不过，由于侵权责任编对此没有规定，仍须将其作为侵权责任免除事由对待。

不可抗力应当符合以下要求。

(1) 不可预见。

这是从人的主观认识能力上来考虑不可抗力的因素。它是指根据现有的技术水平，一

---

① 参见王利明、杨立新：《侵权行为法》，93页，北京，法律出版社，1996。

般人对某种事件的发生无法预料。对不可预见的判断，不能依某个人的标准，因为每一个人的预见能力都是不同的，预见性因人而异，对于某种现象，某人可以预见，而他人却不能够预见。因此，必须以一般人的预见能力而不是当事人的预见能力为标准，来判断对某种现象是否可以预见。不过，不可预见作为不可抗力的要件并非绝对的，如尽管有可能已经预见地震，但仍然无法避免，仍成立不可抗力。

（2）不可避免并不能克服。

这是指当事人已经尽到最大努力和采取一切可以采取的措施，仍然不能避免某种事件的发生并克服事件造成的损害后果。不可避免和不能克服，表明事件的发生和事件造成损害具有必然性。某种事件是否不能避免并不能克服也要根据具体情况判断。

（3）属于客观情况。

这是指事件外在于人的行为的自然性。不可抗力作为独立于人的行为之外的事件，不包括单个人的行为。例如，第三人的行为对行为人来说是不可预见并不能避免的，但它并不具有外在于人的行为的客观性，故第三人的行为不能被作为不可抗力对待。

2. 不可抗力的适用

在司法实践中应用不可抗力的基本规则是：系不可抗力造成损害的，当事人一般不承担民事责任。但是，不可抗力导致免责，必须是不可抗力成为损害发生的唯一原因，当事人对损害的发生和扩大不能产生任何作用。因此，在发生不可抗力的时候，应当查清不可抗力与造成的损害后果之间的关系，并确定当事人的活动在发生不可抗力的条件下对所造成的损害后果是否起作用。

《民法典》规定了不可抗力作为免责事由的除外条款：在其他法律有特别规定的情况下，不可抗力不作为免责事由。例如，《邮政法》第48条第1项规定，保价的给据邮件的损失即使是因不可抗力造成的，邮政企业也不得免除赔偿责任。这是不可抗力作为免责事由的一个例外。此外在法律有特别规定的时候，不可抗力作为免责事由，还要附加其他条件。例如，《海洋环境保护法》第91条对不可抗力免责附加了“经及时采取合理措施仍然不能避免损害”的条件。考虑将不可抗力作为免责事由时，一定要注意这些法律的特别规定，避免错误适用法律。

（二）正当防卫

1. 正当防卫的概念和构成

正当防卫是一般免责事由，是指当公共利益、他人或本人的人身或者其他利益遭受不法侵害时，行为人所采取的防卫措施。《民法典》第181条规定：“因正当防卫造成损害的，不承担责任。正当防卫超过必要的限度，造成不应有的损害的，正当防卫人应当承担适当的民事责任。”正当防卫是保护性措施，是一种合法行为。对于因此造成的损害，防卫人不负赔偿责任。

构成正当防卫须具备以下要件。

（1）必须有侵害事实。

侵害的事实在先，防卫行为在后；侵害是防卫的前提，防卫是侵害导致的结果。没有侵害事实，就不得进行防卫。对侵害事实的要求是须为现实的侵害，特点是已经着手、正在进行、尚未结束。对想象中的侵害、未发生的侵害、实施终了的侵害，都不能实施防卫行为。

（2）侵害须为不法。

正当防卫的对象必须是不法侵害，对执行职务造成的“有权损害”不能进行防卫，如逃犯就不得以正当防卫为借口而拒捕。

（3）须以合法防卫为目的。

防卫人在防卫时，不仅应当意识到不法侵害为现实存在的，而且须意识到其防卫行为的目的，须是把防卫公共的、他人的或本人的权益免受侵害作为防卫的目的。以防卫为借口施以报复的行为或防卫挑拨的行为都是违法行为，构成侵权行为。

（4）防卫须对侵害人本人实行。

对侵害人的防卫反击，根据制止不法侵害的需要，可以是对人身的，也可以是对财产的。但是，任何防卫行为都不能对第三人实施。

（5）防卫不能超过必要限度。

造成的损害没超过必要限度时，防卫人不负赔偿责任。必要限度是为了制止不法侵害所必须具有的，足以有效制止侵害行为的强度。只要是为了制止侵害所必需的，就不能认为超越了正当防卫的必要限度。

2. 正当防卫的适用规则

适用正当防卫的基本规则是：第一，构成正当防卫的，防卫人不承担侵权责任。第二，正当防卫超过必要限度的，是防卫过当。

对于防卫过当的把握，关键在于对正当防卫必要限度的判断，民法上的正当防卫行为只能与不法侵害相适应，一般不应超过不法侵害的强度。

判断防卫是否过当，主要是确认防卫是否超过必要限度。判断必要限度通常应当考虑两个方面：第一，不法侵害的手段和强度。凡是侵害行为本身强度不大，用较缓和的手段就足以制止或排除其侵害而采用较强烈的手段的，即为超出必要限度。例如，为阻止不法侵害人偷窃而致其轻伤，是正当防卫；重伤或杀死小偷就超过了必要限度。第二，所防卫权益的性质。所防卫的权益应当与防卫反击行为的强度相适应，使用严重损害侵害人的反击方法来保卫较小的财产利益，或者用较重的反击行为来保护较小的财产利益，都是不相适应的，是超过必要限度的。

正当防卫超过必要限度造成不应有的损害的，防卫人应当承担适当的民事责任。这种适当的民事责任包括以下三层意思：（1）防卫过当不能免除民事责任。承担适当的民事责任的含义是承担责任，而不是免责。这是因为民事责任是一种财产责任，赔偿具有补偿和制裁的双重性质，它不像刑罚是人身的而且没有补偿性质的责任。（2）对于防卫过当造成的损害，一般应当减轻责任。承担适当的责任中的“适当”，要求赔偿既要与防卫过当的损害后果适当，又要与案情适当，而且后者更为重要。因此，不受全部赔偿原则限制，适当减轻防卫人的责任。这是因为：一是出现防卫的前提是侵害人的不法侵害，没有不法侵害就不会造成这种过当的后果；二是防卫人在防卫过程中，特别是在情况较危急情况下，对反击行为的节制及对后果的预见是受到限制的，不应对防卫行为要求过高、过苛。（3）故意加害行为的赔偿责任。防卫人在防卫过程中故意对侵害人采取加害行为的，对超出必要限度的损害应当全部赔偿。这是因为，在这种情况下，防卫人已经明知会超出必要限度而故意为之，则是故意的违法行为，防卫人应当负担全部赔偿责任。

防卫过当的赔偿范围，应当是超出防卫限度的那部分损害，即“不应有”的那部分损害。

（三）紧急避险

1. 紧急避险的概念和构成

为了社会公共利益、自身或者他人的合法利益免受更大的损害，在不得已的情况下而采取的造成他人少量损失的紧急措施，被称为紧急避险。紧急避险是一种合法行为，是在两种合法利益不可能同时都得到保护的情况下，不得已而采用的牺牲其中较轻利益、保全较重大利益的行为。《民法典》第182条规定了紧急避险及避险过当的责任：“因紧急避险造成损害的，由引起险情发生的人承担责任。”“危险由自然原因引起的，紧急避险人不承担责任，可以给予适当补偿。”“紧急避险采取措施不当或者超过必要的限度，造成不应有的损害的，紧急避险人应当承担适当的民事责任。”

构成紧急避险须具备以下要件。

（1）危险正在发生并威胁公共利益、本人或者他人的利益。

对于尚未发生的危险、想象的危险，都不得实施避险行为；虽有危险发生但危险已经被消除，或者危险已经发生但不会造成合法利益的损害的，也不得采取避险措施。

（2）采取避险措施须为不得已。

所谓不得已，是指不采取紧急避险措施就不能保全更大的法益，避险确有必要，而不是指避险人只能采取某一种而不能采取另一种措施避险。强调不得已，不是说避险人选择的手段只能是唯一的，而是指可以采取多样的措施进行避险。只要避险人的避险行为造成的损害小于可能发生的损害，避险措施就是适当的。

（3）避险行为不得超过必要的限度。

紧急避险的必要限度，是指在面临紧急危险时，避险人应采取适当的措施，以尽可能小的损害保全较大的法益。民法要求，紧急避险行为所引起的损害应轻于所要避免的损害，如果避险行为不仅没有减少损害，反而使造成的损害大于或等于可能发生的损害，避险行为就失去了意义，超过了必要的限度。

【典型案例】

2017年1月27日，张姓男子携妻子和孩子去宁波某动物园，在给妻子和孩子购票入园后，他从公园围墙疏漏处混进动物园，连翻两座高墙以及铁丝网，进入虎区，被老虎抓住撕咬，经多方驱赶，仍不奏效。后武警将该老虎击毙，但是受害人已经死亡。

对于动物园老虎死亡的损害，即财产损失的问题，可以适用《民法典》第182条关于紧急避险的规定，在受害人被老虎拖走遭遇极度危险时，动物园用其他方法避险不成，调动武警用枪将自己所有的老虎打死，是万不得已采取的紧急避险措施，是为了避免他人的危险而打死自己所有的老虎，造成自己的损失。按照紧急避险的规定，引起险情发生的人以及避险受益人，都有责任对紧急避险人的损失承担责任。而本案的受害人，既是引起险情发生的人，又是受益人，并且具有重大过失，因此他应当赔偿动物园的损失。但该人已经死亡，是否还能够承担责任？由于受害人的侵权债务是在其生前产生的，因此，最起码在理论上可以认为应以其遗产承担赔偿责任。至于这一请求权是否行使，则是动物园的权利。

2. 紧急避险与正当防卫的异同

紧急避险与正当防卫的共同点是：第一，两者都是阻却违法行为；第二，两者成立的前提都是合法权益受到严重危险；第三，两者的目的都是保护公共利益、他人和本人的合法利益；第四，两者都造成了一定的损害。

它们的不同点是：第一，紧急避险的危险来源多种多样，正当防卫的危险来源只是侵害人的非法侵害；第二，紧急避险是排除危险的唯一方法，而正当防卫则不在此限；第三，紧急避险所造成的损害必须小于危险造成的损害，正当防卫则要求相适应；第四，正当防卫只能对不法侵害人本人实施，而紧急避险则可以对第三人实施。例如，就狗咬伤人而言，如果狗是被主人故意放出咬人的，则是行为人的不法侵害，狗构成行为人不法侵害的工具，是行为人的财产，打死狗的防卫反击行为是指向行为人的，是正当防卫。如果是狗本身的侵袭，则打死这只狗构成紧急避险，因为狗是直接的危险来源。

3. 紧急避险的适用规则

(1) 引起险情发生的人的责任。

在一般情况下，如果有引起险情发生的人，应由引起险情发生的人承担责任。其中，险情发生系由紧急避险人引起的，则由紧急避险人对自己的过错负责；险情发生系避险行为的受害人引起的，则避险受害人对自己的过错负责；险情发生系由第三人引起的，则第三人对自己的过错负责。他们对自己过错负责的范围，应以紧急避险必要限度或避险措施得当所造成的损失为限，超过部分不应由其他人负担。

(2) 自然原因引起险情的责任。

如果危险是由自然原因引起的，没有引起险情发生的人，则责任承担有两种情况：一是在一般情况下，紧急避险人不承担民事责任，对造成的损失不予赔偿；二是在特殊情况下，紧急避险人也可以承担适当的责任，按照《民法典》第1186条关于公平分担损失责任的规定，在当事人双方都没有过错的情况下，可以根据法律规定分担民事责任。所谓“适当”，主要依双方的经济状况适当确定，由双方协议或由法院判决。

(3) 超过必要限度的赔偿。

紧急避险采取措施不当或者超过必要限度，造成不应有损害的，避险人应当承担适当的民事责任。适当责任，首先是指不应免除责任；其次是指可以减轻责任，也可以对过当部分造成的全部损害负责。在造成危险的行为人与受害人是同一人时，应当减轻避险过当人的责任；受避险损害之人无过错而遭受损害的，则应由避险行为人负担全部赔偿责任，对避险在必要限度以内造成的损害，由危险行为人负担责任。

(4) 受益人适当补偿。

如果既没有第三人的过错，也没有实施紧急避险行为人本身的过错，而遭受损害的人与受益人又不是同一个人的，则受益人应当适当补偿受害人的损失。这是因为受益人的利益得到保全或者损失减少了，是以牺牲受害人的利益为前提的。

三、《民法典》侵权责任编规定的免责事由

(一) 过失相抵

《民法典》把过失相抵规定为减轻责任的事由，这是不准确的，因为过失相抵的性质主要是赔偿规则，与损益相抵规则的性质相同，是将受害人过失所造成的损失，在侵权人应当承担的侵权责任中予以扣除。本书把过失相抵作为一种双方责任形态，并在“侵权责任形态原理”一章中作了说明。立法将过失相抵规定为减轻责任的事由，是由于受害人对造成自己的损害存在过错，因而减轻侵权人的责任。这当然也有其道理，在这里不再详述。

(二) 受害人过错

1. 受害人过错的概念和形式

受害人过错，是指损害的发生或扩大不是加害人的过错，而是受害人的过错所致。《民法典》第 1174 条规定：“损害是因受害人故意造成的，行为人不承担责任。”规定受害人故意作为免责事由，与传统侵权法规则以及民法理论有所不同。传统理论认为，这种规则应当是受害人过错而不是受害人故意。在适用过错责任原则与过错推定原则的情况下，受害人具有故意或者过失，且其故意或者过失是造成自己损害的全部原因的，则构成免责事由。在适用无过错责任原则的情况下，受害人故意引起损害为免责事由。该条规定受害人故意是免责事由，内容偏窄，不能容纳受害人有过失的情形。在司法实践中，构成受害人故意的，当然应当按照该条规定免责；但在适用过错责任原则以及过错推定原则的情况下，受害人由于自己的过失引起损害且过失为损害发生全部原因的，也应当免除加害人的责任。

2. 受害人过错的类型

(1) 受害人故意。

受害人故意，是指受害人明知自己的行为会发生损害自己的后果，而希望或放任此种结果发生。受害人对损害的发生具有故意，表明受害人的行为是损害发生的唯一原因，从而应使加害人免责。在过错责任原则适用范围内，如果受害人具有故意，而加害人只有轻微过失，则加害人也可以免责。在无过错责任原则的适用范围内只要受害人故意造成损害，加害人即可免责。

如果侵权人引诱、诱惑受害人故意从事某种行为，造成对受害人自己的损害，则应当认为损害是由加害人的故意而非受害人的故意造成的。例如，对受害人谎称某人将拒绝收买受害人的某物，使受害人将其财产廉价处分。在此情况下，加害人只是利用了受害人的行为实施侵权行为。此外，无民事行为能力人的故意不被视为法律上的故意。如果无民事行为能力人造成自身损害时介入了加害人的轻微过失，加害人也应当承担适当的责任。①

(2) 受害人重大过失。

受害人重大过失，是指受害人对于自己的人身和财产安全毫不顾及，以致造成了自身

① 参见王利明、杨立新：《侵权行为法》，88 页，北京，法律出版社，1996。

的损害。从《民法典》和有关单行法的规定来看，如果损害完全是受害人的重大过失所致，加害人对损害的发生没有任何过错，则加害人不承担民事责任。这种重大过失应当作为免责事由，但其前提必须是加害人没有过错。如果加害人具有过错，则只有在加害人具有轻微过失的情况下，才可以免除加害人的责任，在其余场合则应按照过失相抵规则处理。

(3) 受害人过失。

受害人过失，是指在加害人致受害人受损害过程中或造成损害以后，受害人对损害的发生与扩大具有过失。如果受害人的过失是损害发生的全部原因，也作为免责事由。

(三) 第三人过错

1. 第三人过错的概念和特点

《民法典》第1175条规定了第三人过错的一般规则："损害是因第三人造成的，第三人应当承担侵权责任。"此外，《民法典》第1198条、第1201条、第1233条和第1250条等分别规定了第三人过错的特殊规则，不适用第1175条的规定。

第三人过错，是指除受害人和加害人之外的第三人，对受害人损害的发生或扩大具有过错的免责事由。第三人过错的主要特征是主体上的特殊性，其过错形式则与其他类型的过错没有区别，包括故意和过失。

第三人过错的特点是：(1) 过错主体是第三人。第三人是过错的主体，造成损害的过错不属于加害人或受害人任何一方。狭义上的第三人过错，是指第三人的过错是损害发生或者扩大的唯一原因；广义上的第三人过错，则是指第三人与加害人共同引起损害的发生或者扩大。于这两种情况中的任何一种，都是第三人在主观上具有过错。同时，该第三人不能被认定属于加害人一方或属于受害人一方。(2) 第三人与当事人没有过错联系。如果第三人和加害人之间基于共同的意思联络（如第三人为加害人的帮助人）而致受害人损害的，将作为共同侵权行为人而对受害人负连带责任。(3) 第三人过错是免除加害人责任的依据。

2. 第三人过错的一般规则

第三人过错的法律后果是，第三人承担赔偿责任，免除加害人的赔偿责任。其适用条件是：

(1) 第三人过错为损害发生的唯一原因，加害人对此没有过错的，加害人应当免责，而由第三人承担责任。《民法典》第1175条所指的就是这种情形。

(2) 如果第三人的过错与加害人的过错构成损害发生的共同原因，则第三人的过错只是减轻加害人的赔偿责任，不再适用第三人过错免责的规则。

3. 第三人过错的特殊规则

《民法典》在第1198条和第1201条、第1233条和第1250条以及第1204条、第1252条第1款和第1253条分别规定了第三人过错的特殊规则。这些第三人过错的特殊规则分为以下三种情形。

(1) 第三人过错实行不真正连带责任。

在第三人过错的情形下，《民法典》规定了以下两种不真正连带责任的规则，不适用直接由有过错的第三人承担责任的一般性规则。

第一，是第三人的过错污染环境造成损害的，被侵权人可以向污染者请求赔偿，也可以向第三人请求赔偿。污染者赔偿后，有权向第三人追偿。这样规定的目的在于更好地保护被侵权人的权益，使受到的损害能够及时得到救济。

第二，第三人的过错致使饲养动物造成他人损害的，被侵权人可以向动物饲养人或者管理人请求赔偿，也可以向第三人请求赔偿。动物饲养人或者管理人赔偿后，有权向第三人追偿。第三人的过错致使动物致人损害的，也不适用第三人过错的一般规则，不是由第三人直接承担责任，而是赋予被侵权人选择的权利，实行不真正连带责任。

（2）第三人过错实行补充责任。

在第三人过错的情形下，《民法典》还规定了以下两种补充责任规则，而不适用让直接由有过错的第三人承担责任的一般性规则。

第一，在违反安全保障义务侵权责任中，第三人的行为造成他人损害的，由第三人承担侵权责任；管理人或者组织者未尽到安全保障义务的，承担相应的补充责任，即先由第三人承担侵权责任；如果第三人不能承担或者不能全部承担责任，则由未尽到安全保障义务的管理人或组织者承担相应的补充责任。

第二，无民事行为能力人或者限制民事行为能力人在幼儿园、学校或者其他教育机构学习、生活期间，受到幼儿园、学校或者其他教育机构以外的人员即第三人的人身损害的，由第三人承担侵权责任；幼儿园、学校或者其他教育机构未尽到管理职责的，承担相应的补充责任。

（3）第三人过错实行先付责任。

第一，在产品侵权责任中，运输者、仓储者等第三人的过错使产品存在缺陷，造成他人损害的，先由产品的生产者、销售者赔偿，之后他们有权向第三人追偿。

第二，在物件致害责任中，建筑物、构筑物或者其他设施及其搁置物、悬挂物发生脱落、坠落造成他人损害，所有权人、管理人或者使用人证明自己没有过错的，先由其承担侵权责任；另有其他责任人（第三人）的，所有权人、管理人或者使用人赔偿后，有权向其他责任人追偿。

第三，在物件致害责任中，建筑物、构筑物或者其他设施倒塌造成他人损害，有其他责任人即第三人的，也应先由建设单位与施工单位承担责任；建设单位、施工单位承担了赔偿责任之后，有权向其他责任人即第三人追偿。

（四）自甘风险

1. 英美法系侵权法中自甘风险的一般规则

在英美法系侵权法中，自甘风险也叫作危险之自愿承担、自愿者非为不当规则，是指在原告提起的适用过错责任或者严格纠纷的侵权纠纷诉讼中，要求原告承担其自愿承担的所涉风险。[①] 其一般规则是：原告就被告之过失或者鲁莽弃之不顾行为而致伤害的危险自

① 参见《侵权法》（英汉对照），冯兴俊译，231～235页，武汉，武汉大学出版社，2003。

愿承担者，不得就该伤害请求赔偿。[①] 典型判例是：在英国，莫里斯与飞行员穆拉埃一起出席酒会，一起驾驶一架飞机飞行，飞行途中飞机坠毁。后莫里斯起诉要求赔偿。法院认为，作为乘客的原告是自愿承担风险的人，因为他应该知道飞行员当时的状态。[②] 在美国，原告在被告的游乐场滑雪时，碰撞了一根金属杆，导致原告受重伤。那根金属杆是操纵电缆车路线装置的一部分。在本次滑雪季开始前，原告买了这一季的滑雪通行证，并签署了危险同意文件，确认滑雪是危险的，如果发生危险愿意自己承担风险，不需场地方负责。原告受害后起诉，被告以原告基于此同意文件而进行抗辩，认为原告构成自甘风险。法院判决被告胜诉。[③]

自甘风险分为明示的自甘风险和默示的自甘风险。前述英国的判例是默示的自甘风险，美国的判例则为明示的自甘风险。不论何种自甘风险，均须具备以下三个要件：(1) 受害人知悉或者鉴识危险；(2) 受害人有自愿承担之必要；(3) 不违反成文法的规定。具备这些要件，就构成自甘风险，免除行为人的侵权责任。在举证责任上，如果被告原应对原告负责（例如有过失），则原告自愿承担危险的举证责任应由被告承担。[④]

2. 我国司法实践对自甘风险规则的适用

《民法典》第 1176 条规定："自愿参加具有一定风险的文体活动，因其他参加者的行为受到损害的，受害人不得请求其他参加者承担侵权责任，但是其他参加者对损害的发生有故意或者重大过失的除外。""活动组织者的责任适用本法第一千一百九十八条至第一千二百零一条的规定。"对自甘风险的这种规定，与英美法上的有较大的差别，但是基本内容还是正确的。

按照上述规定，自甘风险是指受害人自愿参加有一定风险的文体活动，因其他参加者的行为受到损害的，受害人不得请求其他参加者承担侵权责任，但是其他参加者对损害的发生有故意或者重大过失时除外的侵权责任免除事由。其构成要件是：第一，组织者组织的活动是具有一定风险的文体活动，例如蹦极等；第二，受害人对该种具有一定风险的文体活动有认识，但是自愿参加；第三，受害人参加此活动时因其他参加者的行为受到损害，该文体活动参加者的行为与受害人的损害之间有因果关系；第四，文体活动的参加者没有故意或者重大过失。具备这些构成要件的，即可免除其他参加者的侵权责任。可见，其他参加者对于损害的发生有一般过失的，也不承担赔偿责任。例如参加足球、棒球等比赛活动受到其他运动员的损害，应当适用自甘风险的规定，免除造成损害的其他参加者的赔偿责任。

该条第 2 款规定的"活动组织者的责任适用本法第一千一百九十八条至第一千二百零一条的规定"，是指自甘风险的具有一定风险的文体活动的组织者，对于造成受害人损害是否承担侵权责任，应当适用违反安全保障义务者侵权责任和教育机构损害责任的规定。这分为两种情况：一是组织者未尽到安全保障义务造成受害人损害的，应当承担赔偿责任；组织者违反安全保障义务致使第三人造成受害人损害的，承担相应的补偿责任，在承

① 参见美国法学会：《美国侵权行为法重述》（第二次），第 496A 条。

② 参见《侵权法》（英汉对照），冯兴俊译，233 页，武汉，武汉大学出版社，2003。

③ 参见潘维大：《英美侵权行为法案例解析》，289～291 页，北京，高等教育出版社，2005。

④ 参见美国法学会：《美国侵权行为法重述》（第二次），第 496D、496E、496F 条。

担责任后可以向第三人追偿。二是无民事行为能力人或者限制民事行为能力人在幼儿园、学校或者其他教育机构学习、生活期间受到人身损害的侵权责任确定规则，这些教育机构未尽教育管理职责的，适用过错推定原则或者过错责任原则确定应当承担的侵权责任；第三人造成损害，且承担责任不足的，这些教育机构承担补充责任，在承担补充责任后也享有追偿权。

【典型案例】

广西某法院判决的“驴头”“驴友”致害案件，13 名网友在网上约好一起去野外自助探险游。在野外露营时，晚上发生山洪，13 人均被洪水冲走，其中 1 人死亡，其他 12 人获救。死者家属向法院起诉，要求“驴头”和其他参与人承担赔偿责任。一审法院判决“驴头”承担 60%的赔偿责任，其他“驴友”共同分担 10%的责任，受害人自己承担 30%的责任。被告都不服该判决，上诉。二审法院根据公平责任改判“驴头”承担 3 000 元，其他“驴友”分别分担 2 000 元，以示公平。①

其实，这个案件是典型的自甘风险，无须各被告承担责任，这样的改判不公平。

【典型案例】

郝某、张某在网上发起北京西郊灵山自助游，某电视台编辑自愿参加。当天爬上灵山后，已近午夜时分，天气寒冷，故赫某等决定迅速下山，途中该编辑突然发病而死亡。死者父母向法院起诉，要求发起人承担赔偿责任。法院认为，此次自助性质的户外活动不以营利为目的，该编辑自事发时一直没交纳活动费用，因此，发起人不对其承担保障人身、财产安全的义务。发起人在免责声明中，对领队的权利、义务作出说明，强调领队除接受大家监督，有责任控制费用和公开账目外，不对任何由户外运动本身具有的风险承担责任，因而在既无法律规定又无合同约定的前提下，法院认可这一免责声明。事发时，二发起人对死者采取了心肺复苏等措施进行抢救，已经履行了必要的救助义务。因此，法院认定，虽然此次活动计划不够完善，但是发起人发起活动本身不违法，对死者不承担赔偿责任。②

这两起案件，对于法院在司法实践中适用自甘风险规则，具有较好的借鉴意义。

（五）自助行为

1. 自助行为的概念

《民法典》第 1177 条规定：“合法权益受到侵害，情况紧迫且不能及时获得国家机关保护，不立即采取措施将使其权益受到难以弥补的损害的，受害人可以在必要范围内采取扣留侵权人的财物等合理措施；但是，应当立即请求有关国家机关处理。”“受害人采取的措施不当造成他人损害的，应当承担侵权责任。”

自助行为是指权利人为了保护自己的权利，在情势紧迫而又不能获得国家机关及时救助的情况下，对他人的财产或者自由在必要范围内采取扣押、拘束或者其他相应措施，为法律或社会公德所认可的免责事由。自助行为的性质属于自力救济，与紧急避险、正当防

① 参见《二审改判“驴头驴友”均无过错》，载网易新闻网，http：//news.163.com/09/0321/02/54T5SHVB0001124J.html，最后访问日期：2017－10－05。

② 参见《女游客冻死案宣判 活动发起人无责》，载新浪新闻中心，http：//news.sina.com.cn/s/2008－01－09/071213224733s.shtml，最后访问日期：2017－10－03。

卫的性质相同。其区别在于，自助行为保护的是自己的权利，而正当防卫和紧急避险包括保护他人的权利；自助行为在实施前，有时在当事人之间已经存在某种债的关系，而正当防卫和紧急避险在实施之前没有这种关系。

《民法典》第1177条没有明文规定可以对他人的人身自由施加拘束的内容，但是，“等”字中包含了这个意思。例如，去饭店吃饭未带钱，店主不让离开，等待他人送钱来结账的拘束自由行为，也是自助行为，并不是侵害人身自由权的侵权行为。

2. 自助行为规则的适用

实施自助行为的要件是：第一，受害人的合法权益受到侵害；第二，情况紧迫且不能及时获得国家机关保护；第三，对侵权人实施扣留财产或者适当拘束人身自由的行为；第四，扣留财产或者限制人身自由在必要范围内，不得超出必要范围。

受害人实施自助行为，在其合法权益得到保障后，即应解除相应措施；如果仍需继续采取上述措施的，应当立即请求有关国家机关依法处理。

受害人如果对侵权人采取自助行为的措施不适当，造成侵权人损害的，应当承担侵权责任，赔偿损失。

四、非法定免责事由

（一）职务授权行为

1. 职务授权行为的概念和性质

职务授权行为也称为依法执行职务，是指依照法律授权或者法律规定，在必要时因行使职权而损害他人的财产和人身的免责事由。为了保护社会公共利益和他人的合法权益，法律允许工作人员在必要时执行自己的职务，“损害”他人的财产和人身。在这些情况下，完成有关行为的人是“有权造成损害”的。职务授权行为是一种合法行为，行为人对造成的损害不负赔偿责任。例如，消防队为了制止火灾蔓延而将邻近火源的房子拆除，防疫医疗队为了消灭急性传染病而将病人所用的带菌衣物烧掉，外科医生对外伤患者做必要的截肢手术，公安人员依法开枪打伤逃犯等，都属于这种情况。

职务授权行为是合法行为，行为人对执行职务所造成的损害不负赔偿责任。如果执行职务不当而造成损害，行为人应当负赔偿责任。尽管《民法典》对这种免责事由没有规定，但是将这种事由认定为免责事由，是符合法理的。

2. 职务授权行为的构成

确定行为人的行为构成职务授权行为，并将其作为免责事由，须其具备以下构成要件。

（1）行为须有合法授权。

职务授权行为之所以能成为免责事由，就是因为这种行为有合法的授权。授权这种行为是为了保护社会公共利益和自然人的合法权益，所以，没有合法授权的行为不是职务授权行为。

（2）执行职务的行为须合法。

只有合法授权尚不足以构成免责事由，行为人还必须在法律规定的范围内履行职责，才对损害后果不负责任。超越法定授权的行为，或行为所依据的法律和法规已经失效或被撤销，或行为本身不符合法律要求的，不构成职务授权行为。行为合法包括执行职务的程序和方式合法。程序不合法或方式不合法而致他人损害，构成侵权行为。

(3) 执行职务的行为须为必要。

职务授权行为并不是在任何情况下都会造成对他人损害，在多数情况下，损害后果的发生并不是执行职务行为所必需的。法律要求职务授权行为的执行职务活动是必要的，只有在不造成损害就不能执行职务时，执行职务的行为才是合理的。如果造成的损害可以避免或者减少，这种行为就不构成或者不完全构成免责事由。

(二) 受害人承诺

1. 受害人承诺的概念

受害人承诺，是指受害人容许他人侵害其权利，自己自愿承担损害结果，且不违背法律和公共道德的一方意思表示。

权利人有权处分自己的权利。权利人自行侵害自己的权利时，只要不违反法律和善良风俗，是行使权利的行为。权利人允许他人侵害自己的权利，在一般情况下，法律并未予以禁止。这就是英美法的“自愿者无损害可言”原则。《民法典》对受害人承诺也没有规定，但这并不妨碍将其认定为免责事由，仅仅受到《民法典》第 506 条限制而已。

2. 受害人承诺的构成

(1) 须有处分该权利的能力与权限。

允许他人侵害权利，必须权利人对于该项权利有处分的能力与权限，否则不构成免责事由。

(2) 须遵守一般的意思表示规则。

受害人承诺的意思表示应当遵守一般意思表示规则，即须具备一般意思表示的生效要件。在一般情况下，承诺侵害自己的财产权利，应当为有效；承诺侵害自己的人身权利，则应区分具体情况：如承诺他人对自己身体造成轻微伤害，属正当的意思表示；如果嘱托他人帮助自杀，或者承诺他人将自己杀死或重伤，应受事先免责条款效力规则的限制，不是正当的免责事由。

(3) 受害人须有明确承诺。

承诺侵害自己的权利，应当采用明示方式，或者发表单方面的声明，或者制定免责条款。权利人没有明示准许侵害自己的权利，不得推定存在承诺。如果受害人明知或预见到其权利可能受到损害，但其并未向加害人承诺的，不构成免责事由。

(4) 受害人事前放弃损害赔偿请求权。

承诺侵害自己的权利和放弃损害赔偿请求权，是两个问题，不能混淆。放弃损害赔偿请求权不必采取明示方法，有准许侵害自己权利的承诺即可，没有明示其放弃该请求权的，可以推定其放弃，明示不放弃损害赔偿请求权的除外。

3. 事先免责条款的效力

在受害人承诺作为免责事由时，应当特别注意掌握受害人承诺与事先免责条款的关系。事先免责条款是指双方当事人预先达成一项协议，免除将来可能发生损害的赔偿责任。它分为违反合同的事先免责条款和侵权行为的事先免责条款。

侵权行为的事先免责条款的形式有以下四种：一是全部免责条款。按此条款，未来的受害人放弃将来对本应承担责任的人提出的全部赔偿请求。二是部分免责条款。按此条款，受害人事先同意接受以特定方式计算的，不超过一定数额的有限赔偿。三是以时间限制的免责条款。这种条款约定受害人必须在有限的时间内提出自己的请求，逾期不再享有请求赔偿的权利。四是通过罚款的免责条款。依这种条款。依当事人同意在以后发生损害时将支付一笔固定数额的款项给受害人，即可免除责任。[①]

对于侵权行为的事先免责条款，有有效说、相对无效说和绝对无效说三种立场。[②]《民法典》规定了事先免责条款无效的规则。该法第506条规定："合同中的下列免责条款无效：（一）造成对方人身伤害的；（二）因故意或者重大过失造成对方财产损失的。"根据该条规定，凡是在合同中约定人身伤害事先免责条款的，为无效。合同约定免除因故意或者重大过失造成对方财产损失的责任的，也无效。

（三）意外事件

1. 意外事件的概念和意义

意外事件，也叫意外，是指非因当事人的故意或过失，而是由于当事人意志以外的原因而偶然发生的事故。

《民法典》没有规定意外事件为免责事由，但是，在司法实践中常常把意外事件作为免责事由对待。意外事件不是因当事人的故意或过失而发生，而是偶然发生的事故。是外在于当事人的意志和行为的事件。它表明当事人没有过错，因而应使当事人免责。罗马法的古谚认为，"不幸事件只能由被击中者承担"，行为人当然不承担民事责任。

2. 意外事件的构成

作为免责事由的意外事件应具备如下条件。

（1）意外事件是不可预见的。

确定意外事件的不可预见性适用主观标准，即应以当事人为标准，看当事人是否在当时的环境下，通过合理的注意能够预见。

（2）意外事件是归因于行为人自身以外的原因。

这就是说，行为人已经尽到了他在当时应当尽到和能够尽到的注意，或者行为人采取合理措施仍不能避免事故的发生，从而表明损害是由意外事件而不是当事人的行为所致。

（3）意外事件是偶然事件。

意外事件是偶然发生的事件，不包括第三人的行为。因此，意外事件发生的概率很小，当事人尽到通常的注意是不可预防的。

---

① 参见《国际比较法百科全书》，侵权行为，载《外国民法论文选》，417～418页，中国人民大学教学参考教材，1984。

② 参见杨立新：《民法判解研究与适用》，第1辑，348页，北京，中国检察出版社，1994。

【引例评析】

在本节引例“协商解决未经同意进行录音不构成侵害人身自由权”案中，记者的采访行为无疑是正当的，是对社会有积极意义的。但是他行使请求权没有法律依据。首先，采访权不是私权利，不是民事权利。采访权是新闻自由权的内容，属于公权力的范围，即使是构成对采访权的侵害，也不能认定为侵权行为，无法进行损害赔偿救济。其次，记者在没有经过被采访人同意的情况下，对采访进行录音，没有尊重被采访者的权利，这是不对的。虽然还不能说就是对被采访人权利的侵害，但肯定是不当行为。局长提出洗掉录音，并无不当。在记者不同意洗掉录音的情况下，局长坚持其不能离开，要协商解决问题，其理由也是正当的。这种正当性，其实就是基于自助行为的正当理由。因此，局长的行为并没有侵害记者的人身自由权，不构成侵权行为。法院的判决是正确的。

第二节 侵权责任的诉讼时效

引例 “医疗损害赔偿诉讼时效起算点纠纷”案

2018 年 12 月至 2019 年 2 月，余某辉在林某章诊所治疗皮肤病，由林某章为其配药（药内有地塞米松）、注射。连续注射多天，余某辉的皮肤病仍未好转，浮肿反而日渐严重；停药后，浮肿慢慢消退，但出现腿部疼痛、抽筋等症状。2020 年 10 月 20 日，余某辉右髋骨疼痛难忍，遂去往医院治疗，被诊断为激素性双侧股骨头坏死，两个月后通过手术完成了治疗。余某辉认为其只在林某章诊所注射了大量激素药（地塞米松），其病症与林某章违规超剂量使用地塞米松激素药存在因果关系，便于 2021 年 2 月 6 日向法院起诉，请求林某章赔偿损害。林某章认为，余某辉的起诉已经超过诉讼时效。法院认为，药物造成的人身损害后果，不一定在医疗行为发生后即能发现，往往是逐渐发生发展的，受害人请求损害赔偿的权利的时效应该从损害后果明确后才起算。虽然余某辉是在 2018 年 12 月至 2019 年 2 月间在林某章诊所注射地塞米松激素药物的，但其股骨头出现病变症状到坏死结果的发生是逐渐发展的过程，余某辉在做股骨头坏死手术后的第二个月即提起诉讼，不能认定为超过诉讼时效。

一、侵权责任的诉讼时效的含义

诉讼时效又称为消灭时效，是指权利人在一定期间内不行使权利，即在某种程度上丧失请求利益的时效制度。侵权责任诉讼时效就是这样的消灭时效。

《民法典》第192条规定："诉讼时效期间届满的，义务人可以提出不履行义务的抗辩。""诉讼时效期间届满后，义务人同意履行的，不得以诉讼时效期间届满为由抗辩；义务人已自愿履行的，不得请求返还。"第193条规定："人民法院不得主动适用诉讼时效的规定。"按照这些规定，诉讼时效的适用采当事人主义，而不是法官职权主义。确认诉讼时效期间完成的后果是，义务人享有永久抗辩权，即权利人享有的请求权在诉讼时效期间经过后行使的，义务人有权依据诉讼时效期间已经完成而进行抗辩，就可以直接对抗该请求权，免除自己的责任。如果义务人不主张行使该抗辩权，则法院应当判决义务人承担责任。

二、侵权责任的一般诉讼时效期间

《民法典》规定的一般诉讼时效期间为3年。侵权损害赔偿请求权人在3年内行使该请求权的，侵权人不得对抗。

(一) 侵权责任的一般诉讼时效的计算

侵权责任的一般诉讼时效期间，"自权利人知道或者应当知道权利受到侵害以及义务人之日起计算"。凡是侵权行为造成受害人损害的，都应当自两个要件具备时，开始计算诉讼时效期间：第一，权利人知道或者应当知道权利受到损害；第二，权利人知道或者应当知道义务人。

有关侵权责任的诉讼时效，《民法典》规定了两种特殊的计算方法：一是无民事行为能力人或者限制民事行为能力人对其法定代理人的请求权的诉讼时效期间，自该法定代理终止之日起计算；二是未成年人遭受性侵害的损害赔偿请求权的诉讼时效期间，自受害人年满18周岁之日起计算。注意：对于这两种情况，除了适用自权利人知道或者应当知道权利受到损害和义务人之日起计算的规定之外，还必须适用这两个特别规定。

(二) 诉讼时效的强制性

《民法典》对诉讼时效的规定是强制性规定，任何人不得改变诉讼时效的规定。《民法典》第197条规定："诉讼时效的期间、计算方法以及中止、中断的事由由法律规定，当事人约定无效。""当事人对诉讼时效利益的预先放弃无效。"第1款规定的是诉讼时效的强制性；第2款规定的是不得预先放弃诉讼时效利益，即使约定事先放弃诉讼时效利益，亦为无效，但这并不妨碍在诉讼时效期间完成后，义务人放弃抗辩权。在侵权责任法中，必须按照前述要求适用诉讼时效的规定。

(三) 侵权责任的诉讼时效的中止和中断

1. 诉讼时效中止

在诉讼时效期间的最后六个月内，出现法律规定的障碍，不能行使侵权请求权的，诉讼时效期间中止。当诉讼时效期间中止的法律障碍消除后，自中止时效的原因消除之日起满六个月，诉讼时效期间届满。

诉讼时效中止的事由是：第一，不可抗力；第二，无民事行为能力人或者限制民事行为能力人没有法定代理人，或者法定代理人死亡、丧失民事行为能力、丧失代理权；第三，继承开始后未确定继承人或者遗产管理人；第四，权利人被义务人或者其他人控制；第五，其他导致权利人不能行使请求权的障碍。出现上述法律障碍之一的，诉讼时效中止。

2. 诉讼时效中断

在诉讼时效期间进行之中发生法定事由，诉讼时效中断。诉讼时效中断的法律后果是，从中断、有关程序终结时起，诉讼时效期间重新计算。

诉讼时效中断的法定事由是：第一，权利人向义务人提出履行请求；第二，义务人同意履行义务；第三，权利人提起诉讼或者申请仲裁；第四，与提起诉讼或者申请仲裁具有同等效力的其他情形，如向人民调解委员会提出调解请求等。

三、侵权责任的最长诉讼时效及延长

侵权责任的最长诉讼时效，按照《民法典》的规定是20年。如果受害人不知道自己的权利受到损害的事实，从权利被侵害之日起，受害人在20年内不提出诉讼请求的，人民法院不予保护。

关于侵权责任的最长诉讼时效，侵权特别法也有特殊规定。《产品质量法》第45条第2款规定：“因产品存在缺陷造成损害要求赔偿的请求权，在造成损害的缺陷产品交付最初消费者满十年丧失；但是，尚未超过明示的安全使用期的除外。”按照这一规定，产品侵权责任的最长诉讼时效为10年，不适用20年的最长时效，并且最长诉讼时效期间届满，消灭的是请求权的实体权利，而不是胜诉权。在10年诉讼时效范围内，如果某种产品的安全使用期超过10年的，那么应以该产品的安全使用期的期限计算最长诉讼时效。

《民法典》第188条第2款规定：“但是，自权利受到损害之日起超过二十年的，人民法院不予保护；有特殊情况的，人民法院可以根据权利人的申请决定延长。”这一关于诉讼时效延长的规定，与原《民法通则》第137条的规定并不相同。两相比较，《民法典》增加了“根据权利人的申请”的条件，这意味着，在超过20年的最长诉讼时效之后，如果权利人申请延长诉讼时效，人民法院可以根据特殊情况决定是否延长。按照这样的要求，延长诉讼时效的标准有所降低，适用的可能性大大提高。

【引例评析】

医疗损害赔偿请求权的诉讼时效期间，适用《民法典》第188条的规定，即向人民法院请求保护民事权利的诉讼时效期间为3年。法律另有规定的，依照其规定。诉讼时效期间自权利人知道或者应当知道权利受到损害以及义务人之日起计算。按照这一规定，医疗损害赔偿诉讼时效的计算，不是以“侵权行为出现”作为起点，也不是以“损害事实发生”的时间为起点，而是以“权利人知道或者应当知道权利受到损害”作为起点。在本案中，林某章超剂量使用激素药的行为发生在2018年12月至2019年2月之间，股骨头坏死这一事实则是逐渐发生的；余某辉真正知道自己的权利受到损害，是2020年10月20日被确诊之时；故本案应从余某辉确诊之日即2020年10月20日开始计算诉讼时效，余某辉于2021年2月6日提起诉讼，没有超过法定的诉讼时效期间。

【问题与思考】

1. 如何理解侵权责任的免除事由？侵权责任的免除事由有哪些类型？

2. 结合本章第一节引例“协商解决未经同意进行录音不构成侵害人身自由权”案，你认为局长的行为构成侵权行为吗？为什么？

3. 非法定的免责事由应当如何适用？

4. 侵权责任的诉讼时效有哪些特点？查一下《民法典》，看看对侵权责任的诉讼时效有哪些特殊规定？与原《民法通则》的规定有哪些不同？

第七章 一般侵权责任类型

参考文献

（一）著作

1. 杨立新．侵权责任法．北京：法律出版社，2020：334－362

2. 杨立新．中国侵权责任法研究：第2卷．北京：中国人民大学出版社，2018：3－128

3. 张新宝．侵权责任法原理．北京：中国人民大学出版社，2005：183－218

4. [德] 克雷斯蒂安·冯·巴尔．欧洲比较侵权行为法：上册．张新宝，译．北京：法律出版社，2001：16.

5. 张安民．过错侵权责任制度研究．北京：中国政法大学出版社，2002

（二）论文

1. 王利明．论民事责任的过错原则．法学评论，1983（2）

2. 杨立新．民法典对侵权责任保护范围的准确界定——《民法典》第1164条含义理解的进一步厘清．兰州大学学报（社会科学版），2021（1）

3. 杨立新，李怡雯．债权侵权责任认定中的知悉规则与过错要件——（2017）最高法民终181号民事判决书释评．法律适用，2018（19）

4. 李延书．第三人侵害债权制度浅析．山西省政法管理干部学院学报，2021（3）

参考法规

《民法典》第1165条第1款

第一节 一般侵权责任的主要类型

引例 “在网络BBS上发帖侵害网友名誉权”案

原告张某是一名女青年，网名“红颜静”，主持管理××网站社区的一个文学板块。被告俞某以“大跃进”为网名，在××网站上网活动。某日，张、俞等网友在南京聚会交流，后打牌娱乐到深夜。回家之后，张某打开电脑，发现刚刚还在一起玩的俞某以“大跃进”的网名在公开板块上发出侮辱她的帖子，内容极为低俗。张某当即回帖要求对方不要乱写，侮辱他人。在此后的几个月时间里，“大跃进”在公开板块发表大量帖子，对“红颜静”进行侮辱和诽谤。法庭查证被告的身份和行为属实，认定被告在明知对方网名和真实身份的前提下，在网站的公开板块发帖，对原告进行人格侮辱和诽谤，故侵权事实成立。遂判决被告在网站上向原告赔礼道歉，并支付其精神损害赔偿金。

一、故意或者过失侵害人身权益

（一）故意或者过失侵害人身权益的概念

故意或者过失侵害人身权益的侵权行为类型，是故意或者过失地以生命权、身体权、健康权及物质性人格利益为侵害对象的侵权行为。

（二）故意或者过失侵害人身权益的基本规则

1. 侵害客体包括人身权益

故意或者过失侵害人身的侵权行为侵害的客体，是物质性人格权，即生命权、身体权和健康权人身权益。凡是以这些权利为对象的侵权行为，都是故意或者过失侵害人身的侵权行为。

(1) 侵害生命权、身体权、健康权。

故意或者过失侵害上述权利的侵权行为，可以分为侵害身体、故意或者过失侵害健康权、故意或者过失侵害生命权。

这样区分的意义在于，所有的侵害身体权的侵权行为，都被概括在侵害人身这一种侵权行为当中，除此之外，不再有侵害身体权的侵权行为，即在其他任何类型的侵权行为中，都没有侵害身体权的侵权行为。侵害生命权、健康权的侵权行为不一定都是故意或者过失侵害人身的侵权行为，因为在后文阐释的各种不同的侵权行为类型中，都有可能存在侵害生命权和健康权的行为。这种侵权行为类型主要是指具有明确的故意，或者纯粹的过失，造成侵害生命权或者健康权的侵权行为。

(2) 侵害物质性人格利益。

在侵害人身的侵权行为中，还包括侵害胎儿和侵害死者遗体的侵权行为，其侵害的客体是物质性人格利益。前者是人出生之前的形态，虽然他还没有完整的人格，但是他作为一个人的基本形态已经具备，享有完整的人格只是时间的问题。因此，胎儿的身体、健康利益受到损害的，应当受到侵权责任法的保护。人死亡之后，其物质性人格利益也受到保护，这就是对尸体的保护。对这两种物质性人格利益的保护，就是通常所说的对人身权的延伸保护。[①]

2. 责任承担方式主要是人身损害赔偿

故意或者过失侵害人身的侵权行为的损害赔偿责任，是赔偿所造成的财产损失，诸如医药费、误工费、丧葬费等；同时还要赔偿精神损害抚慰金。

(三) 故意或者过失侵害人身的侵权行为的具体形式

1. 侵害身体

侵害身体的行为是侵害他人身体权，破坏身体组成部分完整性的侵权行为。

中国传统习惯对身体权不够重视，在法律上也不够重视。长期以来，人们对一般的身体接触行为，并不认为是对身体权的侵害。即使身体权遭受了损害，人们一般也不会请求损害赔偿，法院一般也不支持其损害赔偿的请求。这并不是说明中国人不需要保护身体权，反而说明对身体权的保护有必要进一步加强。

侵害身体权的责任实行过错责任原则。无过错责任原则不适用于侵害身体权行为。

构成侵害身体的侵权责任，应当有侵害身体权的违法行为，行为的方式主要是作为的方式，如殴打、非法搜查、侵扰等，均为作为的方式。当行为人对他人负有特殊的作为要求时，不作为也可以构成侵害身体权。确认侵害身体权的损害事实，最重要的是将其与侵害健康权的损害事实区分开。其标准在于，侵害身体权的损害事实，必须是对身体构成的完整性、完全性的损害，而对于身体机能运作的正常性以及其整体功能的完善性没有明显的影响。于侵害身体权的责任，故意、过失均可构成。在非法搜查、侵扰、殴打等行为中，行为人的过错应为故意，违反法定作为义务的不作为造成身体损害或不当外科手术造成身体损害的，由过失构成。

---

① 参见杨立新：《人身权的延伸法律保护》，载《法学研究》，1995 (3)。

侵害身体是对自然人之身体完整性的侵害，包括对形式上的完整性的破坏和实质上的完整性的破坏。对身体组成部分实质上完整性的破坏，造成身体组成部分的残缺，如强制性剪掉他人的毛发，对他人进行强制性抽血，是侵害身体权等。对身体组成部分形式上完整性的侵害，是对身体的冒犯，也构成侵害身体权的侵权行为。

【典型案例】

汪某到深圳市打工，到一家医院拔掉三颗槽牙。3个月后，汪某感觉自己的右脸小了一点，怀疑为拔牙所致。四年后，汪某发现自己的右脸越来越凹陷下去，变得丑陋。某大学附属医院神经科经过鉴定，认为属于右口轮匝肌神经性损害。汪某起诉后，法院建议撤诉并重新鉴定。上海市某医院经检验，认为可以考虑起始原因为：局部麻醉、拔牙所造成的后遗症。这是对身体权进行侵害的侵权行为。

构成侵害身体权的，应当承担赔礼道歉、停止侵害、赔偿损失等责任；造成精神损害的，受害人有权请求精神损害抚慰金。

2. 故意或者过失侵害健康权

很多类型的侵权行为都可以构成对健康权的损害。故意或者过失侵害健康权，单指行为人实施侵害行为的对象是他人健康权。

构成故意或者过失侵害健康权的侵权责任的要件是：首先，要有侵害健康权的违法行为。侵害健康权的行为主要采作为方式，行为人违反了保护他人健康权的不作为义务，通过积极的行为而致他人健康以损害。当然，采不作为方式也可以侵害健康权。其次，要有侵害健康权的损害事实。其包括三个层次：一是健康受损的事实。这表现为自然人维持人体生命活动的生理机能正常运作和功能完善发挥受到损害，因而生理机能不能正常运作，功能不能完善发挥，包括器质性的损害和功能性损害。二是健康受损导致受害人财产利益的损失，包括受害人因医治伤害、恢复健康所支出的费用，以及因健康受损而致的其他财产损失。三是精神痛苦的损害。这种损害难以用金钱计算，但予以金钱上的适当赔偿，可以抚慰受害人的感情，平复其精神创伤。健康损害分为一般伤害和劳动能力丧失。对一般伤害的赔偿按照常规赔偿进行；对丧失劳动能力的赔偿则在常规赔偿的基础上，还要赔偿受害人的残疾赔偿金等。再次，确定侵害健康权的违法行为与损害事实之间的因果关系，应依相当因果关系学说判断。最后，加害人在主观上，故意、过失均可。

故意或者过失侵害他人健康权分为两种基本类型：一是造成一般伤害。受害人所受伤害经过治疗痊愈，受害人恢复健康，没有丧失劳动能力。二是造成劳动能力丧失。受害人的健康权受到侵害，造成残废，受害人丧失了劳动能力。这两种侵权行为都是侵害健康权的行为，只是后果不一样（造成伤害或者造成残疾），承担的责任也不同。

侵害他人健康权的，首先应当承担赔偿财产损失的责任，同时，受害人也有权请求精神损害抚慰金的赔偿。

侵害未成年人的健康权，造成残疾或者其他严重后果，对受害人终身发生严重影响的，更应当予以严密保护，以补偿其长期受到的损害和痛苦。

3. 故意或者过失侵害生命权

生命权是以自然人的生命安全利益为内容的权利①，是自然人的最高人格利益，法律必须严密保护。凡是故意或者过失侵害生命权的，都构成侵权行为，行为人应当承担侵权责任。

构成侵害生命权的侵权责任，必须具有侵害生命权的损害事实，这通常包括三个层次：一是生命丧失的事实。民法上所说的侵害生命权，其意义较刑法上杀人的意义为广，乃指导致自然人死亡的一切违法行为。② 因而侵害生命权的最基本的损害事实，就是生命丧失。二是生命丧失导致死者近亲属财产损失的事实，包括死者近亲属为抢救受害人而支出的费用，如医疗费、护理费、车船费、住宿费等，也包括死者近亲属为安葬而支出的丧葬费。三是死者近亲属的精神痛苦损害。

侵害生命权的违法行为，包括作为和不作为：违反不作为义务致他人死亡的，是侵害生命权的违法行为；违反作为义务，以不作为的方式致人死亡，亦为侵害生命权的侵权行为。侵害生命权的违法行为与生命丧失的损害事实之间，须有因果关系。其中，判断因果关系的标准为相当因果关系，即依通常的社会经验和智识水平予以判断，并非要求必然因果关系的存在。侵害生命权对过错并无特殊要求，故意、过失均可。

故意侵害生命权，是故意剥夺他人生命的行为，是犯罪行为。对故意杀人行为站在侵权责任法的立场上观察，多数是刑事附带民事损害赔偿问题，杀人者要承担民事责任。如果杀人者是无刑事责任能力的未成年人，或者是无民事行为能力的精神病人或者是老年人，因为其不能负刑事责任，因而就是纯粹的民事侵权行为，引发法定代理人的侵权责任，要由其法定代理人承担民事责任。未尽必要注意义务，造成了剥夺他人生命权的后果的，构成过失侵害生命权的侵权行为。

侵害生命权行为的责任承担形式是损害赔偿，包括赔偿财产上的损失和精神上的损害。受害死者的近亲属有权请求上述赔偿。至于侵害生命权的损害赔偿究竟是怎样产生的，有不同的主张，如"民事权利能力转化说""加害人赔偿义务说""同一人格代位说""间隙取得请求权说"等。我们认为，但"双重受害人说"更为贴切，即在侵害生命权的场合，实际上有两个受害人，而且都是直接受害人：生命权丧失之人是一个直接受害人，是生命权受到损害的人；另外的直接受害人则是因为近亲属的死亡而损失财产和造成精神利益损害的人，因侵害生命权而损失财产和造成精神利益损害的受害人，也是直接受害人，有权直接请求损害赔偿。《民法典》采取双重受害人的立场，第1181条规定："被侵权人死亡的，其近亲属有权请求侵权人承担侵权责任"，"被侵权人死亡的，支付被侵权人医疗费、丧葬费等合理费用的人有权请求侵权人赔偿费用，但侵权人已支付该费用的除外。"

4. 侵害胎儿的人身利益

对于侵害胎儿的人身利益的侵权行为，加害人应当承担侵权责任。

侵害胎儿人身利益的侵权行为有两种形式：一是直接侵害胎儿人身。行为人的行为直接指向胎儿的身体健康，意图造成胎儿的健康受损。这种侵权行为较为少见。二是间接侵

① 参见史尚宽：《债法总论》，140页，台北，荣泰印书馆，1978。

② 参见龙显铭：《私法上人格权之保护》，43页，北京，中华书局，1948。

害胎儿人身。行为人的行为侵害了孕妇的身体健康，作为后果，造成了胎儿的身体健康受损。有人认为我国侵权责任法没有规定对胎儿人格利益的保护，这是不对的。《民法典》第16条规定保护胎儿利益。

确定侵害胎儿人身利益的侵权责任的基本规则是：第一，胎儿在母体中人身利益受到损害的，胎儿出生后，有权请求侵权人承担赔偿损失的责任；第二，胎儿出生后死亡的，其人身利益受损的赔偿请求权由其法定代理人享有，其法定代理人有权向行为人请求损害赔偿；第三，胎儿人身利益受损的诉讼时效，应当从其损害发现之日起计算，而不是从其出生之时起计算；第四，如果侵权行为使胎儿流产，即孕妇受到侵害后娩出的是死胎的，则不认为是侵害了胎儿的身体健康，而是侵害了孕妇的身体健康，由其行使损害赔偿请求权。

5. 侵害尸体

死者的遗体、遗骨，骨灰和埋葬遗体及骨灰的墓葬，都受到法律保护，禁止进行非法侵害。凡是故意、过失侵害死者的遗体、遗骨或者墓葬的行为，都是侵权行为。例如，非法利用尸体（死胎）、非法损害尸体、非法陈列尸体、殡仪馆对尸体进行不法处理等行为，都属于侵害尸体的行为。对骨灰、墓葬的侵害，既是对死者人格利益的侵害，也是对死者近亲属祭祀权或者管理权的侵害。

二、故意或者过失侵害人格

（一）故意或者过失侵害人格的概念界定

故意或者过失侵害一般人格权和精神性人格权及利益的行为，构成故意或者过失侵害人格的侵权行为。

（二）故意或者过失侵害人格的基本规则

1. 侵害的客体是一般人格权和精神性人格权以及其他人格利益

这种侵权行为所侵害的客体，包括人身自由权、性自主权、姓名权、名称权、肖像权、声音权、名誉权、信用权、荣誉权、隐私权、个人信息权、一般人格权。这些权利都是精神性人格权，可以分为：标表型人格权，如姓名权、名称权、肖像权、声音权；评价型人格权，如名誉权、信用权和荣誉权；其他人格权，如人身自由权、性自主权、隐私权、个人信息权；一般人格权，即人格尊严和其他人格利益。此外，对于死者的人格利益，《民法典》也予以保护，保护的是死者的姓名、肖像、名誉、荣誉和隐私利益。

2. 适用过错责任原则

凡是故意或者过失侵害人格的侵权行为，都适用过错责任原则，不适用过错推定原则，也不适用无过错责任原则。例外的是，依照《个人信息保护法》第69条第1款的规定，个人信息处理者侵害个人信息权的损害赔偿责任，适用过错推定原则。

3. 侵权行为造成的损害事实是精神利益的损害

应当明确：故意或者过失侵害人格的侵权行为的精神损害赔偿，赔偿的是对这些人格利益中精神利益的损害，而不是一般的精神痛苦。只要是构成这类侵权责任，就应当考虑责令侵权人承担精神损害赔偿责任。同时，也可能造成财产上的损害，这也是损害事实的内容。

4. 基本的救济手段是精神损害赔偿

对故意或者过失侵害人格的基本救济手段是精神损害赔偿，辅之以停止侵害、赔礼道歉、消除影响、恢复名誉等非财产性的人格权请求权的方法。应当根据具体的情况决定适用何种人格权请求权的方法。造成财产利益损害的，应当赔偿财产损失。

(三) 故意或者过失侵害人格的具体形式

1. 侵害姓名权

采取盗用、假冒、非法干涉、不当使用等方式，侵害他人姓名权的，构成侵权行为。侵害姓名权的主要方式是盗用和假冒，此外非法干涉、不当使用他人姓名的，也构成侵权行为。

侵害姓名权的违法行为一般由作为的方式构成，如盗用、冒用、干涉姓名的行为，均须以作为的方式进行，不作为不构成此种侵权行为。以不作为方式侵害姓名权，只存在于应使用而不使用他人姓名的场合。侵害姓名权的损害事实，以盗用、冒用他人姓名，干涉他人行使姓名权，不使用他人姓名的客观事实为已足，不必具备特别的损害事实。由于侵害姓名权的违法行为和损害事实合一化的特点，对二者之间的因果关系无须加以特别证明。侵害姓名权的过错应为故意，在一般情况下，具有过失不构成侵害姓名权。

侵害姓名权承担责任的方式，是赔偿权利人的精神利益损害和财产利益损害。

主要的侵害姓名权侵权行为是以下几种。

(1) 应当使用而不使用他人姓名。

姓名是正当的指示手段，指明某人时，应使用其姓名。① 应当使用他人姓名而不予使用，为侵权行为。如使用他人作品时，未标表作者姓名，或者标表有误②，而不能认为是原作者的作品的；指明某人时，应使用其姓名，否则其之姓名权即受侵害③；不称呼他人姓名而代以谐音，因不使用而侵害他人姓名权。④

(2) 干涉行使姓名权。

干涉命名权，指干涉自然人为自己命名权利的行使，表现为不准某自然人使用其姓名，或者强迫某自然人使用某姓名。干涉改名权，指强迫自然人变更姓名，或者强迫自然人不得变更姓名，为侵权行为。

(3) 盗用他人姓名。

盗用他人姓名，为未经本人同意，擅自使用该人的名义从事不利于该人的行为。

(4) 假冒他人姓名。

假冒他人姓名，不仅指未经姓名权人的同意而使用其姓名，而且指冒充该姓名权人的名义从事民事活动。假冒他人姓名就是冒名顶替，使用他人姓名并冒充该人，实施民事活

---

① 参见何孝元：《损害赔偿之研究》，152 页，台北，“商务印书馆”，1982。

② 参见张俊浩主编：《民法学原理》，148 页，北京，中国政法大学出版社，1991。

③ 参见龙显铭：《私法上人格权之保护》，89 页，北京，中华书局，1948。

④ 参见何孝元：《损害赔偿之研究》，152 页，台北，“商务印书馆”，1982。

动或其他行为。

（5）故意混同他人姓名。

故意利用自己的姓名与他人的姓名相同或相近的特点，冒充他人进行民事活动，为故意混同他人姓名的侵权行为。姓名的平行是重名，不构成侵害姓名权；姓名的混同，则构成侵害姓名权。这两种行为的区别在于：前者不是故意而为的，后者是故意而为的；前者没有侵权目的，后者总有一定的侵权目的。

2. 侵害名称权

采取盗用、假冒、非法干涉、不当使用等方式侵害他人名称权的，构成侵害名称权的侵权行为。侵害名称权的主要方式是盗用和假冒，凡是盗用、假冒他人名称的，都构成侵权行为。非法干涉、不当使用他人名称的，也构成侵权行为。

侵害名称权赔偿责任的构成，仍须具备侵权责任的一般构成要件，即具备侵害名称权的违法行为、名称权受有损害的客观事实、该违法行为与损害结果有因果关系、主观上的过错这四个要件。

对于名称权侧重的是保护名称权中的经济利益，着重适用损害赔偿的方式进行保护。在确定侵害名称权的赔偿范围时，应当特别注意侵害名称权而获得利益的情形。这种获利是由名称权的人格利益所转化的财产利益，应当归属于权利人，权利人有权在侵权人获利范围内请求赔偿损失。

（1）干涉名称权行使。

干涉名称权的行使，是指干涉他人依法选择名称、使用名称、变更名称、转让名称的侵权行为。例如，禁止他人变更名称，禁止他人使用某种名称，强迫他人使用某种名称，都是侵害名称权的行为，行为人应当承担侵权责任。

（2）盗用、冒用他人名称。

盗用他人名称和冒用他人名称，都是侵害名称权的行为。盗用名称是未经名称权人同意，擅自使用他人的名称的行为。冒用名称是未经名称权人同意，不仅使用他人名称，而且还冒名顶替，进行民事活动和行为。盗用和冒用他人名称，都是非法使用他人名称，为侵权行为。其区别在于，前者仅仅是使用他人的名称，后者则不仅使用他人名称，而且还冒充他人进行民事行为。

（3）名称混同。

在名称登记范围内，同行业的营业不得以不正当竞争为目的而使用与已登记名称相似、易于为人误认的名称。此种行为为名称的混同，也是非法侵害他人名称权的侵权行为。

（4）违反约定使用他人名称。

名称权可以转让：一种是使用权部分让与，另一种是名称权全部出让。违反约定使用他人名称的行为，分为三种形式：一是部分转让名称使用权，超出使用范围而使用的，为侵权行为；二是部分转让名称使用权，受让人将已取得的名称使用权擅自转让他人使用的，也是侵权行为；三是权利人全部出让自己的名称权之后，仍然继续使用，构成对新的权利人的名称权侵害的，为侵权行为。

（5）应当使用而不使用他人名称。

应当使用他人名称而不使用他人的名称，也构成对名称权的侵害。

3. 侵害肖像权

侵权肖像权，是指未经肖像权人同意，擅自制作、复制、使用、销售、毁损他人肖像的侵权行为。凡是符合这样要求的非法使用他人肖像的行为，都构成侵害肖像权的侵权行为。

侵害肖像权责任的构成要件是：首先，须有肖像使用行为。就他人的肖像为公布、陈列、复制、利用或者进行商业化开发的，都属于肖像使用行为。其次，须未经肖像权人同意而使用。肖像的使用应有双方当事人之间的协议，依照协议约定的范围而使用，未经同意。破坏了肖像权的专有性，具有违法性。最后，须无阻却违法事由。虽然未经本人同意而使用他人肖像，但如果有阻却违法事由，则该使用行为为合法。具备这三个要件，构成侵害肖像权。

侵害肖像权责任的承担方式是赔偿损失，是用赔偿的方式，补偿肖像权人的精神利益损害。在确定侵害肖像权的赔偿范围时，应当特别注意侵害肖像权而获得利益的情形。这种获利是由肖像权的人格利益所转化的财产利益，应当归属于肖像权人，肖像权人有权在侵权人获利范围内请求赔偿损失。

侵害肖像权的免责事由有：一是为了新闻和舆论监督的需要而确有必要使用；二是以社会公共利益为目的使用公众人物的肖像；三是国家机关为执行公务确有必要而强制使用；四是为了本人的利益而确有必要使用；五是在诉讼过程中当事人在举证中涉及有关自然人的肖像；六是其他以社会公共利益为目的而确有必要使用自然人的肖像的。

主要的侵害肖像权侵权行为是以下几种。

(1) 未经同意而使用他人肖像。

凡是未经本人同意而使用他人肖像的，无论具有营利目的还是没有营利目的，都构成侵权责任。这种使用是广义的，包括一切形式的使用，如非法复制、非法传播、非法利用等，都构成使用。即使依约定，肖像使用人有权使用权利人的肖像，但如果超出约定的使用范围而使用，亦为侵权行为。

(2) 毁损他人肖像。

故意毁损他人肖像，构成对他人肖像权的侵害，行为人应当承担侵权责任。过失造成肖像毁损的，不构成侵害肖像权，可能构成侵害财产权。

(3) 非法转让取得的他人肖像使用权。

经过约定取得权利人的肖像使用权，在约定的使用范围内的使用，是合法行为；但未经权利人本人同意，使用权人擅自转让取得的该肖像使用权，构成对肖像权的侵害，该使用权人应当承担侵权责任。

(4) 对人体模特肖像权的侵害。

自然人接受作人体模特的邀请，同意为他人的文艺创作当模特，视为放弃以其人体形象制作的作品的肖像权。创作的艺术家以艺术的目的而使用该作品的，不应认为侵害肖像权。如果另有约定，应当按照约定的范围使用该作品；超出范围而使用该作品的，构成侵权。

4. 侵害声音权

侵权声音权，是指未经本人同意，擅自录制、复制、使用、销售他人声音的侵权行为。凡是符合这样要求的非法使用他人声音的行为，都构成侵害声音权的行为。

侵害声音权责任的构成要件是：首先，须有声音使用行为。其次，须未经声音权人同意而使用。最后，须无阻却违法事由而使用。具备这三个要件，构成侵害声音权。

侵害声音权的侵权行为主要是以下几种。

(1) 歪曲他人声音。

歪曲他人的声音，对声音权人的人格尊严造成损害。这种侵权行为必须具备一般侵权行为的构成要件，主观上须有故意或者重大过失。一般过失造成他人声音利益损害的，应该属于可容忍的范畴。

(2) 偷录他人声音。

未经允许私自录制他人声音和偷拍他人肖像具有同样的性质。未经同意，不得私自录制他人的声音，但是法律另有规定的除外。

(3) 剪接他人声音。

未经允许录制他人声音，或者即使经过允许录制他人声音，但是，不按照约定的目的使用，任意剪接录音记录的，为侵犯他人声音权的行为。

(4) 模仿他人声音。

模仿他人声音类似于恶意混同他人姓名。

【典型案例】

原告是荷兰一家电视台因引人注目的外表、声音和语言风格而著名的娱乐节目主持人，曾经为被告的饮料产品多次说过广告词，但后来拒绝继续为该公司服务后，市场上又出现了模仿他声音的广告词。但是，他的诉讼请求被法院驳回了，理由是该广告使用的不是此主持人的惯用语。①

该判决值得商榷。事实上，对谈话内容的保护和对声音的保护是两回事，尽管后来的模仿者没有使用与该主持人相同的惯用语，但是，该主持人以前已经多次为该公司做广告和声音相似的双重事实，可以使不明真相的人误以为仍然是该主持人为该公司做广告，能够造成声音同一性的混淆。该判决仅仅以没有使用该主持人的惯用语而拒绝对其进行救济的做法不合理，该判决仅注重了谈话内容，而没有考虑声音权保护的恰恰是形式。

(5) 公开他人声音。

未经他人允许录制他人声音，并将录音擅自公开的，或者虽然经过他人允许录制，但是未经过他人允许公开而擅自公开的，构成侵害声音权。

(6) 失真处理不当。

声音是一个人的身份标识，其在一定程度上表明了主体的存在，因此恶意对他人的声音进行失真处理会对他人的人格尊严造成伤害。同时，应当作失真处理而未作失真处理的，也构成对他人声音权的侵害。②

---

① 参见［德］克里斯蒂安·冯·巴尔：《欧洲比较侵权行为法》，下卷，焦美华译，张新宝校，113页，脚注534，北京，法律出版社，2001。

② 相关荷兰案例参见［德］克里斯蒂安·冯·巴尔：《欧洲比较侵权行为法》，下卷，焦美华译，张新宝校，127页，北京，法律出版社，2001。

5. 侵害名誉权

名誉是对特定民事主体的综合才能的客观综合评价。名誉是客观评价，不是主观名誉。主观名誉也被称为名誉感，是民事主体对自己名誉的感受。名誉权只保护客观名誉，不保护主观名誉。行为人实施的违法行为致使民事主体的客观名誉受到损害的，构成侵害名誉权。[①]

衡量名誉权受到损害的标准，是行为人基于故意或者过失，将侮辱、诽谤的言辞或者行为予以公布，为第三人所知悉。

认定侵害名誉权应当特别注意以下几个问题：第一，侵害名誉权的方式，主要是侮辱、诽谤以及其他侵害名誉权的方式。第二，侵权责任构成要件：一是存在关于他人的虚伪不实并具诽谤性、侮辱性的陈述或者行为；二是将上述陈述或者行为向第三人进行公布，使第三人知悉；三是行为人具有故意或者过失。第三，侵权责任承担方式是精神损害赔偿。第四，受害主体的范围，包括自然人、法人和非法人组织。侵害法人或者非法人组织名誉权者，也应当承担侵权责任。第五，侵害名誉权的免责事由：自然人依法向国家机关工作人员提出批评和建议，各级人大代表、政协委员在各种会议上的发言，有关党政机关依据职权对自己管理的干部职工作出的与其工作有关的评价，正当的舆论监督，以及其他履行法律或道德上义务的行为等。

主要的侵害名誉权行为是以下几种。

（1）诽谤。

诽谤指的是把某种事实归罪于某人的詈骂。对自然人进行诽谤一般表现为：出于妒忌或报复而捏造并散布有损他人名誉的虚假事实；在新闻报道中捏造有损他人名誉的虚假事实；在文学作品中编造损害他人名誉的虚假情节等。对法人、非法人组织进行诽谤一般表现为：捏造并散布有损法人、非法人组织名誉的虚假事实；侵权人以公函或广告虚构事实，诽谤法人、非法人组织的声誉，在电视、广播、报纸等新闻媒介的报道中虚构事实，损害法人、非法人组织名声等。诽谤的内容，包括一切有损于他人名誉的言论和事实，如诬蔑他人犯罪、品德不良、素质/能力不高、企业形象不佳等。判断的标准是，某种言论如果经社会中具有正常思维能力的成员判断，认为有损于他人的名誉，该言论即为诽谤。至于诽谤的范围，无须有较大范围的散布，以第三人知悉为最低限度。

（2）侮辱。

侮辱是谴责某种缺陷或者一般的侮辱性语言，使对方名誉受到损害，蒙受耻辱。侮辱既可以以行为方式进行，也可以以语言方式进行。侮辱以语言方式进行时，侮辱与诽谤之间的区别是，诽谤的言辞是无中生有，“无事生非”；而侮辱则是将现有的缺陷或其他有损于人的社会评价的事实扩散、传播出去，以诋毁他人的名誉，让其蒙受耻辱，因此侮辱可以被称为“以事生非”的言辞或者行为。

（3）过失侵害名誉权。

没有诽谤、侮辱的故意，而是由于没有尽到应尽的注意义务而损害他人名誉的，也构成侵害名誉权。

---

① 对于主观名誉即名誉感的侵害，如果损害严重，应当认定为侵害其他人格利益，可以按照一般人格权的保护方法进行保护。

(4) 其他侵害名誉权的行为。

行为人虽然没有指名道姓地实施侮辱、诽谤行为，但通过其动作、行为或语言内容等，能够使社会一般人认定其指向某特定人，从而使该特定人的名誉受到损害的，应当认定该行为为侵害名誉权的侵权行为，行为人须承担民事责任。

6. 侵害信用权

信用权是民事主体就其所具有的经济能力在社会上获得的相应信赖与评价所享有的保有和维护的人格权。

我国对信用权的保护采用间接保护的方式，对构成侵害信用权的行为认定为侵害名誉权，用保护名誉权的方式保护信用权。《反不正当竞争法》第 14 条规定了“经营者不得捏造、散布虚伪事实，损害竞争对手的商业信誉、商品声誉”的内容，包括了信用权的内容。但是，在理论上和实务中并没有确立信用权的独立地位，还是采用对名誉权的保护方法保护信用权。《民法典》第 1024 条将信用包含在名誉之中，一体保护。

侵害信用权的违法行为，首先必须具备有损他人信用的内容，包括对主体的经济实力、履约能力和态度、产品质量、经营现状、销售状况等经济能力的贬损、误导，以及施加其他不当影响的事实。侵害信用权的损害事实，是侵权行为作用于社会，而导致公众对特定主体经济能力的信赖毁损和社会经济评价的降低，以及由此而造成的财产利益损失。侵害信用权的因果关系较易判断。侵害信用权的主观过错形态不限于故意，不论行为人主张或散布有损他人信用的事实是出于故意，还是出于过失，均可构成对信用权的侵害。①

主要的侵害信用权的侵权行为是以下几种。

(1) 主张不真实信息侵害信用权。

主张不真实信息侵害信用权的行为，一般表现为作为的方式，以捏造、传播、转述流言为主要形式。主张或散布的事实应当是不真实的事实，包括绝对不真实的事实和相对不真实的事实。前者包括故意虚构的事实、自认为真实但却不真实的事实、轻信他人主张的不真实事实；后者中以行为人所述事实为真实，但对其实质内容未作详细说明，或对事实未作全面报道。②

(2) 影射、攻击他人信用。

影射、攻击他人信用，构成侵害信用权。贬损经营者的经济能力，造成公众对经营者之信赖的损害，就是对信用的损害，损害了信用权人的社会经济评价，构成侵权。

(3) 不作为侵害信用权。

当行为人负有特定的作为义务时，不作为亦可构成侵害信用权。《消费者权益保护法》第 20 条规定：“经营者向消费者提供有关商品或者服务质量、性能、用途、有效期限等信息，应当真实、全面，不得作虚假或者引人误解的虚假宣传。”“经营者对消费者就其提供的商品或者服务的质量和使用方法等问题提出的询问，应当作出真实、明确的答复。”这种答复和提供信息的义务，就是法定的作为义务。违反这种义务，没有对商品、服务的信息作真实的提供，甚至作出引人误解的虚假宣称，造成他人信用损害的，即为不作为的侵

① 参见王利明主编：《民法・侵权行为法》，301 页，北京，中国人民大学出版社，1993。

② 参见王利明主编：《民法・侵权行为法》，301 页，北京，中国人民大学出版社，1993。

害行为。

7. 侵害荣誉权

荣誉权是权利人对于取得的荣誉保有和维护的权利。非法剥夺、毁损、玷污他人荣誉的，属于侵害荣誉权的行为。扣押、侵夺他人获得的荣誉中的财产的，同样构成侵权行为。

侵害荣誉权的违法行为，是行为人对荣誉权人的荣誉及其利益造成损害的作为和不作为。侵害荣誉权的损害事实，是违法行为侵害荣誉权，造成荣誉的损害和荣誉精神利益、财产利益的损害。荣誉的损害往往伴随着财产利益的损失，如荣誉权中的物质利益获得权和支配权受到损害。侵害荣誉权的因果关系要件，要求侵害荣誉权的损害事实必须是由侵害荣誉权的违法行为所引起的。至于侵害荣誉权的过错要件，故意、过失均可构成。

在侵害荣誉权的侵权行为中，有一种特别的情况，那就是对荣誉权中的财产利益的损害，也就是加害人实施侵害荣誉权中的物质利益获得权和既得权的行为，造成了受害人荣誉权中附带的财产利益的损害。对此，行为人应当在承担精神损害赔偿的责任之外，还要承担财产利益损失的赔偿责任。

主要的侵权荣誉权的侵权行为是以下几种。

（1）非法剥夺他人荣誉。

非法剥夺他人荣誉，是指未经合法程序，取消他人的荣誉，或者非法宣告取消他人的荣誉。这种剥夺，可能出现剥夺的后果，也可能没有出现剥夺的后果。不论是否出现荣誉被剥夺的后果，凡是非法剥夺他人荣誉的行为，都构成侵害荣誉权。

（2）非法侵占他人荣誉。

对于他人获得的荣誉，行为人以非法手段窃取，或者强占，或者冒领，或者非法侵占的行为，都是侵害他人荣誉权的行为。这些行为既可以机关、组织为主体，也可以自然人为主体，加害人大致要和荣誉权人有一定的关联。

（3）诋毁他人荣誉。

严重诋毁他人所获得的荣誉，以及严重侵害荣誉权人的精神利益的行为，都构成侵害荣誉权行为。例如，对他人获得的荣誉心怀妒忌，趁机报复，向授予机关或组织诬告，诋毁荣誉权人，造成严重后果的，构成侵害荣誉权。①

（4）剥夺、侵害荣誉财产。

对于荣誉权人附随享有的物质利益，颁奖单位、授予荣誉的机关或组织如果将其扣发、挪作他用、少发等，都是对荣誉权人物质利益获得权的侵害，构成侵权责任。对于权利人因获得荣誉而得到的物质利益实施侵害，同样构成侵害荣誉权。这种侵权行为应当具有侵害荣誉权的故意；过失侵害这些物品，如不知是奖品而破坏、侵占等，则为侵害财产权的行为。

8. 侵害隐私权

采取披露、宣扬、窥视、窃听、偷拍等方式，破坏他人生活安宁，侵入他人私人空间、侵害私人活动或者侵害私人信息的行为，都是侵害隐私权的行为。侵害隐私权责任的

---

① 参见杨立新：《精神损害赔偿疑难问题》，209页，长春，吉林人民出版社，1991。

构成，必须具备侵权责任构成的一般要件，即须具备违法行为、损害事实、因果关系和过错四个要件；适用的归责原则是过错责任原则，不适用无过错责任原则。首先，应当具备侵害隐私权的违法行为要件。侵害隐私权的行为一般是作为的方式，且须具备违法性。其次，损害事实表现为隐私被刺探、活动被监视、空间被侵入、资讯被公布、私生活被搅扰、行为被干预，等等。再次，侵害隐私权的因果关系，是指侵害隐私违法行为与隐私损害事实之间的引起与被引起的关系。这种因果关系之所以容易被判断，是因为侵害隐私权的行为与隐私损害事实的直接关联性，行为直接导致后果事实的出现。最后，侵害隐私权的行为人在主观上须具备过错。无过错不构成此种责任。

主要的侵害隐私权的侵权行为是以下几种。

（1）侵害私人生活安宁。

私人生活安宁是隐私的主要内容，也是自然人生活的必然要求。以电话、短信、即时通讯工具、电子邮件、传单等方式侵扰他人的私人生活安宁，均构成侵害私人生活安宁。

（2）侵害私密空间。

私密空间分为具体空间和抽象空间。具体空间为自然人独处的、不让他人进入或者他人不便进入的空间，如卧室、居室、抽屉、手包等。侵入这些私人空间，构成对具体空间的侵害。抽象空间为日记，是思想空间，也是不得私自侵入的领域。进入、拍摄、窥伺他人的住宅、宾馆房间等私密空间的，均构成侵害隐私权。

（3）侵害私密活动。

私密活动只要与公共利益没有关系，隐私权都应予以保护。拍摄、窥视、窃听、公开他人的私密活动，造成损害的，均构成对隐私权的侵害。

（4）侵害身体私密部位。

自然人的身体私密部位，是人体隐私，不得侵害。拍摄、窥视他人身体的私密部位的，构成侵害隐私权。

（5）处理他人的私密信息。

私密信息，是自然人的重要隐私，为隐私权着重保护。侵害他人的隐私信息，无论是采取何种形式，凡是刺探、宣扬、泄露私人隐私信息，造成损害的，都构成对隐私权的侵害。

（6）以其他方式侵害他人的隐私权。

以其他方式侵害他人隐私权的行为，包括没有列举的其他侵害隐私权的行为。

9. 侵害个人信息权

《民法典》第111条特别规定："自然人的个人信息受法律保护。任何组织和个人需要获取他人个人信息的，应当依法取得并确保信息安全，不得非法收集、使用、加工、传输他人个人信息，不得非法买卖、提供或者公开他人个人信息。"《个人信息保护法》专门规定了个人信息处理者侵害个人信息权益的侵权行为。

按照上述法律规定，个人信息权是绝对权，保护的权利客体是个人身份信息。个人信息权的义务主体，分为一般义务主体和特殊义务主体。一般义务主体对个人信息权负有一般的不可侵义务，只要不侵害他人个人身份信息，就履行了义务。个人信息权的特殊义务主体，是有权收集他人个人身份信息的主体，即需要获取他人个人信息的人。特殊义务主体对个人信息权负有特别保护义务，即依法取得并确保信息安全的义务。凡是非法收集、使用、加工、传输他人个人信息，非法买卖、提供或者公开他人个人信息的行为，都是侵害个人信息权的侵权行为，行为人应当依法承担侵权责任。

应当特别加以区别的是隐私权和个人信息权的保护范围。隐私权保护的个人信息是个人隐私信息，个人信息权保护的个人信息是个人身份信息。因此，侵犯个人隐私信息的行为，是侵害隐私权；侵害个人身份信息的行为是侵害个人信息权。

目前在理论上争议比较大的，是关于被遗忘权的保护问题。被遗忘权是指信息主体对已经发布在网络上的有关自身的不恰当的、过时的、继续保留会导致其社会评价降低的信息，要求信息控制者予以删除的权利。① 实际上，被遗忘权就是网络信息删除权，不过，这种删除权不是《民法典》第1195条规定的侵权信息的删除权，而是对已经发布在网络上的有关自身的不恰当的、过时的、继续保留会导致其社会评价降低的信息的删除权。在网站上出现上述个人信息，权利人主张删除，网络服务提供者拒绝删除的，就构成侵害被遗忘权。被遗忘权是个人信息权的内容，在司法实践中，规定在《个人信息保护法》第47条第1款中，对于侵害被遗忘权的侵权行为，个人信息处理者应当依照《个人信息保护法》第69条和《民法典》第1183条的规定确定侵权责任；非个人信息处理者适用《民法典》第1165条确定侵权责任。②

10. 侵害性自主权

侵害自然人的性自主权，是违背权利人的意志，对权利人进行强制性的性行为，造成损害的行为，包括强奸妇女、奸淫幼女、鸡奸幼童、猥亵妇女等行为。《民法典》第1010条规定："违背他人意愿，以言语、文字、图像、肢体行为等方式对他人实施性骚扰的，受害人有权依法请求行为人承担民事责任。"

性自主权是自然人的一项重要人格权，应当被严密保护。长期以来，对这项人格权的保护，主要采用刑法和行政法的方法进行，没有或者很少用侵权损害赔偿的方法。性自主权是一种具体人格权，应当与其他具体人格权一样，适用侵权责任法的精神损害赔偿方式进行保护。性自主权受到侵害的，对行为人追究刑事责任之后，并不能免除其民事赔偿责任，受害人提出精神损害赔偿请求的，应当得到支持。

构成侵害性自主权民事责任，必须具备：(1) 性自主权遭受损害的事实，表现为自然人性纯洁被破坏和遭受精神痛苦的损害，也表现为身体的伤害和财产上的损失，如因受孕、生产而支出的费用。(2) 侵害性自主权的行为具有违法性，主要表现在违背权利人的意志。(3) 侵害性自主权的行为与性利益受损害的事实之间有因果关系，要求侵害性自主权的行为是引起损害事实的原因，行为人只对其侵害性自主权的行为所引起的损害后果承担责任。(4) 行为人具有故意。只要决意对权利人的性自由和性纯洁进行不法侵害，就可以认定其有侵害性自主权的故意。

构成侵害性自主权的，行为人应当承担赔偿损失责任；造成精神损害的，受害人有权请求精神损害赔偿。

主要的侵害性自主权的侵权行为是以下几种。

---

① 参见杨立新：《民法思维与司法对策》，671页，北京，北京大学出版社，2017。

② 参见杨立新、赵鑫：《个人信息保护法规定的本土被遗忘权及其保护》，载《河南财经政法学院学报》，2022 (1)。

(1) 强奸。

使用暴力或者以暴力相威胁，违背妇女意志与其性交的，构成强奸罪。这种性侵犯是严重的侵权行为，不仅应当以刑罚手段进行救济，而且应当以民事手段进行救济。

(2) 奸淫幼女或鸡奸儿童。

对未成年人性自主权的侵害，最典型的就是奸淫幼女和鸡奸幼童。这些受害人都是未成年人，没有性承诺能力，没有性行为能力。对他们的性权利的侵害，是最残忍的侵权行为，行为人在承担刑事责任的同时，还应当承担民事责任。

(3) 强迫他人卖淫。

强迫他人卖淫，也被称为强迫他人提供性服务，是严重的侵害性自主权的侵权行为。强迫他人提供性服务，包括为自己提供性服务和为他人提供性服务，都构成侵害性自主权，行为人应当承担侵权责任。

(4) 猥亵。

没有经过权利人的承诺，对他人强制进行猥亵行为的，也构成侵害性自主权的侵权行为，行为人应当承担侵权责任。

(5) 非正当承诺的性行为。

没有经过权利人的正当承诺，即与权利人强制进行性行为，包括性交行为和其他性行为的，是对性自主权的侵害，也构成侵权责任。

(6) 性骚扰。

依照《民法典》第1010条的规定，违背他人意愿，以言语、文字、图像、肢体行为等方式对他人实施性骚扰的，受害人有权依法请求行为人承担民事责任。在机关、企业、学校等工作场所和其他场所对他人进行性骚扰的，危害比较严重，已经引起了各界广泛注意，都要求对这种行为采取法律措施，制止这种侵权行为。凡是进行性骚扰行为的，都应当认定为侵害性自主权的侵权行为，承担侵权责任。

11. 侵害人身自由权

人身自由权是指自然人在法律规定的范围内，按照自己的意志和利益进行思考和行动，不受约束、控制或妨碍的权利。

人身自由权包括身体自由权和精神自由权。身体自由权是自然人自由支配自己外在身体运动的权利；非法限制或剥夺自然人的身体自由的，为侵权行为。精神自由权也称作决定意思的自由，是自然人按照自己的意志和利益，在法律规定的范围内自主思维的权利，是自然人自由支配自己内在思维活动的权利。非法限制、妨碍自然人的精神自由为侵权行为。

主要的侵害人身自由的侵权行为是以下几种。

(1) 侵害身体自由。

依照《民法典》第1011条的规定，以非法拘禁等方式剥夺、限制他人的行动自由，或者非法搜查他人身体的，受害人有权依法请求行为人承担民事责任。这种侵权行为是针对侵害身体自由而实施的侵权行为。非法限制他人的身体自由，侵害自然人人身自由权的，受害人有权请求停止侵害、赔礼道歉，并赔偿损失；受害人受到精神损害的，有权要求精神损害赔偿。

（2）侵害精神自由。

盗用、假冒他人名义，以函、电等方式进行欺骗或者愚弄他人，侵害自然人的精神自由，造成其财产、精神损害的，行为人应当承担赔偿责任。自然人的意志（思维）不受干涉、不受限制、不受约束，通过不正当手段使自然人的意志或者思维受到限制、干涉、约束的，构成侵害精神自由的行为。

（3）非法强制治疗。

非法采取强制治疗手段侵害人身自由权的行为，也是侵权行为。未经本人或者其近亲属同意，采取强制性治疗，限制其身体自由的，行为人应当承担侵害人身自由权的侵权责任。这种侵权行为本来就是侵害身体自由的行为，因其具有特殊性，故将其单独作为一种侵权行为。

12. 侵害死者人格利益

对死者人格利益进行法律保护，是既定的法律制度。按照《民法典》第994条的规定，对于死者的姓名、肖像、名誉、荣誉、隐私和个人信息利益，都应当进行保护。非法侵害这些人格利益的，应当认定为侵权行为，对行为人予以民法制裁。

侵害死者的姓名、肖像、名誉、荣誉、隐私、个人信息利益的主要方式，是毁损这些人格利益。故意或者过失毁损死者上述人格利益的，都构成侵权行为。

承担责任的方式，是行为人应当对死者的人格利益保护人即死者的近亲属承担停止侵害、赔礼道歉、赔偿损失等民事责任。近亲属的范围分为两个顺序：第一顺序是配偶、父母、子女，第二顺序是祖父母、外祖父母、孙子女、外孙子女、兄弟姐妹。第一顺序的近亲属在位时，由他们行使保护的权利；第一顺序的近亲属不在位时，由第二顺序的近亲属行使保护的权利。

主要的侵害死者人格利益的侵权行为是以下几种。

（1）侵害死者的姓名。

盗用、冒用死者的姓名，以及以其他方式使用死者的姓名，构成对死者姓名利益的侵害的，行为人应当承担侵权责任。例如，未经死者近亲属的同意，擅自对死者姓名进行商业化利用的，构成侵害死者姓名利益。

（2）侵害死者的肖像。

未经死者生前同意，或者没有经过死者近亲属同意，擅自使用或者故意毁损死者肖像的，构成对死者肖像利益的侵害，行为人应当承担侵权责任。未经死者近亲属同意，擅自对死者肖像进行商业化利用的，构成侵害死者肖像利益。

（3）侵害死者的名誉。

对死者进行诽谤、侮辱，败坏其名声，构成对死者名誉利益的侵害，行为人应当承担侵权责任。

（4）侵害死者的荣誉。

对死者获得的荣誉进行诋毁、侵占、非法剥夺等，构成对死者荣誉的侵害，死者的近亲属可以主张行为人承担侵害死者荣誉利益的侵权责任。

（5）侵害死者的隐私。

未经死者生前同意或者死者近亲属同意，非法刺探、披露、宣扬死者的隐私，造成死者隐私利益受损害的，构成侵权行为，行为人应当承担民事责任。

（6）侵害死者的个人信息。

非法取得、使用、加工、传输、提供、公开死者的个人信息，造成死者人格利益受损害的，构成侵权行为，行为人应当承担侵权责任。

13. 侵害人格尊严和一般人格利益

侵害人格尊严和侵害一般人格利益，就是侵害一般人格权。

一般人格权是抽象的人格权利，是概括人格尊严、人格自由和人格平等等抽象人格利益的权利。一般人格权是具体人格权的渊源权、母权，对具体人格权具有指导意义，约束对具体人格权的解释。同时，它对具体人格权没有规定的一般人格利益的保护起到补充作用，对受到侵害的、依据具体人格权无法进行保护的一般人格利益，起到概括和保护的作用。

侵害一般人格权的民事责任属于普通的侵权责任，其构成应当遵循一般侵权责任构成要件的要求。侵害一般人格权的违法行为，应当违反保护民事主体人格尊严的法律。判断行为违法性的标准，是《宪法》《消费者权益保护法》等法律关于保护人格尊严的具体规定，以及《民法典》第 990 条第 2 款的规定。一般人格权受到损害的事实，应当是人格独立、人格自由或者人格尊严受到损害的事实，即一般人格利益受到损害的事实。在一般人格权损害事实中，最重要、最常见的是对人格尊严的损害。超市对顾客搜身的行为，侵害的是顾客作为人的权利，是对人格尊严的侵害。侵害尚未成为具体人格权的其他人格利益，造成损害的，也构成侵害一般人格权。构成侵害一般人格权的民事责任，应当具备过错要件。

对侵害一般人格权侵权行为的法律制裁方式主要是精神损害赔偿。对于侵害人格独立、人格自由、人格尊严的行为，应当用精神损害赔偿的方法对受害人进行法律救济。对侵害人格独立、人格自由或人格尊严的行为予以精神损害赔偿制裁，应当遵循精神损害赔偿的一般原则、方法，确认精神损害赔偿的责任，准确计算损害赔偿抚慰金。

主要的侵害一般人格权侵权行为是以下几种。

（1）侵害人格尊严。

侵害人格尊严的，应当认定为侵害一般人格权的侵权行为。凡是侵害自然人人格尊严的，受害人有权请求侵害人承担停止侵害、赔礼道歉、赔偿损失等责任。受害人因此遭受精神损害的，有权请求精神损害抚慰金的赔偿。

（2）侵害其他人格利益的行为。

侵害法律没有规定为具体人格权、人格尊严，但又不能具体概括的那些一般人格利益的，应当视为侵害自然人的一般人格权，受害人可以请求财产上的损害赔偿和精神上的损害赔偿。①

---

① 2001 年《精神损害赔偿司法解释》规定，违反社会公共利益或者社会公德侵害其他人格利益的，可以请求精神损害赔偿。不过，使用“其他人格利益”这个概念不如“一般人格利益”的概念更为准确。在实践中适用的方法，应当与司法解释规定的内容一致。

三、妨害家庭关系

(一) 妨害家庭关系侵权行为的概念界定

妨害家庭关系的侵权行为，是侵害配偶权、亲权和亲属权等身份权的侵权行为。《民法典》第112条规定："自然人因婚姻、家庭关系等产生的人身权利受法律保护。"这种人身权利就是身份权，包括配偶权、亲权和亲属权。这种侵权行为具体划分为侵害配偶权的侵权行为、侵害亲权的侵权行为、侵害亲属权的侵权行为三种类型。

在立法上和司法实践中，《民法典》规定了离婚过错损害赔偿，涉及的是侵害配偶权的侵权行为；最高人民法院的司法解释规定了诱使无民事行为能力人和限制民事行为能力人脱离监护的民事责任，该行为是侵害亲权或者亲属权的侵权行为。这些都是妨害家庭关系的侵权行为，但只是妨害家庭关系侵权行为中的一部分，相关规定应当进一步完善。

(二) 妨害家庭关系的基本规则

妨害家庭关系的侵权行为所侵害的客体是配偶权、亲权和亲属权。这三种权利都是身份权，调整的都是亲属之间的法律地位和相互之间的权利义务关系。凡是侵害身份权的行为，都构成这类侵权行为。

身份权的特点是既有对世性，也有对人性。在亲属的外部关系中，其具有对世性，表明特定的两个人之间是亲属关系。在亲属的对内关系中，其具有对人性，是相对的亲属之间的权利义务关系。制裁妨害家庭关系的侵权行为，原则上是对其对外关系的保护；但是在特定情况下，对内部的权利义务关系的侵害，也构成侵权行为。

妨害家庭关系的侵权责任承担方式，为停止侵害、赔礼道歉、赔偿损失等。在赔偿损失之中，主要的是精神损害赔偿，对赔偿的是身份权中的精神利益损害。对赔偿责任的确定，参照侵害人格的精神损害赔偿的一般规则。侵害了身份权的财产方面的亲属利益的，行为人应当承担财产损害赔偿责任。

(三) 妨害家庭关系侵权行为的具体形式

1. 侵害婚姻关系

侵害婚姻关系的违法行为，就是以通奸等方式致使配偶一方享有的配偶身份利益受到损害而违反配偶权保护法律的行为。这种行为须违反保护配偶权的法律：在配偶一方作为侵权人的，是违反对配偶另一方的忠实义务；在第三人作为侵权人时，是违反配偶权的不可侵义务。违法行为须以作为方式为之，应以与有配偶之男女通奸等行为为其内容。侵害婚姻关系的损害事实，是使配偶身份利益遭受损害的事实：一是合法的婚姻关系受到破坏；二是配偶身份利益遭受损害；三是受害配偶遭受精神痛苦和精神创伤；四是为恢复损害而损失的财产利益。侵害婚姻关系违法行为与配偶身份利益损害事实之间须具备因果关系，只要确认行为人与配偶一方通奸等的事实，即可确认具备因果关系要件。侵害婚姻关系的主观过错，应为故意形式。

侵害婚姻关系的侵权行为，分为直接侵害婚姻关系的侵权行为和间接侵害婚姻关系的侵权行为。

（1）直接侵害婚姻关系的侵权行为。

明知他人有配偶而与之通奸或者非法同居的，为侵害配偶权的侵权行为。凡是明知他人有配偶而与之通奸或者非法同居的，都是侵权行为，对方配偶请求追究侵权人的侵权责任的，应当予以支持。《民法典》第1091条规定了过错离婚损害赔偿，这是侵害配偶权的一种情况。这只是规定了侵害配偶权的一个方面，即有配偶的一方的不忠实行为对配偶权的侵害行为，但是对明知他人有配偶而与之通奸或者非法同居的行为，却没有认定为侵权行为。这是不全面的。对于与有配偶的一方发生性行为的，包括非法同居，只要是配偶对方未允许的，均构成侵害配偶权的侵权责任。

（2）间接侵害婚姻关系的侵权行为。

行为人实施侵权行为造成受害人健康受损害，致使丧失性功能的，间接造成了直接受害人配偶的性利益的丧失。这构成间接侵害婚姻关系，侵害的是对方配偶的性利益，行为人应当承担侵权责任。

2. 侵害亲权关系

侵害亲权关系，是以亲权作为客体的侵权行为。

侵害亲权的行为必须违反法律，即行为具有违法性。侵害亲权行为的行为主体，既包括侵害亲权的第三人，也包括侵害亲权关系相对人之合法权益的亲权人。第三人侵害亲权，是违反不得侵害亲权的法定不作为义务，行为方式基本上为作为；亲权人侵害亲权，实际是亲权人违反亲权人的教养、保护未成年子女的合法权益的义务，以作为或不作为的方式侵害未成年子女的合法权益的行为。

亲权受到损害，表现为两种形式：一是狭义的亲权损害事实，表现为亲权人的亲权受损害，如亲权人行使亲权受到阻碍，未能对未成年子女行使亲权；二是广义的亲权损害事实，表现为亲权关系相对人的合法权益遭受损害。亲权损害事实的形态有三种：一是财产利益的丧失；二是健康权、生命权的损害，如亲权人滥用惩戒权而造成未成年子女人身伤害、死亡的；三是精神利益的损害及精神痛苦。

侵害亲权的民事责任构成，以侵权人主观上有过错为必要，故意、过失均可。

主要的侵害亲权的侵权行为是以下几种。

（1）离间父母与未成年子女的关系。

对父母与未成年子女之间的感情进行挑拨离间，损害了父母和未成年子女之间的关系的，构成对亲权的侵害，行为人应当承担侵权责任。

（2）引诱未成年子女脱离亲权人。

采取引诱或者其他非法手段使未成年子女脱离监护人的，是侵害亲权或者亲属权的侵权行为，行为人应当承担侵权责任。

（3）无正当理由拒绝探望。

对离婚后不享有对未成年子女实际抚养权的一方而言，探望权是其法定权利，应当受到保障。没有正当理由拒绝探望权人探望未成年子女的行为，是侵害亲权的侵权行为。

（4）非法剥夺亲权。

第三人非法剥夺亲权人的亲权，也构成侵害亲权的侵权责任。

（5）侵害亲权权利行为。

侵害亲权权利的行为不是从整体上或部分上将亲权人的亲权予以剥夺，而是以作为的行为方式对亲权的权利进行非法侵害。这种非法侵害，可以是针对亲权的整体而为，也可以是针对亲权的具体内容而实施，均构成侵害亲权的行为。

（6）其他使亲权受到侵害的侵权行为。

其他使亲权受到侵害的行为，也是侵害亲权的侵权行为。例如，医院存在过失，使产妇将婴儿错抱的情况，是侵害亲权的行为。

（7）向有吸毒习惯的未成年子女提供毒品。

向有吸毒习惯的未成年子女提供毒品，伤害未成年人的健康，同时也对亲权构成了间接侵害，应当认定为侵权行为。

（8）违背亲权的法定义务。

亲权人违背法定的抚养义务，断绝其未成年子女的生活来源的，为不作为的侵害亲权行为。这是因为抚养义务是亲权人的法定义务，同时也是未成年子女的权利，亲权人拒不履行抚养义务，侵害了未成年子女的抚养权利，也构成侵权责任。

（9）滥用亲权。

滥用亲权既指滥用人身照护权的行为，也指滥用财产照护权的行为，是亲权人以行使亲权的名义为亲权人自己牟私利，或者虽为行使亲权的目的但因未尽义务而致未成年子女遭受损害。前者为故意滥用亲权，后者为过失滥用亲权。

3. 侵害亲属权

违背亲属权中的绝对义务的违法行为，为侵权行为。这是因为，亲属权是绝对权，除特定的亲属权权利人及相对人之外，其他任何人都是亲属权的绝对义务人，都负有不可侵犯的不作为义务。违背这种义务而使亲属权人遭受亲属利益损害的，构成侵权行为，行为人应当承担侵权责任。亲属权的相对人违背自己的法定义务，造成相对的亲属权人的亲属利益受损害的，也构成侵害亲属权的侵权行为。

侵害亲属权行为的违法性，表现为违反国家有关保护权利的法律规定。侵害亲属权行为的义务主体，既包括亲属权的绝对义务主体，即特定亲属关系以外的第三人，也包括亲属权关系主体内部的相对义务人。第三人侵害亲属权，主要的行为方式是作为；相对义务人侵害亲属权，主要的行为方式是不作为。

亲属权受到损害的表现有三：其一，扶养来源的丧失。权利人依靠扶养来源而生活，失去扶养来源，将造成扶养权人的生活出现困难以致发生危险。其二，精神利益的损害。侵害尊重权、帮助体谅权等精神性权利内容，必然造成对亲属权人精神利益的损害，使亲情受到破坏。其三，精神痛苦。断绝扶养来源，侵害亲属权的精神利益内容，可能使权利人遭受精神上的打击，造成精神痛苦和感情的创伤。

相对义务人侵害亲属权的，应具备故意的主观心理状态，具有过失时不构成侵权责任；绝对义务人侵害亲属权的，在一般情况下，具有故意、过失均可构成侵权责任。

主要的侵害亲属权侵权行为是以下几种。

（1）侵害扶养关系。

扶养权，不仅是对亲属权的保护，也是对配偶权、亲权的保护。凡是对扶养、抚养、赡养关系造成侵害的，都是侵害扶养关系的侵权行为。

（2）强迫、诱使具有监护关系的亲属脱离监护。

通过强迫或者欺骗等手段，使具有监护关系的亲属脱离监护，构成对亲属权的侵害，行为人应当承担侵权责任。

（3）侵害亲属权中的支分权。

亲属权是一种身份权，身份权的基本特征就是具有复杂的支分权。对亲属权中的支分权造成损害的，构成侵害亲属权的侵权行为。

四、侵害物权

（一）侵害物权的概念界定

侵害他人所有权和他物权，造成财产利益损害的，构成侵害物权的侵权行为。

（二）侵害物权的基本规则

侵害物权主要的行为方式和后果有三种：一是侵占。将他人合法所有或者占有的财产非法占有，或者据为己有，改变了财产的占有状态，使权利人丧失了对该物的权利或者占有。二是损坏。侵权行为破坏了财产的价值和使用价值，使财产所有权人或者占有人所拥有的财产的价值量发生减少。三是造成财产利益的损失。这是以其他行为方式侵害物权所产生的损害后果，其也构成侵害物权的侵权行为。

侵害他人所有权和他物权，造成财产利益损失的，行为人应当承担恢复原状、返还原物、赔偿损失的民事责任。侵害他人合法占有的财产，行为人应当承担返还原物或恢复原状的责任；造成损失的，应当赔偿损失。

（三）侵害物权侵权行为的具体形式

1. 侵占财产

没有法律根据而非法占有属于他人所有或者占有的财产，是非法侵占财产。非法侵占财产，可以是以非法侵占为目的，也可以是以非法取得所有权为目的，但均构成非法侵占财产。以非法取得所有权为目的而非法侵占的，是严重的侵权行为。以非法侵占为目的侵占财产的，行为人期待的是占有、使用或者收益。这种侵害财产权的行为，表现为财产的“位移”，即侵害的标的物由所有权人或者占有权人的占有改变为侵权人占有。对于这种侵权行为，在实践中作为普通的侵害财产所有权或者占有的典型侵权行为处理。侵占财产侵权行为的侵权责任承担方式是返还原物和赔偿损失。

非法扣押他人财产，是对物权的侵害，在性质上属于侵占，行为人应当承担返还财产的责任；造成损失的，应当承担损害赔偿责任。

2. 损坏财产

损坏财产的侵权行为，是指侵害他人所有的财产，造成损害，使财产的价值或者使用价值受到破坏的行为。行为人因其故意或者过失而致他人财产毁损、灭失的，构成侵害财产所有权的行为，应负侵权责任。毁损是指原物仍然存在，但在物理形态上受到损坏或物的内在价值减少，或者二者兼而有之。灭失是指原物因遭受他人非法侵害，不复存在，或者不以原有的形态存在。这种损害具体表现为财产的“质变”，即受到损害的财产本身的品质有了改变。损坏财产的，行为人应当恢复原状或者赔偿损失。

3. 非法侵入

侵入土地和建筑物的行为，是侵害所有权的侵权行为。这种侵权行为在我国过往司法实践中较少被处置，多数人不认为是侵权行为。随着社会的发展和进步，人们进一步要求对自己的不动产的权利保障，要求保护自己权利行使的安宁状态，禁止他人非法侵入自己财产领域，故现今对于未经许可进入他人不动产的行为，应当认定为侵害财产权的侵权行为，行为人应当承担停止侵害的责任；造成损失的，行为人应当承担赔偿责任。

4. 毁谤动产、不动产

对动产和不动产进行毁损，或者对财产的品质进行诽谤，造成损失的，构成对财产权的损害，行为人应当承担侵害物权的侵权责任，赔偿损失。所谓诽谤，是指陈述了使人怀疑他人的不动产、动产或无体财产的品质，或使人怀疑他人的不动产、动产或无体财产的财产权的存在与范围的行为。行为人的主观方面应当是故意。

五、侵害债权

侵害债权，是以他人享有的合法债权为客体，故意实施侵害行为，造成该债权不能实现的损害后果的侵权行为。第三人侵害债权的侵权行为包括在《民法典》第1164条中。

对于侵害债权的侵权行为，本章专设一节进行说明。

六、侵害知识产权

(一) 侵害知识产权侵权行为的基本规则

侵害知识产权的侵权行为，是指侵害著作权、专利权、注册商标专用权等无形财产权的侵权行为，主要由知识产权的单行法规定。在侵权责任法中阐释的是侵害知识产权的侵权行为及其责任一般化的规则，就是侵害他人的著作权、专利权、注册商标专用权等造成损害的，应当承担赔偿损失等民事责任。

(二) 侵害知识产权侵权行为的具体形式

1. 侵害著作权

侵害著作权的侵权行为被分为侵害著作人身权和著作财产权两种侵权行为。

(1) 侵害著作人身权。

侵害著作人身权的违法行为，必须违反了《著作权法》关于著作人身权保护的法律规定。这种违法行为的主要行为方式，是作为，但不作为亦可构成。侵害著作人身权的损害事实，是指著作人身权受到损害的事实：一是著作人身权中的发表权、署名权、修改权、保护作品完整权、收回权和追续权受到损害的事实；二是对作者精神利益的损害；三是对作者财产利益的损害。前两个损害事实是必须具备的，对财产利益的损害则不是必要条件。对侵害著作人身权适用过错责任原则，行为人必须在主观上有过错方能构成侵权责任。

（2）侵害著作财产权。

凡是未经著作权人的许可而使用其作品的行为，以及使用著作权人的作品而不按照规定或者约定给付报酬的行为，都是侵害著作财产权的违法行为。侵害著作财产权的损害事实，是指著作权人所享有的著作财产权受到损害的事实。这种损害事实表现为以下两个层次：一是著作财产权中的使用权、获得报酬权受到损害的事实，二是对作者财产利益的损害。在侵害著作财产权的损害事实中，这两个损害事实在一般情况下是必须具备的。对侵害著作财产权适用过错责任原则，行为人必须以主观上有过错方能构成侵权责任。

按照《著作权法》的规定，未经合作作者许可将与他人合作创作的作品当作自己的作品发表；没有参加创作，为谋取个人名利在他人作品上署名；歪曲篡改他人的作品；剽窃他人作品；未经著作权人许可使用他人作品；使用他人作品应当支付报酬而没有支付，未经许可出租电影等视听作品；未经出版者许可使用其出版的图书、期刊的版式设计；未经表演者许可，从现场直播或者公开传送其现场表演或者录制其表演，以及其他侵犯著作权以及与著作权有关的权利行为的，都是侵害著作财产权的侵权行为。

2. 侵害专利权

对专利侵权损害赔偿责任的确定，应当适用过错责任原则。

专利权受到侵害的客观事实，就是专利权人所独占享有的专利被他人以经营为目的而生产、使用、销售，或者专利发明方法被使用，或者专利产品被假冒的事实。

专利侵权人实施的行为，须是违反专利权保护法律的行为。其含义：一是行为的主体是一般主体，既可以是自然人，也可以是法人、非法人组织；二是专利侵权行为的方式是作为；三是行为违反的法律是专利权保护法律，包括《专利法》和我国参加的有关专利权保护的国际条约。违反专利权保护法律的行为，分为直接侵害专利权的行为和间接侵害专利权的行为。直接侵害专利权的行为，是指侵权人自己直接公然仿制或者假冒他人专利发明创造的行为，其特点是原封不动地照搬专利文件中描绘的技术特征，或者仅是他人专利发明的简单变种，只对材料、形式、构造、尺寸作简单变化，而在功能、效果和特征上与专利产品基本一致。间接侵害专利权的行为，是指侵权人向他人提供属于专利保护的发明创造的重要组成部分，或者为他人实施专利发明创造提供了必要的手段，从而构成他人直接侵犯专利权的行为。

专利侵权损害赔偿责任中的因果关系，只限于直接因果关系，即只有当违反专利权保护法律是专利权损害事实发生的唯一的或者必要的原因时，才构成侵权赔偿责任的因果关系要件。在间接侵害专利权的行为中，这种行为是直接侵害专利权的行为的必要条件，它与直接行为相结合，构成了侵害专利权的直接因果关系。仅仅单一的间接行为，不构成侵害专利权的行为。

侵害专利权的主观过错，是指违反专利保护法律的行为人在实施违反专利权保护法律的行为时，对行为后果所持的故意或过失的心理状态。

按照《专利法》的规定，侵害专利的侵权行为主要有以下三种。

（1）未经许可实施他人专利。

对他人享有专利权的专利，没有得到专利权人的许可，擅自实施他人的专利，构成对专利权的侵害，行为人应当承担侵权责任。

（2）假冒他人专利。

将自己的发明假冒他人注册的专利，构成对专利权人权利的侵害，行为人应当承担侵权责任。

（3）冒充专利。

用没有取得专利权的发明，冒充已经获得专利权的专利，也是对专利权的侵害。这种侵权行为侵害的是专利管理权和"专利"产品使用人的权利，冒充专利产品的使用人有权请求行为人承担侵权责任。专利行政管理部门有权对行为人进行处罚。

3. 侵害注册商标专用权

侵害注册商标专用权的侵权行为，是侵权人实施侵害他人的注册商标专用权的行为，致使被侵权人合法的注册商标权益受到损害的违法行为。

商标侵权的损害事实表现为两个层次：第一层次，是注册商标专用权受到损害的事实，表现为由国家商标管理机关依法授予商标权人享有并受到国家强制力保护的权利受到了侵害。第二层次，是使商标权人对注册商标所享有的财产权益受到损害。侵权行为侵害了这一商标专用权，就使该商标权人应当获得的合法收益受到损害，减少了财产的收益。第二层次的损害事实，主要是财产利益的间接损失，即可得利益的减少。这是由商标专用权的性质决定的。商标侵权损害事实的利益损害表现为以下三种形式：一是客观的间接损害事实，即商标权人因受侵权而造成的未来利益减少的客观事实，如被侵权人遭受损失而侵权人并未获利，被侵权人遭受的损失大于侵权人获得的利益。二是推定的间接损害事实，即将侵权人在侵权期间所获利益的事实推定为被侵权人所遭受的损害事实，包括侵权人获得利益而被侵权人在其间并未减少损失，侵权人获得的利益大于被侵权人在其间所实际减少的损失。三是直接的损害事实，即商标权人因其商标专用权被侵害而造成的现有财富的实际减少。

商标侵权人所实施的行为，必须是违反商标专用权保护法律的行为。这是构成商标侵权损害赔偿责任的必要条件。其含义有：一是行为的主体是一般主体，法律并未对商标侵权行为的主体作任何限制；二是行为违反的法律是商标保护法律；三是商标侵权行为的表现形式是作为，不作为不构成商标侵权行为。

违反商标保护法律的行为人在主观上须有过错。这种过错是该行为人在实施违反商标法律的行为时，对行为后果所持的故意或过失的心理状态。

侵害商标专用权的侵权行为主要有以下几种。

（1）未经许可使用他人注册商标或者近似商标。

未经许可擅自使用他人的注册商标或者近似商标，构成对商标专用权的侵害，应当承担侵权责任。这是使用他人商标的侵权行为。

（2）销售侵犯注册商标专用权的商品。

销售侵犯注册商标专用权的商品的，也构成侵害商标权的侵权行为，行为人应当承担侵权责任。这是销售侵权商品的侵权行为。

（3）伪造、擅自制造他人注册商标或者销售伪造、擅自制造的注册商标标识。

伪造或者擅自制造他人的注册商标，销售伪造或者擅自制造注册商标标识的，构成对商标权的侵害，行为人应当承担侵权责任。这是制造商标的侵权行为。

（4）未经商标注册人同意更换其注册商标并将该更换商标的商品又投入市场。

更换他人的注册商标，必须经过商标权人的同意。未经其同意，对注册商标的商品予以更换，并将其商品投入市场，构成对商标专用权的损害，行为人应当承担侵权责任。

（5）给他人注册商标专用权造成其他损害。

对于其他给注册商标专用权造成损害的侵权行为，行为人都应当承担侵权责任。

4. 侵害域名专用权

随着网络的发展，网络侵权行为不断增多，其中侵害网络域名专用权的行为较为突出。这种权利具有知识产权的性质，应当加以保护。因此，非法使用他人网络域名的，行为人应当承担停止侵害、赔偿损失等侵权责任。

5. 其他侵害知识产权的侵权行为

（1）侵害技术秘密。

技术秘密就是技术窍门，具有重要的经济价值。侵害技术秘密，造成损害的，行为人应当承担侵权责任。

（2）侵害发明权。

侵害其他没有取得专利的发明权，造成损害的，行为人应当承担停止侵害、赔偿损失的侵权责任。

（3）侵害发现权。

侵害其他没有取得专利的发现权，造成损害的，行为人应当承担停止侵害、赔偿损失的侵权责任。

（4）侵害其他智力成果权。

侵害其他智力成果权，即不在前述著作权、商标专用权和专利权等权利保护范围内的智力成果权的，行为人应当承担停止侵害、赔偿损失等侵权责任。

七、媒体侵权

（一）媒体侵权的概念界定

媒体侵权不过是将几种性质相似的侵权行为放在一起说明，并不是一个严格的概念。媒体侵权所概括的，是新闻侵权、文学作品侵权和网络侵权这三种以媒体实施的行为侵害他人权利的侵权行为。《民法典》第1194～1197条规定了网络侵权责任，《民法典》人格权编的有关条文规定了媒体侵权的基本规则。

（二）媒体侵权的基本规则

媒体侵权行为实际上都是以文字或者语言的形式侵害他人的民事权利和利益，主要侵害的客体是精神性人格权，尤其是名誉权、姓名权、肖像权、隐私权等权利以及其他人格利益。

媒体侵权行为都适用过错责任原则，须具备违法行为、损害事实、因果关系和过错四个要件。

关于媒体侵权行为的免责事由都有特殊的规定，应当注意以下说明的具体情况。

(三) 媒体侵权的具体形式

1. 新闻侵权

新闻侵权，是新闻机构和新闻从业人员故意或者过失实施的侵害他人人格权的侵权行为。

新闻侵权主要涉及的是行使新闻监督权与人格权法律保护的冲突问题。新闻监督权实质上是新闻批评自由的权利。媒体对社会的阴暗面进行暴露，进行监督，就是通常所说的舆论监督。这种监督是必要的。正当行使舆论监督权利，对于受批评的人的权利并不构成侵权。超出了正当的舆论监督范围，对他人的人格权造成了损害的，就构成了对人格权的侵害。在二者发生冲突时，对冲突的利益应当进行协调和平衡，掌握适当的尺度。制裁新闻侵权，就是确定这个适当的尺度，确认什么样的行为超出了正当的舆论监督范围，构成了侵权。对受到侵权行为侵害的受害人如何进行救济，也是新闻侵权法所要解决的基本问题。

新闻侵权是一般侵权行为，应当以过错为必要条件，实行的是过错责任原则。侵权责任的构成，应当具备违法行为、损害事实、因果关系和过错的要件。新闻侵权行为所侵害的客体，主要是名誉权，但是其他人格权如肖像权、姓名权、隐私权、荣誉权、信用权等也可能受到侵害。

新闻机构，是指依法设立的从事新闻报道工作的机构，包括报社、通讯社、杂志社、广播电台、电视台等。

新闻作品，是指已经公开发表的消息、通讯、评论、电视和广播新闻节目中发布的消息等作品。新闻机构发布的其他文字作品，侵害他人人格权的，适用新闻侵权相关的规定。

新闻报道和舆论监督会不可避免地要涉及被报道和监督的人物的人格利益。为保障媒体的公正性和媒体职能的实现，新闻性就是抗辩承担侵害人格权民事责任的正当事由。具有新闻性的合理抗辩事由，能够阻却新闻报道、舆论监督侵害人格权的违法性。合理使用他人的人格要素与不合理使用的民事责任。《民法典》第 999 条规定："为公共利益实施新闻报道、舆论监督等行为的，可以合理使用民事主体的姓名、名称、肖像、个人信息等。使用不合理的，应当依法承担民事责任。"因正当事由合理使用他人人格要素的行为，不构成侵害人格权的民事责任。其要件是：第一，具有正当事由实施新闻报道、舆论监督等行为；第二，使用的是民事主体的姓名、名称、肖像、个人信息等人格要素；第三，符合正当使用的范围，即以时事新闻报道、舆论监督为目的，不得超出该范围。符合上述要件要求的，对他人人格要素的使用为正当使用，不承担民事责任。例如，拍摄新闻事件中人物的肖像进行报道，不构成侵害肖像权。

行为人对他人的人格要素进行不合理使用的，应当依法承担民事责任。不合理使用的行为包括：一是，没有正当事由而使用，例如为个人创作而使用；二是，使用的人格要素超出了法律规定的范围，例如揭露个人隐私；三是，超出了正当使用的范围，即在正当使用的范围之外进行使用。这些对他人人格要素的使用都是非法使用，构成侵害人格权的民事责任。

《民法典》第 1025 条规定："实施新闻报道、舆论监督等行为，影响他人名誉的，不承担民事责任，但是有下列情形之一的除外：（一）捏造事实、歪曲事实；（二）对他人提供的失实内容未尽到合理审查义务；（三）使用侮辱性言辞贬损他人名誉。"这是对新闻报道、舆论监督等影响他人名誉免责以及除外条款的规定。

正当的新闻报道和舆论监督等行为具有社会正当性，是合法行为，也是履行媒体新闻报道和新闻批评职责的正当行为。随着对人格权的保护越来越进步，很多人对名誉权等人格权产生了一种虚幻、膨胀的感觉，认为对自己的任何批评都是侵害名誉权。膨胀的人格权观念使人们接受批评的能力大大地减弱了，经受不住任何正当批评。要给舆论和媒体以"喘息的空间"，让媒体能够更多地干预公共事务，干预社会生活。这样才能够使社会更加和谐地发展。即使媒体的新闻报道和舆论监督等正当的新闻行为产生了对他人名誉造成影响的后果，也不构成侵害名誉权，行为人不承担民事责任。

在新闻报道和舆论监督等新闻行为中，如果存在《民法典》第 1025 条规定的情形，则不具有正当性，而是构成侵害名誉权。这些情形是以下几点。

（1）捏造事实、歪曲事实。

这是故意利用新闻报道、舆论监督侵害他人名誉权的行为。捏造事实是无中生有，歪曲事实是不顾真相而对客观事实进行篡改。这些都是故意所为，性质恶劣，构成侵害自然人、法人或者非法人组织的名誉权。

（2）对他人提供的失实内容未尽到合理核实义务。

这种情形是新闻报道失实，是新闻机构和新闻从业人员未尽合理核实义务而使事实背离真相，是过失所为。传统媒体对所报道事实的真实性负责，因而负有对事实真实性的核实义务。传统媒体不只是对他人提供的事实负有核实义务，即使对媒体自己采制的新闻，也应当尽到核实义务。无论是对他人即通讯员提供的新闻，还是对本单位记者采制的新闻，只要是未尽必要注意而使新闻事实失实，同样构成侵害名誉权的行为。

（3）使用侮辱性言辞等贬损他人名誉。

在新闻报道、舆论监督中，虽然没有上述两种情形，报道和批评的都是客观事实，但是，在其中有侮辱性言辞，以及其他贬损他人名誉的内容，对被报道人或者被批评人的名誉有损害的，也构成侵害名誉权的行为。

对于新闻媒体负有的合理核实义务及尽到义务的举证责任，《民法典》第 1026 条规定："认定行为人是否尽到前条第二项规定的合理核实义务，应当考虑下列因素：（一）内容来源的可信度；（二）对明显可能引发争议的内容是否进行了必要的调查；（三）内容的时效性；（四）内容与公序良俗的关联性；（五）受害人名誉受贬损的可能性；（六）核实能力和核实成本。"

"合理审查义务"，是传统媒体负有的义务。确定传统媒体在新闻报道和舆论监督中的合理核实义务的考虑因素是以下几点。

（1）内容来源的可信度。

如果是消息来源权威，则不必进行核实。消息来源权威作为媒体侵权抗辩事由，仅指消息来源具有权威性。新闻媒体报道的事实即使不真实，如果具有消息来源权威的理由，也不构成媒体侵权责任。构成消息来源权威的条件有三：一是发布消息的机关是权威的。二是消息的真实性由发布消息的权威机关负责，媒体不必进行调查核实，可以直接进行报道；即使出现事实不真实的情况，新闻媒体也不负媒体侵权责任。三是在媒体报道时未添加其他不实事实或者诽谤、侮辱性文字，或者没有删减事实。如果在事实上进行删改、增减，致使发生侵权后果的，则构成侵权。具备以上三个要件，可以对抗媒体侵权责任的主张。

(2) 对明显可能引发争议的内容是否进行了必要的调查。

如果该进行调查而未调查，则为未尽合理核实义务。进行了必要调查的，则不认为构成侵害名誉权。

(3) 内容的时效性。

此即是否必须及时报道，不及时报道将会损害公众的知情权。如果必须及时报道，进行必要的调查将无法及时向公众报道，即使存在一定缺陷的，也不认为是侵害名誉权。

(4) 内容与公序良俗的关联性。

内容与公序良俗具有相当关联性的，应当履行合理核实义务，事实失实的，构成侵害名誉权。如果内容与公序良俗关联性不大，有些许差错的，不认为构成侵害名誉权。

(5) 受害人的名誉受贬损的可能性。

新闻报道或者舆论监督的内容即使发表，受害人的名誉受贬损的可能性不大的，不认为是未尽核实义务。受贬损的可能性大，未尽核实义务的，构成侵害名誉权。

(6) 核实能力和核实成本。

一是媒体的核实能力，例如需要专业调查甚至侦查才能核对属实的新闻，媒体显然做不到；二是核实成本过巨，得不偿失的，也不必苛求媒体必须核实。

不符合上述任何一个要求的新闻报道、舆论监督，未尽合理核实义务，造成事实失实，侵害了受害人的名誉权的，新闻媒体都应当承担民事责任。

主张自己已尽合理核实义务而免责的主体，是新闻媒体。按照“谁主张，谁举证”的诉讼证据规则要求，新闻媒体认为自己在新闻报道、舆论监督中已尽合理核实义务的，应当证明自己符合上述规定的要求，没有过失，即可免责，否则，可以认定为侵害名誉权。

2. 文学、艺术作品侵权

《民法典》第1027条规定：“行为人发表的文学、艺术作品以真人真事或者特定人为描述对象，含有侮辱、诽谤内容，侵害他人名誉权的，受害人有权依法请求该行为人承担民事责任。”“行为人发表的文学、艺术作品不以特定人为描述对象，仅其中的情节与该特定人的情况相似的，不承担民事责任。”确定文学、艺术作品侵害名誉权责任，应当依照本条前后两款规定的不同来确定。

(1) 以真人真事或者特定人为描述对象的作品。

任何人发表的文学、艺术作品，凡是以真人真事或者特定人为描述对象的，由于其描述对象确定，只要在作品的内容中包含侮辱、诽谤等内容，对被描述对象的名誉权有损害的，就构成侵害名誉权。受害人享有名誉权请求权，可以请求作者承担侵害名誉权的民事责任。

对此，关键之处是确定作品是否描述了真人真事或者特定人。描述真人真事或者特定人，包括以下几种情况：其一，指名道姓，确有其人；其二，虽未指名道姓，但侵权人的描述足以使他人认定为某人，如描述某人的相貌特征、语言特征、行为特征、生活和工作环境等，与现实中的人相一致；其三，指向某个极小的组织，如个体工商户、个人合伙等等，该组织成员都应被视为特定的人；其四，以真人真事为素材加工的文学作品，如果作品所描述的人物的相貌特征、生活经历、工作环境等，足以使他人认定为某人，则作者的行为应被视为指向特定的人。

（2）不以特定人为描述对象的作品。

如果行为人发表的文学、艺术作品不是以特定人为描述对象，仅是其中的情节与该特定人的情况相似的，不符合主要人格特征和主要生活工作经历的一致性原则，那么就不属于描述的是真人真事，不认为是对所谓受害人名誉权的侵害，作者不应当承担民事责任。

这里的情况，一是根本与现实的人无关，是他人自己对号入座。“对号入座”，是指作品中所报道或者描写的人物本不是他人，而他人强硬地根据自己的特点和特征与作品中人物“挂钩”（“对号”），主张文中描述的人物就是本人（“入座”），诉求作者承担侵权责任。二是描写的人物以现实人物为模特，经过加工，已经不再是现实人物的再现，而是经过艺术加工的文学人物。这两种情况都属于“仅是其中的情节与该特定人的情况相似”的情形，因而不构成侵害名誉权，作者不承担民事责任。

八、商业侵权

（一）商业侵权的基本规则

商业侵权是现代侵权法中正在发展的一种特殊侵权行为。其基本特点是，侵权行为发生在商业领域中，行为主体或者受害人是从事商业活动的人，包括法人、非法人组织或者自然人。这种侵权行为所侵害的并不是一类简单的权利客体，即并不是物权，或者债权，或者知识产权，或者人格权，或者不是什么权利，而只是一种经营的利益。

（二）商业侵权的具体形式

1. 商业诽谤

商业诽谤是商业侵权中的一种重要的侵权行为，侵害的客体是经营者的信用权以及经营者的商品信誉。我国《反不正当竞争法》规定了这种行为侵权行为。该法第 11 条规定：“经营者不得编造、传播虚假信息或者误导性信息，损害竞争对手的商业信誉、商品声誉。”这一条文所说的商业信誉和商品声誉，就是商业诽谤行为所侵害的客体。商业诽谤行为侵害的是受害人的信用和商誉，同时也侵害了市场的正常交易秩序。制裁商业诽谤行为，既是对受害人的合法权益的保护，也是对正常的市场交易秩序的维护。

商业诽谤行为主要有以下几种。

（1）诽谤商事主体。

对从事商业活动的主体进行诽谤的，构成诽谤商事主体的侵权行为。这种侵权行为是公开贬低他人的商业信誉，影响他人的交易，造成财产上的损害。这种侵权行为发生在交易的过程中，其损害后果是破坏了受害人进行的交易，由于对交易的损害而给受害人造成了财产损失的后果。

(2) 诽谤产品。

对经营者的产品的品质进行诽谤的，构成对产品的诽谤，行为人应当承担侵权责任。这种侵权行为诽谤他人的产品，致使受害人受到财产利益损失。这种侵权行为不局限在交易的场合，而是在一般的场合，是对受害人的产品进行诽谤，从而给受害人造成财产利益的损失。行为人应当对受害人的财产利益损失承担损害赔偿责任。

(3) 诽谤交易。

对商事主体进行的交易行为故意或者过失进行诽谤的，构成对交易的诽谤。这种交易行为是广义的概念，凡是商事主体实施的商事行为均包括在内。

2. 不正当竞争

不正当竞争是商业领域中的侵权行为。《反不正当竞争法》规定的多种不正当竞争行为，都是法律禁止的行为。实施这些不正当竞争行为，侵害了其他经营者经营权的正常行使，构成侵权行为，侵权责任法应当予以制裁。

不正当竞争行为在《反不正当竞争法》中规定得较为宽泛，主要有如下几种。

(1) 经营者实施混淆行为，引人误认为是他人商品或者与他人存在特定联系，例如：擅自使用与他人有一定影响的商品名称、包装、装潢等相同或者近似的标识；擅自使用他人有一定影响的企业名称（包括简称、字号等）、社会组织名称（包括简称等）、姓名（包括笔名、艺名、译名等）；擅自使用他人有一定影响的域名主体部分、网站名称、网页等；其他足以引人误认为是他人商品或者与他人存在特定联系的混淆行为。

(2) 经营者采用财物或者其他手段贿赂交易相对方的工作人员、受交易相对方委托办理相关事务的单位或者个人，以及利用职权或者影响力影响交易的单位或者个人，以谋取交易机会或者竞争优势的行为。经营者在交易活动中，可以以明示方式向交易相对方支付折扣，或者向中间人支付佣金。经营者向交易相对方支付折扣、向中间人支付佣金的，应当如实入账。接受折扣、佣金的经营者也应当如实入账。经营者的工作人员进行贿赂的，应当被认定为经营者的行为；但是，经营者有证据证明该工作人员的行为与为经营者谋取交易机会或者竞争优势无关的除外。

(3) 经营者对其产品的性能、功能、质量、销售状况、用户评价、曾获荣誉等作虚假或者引人误解的商业宣传，欺骗、误导消费者；经营者通过组织虚假交易等方式，帮助其他经营者进行虚假或者引人误解的商业宣传。

(4) 经营者实施侵犯商业秘密的行为，如以盗窃、贿赂、欺诈、胁迫、电子侵入或者其他不正当手段获取权利人的商业秘密；披露、使用或者允许他人使用以前项手段获取的权利人的商业秘密；违反保密义务或者违反权利人有关保守商业秘密的要求，披露、使用或者允许他人使用其所掌握的商业秘密；教唆、引诱、帮助他人违反保密义务或者违反权利人有关保守商业秘密的要求，获取、披露、使用或者允许他人使用权利人的商业秘密。

经营者以外的其他自然人、法人和非法人组织实施前述违法行为的，视为侵犯商业秘密。

第三人明知或者应知商业秘密权利人的员工、前员工或者其他单位、个人实施前述违法行为，仍获取、披露、使用或者允许他人使用该商业秘密的，视为侵犯商业秘密。[①]

（5）经营者进行存在下列情形的有奖销售：一是所设奖的种类、兑奖条件、奖金金额或者奖品等有奖销售信息不明确，影响兑奖；二是采用谎称有奖或者故意让内定人员中奖的欺骗方式进行有奖销售；三是抽奖式的有奖销售，最高奖的金额超过5万元。

（6）经营者编造、传播虚假信息或者误导性信息，损害竞争对手的商业信誉、商品声誉。

（7）经营者利用网络从事生产经营活动，利用技术手段，通过影响用户选择或者其他方式，实施妨碍、破坏其他经营者合法提供的网络产品或者服务正常运行的行为：一是未经其他经营者同意，在其合法提供的网络产品或者服务中，插入链接、强制进行目标跳转；二是误导、欺骗、强迫用户修改、关闭、卸载其他经营者合法提供的网络产品或者服务；三是恶意对其他经营者合法提供的网络产品或者服务实施不兼容；四是其他妨碍、破坏其他经营者合法提供的网络产品或者服务正常运行的行为。

3. 违反竞业禁止

竞业禁止是指禁止本公司的某些人员在职或者离职后自营或者到其他公司从事与本公司具有竞争关系的业务，包括法定竞业禁止和约定竞业禁止两种。违反竞业禁止义务的，构成违反竞业禁止的侵权行为。

违反竞业禁止的行为主要有以下几种。

（1）违反法定竞业禁止。

法定竞业禁止主要是针对公司的董事和经理，因为这些人员都是公司的高层管理者，法律对其竞业行为直接作出了禁止性的规定。根据《公司法》的规定，董事、经理不得自营或者为他人经营与其所任职公司同类的营业或者从事损害本公司利益的活动。违反法定的竞业禁止的，构成侵权责任。

（2）违反约定竞业禁止。

约定竞业禁止是指公司与本公司的特定从业人员采用合同的方式对竞业禁止行为进行约定，法律并不进行强制性规范。违背约定的竞业禁止义务，造成损害的，构成侵权行为，行为人应当承担民事责任。

4. 盗用商业信息进行交易

经营者的姓名、账号、密码、执照等，都是经营者的商业信息，应当为经营者所支配、使用，他人未经允许，不得擅自使用。未经权利人准许，盗用他人姓名、账号、密码、执照等进行交易的，就是盗用他人商业信息，是侵权行为，造成他人损害的，行为人应当承担侵权责任。此外，对他人商业信息安全负有义务的人未尽职责，造成经营者的商业信息被盗用的，也构成侵权行为。

5. 商业欺诈

商业欺诈是在商业领域中用欺诈的方法，使对方当事人受到损害的侵权行为。在一般情况下，对这种行为的后果可以通过合同责任予以救济，如宣告合同撤销，对合同进行变

---

① 商业秘密是指不为公众所知悉、具有商业价值并经权利人采取相应保密措施的技术信息、经营信息等商业信息。

更等，都可以使损害的后果得到救济。如果受到欺诈行为的侵害，造成了财产的损失，不能通过合同责任方式得到救济的，可以请求依《民法典》规定的方法进行救济。

6. 妨害经营

在商业领域，以不正当的方式，妨害他人正常经营活动，造成经营者损害的，构成商业侵权。如果仅仅是妨害经营的，受害人有权请求行为人停止侵害；如果既造成妨害，又造成损失的，受害人有权请求行为人停止侵害、赔偿损失。

7. 证券侵权

（1）虚假陈述。

虚假陈述的侵权行为及其责任的内容是：任何机构或者个人在证券发行、交易及其他相关活动中，实施不符合事实真相、严重误导、含有重大遗漏等虚假陈述，致使投资人受到损害的，全体发起人、发行人及其负责人，承销的证券公司及其负有责任的董事、监事、经理，为发行人出具文件的注册会计师及其所在事务所、专业评估人员及其所在机构、律师及其所在事务所，工程师或其他专业技术人员及其所在机构，都应当承担连带赔偿责任。

（2）内幕交易。

证券交易内幕人员，以获取利益或减少损失为目的，自己建议他人，或泄露内幕信息，使他人利用该信息进行证券发行交易，并给在相同时间内从事同一证券买卖的相对人或其他投资者造成损害的，应承担赔偿责任。

内幕人员，是指因持有发行人的证券，在发行人或者与发行人有密切联系的公司中担任董事、监事、高级管理人员，或者由于其会员地位、管理地位、监督地位和职业地位，或者属于聘用、雇佣关系履行职务，或者与发行人有承销关系、专业服务关系、业务关系、信息交流关系，能够接触或者获得内幕信息的人员。

内幕信息，是指涉及公司的经营、财务及其他方面尚未公开，一旦泄露或公开即可能对该公司证券的市场价格产生影响的重大信息。

内幕交易包括下列行为：一是内幕人员利用内幕信息买卖证券或者根据内幕信息建议他人买卖证券；二是内幕人员向他人泄露内幕信息，使他人利用该信息为自己或者第三人进行内幕交易；三是非内幕人员通过不正当的手段或者其他途径获得内幕信息，并根据该信息买卖证券或者建议他人买卖证券；四是其他内幕交易行为。

从事内幕交易行为的人能够证明下列情形之一的，不承担赔偿责任：一是所利用的信息不属于内幕信息；二是不具有利用内幕信息或从事内幕信息的故意；三是受害人所出现的损失并非内幕交易所导致的；四是行为人不属于内幕人员。

（3）操纵市场。

凡是故意从事操纵市场行为，影响证券市场价格，损害投资者利益，构成操纵市场行为的，行为人应当向受害人承担赔偿责任。具体的行为方式是十种操纵市场行为：第一，通过单独或者合谋，集中资金优势、持股优势或者利用信息优势联合或者连续买卖，操纵证券交易价格；第二，以散布谣言、传播虚假信息等手段影响证券发行、交易；第三，为制造证券的虚假价格，与他人串通，进行不转移证券所有权的虚买虚卖；第四，以自己的不同账户在相同的时间内进行价格和数量相近、方向相反的交易；第五，出售或者要约出售其并不持有的证券，扰乱证券市场秩序；第六，以抬高或者压低证券交易价格为目的，连续交易某种证券；第七，利用职务便利，人为地压低或者抬高证券价格；第八，证券投资咨询机构和股评人士利用媒介及其他传播手段制造和传播虚假信息，扰乱市场正常运行；第九，上市公司买卖或者与他人串通买卖本公司的股票；第十，其他操纵市场的行为。

（4）证券商的侵权行为。

在证券侵权行为中，证券商的侵权包括擅自处分和擅自允许利用的侵权行为。前者是指证券商在托管投资者证券过程中，未经投资者授权擅自处分其证券，给投资者造成损失；后者是指证券商擅自允许第三人利用投资者的证券账户和资金进行证券交易，给投资者造成损失。

8. 虚假广告

《消费者权益保护法》第45条详细规定了虚假广告责任，加重了广告经营者、发布者、代言人的侵权责任。广告经营者、发布者、代言人承担虚假广告责任的主要规则是以下几点。

（1）虚假广告的经营者与广告经营者、发布者的附条件不真正连带责任。

《消费者权益保护法》第45条第1款规定，消费者因经营者利用虚假广告或者其他虚假宣传方式提供商品或者服务，其合法权益受到损害的，可以向经营者要求赔偿。广告经营者、发布者不能提供经营者的真实名称、地址和有效联系方式的，应当承担赔偿责任。其含义是：在两个责任主体中，经营者应当承担赔偿责任；但广告经营者、发布者具备“不能提供经营者的真实名称、地址和有效联系方式”条件的，消费者也可以请求其承担赔偿责任。由于真正的加害人是商品和服务的经营者，因此尽管法律条文没有说明，也应当理解为，广告经营者、发布者在承担了赔偿责任之后，有权向经营者追偿。这种责任形态属于附条件的不真正连带责任。

（2）有关消费者生命健康的商品或服务的虚假广告责任。

《消费者权益保护法》第45条第2款规定，广告经营者、发布者设计、制作、发布关系消费者生命健康商品或者服务的虚假广告，造成消费者损害的，与提供该商品或者服务的经营者承担连带责任。这实际上是将他们认定为共同侵权行为人，构成共同侵权责任，因此他们应承担连带责任。该条明确规定，对这种虚假广告责任适用无过错责任原则，无论他们是否有过错，都应当承担连带责任。这是将广告经营者、发布者都作为产品责任的责任主体，使之承担的是不真正连带责任，受到损害的消费者可以在生产者、销售者以及虚假广告的经营者、发布者中选择应当承担责任的责任主体，或者一并起诉，承担连带责任。

（3）虚假广告代言的侵权责任。

广告代言也叫作推荐广告。《消费者权益保护法》第45条第3款规定的虚假广告代言人的连带责任，重申《食品安全法》第55条的规定，但对适用范围作了扩大，将食品虚假广告代言连带责任的适用范围扩展至在“关系消费者生命健康的商品或者服务的虚假广告”中：“推荐商品或者服务，造成消费者损害的”，“社会团体或者其他组织、个人”与提供该商品或者服务的经营者承担连带责任。这也是作为共同侵权行为对待。

九、恶意利用诉讼程序

（一）恶意利用诉讼程序侵权行为的基本规则

恶意利用诉讼程序是一类侵权行为，即刑事诉讼程序中的恶意告发，民事诉讼程序中的恶意诉讼，以及滥用诉权侵害他人合法权益的侵权行为。前两种侵权行为的基本特征是，行为人没有诉权而提起诉讼程序，即无可能原因而行为。其是为追求刑事、民事诉讼请求适当审理以外的其他目的，并且除仅有一方当事人的诉讼外，诉讼程序有利于被告而终结。第三种侵权行为是行为人有诉权，但是故意利用这种诉权提起刑事或民事诉讼程序控诉他人，是为了达成该诉讼程序目的以外的其他非法目的，给被诉人造成损害的行为。

（二）恶意利用诉讼程序侵权行为的具体形式

1. 恶意诉讼

恶意诉讼是指对民事诉讼程序的恶意提起，意图使被告在诉讼中由于司法机关的判决而受害。在这种侵权行为中，形式上的加害人是法院，恶意诉讼人故意提起诉讼程序，法院在诉讼过程中作出错误判决，使被告受到损害。但其实质是行为人故意所为，是行为人借用法院的力量，使被告受到损害。因此，故意以他人受到损害为目的，无事实根据和正当理由而提起民事诉讼，致使相对人在诉讼中遭受损失的，行为人应当承担民事责任。

按照这一要求，构成恶意诉讼侵权责任应当具备的要件是：第一，加害人必须是故意所为，存在过失甚至重大过失都不能构成这种侵权责任；第二，加害人须是无事实根据和正当理由，即没有实体上的诉权和程序上的诉权；第三，受害人在这一诉讼程序中受到损害，主要是财产利益上的损害，并且损害事实与这一行为有因果关系；第四，该诉讼程序的最终结果是受害人胜诉，而不是加害人胜诉。具备这些要件，构成恶意诉讼的侵权责任，恶意诉讼人应当承担损害赔偿责任。

2. 恶意告发

恶意告发，是指恶意提起刑事诉讼程序，使被告在该诉讼程序中受到损害，恶意告发人应当承担损害赔偿责任的侵权行为。这种侵权行为与恶意诉讼基本相似，只是提起的诉讼程序有区别。另外，在追求的目的方面不同：一个是追求他人在民事诉讼中受到财产的损害，另一个是追求他人在刑事诉讼程序中受到名誉的或者其他人格的以及财产的损害。这种恶意告发，主要是指行为人自行提起刑事诉讼程序，但也包括通过侦查机关或者公诉机关提起诉讼程序。在一般情况下，如果通过侦查机关或者公诉机关提起刑事诉讼程序，自应由这些机关承担启动诉讼程序的后果责任。但在告发人有恶意的情况下，即使告发人只是举报，刑事诉讼程序是由公安、司法机关提起的，或者仅仅在侦查或者公诉的程序中就终结了程序，但使受害人受到损害的，恶意告发人也应当承担侵权责任。

3. 滥用诉权

滥用诉权的侵权行为，是指行为人有诉权，但其提起的刑事诉讼和民事诉讼所追求的是非法诉讼目的，造成受害人损害的行为。

顺便提一下，在行政诉讼中，不存在恶意诉讼的问题，因为行政诉讼的被告是政府。对政府的诉讼即使不当，也不应当追究原告的责任。

【引例评析】

本节引例“在网络BBS上发帖侵害网友名誉权”案，是一起在网络上发表侮辱、诽谤语言侵害其他网友名誉权的案件。这既是故意侵害他人名誉权的侵权行为，也是网络侵权行为，属于媒体侵权行为类型。对此，应当依照《民法典》第1194～1197条规定的规则处理，也可以直接依照第1165条第1款追究侵权人的责任。按照过错责任原则的要求，须具备违法行为、损害事实、因果关系和过错四要件，才能确定侵权责任的构成。显然，这个案件是具备这些要件的，行为人应当承担侵权责任。

应当特别注意的是，认定网络侵权行为最重要的一点，是确认行为人和受害人的身份。

第二节　侵害债权

引例　“编造虚伪事实妨害演出公司债权实现”案

某市演出公司拟举办“纪念毛泽东在延安文艺座谈会上的讲话大型演唱会”，邀请M等歌星出席演唱会。在准备工作基本就绪后，演出公司举行新闻发布会，邀请新闻媒体的娱乐记者参会，发布新闻。第二天，各媒体发布演出消息，同时开始售票。仅仅几天，就售出了一万多张票，销售形势乐观。这时，某晚报在娱乐版用半个版的篇幅，用大字标题报道《M不来了》，内容是M由于患重感冒，正在日本治疗，不能到本市演出，喜欢M的歌迷大概要大失所望了。虚假消息发布的第二天，演出公司就收到退票8 000张。演出公司与M联系，确认是虚假新闻，M还专门发来传真，向歌迷承诺一定会来参加演出，但是票还是销售不出去。最后无奈，演出公司只好送票保证演出，这使演出公司遭受重大财产损失。演出公司向法院起诉，请求该晚报社承担侵权责任。法院认为被告恶意侵害原告债权，造成重大损失，判决承担赔偿损失的责任。

一、债权侵权概述

(一) 债权侵权的概念

债权侵权，是指债的关系当事人以外的第三人故意妨害债权实现，使债权人因此遭受财产利益损害，应当承担损害赔偿责任的侵权行为。

(二) 债权侵权的范围

债权侵权的客体应包括所有的债权。如果仅以合同之债确定债权侵权，那么范围显系过窄，对于侵害其他债权的行为无法予以法律制裁；如果仅保护四种典型债权，将侵害这四种债权的行为作为债权侵权，则尽管已经保护了绝大部分的债权，但仍有少数其他非典型债权遭受损害时，无法得到侵权法的救济。因而，债权侵权的外延包括：一是侵害合同债权的侵权行为，这是侵害债权的主要方面；二是侵害侵权债权的侵权行为；三是侵害无因管理债权的侵权行为；四是侵害不当得利债权的侵权行为；五是侵害其他债权的侵权行为。

(三) 确立债权侵权的立法根据

从比较法的角度分析，关于债权侵权的立法根据，有三种立法例：(1) 英美法直接以判例法确认债权侵权制度，赋予受害人以损害赔偿请求权。在英国，在侵权行为类型中规定“其他经济侵权行为”的类型，这种经济侵权绝大部分都涉及对善良风俗的故意侵害。[①] 在美国，《美国侵权法重述（第二次）》第九编规定的“对优越的经济关系的干扰”的侵权行为类型，就包括侵害债权的侵权行为。(2) 在德国，原则适用关于侵权行为的一般规定，再创设保护债权的具体规定。(3) 日本法直接依侵权行为一般条款即《日本民法》第 709 条，确立债权侵权制度。这就是，认定侵害债权的侵权行为是一般侵权行为，直接适用侵权行为一般条款，确认其侵权责任。

在我国确立侵害债权的侵权行为有足够的立法根据。《民法典》第 1164 条规定的侵权责任保护的“民事权益”就包括债权。

二、作为侵权行为客体的债权

(一) 债权作为侵权行为客体的来源

债权作为侵权行为客体，既不是产生于债的对内效力，也不是产生于债的对外效力，而是来源于债权的不可侵性。

债权作为一种基本的民事权利，其本身就具有不可侵性。从《民法典》第 3 条的规定中就可以看出，债权作为民事权利的这种不可侵性是法律赋予的，而不是人们所臆造的。

---

① 参见［德］克雷斯蒂安·冯·巴尔：《欧洲比较侵权行为法》，上册，张新宝译，341～342 页，北京，法律出版社，2001。

法律的这一规定恰恰反映了客观生活的规律，为维护市民社会的正常秩序所必需。

债权的不可侵性，既不是指债的对内效力，也不是指债的对外效力，而是指债权对抗债的关系当事人以外的第三人的效力。众所周知，债权不是绝对权，而是相对权，债权人只能向与其相对的债务人请求履行债务，而不能向第三人提出这种请求。债权人作为权利主体，既然享有这种债权，就可以基于债权的不可侵性，对抗第三人侵害其债权的行为。法律一方面赋予包括债权在内的所有民事权利具有不可侵犯性，另一方面又特别强调对其予以法律保护，实际上就规定了债权关系以外的第三人都对债权负有不可侵的义务。《民法典》第3条关于“任何组织或者个人不得侵犯”的强制性规定，难道不是规定所有的第三人有不得侵犯债权的法定义务吗？因而，不能因债权是相对权就使债权关系当事人以外的任何第三人对债权不负有任何义务，恰恰相反，对于债权这种相对权，任何人都负有不可侵的义务。若侵害债权，就违背了这种法定的不作为义务，构成侵权行为。

现代各国民事立法的一个显著特点，就是物权和债权有相互借鉴各自的保护手段以保障自身权利实现的趋势，因而形成物权债权化和债权物权化的趋向。债权物权化的趋向不断发展，就使债权的不可侵性这一特征更加强化，使债权在对抗第三人侵害其债权行为的效力方面更接近物权的对世权、绝对权的性质，几乎具有相同的内容。在这样的情形下，债权成为侵权行为客体是必然的。债权的不可侵性，即债权对抗债的关系当事人以外的任何第三人的效力，是债权成为侵权行为客体的真正来源。

（二）作为侵权行为客体的债权及其保护的特点

债权作为侵权行为客体，有两个最重要的特点：一是它的财产权性质，二是债权关系以外的第三人所负的法定义务的不作为性质。

首先，债权反映的社会关系与物权反映的财产关系既有相同之处，又有不同之处。前者反映的是动态的财产关系，即财产的流转关系；后者反映的是静态的财产关系，即财产的归属、利用关系。从反映财产的社会关系这一点来看，二者是一致的。从债权所反映的动态财产关系来看，其最终结果，还是要确定财产及财产利益的归属关系。这种动态的财产流转关系，一方面要最终确定财产归谁所有，另一方面则要决定财产利益，即财产的使用、占有所产生的收益归谁所有。债权的基本性质仍是财产和财产利益的权利，侵害债权仍然会造成财产的损失或者财产利益的损失，侵害债权行为所侵害的仍然是财产权，因此，制裁侵害债权的侵权行为所保护的仍然是财产权。

其次，按照《民法典》第3条的规定，债权关系以外的第三人都负有不得侵害债权这种民事权利的义务。尽管这种义务与物权的义务人所负的绝对义务有所不同，但它仍然是债权不可侵的不作为义务。这种不作为义务就其特点而言，与物权的义务人所负的不作为义务并没有原则的区别。正是由于债权的这一特点，侵害债权行为原则上应以作为的方式为其表现形式。

在民事权利的请求权保护体系中，债权的请求权保护具有以下自己的特点。

1. 债权本身就是请求权

这种请求权的性质是本权请求权，债权人所享有的权利就是请求权。债权人基于该请求权，可以请求债务人履行债务，实现自己的权利。

2. 债权本身包含有权利保护的请求权

债权的内容之一，就是对自己的权利进行保护的请求权，即当债务人不履行债务的时候，债权人基于自己的债权请求权，有权请求债务人承担民事责任，即债务被赋予强制执行的效力，债务转化为民事责任，可以被强制执行。这种请求权是债权的第二次发生的权利，也是请求权的性质，不过不是债权请求权的权利本身，而是债权的二次权利。

3. 债权在遭受第三人侵害时产生侵权请求权

在第三人违反对债权的不可侵义务，造成债权人的债权损害时，构成债权侵权行为。债权人享有侵权请求权，可以基于该请求权，请求侵害债权的第三人承担侵权责任，以救济自己的债权损害。这种请求权是新生请求权，是保护债权的侵权请求权。这种请求权与债权的第一种和第二种请求权不同：前两种请求权是债权自身的请求权，针对的义务人都是债务人，而不是第三人；而债权的侵权请求权，不是债权自身的请求权，而是基于侵权行为而发生的请求权，针对的也不是债务人，而是作为侵权人的第三人。因此，基于债权的这三种请求权具有不同的性质和内容，应当特别加以区别。

三、债权侵权责任的归责原则

侵害债权的侵权行为是一般侵权行为，属于过错责任原则调整的范围，应当适用《民法典》第 1165 条第 1 款规定的过错责任原则。在认定债权侵权责任的构成时，其举证责任应当遵守一般的举证责任规则，即“谁主张，谁举证”。原告即债权人主张第三人侵害了自己的债权，应当自己举证证明第三人的行为具备侵权责任构成的全部要件，特别是过错要件。如果原告不能证明其诉讼主张，不能证明加害人的行为具备侵权责任的构成要件，则应当承担败诉的后果。

四、债权侵权责任的构成要件

（一）须有合法债权的存在

构成债权侵权责任的前提条件，就是必须有合法债权关系的存在。这一要件具体包含以下三点含义。

第一，合法债权的存在是构成债权侵权责任的基础。法律保护的债权关系只能是合法的债权。债权关系如果是违法的，就不能成为债权侵权行为的客体。违法的债权自始无法律效力，因而也就根本不能成为侵权行为的客体，法律也就不能予以保护。

第二，合法债权包括所有的债权。合法债权应当包括所有的合同债权、侵权债权、不当得利债权、无因管理债权以及其他债权。在这些债权中，以合同债权最容易遭受侵害，因而债权侵权行为的客体应以合同债权为重点，但其他债权同样是侵权行为的客体，应受到同等的法律保护。

第三，对不合法的“债权”不予保护。如果行为人侵害的是不合法的债权，例如赌债，或者不是对合法债权侵害而是对债权人在债权以外的利益进行侵害，或者是对债权人的人身进行侵害，均不能构成债权侵权责任。《美国侵权法重述（第二次）》第774条规定："以适当之方法致非法契约之不履行，或致其目的或效力违反已存在致公共政策之契约之不履行，行为人就契约不履行而致他人所致之金钱损失，无须负责任。"[①]

（二）行为人须是债的关系以外的第三人

侵害债权的行为人仅限于债的关系以外的第三人。这里所说的第三人，是指债权债务关系当事人以外的第三人。首先，它不是指合同关系中的第三人。在为第三人利益而订立的合同，如为第三人利益而订立的保险合同中，其第三人是指合同关系中的受益人，是合同关系的当事人之一，如果该第三人侵害债权人的债权，仍是合同关系内部的行为，债权人仍应基于合同关系提出请求并获得救济。其次，它也不是指民事诉讼中有独立请求权的第三人或无独立请求权的第三人，因为这两种第三人都是诉讼程序意义上的第三人；而它是指实体法上的债的关系以外的任何第三人。因此，债的关系以外的第三人的概念的范围是极广泛的。最后，在具体的债权侵权责任认定中，第三人应当是特定的，是实施了侵害债权行为的那个特定的第三人。

债务人本人不能成为侵害债权的行为人。如果债权不能实现是由债务人的行为所引起的，即使债务人本身也具有侵害债权的故意，也只能视债务人的行为是一种违约行为。[②]这是指债务人侵害债权本身的行为。对于债务人故意造成债权人的人身伤害或者精神损害，致使债权受到侵害的，有的学者认为对于这种情况应按违约责任和侵权责任的竞合处理，允许债权人就请求权作出选择。[③] 笔者认为，这种情况实际上产生了两个法律关系：一是侵害债权人的人身的侵权损害赔偿关系，二是违约损害赔偿关系。两个损害赔偿请求权可以分别行使，保护债权人的不同权利，而不构成责任竞合的问题，因为构成责任竞合时，受害人即债权人只能选择一个请求权行使，必然造成受害人的合法权益受损害。这是不正确的。

至于债权人的代理人、债务人的代理人和债务履行辅助人是否可以成为侵权行为人，应区分具体情况，作不同的处理。其基本标准，是代理人的行为是否体现被代理人的意志。代理人的行为体现被代理人的意志，或者说，代理人在代理权限范围以内实施的行为，侵害了债权人的债权的，在债权人一方，相当于自己的行为造成自己的损害的；在债务人一方，相当于债务人自己侵害债权，因而均不构成债权侵权责任。如果代理人的行为不体现被代理人的意志，与被代理人的委托无关，则无论是债权人的代理人还是债务人的代理人，都属于代理人自己实施了债权侵权行为，这符合侵害债权责任的主体要件。

当第三人与债务人串通，共同侵害债权的时候，债务人可以构成共同侵害债权的共同加害人，与第三人承担连带责任。应当注意的是，在这种情况下，债务人只能作为共同侵权行为人，且不能作为主要的侵权行为人，因为第三人才是主要的侵权行为人。

---

① 《美国法律整编》，侵权行为法，刘兴善译，625页，台北，司法周刊杂志社，1986。

② 参见王建源：《论债权侵害制度》，载《法律科学》，1993（4）。

③ 参见王利明主编：《民法·侵权行为法》，258页，北京，中国人民大学出版社，1993。

（三）行为须违反法律

侵害债权的行为必须是违反法律的行为。行为不具有违法性的，不构成债权侵权责任。

侵害债权行为的违法性，主要表现在行为人的行为违反了《民法典》第3条关于任何公民、法人、非法人组织不得侵犯他人合法民事权益的强行性规定。这一规定赋予任何公民、法人、非法人组织对他人合法民事权益的不可侵义务，属强制性法律规范，必须被严格履行。违反该规定而侵害他人合法债权，则构成违法行为。该种违法，属于形式违法，即在形式上构成违法，表现形式是违反法定义务。一般认为，违反法定义务表现在三个方面：一是绝对权的义务人违反法定的不可侵义务，二是相对权的第三人违反法定的不可侵义务，三是任何人违反对依法保护的民事利益的不可侵义务。① 侵害债权行为的违法性属于违反法定义务的第二种表现。

确定侵害债权行为的违法性，可以借鉴《美国侵权法重述（第二次）》第767条确定“干预是否不当之决定因素”的标准：“行为人之故意干预他人之既存或预期契约行为是否不当，应就下列因素考虑决定：(1) 行为人之行为本质；(2) 行为人之动机；(3) 他人于行为人干预之契约或预期契约之利益；(4) 行为人所期望增进之利益；(5) 保护行为人之行为自由之社会利益于他人之契约利益；(6) 行为人之行为于干预之因果关系或疏离关系；(7) 当事人间之关系。”②

在合同债权中，第三人明知该合同的有效存在，又与该合同的一方当事人订立会导致该合同不能履行的新合同，如双重买卖，究竟是否属于违法？对此，有两种对立的意见。一种意见认为，第三人明知后一合同的履行会使前一合同债权受损害，尽管形式上披着合法的外衣，但难逃侵权责任，仍为违法。③ 另一种意见认为，第三人的行为虽妨害第一买受人债权的实现，但第二买受人（第三人）基于订立合同的自由权，有权缔结买卖合同，因此，对此种行为不能视为侵害他人债权的行为，应视为合法行为。④ 笔者倾向于前一种意见，但是认为应当严格掌握债权侵权责任的构成要件，即故意以进行侵害买卖合同当事人合法债权的双重买卖的方式，侵害对方当事人的合法债权，造成其合同债权落空结果的，应当认定为侵害债权，但以第三人故意为必要。

第三人因行使其对债务人的有效的债权，导致债务人不能履行其对债权人的债务的，因为该第三人亦是债务人的债权人，有权要求债务人履行债务，故而其行为不具有违法性，是正当的、合法的行为，不构成侵害债权。

（四）第三人有侵害债权的过错

债权侵权责任制度建立的基础是知悉规则的确立。在知悉规则的基础上，基于行为人对债权知悉的不同程度，故意、重大过失或者一般过失都能够成为债权侵权责任的过错

---

① 参见杨立新：《侵权行为法专论》，93页，北京，高等教育出版社，2005。

② 《美国法律整编》，侵权行为法，刘兴善译，台北，司法周刊杂志社，1986。

③ 参见蒋贤争：《民事损害赔偿问题研究》，北京大学1994年硕士学位论文。

④ 参见王利明主编：《民法·侵权行为法》，北京，中国人民大学出版社，1993。

要件。

1. 第三人的故意构成债权侵权责任的过错要件

只要明知债权的存在，第三人故意侵害该债权，即符合债权侵权责任之主观要件的要求，构成侵权责任，而不论第三人以何种方式知悉债权的存在。这是学说和实务的共识，自应在实务的债权侵权责任认定中予以贯彻。

2. 第三人的重大过失构成债权侵权责任的过错要件

重大过失通常是指严重违反一般的注意义务，不具有一般人所具有的起码的谨慎和注意，主观上的可非难性较强。[①] 第二人因重大过失构成债权侵权责任的条件较为宽松，既包括债权以公权力的方式公示时的情形，也包括债权以私人方式公示时的情形。这与第三人故意侵害债权的适用范围相一致，但二者终究是不同的概念，主要体现在主观恶性程度不同。第三人具有重大过失时，主观恶性较弱，并不希望债权消灭或者难以实现；具有故意时主观恶性较强，对债权消灭或难以实现的结果采取追求或者放任的态度。另外，第三人重大过失的适用条件区别于一般过失的适用条件，后者仅限于债权以公权力的方式公示的情形。

3. 第三人的一般过失构成债权侵权责任的过错要件

债权以登记等公权力的方式公示，是第三人的一般过失构成债权侵权责任的前提条件，其根据在于可预见性。当债权通过登记等公权力的方式公示时，获得了最大范围的推定知悉，潜在的责任人具有预见的可能性，因此，原则上不需要对其承担侵权责任作出特别限制，具有一般过失也构成对债权的侵犯。

（五）第三人的行为须造成债权人债权受损害

债权损害的事实，就是债权人的债权不能实现的客观事实。其主要表现是：债务人不能履行债务使债权不能实现，债务人因对他人的有效的履行而使债权人的债权归于消灭，债权人应该获得的利益丧失，债权人的债权不能执行等。

债权损害的事实最终表现为财产及财产利益的损失。有人认为债权损害事实还包括人身伤害和精神损害，这是不正确的。如果第三人侵害债务人或债权人的人身权，造成人身伤害和精神损害，尽管也造成了债权损害的后果，但不能说侵害债权也造成了人身伤害和精神损害的后果，而是产生了两个侵权损害赔偿法律关系：一是侵害债权的财产损害赔偿，二是侵害人身权的人身损害赔偿或精神损害赔偿。至于第三人侵害债权，债权人因债权不能实现而自杀的，自杀不是侵害债权的直接后果，因此尚不能认为其构成侵害债权的损害后果，只能作为另一个侵权损害赔偿法律关系处理。从长远的发展考察，造成人身伤害带来的精神痛苦可否构成侵害债权的损害事实，还应当进一步研究。[②]

侵害债权的财产损失，主要是债权预期利益的损失，但绝不可忽视侵害债权的财产直接损失，因而，侵害债权的损害事实仍然包括财产的直接损失和间接损失两种样态。一个侵害债权的行为中，最主要的是造成预期财产利益的间接损失，如不当得利之债权、无因

---

① 参见王利明：《侵权责任法研究》，上卷，354 页，北京，中国人民大学出版社，2010。

② 按照日本法的规定，对侵害债权的精神损害结果，是可以予以抚慰金赔偿的。在我国是否可以采用这样的立法例，尚需研究。

管理之债权、侵权行为之债权以及大多数合同债权只表现为期待的财产权利，是可得利益；也可能造成单纯的直接损失，如借用、保管、寄存等合同债权，其内容就是期满收回所有的财产。如果第三人损坏该财产，就造成了债权人的直接的财产损失。还可能既造成直接损失，也造成间接损失。如租赁合同之中，第三人故意毁损租赁物，既造成了债权人财产的直接损失，又造成了预期的租赁收益的损失。

五、侵害债权的侵权行为的具体形式

关于侵害债权的行为，学说上将其分为直接侵害和间接侵害。前者是指第三人的侵害行为是通过直接作用于债权人的债权而实现的，即第三人的行为直接导致债权人的债权丧失；后者是指第三人的侵害行为通过作用于债务人，使债务不能履行而间接地妨害债权的实现。

侵害债权的侵权行为可具体分为以下几种。

（一）诱使违约

诱使违约，是侵害债权的一种具体方式，是一种具体的侵害债权的侵权行为。在客体、损害后果、违法行为以及侵害债权的故意等方面，诱使违约都与一般的侵害债权行为的基本要求是一样的。其区别在于，诱使违约的行为方式与一般的侵害债权行为不同，是债的关系以外的第三人作为加害人，以诱惑的方式，使债务人不履行债务，进而使债权人的债权不能实现，债权受到损害。

诱使违约分成两种形式。

1. 单独侵权

诱使违约是第三人的行为构成侵权，债务人的行为不构成侵权。这种侵权行为是第三人故意侵权，而债务人只是由于错误相信第三人的诱惑，自己并没有加害债权人的故意。对此，恶意诱使合同一方当事人（债务人）违约，给对方（债权人）造成损害的，受害人有权请求侵权人（第三人）承担民事责任。《美国侵权法重述（第二次）》第 766 条规定："故意以诱使或以其他方式致第三人未履行其契约义务，不当干扰他人与第三人间之契约义务之履行者，行为人就该他人因第三人之怠于履行其契约义务所致金钱损失，应负责任。但就婚姻之干扰，不在此限。"①

2. 共同侵权

诱使违约是债务人明知第三人的侵权故意，而与第三人共同实施侵害债权行为的，构成侵害债权的共同侵权行为，债务人与第三人即加害人是共同加害人，应当与加害人承担连带责任。

（二）阻止债务履行

阻止债务履行也是一种具体的侵害债权行为，其责任的构成和承担与一般侵害债权行

① 《美国法律整编》，侵权行为法，刘兴善译，617 页，台北，司法周刊杂志社，1986。

为基本相同，其不同之处在于，债的关系以外的第三人是以损害他人债权为目的，采取非法手段，阻止或妨害债务人履行债务。其行为的结果是造成了债权人的债权受损害，致使债权人的债权不能实现。对此，实施侵权行为的第三人应当承担民事责任。《美国侵权法重述（第二次）》第766A条规定："故意且不当干扰他人与第三人间之契约之履行，而以阻碍该他人之履行契约义务或致其履行契约义务花费更多或更增麻烦者，行为人就该他人因而所致之金钱损失，应负责任。"①

应当注意的是，这种侵害债权的侵权行为中，债务人的行为也是被动的，债务不能履行不是因为债务人自己的意志，而是由于侵害债权的第三人的恶意阻止。因而在一般情况下债务人不会成为侵权人。如果债务人明知第三人有侵害债权的故意，而与第三人相配合，实施侵害债权的行为的，那就构成共同侵害债权的侵权行为，而不是阻止债务履行的侵权行为了。

其具体的表现形式如：（1）毁损债权标的物，即对于债务人决定向债权人交付的债权标的物，第三人故意将其毁损或消灭，致使债权无法实现，构成侵害债权的侵权行为。（2）拘禁债务人，即第三人将作为债务人的演出者或者其他有特殊身份的人予以拘禁，使其无法履行债务，致使债权人的债权无法实现，造成债权利益损失。

（三）干扰他人接受赠与

这种侵权行为在我国较少遇到，在美国侵权法中被认定为对优越的经济关系的干扰，是一种具体的侵权行为。在已经成立的赠与合同中，第三人以诈欺、胁迫或者其他侵权行为方式，非法干扰，故意阻碍他人从赠与人处取得原可取得的赠与，造成受赠人财产的可得利益损失的，构成侵害债权的侵权行为，就对该他人的赠与所造成的损失，加害人应当承担损害赔偿责任。

（四）债权准占有人主张债权接受清偿

债权准占有人主张债权并接受清偿的，如果清偿的债务人为善意、无过失，则发生清偿效力，债权准占有人接受清偿的行为，为债权侵权行为，构成侵害债权的侵权责任，债权准占有人应承担侵害债权的损害赔偿责任，赔偿债权人因此而遭受的财产损失。如果债务人清偿时有过失，则不发生清偿的效力，不构成债权侵权行为，而是债权准占有人侵害了债务人的财产权。

【典型案例】

甲拾得乙的记名但未留密码和印鉴的活期储蓄存折，去银行某网点支取存款。该网点柜员丙经审查存单无误，而予以支付全部储蓄金额10 000元人民币。真实的债权人乙发现后，向银行请求清偿，被拒绝，告知其向债权准占有人甲请求侵权损害赔偿。

在本案中，甲为债权准占有人，向银行主张并接受清偿乙的债权，侵害了乙的债权。②

---

① 《美国法律整编》，侵权行为法，刘兴善译，617页，台北，司法周刊杂志社，1986。

② 参见杨立新：《对债权准占有人清偿的效力》，载《法学研究》，1991（3）。

（五）代理人超越代理权，免除被代理人之债务人对被代理人的债务

代理人超越代理权权限，免除被代理人的债务人对被代理人的债务的行为，并未经其被代理人追认的，属无效的民事法律行为；因此而造成债权人的债权无法实现，造成债权人可得利益损失的，为债权侵权行为，代理人为侵权行为人，应当对债权人的债权损失承担赔偿责任。

（六）第三人与债务人通谋妨害债权实现

第三人与债务人恶意串通，隐匿财产或者设置财产担保，使债权不能实现，造成债权人的债权利益损失的，构成债权侵权行为。这种侵权行为是第三人与债务人共同侵权，第三人与债务人应当承担连带责任。

六、债权侵权责任的损害赔偿内容

（一）债权侵权的损害赔偿责任形态

侵害债权的损害赔偿关系，主要有以下四种。

1. 侵权人直接侵害债权的责任

在直接侵害债权的场合，损害赔偿关系的主体是债权人和侵权人（第三人）。债权人为赔偿权利人，侵权人（第三人）为赔偿义务人，第三人直接向债权人承担侵权损害赔偿的民事责任。

这种侵害债权的侵权法律关系的侵权责任形态是自己责任，侵权人需自己承担侵权责任。

2. 侵权人间接侵害债权的直接责任

在第三人间接侵害债权的场合，如第三人基于侵害债权的故意而伤害债务人、毁损债的标的物，以诈欺、强制等方法阻止债务人履行债务，而债务人本身并无过错的，产生的侵权责任形态仍然是自己责任。其损害赔偿关系的主体仍然是债权人和第三人。债权人为权利人，第三人为义务人，第三人直接向债权人承担侵权损害赔偿等民事责任。

3. 不真正连带责任

在间接侵害债权的场合，第三人诱使债务人不履行债务，如果债务人知道或者应当知道第三人为违约引诱，有抵制的余地而不加以抵制，致使债权人债权无法实现的，显然对债务不履行有过错，应承担相应的民事责任，与第三人共同对债权人的债权损失负责。但这种责任不是连带责任，而为不真正连带责任。第三人和债务人各自向债权人承担责任，构成第三人的侵权责任与债务人的违约责任竞合。在此情况下，由债权人依照《民法典》第 186 条规定进行选择，或者追究侵权人的侵权责任，或者追究违约人的违约责任。

4. 连带责任

第三人与债务人通谋，侵害债权人债权的，构成侵害债权的共同侵权行为，第三人与债务人应当承担连带责任。这种侵权法律关系中，债权人为赔偿权利人，第三人和债务人为共同加害人，为赔偿义务人，向债权人承担连带赔偿责任。第三人劝说、教唆债务人不履行债务，而债务人明知其有侵害债权的意图而同意的，视为通谋。

(二) 侵权损害赔偿关系与违约赔偿关系的处理

在实务中，第三人侵害债权与债务人的违约交织在一起时，不能只简单地处理侵权损害赔偿而不考虑违约损害赔偿。在某些场合如果因第三人侵害债权承担了赔偿责任，而免除债务人的违约责任，则会使债务人得到不当利益；如果债务人在债权人接受第三人赔偿后继续履行债务，又会使债权人得到不当利益。因此，对于上述侵害债权的损害赔偿关系与违约关系必须妥善处理。

处理这些关系的规则是以下几种。

1. 侵权人全部赔偿

债权侵权行为致使债务人丧失继续履行能力，或者债务人的履行发生清偿效力而使债权消灭的，第三人应当全部赔偿债务人不履行所造成的损失和给债权人造成的其他损失。对此，债务人不再承担任何责任。例如，第三人毁损债务人履行标的物，或者强制债务人的人身而使债务人丧失履行债务机会的，均应如此处理。债务人对债权准占有人善意清偿，应由债权准占有人即债权侵权人予以赔偿，债务人不再承担清偿责任。

2. 债务人承担责任，侵权人承担补充责任

债权侵权行为妨害了债权的实现，但债务人应当而且能够继续履行债务的，应继续履行债务。第三人就自己的侵权行为给债权人造成的迟延履行等损失，以及因时间延误债务人不能履行的部分，承担赔偿责任。例如，第三人以债权人代理人的身份故意免除债务人的金钱债务，确定构成侵权责任之后，债务人仍应继续履行，第三人应负赔偿迟延履行损失等的责任。又如，在租赁、保管、寄存等合同之债，第三人以强制、诈欺、引诱等手段使债务人不履行债务，确定构成侵害债权责任后，债务人仍需且能够履行债务的应继续履行，对于迟延履行损失等其他损失，应由侵害债权的第三人赔偿。

3. 连带责任

第三人与债务人承担连带赔偿责任的，应当确定各自的份额，在份额确定的基础上，第三人与债务人承担连带责任。其份额，应依各自的故意程度、原因力以及债务人应履行的债务数额，综合确定。连带承担赔偿责任应赔偿债权人的全部损失，故原债务不再继续履行。

4. 不真正连带责任

第三人与债务人承担不真正连带责任的，原则上由债权人进行选择：或者由债务人继续履行债务，至于其他损失，由第三人赔偿；或者请求侵权的第三人承担侵权责任。如果债务人的债务不能继续履行的，全部损失由侵权的第三人自己承担赔偿责任。

(三) 赔偿范围

债权侵权责任的损害赔偿范围，应以财产损失为标准。对于直接财产损失，应予全部赔偿。对于财产利益损失，包括债权预期的全部数额，以及迟延履行的违约金损失，其他财产利益损失等，应当按照财产损失赔偿的规则办理。

【拓展阅读】

《美国侵权法重述》(第二次) 第774A条规定的原则确定：“(1) 对于既存或预期之契约关系之干扰而应负责任之人，须就下列事项承担赔偿责任：(a) 契约利益之金钱损失或预期关系

之金钱损失；(b) 干扰为法律原因，而所致之损失；(c) 就干扰得合理预料发生之精神痛苦或实际名誉损害。”“(2) 就诱使或其他方式致第三人违反其与他人间之契约而提起之干扰契约诉讼，该第三人就契约违反应负责任之事实，对于他人得向行为人请求赔偿之总额并无影响。但该第三人已实际向他人支付之赔偿金额，应就法院判决之赔偿总额中扣除。”① 其中最重要的就是侵害债权的侵权行为是否可以请求精神损害赔偿。

侵害债权同时造成了债权人的人格利益损害或者名誉利益损害的，债权人是可以请求精神损害赔偿的。依照《民法典》第996条之规定，违约行为损害债权人人格权并造成严重精神损害的可以请求精神损害赔偿。侵害债权造成债权人严重精神损害的，债权人当然可以请求精神损害赔偿。

【引例评析】

本节引例“编造虚伪事实妨害演出公司债权实现”案，是一件典型的侵害债权的行为，是故意编造虚假信息诱使债务人违约侵害债权。债权侵权行为虽然不是一个新问题，但是在实践中适用较少，很多法官不敢认定债权侵权行为。在演出公司与观众之间订立合同后，由于本案被告的行为债权无法实现，造成演出公司巨大经济损失。这构成侵害债权的侵权行为。

有人认为，债权侵权在《民法典》中没有明文规定，因此不能依据《民法典》的规定认定这种侵权责任。本案证明，侵害债权同样是侵害“民事权益”，在《民法典》第1165条规定的范围之内。只要符合第1165条第1款的规定，也就是符合我国侵权行为一般条款的规定，符合过错责任原则的要求，就应当认定为侵权行为，确定其侵权责任，而不必等待具体的法律明文规定。

【问题与思考】

1. 简述一般侵权责任的九种基本类型，说明确定这些侵权责任的基本规则。

2. 结合讨论第一节引例“在网络BBS上发帖侵害网友名誉权”案，说明媒体侵权责任的基本规则。

3. 构成侵害债权的侵权责任，需要具备哪些特殊的构成要件？

4. 结合讨论第二节引例“编造虚伪事实妨害演出公司债权实现”案，讨论债权侵权的损害赔偿数额的确定办法。

---

① 《美国法律整编》，侵权行为法，刘兴善译，626页，台北，司法周刊杂志社，1986。

第八章

责任主体特殊的侵权责任

参考文献

(一) 著作

1. 杨立新．侵权责任法．北京：法律出版社，2021：271－349

2. 杨立新．中国侵权责任法研究：第 2 卷．北京：中国人民大学出版社，2018：131－318

3. 王利明．侵权责任法研究：下卷．北京：中国人民大学出版社，2019：29－208

4. 黄薇主编．中华人民共和国民法典侵权责任编释义．北京：法律出版社，2020：73－117

5. 最高人民法院民法典贯彻实施工作领导小组．中华人民共和国民法典理解与适用：侵权责任编：上卷．北京：人民法院出版社，2020：218－307

6. 张新宝．中国民法典释评：侵权责任编．北京：中国人民大学出版社，2020：87－131

7. 张新宝．侵权责任法原理．北京：中国人民大学出版社，2005：254－321

8. 邹海林，朱广新．民法典评注：侵权责任编：第 1 册．北京：中国法制出版社，2020：279－375

(二) 论文

1. 王利明．论过错推定．政法论坛，1991 (5)

2. 梁慧星．论专家的民事责任——其理论架构的建议．外国法译评，1996 (2)

3. 张新宝．经营者对服务场所的安全保障义务．法学研究，2003 (3)

4. 杨立新．民法典侵权责任编草案规定的网络侵权责任规则检视．法学论

坛，2019 (3)

5. 杨立新．电子商务交易领域的知识产权侵权责任规则．现代法学，2019 (2)

6. 杨立新，陶盈．校园欺凌行为的侵权责任研究．福建论坛（人文社会科学版），2013 (4)

7. 杨显滨．论安保义务人的追偿权——以《民法典》第 1198 条的解释为中心．政法论丛，2021 (5)

8. 屈茂辉．旅馆安全注意义务若干问题研讨．湖湘论坛，2005 (5)

9. 张民安．不动产权利人对未成年人的注意义务——兼论滋扰理论之引入．法商研究，2006 (2)

参考法规

《民法典》第 1188～1201 条

第一节　责任主体特殊的侵权责任类型

引例　"无轨电车突然启动伤害行人"案

原告秦某于某日晚 6 时许，在某市沙河至后峪段无轨电车立山站候车，当时 03—01934 号 3 路无轨电车停在站内。秦某欲从该车前门上车时，该车突然启动，因车与站台间的距离过窄，将秦某碰倒，该车的右中轮将秦某压伤，被诊断为多发性创伤，住院 145 天，经鉴定为 3 级伤残。事故经立山区交通警察大队处理，认定被告该市公交公司负全部责任。因调解不成，秦某向法院起诉。一、二审法院认定被告对其所属的车所致原告的损害，应负全部赔偿责任，遂判决被告对原告的损失全部赔偿。

侵权责任主体特殊的侵权责任类型，是《民法典》侵权责任编第三章规定的侵权责任类型。在法律适用上，这些侵权责任类型中的每一种，都须适用《民法典》侵权责任编第三章的具体条文规定的规则，这些具体条文是每一种责任主体特殊的侵权责任类型的请求权基础。

一、监护人责任

（一）监护人责任的概念

监护人责任，是指无民事行为能力人或者限制民事行为能力人造成他人损害时，其监护人承担的侵权责任。《民法典》第1188条规定：无民事行为能力人、限制民事行为能力人造成他人损害的，由监护人承担侵权责任。监护人尽到监护职责的，可以减轻其侵权责任。本条规定的规则与《民法典》第1068条关于“未成年子女造成他人损害的，父母应当依法承担民事责任”的规定部分重合，其中的“依法”，就是依本条规定。

（二）监护人承担民事责任的规则

（1）替代责任：无民事行为能力人或者限制民事行为能力人造成他人损害的，应当由他们的监护人承担侵权责任，而不是自己承担责任，因为他们没有或者只有不完全的民事行为能力。

（2）实行过错推定原则：无民事行为能力人或者限制民事行为能力人造成他人损害的，推定其监护人有监护过失，被侵权人无须提供监护人存在未尽监护责任的过失的证明。

（3）如果监护人能够证明自己没有监护过失，则实行公平分担损失，减轻监护人的赔偿责任，根据双方经济状况，对监护人的赔偿责任适当减轻。

（三）监护人履行赔偿责任的规则

（1）造成他人损害的无民事行为能力人或者限制民事行为能力人自己有财产的，例如被监护人是成年人，自己有收入或者有积蓄等，以他们自己的财产支付赔偿金。

（2）用被监护人的财产支付赔偿金有不足的，不足部分由监护人补充赔偿，即监护人承担补充责任。这种补充责任是就不能赔偿部分的全部补偿，而不是相应的补偿责任。

（3）造成他人损害的无民事行为能力人或者限制民事行为能力人没有财产的，不适用前两项规则，由监护人全部承担侵权责任。

（四）委托监护责任

委托监护责任，是指监护人将监护职责委托给他人，无民事行为能力人或者限制民事行为能力人造成他人损害的，监护人与受托监护人分担责任的特殊侵权责任。

委托监护责任的构成要件是：第一，委托监护，是监护人将自己负有的对无民事行为能力人或者限制民事行为能力人的监护职责，委托给他人承担；第二，无民事行为能力人或者限制民事行为能力人是在受托监护人的监护下，而不是在监护人的监护下；第三，被监护的无民事行为能力人或者限制民事行为能力人实施的行为，造成了被侵权人的损害；第四，对监护人推定其存在未尽监护职责的过失，对受托监护人的过失，应当由被侵权人举证证明，或者由主张分担责任的监护人举证证明。符合这四个要件的要求的，构成委托监护责任，监护人和受托监护人应当承担侵权赔偿责任。

从上述规定的委托监护责任的构成要件来看，监护人的责任其实并无特别的变化，尤其是实行过错推定原则，推定监护人存在违反监护职责的过失，实际上与《民法典》第1188条规定的监护人责任规则没有太大的区别。有区别的是，若要受托监护人承担侵权责任，应当证明受托监护人存在过失。根据事实推论，原告即被侵权人一般会向监护人主张损害赔偿责任，如果监护人认为自己没有过失，而是受托监护人存在过失造成损害的，应当由监护人承担举证责任。如果被侵权人直接向受托监护人主张承担侵权责任，则应当由被侵权人承担举证责任。根据“谁主张，谁举证”的举证责任分配规则，主张受托监护人存在过失的，只有监护人或者被侵权人，因而应当由主张者承担举证责任。

委托监护责任的责任分担规则是：

（1）委托监护责任的主体有两个：一是监护人，二是受托监护人。监护人并未因其将委托监护职责委托给受托监护人而免除自己的责任，仍然是侵权责任人。

（2）两种责任主体承担的责任是单向连带责任，即混合责任：监护人承担的是对全部损害的赔偿责任，并且是连带责任：只要被侵权人主张监护人承担全部责任，监护人就必须承担全部赔偿责任。

（3）能够证明受托监护人也存在未尽监护职责的过失的，受托监护人应当在其过失造成损失的范围内，承担相应的赔偿责任。该责任性质不是连带责任，而是按份责任，被侵权人不能向受托监护人主张承担全部赔偿责任。之所以将这种单向连带责任称为混合责任，是因为数人中，有的承担连带责任，有的承担按份责任。[①]

二、暂时丧失心智人的责任

暂时丧失心智，是指完全民事行为能力人因自己的身体原因或者其他原因而暂时没有意识或者对其行为失去控制。

完全民事行为能力人在暂时丧失心智的情况下造成他人损害的，侵权责任承担的规则是：

暂时丧失心智之人的暂时没有意识或者对其行为失去控制状态的出现，如果是该人存在过错所致，则属于过错责任原则调整的范围，有过错则有责任，行为人应当承担侵权责任。

如果暂时丧失心智之人对其暂时没有意识或者对其行为失去控制状态的出现没有过错，即由于其身体的客观原因，而不是由于主观上有过错的原因，行为人本不应承担责任，但要适用公平分担损失规则，根据行为人的经状况对受害人适当补偿，能够承担多少就补偿多少。

行为人因醉酒、滥用麻醉药品或者精神药品而暂时没有意识或者对其行为失去控制造成他人损害的，就是对自己暂时丧失心智有过失，因而对造成的损害应当承担赔偿责任。

① 参见《美国侵权法重述（第三次）》。

三、用人者责任

用人者责任是一种特殊侵权责任类型，概括的是用人单位的工作人员或者劳务派遣人员以及个人劳务的提供方在工作过程中，或者在提供劳务过程中造成他人损害的，用人单位或者劳务派遣单位以及接受劳务方应当承担的赔偿责任。

用人者责任分为以下三种类型。

(一) 用人单位责任

用人单位的工作人员因执行工作任务造成他人损害的，由用人单位承担侵权责任。用人单位赔偿之后，如果工作人员对造成他人损害有过错，则可以向其追偿。用人单位在承担责任后，可以向有故意或者重大过失的工作人员追偿。

(二) 劳务派遣单位责任

在劳务派遣期间，被派遣的工作人员因执行工作任务造成他人损害的，由接受劳务派遣的用工单位承担侵权责任。劳务派遣单位如果对派遣工作人员有过错的，就自己的过错程度和原因力，承担相应的补充责任。

(三) 个人劳务责任

在个人之间形成劳务关系，例如雇用保姆，如果提供劳务一方因劳务造成他人损害的，则由接受劳务一方承担侵权责任。提供劳务一方因劳务自己受到损害的，属于个人劳务中的工伤事故，实行过错责任原则，双方应当根据各自的过错承担相应的责任。

提供劳务一方因第三人的行为造成自己损害的责任承担规则是：(1) 提供劳务一方在提供劳务期间，因第三人的行为造成自己损害的，构成个人劳务工伤事故责任。(2) 受到损害的提供劳务一方对于究竟是向第三人请求赔偿，还是向接受劳务一方请求赔偿，有选择权，可以选择行使对自己有利的请求权。前一请求权是基于第三人的侵权行为而发生，后一请求权是基于个人劳务关系而发生。(3) 提供劳务一方向第三人请求赔偿，赔偿请求权实现之后，对接受劳务一方的请求权消灭；选择向接受劳务一方行使赔偿请求权，接受劳务一方应当承担赔偿责任，在承担了赔偿责任之后，有权向造成损害的第三人进行追偿。

四、定作人指示过失责任

定作人指示过失责任是大陆法系传统的特殊侵权责任，也称为独立工人责任。

加工、定作和承揽被统称为定作，法律关系主体主要是定作人和承揽人，定作人委托承揽人进行加工、定作、承揽，承揽人依照定作人的指示进行加工、定作。由于承揽人在接受定作之后是独立进行定作、加工的，尽管按照定作人的指示进行，也应当独立负责。承揽人在完成承揽任务的过程中，造成第三人损害或者自己损害的，定作人不承担赔偿责任，由承揽人承担责任或者负担自己的损失。这是一般性规则。如果定作人对于定作、指示有过失，或者对承揽人的选任有过失的，则定作人承担相应的赔偿责任。

定作过失，是指定作人确定的定作任务本身就存在问题，这种定作物有可能造成他人损害或者定作人的损害，例如加工易燃、易爆物品。指示过失，是指定作人下达的定作任务没有问题，是指示承揽人的定作方法存在过失，例如不应该采用危险方法进行加工，却作出这样的错误指示。这两种过失，都构成定作人指示过失责任中的过失。选任过失，则是指定作人选任承揽人有过失，例如明知承揽人没有承担特种加工活动的资质而予以选任。

定作人指示过失责任中造成他人损害的责任，是典型的定作人指示过失责任。造成承揽人自己损害的责任，其实是承揽人的工伤事故责任。

五、网络侵权责任

《民法典》在1194条规定的是网络侵权责任的一般规则，包括网络用户在他人的网络上实施侵权行为的责任承担规则，以及网络服务提供者利用自己的网络实施侵权行为的责任承担规则。无论上述两种情形中的哪一种，都适用过错责任原则确定侵权责任，网络用户或者网络服务提供者对自己实施的网络侵权行为负责，即自己责任。

《民法典》第1195～1197条规定，是对网络侵权责任避风港原则中的通知规则、反通知规则，以及红旗原则的规定。

（一）避风港原则

1. 通知规则

网络侵权责任避风港原则中的通知规则，具体规则比较复杂，包括以下几点。

（1）权利人的通知权。

网络用户利用他人的网络服务实施侵权行为的，原则上网络服务提供者不承担责任，因为其无法承担海量信息的审查义务。解决这种侵权纠纷的方法是“通知—取下”规则，即避风港原则的通知规则：认为自己权益受到损害的权利人，有权通知网络服务提供者，对网络用户在该网站上发布的信息采取删除、屏蔽、断开链接等必要措施，消除侵权信息及其影响。这就是权利人的通知权。

（2）通知的主要内容。

行使通知权的通知，应当包括构成侵权的初步证据及权利人的真实身份信息，不符合这些要求的必要内容的通知无效。

（3）网络服务提供者的义务。

网络服务提供者接到权利人的通知后，应当实施两个行为：一是及时将该通知转送相关网络用户；二是对侵权信息根据构成侵权的初步证据和服务类型等实际情况需要，及时采取删除、屏蔽或者断开链接等必要措施。网络服务提供者履行了上述两项义务的，就进入避风港，不承担侵权责任。

（4）网络服务提供者违反义务的责任。

网络服务提供者未及时采取必要措施的，构成侵权责任，要对损害的扩大部分与该网络用户承担部分连带责任，即网络服务提供者只对扩大的损害部分承担连带责任。

（5）对错误行使通知权的所谓权利人进行惩罚的措施。

权利人错误行使通知权进行通知，依照该通知采取的必要措施造成了网络用户或者网络服务提供者损害的，错误通知的行为人应当对网络用户和网络服务提供者的损害承担侵权赔偿责任。

2. 反通知规则

避风港原则中有两个重要规则，一是通知规则，二是反通知规则。这样的规则配置，是为了保持网络表达自由的利益平衡。《民法典》第1196条规定了避风港原则中的反通知规则。反通知规则的内容是：

（1）网络用户享有反通知权。

当权利人行使对网络用户发布的信息采取必要措施的通知权时，网络服务提供者将该通知转送网络用户，网络用户接到该通知后，即享有反通知权，可以向网络服务提供者提交自己不存在侵权行为的声明。提交该声明就是行使反通知权的行为。

（2）反通知的主要内容。

提交的反通知声明，应当包括不存在侵权行为的初步证据，不符合这一要求的反通知声明不发生反通知的效果。

（3）网络服务提供者对反通知的义务。

网络用户发出反通知声明，网络服务提供者在接到该反通知声明后，负有的义务有：一是应当将该声明转送给发出通知的权利人；二是告知其可以向有关部门投诉或者向人民法院起诉。而不是一接到反通知声明就立即终止所采取的必要措施。

（4）反通知声明送达后的期限。

网络服务提供者在转送反通知声明到达权利人后的合理期限，为权利人对反通知作出反应的期限。时间的计算采到达主义，在转送的反通知声明到达权利人后，权利人应当在该期限内通知网络服务提供者已经投诉或者起诉。

（5）权利人超出合理期限的后果。

权利人收到反通知声明后的合理期限内，未通知网络服务提供者其已经投诉或者起诉通知的，网络服务提供者应当及时对网络用户发布的信息终止所采取的删除、屏蔽或者断开链接的必要措施，保护网络用户即反通知权利人的表达自由。

不论是权利人的通知权还是网络用户的反通知权，其义务主体都是网络服务提供者，负有满足通知权人或者反通知权人权利要求的义务。网络用户和权利人不是对方的义务主体。

（二）红旗原则

《民法典》第1197条规定了网络侵权的红旗原则。红旗原则，是指网络用户在网络服务提供者提供的网站上实施侵权行为，侵害他人的民事权益，非常明确（比喻网络上的侵权行为“红旗飘飘”），网络服务提供者知道或者应当知道而不采取必要措施的，即应承担侵权责任的规则。

适用红旗原则的要件是：（1）网络用户在网络服务提供者的网站上实施侵权行为。

(2) 该侵权行为的侵权性质明显，不必证明即可确认。(3) 网络服务提供者知道或者应当知道网络用户在自己的网站上实施了这种侵权行为。(4) 对这样的侵权信息没有采取删除、屏蔽或者断开链接的必要措施。

在第三个要件中，知道就是明知，应知就是根据实际情况可以确定网络服务提供者是应当知道的，例如网络服务提供者已经对该信息进行了编辑、加工、置顶、转发等，都是应知的证明。

适用红旗原则的后果是，明知或者应知网络用户在自己的网站上实施侵权行为的网络服务提供者，对该侵权信息没有采取必要措施的，须与实施侵权行为的网络用户一起，对被侵权人遭受的损害承担连带赔偿责任。承担连带责任的规则适用《民法典》第 178 条规定。

六、违反安全保障义务责任

违反安全保障义务责任，是指经营者、管理者或者组织者对经营场所、公共场所、群众性活动场所未尽安全保障义务，造成他人损害应承担的赔偿责任。

《民法典》第 1198 条规定了这种特殊侵权责任，本章专设一节对此进行讨论。

七、校园伤害事故责任

《民法典》第 1199 条至第 1201 条规定的是校园伤害事故的侵权责任规则，即无民事行为能力人或者限制民事行为能力人在校园受到人身损害，幼儿园、学校或者其他教育机构应当承担责任的特殊侵权责任。

(一) 无民事行为能力人受到伤害的责任

确定无民事行为能力人在校园受到伤害的侵权责任规则是：(1) 幼儿园、学校或者其他教育机构中的无民事行为能力人，通常是二年级以下的小学生和幼儿园的学生。(2) 教育机构对无民事行为能力的学生负有教育、管理职责，而不是享有监护权。(3) 无民事行为能力的学生在校园中因第三人实施的行为之外的原因，例如教育机构管理不当行为受到人身损害。(4) 教育机构未尽教育、管理职责是造成损害的原因。

无民事行为能力的学生在校园受到伤害的侵权责任，适用过错推定原则：(1) 能够证明无民事行为能力的学生在校园受到损害的，直接推定教育机构存在未尽教育、管理职责的过失。(2) 实行举证责任倒置：教育机构可以举证证明自己已尽教育、管理职责。能够证明者的，不承担侵权责任；不能证明者的，推定成立，教育机构应当承担侵权赔偿责任。

(二) 限制民事行为能力人受到伤害的责任

确定限制民事行为能力人在校园受到伤害的侵权责任规则是以下几点。(1) 学校或者其他教育机构中的限制民事行为能力的学生，通常是三年级以上的小学生和中学生。(2) 教育机构对限制民事行为能力的学生负有的也是教育、管理职责，不享有监护权。(3) 限制民事行为能力的学生在校园中因第三人实施的行为之外的原因，例如教育机构管理不当行为受到人身损害。（4）教育机构未尽教育、管理职责是造成损害的原因。

限制民事行为能力的学生在校园受到人身损害，确定责任适用的是过错责任原则：受到人身损害的限制民事行为能力的学生主张教育机构承担赔偿责任，须证明上述所有的侵权责任构成要件，特别是教育机构有未尽教育、管理职责的过失。这样的规定，体现了对无民事行为能力的学生和限制民事行为能力的学生保护的程度不同。不过，对限制民事行为能力的学生采用过错责任原则进行保护，再确定教育机构的责任，其实就没有太大的必要了，因为既然适用过错责任原则，那就是一般侵权责任，即使不作这一特别规定，依照过错责任原则的一般规定即《民法典》第 1165 条第 1 款的规定，也完全可以得出同样的法律适用结果。

（三）第三人在校园伤害无民事行为能力人或者限制民事行为能力人的责任

无民事行为能力的或者限制民事行为能力的学生在校园受到第三人实施的侵权行为侵害，造成人身损害后果的，属于第三人原因造成损害，却不适用《民法典》第 1175 条关于“损害是因第三人造成的，第三人应当承担侵权责任”的规定，而是适用《民法典》第 1201 条规定的规则。第 1201 条规定的责任规则是，第三人在校园实施的侵权行为，造成了校园的无民事行为能力的或者限制民事行为能力的学生人身损害的，第三人承担侵权责任，赔偿受害人的损害；如果教育机构存在未尽管理职责的过失的，应当承担相应的补充责任，即在自己过失所致损失的范围内，就第三人不能承担的赔偿责任，承担补充性的赔偿损失责任。教育机构在承担了相应的补充责任之后，可以就其损失向第三人请求追偿。这是因为第三人才是真正的侵权人，对于损害的发生具有全部原因力，教育机构只是存在不作为的间接原因而已。

【引例评析】

本节引例“无轨电车突然启动伤害行人”案中的侵权行为是该车的司机实施的，但是，他是公交公司的工作人员，其驾驶公共汽车是执行任务的行为，因此，他在执行任务中造成的损害，应当由其所属的用人单位即公交公司承担责任，即替代责任。

对于这种实行过错推定责任的侵权行为，并不考察行为人是否有过错，而是考察其所属用人单位是否有过错，即是否对行为人的执行任务行为善尽管理、教育职责，没有尽此职责的，即推定其为有过失。所属单位能够证明自己没有过失的，免除其责任，不能证明自己没有过失的，构成法人、非法人组织的侵权责任。如果行为人有故意或者重大过失，则为法人或者非法人组织对其行使追偿权的事实根据，法人或者非法人组织可以在自己承担了替代责任之后，对其进行追偿。

第二节 违反安全保障义务的侵权责任

引例 “银河宾馆对客人未尽安全保障义务侵权”案

23岁的某医药公司总经理王某在银河宾馆客房遭抢劫遇害。警方事后从宾馆的视频记录中发现，凶手全某在入室作案前，曾尾随王某，在不到两个小时内7次上下电梯对王某进行跟踪。对形迹可疑的全某，宾馆保安人员无一人上前盘问。死者父母认为银河宾馆严重失职，应当承担侵权责任。一审法院判令银河宾馆赔偿死者父母人民币8万元。二审法院认为：宾馆作为特殊服务性行业，应向住客提供安全的住宿环境。王某入住银河宾馆后，双方形成合同关系，安全保障是宾馆的一项合同义务。本案罪犯7次上下宾馆电梯，宾馆没有对这一异常举动给予密切注意，未履行对王某的安全保障义务，应承担赔偿责任。遂维持原判，驳回上诉。

一、违反安全保障义务的侵权责任概念和特征

（一）概念

违反安全保障义务的侵权责任，是指依照法律规定或者约定对他人负有安全保障义务的人，违反该义务，直接或者间接地造成该他人人身权益或者财产权益损害时，应当承担的赔偿责任。《民法典》第1198条规定：“宾馆、商场、银行、车站、机场、体育场馆、娱乐场所等经营场所、公共场所的经营者、管理者或者群众性活动的组织者，未尽到安全保障义务，造成他人损害的，应当承担侵权责任。”“因第三人的行为造成他人损害的，由第三人承担侵权责任；经营者、管理人或者组织者未尽到安全保障义务的，承担相应的补充责任。经营者、管理者或者组织者承担补充责任后，可以向第三人追偿。”

（二）特征

1. 责任人是对受保护人负有安全保障义务的人

违反安全保障义务侵权责任的责任主体，是经营活动和群众性活动的经营者、管理者或者组织者，受保护人是进入到责任人的经营活动范围内或者群众性活动领域之中的人。由于受保护人的进入，保护义务人对受保护人产生安全保障义务。因此，负有安全保障义务的责任人，必须是对进入者即受保护人负有安全保障义务的经营者、管理者或者群众性活动的组织者。

2. 责任人违反对相对人的安全保障义务

构成违反安全保障义务侵权责任，必须负有安全保障义务的人“未尽到安全保障义务”，因此，未尽合理限度内的安全保障义务，是构成这种侵权责任的要件之一。这就是说，不仅其必须对行为人负有安全保障义务，而且必须其未尽到安全保障义务，或者违反了安全保障义务。

3. 受安全保障义务人保护的相对人遭受了人身损害或财产损害

行为人的违反安全保障义务的侵权行为造成了受害人的人身损害或者财产损害，是这种侵权行为的损害事实，这种损害事实主要是人身损害的事实，也包括财产损害的事实.这是因为安全保障义务主要保护的是人身权利不受侵害。如果违反安全保障义务的侵权行为造成了受保护人的财产权利损害，也构成违反安全保障义务侵权行为的损害赔偿责任，可以依据侵害财产权的赔偿方法进行赔偿。

4. 违反安全保障义务的责任人应当承担侵权损害赔偿责任

违反安全保障义务的侵权行为造成了受保护人的人身损害或者财产损害的，救济手段是违反安全保障义务的侵权行为人承担侵权损害赔偿责任。

二、违反安全保障义务的侵权行为及其责任的认定

（一）安全保障义务的主体范围及安全保障义务的来源

1. 安全保障义务的主体范围确定

（1）义务主体的确定。

按照《民法典》第1198条的规定，负有安全保障义务的主体应当是经营场所、公共场所的经营者、管理者和群众性活动的组织者，包括自然人、法人和非法人组织。该条文列举的“宾馆、商场、银行、车站、机场、体育场馆、娱乐场所”并不是完全列举，一个“等”字把所有的经营者、管理者都概括在其中。

对此，可以借鉴英美法的“土地利益占有人”或者“土地占有者侵权类型”的概念：不论是经营者、管理者还是群众性活动的组织者，他们都占有土地，在土地上进行活动。即使不是经营者、管理者或者其他群众性活动组织者的其他人，如果占有土地进行经营活动等，对于进入该土地范围的人也应当承担安全保障义务。例如，自己的房屋和庭院存在现实危险，造成他人损害，也可以通过这种标准界定义务主体负有安全保障义务的范围。

（2）权利主体的确定。

受到安全保障义务保护的人，是安全保障义务的权利主体。《民法典》第1198条规定的是“他人”，没有规定具体范围。事实上，安全保障义务的权利主体，就是受安全保障义务保护的对方当事人。按照一般推论，既然义务主体是经营者、管理者和群众性社会活动的组织者，那么，权利主体就一定是消费者和群众性活动的参与者。可是，这样理解会限制权利主体的范围。例如，只是到商店逛街而不购买东西的人，是不是消费者？是不是权利主体呢？如果认为不是消费者，因而得出不予以保护的结论，显然是不正确的。

【资料】

对此，可以借鉴美国和英国侵权法上的做法。进入土地利益范围里的人，被分为四种：

(1)“受邀请者”。经营者、管理者、组织者开始经营等，所有进入经营等领域的人都是受邀请者，即“被告经营商店，是以大众为对象，故社会大众皆为被告的受邀请者，不能因原告受伤前未向被告购买东西，即认为原告非属受邀请者”。只要经营者、管理者等打开门开始经营，就是向不特定的人发出邀请。(2)没有经过同意的“访问者”。访问者与受邀请者的区别是，访问者是经营者没有邀请，自己进到土里利益范围内的人。土地利益占有者对访问者的安全注意义务要低于对受邀请者的。(3)“公共人”。公共人是有权进入他人占有的土地利益范围的人，如邮差、税收官、政府的调查人员、收电费的职员等。土地利益占有对公共人的注意标准相当于对受邀请者的。(4)“未成年人”。对未成年人，土地利益占有者负有最高的安全保障义务。只要土地利益范围内存在对儿童具有诱惑力的危险，土地利益占有者就必须确保儿童不受该危险的损害。

在司法实务中，根据实际情况，把“他人”分为受邀请者、公共人、访问者和未成年人，分别赋予经营者、管理者和群众性活动组织者以不同的安全保障义务，就更容易操作和执行。

2. 安全保障义务来源的确定

确定违反安全保障义务的侵权责任，最重要的是确定行为人是否负有安全保障义务、负有什么样的安全保障义务。经营者、管理者和群众性活动组织者的安全保障义务来源主要有以下三个方面。

(1) 法律直接规定。法律直接规定安全保障义务，是最直接的安全保障义务的来源。例如，《消费者权益保护法》第7条规定：“消费者在购买、使用商品和接受服务时享有人身、财产安全不受损害的权利。”“消费者有权要求经营者提供的商品和服务，符合保障人身、财产安全的要求。”第18条第1款规定：“经营者应当保证其提供的商品或者服务符合保障人身、财产安全的要求。”《物业管理条例》第36条规定：“物业服务企业应当按照物业服务合同的约定，提供相应的服务。”“物业服务企业未能履行物业服务合同的约定，导致业主人身、财产安全受到损害的，应当依法承担相应的法律责任。”其他规定安全保障义务的法律也都属于这种性质。

(2) 合同约定的主义务。当事人在合同中规定，合同的一方当事人对另一方当事人负有安全保障义务的，合同当事人应当承担安全保障义务。例如订立旅客运输合同，旅客的人身安全保障义务就是合同的主义务，当事人必须履行这种义务。①

(3) 法定的或者约定的合同附随义务。按照诚信原则，一方当事人应该对另一方当事人提供安全保障义务的，该方当事人应该负有安全保障义务。例如，餐饮业、旅馆业向顾客提供服务的，按照诚信原则的解释，其经营者应当对接受服务的客人的人身安全负有保障义务。②

3. 安全保障义务性质的确定

按照上述分析，经营者、管理者或者群众性活动的组织者承担的安全保障义务的基本性质有两种：一是法定义务，二是合同义务。有时候，这两种义务是竞合的。例如，经营者、管理者等负有的安全保障义务既是法律规定的义务，也是合同约定的义务。经营者、管理者等违反这种安全保障义务，既可能构成侵权责任，也可能构成违约责任，这时会发

---

① 参见崔建远主编：《合同法》，3版，414页，北京，法律出版社，2003。

② 其实，前文所述银河宾馆案中，即使是宾馆没有承诺“二十四小时保障客人安全”，依照诚信原则，亦应承担这种安全保障义务。

生民事责任竞合，即违反安全保障义务的行为引发侵权责任和违约责任竞合，受害人享有两个损害赔偿请求权。对此，应当按照《民法典》第186条的规定，由赔偿权利人进行选择，选择行使最有利于自己的请求权，救济自己的权利损害。

（二）违反安全保障义务的侵权责任的归责原则

1. 违反安全保障义务的侵权行为不适用无过错责任原则

对违反安全保障义务的侵权行为是否适用无过错责任原则，学界意见是一致的，均持否定态度，断言在目前还没有发现在此类案件中适用无过错责任的必要性有多么高，而且无过错责任有赖于制定法的明确规定，司法解释显然不具有这样的权力来规定适用无过错责任。这种说法是正确的。

2. 违反安全保障义务的侵权行为适用过错责任原则还是过错推定原则

确定构成违反安全保障义务的侵权责任，行为人须具有过错，这是一致的意见。但是，关于过错的证明究竟由谁承担，却有不同的意见。这涉及是适用过错责任原则还是适用过错推定原则的问题。

多数人的意见认为，违反安全保障义务造成受害人人身、财产损害的，经营者、管理者等仅在自己有过错的情况下承担侵权责任，没有过错则不承担责任。[①] 因此，对于违反安全保障义务的侵权行为仍应由受害人一方来承担安全保障义务人具有过错的举证责任，除非法律、法规有明确规定，否则不能适用过错推定责任。

对于违反安全保障义务的侵权行为的过错认定，应当采用过错推定原则。推定的事实基础，就是受害人已经证明了相反行为违反了安全保障义务。在此基础上，推定行为人具有过错。如果行为人否认自己的过错，则过错的举证责任行为人自己承担，由他证明自己没有过错的事实。如果他能够证明自己没有过错，则推翻过错推定，免除其侵权责任；如果不能证明其没有过错，或者证明不足，则过错推定成立，行为人应当承担侵权责任。

违反安全保障义务的侵权行为适用过错推定原则的理由是：

第一，推定行为人有过错具有客观事实作为依据。推定违反安全保障义务的行为人有过错的依据，是行为人违反安全保障义务的客观行为。既然行为人已经违反了安全保障义务，那么其在主观上应当有过错，推定其有过错是合理的。

第二，违反安全保障义务的侵权行为是特殊侵权行为，不是一般侵权行为。特殊侵权行为与一般侵权行为的基本区别，首先是归责原则的不同——前者适用过错推定原则，后者适用过错责任原则。其次是举证责任不同，如上所说。最后是侵权责任形态不同，于前者是替代责任，于后者是为自己责任。

第三，适用过错推定原则有利于保护受害人的合法权益。受害人遭受侵害，能够证明行为人违反安全保障义务已属不易，再令其举证证明行为人的过错，实在是强人所难，有可能使受害人的赔偿权利无法实现。适用过错推定原则，不使受害人承担过错责任原则下举证责任的苛求，能使受害人得到较好的保护，是很好的选择。

---

① 参见张新宝：《侵权责任法原理》，281页，北京，中国人民大学出版社，2005。

(三)违反安全保障义务的侵权责任的构成要件

1. 行为人实施了违反安全保障义务的行为

(1) 行为的基本方式为不作为。

构成违反安全保障义务的侵权责任，首要的是具备违反安全保障义务的行为这一要件。这是客观要件，也是行为要件。违法行为构成要件的基本要素之一是行为，不作为是违反安全保障义务的侵权责任构成的行为要素。违反安全保障义务的行为，一般表现为消极行为，是不作为的行为方式。这就是说应当履行作为的安全保障义务的人，由于未尽适当注意义务，应当作为而没有作为，没有尽到安全保障义务，因此造成受保护人的权利损害。

(2) 行为人须违反了安全保障义务。

构成违反安全保障义务的侵权责任，须行为人违反安全保障义务。违反安全保障义务在违法行为要件中，是违法性要素，是客观要素，是行为法律评价标准的要素，而不是过错的判断要素。

(3) 怎样判断义务人是否违反安全保障义务。

在实践中，判断义务人是否违反安全保障义务，要有一个客观的标准。但是，现实生活千差万别，无法找到一个统一的、划一的标准，因此应当具体问题具体分析。在客观上存在一些能够确定义务人是否尽到了安全保障义务的要素，如在确定防范、制止违反安全保障义务的侵权行为的过程中是不是尽到安全保障义务时，可以从安全保障义务的性质、侵权行为的性质和力度、安全保障义务人的安保能力，以及发生侵权行为前后所采取的防范、制止侵权行为的措施等方面，综合判断，确定义务人是否已经尽到安全保障义务。

判断义务人是否履行了安全保障义务，可以从四个方面把握。

第一，法定标准。如果法律对于安全保障的内容和义务人履行安全保障义务须作出的行为有直接规定时，应当严格依照法律、法规的明确规定判断。例如，公安部《高层建筑消防管理规则》规定："建筑物内的走道、楼梯、出口等部位，要经常保持畅通，严禁堆放物品。疏散标志和指示灯，要完整好用。"这是法定标准，是用以衡量高层建筑所有者或管理者是否尽到对火灾的预防义务的法定判断标准。违反这个标准，造成了受保护人的人身损害或财产损害的，就构成违反安全保障义务。

第二，特别标准。对于未成年人的安全保障义务，应当采用特别标准。这样的标准是，当一个经营活动领域或者一个群众性活动领域，存在对儿童具有诱惑力的危险时，管理者或者活动组织者须履行最高的安全保障义务，应当采取的保障措施包括：其一，消除这个危险，使之不能发生；其二，使未成年人与该危险隔绝，使其无法接触这个危险；其三，采取其他措施，保障不能对未成年人造成损害。没有实施这些保障措施的，即为违反安全保障义务。

第三，善良管理人的标准。如果法律没有规定确定的标准，是否履行了安全保障义务的判断标准，要高于侵权法上的一般人的注意标准。依美国侵权法，对受邀请而进入土地利益范围的人，土地利益占有者应当承担的安全保障义务是很高的，要保证受邀请者的合理性安全。这种安全注意义务可以扩展到保护受邀请者免受第三人的刑事性攻击。在法国，最高法院的判例认为：在欠缺法定的作为义务的情况下，行为人是否对他人负有积极作为的义务，应根据善良家父的判断标准加以确定。如果被告在一个善良家父会积极作为时没有作为，即表明被告有过错，在符合其他责任构成的条件下被告即应承担过错侵权责任。[①] 善良家父、保障合理性安全的标准，就是善良管理人注意的标准。这种标准与罗马法上的“善良家父之注意”和德国法上的“交易上必要之注意”相当，都是要以交易上的一般观念认为具有相当智识、经验的人对一定事件所用的注意作为标准，客观地加以认定。行为人有无尽此注意义务的智识和经验，以及他向来对该事务所用的注意程度，均不过问，只有依其职业斟酌，所用的注意程度应比普通人的注意和处理自己事务同一注意的要求更高。

第四，一般标准。这种标准分为两方面。一方面，经营者、管理者或者群众性活动组织者对于一般的受保护人，例如主动进入经营场所或者群众性活动场所的人，或者对于非法进入者，承担的义务是对隐蔽性危险的告知义务，对这种告知义务没有履行的，构成违反安全保障义务。例如，对于进入商场，不是意欲购买物品，只是要通过商场过道的人，经营者、管理者等只负有隐蔽危险告知义务，并不承担善良管理人的注意义务。另一方面，经营者、管理者或者群众性活动组织者对于进入经营场所或者群众性活动场所的受邀请者，负有一般的告知义务和注意义务，例如商场、列车、公共交通工具告知存在遭受窃贼侵害的危险，并非遭受窃贼损害，都表明义务人违反了安全保障义务。

(4) 违反安全保障义务行为的具体形式。

按照上述标准，以下四种行为是违反安全保障义务的行为。

第一，怠于防止侵害行为。负有防范、制止侵权行为的安全保障义务的人，没有对发生的侵权行为进行有效的防范或制止。

第二，怠于消除人为的危险情况。这是指对管理服务等人为的危险状况没有进行消除。

第三，怠于消除经营场所或者活动场所具有伤害性的自然情况。例如对于设施、设备存在的不合理危险，没有采取合理措施予以消除。

第四，怠于实施告知行为。对于经营场所或者群众性活动场所中存在的潜在危险和危险因素，没有尽到告知义务，亦为未尽适当注意义务。

上述安全保障义务标准，如果超出了合理限度范围，即使造成了进入经营场所或者群众性活动场所的人损害，经营者、管理者等也不应当承担损害赔偿责任。

2. 安全保障义务的相对人受到损害

构成违反安全保障义务的侵权责任，应当具备损害事实要件。这种损害事实，包括人身损害和财产损害。人身损害是受保护人的生命权、健康权受到损害的事实。财产损害事实是由违反安全保障义务的行为造成的受保护人的财产或者财产利益受到损害的事实。这种财产损害事实，一般是指财产的直接损失，即违反安全保障义务的行为所直接造成的财产损失，而不是债权等其他财产权中的期待利益损失。

侵害生命权、健康权的损害事实包括精神痛苦，对此可以请求赔偿精神损害抚慰金。

3. 损害事实与违反安全保障义务的行为之间具有因果关系

在违反安全保障义务的侵权责任的构成中，义务人的违反义务行为与受保护人的损害

---

① 参见张民安：《过错侵权责任制度研究》，328页，北京，中国政法大学出版社，2002。

之间，应当具有引起与被引起的因果关系。不过，由于违反安全保障义务的侵权行为的类型不同，对这种因果关系的要求也不相同。

（1）不同侵权行为类型的因果关系要求。

在违反安全保障义务的侵权责任的构成中，由于其侵权行为类型不同，对因果关系要件的要求也不同。

第一，在违反安全保障义务行为直接造成损害事实的情况下，对因果关系的要求应当是直接因果关系或者相当因果关系，违反安全保障义务行为是损害发生的原因。例如，在设施、设备管理违反安全保障义务的侵权行为，服务管理违反安全保障义务的侵权行为，对儿童违反安全保障义务侵权行为，对因果关系要件的要求是具有确定的直接因果关系或者相当因果关系，表现为违反安全保障义务的行为就是引起受保护人损害事实的原因。

第二，防范、制止侵权行为违反安全保障义务的侵权行为，对因果关系的要求比前三种侵权行为的要求为低，其侵权责任构成要求的因果关系应当是间接因果关系，违反安全保障义务的行为仅仅是损害发生的间接原因，不要求是直接原因。这是因为，侵权行为人对受保护人所实施的侵权行为，就是直接针对受保护人的，并且直接造成了受保护人的损害。这种情形下，该侵权行为是受保护人受到损害的全部原因。但是，负有安全保障义务人的违反安全保障义务行为也是造成受保护人的损害的全部原因，因为如果其尽到了安全保障义务，就会完全避免这种损害。事实上，安全保障义务人的行为是受保护人受到损害的一个条件，行为与损害也应具有因果关系，只是这种因果关系是间接因果关系而已。

（2）不同损害事实的因果关系要求。

在违反安全保障义务的侵权责任的构成中，对不同的损害事实的因果关系也有不同的要求。对人身损害事实，应当适用相当因果关系作为判断标准，违反安全保障义务行为是损害事实发生的适当条件的，即满足因果关系要件，违反义务者应当对该损害事实承担侵权责任。对财产损害事实，则应当以直接因果关系作为判断标准，只有当违反安全保障义务的行为是损害事实发生的原因时，才能构成侵权责任。

4. 违反安全保障义务的行为人具有过错

构成违反安全保障义务的侵权责任的，行为人应当有过错。

（1）过错性质。

违反安全保障义务人的过错性质，是未尽注意义务的过失，不包括故意。如果违反安全保障义务人对于造成损害具有故意，包括直接故意和间接故意，则不属于这种侵权行为类型，而是故意侵权。这种过失的表现是应当注意而没有注意，是一种不注意的心理状态。这种心理状态实际地表现在其违反安全保障义务的行为中，应当通过对其行为的考察作出判断。具体说，违反安全保障义务的行为人有无过错的标准是：是否达到了法律、行政法规、部门规章等所要求达到的注意义务，或者是否达到了同类经营者、管理者、群众性活动组织者所应当达到的注意程度，或者是否达到了诚信、善良的经营者、管理者、群众性活动组织者所应当达到的注意程度。①

① 参见张新宝：《侵权责任法原理》，281页，北京，中国人民大学出版社，2005。

（2）过错的证明责任。

违反安全保障义务的侵权责任适用过错推定原则，因此，过错的证明实行举证责任倒置。这就是，只要受害人证明义务人未尽安全保障义务，并且已经造成了受害人的损害，就直接从损害事实和违反安全保障义务的行为推定义务人有过错。如果义务人认为自己没有过错，应当自己举证证明自己没有过错。证明自己没有过错的，推翻过错推定，义务人不承担侵权责任；反之，不能证明或者证明不足的，过错推定成立，构成侵权责任。

（3）义务人如何证明自己没有过错。

义务人证明自己没有过错是比较困难的，因为推定过错的基础是行为人违反了安全保障义务，受害人已经证明了行为人违反安全保障义务，而违反安全保障义务的行为实际上已经包含了过错。义务人要证明自己没有过错，应当做到：证明自己的注意标准是什么，自己的行为已经达到了这样的注意标准，因此没有过错；或者证明自己虽然没有达到要求的注意标准，但是另有抗辩的原因，或者由于不可抗力，或者由于自己意志以外的原因，或者由于第三人的原因行为等。义务人若能够证明这些内容，应当认定其不具有过错要件，不构成侵权责任。

三、违反安全保障义务的侵权行为类型与侵权责任形态

（一）违反安全保障义务的侵权行为类型

违反安全保障义务的侵权行为分为四种具体类型。

1. 设施、设备管理违反安全保障义务

管理者或者群众性活动组织者在设施、设备方面的安全保障义务，主要是不违反相关的安全标准。经营场所或者活动场所的设施、设备必须符合国家的强制标准要求，没有国家的强制标准的，应当符合行业标准或者达到进行此等经营活动或群众性活动所需要达到的安全标准。具体的要求：首先是建筑物的安全标准，应当符合《建筑法》《建设工程质量管理条例》等法律、法规的质量要求，应当经过建筑行政管理部门验收合格，不得存在安全隐患。其次是消防方面的标准，必须符合《消防法》《高层建筑消防管理规则》《营业性演出管理条例》等的规定，经营场所和活动场所必须配备必要的消防设备、报警设施、紧急疏散标志和疏散图等，并保证一直处于良好状态。再次是电梯的安全标准，实行安全使用证制度、安全年检制度、日常维护保养制度，防止出现危险。最后是其他相关配套设施、设备，必须经常地、勤勉地进行维护，使它们一直处于良好、安全的运行状态，符合安全标准。

经营者、管理者、群众性活动组织者管理的设施、设备违反安全保障义务，就是在提供服务的场所，在上述四个方面所设置的硬件没有达到保障安全的要求，存在缺陷或者瑕疵，造成了他人的损害。因此，经营者、管理者等应当对受害人承担人身损害赔偿责任。例如，某商场在通道上安装的玻璃门未设置警示标志，一般人很难发现这是一扇门，顾客通过时撞在门上，造成了伤害。对此，商场应当承担违反安全保障义务的人身损害赔偿责任。

2. 服务管理违反安全保障义务

经营者、管理者或者群众性活动组织者在服务管理方面的安全保障义务，主要包括以下三个方面的内容。

第一，加强管理，提供安全的消费、活动环境。经营者、管理者和群众性活动组织者在提供服务的时候，应当保障服务的内容和服务的过程是安全的，不能存在不安全的因素和危险。这些要求集中体现在经营活动和群众性活动的组织、管理和服务上。例如，在涉及消费者和活动参与者的人身安全与卫生安全的经营和活动中，应当保障人身安全和卫生安全，地面不得存在油渍和障碍，应当定期消毒，以防止传染病的传播等。

第二，坚持服务标准，防止出现损害。在经营和活动中，应当按照确定的服务标准进行，不得违反服务标准。例如，饭店服务人员没有擦干净地板，留有污渍，顾客踩在上面滑倒造成伤害的，产生人身损害赔偿责任。

【典型案例】

美国新墨西哥州一家麦当劳餐厅内，一位 79 岁的老太太斯黛拉·莉柏克（Stela Liebeck）买了一杯热咖啡，当打开杯盖饮用时，不慎将一些咖啡泼在了腿上，确诊为三度烫伤。据调查，咖啡的饮用标准温度应当是华氏 140 度（摄氏 60 度）左右，超过华氏 155 度（摄氏 68.3 度）就有烫伤的危险了。而当时麦当劳提供的咖啡温度在华氏 180 度至 190 度（摄氏 82 度至 88 度）之间。老太太将麦当劳公司告上法庭，称麦当劳没有提示热咖啡的温度，造成自己的伤害。法院认为，承担服务职责的公司应当善待每一个顾客，不能因为自己的过失使顾客受到损害。因此判决麦当劳公司承担 270 万美元的惩罚性赔偿金。二审法院改判为 48 万美元。自此，麦当劳公司在所有的热饮杯上都加印了“小心烫口”的标志。①

第三，必要的提示、说明、劝告、协助义务。在经营或者活动中，如果存在不安全因素，例如可能出现伤害或者意外情况，则应当进行警示、说明。对于可能出现的危险，应当对消费者或者参与者进行合理的说明，对于有违安全义务的消费者或者参与者进行劝告，必要时还要报告相关部门进行必要的强制。对于已经发生或者正在发生的危险，管理者或者组织者应当进行积极的救助，以避免损失的发生和扩大。同时，对于大型的、多人参加的活动，必须按照限定的数额售票，不得超员。

服务管理违反安全保障义务，就是经营者、管理者或组织者的工作人员违反上述安全保障义务，存在瑕疵或者缺陷，因此造成他人损害的，构成侵权责任。

3. 对儿童违反安全保障义务

儿童是祖国的未来，是民族的未来，因此法律对儿童予以特别关照和保护。对儿童的保护适用特别标准，经营者、管理者或者群众性活动组织者必须竭力采取保护儿童的各项措施，以保障儿童不受场地内具有诱惑力的危险的侵害。经营者、管理者或者群众性活动组织者对儿童违反安全保障义务，造成儿童损害的，应当承担赔偿责任。

4. 防范、制止侵权行为违反安全保障义务

对于他人负有安全保障义务的管理者或者群众性活动组织者，在防范和制止他人侵害方面未尽义务，造成受保护人损害的，也构成违反安全保障义务的侵权责任。这是一种特定的类型。本节引例所述的银河宾馆案，就是这种侵权行为的典型案例。

（二）违反安全保障义务的侵权行为的责任形态

违反安全保障义务的侵权行为的责任形态分为三种：自己责任、替代责任和补充

---

① 参见李响：《美国侵权法原理及案例研究》，3 页，北京，中国政法大学出版社，2004。

责任。

1. 自己责任

自己责任，就是违法行为人对自己实施的行为所造成他人的人身损害和财产损害的后果承担侵权责任的侵权责任形态。就经营者、管理者或者组织者的经营或者活动而言，违反安全保障义务造成受保护人的人身损害，自己承担责任的，就是自己责任。在设施、设备管理违反安全保障义务的侵权行为、服务管理违反安全保障义务的侵权行为和对儿童违反安全保障义务的侵权行为中，违反安全保障义务的行为人如果是单一的自然人主体，他就要承担自己责任。

自己责任的特点是：第一，是违法行为人自己实施的行为；第二，是违法行为人自己实施的行为造成的损害；第三，由违法行为人自己承担责任。这三个特点，都突出了一个概念，就是“自己”，自己责任是为自己的行为负责的侵权责任形态。

在一般侵权行为中，行为人和责任人是同一人，行为人对自己实施的行为承担后果责任，即自己造成的损害自己承担赔偿责任，不能由没有实施违法行为的人承担赔偿责任。前述的三种侵权行为，都是经营者、管理者或者组织者自己实施的行为造成受保护人的人身损害，要自己承担责任，符合自己责任的特点。

2. 替代责任

如果经营者、管理者或者组织者是法人、非法人组织或者雇主，违反安全保障义务的具体行为人是经营者、管理者或者组织者的工作人员或者雇员，而且符合用人者责任的要求，在设施、设备管理违反安全保障义务的侵权行为、服务管理违反安全保障义务的侵权行为和对儿童违反安全保障义务的侵权行为中，这种侵权责任形态就是替代责任，而不是自己责任。对此，应当适用《民法典》第1191条的规定确定侵权责任。因此，无论是经营者、管理者或者组织者自己违反安全保障义务，还是其工作人员或者雇员违反安全保障义务，都是要由作为经营者、管理者或者组织者的法人、非法人组织或者雇主承担责任的。不过，如果经营者、管理者或者组织者的工作人员或者雇员违反安全保障义务造成损害的，经营者、管理者或者组织者在承担了赔偿责任之后，可以向有过错的雇员或者工作人员追偿。

3. 补充责任

依照《民法典》第1198条第2款的规定，在违反安全保障义务的侵权行为中，防范、制止侵权行为违反安全保障义务的一方当事人承担的损害赔偿责任，是相应的补充责任。防范、制止侵权行为违反安全保障义务的侵权损害赔偿责任，是指第三人侵权导致受害人损害，安全保障义务人对此有过错的，在其能够防止或者制止损害的范围内承担相应的补充赔偿责任。

侵权补充责任，是指两个以上的行为人违反法定义务对一个受害人实施加害行为，或者不同的行为人基于不同的行为而致使受害人的权利受到同一损害，各个行为人承担同一内容的侵权责任，受害人享有的数个请求权有顺序的区别，首先行使顺序在先的请求权，该请求权不能实现或者不能完全实现时，再行使另外的请求权的侵权责任形态。

侵权补充责任的基本规则是：

第一，在侵权补充责任中，即直接责任与补充责任竞合时，受害人应当首先向直接责任人请求赔偿，直接责任人应当承担侵权责任。直接责任人承担了全部赔偿责任后，补充责任人的赔偿责任终局地消灭，受害人不得向其请求赔偿，直接责任人也不得向其追偿。

第二，受害人在直接责任人不能赔偿、赔偿不足或者下落不明而无法行使第一顺序的赔偿请求权时，可以向补充责任人请求赔偿，补充责任人应当满足受害人的请求。补充责任人的赔偿责任范围，应当是“相应的”范围，即补充责任应当与责任人的过错程度相适应。在此范围内，补充责任人承担补充责任；对于超过的部分，补充责任人不承担责任。

第三，补充责任人承担相应的补充赔偿责任之后，可以向第三人追偿，其理由在于：是第三人造成被侵权人的损害，具有全部的原因力，而补充责任人的未尽安全保障义务的不作为行为只是间接原因，不具有直接的原因力。

补充责任中“补充”的含义，包括以下两个要点：

(1) 补充责任的顺序是第二位的。直接责任人承担的赔偿责任是第一顺序的责任，补充责任人承担的赔偿责任是第二顺序的责任，因此，补充责任是补充直接责任的侵权责任形态。

(2) 补充责任的赔偿范围是补充性的。其赔偿范围的大小，取决于直接责任人承担的赔偿责任的大小。直接责任人赔偿不足，补充责任人承担的赔偿责任就是其不足部分；直接责任人不能赔偿，补充责任人承担的赔偿责任就是其不能赔偿的全部责任，但是都应以相应的赔偿范围为限。

【引例评析】

本节引例“银河宾馆对客人未尽安全保障义务侵权”案，是我国法院审理的第一件违反安全保障义务的侵权行为案件。由于当时的理论研究和实践经验还不够，因此，当时法院认定为违反合同的责任，不是作为侵权行为案件适用法律的。2003 年《人身损害赔偿司法解释》第 6 条统一了全国法院的思想：违反安全保障义务造成他人损害的，为侵权行为，适用侵权责任法的规定。原《侵权责任法》第 37 条将该司法解释的规定上升为法律条文，确定为特殊侵权责任类型。《民法典》第 1198 条在此基础上进一步完善，制定了违反安全保障义务侵权责任的完整规则。该案中银河宾馆未尽安全保障义务，对侵权行为人侵害宾馆客人的侵权行为没有进行有效的防范、制止，造成了王某受害致死的后果。对此，由于直接责任人已经因犯罪被判处死刑，无法承担侵权责任，因而银河宾馆应当承担相应的补充赔偿责任。

【问题与思考】

1. 侵权责任主体特殊的侵权责任有哪些类型？

2. 结合第一节引例“无轨电车突然启动伤害行人”案，讨论侵权责任主体特殊的侵权责任的基本特点是什么。

3. 违反安全保障义务的侵权责任有哪些具体类型？其适用法律的规则是什么？

4. 结合第二节引例“银河宾馆对客人未尽安全保障义务侵权”案，讨论认定违反安全保障义务的侵权责任有哪些形态。

第九章

其他特殊侵权责任

参考文献

（一）著作

1. 杨立新．侵权责任法．北京：法律出版社，2021：350-681

2. 杨立新．中国侵权责任法研究：第2卷．北京：中国人民大学出版社，2018：331-550

3. 王利明．侵权责任法研究：下卷．北京：中国人民大学出版社，2019：211-751

4. 黄薇主编．中华人民共和国民法典侵权责任编释义．北京：法律出版社，2020：118-265

5. 最高人民法院民法典贯彻实施工作领导小组．中华人民共和国民法典理解与适用：侵权责任编．北京：人民法院出版社，2020：308-726

6. 张新宝．中国民法典释评：侵权责任编．北京：中国人民大学出版社，2020：132-307

7. 张新宝．侵权责任法原理．北京：中国人民大学出版社，2005：11-19

8. 邹海林，朱广新．民法典评注：侵权责任编：第2册．北京：中国法制出版社，2020：379-875

（二）论文

1. 王利明．论无过失责任．比较法研究，1991（2）

2. 崔建远．无过错责任原则若干问题之我见．当代法学，1991（3）

3. 刘士国．论无过错责任．法学研究，1994（5）

4. 张新宝．关于高度危险作业致人损害的赔偿责任的几个问题．政法论坛，1994（4）

5. 梁慧星．中国产品责任法——兼论假冒伪劣之根源和对策．法学，2001（6）

6. 曹明德．中国民法法典化与生态保护．现代法学，2003（4）

7. 高利红．环境民事侵权适用惩罚性赔偿原则之探究．法学，2003（3）

8. 张新宝．饲养动物致人损害的赔偿责任．法学研究，1994（2）

9. 朱呈义．对动物致害责任归责原则的反思．政法学刊，2005（3）

10. 刘召成．自动驾驶机动车致害的侵权责任构造．北方法学，2020（4）

11. 杨立新．人工类人格：智能机器人的民法地位——兼论智能机器人致人损害的民事责任．求是学刊，2018（4）

参考法规

《民法典》第1188～1258条，《产品质量法》第40～46条

第一节　其他特殊侵权责任类型

引例　“夜间擅闯公园猴岛被猴伤害索赔终审被驳回”案

福建省闽西某公园的湖心岛放养野生猴子，游人可以上岛与猴子近距离接触。苟某夜间潜入公园，偷出游船上岛游玩，使猴子受到惊吓，其遭受猴子的攻击，造成伤害。苟某向法院起诉，请求公园承担饲养动物损害责任，赔偿其因人身伤害造成的损失。一审法院判决支持受害人的请求，二审法院判决驳回其诉讼请求。

其他特殊侵权责任类型，是指《民法典》侵权责任编第四章至第十章规定的七种特殊侵权责任类型。对这些侵权责任类型都应当按照规定的具体规则确定责任，即其请求权基础都是这些不同章所规定的条文。

一、产品责任

（一）产品责任的概念和构成

产品责任，是指生产者生产、销售者销售的产品有缺陷，造成他人损害时，产品的生

产者、销售者承担无过错责任的特殊侵权责任。

生产者承担产品责任，适用无过错责任原则。其构成要件是：(1) 产品存在缺陷。产品缺陷一般是指产品中存在的不合理危险。(2) 被侵权人遭受了人身损害或者财产损害。(3) 被侵权人受到损害是由产品缺陷引起的，二者之间具有因果关系。符合上述三个要件要求，即构成产品责任。生产者或者销售者对其生产或销售的缺陷产品造成的损害，应当承担赔偿责任。

(二) 产品缺陷的类型

1. 设计缺陷

设计缺陷是指在产品的设计中存在的不合理危险。

2. 制造缺陷

制造缺陷是指在产品制造过程中，在产品中留下的不合理危险。

3. 警示说明缺陷

警示说明缺陷是指产品中存在合理危险，可以流通、使用，但是对其存在的合理危险应当予以警示，说明怎样使用才能避免危险发生，未尽警示说明义务或者警示说明不充分的产品缺陷。

4. 跟踪观察缺陷

跟踪观察缺陷是指在产品生产完成后，依当时的科学技术水平无法发现其是否存在缺陷，可以将产品投放市场流通，但生产者须承担跟踪观察义务，当发现有缺陷时，应当及时进行警示说明或者召回，但未履行警示说明或者召回义务的产品缺陷。

这里涉及对产品自损是否可以一并起诉的问题。在传统的产品责任法中，产品责任的损害不包括产品自损，只包括人身损害和产品以外的财产损害，《产品质量法》第 41 条对此作了明确规定。在制定原《侵权责任法》中，立法者考虑到，因同一个行为发生的损害，不必折腾受害人分别起诉侵权责任和违约责任，因而将产品责任的损害只规定为“损害”，就是为了在该“损害”中包含产品自损。故在产品责任诉讼中，被侵权人可以提出产品自损的损害赔偿责任请求，不过这是两个诉的合并。《民法典》第 1202 条同样坚持这样的规定。

(三) 产品责任的不真正连带责任及其规则

产品责任的责任承担规则是不真正连带责任，具体规则是：

(1) 因产品存在缺陷造成他人损害的，被侵权人可以向产品的生产者请求赔偿，也可以向产品的销售者请求赔偿。这是不真正连带责任的中间责任规则，适用无过错责任原则，被侵权人可以按照自己的意愿选择责任人承担赔偿责任。

(2) 最终责任由造成缺陷的生产者或者销售者承担。在通常情况下，缺陷是由生产者造成的，生产者是最终责任人；如果是销售者的过错使产品存在缺陷，销售者就是最终责任人，应当承担最终侵权责任，且为全部赔偿责任。

(3) 通过行使追偿权实现最终责任的归属，即产品缺陷由生产者造成时，销售者赔偿后，有权向生产者追偿，使生产者承担最终责任；销售者的过错使产品存在缺陷时，生产者赔偿后，有权向销售者追偿，使销售者承担最终责任。

（四）产品责任中的先付责任

在典型的产品责任中，承担产品责任的不真正连带责任的主体是生产者和销售者。在产品责任中要承担责任的第三人，是指在产品责任中，除生产者、销售者之外其他对产品存在缺陷有过错；造成受害人损害，应当承担侵权责任的责任主体。《民法典》第1204条列举了运输者和仓储者。以此为例，凡是符合这样要求的责任主体，例如原材料提供者等，都是产品责任中的第三人。

第三人承担产品责任的构成要件是：(1) 争议的产品存在缺陷；(2) 该产品缺陷不是生产者、销售者而是第三人造成的；(3) 第三人使产品存在缺陷在主观上有过错；(4) 存在缺陷的产品是造成被侵权人损害的原因，二者间具有因果关系。符合上述要件要求的，构成产品责任中的第三人责任。

产品责任中第三人责任的责任形态叫先付责任，是因为在不真正连带责任中，数个责任主体都是要承担中间责任的，被侵权人作为请求权人可以向任何一方请求承担全部赔偿责任。但是，第三人责任的规则比较特殊，即须先向无过错的生产者、销售者要求赔偿，在它们承担了赔偿责任之后，由它们向第三人追偿。

这种不适用不真正连带责任一般性规则而适用有先后顺序且须由承担中间责任的主体先承担责任的规则，被称为不真正连带责任的先付责任，是不真正连带责任的一种变形形态。故在产品责任的第三人责任，被侵权人应当先向生产者或者销售者请求赔偿，在生产者或者销售者承担了赔偿责任之后，由它们向第三人追偿。

这一规则的优势在于有利于被侵权人的索赔，因为第三人藏在表面法律关系之后，被侵权人对其过错很难证明。规定先付责任，方便被侵权人请求权的行使，救济更加便捷。不过，这样的规则有一个风险，就是当生产者、销售者都丧失赔偿能力时，按照《民法典》第1204条规定，被侵权人不能直接向第三人请求赔偿。对此，被侵权人可以直接依照《民法典》第1165条规定的过错责任原则，向第三人行使赔偿请求权。

（五）跟踪观察缺陷与产品责任中的惩罚性赔偿

1. 跟踪观察缺陷的产品责任

因产品缺陷危及自身人身、财产安全的，被侵权人有权请求生产者、销售者承担停止侵害、排除妨碍、消除危险等侵权责任。产品投入流通后被发现存在缺陷的，生产者、销售者应当及时采取停止销售、警示、召回等补救措施。未及时采取补救措施或者采取补救措施不力造成损害扩大的，生产者、销售者对扩大的损害应当承担侵权责任。

2. 恶意产品责任中的惩罚性赔偿

明知产品存在缺陷仍然生产、销售，或者没有采取补救措施，造成他人死亡或者健康严重受损害的，被侵权人有权请求相应的惩罚性赔偿。

二、机动车交通事故责任

（一）机动车交通事故责任的一般规则

《民法典》在“机动车交通事故责任”一章中，没有规定机动车交通事故责任的一般规则，而是规定直接适用《道路交通安全法》第 76 条规定的机动车交通事故责任的基本规则。

《道路交通安全法》第 76 条规定的基本规则是：

（1）确定机动车交通事故责任，首先应适用机动车交通事故强制保险规则解决；对于赔偿不足部分，适用《道路交通安全法》和《民法典》的相关规定。

（2）机动车交通事故责任的归责原则是：1）机动车与行人、非机动车驾驶人之间发生交通事故的，适用过错推定原则；2）机动车相互之间发生交通事故责任的，适用过错责任原则。

（3）机动车交通事故责任适用过失相抵的规则：1）机动车与行人或者非机动车驾驶人之间发生交通事故的，按照双方各自的过错程度和原因力，机动车一方承担的责任比例，在过失相抵确定的比例之上增加 10%；2）机动车相互之间发生的交通事故，按照过失相抵规则确定。

（4）机动车一方完全没有过失，发生交通事故造成损害全部是行人或者非机动车驾驶人过失所致的，机动车一方承担不超过 10%的赔偿责任，可以根据受害人一方的过失程度，在 5%～10%之间确定机动车一方合适的赔偿责任。

（5）受害人故意造成损害，例如受害人故意碰撞机动车造成损害的，机动车一方免责。

（二）机动车交通事故责任的特殊规则

1. 租赁、借用机动车

因租赁、借用等情形机动车所有权人、管理人与使用人不是同一人时，发生交通事故，造成损害，属于该机动车一方责任的，由机动车使用人承担赔偿责任；机动车所有权人、管理人对损害的发生有过错的，承担相应的赔偿责任。

2. 买卖机动车未过户

《民法典》第 1210 条规定，当事人之间已经以买卖或者其他方式转让并交付机动车但是未办理登记，发生交通事故，造成损害，属于该机动车一方责任的，由受让人承担赔偿责任。这是指买卖双方以其他方式转让机动车，已经交付，但没有进行机动车交易过户登记，发生交通事故造成损害的，在事实车主和登记车主之间如何承担责任的机动车交通事故责任的规则。这种规则，对在某些地区因实行机动车限购而使机动车转让受限的情形也适用。

在以往的经验中，经常出现存在转让机动车的交易，但双方并未进行机动车转让登记，形成登记车主和事实车主相分离的情况。确认机动车的登记是行政管理登记而不是权属登记，机动车属于动产，其所有权转移以交付为标志，而非以登记为标志，故确定适用

《民法典》第1210条。其规定的要件是：(1) 出卖人和买受人之间发生了机动车买卖或者以其他方式转让权属的关系，已经交付了机动车和转让价金。(2) 在交易机动车后，未在行政管理机关进行机动车转让登记，形成登记车主和事实车主分离的状态。(3) 机动车发生交通事故，造成受害人损害。(4) 交通事故责任属于机动车一方。具备上述侵权责任构成要件的，责任由受让人即事实车主承担，而不是由出让人即登记车主承担。

在北京等地区，实行机动车限购政策，没有抽到购车指标者不得受让机动车，因而在私下交易并不少见，因不符合限购政策，行政管理机关不给予过户登记。对此，也应当适用《民法典》第1210条的规定，同时确定实际购买日作为受让机动车一方承担交通事故责任的时间，也适用本条规定。

3. 挂靠机动车

以挂靠形式从事道路运输经营活动的机动车运营，是比较普遍的现象。原因是从事机动车运营需要政府部门核准资质，而政府只给法人或者非法人组织颁发运营资质，不给个人颁发运营资质，因而个人若想从事机动车运营，只有挂靠在有运营资质的单位，才能进行合法运营活动。

以挂靠形式进行机动车运营法律关系的特点是：(1) 享有机动车所有权的个人没有运营资质，须挂靠到有运营资质的机动车运营单位，以该单位的名义进行运营活动。(2) 被挂靠的运营单位同意其挂靠，将该个人作为自己的名义职工，用自己的名义进行运营。(3) 双方之间的关系通常有一定的利益交换，即挂靠的一方要按期交给被挂靠的一方约定的管理费，就此双方形成权利义务关系；也有极少数完全免费挂靠的。(4) 挂靠的机动车所有权人虽然是以被挂靠单位的名义运营，但实际上还是自己在运营，原则上并不受被挂靠单位的管控。

挂靠机动车发生交通事故，造成他人损害，属于该机动车一方责任的，其责任分担的方式是：挂靠一方和被挂靠一方共同承担连带责任。被侵权人可以向挂靠一方或者被挂靠一方主张承担连带责任，排靠双方依照《民法典》第178条规定的连带责任规则承担责任。

4. 非法转让拼装车或者报废车

凡是以买卖或者其他方式转让拼装车或者已经达到报废标准的机动车，发生交通事故，造成损害的，转让人和受让人承担连带赔偿责任。这一责任是绝对责任，不可以适用减轻或者免除责任的规定。

5. 盗抢机动车

盗窃、抢劫或者抢夺的机动车发生交通事故，造成损害的，由盗窃人、抢劫人或者抢夺人承担赔偿责任。盗窃人、抢劫人或者抢夺人与机动车使用人并非同一人，发生交通事故后属于该机动车一方责任的，由盗窃人、抢劫人或者抢夺人与机动车使用人承担连带责任。

6. 交通肇事后逃逸

机动车驾驶人发生交通事故后逃逸，该机动车参加了强制保险的，由保险人在机动车强制保险责任限额范围内予以赔偿；机动车不明、该机动车未参加强制保险或者抢救费用超过机动车交通事故责任强制保险责任限额，需要支付被侵权人人身伤亡的抢救、丧葬等费用的，由道路交通事故社会救助基金垫付。在道路交通事故社会救助基金垫付后，其管理机构有权向交通事故责任人追偿。

7. 好意同乘

《民法典》第1217条规定，非营运机动车发生交通事故，造成无偿搭乘人损害，属于该机动车一方责任的，应当减轻其赔偿责任，但是机动车使用人有故意或者重大过失的除外。好意同乘，是指无偿搭乘他人的机动车，在运行中发生交通事故，造成无偿搭乘人损害，属于该机动车一方责任的，减轻机动车一方赔偿责任的规则。

三、医疗损害责任

(一) 医疗损害责任的一般规则

医疗损害责任，是指患者在诊疗活动中受到损害，医疗机构或者医务人员有过错的，由医疗机构承担的替代赔偿责任。

医疗损害责任一般条款的基本内容是以下几点。

(1) 医疗损害责任适用过错责任原则，医疗机构或者其医务人员在诊疗活动中有过错的，对在该医疗机构就医的患者所受损害承担医疗损害赔偿责任，只有法律另有规定的，例如《民法典》第1223条规定的医疗产品损害责任，才适用无过错责任原则。

(2) 构成医疗损害责任的要件是：1) 患者与医疗机构有医疗服务合同关系，患者是在该医疗机构就医的自然人；2) 患者在诊疗活动中受到人身损害；3) 患者的人身损害与医疗机构或者其医务人员的诊疗活动有因果关系；4) 医疗机构或者其医务人员在诊疗活动中有过错。

(3) 其责任形态是替代责任，即具备上述四个要件的，构成医疗损害责任，责任主体是医疗机构而不是医务人员。

(4) 医疗机构承担赔偿责任之后，依照《民法典》第1191条第1款关于用人单位责任的规定，可以向有重大过失的医务人员进行追偿。

(二) 医疗损害责任的类型

医疗损害责任分为四种类型。

1. 医疗伦理损害责任

医务人员违反告知义务，或者违反医务人员其他伦理道德，具有医疗伦理过失，造成患者损害的，医疗机构应当承担赔偿责任。

2. 医疗技术损害责任

医务人员在诊疗活动中未尽到与当时的医疗水平相应的诊疗义务，具有医疗技术过失，造成患者损害的，医疗机构应当承担赔偿责任。如果患者有损害，医务人员违反法律、行政法规、部门规章以及其他有关诊疗规范的规定，或者隐匿或者拒绝提供与纠纷有关的病历资料，或者伪造、篡改或者销毁病历资料的，推定其有医疗技术过失。

3. 医疗产品损害责任

因药品、消毒药剂、医疗器械的缺陷，或者输入不合格的血液，造成患者损害的，实行无过错责任原则，患者可以向生产者或者血液提供机构请求赔偿，也可以向医疗机构请求赔偿。患者向医疗机构请求赔偿的，医疗机构在赔偿后，有权向负有责任的生产者或者血液提供机构追偿。

4. 医疗管理损害责任

医疗机构和医务人员违背医政管理规范和医政管理职责的要求，具有医疗管理过错，造成患者人身损害、财产损害的，受害患者或者其近亲属可以向医疗机构请求承担医疗损害赔偿责任。

(三) 医疗损害责任的免责事由

如果患者有损害，是因下列情形之一的，医疗机构不承担赔偿责任。

(1) 患者或者其近亲属不配合医疗机构进行符合诊疗规范的诊疗，但医疗机构及其医务人员也有过错的，应当承担相应的赔偿责任。

(2) 医务人员在抢救生命垂危的患者等紧急情况下已经尽到合理诊疗义务。

(3) 限于当时的医疗水平难以诊疗的。

四、环境污染和生态破坏责任

(一) 环境污染和生态破坏责任适用无过错责任原则

原《侵权责任法》第八章只规定了环境污染责任，似乎没有明文规定生态破坏责任。其实原《侵权责任法》规定的环境污染责任中就包含生态破坏责任，只不过在字面上没有显示出来，而被多数人解释为不包含生态破坏责任。《民法典》侵权责任编对此进行了完善，明确将这种特殊侵权责任确定为“环境污染和生态破坏责任”，于第1229条规定了环境污染和生态破坏责任的一般条款：“因污染环境、破坏生态造成他人损害的，侵权人应当承担侵权责任。”

环境污染和生态破坏责任适用无过错责任原则，这一规则由原《民法通则》第124条予以确定，原《侵权责任法》第65条和《民法典》也一直坚持这个立场，故构成环境污染和生态破坏责任无须具备过错要件。

(二) 环境污染和生态破坏责任的构成要件

构成环境污染和生态破坏责任的要件是：

(1) 行为人实施了环境污染或者生态破坏的行为。

(2) 环境受到污染，生态受到破坏。其中：生态是指一切生物的生存状态，以及它们之间和它们与环境之间环环相扣的关系；环境通常是指人类生活的自然环境，按环境要素可分为大气环境、水环境、土壤环境、地质环境和生物环境等。生态和环境原本是分开的，因而使环境和生态的损害责任对立起来。《民法典》第1229条把生态和环境规定在一起，形成统一的概念，凡是造成生态环境损害的，都构成环境污染和生态破坏责任的要件。

(3) 行为人实施的行为与环境污染和生态破坏的损害结果之间有因果关系。

符合上述要件的行为，构成环境污染和生态破坏责任的，行为人对受到损害的被侵权人承担损害赔偿责任。

五、高度危险责任

（一）高度危险责任的概念和归责原则

高度危险责任，是指从事高度危险活动和持有高度危险物，在相关的作业活动中造成他人损害，应当适用无过错责任原则确定责任人承担侵权责任的特殊侵权责任。

高度危险责任适用无过错责任原则，在侵权责任构成中，无须具备过错要件。

（二）高度危险责任的构成要件和责任承担

构成高度危险责任的要件是：

（1）行为人从事高度危险活动或者持有高度危险物。高度危险作业概念概括的就是从事高度危险活动或者持有高度危险物的作业活动。

（2）从事的高度危险活动或者持有高度危险物的活动造成了他人的人身损害或者财产损害。

（3）进行高度危险活动或者持有高度危险物的作业与他人受到损害之间具有因果关系。

高度危险责任的责任承担规则是，从事高度危险活动或者持有高度危险物致人损害的，高度危险活动和高度危险物的经营者承担侵权责任。

（三）高度危险责任的类型

《民法典》规定的高度危险责任包括：民用核设施和核材料损害责任（第1237条），民用航空器损害责任（第1238条），占有、使用高度危险物损害责任（第1239条），高度危险活动损害责任（第1240条），遗失、抛弃高度危险物损害责任（第1241条），非法占有高度危险物损害责任（第1242条），进入高度危险活动区域、高度危险物存放区域损害责任（第1243条）。

六、饲养动物损害责任

（一）饲养动物损害责任主要是无过错责任

《民法典》第1245条规定，饲养的动物造成他人损害的，动物饲养人或者管理人应当承担侵权责任；但是，能够证明损害是因被侵权人的故意或者重大过失造成的，可以不承担或者减轻责任，因而适用无过错责任原则；只有第1248条规定，饲养动物损害责任适用过错推定原则。

（二）饲养动物损害责任的构成要件

饲养动物损害责任的构成要件是：（1）民事主体饲养了动物；（2）被侵权人受到了人身损害或者财产损害；（3）造成被侵权人人身损害或者财产损害与该民事主体饲养的动物

二者之间有因果关系。

（三）免责和减责事由

如果是被侵权人的故意或者重大过失导致损害，是动物饲养人或管理人不承担责任或者减轻责任的事由。对此，很多人认为免责或者减责的界限不清晰。对此应当解读为，无论是被侵权人是故意造成损害还是有重大过失造成损害，均应当以被侵权人的过错行为对损害发生具有的原因力确定，只要故意或者重大过失是损害发生的全部原因的，应当免除责任；故意或者重大过失是损害发生的部分原因，即不具有百分之百原因力的，应当减轻责任。

（四）饲养动物损害责任的具体类型

1. 未对饲养动物采取安全措施损害责任

未对动物采取安全措施造成他人损害的饲养动物损害责任，适用无过错责任原则确定侵权责任。动物饲养人或者管理人违反管理规定未对动物采取安全措施，造成他人损害的，无须考察动物饲养人或者管理人的过错，直接按照无过错责任原则确定侵权责任。未对饲养动物采取安全措施损害责任的构成要件是：（1）动物饲养人在饲养动物过程中，违反国家法律、行政法规和部门规章的管理规定；（2）对应当按照规定采取安全措施的饲养动物，没有采取安全措施；（3）饲养的动物造成了被侵权人的人身损害或者财产损害。例如在城市饲养大型犬，没有按照规定采取安全措施，造成他人损害的，应当承担赔偿责任。

2. 禁止饲养的烈性犬等危险动物致人损害的绝对责任

禁止饲养的烈性犬等危险动物造成他人损害的，应承担饲养动物损害责任中最严格的责任，不仅适用无过错责任原则，而且没有免责事由，因而被称为绝对责任条款。禁止饲养的动物，即禁止饲养的烈性犬等危险动物，不仅包括烈性犬，还包括类似烈性犬等其他凶猛的危险动物。其具体的范围是：（1）烈性犬，如藏獒等；（2）家畜、家禽中的危险动物；（3）禁止饲养的野生动物，属于危险动物，如野猪、狼、豺、虎、豹、狮等。凡是饲养禁止饲养的动物，造成损害的，应当按照无过错责任原则的要求，由动物的饲养人或者管理人对被侵权人承担赔偿责任。由于这是绝对责任条款，即使受害人出于故意或者重大过失引起损害的，也不能免除或者减轻饲养人或者管理人的赔偿责任。

3. 动物园饲养的动物致损害责任

动物园饲养的动物损害责任不适用无过错责任原则，适用过错推定原则。动物园饲养的动物造成他人损害的，首先应推定动物园具有过错，动物园主张自己无过错的，实行举证责任倒置，应必须证明自己已经尽到管理职责。能够证明已经尽到管理职责的，为无过错，免除侵权赔偿责任；不能证明的，为有过错，应当承担赔偿责任。

4. 遗弃、逃逸动物致损害责任

遗弃、逃逸动物，称为丧失占有的动物。动物饲养人或者管理人将动物遗弃或者动物逃逸，而使动物饲养人或者管理人失去了对该动物的占有，例如遗弃猫、狗而形成流浪猫、流浪狗。

遗弃、逃逸动物损害责任适用无过错责任原则。动物的遗弃，包括遗失和抛弃。动物遗失，不是所有权人放弃了自己的权利，而是暂时丧失了对该动物的占有，所有权关系没有变化，因而遗失的动物造成了他人损害的，应当由动物的饲养人或者管理人承担侵权责任。动物被抛弃，是权利人对自己饲养动物的权利的事实处分，是对自己财产权的抛弃，被抛弃的动物与原权利人就没有关系了。被抛弃的动物造成他人的损害的，原则上应当由其原饲养人或者管理人承担民事责任；如果被抛弃的动物已经被他人占有的，动物的占有人在事实上已经管领了该动物，是该动物的事实上的占有人，造成损害的，应当由其占有人承担民事责任。动物逃逸后，动物的所有权关系并没有变化，动物仍然由权利人所有。逃逸的动物造成他人损害的，应当由动物的所有权人或者管理人承担侵权责任。驯养的野生动物被抛弃、遗失或者逃逸的，该动物有可能彻底脱离驯养人而回归自然，重新成为野生动物。初回野生状态的动物可能难以迅速适应新的生活，因而接近人类，侵害他人的财产或人身的，动物的原饲养人或管理人应承担赔偿责任。如果回复野生状态的动物适应了新的生活，与其群体一样生存栖息，则动物的原饲养人或管理人不再对其所造成的损害负赔偿责任。

5. 存在第三人过错时的责任

是第三人的过错致使动物造成他人损害的，被侵权人可以向动物饲养人或者管理人请求赔偿，也可以向第三人请求赔偿。动物饲养人或者管理人在赔偿后，有权向第三人追偿。

七、建筑物和物件损害责任

(一) 不动产倒塌、塌陷损害责任

不动产倒塌、塌陷损害责任分为两种类型。

1. 不动产建设缺陷损害责任

具体规则是：(1) 该损害责任适用过错推定原则，在建筑物、构筑物或者其他设施倒塌、塌陷造成他人损害时，推定该建筑物、构筑物或者其他设施存在建设缺陷，由建设单位与施工单位对被侵权人的损害承担连带责任。(2) 建设单位与施工单位能够证明自己的建筑物、构筑物或者其他设施不存在质量缺陷的，建设单位与施工单位就不承担赔偿责任。(3) 建设单位与施工单位不能证明自己的建筑物、构筑物或者其他设施不存在建设缺陷，但是能够证明建设缺陷、塌陷是其他责任人，例如勘察单位、设计单位、监理单位或者建筑材料供应单位造成的，则建设单位、施工单位在赔偿后，有权向其他责任人追偿。

2. 不动产管理缺陷损害责任

建筑物、构筑物或者其他设施的倒塌、塌陷不是建设缺陷所致，而是所有权人、管理人、使用人或者第三人的管理缺陷所致，在建筑物、构筑物或者其他设施倒塌、塌陷，造成他人人身损害或者财产损害时，不是由建设单位与施工单位承担赔偿责任，而是由建筑物、构筑物或者其他设施的所有权人、管理人、使用人或者第三人承担侵权责任。确定赔偿责任主体的方法是：证明是谁造成的管理缺陷致使建筑物等倒塌、塌陷的，就向谁请求

承担赔偿责任，而不适用不真正连带责任规则分担损害赔偿责任。

（二）不动产及其搁置物、悬挂物脱落、坠落损害责任

不动产及其搁置物、悬挂物脱落、坠落损害责任，是建筑物、构筑物或者其他设施及其搁置物、悬挂物因设置或保管不善而脱落、坠落等，造成他人人身或财产损害的，不动产或者物件的所有权人或管理人应当承担损害赔偿责任的物件损害责任。

不动产及其搁置物、悬挂物脱落、坠落损害责任的构成要件是：

（1）造成损害的物件是建筑物、构筑物或者其他设施及其搁置物、悬挂物。建筑物、构筑物或者其他设施其实就是不动产，不动产上的搁置物、悬挂物是动产，依附在不动产上，且都属于人工搁置物；而悬挂物包括人工悬挂物和自然悬挂物，例如建筑物上的冰柱、积雪属于自然悬挂物。

（2）不动产及其搁置物、悬挂物造成损害的方式是脱落、坠落等。

（3）脱落、坠落的不动产组成部分或者搁置物、悬挂物造成了他人的人身损害或者财产损害。

（4）不动产及其搁置物、悬挂物的所有权人、管理人或者使用人存在管理过错，采取过错推定的方式，由不动产的所有权人、管理人或者使用人举证证明自己没有过错，不能证明或者证明不足的，即确认存在过错。

不动产及其搁置物、悬挂物脱落、坠落损害责任的主体为所有权人、管理人或者使用人。被侵权人可以选择所有权人、管理人或者使用人承担赔偿责任。按照过错推定原则的要求，只要所有权人、管理人或者使用人不能证明自己没有过错的，就应当承担侵权责任。

不动产及其搁置物或者悬挂物发生脱落、坠落造成损害是所有人、管理人或者使用人以外的第三人所致的，不动产的所有权人、管理人或者使用人在承担了赔偿责任后，有权向第三人追偿。

（三）建筑物抛掷物、坠落物致害责任

《民法典》中建筑物抛掷物、坠落物损害责任规则与原《侵权责任法》第87条的规定相比，有了重大改变。《民法典》规定的基本规则是以下几点。

1. 禁止从建筑物中抛掷、坠落物品

这是一个禁止性规定，是对建筑物抛掷物、坠落物损害责任的基础性规定。在建筑物中抛掷、坠落物品，是非常危险的危害公共安全的行为。很多建筑物中的居民习惯于向窗外抛掷、坠落物品，这是非常不道德、违反公序良俗的。这些行为必须被严格禁止。

2. 从建筑物抛掷物品或者坠落物品造成损害由侵权人承担责任

任何人从建筑物中抛掷物品，或者建筑物一坠落物品，造成他人损害的，都由侵权人承担责任。侵权人就是抛掷物品的行为人，或者坠落物品的建筑物的所有权人、管理人或者使用人。他们的作为或者不作为造成他人损害的，当然要由他们自己承担侵权责任。

3. 经调查难以确定具体侵权人的，由可能加害的建筑物使用人给予补偿

经调查难以确定具体侵权人的，由可能加害的建筑物使用人给予补偿，就是原《侵权

责任法》第 87 条规定的规则。建筑物抛掷物、坠落物致人损害侵权人不明的补偿责任的构成要件是：(1) 行为人从建筑物中抛掷物品，或者建筑物上坠落了物品；(2) 抛掷的物品或者坠落的物品造成他人损害，主要是人身损害；(3) 实施抛掷行为或者坠落物品的所有权人不明，不能确定真正的加害人；(4) 在特定建筑物的使用人中，有的不能证明自己不是侵权人。

具备上述四个要件的，该建筑物的使用人是可能加害的建筑物使用人。责任承担的方式，是由可能加害的建筑物使用人对受害人的损失给予补偿，而不是承担连带责任。补偿的责任范围，应当依照每一个人的经济状况适当确定。

能够证明自己不是加害人，即没有实施从建筑物抛掷物品行为，也不是建筑物坠落物品的权利人的，不承担补偿责任。

4. 可能加害的建筑物使用人补偿后有权向侵权人追偿

由可能加害的建筑物使用人承担补偿责任，其中必定有无辜者，即没有加害的建筑物使用人。为公平起见，可能加害的建筑物使用人承担了补偿责任后，查到了侵权人后，当然对其享有追偿权，可以向其进行追偿。

5. 建筑物管理人未采取安全保障必要措施的依法承担责任

建筑物管理人，是建筑物的管理者，即物业管理企业或者物业管理人，他们对建筑物负有安全保障义务。因此，建筑物管理人应当采取必要的安全保障措施，防止高空抛掷物品或者坠落物品造成损害的发生。未尽此安全保障义务，造成损害的，应当依照《民法典》第 1198 条的规定，承担违反安全保障义务的损害责任。

6. 公安机关应当依法及时查清责任人

在加害人不明的建筑物抛掷物、坠落物损害责任中，绝大多数其实都是能够查清真正的加害人的，但是由于损害责任是规定在民法中的民事责任，因此案件发生后，公安机关并不进行立案侦查，否认是自己的职责范围。正因为如此，才出现了大量的加害人不明的建筑物抛掷物、坠落物损害问题，为避免大量出现加害人不明的建筑物抛掷物、坠落物损害责任，《民法典》第 1254 条规定，“公安等机关应当依法及时调查，查清责任人”。出现建筑物抛掷物、坠落物损害案件后，公安等机关应当及时立案侦查，查清责任人，依法处置。只有动用侦查手段仍然查不清责任人的，才可以适用前述第三个规则。

(四) 堆放物损害责任

堆放物损害责任适用过错推定原则，受害人在请求赔偿时无须举证证明堆放物的所有权人或者管理人对致害有过错，而是从损害事实推定所有权人或者管理人有过错。所有权人或者管理人主张自己无过错的，应当举证证明，不能证明或者证明不足则推定成立。

堆放物损害责任的构成要件是：(1) 须有堆放物的致害行为，即堆放物倒塌、滚落、滑落。(2) 须有受害人受到损害的事实，造成受害人人身伤害或者财产损害。(3) 堆放物滚落、滑落或者倒塌与受害人的损害事实之间有因果关系。倒塌、滚落、滑落等物理力并未直接作用于他人，而是引发其他现象，致他人受损害的，亦为有因果关系。(4) 须堆放物的所有权人或管理人有过错，例如堆放或管理不当，使用方法不当，均为有过错。

堆放物损害责任的赔偿权利主体是被侵权人，其可以直接向责任主体索赔。赔偿责任主体是堆放人，即堆放物是由谁堆放的，谁就是赔偿责任主体。

堆放人能够证明自己无过错的，不构成侵权责任。堆放物所致损害完全是受害人自己的过错造成的时，免除堆放物的堆放人的损害赔偿责任；损害是由双方过错行为造成的时，依过失相抵规则处理。

（五）障碍通行物损害责任

障碍通行物损害责任，是指在公共道路上堆放、倾倒、遗撒妨碍通行的障碍物，造成他人损害的，行为人承担过错责任，公共道路管理人承担过错推定责任的侵权赔偿责任。这里包括两种责任：一是行为人的责任，二是公共道路管理人的责任。

在公共道路上堆放、倾倒、遗撒妨碍通行的障碍物，造成了他人损害的，行为人有过错，符合过错责任的要求，行为人应当承担赔偿责任。

公共道路管理人承担障碍通行物损害责任，应当遵守以下规则：

（1）障碍通行物损害责任的构成要件是：1）造成损害的物件是在公共道路上堆放、倾倒、遗撒的障碍物，该障碍物妨碍通行；2）堆放、倾倒、遗撒的障碍物造成了他人的人身损害或者财产损害；3）公共道路管理人对障碍通行物未尽到清理、防护、警示义务，存在过错。

（2）障碍通行物损害责任的责任主体，是公共道路管理人。原《侵权责任法》第 89 条规定的是"有关单位或者个人"，含义不明确，但也能确定就是公共道路的管理人。《民法典》第 1256 条明确规定由公共道路管理人承担赔偿责任。

（3）公共道路管理人承担责任的范围，是"相应的责任"，而不是全部赔偿责任。具体确定方法，就是与公共道路管理人管理过错相适应的赔偿责任，即有多少过错就承担多少责任。

（4）高速公路管理人在承担了赔偿责任之后，对堆放、倾倒、遗撒障碍物的行为人是否享有追偿权，《民法典》第 1256 条没有规定。公共道路管理人在承担了赔偿责任后，发现了障碍物的权利人的，依照法理，应有权向堆放、倾倒、遗撒障碍物的行为人主张行使追偿权，使自己的损失得到赔偿。

（六）林木损害责任

林木损害责任，是指林木折断、倾倒或者果实坠落等造成他人人身损害、财产损害的，由林木所有权人或者管理人承担损害赔偿责任的物件损害责任。

林木损害责任的归责原则是过错推定责任原则，被侵权人请求赔偿时无须举证证明林木所有权人或者管理人对造成他人损害有过错，从损害事实推定林木所有权人或者管理人在主观上有过错。所有权人或者管理人主张自己无过错的，应当举证证明。不能证明或者证明不足的，则推定成立，即应承担损害赔偿责任；确能证明的，免除其损害赔偿责任。

林木损害责任须具备的构成要件是：（1）须有林木致害的事实，林木折断、倾倒，果实坠落，都是林木致害事实；（2）须有被侵权人的人身或者财产受损害的结果，即林木折断、倾倒或者果实坠落造成被侵权人的人身损害或者财产损害；（3）损害事实须与林木折断、倾倒或者果实坠落事实之间有因果关系；（4）须林木的所有权人或管理人有过错，这是包含在管理不当的行为中，确定过错采推定方式。

林木损害责任的赔偿权利主体是被侵权人，赔偿义务主体是林木的所有权人或者管理人。被侵权人向林木的所有权人或者管理人请求承担赔偿责任，林木所有权人或者管理人能够证明自己无过错的，不承担赔偿责任。

(七) 地下工作物损害责任

地下工作物损害责任，是指对于在公共场所或者道路上挖坑、修缮安装地下设施等形成的地下物，或者窨井等地下工作物，施工人或者管理人没有设置明显标志或采取安全措施，或者没有尽到管理职责，造成他人人身损害或者财产损害的，施工人或者管理人应当承担赔偿责任的物件损害责任。

地下工作物损害责任适用过错推定原则。其构成要件是：(1) 致害物件为地下工作物，即在公共场所或者道路上挖坑、修缮安装地下设施等形成的地下物，或者窨井等地下工作物，都以空间的形式与土地的地表相连。(2) 地下工作物造成了他人的人身损害或者财产损害。(3) 地下工作物与受害人的损害事实有因果关系。(4) 地下工作物的施工人或者管理人存在未设置明显标志或采取安全措施或者未尽管理职责的过错。

地下工作物损害责任分为两种类型：(1) 施工中的地下工作物损害责任，是指地下工作物致人损害的过错在施工人，施工人未设置明显标志或采取安全措施，存在过错，故是赔偿责任主体，应当对被侵权人承担赔偿责任。(2) 使用中的地下工作物损害责任，是指窨井等地下设施造成他人损害，管理人的过错在于未尽管理职责，因而对被侵权人遭受的损害，应当承担赔偿责任。

不论是施工中的地下工作物损害责任，还是使用中的地下工作物损害责任，施工人或者管理人能够证明自己没有过错的，都不构成侵权责任，对被侵权人不承担赔偿责任。如果完全是受害人的过错致使地下工作物造成损害的，免除地下工作物施工人、管理人的损害赔偿责任。如果损害是由双方的过错行为造成的，依照《民法典》第 1173 条规定的过失相抵规则进行责任分担。

【引例评析】

本节引例“夜间擅闯公园猴岛被猴伤害索赔终审被驳回”案中的原告受到动物的损害，确实是饲养动物致以损害的，根据《民法典》第 1248 条的规定，适用过错推定原则确定责任。受害人故意引起损害的，动物园一方无过错，因此不承担侵权责任。本案受害人苟某夜间擅自闯入公园，驾船游玩，惊扰猴子，结果造成了自己的人身损害。这完全是他自己所为的行为造成的，具有 100%的原因力，应当自己承担损害，公园不承担侵权责任，二审法院终审判决公园不承担侵权责任是完全正确的。

第二节　产品责任

引例　“杀虫剂警示说明不充分引起爆炸造成人身损害”案

某蛋糕店业主宗某在黄某经营的小百货店购买了10瓶歼敌牌杀虫气雾剂，留下3瓶店里使用。晚上下班前，工人毛某、雷某在蛋糕店制作间、营业厅和二楼清扫卫生时用该杀虫气雾剂进行喷洒。在毛某用完两瓶、雷某用了大半瓶时，工人包某招呼二人下班回家，毛某关闭电灯时发生爆炸，毛某被炸成重伤，另外两人被炸成轻伤，蛋糕店的木隔玻璃墙、家用电器等财产发生损害。经公安机关现场勘验，为空气爆炸，是空气中的杀虫气雾剂浓度过高所致。该杀虫气雾剂为某市××化工厂生产，产品有质量检验合格证、检验报告、农药临时登记证、注册商标，产品包装上注明“可按10平方米房内面积喷射15秒的剂量做空间喷射，喷后若关闭门窗约20分钟效果更佳”，产品有易燃品标识，没有“易爆品”及“切勿接触电源”等字样，没有适当的禁止性、警示性说明。

一、产品责任概述

（一）产品责任的概念和特征

1. 概念

产品责任，是指存在缺陷的产品造成他人人身、财产的损害，而应由缺陷产品的生产者或者销售者承担赔偿责任的特殊侵权责任。《民法典》第1202～1207条对产品责任作了具体规定。

2. 特征

（1）产品责任是缺陷产品造成损害的侵权责任。产品侵权行为的典型特点，就是由有缺陷的产品造成损害，一般应当发生在消费领域及产品使用领域。

（2）产品责任是无过错责任。确定产品责任，适用无过错责任原则。因此，其构成要件中无过错要件。

（3）产品责任的责任形态为不真正连带责任。在缺陷产品造成损害后，受害人享有两个请求权，既可以请求生产者赔偿，也可以请求销售者赔偿，但在行使一个请求权之后，另一个请求权消灭。

(二) 产品责任的产生和意义

产品责任是20世纪上半叶产生的新的侵权责任，产品责任制度是在加害给付理论和实践的基础上发展起来的。

在最早的合同法理论和实践中，对标的物品质的保证责任是明示担保责任。标的物瑕疵担保责任的基础，在于双方当事人之间明确约定的担保，即在订立合同之时，债务人须作出明示担保。在此基础上债权人才可以请求债务人承担对标的物品质的担保责任——退货或者赔偿。明示担保的理论具有的明显缺陷是，必须有明示担保才能构成违约损害赔偿的请求权基础。后来，默示担保理论解决了这个问题。该理论认为，凡是交付标的物的合同履行行为，不论债务人是否有明示担保，都应承担标的物的瑕疵担保责任，而不必有明示的保证。默示担保所解决的，是合同标的物的品质瑕疵责任问题，但是，它无法解决有瑕疵的标的物造成债权人固有利益损失时的赔偿问题。

于是，加害给付理论应运而生。受到有瑕疵的标的物损害的债权人，依据加害给付理论，享有损害赔偿请求权，既可以请求赔偿合同的预期利益损失，也可以请求赔偿固有利益损失。

加害给付理论解决了违反合同履行义务的行为损害债权人固有利益时的赔偿问题，但在现代科技高度发达的商品社会中，缺陷产品在流通、使用中，不仅会造成买卖合同的债权人的损害，还会造成大量的不是买卖合同当事人的第三人的损害。第三人在因缺陷产品受到损害时，无论如何无法依加害给付理论请求赔偿。

为了解决缺陷产品致合同关系以外的第三人受到损害时的赔偿问题，美国侵权法创造了产品责任规则。这就是，缺陷产品造成他人损害的，受害人无论是否为合同当事人，都可以依据侵权法请求损害赔偿，补偿自己受到的损害。

产品责任理论及制度的出现，起码产生了以下两个方面的重要影响：(1) 解决了缺陷产品侵害第三人造成损害时的救济问题，使受到损害的第三人能够得到赔偿。(2) 将受到损害的合同关系中的债权人只能依据违约责任请求赔偿，改变为既可以依照加害给付责任请求承担违约损害赔偿责任，也可以按照产品责任理论请求承担侵权损害赔偿责任。这给了受到损害的债权人以更为广泛的选择余地，更有利于保护其权利。

【拓展阅读】

产品责任是一种侵权责任，是产品有缺陷而造成缺陷产品之外的他人人身、财产的损害而应承担的一种责任。在产品责任中，缺陷产品损害产品购买人固有利益的，同时也产生加害给付的违约责任，因此形成违约责任和侵权责任的竞合。

二、产品责任的构成

构成产品责任，须具备以下要件。

(一) 须有缺陷产品

构成产品责任的首要条件，是产品存在缺陷。对于这一要件，原《民法通则》第122

条称为“产品质量不合格”，司法实务中一直使用这一概念。《产品质量法》、原《侵权责任法》都采用了通用的概念，即产品缺陷。《民法典》继续适用产品缺陷的概念。

对于产品，《产品质量法》第 2 条第 2 款规定：“本法所称产品是指经过加工、制作，用于销售的产品。”按照这一规定，产品须具备两个条件：一是经过加工、制作。未经过加工、制作的自然物，不是产品。二是用于销售，因而是可以进入流通领域的物。按照该法第 29 条第 2 款关于对未进入流通领域的产品，生产者不承担赔偿责任的免责规定，产品应进入流通领域。应当区别的是，未进入流通领域的产品，是免责的条件；用于销售，是指生产、制造该产品的目的，而不是指已经进入流通领域。

关于产品的外延，立法没有予以明确，通常认为产品包括动产，一般不包括初级农产品和不动产。① 这种主张是否正确，值得研究。例如，出售种子，虽为初级农产品，却不能说它不是产品。

缺陷与瑕疵不同，瑕疵的概念大于缺陷，缺陷只是瑕疵的一种。缺陷也与质量不合格不同，质量不合格是指产品质量不符合质量要求的标准，如果关于某项产品没有质量标准，就不存在不合格的问题，但却仍可存在缺陷。这也是说明产品缺陷比产品质量不合格更为准确的根据。

《产品质量法》第 46 条对产品缺陷作了界定：“本法所称缺陷，是指产品存在危及人身、他人财产安全的不合理的危险；产品有保障人体健康和人身、财产安全的国家标准、行业标准的，是指不符合该标准。”缺陷的具体含义包括以下三点：一是，缺陷是一种不合理的危险，合理的危险不是缺陷。二是，这种危险危及他人人身和财产安全，其他危险不被认为是缺陷的内容。三是，判断危险的合理与否或者判断某一产品是否存在缺陷的标准分为一般标准和法定标准：一般标准是人们有权期待的安全性，即一个善良人在正常情况下对一件产品所应具备的安全性的期望；法定标准是国家和行业对某些产品制定的保障人体健康、人身和财产安全的专门标准。有法定标准的，适用法定标准，无法定标准的，适用一般标准。②

【拓展阅读】

缺陷分为四种：(1) 设计缺陷，是指产品在设计时在产品结构、配方等方面存在不合理的危险。考察设计缺陷，应当结合产品的用途。如果将产品用于所设计的用途以外的情形，即使存在不合理危险，也不能认为其存在设计缺陷。(2) 制造缺陷，是指产品在制造过程中，因原材料、配件、工艺、程序等方面存在错误，导致制作的最终产品具有不合理的危险性。(3) 产品警示、说明不充分。有的学者将其称为经营缺陷。(4) 跟踪观察缺陷，即《民法典》第 1206 条规定的侵权责任：“产品投入流通后发现存在缺陷的，生产者、销售者应当及时采取停止销售、警示、召回等补救措施；未及时采取补救措施或者补救措施不力造成损害扩大的，对扩大的损害也应当承担侵权责任。”

对于产品警示、说明不充分的缺陷，需要专门进行说明。《美国侵权法重述（第三次）》对什么是产品说明或警示不充分作出了原则界定：“因产品说明或警示不充分所致的产品缺陷，是

① 参见张新宝：《中国侵权行为法》，308 页，北京，中国社会科学出版社，1995。

② 参见张新宝：《中国侵权行为法》，308 页，北京，中国社会科学出版社，1995。

指产品可预见的致害危险能够通过销售商、其他经营者，或其在商业经营过程中的任一前手，采用合理的说明或警示条款而减少或避免，且不采纳该说明或警示并不能使产品得到合理的安全。”① 我国学者认为，这种情形是指生产者没有提供警示与说明，致使其产品在使用、储运等情形具有不合理的危险。② 产品警示、说明充分的标准是，对于属于上述情形的产品，本应当进行充分的说明或者警示，但是产品的生产者或者销售者没有进行说明或者警示，或者虽然进行了说明、警示，说明、警示没有达到要求的标准。说明、警示是否充分，应当根据产品的具体情况确定，一般的要求是：正确说明产品存在的危险，以及正确使用该产品、避免产品存在的危险，达到使用的合理安全的要求。有学者认为，如果产品是为大众所消费、使用的，警示与说明应为社会上不具有专门知识的一般人所能注意、知晓、理解；如果产品是为特定人所消费、使用的，警示与说明应为具备专门知识的特定人所能注意、知晓、理解。③ 做到了这一点，就认为说明、警示已经达到了充分的标准；没有做到的，就是说明、警示不充分。

（二）须有人身、财产损害事实

与其他侵权责任中的损害事实相比，产品责任中的损害事实往往具有受害人多、损害严重、损害发生的时间有早有晚的特点。例如，有些损害后果在受害当时即可发现，有的则要在受害之后很长时间才能出现。产品责任中的损害事实包括人身损害、财产损害和精神损害。人身损害包括致人死亡和致人伤残，对其赔偿范围，与一般侵权行为致人身损害的赔偿范围相同。财产损害，不是指缺陷产品本身的损失，即购买该产品所付价金的损失，而是指缺陷产品以外的其他财产的损害，其范围包括直接损失和间接损失。精神损害，是指缺陷产品致人损害，给受害人所造成的精神痛苦和感情创伤，不是指对受害人名誉权等人格权或者人格利益的损害。产品侵权造成精神损害，是指造成人身伤害所带来的精神痛苦，对此，应当予以抚慰金赔偿。

（三）须有因果关系

产品责任中的因果关系要件，是指产品的缺陷与受害人损害事实之间存在的引起与被引起的关系，产品缺陷是原因，损害事实是结果。确认产品责任的因果关系，要由受害人证明，证明的内容是：损害是使用或消费有缺陷的产品所致。使用，是对可以多次利用的产品的利用；消费，是对只能一次性利用的产品的利用。这两者在构成侵权责任时无原则性区别，因此一般称作“使用”也可以。受害人证明损害时：首先要证明缺陷产品曾经被使用或消费，其次要证明使用或消费该缺陷产品是损害发生的原因。在证明过程中，对于高科技产品致害原因不易证明者，可以有条件地适用推定因果关系规则，即受害人证明使用或消费某产品后即发生某种损害，且使用或消费这种缺陷产品通常可以造成这种损害，则可以推定因果关系成立，转由侵害人举证证明因果关系不成立，证明属实的，则否定因

---

① 中国人民大学民商事法律科学研究中心：《中国民法典》，人格权法编和侵权行为法编，269页，中国人民大学内部印刷资料，2002。

② 参见张新宝：《中国侵权行为法》，311页，北京，中国社会科学出版社，1995。

③ 参见张新宝：《中国侵权行为法》，312页，北京，中国社会科学出版社，1995。

果关系要件。

三、产品责任的归责原则以及责任竞合

关于产品责任，还有以下问题值得注意。

第一，产品责任在性质上是无过错责任。这不是说产品缺陷的生产者和销售者没有过错，因为产品不合格、存在缺陷本身就是一种过错。现代社会对产品质量的要求越来越具体详细，如果产品不符合规定的质量要求，则产品的生产者就具有过错，除非是现有的科学技术所无法发现的。但是，产品责任确定是无过错责任，立意是确定这种侵权责任不考察过错，其有没有过错，在所不论，只要受害人能够证明产品具有缺陷，即可构成侵权责任。因而受害人不必证明产品生产者或者销售者的过错，因而也就减轻了受害人的诉讼负担，有利于保护受害人的权利。

第二，产品责任会发生责任竞合，但应作适当限制，即存在单纯的质量不合格而没有造成缺陷产品之外的损害的，不能提起侵权之诉。区分的标准是：只有产品缺陷造成了受害人固有利益的损害，并且受到损害者是产品买卖合同的当事人的时候，才可以构成侵权责任和违约责任的竞合；仅仅是买卖合同关系之外的第三人受到缺陷产品损害的，不构成责任竞合，受害人只能基于侵权责任起诉，不能基于违约责任起诉。同样，仅仅产品质量不合格，也不构成责任竞合，只能基于违约责任起诉。

四、产品责任的类型

产品责任的主要类型是以下几种。

（一）生产者和销售者的责任

在产品责任中，最重要的是确定承担责任的主体。在产品责任中，第一位的责任主体就是生产者和销售者。

在生产者和销售者之间，究竟应当由谁承担责任？各国通例是依照受到缺陷产品损害的受害人的主张确定，即“最近原则”，受害人可以起诉生产者，也可以起诉销售者，按照最有利于自己行使权利的要求进行选择。销售者和生产者只要被起诉，不论其是不是产品缺陷制造者，只要消费者取得的产品确实存在缺陷，被起诉的一方就应当承担侵权民事责任。因此，基本规则是：因产品存在缺陷造成他人人身、财产损害的，受害人可以向产品的生产者要求赔偿，也可以向产品的销售者要求赔偿。因此，这种侵权责任形态是不真正连带责任。

产品侵权赔偿责任的最终承担者，应当是产品缺陷的制造者：是谁制造的缺陷，就由谁最终承担责任。这就是“最终原则”，其具体规则是：一是，产品缺陷如果是由生产者制造的，销售者赔偿后，有权向生产者追偿。二是，销售者的过错使产品存在缺陷的，生

产者赔偿后，有权向销售者追偿。三是，如果被起诉的一方被判决承担侵权责任，而自己就是缺陷的制造者的，则自己最终承担责任。

（二）运输者和仓储者等第三人的责任

造成损害的产品存在的缺陷，有时候也可能是运输者或者仓储者等第三人的行为所致。如果是这样的情况，则损害赔偿的责任就最终地要由运输者或者仓储者等第三人承担。因此，按照《民法典》第 1204 条的规定，是运输者、仓储者等第三人的原因使产品存在缺陷的，生产者、销售者赔偿后，有权向运输者、仓储者等第三人追偿。

（三）原、辅材料提供者和零部件提供者的责任

在实践中，有时候产品的缺陷是原、辅材料或者零部件的提供者的原因造成的。这时候，按照最终承担侵权责任的人应当是缺陷的制造者的规则，还是要由最终制造产品的缺陷的人承担责任。因此，向生产者提供有缺陷的原、辅材料，生产者用该材料制造的产品存在缺陷，致人损害的，由生产者承担民事责任，生产者有权向缺陷原、辅材料的提供者追偿。向生产者提供有缺陷的零部件，生产者用该零部件制造的产品存在缺陷，致人损害的，由生产者承担民事责任，生产者有权向缺陷零部件的提供者追偿。对此，应当适用《民法典》第 1204 条的规定。

（四）表见生产商和接手者的责任

对他人生产的产品像自己生产的产品一样进行销售，或者以其他形式经营的，构成表见生产商的责任。对其销售的产品，应当承担产品生产者的责任。

接手者对前手销售的缺陷产品所造成的损害，应当有条件地承担责任。其条件有四：一是合同约定接手者应当承担此项责任；二是为逃避对前手的债务或责任的承担而从事欺诈性的财产让与行为而导致接手；三是构成对前手的兼并或收购；四是使接手者成为前手法律人格的延续。不具备上述条件，但是接手者对于自己在销售后未予警示所致损害，应当承担产品责任。

五、产品责任的承担

（一）产品责任形态

产品责任形态为典型的不真正连带责任。在缺陷产品造成他人损害的时候，受害人基于该损害事实，同时享有两个损害赔偿请求权：一个是对缺陷产品生产者的损害赔偿请求权，可以请求产品生产者承担赔偿责任；一个是对缺陷产品销售者的损害赔偿请求权，可以请求产品销售者承担损害赔偿责任。

上述两个损害赔偿请求权的救济目的相同，因此，受害人只能选择其中一个请求权行使，行使了一个请求权之后，另一个请求权消灭。通常受害人会选择向销售者主张损害赔偿请求权，因为对自己最为有利，也最为方便。在确定了销售者承担侵权责任之后，如果

销售者不是产品缺陷的生产者，则其取得对缺陷产品生产者的追偿权，请求其承担损害赔偿责任。

如果受害人同时起诉了产品销售者和生产者的，则法院应当确定产品缺陷的生产者，由该产品缺陷的制造者承担赔偿责任，没有责任的一方不承担责任。

（二）产品责任的免除事由

1. 不认为是产品的物

以下用于销售的物，不属于产品：（1）建筑物和其他不动产，但是建设工程中使用的建筑材料、构件和设备除外；（2）仅经过初加工的农（林、水）产品。这些物不被认为是产品，其造成损害的责任，依照其他法律确定，不适用产品责任规定。

2. 三种基本的免责事由

产品生产者能够证明有下列情形之一的，不承担赔偿责任：（1）未将产品投入流通的；（2）产品投入流通时，引起损害的缺陷尚不存在的；（3）依将产品投入流通时的科学技术水平尚不能发现缺陷的存在的。凡是具有这些情形之一，提供产品的一方能够证明属实的，都可以免除责任。

存在上述第三项免责事由的，产品生产者负有跟踪观察的义务，发现该产品存在缺陷，可能造成损害后，应当依照《民法典》第1206条确定产品侵权责任。

3. 受害人自身原因

受害人自身原因，是指受害人在使用产品的时候，没有按照产品所标示的使用说明加以使用，因而造成自己的人身损害或者财产损害。对于由受害人的自身原因引起的损害，产品的销售者或者生产者不承担损害赔偿责任。如果产品造成的使用者或者第三人的损害，是由第三人的原因引起的，则应当由该第三人承担责任，不能由产品的生产者或者销售者承担责任。因此，由于受害人未按产品所标示的使用说明加以使用或者使用不当等原因，人身、财产受到损害的，产品生产者、销售者不承担赔偿责任。是第三人的过错导致产品存在缺陷，造成人身、财产损害的，由第三人承担赔偿责任。

（三）特殊产品责任的市场份额确定规则

在产品侵权中同类产品造成侵权后果，但是生产这种产品的不是同一个生产者，而是数个生产者，不能确定是谁生产的产品造成实际损害的情况，这就是共同侵权行为中的共同危险行为。按照一般的共同危险行为规则，应当是由实施共同危险行为的数人承担连带责任。然而这种生产产品的情况与一般的共同危险行为并不相同，承担连带责任并不合理，因为各个生产者的生产份额并不相同。按照“市场份额”规则，数人生产的同类产品因缺陷造成损害，不能确定致害产品的生产者的，应当按照产品的市场份额，按比例承担民事责任。应当首先确定各个生产者在生产当时产品所占市场的具体份额，按照份额确定应当分担的责任。

(四) 关于惩罚性赔偿金的适用问题

《民法典》第1207条规定:“明知产品存在缺陷仍然生产、销售,或者没有依据前条规定采取有效补救措施,造成他人死亡或者健康严重损害的,被侵权人有权请求相应的惩罚性赔偿。”符合上述条文规定的,应当准许受害人请求惩罚性赔偿。具体赔偿办法,依照《消费者权益保护法》《食品安全法》的规定:一般产品责任符合这一规定的,在二倍以下确定惩罚性赔偿责任;食品造成损害,符合这一规定的,在三倍以下确定惩罚性赔偿责任。

(五) 产品侵权行为的诉讼时效

《产品质量法》第45条规定:“因产品存在缺陷造成损害要求赔偿的诉讼时效期间为二年,自当事人知道或者应当知道其权益受到损害时起计算。”“因产品存在缺陷造成损害要求赔偿的请求权,在造成损害的缺陷产品交付最初消费者满十年丧失;但是,尚未超过明示的安全使用期的除外。”《产品质量法》是2018年修正的,与《民法典》的规定有所不同。对此,依照新法优于旧法、特别法优于基本法的法律适用规则,其诉讼时效是:第一,对于产品责任的一般诉讼时效,应当依照《民法典》第188条的规定为三年。第二,在最长诉讼时效上,应当依照《产品质量法》的规定,因存在缺陷的产品造成损害要求赔偿的请求权,在造成损害的缺陷产品交付最初消费者满10年时丧失;但是,尚未超过明示的安全使用期的除外。

【引例评析】

在本节引例“杀虫剂警示说明不充分引起爆炸造成人身损害”案中,被告生产的歼敌牌杀虫气雾剂产品尽管有质量合格证,但是由于该产品的主要成分为液化石油气,具有一定的危险性。生产者仅在用量上作出“可按10平方米房内面积喷射15秒的剂量作空间喷射,喷后若关闭门窗约20分钟效果更佳”的建议性说明,消费者一般只会作多喷一些可能发生中毒或不经济的考虑,不会想到过量使用后遇到电火花可能发生爆炸的严重后果。该产品未有适当的禁止性、警示性说明,使其存在危及人身及财产安全的不合理危险。故该产品属于缺陷产品,由此造成人身及财产损害的,生产者应当承担损害赔偿责任。本案的受害人即原告在使用该产品时也有不当,也是发生此损害的原因之一,故应当适当减轻生产者的责任。本案的销售者在销售时指明了供货者,且该产品的缺陷也不是他的过错造成的,故不承担责任。因此,应当确定被告对原告全部人身损害和财产损害承担主要责任,原告自己承担次要责任。

【问题与思考】

1.《民法典》规定的其他特殊侵权责任有哪些类型？适用法律的规则是什么？

2. 结合第一节引例“夜间擅闯公园猴岛被猴伤害索赔终审被驳回”案，讨论审理饲养动物损害责任侵权纠纷案件应当注意哪些问题？

3. 产品责任具备哪些要件才能构成？

4. 结合第二节引例“杀虫剂警示说明不充分引起爆炸造成人身损害”案，研究产品的界定和产品缺陷的类型。

第十章

侵权责任形态原理

参考文献

(一) 著作

1. 杨立新．侵权责任法．北京：法律出版社，2021：81-115

2. 杨立新．中国侵权责任法研究：第1卷．北京：中国人民大学出版社，2018：235-483

3. 王利明．侵权责任法研究：上卷．北京：中国人民大学出版社，2019：521-605

4. 黄薇主编．中华人民共和国民法典侵权责任编释义．北京：法律出版社，2020：486-467

5. 最高人民法院民法典贯彻实施工作领导小组．中华人民共和国民法典理解与适用：总则编：下卷．北京：人民法院出版社，2020：882-894

6. 张新宝．中国民法典释评：侵权责任编．北京：中国人民大学出版社，2020：23-36

7. 张新宝．侵权责任法原理．北京：中国人民大学出版社，2005：77-108

8. 邹海林，朱广新．民法典评注：侵权责任编：第1册．北京：中国法制出版社，2020：33-92

9. ［德］克雷斯蒂安·冯·巴尔．欧洲比较侵权行为法：上册．张新宝，译．北京：法律出版社，2001：16

10. 王竹．侵权责任分担论．北京：中国人民大学出版社，2009：6-86

(二) 论文

1. 杨立新．侵权责任形态研究．河南省政法管理干部学院学报，2004 (1)

2. 杨立新．新类型侵权行为的责任形态及其规则——对最高人民法院有关人身损害赔偿的司法解释的解读．政法学刊，2005（3）

3. 杨立新，马桦．性骚扰行为的侵权责任形态分析．法学杂志，2005（6）

4. 杨立新．侵权责任追偿权的“背锅”理论及法律关系展开——对民法典规定的侵权责任追偿权规则的整理．求是学刊．2021（1）

参考法规

《民法典》第176、177、186、1172、1191、1195、1198、1201条等

第一节　构建侵权责任形态体系的设想

引例　“马路中央竖立电线杆伤人”案

某镇的李某驾驶两轮摩托车去上班，行驶途中，撞上一根竖在马路中间的电线杆，经抢救无效死亡。竖在马路中间酿成这场事故的电线杆属该县电信局所有，多年之前就安装在此，原来并不在马路中央，但该镇在拓宽这条马路时，因为有争议，采取改路不改线的方法，致使本来在路边的电线杆变成竖在路中央的“马路杀手”。死者李某的近亲属起诉，请求该电线杆的所有人、管理人承担赔偿责任。

一、研究侵权责任法对侵权责任形态的困惑

侵权法存在一个重要的问题，就是责任由侵权法律关系的何方主体承担。这就是说，在侵权行为发生之后，侵权责任究竟由谁承担，是由行为人承担，还是由责任人承担呢？如果责任人是数人，在多数责任人之间是连带承担，还是按份承担，或者补充承担呢？如果行为人和受害人对损害的发生都有过错，又应当怎样分担责任呢？侵权责任形态就是要研究这样的问题。在三十多年的侵权法研究中，笔者曾经被这个问题长期困惑。在起草民法典侵权责任编草案建议稿时，经过反复研究，为解决这个困惑，提出了构建侵权责任形态及其体系的设想。

在我国最早的侵权法理论中，已经涉及了这个问题，即一般侵权行为与特殊侵权行为之间的关系问题。同时，侵权行为形态又分为单独侵权行为和共同侵权行为，单独侵权行为也称为一般侵权行为。因而这三个概念就交叉在一起，很难分清它们之间究竟应当怎样进行协调，其逻辑关系是什么。在一些著作中，甚至认为这就是侵权行为的三种基本形态，即将侵权行为分为一般侵权行为、共同侵权行为和特殊侵权行为。[①]

这种见解反映的是侵权法的现实。但是，按照这样的理解，在侵权行为的划分上会相互交叉，逻辑关系不严格，存在着很难克服的问题。最大的问题就是，一般侵权行为既要与特殊侵权行为相对应，又要与共同侵权行为相对应，同时，在特殊侵权行为中也存在一般侵权行为和共同侵权行为，在共同侵权行为中也存在一般侵权行为和特殊侵权行为。相对于特殊侵权行为而言，一般侵权行为中存在共同侵权行为；相对于共同侵权行为而言，则一般侵权行为中也存在特殊侵权行为。将这三种侵权行为并列起来，就产生了这种不可克服的难题。

也有学者试图从责任关系上寻求解决这个问题的方法，就是把一般侵权行为、共同侵权行为和特殊侵权行为这三种侵权行为从责任的角度进行概括，使侵权法在概括侵权责任的时候，出现了自己责任、替代责任和连带责任的分类。这种意见已经提到了侵权责任形态的问题，但是仅仅研究这三种侵权责任形态，显然还不够。

有学者还试图通过侵权行为形态的概念和体系，来解释侵权法面临的这个难题，提出了普通过错、共同过错、与有过失和受害人过错作为侵权行为的四种基本形态。[②] 这种划分的基础在于过错，基于过错在不同的当事人身上所产生的侵权行为的差别和责任类型，揭示侵权责任的不同表现。研究侵权行为形态存在的问题在于：用过错形式区分不同的侵权行为是有道理的，但是，一方面，在无过错责任的侵权行为中如何进行这样的划分；另一方面，在按照过错责任划分侵权行为形态时，又从侵害财产、侵害人身等方面进行侵权行为的形态分析，会使侵权行为形态的概念更为臃肿和混杂。笔者曾经接受了按照过错形式划分侵权行为形态这种意见，按照这样的意见确定侵权行为形态[③]，将按照侵权客体划分的形态清除出去，使其体系简明化，从而解决了后一个问题，但是，对于存在的前一个问题没有解决。

在起草民法典草案侵权责任编建议稿的时候，有学者试图进行侵权行为类型的划分：将共同侵权行为放在侵权行为的一般规定中规定，将侵权行为划分为侵权行为种类和侵权行为类型。侵权行为的种类是按照侵权行为侵害的客体进行划分，侵权行为类型则是按照侵权行为的不同表现进行的划分。[④] 侵权法草案建议稿作这样处理的一个基本问题是：没有揭示侵权行为在责任形态方面的特点，侵权行为种类和侵权行为类型这两个概念表述相似，但很难从字面上区分清楚，也不是一个好办法。

要理清这个问题的关键，还是要解决侵权责任的不同表现形态。在全国人大常委会于

---

① 参见刘清波：《民法概论》，226页以下，台北，开明书店，1979。

② 参见王利明主编：《民法·侵权行为法》，352页以下，北京，中国人民大学出版社，1993。

③ 参见杨立新：《侵权法论》，276页以下，长春，吉林人民出版社，1998。

④ 参见中国人民大学民商事法律科学研究中心：《中国民法典·侵权行为法编草案建议稿》，载杨立新主编：《民商法前沿》，2002年第1、2辑，9页以下，长春，吉林人民出版社，2002。

2002年2月22日审议的民法典草案“侵权责任法”中，直接提出了这个问题。这就是草案的第十章“有关侵权责任主体的特殊规定”，几乎涉及了侵权责任的所有问题，包括替代责任、连带责任、补充责任、按份责任等。但是，它也存在明显的缺点：将一个连带责任分解，既规定在第一章中，即关于共同侵权责任的规定，同时又规定在第十章中，即共同危险行为的责任和教唆人的责任。[①] 这在逻辑上是不适当的。不过，这个思路却给解决侵权法理论研究中的这个难题提供了很好的思路，提出了一个思索的方向。

二、侵权责任形态的历史演进

侵权法在发展的历史上，始终在研究和解决侵权行为的责任形态问题。

(一) 罗马法

在罗马法以前的侵权法中，无所谓侵权责任形态问题。因为那时侵权法都是规定具体侵权行为，不作概括性的、一般性的规定。至于对侵权责任的规定，就是谁的行为就由谁来负责，谁的行为造成损害就由谁负责，责任主体及其形态不是重要问题。

罗马法认识到了这个问题。罗马法在对私犯和准私犯的划分中，关注的就是责任形态问题。在罗马法规定的六种准私犯中，基本上是这些侵权行为的责任形态与私犯不同。下面进行一些分析。

第一种准私犯，是承审官故意或过失而为不当判决或违背诉讼程序，致使诉讼当事人的利益遭受损害的行为。罗马法对这种侵权行为的规定，主要的还不是着重于对侵权责任形态的表述，而是着重于这种侵权行为的特殊性。因为那时还没有国家赔偿制度，所以，法官的责任还是自己责任，不是替代责任。但是，罗马法的这个规定和后世的发展不谋而合，为后世的国家赔偿责任打下了基础。罗马法的准私犯制度中，也只有这种侵权行为在当时不是替代责任。

第二种准私犯，是从房屋内向公共道路倾泼流体或投掷固体物致害他人的，责任人为房屋的居住人。这种侵权行为就是今天的物件致害责任，是为自己管领下的物件所致损害负责，是典型的替代责任，即对物的替代责任。

第三种准私犯，是在公共通道上放置或悬挂物品致害他人的，物主承担责任。这同样是为自己管领下的物件致害负责，是对物的替代责任。

第四种准私犯，是畜类反其本性而加害于人的，其饲养人承担责任。这是动物致害责任，当然也是为自己管领下的物件致害承担责任，是对物的替代责任。

第五种准私犯，是奴隶加损害于他人的，家主承担责任。依照今天的侵权法理论观察，奴隶是人，这种侵权责任形态应当是对人的替代责任。但是，在罗马法时期，奴隶不是人，不具有人的资格，而是物，因此，奴隶加损害于他人，家主承担侵权责任，是对物的替代责任。

第六种准私犯，是旅馆主人、马厩主人、船主对于其雇用的人给旅客、顾客造成的损

① 参见王利明主编：《民法典·侵权责任法研究》，10页，北京，人民法院出版社，2003。

害，负其责任。这种侵权责任是典型的对人替代责任，是对他人的行为负责的侵权责任形态。[①]

从以上的分析可以看出，罗马法关于准私犯的规定，实际上是对侵权责任形态的表达，是区别于私犯的为自己的行为负责的特殊侵权责任形态。尽管其中还有少数准私犯在责任形态上并不明显，但是罗马法的立法者显然是注意到了私犯和准私犯之间在侵权责任形态上的界限。因此，英国民法学家巴里·尼古拉斯在他的《罗马法概论》中指出：有一种意见认为准私犯的本质是替代性责任，建筑物的主人和客栈老板等类似人员都在对由他人实施的行为负责。但是，一方面，损害赔偿责任本来也应当属于替代性责任；另一方面，把审判员误判看作是替代责任只能是以一种颇为牵强附会的解释为根据。[②] 这种意见是在反对准私犯就是替代责任的说法，但是恰好说明，在准私犯中，除去法官的责任之外的准私犯，就都是替代责任的事实。因此，说罗马法的准私犯的基本性质是替代责任，准私犯和私犯的基本区别在于侵权责任形态的不同，应当是有根据的，并不是“牵强附会”。

（二）法国法

在罗马法复兴中，它的私犯和准私犯划分的思想在《法国民法典》中得到了继承和发扬。《法国民法典》在它简短的侵权法条文中，除实现了人类史上对侵权法的第一次一般化立法、确立过错责任原则为侵权法的归责原则之外[③]，还沿着罗马法开创的私犯和准私犯侵权责任形态划分的道路，第一次明确地提出了侵权行为的两大责任形态，即为自己的行为负责和为他人的行为负责以及为自己管领下的对象的损害负责，也就是自己责任和替代责任。其第1382条和第1384条所规定的侵权行为的基本分野，就在于责任形态的不同。这既是对罗马法的继受，也是对罗马法的发展。《法国民法典》对人类的贡献，这也是其中之一。

下面是《法国民法典》对准侵权行为的最早表述。

该法典第1384条第1款规定的是准侵权行为的基本规则，即：“任何人不仅对其自己行为所致的损害，而且对应由其负责的他人的行为或在其管理之下的对象所致的损害，均应负赔偿的责任。”这种对替代责任的最经典描述，直到今天也还在发出灿烂的光辉。即使是在今天，在表述替代责任的时候，学者也不得不使用这个条文的说法。

在其下，该法典通过第1384条的以下各款，以及第1385条和第1386条，分别规定了以下准侵权行为：

（1）父，或父死后，母，对与其共同生活的未成年子女所致的损害应负赔偿的责任。这是典型的法定代理人的替代责任。

（2）主人或雇用人对仆人或受雇人因执行受雇的职务所致的损害应负赔偿的责任。这里规定的是典型的雇主责任，是替代责任。

（3）学校教师或工艺师对学生或学徒在其监督期间所致的损害应负赔偿的责任。那时

---

① 在查士丁尼著的《法学总论》中，在“准私犯”一节，法官的责任规定在“序言”中，随后规定了三种准私犯。因此，一般认为准私犯包括四种，另有些学者也认为可以概括为正文中的六种。

② 参见［英］巴里·尼古拉斯：《罗马法概论》，黄风译，235～236页，北京，法律出版社，2000。

③ 参见杨立新：《论侵权行为的一般化和类型化及其我国侵权行为法立法模式选择》，载《河南省政法管理干部学院学报》，2003（1）。

候的教师与学生、师傅与学徒具有某种身份关系，教师或工艺师对学生或学徒在其监督期间所致的损害负责，体现的仍然是替代责任。

（4）动物的所有权人或使用人在其使用动物期间，对动物所致损害，不问是否系动物在管束之时或在迷失及逃逸之时所发生的，均应负赔偿的责任。这是典型的动物致害责任，是对物的替代责任。

（5）建筑物的所有人对建筑物因保管或建筑不善而损毁时所致的损害，应负赔偿的责任。这是建筑物致害责任，是对物的替代责任。①

从以上的分析可见，《法国民法典》规定侵权法时极为重视侵权责任形态问题，对侵权行为的基本划分就是根据侵权责任形态不同的标准进行的。

（三）德国法

值得注意的是，《法国民法典》没有规定共同侵权行为，也就没有规定连带责任。但侵权责任形态在《法国民法典》中有特别清楚的划分，不存在任何问题。可是，在《德国民法典》规定了共同侵权行为之后，在一般侵权行为与共同侵权行为以及特殊侵权行为当中，就出现了前文所说的那种逻辑上的问题。《德国民法典》首先规定一般侵权行为，接着规定共同侵权行为，然后再规定特殊侵权行为。这样，关于侵权行为责任形态的问题，在理论上就不够清楚了。

（四）侵权责任形态的新发展

更重要的是，在侵权行为的不真正连带责任和分别侵权行为的按份责任受到普遍重视之后，侵权责任的形态变得更为复杂了。再加上过失相抵和公平分担损失的双方责任，侵权责任形态的问题就好像一团乱麻，难以厘清其中的逻辑关系。

在当代，侵权责任形态有了更新的发展，在侵权责任中，不仅存在自己责任、替代责任和连带责任，同时又出现了更多新的责任形态。如负有保护他人安全的法定义务或者约定义务的人未尽安全保障义务致人损害时承担的补充责任，并不是传统意义上的连带责任或者替代责任，而是一种新的侵权责任形态。在共同加害他人而在加害人之间没有过错联系的侵权行为中，损害后果只有一个，但是，各个加害人的责任显然不是连带责任，因此出现了按份责任。除此之外，与有过失责任、公平分担损失责任也都有新的发展，法律中都作出了规定。这些侵权责任形态究竟与前述的那些侵权责任形态是什么样的逻辑关系，显然需要进行类型化的整理。

看来，在侵权法中，如果不对侵权责任形态的问题进行深入的研究，进行科学的概括，将很难进行科学的阐释。

三、侵权责任形态概念的科学性和合理性

事实上，研究一般侵权行为、特殊侵权行为与共同侵权行为的关系，研究自己责任、

---

① 对这五种准侵权行为的表述，引用自《拿破仑民法典》。参见《拿破仑民法典》，李浩培等译，189～190页，北京，商务印书馆，1983。

替代责任、连带责任的关系，研究普通过错、共同过错、与有过失和受害人过错的关系，都追求的是将侵权责任类型化，而不是将侵权行为类型化。有些学者的“侵权法草案专家建议稿”试图用侵权行为的种类和类型来区分侵权责任的种类与侵权行为的种类，由于在这个问题上没有弄清，所以终究无法真正搞清楚它们之间的逻辑关系。

一般侵权行为、特殊侵权行为和共同侵权行为的划分，除了存在三个概念相互交叉问题之外，更大的问题是在文字上不是注重对侵权责任类型的揭示，而是注重对侵权行为类型的揭示。因而在说起这三个概念的时候，人们想到的不是侵权责任形态，而是侵权行为类型。尽管提出这种主张的本意是解释侵权责任的形态，但是，其实际结果并非像主观想象的那样。

自己责任、替代责任和连带责任的概念表述，揭示的是侵权责任的形态，表现的就是为自己的行为承担的责任、为他人的行为或者为物件承担的替代责任，以及共同侵权行为人所承担的连带责任。但是，这种对侵权责任形态的表述，最起码存在以下问题：第一，这三个概念并非同一逻辑层次上的概念，自己责任与替代责任相对应，而自己责任与连带责任没有对应关系。第二，关于侵权责任的形态，仅仅规定或者研究或者列举这三个概念显然不够，因为还有其他侵权责任形态需要说明、研究。第三，没有明确指明这就是为研究侵权责任形态所提出的概念，也没有直接提出侵权责任形态的概念。因此，这些主张尽管也提出这三个概念来表述侵权责任形态，但是并没有提出完整的、完善的侵权责任形态的概念和体系。

将侵权行为从过错的角度分为普通过错、共同过错、与有过失和受害人过错这四种侵权行为形态，虽然说的是侵权行为形态，但是，其醉翁之意不在酒，而是在表述侵权责任形态。在界定时，将普通过错细分为自己的过错、单一的行为人等要素，说的就是自己责任。共同过错当然引发的是连带责任。与有过失表述的，不是其表面上直接说明的过错在当事人之间的分配，而是与有过失的后果即过失相抵，即责任在双方当事人之间的分配。受害人过错，则被界定为受害人对于损害的发生具有过错，而且是唯一的过错，加害人对于损害的发生或者扩大没有过错，因此，责任实际上就是受害人自己承担。这四种对过错的分类，完全是为了表述侵权责任形态。它的缺点是：第一，不能包含无过错责任这一侵权责任形态；第二，这四种侵权责任形态不能穷尽一切侵权责任形态，同时受害人过错还很难说就是侵权责任形态。

以上的分析是在评论三种不同的对侵权行为的分类方法，分别指出了各自的优点和缺点，由此也会发现，这里最需要的，是对侵权责任形态作出科学的分析。

因此，应当明确以下问题。

第一，明确采用侵权责任形态的概念，不再另作侵权责任种类、侵权责任方式、不同侵权行为的表述。如前所述，侵权责任种类、侵权责任方式以及不同的侵权行为的说法，其实质还是要说明侵权责任的不同表现形态。既然如此，就使用一个更为简洁的概念，即侵权责任形态，用它来概括侵权责任在不同当事人之间的变化情况，规制侵权行为责任的承担。这实际上是在近代侵权法形成之初就确定的责任由谁承担的问题。解决了这个问题，就解决了侵权法的一个重要问题。同时，在侵权法中摒弃侵权行为形态、侵权行为种类等不规范的提法，使侵权法的概念更为科学。

第二，建立侵权责任形态体系，对侵权责任的全部形态作出科学的分类，使之成为严密的科学体系。侵权责任形态并不是一个简单的责任形式问题，而是一个复杂的系统。在罗马法，人们就注意到了侵权责任承担的不同形式。在法国法，近代侵权法确立时就确立了侵权责任的两种最一般的形态，即自己责任和替代责任。在德国法，建立了侵权责任的连带责任以及过失相抵责任。在现代，随着侵权法的发展，扩大了公平原则的适用范围，公平分担损失责任随之产生，使侵权责任形态更加复杂。现代侵权法在责任形态方面所具有的这样复杂的责任形态，正是为了适应现代社会经济、文化、伦理发展的需要，是现代社会现实在法律上的客观反映。既然如此，在这样复杂的侵权责任形态的面前，必须严格地、科学地进行分析、归纳，对这些不同种类的侵权责任形态进行梳理，使它们形成科学的、符合逻辑要求的责任形态体系，与整个侵权法理论体系相协调、相一致，构成完整的侵权法理论体系。

第三，用侵权责任形态的概念与侵权行为类型相对应，使这样两个概念和体系形成明确的分工。按照笔者的观点，在侵权法体系中，侵权责任形态和侵权行为类型是两个相互关联的概念。侵权行为类型概括的是侵权行为的具体表现形式，而侵权责任形态则是指在侵权行为责任构成之后，责任应当由谁承担，即侵权责任在侵权法律关系当事人之间的不同分配形式，或者由行为人自己承担责任，或者由与行为人具有特定关系的责任人承担以及由对象的管理人、所有权人承担；如果行为人或者责任人是数人的，则责任究竟是由数人连带承担，还是补充承担，抑或按份承担；如果责任应当是由双方当事人承担的，那么，究竟是应当公平承担还是按照过错或者原因力的程度承担责任。这就是侵权行为类型和侵权责任形态两个概念的基本区别。

第四，侵权责任形态和侵权行为形态的区别与联系。侵权行为类型是从侵权行为本身的角度，对其不同的表现形式进行研究和概括，是侵权行为的抽象表现形式。而侵权责任类型研究的是不同的侵权行为类型所要承担的不同的责任形态。因此，侵权行为类型与侵权责任形态既相区别，又有密切联系。侵权行为类型是侵权责任形态的基础，侵权责任类型是侵权行为类型的必然后果。例如，一般侵权行为的责任形态通常是自己责任，特殊侵权行为的责任形态通常是替代责任；单独侵权行为的责任形态是单独责任，而共同侵权行为的责任形态就是连带责任。当然，有时候对侵权行为类型的划分也可能与责任形态没有关系，例如，积极的侵权行为和消极的侵权行为在责任形态上就没有对应的意义。

【引例评析】

本节引例“马路中央竖立电线杆伤人”案，表现了构筑物的管理人和所有权人对他人安全的极度不负责任。电线杆本来在路边设置，但由于改建马路，采用改路不改线的方法，使电线杆矗立在马路中央，留下了极大的安全隐患。这表明，马路和电线杆的所有权人和管理人，即电信局、镇政府对此都有责任，都应当承担侵权责任。物件造成损害是特殊侵权行为，其侵权责任形态为对物的替代责任，电信局与镇政府作为共同被告，具有共同的疏忽，应当承担共同侵权行为的连带责任。

第二节 侵权责任形态理论体系的构建

引例 “数人实施的行为造成损害构成共同侵权行为”案

周某某原系某火炮厂工人，离厂后以采购原料给他人制作发令纸及销售为职业。陈某某与周某某约定购买发令纸，周某某通知陈某某前去提货。陈某某从周某某家提走4 000张发令纸，装在纸烟箱内，搭乘翁某某开的机动三轮车。途中，发令纸突然爆炸起火，将同车的黄甲、黄乙严重烧伤，陈某某亦被烧伤。黄甲、黄乙治疗伤害造成医药费等损失，遂诉请陈某某、周某某赔偿。法院判决陈某某、周某某承担连带赔偿责任。①

一、侵权责任形态的概念和特征

（一）侵权责任形态的概念

侵权责任形态，是指侵权法律关系当事人承担侵权责任的不同表现形式，即侵权责任由侵权法律关系中的不同当事人按照侵权责任承担的规则承担的基本形式。

（二）侵权责任形态的特征

1. 侵权责任形态概括的是行为的法律后果

侵权责任形态概括的不是行为的表现，而是行为的法律后果，即侵权行为发生并在符合侵权责任构成要件要求后，由应当承担责任的当事人承担行为的后果。它与侵权行为类型的不同就在于，侵权行为类型研究的是行为本身，而侵权责任形态研究的是侵权行为的后果，即侵权行为所引起的法律后果由谁承担。同时，它也与侵权责任构成不同：侵权责任构成研究的是依据什么样的准则、符合什么样的条件才能够构成侵权责任。侵权责任形态则是解决侵权责任构成之后引起的法律后果。

2. 侵权责任形态表现的是侵权行为的后果由谁承担

侵权责任形态表现的是侵权行为的后果由侵权法律关系当事人承担的不同形式。侵权责任形态与侵权责任承担方式不同。侵权责任承担方式研究的也是侵权行为的法律后果，但研究的不是侵权责任在不同的当事人之间由谁承担的形式，而是侵权行为后果的具体表现方式，即损害赔偿、恢复原状、返还原物。侵权责任形态研究的不是这些责任

---

① 参见《中国审判案例要览》，1993年综合本，651页，北京，中国人民大学出版社，1994。

的具体方式，而是由什么人来承担这些责任。因此，侵权责任形态也就是侵权责任承担方式在不同的当事人之间的分配。尽管"分配"这个概念具有主观的色彩，但它基本上准确地表现了侵权责任形态的含义，而法律规定侵权责任形态本身就具有强烈的主观色彩。

3. *侵权责任形态是法律规定的侵权责任基本形式*

侵权责任形态是经过法律确认的、合乎法律规定的侵权责任基本形式。侵权责任形态不是随意的、任意的形式，必须经过法律的确认。同时，它也是承担侵权责任的基本形式，而不是具体的责任形式。它只规定当事人自己承担还是他人承担，是连带承担还是按份承担等。至于由当事人具体承担什么样的责任，承担责任的程度是什么，侵权责任形态研究都不关心。这些都是侵权责任方式和侵权责任具体内容所解决的问题。

（三）侵权责任形态在侵权法中的地位

侵权责任法的理论构架由五个部分组成：第一，侵权行为和侵权法的概念，研究侵权行为的概念和特征，解决侵权法的基本概念问题；第二，侵权责任构成，解决的是侵权责任归责原则和侵权责任构成要件；第三，侵权行为类型，研究侵权行为的各种表现形式，是以侵权责任归责原则为基础，规制侵权行为的各种表现形式；第四，侵权责任形态，研究侵权责任构成之后，侵权责任在各个不同的当事人之间的分配；第五，侵权责任承担方式，研究侵权责任的具体形式，研究侵权责任的具体承担。

在侵权法的理论体系中，最核心的问题，是侵权责任构成，包括侵权责任归责原则和构成要件。不过，侵权责任究竟由谁承担，也是一个重要问题，因此侵权责任形态是侵权法理论体系中的关键一环，连接的是行为、责任与责任的具体承担方式，没有侵权责任形态，即使侵权责任已经构成，由于没有具体落实应当承担责任的当事人，具体的侵权责任承担方式和内容也就无法实现，侵权法的救济、补偿功能也就无法实现。

《民法典》尽管没有明确规定侵权责任形态的完整体系，但却包含了这样的内容，其关于连带责任、按份责任、替代责任、补充责任、过失相抵以及公平分担责任等的规定，都体现了这样的立法思想。因此，可以确定，侵权责任形态在我国侵权责任法中具有重要的地位，必须受到重视。

（四）侵权责任形态的作用和意义

由上述可见，侵权责任形态的作用和意义是以下几点。

1. *连接侵权责任的构成和承担方式*

侵权责任构成和侵权责任承担方式都是侵权法的基本概念，侵权责任形态是连接这两个基本概念的基本概念。侵权责任构成、侵权责任形态和侵权责任承担方式，都是侵权法的最基本的责任概念。

2. *落实侵权责任的归属*

在侵权法中，侵权责任构成解决的是某一个人的行为是不是构成侵权责任的问题。构成侵权责任之后，将这个责任落到实处，需要落实到人。而侵权责任形态就是将侵权责任落实到具体的责任人身上，由具体的行为人或者责任人承担侵权责任。若没有确定侵权责任构成，就不会将侵权责任落实到责任人，侵权责任就没有落实。

3. 实现补偿和制裁的功能

侵权责任的基本功能就是补偿和制裁。如果没有侵权责任形态，侵权责任无法落实，那么侵权责任的补偿功能和制裁功能就无法实现。

二、侵权责任形态的体系和内容

(一) 侵权责任形态的基本形式

侵权责任形态所研究的内容，就是侵权责任在不同的当事人之间的分配问题。主要研究的方面，是侵权责任的一般表现形态即自己责任和替代责任，侵权责任的单方形态和双方形态，以及侵权责任的单独形态和共同形态。

1. 自己责任和替代责任

侵权责任中的自己责任和替代责任所表现的是，侵权责任是由行为人承担，还是由与行为人有特定关系的责任人，以及与物件具有管领关系的人来承担。这是《法国民法典》所确定的传统的自己责任和替代责任。这是侵权责任形态的最一般表现形式，是侵权法规定的侵权责任的最基本的责任形态。如果是行为人自己对自己的行为负责，就是自己责任。如果是责任人为行为人的行为负责，或者为自己管领下的对象致害负责，则为替代责任，也称为间接责任。

2. 单方形态和双方形态

侵权责任的单方形态和双方形态，是说侵权责任究竟是由侵权法律关系中的一方当事人承担，还是由双方当事人承担。一方承担的侵权责任形态，例如加害人一方负责，或者受害人过错引起损害的受害人一方负责。双方形态则是加害人和受害人都要承担责任。其中，双方形态是研究的重点。双方形态是指对于侵权行为所发生的后果，侵权行为人应当承担责任，受害人也要承担责任，即一个完整的侵权责任应当由加害人和受害人双方分担。双方当事人所承担的责任的总和，是这个侵权行为所产生的全部的侵权责任。在对于损害的发生双方当事人都无过错的情况下产生的公平责任，就是双方责任的典型形态。在对于损害的发生，侵权行为人应当承担责任，但是受害人与有过失时，产生的后果是过失相抵。这时候，责任形态也是双方责任。

3. 单独形态和共同形态

侵权责任如果是加害人承担，就存在一个单独加害人和多数加害人的问题，侵权责任形态就会随着加害人的数量的不同而发生变化。单独的加害人，承担的就是自己责任或者替代责任的单独责任。二人以上的加害人承担侵权责任，就是共同形态的侵权责任。侵权责任的共同形态，是在侵权行为的行为人是二人及以上的情况下，侵权责任在数个行为人之间分配的形式。侵权行为人是多数，也就是有数个行为人时，其侵权责任总是要在数个行为人之间进行分配的，分别由各个行为人负担。具体负担的形式是：如果构成共同侵权行为，共同加害人要连带承担责任，责任形态就是连带责任。如果侵权行为产生不真正连带责任或者补充责任、先付责任，则应当分为不真正连带责任或者补充责任、先付责任的形态。如果数个行为构成无过错联系的共同加害行为，数个行为人要承担的责任形态是按份责任。

（二）侵权责任形态的体系

1. 三种侵权责任形态

侵权责任形态具有三种类型。

第一种类型：自己责任和替代责任。这是侵权责任形态的一般形态。

第二种类型：单方责任和双方责任。这是侵权责任形态的另一种表现形式。

第三种类型：单独责任和共同责任。这是加害人一方承担侵权责任的不同表现形态。

2. 三种侵权责任形态的关系

现在要研究的是这三种侵权责任形态的关系问题。这三种侵权责任形态之间并不是并列的关系，而是相互包容的关系。

首先，侵权责任的一般形态是侵权责任形态的基本形态，是任何侵权行为都要面临的责任形态，是必不可少的。任何侵权行为，所引发的责任无非是自己责任或者替代责任。舍此没有别的选择。

其次，侵权责任的单方形态和双方形态，也是一种完全划分，也是所有的侵权行为都要面临的选择，不是单方责任，就是双方责任。无论是单方责任还是双方责任，都存在是自己责任还是替代责任的选择。在是单方责任的时候，单方当事人承担的责任，或者是自己责任，或者是替代责任。在加害人和受害人都应当承担责任的双方责任中，加害人一方的责任有可能是自己责任，也有可能是替代责任。如果加害人一方的人数是复数，则还可能发生侵权责任的共同形态，即连带责任、补充责任或者按份责任等。与双方责任形态相对应的，不是一般责任形态，也不是复数责任形态，而是单一责任形态，或者是加害人单一承担侵权责任，或者是受害人单一承担责任。

最后，侵权责任中的单独责任和共同责任则不是完全划分，而是仅对加害人一方承担侵权责任时的责任形态的划分。单独责任是加害人为一个人时，他自己应当承担责任，或者是自己责任，或者是替代责任。共同责任则须是在加害人是二人及以上时才发生的责任形态。侵权责任的共同形态也必须是自己责任或者替代责任，是自己责任的共同责任形态和替代责任的共同责任形态。共同责任形态所直接对应的，不是一般形态而是单独责任形态，也就是侵权责任的加害人只有一个人，由他自己独自承担责任。

可见，侵权责任的一般责任形态是最基本的责任形态，而侵权责任的单方责任形态与双方形态，以及单独责任形态和共同责任形态，则是一般形态中的具体内容。

（三）侵权责任形态的具体内容

1. 自己责任和替代责任

这是侵权责任的一般形态，分为自己责任和替代责任。在侵权责任中，最基本的责任形态是自己责任和替代责任。一般侵权行为是自己责任，就是为自己的行为负责的侵权责任。特殊侵权行为引发的则是为他人的行为负责的责任和为自己管领下的物件致害负责的责任。后两种责任形态通称为替代责任。有些学者只承认为他人负责的侵权责任是替代责任，不承认为自己管领下的物件致害负责的侵权责任是替代责任。在法国法，为自己管领下的物件致害负责，是典型的替代责任。因为物件致害的行为，实际上并不是行为人的行为，只是该致害的物件为行为人所管领，因而由其承担责任，其责任形态是对物的替代责任。

任何侵权行为都可以引发自己责任或替代责任。有人认为，产品责任和环境污染侵权责任不能归入替代责任。笔者认为这实际上也是物件致人损害的责任，当然是替代责任：产品是对象，污染物也是对象。危险活动致害责任，则是为他人的行为负责，是典型的替代责任。危险物的致害责任则是对物的替代责任。

2. 单方责任和双方责任

单方责任分为加害人责任和受害人责任。加害人自己承担责任的，是加害人的单方责任。完全是受害人的过错造成的损害，责任形态则是受害人的单方责任。侵权责任的双方形态，是在侵权责任构成之后，确定双方当事人都应当承担责任的时候，侵权责任在双方当事人之间分配的形式。这种责任形态分为公平分担责任和过失相抵，以及《道路交通安全法》第76条规定的受害人过错的责任分担。公平分担责任是双方责任的基本形式，而不是一种归责原则。符合公平分担责任构成要件的，就要将责任公平地分配于加害人和受害人。过失相抵是与有过失的法律后果，其基本形式也是由加害人和受害人分担损失。道路交通事故中的机动车致害非机动车驾驶人或者行人中的受害人过错，本应当由受害人单方承担责任，但是法律规定为减轻责任，因而也构成双方分担责任的形态。尽管这三种双方责任的形式所依据的公平因素、过错程度以及原因力的标准并不相同，但是其双方责任的形态则是一样的。

单方责任和双方责任，既可以是自己的责任，也可以是替代责任，如果加害人属于多数人，则可能形成连带责任、补充责任或者按份责任。

3. 单独责任和共同责任

加害人只有一人，且为自己承担责任的，是单独责任。侵权责任的共同责任形态，是多数人侵权行为的责任形态。依照多数人侵权行为的类型的不同，共同责任形态分为连带责任、按份责任和不真正连带责任。多数人侵权行为与共同责任形态的关系是：(1) 一般的共同侵权行为承担典型的连带责任；特殊的共同侵权行为，例如《民法典》第1169条第2款规定的教唆、帮助无民事行为能力人或者限制民事行为能力人实施侵权行为，构成共同侵权的，或者第1209条规定的租用或者借用机动车造成他人损害，机动车所有人也有过错的，适用单向连带责任规则。(2) 二人以上实施的分别侵权行为，其责任形态为按份责任；叠加的分别侵权行为的责任形态为连带责任；半叠加的分别侵权行为的责任形态为部分连带责任。(3) 竞合侵权行为的责任形态是不真正连带责任，具体分为四种：一是必要条件的竞合侵权行为，责任形态是典型的不真正连带责任；二是必要条件+政策考量的竞合侵权行为，责任形态是先付责任；三是提供机会的竞合侵权行为，责任形态是补充责任；四是《消费者权益保护法》第43、44条规定的平台的销售者、服务者致害消费者，平台提供者和加害人承担附条件的不真正连带责任。

这些侵权责任的共同责任形态，都是多数人侵权行为的必然后果。凡是构成多数人侵权行为的，其后果必然是连带责任、按份责任或者不真正连带责任；可能是自己责任，也可能是替代责任。

关于侵权责任形态的体系及具体内容可参见表 10－1。

表 10－1 侵权责任形态的体系

体系	类型	具体的侵权责任形态	
自己责任与替代责任	自己责任	自己为自己的行为负责	
	替代责任	对人的替代责任	
		对物的替代责任	
单方责任与双方责任	单方责任	加害人责任	
		受害人责任	
	双方责任	过失相抵	
		公平分担损失责任	
		机动车致害非机动车驾驶人或者行人受害人过错责任	
单独责任与共同责任	单独责任	被告为一个人的侵权责任	
	共同责任	连带责任	典型的连带责任
			单向连带责任
			部分连带责任
		按份责任	
		不真正连带责任	典型的不真正连带责任
			先付责任
			补充责任
			附条件的不真正连带责任

【引例评析】

对于本节引例“数人实施的行为造成损害构成共同侵权行为”案，有的主张陈、周二人的行为是共同侵权行为，有的主张不构成共同侵权行为。笔者的见解是，尽管造成损害的发令纸是产品，两个被告分别是生产者和销售者，但是，由于违规生产和销售爆炸物这种危险物品，双方具有共同的行为，对于造成损害具有共同的原因力，且造成损害的后果不可分割，符合《民法典》第 1168 条规定的共同侵权行为的特征，构成共同侵权行为。审理该案的一、二审法院采纳上述对共同侵权行为的界定，判决确认本案的性质为共同侵权行为，陈、周二人应承担连带赔偿责任，是正确的。

在涉及共同责任的侵权案件中，必须分清不同的责任形态，才能准确地适用法律。

【问题与思考】

1. 本章第一节引例“马路中央竖立电线杆伤人”案中，构筑物的所有权人、管理人的侵权责任成立。它们承担的责任形态应当怎样确定?

2. 如何理解侵权责任形态的概念?

3. 侵权责任形态的体系应当怎样构建?

4. 本章第二节引例“数人实施的行为造成损害构成共同侵权行为”案，为什么确定陈、周二人承担连带责任呢?

第十一章

自己责任与替代责任

参考文献

(一) 著作

1. 杨立新. 侵权责任法. 北京：法律出版社，2021：84-89

2. 杨立新. 中国侵权责任法研究：第1卷. 北京：中国人民大学出版社，2018：235-340

3. 张新宝. 侵权责任法原理. 北京：中国人民大学出版社，2005：134-141，293-305

4. [德] 克雷斯蒂安·冯·巴尔. 欧洲比较侵权行为法. 上册. 张新宝，译. 北京：法律出版社，2001：419

5. 王竹. 侵权责任分担论. 北京：中国人民大学出版社，2009：312-327

(二) 论文

1. 杨立新. 侵权责任形态研究. 河南省政法管理干部学院学报，2004 (1)

2. 杨立新. 中国侵权行为法理论体系的重新构造. 法律适用，2004 (7)

3. 易有禄. 雇主替代责任刍议——评“关于人身损害赔偿司法解释”第9条. 江西财经大学学报，2004 (6)

4. 曹艳春. 劳动派遣关系中的雇主替代责任研究. 法律科学（西北政法学院学报），2006 (3)

5. 汪渊智. 论定作人的侵权责任. 法学杂志，2007 (3)

6. 毛瑞兆. 论雇主的替代责任. 政法论坛，2004 (3)

7. 王沁茹. 论《民法典》视角下性骚扰的单位侵权责任形态. 沈阳大学学报（社会科学版），2021 (5)

参考法规

《民法典》第1165条第1款，第1168、1169、1171、1172、1173、1174、1186、1188、1189、1190、1191、1193、1194、1201、1203条等

第一节　自己责任

引例　“过失跌落花盆造成行人伤害”案

李某在自己家阳台上整理花盆，不慎失手使花盆跌落楼下，砸伤正从楼下经过的行人甄某，造成其颅骨凹陷型伤害，经鉴定为重伤。甄某向法院起诉，要求李某依照《民法典》第1253条的规定，承担搁置物坠落致害的赔偿责任。

一、自己责任的基础行为是一般侵权行为

（一）一般侵权行为的概念和构成要件

承担自己责任的基础行为是一般侵权行为。一般侵权行为是最基本的侵权行为形态。

一般侵权行为的侵权责任构成要件与特殊侵权责任的构成要件不同。对于一般侵权行为来说，法律通常只作概括规定而不作具体列举，其主要原因在于在一般侵权行为中，侵权责任构成要件是统一的。也就是说，只要是一般侵权行为，都要适用共同的责任构成要件。例如《法国民法典》第1382条，《德国民法典》第823条，《日本民法》第709条，以及我国《民法典》第1165条第1款，都对一般侵权行为的责任构成规定了一般的构成要件。按照《民法典》的这一规定，从我国实际情况出发，一般侵权行为的侵权责任构成要件应由违法行为、损害事实、因果关系、过错四要件组成。缺少上述任何一个构成要件，都不能构成一般侵权行为的侵权责任。

特殊侵权行为的侵权责任的构成，与上述的要求不同。其主要原因是，特殊侵权行为的侵权责任构成都在侵权法中有具体的规定，每一种特殊侵权行为的侵权责任构成要件都要依据法律规定而具体确定，不同的特殊侵权行为的侵权责任具有不同的责任构成要件，不适用侵权法规定的统一的责任构成要件。特殊侵权行为的侵权责任构成的特殊之处，无外乎有二：一是在某些特殊侵权行为中，侵权责任可以不具备过错的要件，只要具备违法行为、损害事实和因果关系三个要件即可；二是在另一些特殊侵权行为中，侵权责任构成

虽然须具备违法行为、损害事实、因果关系和过错四个要件，但是对过错要件不是采用证明的方式，而是用推定的方式确认，因而，仍与一般侵权行为的侵权责任构成有所区别。

（二）一般侵权行为的行为方式

一般侵权行为的行为方式是行为人出于自己的过错而直接实施了行为，在理论上，称为直接行为。特殊侵权行为的行为方式不是这种直接行为，而是他人的行为或者物件造成损害，由于该他人或者该物件与责任人有某种特殊的关系，故将这种造成损害的行为认作是责任人的行为。这种行为称为间接行为。

一般侵权行为与特殊侵权行为之间的这种区别，在存在雇佣、师徒、监护与被监护、组织与其组成人员等关系的侵权行为中，表现得最为明显。雇主对雇员、师傅对学徒、监护人对被监护人，以及组织对其组成人员的致他人损害的行为应负责任，而不是由行为人对自己的过错行为负责。在为自己管领下的物件负责的特殊侵权行为中，这种区别也是明显的。一般侵权行为人只对自己所实施的过错行为负责，而不对自己所占有、所有、管领的物件致人损害的后果负责。按照这样的标准，行为人以自己的意志支配自己所管领的物件致人损害的，就是直接行为，例如，唆使自己豢养的狗伤害他人，将自己在阳台上种植的盆栽推下伤害他人，这些都是行为人的直接行为，而不是间接行为。行为人自己管领的物件非出于自己的意志的原因，而是由于自己管理不当造成他人伤害的，行为人的这种行为就是间接行为。二者区别的关键，就是物件致害中是否有物件管理人或者持有人的意志因素。

二、自己责任

（一）自己责任的概念和形式

1. 自己责任的概念

自己责任，就是违法行为人对自己的过错造成的他人人身损害和财产损害，自己承担侵权责任的责任形态。

自己责任的特点是：（1）违法行为人自己实施的行为；（2）违法行为人自己实施的行为造成的损害；（3）违法行为人自己对自己实施的行为所造成的损害承担责任。这三个特点，都突出了一个概念，就是“自己”，因此，自己责任就是直接责任，是自己为自己的行为负责的侵权责任形态。

2. 自己责任的形式

在一般侵权行为中，行为人和责任人是同一人，行为人对自己实施的行为承担后果责任，即自己造成的损害，自己赔偿，不能由不是侵权行为人的人承担赔偿责任。即使在共同侵权行为中，如果这种共同侵权行为是一般侵权行为，它的责任形态绝不会因为侵权行为人的数量为多数而有所变化，就是所有的共同加害人都为自己的侵权行为后果负责，而不是由他人来替代承担。

（二）自己责任的归责原则

自己责任适用过错责任原则。我国侵权责任法中的过错责任原则是一般的归责原则。

在一般侵权行为中，须具备过错的要件，无过错就无责任。[①] 一般侵权行为适用过错责任原则，其特点是：（1）自己责任不仅应以过错为构成要件，而且应以过错为最终构成要件。（2）自己责任实行普通的举证责任，即遵循“谁主张，谁举证”原则，受害人必须就加害人的过错问题举证，否则不能获得赔偿。此中，对过错既不能采取推定方式确定，也不能实行举证责任倒置。（3）由于自己责任适用过错责任原则，因此，这种形态的侵权责任充分体现了民事责任的教育和预防作用，而不像特殊侵权行为的替代责任那样注重对受害人的损害的单纯的补偿。

特殊侵权行为的归责原则是过错推定责任原则和无过错责任原则。在适用过错推定责任原则的情况下，对过错要件采用推定方式确认：行为人认为自己无过错的，自己承担举证责任，证明自己无过错。在适用无过错责任原则归责的情况下，不需要对加害人责任过错的证明；加害人若认为损害是受害人的过错造成的，则应由加害人自己承担证明的责任。

（三）自己责任的抗辩事由

侵权法上的抗辩事由总是与一定的责任构成要件和归责原则相联系的，由于自己责任和替代责任适用不同的归责原则和责任构成要件，因而它们所适用的抗辩事由也不相同。

侵权法规定的一般抗辩事由和特殊抗辩事由，一般都适用于一般侵权行为的自己责任，不作特别的限制性规定。而对适用于特殊侵权行为的抗辩事由，法律往往为保护受害人的利益而对抗辩事由的种类作特别规定，且对一般抗辩事由和特殊抗辩事由的适用作了限制性规定，只有在某几种抗辩事由存在时，才能使加害人免除责任。

从我国立法和司法实践来看，一般侵权行为自己责任的抗辩事由包括：不可抗力、正当防卫、紧急避险、依法执行职务、受害人同意、自甘风险、自助行为、受害人的故意和重大过失、第三人的过错、意外等。上述抗辩事由并不完全适用于特殊侵权行为，例如，在某些高度危险责任中，不可抗力和意外不能作为抗辩事由。

（四）过错对自己责任的影响

1. 过错对自己责任构成的影响

一般侵权行为自己责任的构成，是侵权法在侵权行为一般条款中规定的内容。侵权行为一般条款的基本要求就是，过错是一般侵权行为侵权责任构成的必备要件，《民法典》第 1165 条第 1 款规定的一般侵权行为及自己责任构成，同样如此。凡是一般侵权行为，构成侵权责任都必须具备违法行为、损害事实、因果关系和过错四个要件。这种责任形态就是自己责任，其要求是：无过错则无责任。

在研究自己责任的时候，还必须注意过错程度对一般侵权行为自己责任的影响问题。

在一般侵权行为责任构成中，在通常情况下，过错的有无对责任构成起决定作用，过错程度则不具有决定作用；在特殊情况下，对于某些特定的侵权行为，例如侵害姓名权的侵权行为，以及其他必须具备“明知”的条件，以及特别要求重大过失构成要件，才能构

---

① 只有在适用公平责任的情况下，即双方当事人均无过错的时候，才可以在双方当事人之间分担责任。

成侵权责任的侵权行为，过错程度才对侵权责任的构成产生影响，即只有具备故意或者重大过失的要件才能构成侵权责任，仅有过失不构成侵权责任。例如，医生在紧急情况下抢救病人，对一般过失致人损害不负责任，但对重大过失致人损害应负责任。[①]

2. 过错程度对一般侵权行为侵权责任范围的影响

关于过错程度对一般侵权行为侵权责任范围的影响，在民法学界一直存在着不同看法。一般认为，侵权行为民事责任既然是一种财产责任，其责任范围的大小，就不取决于行为人的过错程度，行为人以其违法行为所造成的财产损害的大小为依据，承担全部赔偿责任。[②] 这样的主张讲的是一般原则，而不是全部情况。

过错程度对侵权责任范围的影响是：

(1) 在一般的损害赔偿中，确定赔偿范围的依据是损失的范围——损失多少就赔偿多少，过错程度对赔偿范围没有影响。在财产损害赔偿和一般的人身损害赔偿中更是这样。在国外，有些国家的法律规定：在损害赔偿中，直接损失和间接损失的赔偿应依据过错程度确定。对过错严重的行为人要求其赔偿直接损失以外的间接损失。[③] 我国法律并没有这样的规定。根据实际情况，在某些场合，也可以应用这样的原理，对间接损失赔偿的确定，也可以考虑过错程度问题。行为人故意致他人损害的，判令其赔偿全部间接利益的损失是合情合理的。

(2) 在侵害一般人格权和名誉权等精神性人格权的精神损害赔偿中，应根据行为人的过错程度决定损害赔偿的数额。在这种情况下，过错程度可能是决定赔偿数额的主要因素。无论何种等级的过错，都可以引发侵害人格权的损害赔偿责任，但是，对于故意侵权的，应当责令加害人承担较多的精神损害抚慰金；对于过失侵权，甚至由于较轻的过失而侵权的，则可责令加害人承担较轻的精神损害抚慰金。此种做法对于有效地保护受害人，教育和惩戒不法行为人，是有重要作用的。

(3) 在共同侵权行为中，在确定共同加害人各自应当承担的内部赔偿份额的时候，过错程度具有决定作用，应当依据共同加害人各自的过错在共同过错中的比例，以及自己行为的原因力的大小，确定他的责任份额。当然，这并不影响共同侵权行为的连带责任。

(4) 在与有过失中，基于双方当事人各自的过错程度，按照比较过失的原理，决定双方当事人各自应当承担的责任，即由于受害人自己的过错而使他自己应当承担的那一份责任被从加害人的责任中扣除，减轻加害人的责任。

(5) 在特殊情况下，如果加害人过失程度较轻而其造成的损失重大，可以从案件的具体情况出发，考虑这样的实际情况，从公平的角度，适当减轻加害人的责任。同时，对于当事人预先作出的免除加害人的故意或重大过失责任的约定，应确认为无效。

此外，在处理违约责任和侵权责任竞合问题时，亦可适当考虑过错程度问题，例如，恶意欺诈，致合同另一方当事人损害的，如果选择以侵权起诉，则可以根据案件的具体情况，使行为人负较重的侵权责任。

---

① 参见王利明、杨立新：《侵权行为法》，137页，北京，法律出版社，1996。

② 参见佟柔主编：《民法原理》，修订本，249页，北京，法律出版社，1987。

③ 参见王利明、杨立新：《侵权行为法》，137页，北京，法律出版社，1996。

【拓展阅读】

侵权责任强调的是对受害人的补偿和救济，而不是单纯的制裁和惩罚，因此，除前述情况以外，过错程度对赔偿责任不产生影响。

【引例评析】

对于本节引例“过失跌落花盆造成行人伤害”案，究竟应当适用《民法典》第1165条第1款，还是适用第1153条呢？这涉及李某的侵权行为究竟是一般侵权行为还是特殊侵权行为，是应当承担自己责任还是承担对物的替代责任的问题。判断的标准是：对物的替代责任的基本标志是物致人损害时，不具有人的意志因素，仅仅是由于人对物的管理不当行为，物件造成了他人的损害。

本案中的李某，是在整理花盆时不慎使花盆坠落楼下，造成他人的损害，该损害结果是李某自己的过失行为所致。故意和过失都是行为人的意志，故意使用物件致害他人，是故意的侵权行为，行为方式是直接行为；过失造成物件致害他人，是过失的侵权行为，行为方式也是直接行为，而不是间接行为，因为间接行为是和行为人的意志完全无关的行为。因此，引例中行为人李某自己的过失行为造成他人的损害，其责任形态是自己责任，应当适用《民法典》第1165条第1款的规定，不能适用第1153条。只有花盆摆放不当，自己坠落致人损害，才是对物的替代责任，因为这与行为人的主观意志无关。

第二节　替代责任

引例　“超市举行选贼活动侵害名誉权”案

陈某受雇于某超市担任保安员，负责门市部及各楼层的保安工作。某日，该超市店长发现存放在四楼的一瓶饮料被人偷喝，便在员工会议上询问当天上午有谁上过四楼，无人承认。店长找到陈某，陈某说其在当天上午9时因上卫生间曾到过四楼，但未动过任何商品。店长召集本店37名员工，采用投票的方式确认陈某是否为偷窃者，结果是2票认同、3票弃权、32票否定。陈某认为店长投票选“贼”的行为侵害了自己的名誉权，遂向法院起诉，追究店长的侵权责任。

一、替代责任的基础行为是特殊侵权行为

(一) 从准私犯、准侵权行为到特殊侵权行为

特殊侵权行为来源于罗马法中的准私犯和法国法中的准侵权行为。

在罗马法之前的古代立法中也有关于特殊侵权行为的规定，只是在理论上和立法上没有明确。具有近现代意义的特殊侵权行为的明确规定，溯源于罗马法中的准私犯。罗马法系统地规定了准私犯，使准私犯区别于私犯。

1804 年《法国民法典》规定了准侵权行为概括性条款，即第 1384 条："任何人不仅对其自己的行为所造成的损害，而且对应由其负责的他人的行为或在其管理下的物体所造成的损害，均应负赔偿的责任。"这一具有历史意义的条文，概括了准侵权行为的本质。在此条文之下，还规定了具体的准侵权行为，迭经修改，具有相当丰富的内容。

罗马法和法国法之所以将特殊侵权行为称为准私犯和准侵权行为，原因在于，按照过错责任原则，任何人只对自己的过错行为的损害后果负责；任何一个受害人只有证明其所受的损害是由加害人的过错行为造成的，才能请求加害人赔偿。同时，法律又针对一些不符合或不完全符合侵权行为要件的致害行为规定不是由直接行为人承担责任。这种行为引发的责任并不符合侵权责任的一般要求，为加以区别，只好称其为准私犯或准侵权行为。

《法国民法典》之后，社会生产力不断发展，社会不断进步，新的损害不断发生，法律观念也发生了重大变化。如果只拘泥于侵权行为的一般规定，将会使很多受到损害的人不能得到应得的赔偿。在这种情况下，侵权法的观念发生了重大变化，将一切凡依法律规定应当承担侵权民事责任的致人损害行为，一律概括进侵权行为的概念之中，把侵权行为区分为一般侵权行为和特殊侵权行为，相应地，也就有了一般侵权责任（自己责任）和特殊侵权责任（替代责任）之分。在历史上从《德国民法典》开始，就实现了这一转变。

在我国，《民法通则》规定了我国侵权法上的特殊侵权行为，使我国侵权法建立了特殊侵权行为体系。嗣后，立法机关陆续制定了《铁路法》《产品质量法》《道路交通安全法》，并修订了《环境保护法》等，《侵权责任法》全面规定了特殊侵权责任，《民法典》进一步完备了我国侵权法的特殊侵权行为体系。

(二) 特殊侵权行为的性质和特点

1. 特殊侵权行为的性质

关于特殊侵权行为的性质是什么，民法学界有以下不同主张：（1）"责任要件特殊"说。其认为特殊侵权行为是指不具备一般侵权行为侵权责任的全部要件，或者还需具备其他要件，当事人才承担民事责任的行为。[①]（2）"归责原则特殊"说。其认为特殊侵权行为，都是无过错责任。[②]（3）"特殊规则"说。其认为特殊侵权行为是侵权法相对于一般规则所作的特殊规则，因而在具体法律适用上，特殊规则优于一般规则。[③]（4）"转承责任"

---

① 参见唐德华：《民法教程》，447 页，北京，法律出版社，1987。

② 参见《民法通则讲座》（最高人民法院培训班讲义）。

③ 参见陶希晋主编：《民法简论》，267～268 页，石家庄，河北人民出版社，1985。

说。其认为特殊侵权行为与一般侵权行为的本质差别在于责任的形式不同：一般侵权行为的责任性质是为自己的行为负责，而特殊侵权行为的责任性质是为应由其负责的他人行为或在其管理下的物件所造成的损害负责，因而可将特殊侵权责任称为转承责任。①

【拓展阅读】

特殊侵权行为相对于一般侵权行为而言，本质特征是责任形态特殊，即替代责任。在一般侵权行为中，责任人为自己的行为负赔偿责任，因而责任人与行为人是同一的。替代责任则与此不同：责任人不是为自己的行为负赔偿责任，责任人与致害行为人相分离，责任人替代行为人而负责任。就责任人的本意而言，他并无致害的意图，但是，他与行为人以及与由他管领下的物件的特定关系，使他自己成了赔偿义务主体，承担赔偿责任。受害人应直接向责任人请求赔偿，而不是向行为人请求赔偿。

2. 特殊侵权行为的特点

除此以外，特殊侵权行为还具有以下特点。

（1）归责原则适用的特殊性。一般侵权行为适用过错责任原则，而特殊侵权行为则依《民法典》和有关民事法规的规定，适用过错推定原则和无过错责任原则，以保护受害人的合法权益。

（2）责任构成要件的特殊性。特殊侵权行为的侵权责任成立与否不能按一般侵权行为的侵权责任构成要件确定，而应由法律根据具体情况规定。例如，于用人单位责任，其行为主体须是本单位的工作人员；于高度危险作业致人损害责任，须是从事对周围环境有高度危险的业务活动等。这些特殊要件不具有普遍性，每一种特殊侵权责任所要求的特别条件也各有不同，不具备该特别条件就不能构成该特殊侵权责任。

（3）举证责任的特殊性。由于特殊侵权责任适用过错推定责任原则和无过错责任原则，所以，其与一般侵权责任在举证责任上有所不同。一般侵权责任遵循“谁主张，谁举证”的原则，由赔偿权利人负举证责任，赔偿义务人不负此责任。特殊侵权责任实行举证责任倒置，其倒置证明的范围并不是全部侵权责任要件，而只是过错要件，违法行为、损害事实、因果关系，仍应由赔偿权利人证明。在适用过错推定原则推定过错时，加害人予以否认的，应举证证明自己无过错；在适用无过错责任原则时，加害人主张损害是受害人或第三人的故意所致时，应当负责举证。加害人证明自己的主张成立的，才可以免责或者减轻责任。②

（三）特殊侵权行为的种类

《民法典》侵权责任编第三章至第十章规定的绝大部分侵权行为都是特殊侵权行为。

按照传统的分类，特殊侵权行为分为两大类。

1. 为他人的行为负责的特殊侵权行为

这是最典型的特殊侵权行为。其最显著的特征，就是行为人与责任人相分离，责任人

---

① 参见杨立新：《侵权损害赔偿》，158～159页，长春，吉林人民出版社，1990。

② 在这种情况下，免责是一般后果，减轻责任的后果需有法律的特别规定，如《民法典》第1239条的规定即是。

为行为人所造成的损害承担赔偿责任。对于这种特殊侵权责任，学者没有意见分歧。在一般学说中所说的替代责任，就是指的这种特殊侵权责任。

2. 为自己管领下的物件致人损害负责的特殊侵权行为

这是责任人为自己管领下的物件致损承担赔偿责任的特殊侵权责任。关于这种特殊侵权责任，学者的意见有所不同：有的学者认为这种特殊侵权责任不是替代责任，不具有行为人与责任人相分离的特征；有的学者认为在这样的一些特殊侵权行为中，有的还不能说是为自己管领的物件导致的损害承担责任，例如，高度危险责任和环境污染责任即是。其实，这种侵权行为也是承担替代责任的侵权行为。

二、替代责任的基本内容和理论基础

(一) 替代责任的概念、范围和特征

1. 替代责任的概念

替代责任，是指责任人为他人的行为和为自己管领下的物件所致损害负有的侵权赔偿责任。

2. 替代责任的范围

特殊侵权责任，就是侵权行为中的替代责任。

将所有的特殊侵权责任都界定为替代责任的根据是：

(1) 在传统的民法中所有的特殊侵权责任都是替代责任。从《法国民法典》开始，确定特殊侵权责任的性质，都是替代责任①，并以此作为其与一般侵权责任的基本区别。对于替代责任，有学者称为间接责任，认为间接责任指的就是替代责任，以与一般侵权行为的自己责任相对应。② 它表明责任人不是为自己的行为负责，而是为自己的过失，致他人之行为，或行为以外之事实，侵害他人权利之行为负责。这一概念所包含的，是全部的特殊侵权行为，所承担的都是替代责任。

(2) 对他人的行为负责是典型的替代责任。在这类特殊侵权行为中，责任人并没有实施侵权行为，实施侵权行为的是行为人，造成损害的也是行为人，按照一般侵权行为的规则，应当由行为人承担责任。但是，由于责任人与行为人具有特定的关系，同时也由于责任人在主观上具有过失，因此，由责任人承担赔偿责任，而不是由行为人承担责任。这种代替行为人承担赔偿责任的责任形式，称为替代责任。这类特殊侵权责任是典型的替代责任。

(3) 对责任人管领下的物件造成的损害承担赔偿责任也是替代责任。对责任人管领下的物件致害，责任人应当承担责任。将这种特殊侵权责任称为替代责任，很多学者认为是不准确的。其实不然。特殊侵权责任所描述的物件致害，不是指责任人使用物件或者以自己的意志支配物件致害他人，而是指物件本身对受害人的权利的侵害，责任人只是因对物件的管理等具有一定的过失，才承担赔偿责任。例如，一只狗伤害他人，如果是因为狗没

---

① 《法国民法典》将特殊侵权行为称为准侵权行为，其后才称为特殊侵权行为。

② 参见刘清波：《民法概论》，234 页，台北，开明书店，1979。

有被管束好所致，所产生的就是特殊侵权责任，由狗的占有人对狗损害他人的后果负责，是替代责任。如果责任人指使狗侵害他人，那就不是狗伤人，而是“人伤人”，因为狗只是伤人的工具，狗的“行为”是人的行为的延伸，就跟行为人使用刀伤人是一样的道理，因而是一般侵权行为，由自己对自己的行为负责。判断的标准就是物件致害时，是否有人的意志支配：有人的意志支配的，就是一般侵权行为，不是特殊侵权行为；没有人的意志支配的，是物件致害，是特殊侵权行为，因而责任人为管领下的物件致害负责，是替代责任。

3. 替代责任的法律特征

（1）责任人与致害行为人或致害物相分离。在一般侵权行为中，责任人与致害人是一致的，单一的致害人由他自己承担责任，共同致害人由他们共同承担责任。当致害的是物的时候，这种物也与致害人有直接关系，如唆使动物致伤他人，这不是动物致害他人，而是致害人以动物为工具侵害他人，动物的“行为”即为致害人加害行为的必然延伸，责任人与致害人仍为一体。而替代责任则不同，它的前提是责任人与致害人并非一人，与致害物并无直接联系，就责任人的本来意图而言，其并无致害他人的意图。在这里，致害的直接来源是责任人以外的致害人，或是人之行为以外的物。这种责任人与致害人、致害物相分离的情形，是产生的赔偿责任转由责任人替代承担的客观基础。

（2）责任人为致害人或致害物承担责任须以他们之间的特定关系的存在为前提。这种特定关系，在责任人与致害人之间，表现为隶属、雇佣、监护、代理等身份关系；在责任人与致害物之间，表现为所有、占有、管理等财产关系。从致害的角度看，这些关系并不表现为直接的因果关系，但却具有特定的间接联系。没有这种特定的间接联系或者超出这种特定的间接联系，就失去了责任人承担替代责任的前提。例如，某人教唆他人致伤第三人，这超出了特定的间接身份联系，成为共同侵权行为；某人见某动物致伤他人而不援救，他因与该动物没有特定的关系，只应受到道义的谴责，而不承担侵权赔偿责任。

（3）责任人为赔偿义务主体而承担赔偿责任。在一般侵权行为中，受害人的请求权指向致害人，致害人为义务主体。在替代责任中，无论致害的是人还是物，受害人的请求权指向的都是未直接致害而与致害人或致害物具有特定的间接联系的责任人。在动物、工作人员、建筑物致害时，其所有权人、占有人或管理人为义务主体，自是理所当然；当与责任人具有特定身份关系的人致害时，责任人为义务主体，受害人的请求权并不指向具体的致害人。在这里，不适用连带责任原理，受害人不能向行为人求偿，而只能向责任人求偿。

（二）替代责任的理论基础

关于侵权替代责任所依据的理论，学者的主张并不相同，综合起来，最主要的有如下理论根据。

1. 民事责任的财产性决定了侵权赔偿责任可以替代

民事责任主要是财产责任，与刑事责任主要是有人身性质截然不同。

刑事责任的基本原则是罪责自负，不能让没有罪过的人承担刑事责任。例如未成年人犯罪，达到刑事责任年龄的，由其本人承担刑事责任；如没达到刑事责任年龄，则不属犯罪行为，不处以刑罚，刑事责任与其监护人无关。

民事责任则不同。由于它是财产责任，所以在早期的罗马法中，马厩主人、旅馆主人、船主对其雇用的人在执行职务中造成的他人的损害，承担民事责任。这是典型的替代责任。现代特殊侵权责任的替代责任就源于此。例外的是，在罗马法中，把未成年人以正常人对待，而使其负完全责任。晚期罗马法以及法国法等则认为精神病人和低于责任年龄的儿童的行为不过是动物的行为，他们不应负责任。随着法律的不断进步，人们认为：对于涉及未成年人致害的案件，如果免除了他们的责任，则是牺牲了受害人的利益，这是违背公平、正义原则的。既然民事责任是财产责任，在未成年人等无民事行为能力人或者限制民事行为能力人致害的情况下，一般地，其监护人存在疏于监护的义务。让具有过错的监护人承担其监护下的未成年人和精神病人的财产赔偿责任，就是名正言顺的。因而，无民事行为能力人或者限制民事行为能力人造成他人损害，监护人未善尽监护责任的，应当承担赔偿责任。如果没有民事责任是财产责任这一前提，这种替代责任就没有存在的可能。

正因为如此，在特殊侵权责任中，民事责任的财产性质才使责任人能够为行为人承担责任。这在罗马法的准私犯中就是确定了的。

2. 权利义务相一致原则是侵权替代责任的基础

无论任何民事主体，既然享有民事权利，就应当承担相应的民事义务。没有义务的权利和没有权利的义务，在一般情况下是不存在的。

有民法学者指出："事情的发生为谁带来利益，出于谁的指挥，就应由谁承担责任。"[①]在《德国民法典》起草时，立法者就认为："那些为自己的利益雇佣劳动的人应对雇佣承担风险。"这些理论与权利义务相一致的原则是一致的。近、现代的建筑物危险责任、工作物危险责任和雇佣人责任等替代责任，也都是基于权利义务相一致原则产生的。近代资产阶级民法学者创立的"风险担保"理论，其基础亦不过是这一原则的基本精神。

因此，如果行为人的行为或者责任人管领下的物件是为责任人带来利益的，那么，享有这种承受利益的权利，就要对其所造成的损害承担义务，权利和义务是一致的。

3. 公平原则是侵权替代责任的另一基础

确定特殊侵权责任的性质为替代责任的一个重要基础，就是民法的公平原则。公平和正义是民法的基本原则，也是民法的基本精神。行为人的行为造成他人损害而行为人无力赔偿，或者物件造成他人损害而不能归责于责任人，那么，受害人就无法得到赔偿，其受到损害的权利就无法恢复。这样，对受害人是不公平的，有违公平正义原则。确定由对造成这种损害具有过失的责任人承担赔偿责任，不仅符合过错责任的理念，而且也符合公平正义的原则。因此，公平原则就成为替代责任的一个重要理论基础。

在监护人责任中，无论是未成年人还是精神病患者，凡属于无民事行为能力人或限制民事行为能力人的，在致人损害的时候，都谈不上具有过错。当他致人以损害时，由于他们不具有过错，按照过错责任原则，行为人就不承担责任，那么，损害应由受害人承担。但是，受害人在造成损害方面更无过错，让他们既承受痛苦，又承受损失，显然有悖于公平原则。因此，法律将无民事行为能力人或限制民事行为能力人致害的赔偿责任转移到他

① 转引自《外国民法论文选》，82、83页，中国人民大学内部教材，1984。

们的监护人身上，由他们的加害行为推定其监护人具有疏于教养、管护的过错，从而确立了监护人的替代赔偿责任。即使监护人已尽监护义务，按照公平原则的要求，监护人也要承担适当的责任。这正是公平原则的体现。

4. 加重社会责任的理论为侵权替代责任提供了新的理论依据

这种理论认为，当造成损害的一方是用人单位及其工作人员的时候，应当着重由社会承担责任，由用人单位承担赔偿责任。

这种理论的根据是：(1) 用人单位的承受能力无疑比其工作人员和受害人的承受能力大；(2) 以保险为中介的损失分担形式使用人单位能够更有效地承担责任；(3) 国家对民事主体的民事权利应当提供保障。

正是由于以上这些加重社会责任的理论，产品责任、高度危险责任、环境污染和生态破坏责任等替代责任制度逐步确立，并且得到进一步的发展。也正是因为有这样的理论作为基础，替代责任越来越成为重要的侵权责任形态，特殊侵权行为在侵权法中的地位越来越重要。

三、替代责任的赔偿法律关系

(一) 替代责任的赔偿法律关系的构成

构成替代责任的赔偿法律关系须具备如下要件。

1. 替代责任人与致害人或致害物之间须有特定关系

替代责任的赔偿法律关系中，在责任人和致害人、致害物之间，必须具有特定的关系。这种特定关系，在责任人与致害人之间，表现为隶属、雇佣、监护、代理等身份关系。例如，在单位责任中，行为人是工作人员，责任人是用人单位，他们之间的关系是劳动关系。在监护人的侵权责任中，致害人实际上是未成年人或者精神病人，监护人承担责任，就是因为他们之间具有亲权关系或监护关系。在责任人与致害物之间，则必须具有管领或者支配的关系。

从致害的角度看，这些关系并不与致害结果有直接的联系，只是因为存在这些关系，替代责任人与损害结果之间发生间接的联系。没有这种间接的联系，或者超出这种间接的联系，就不能产生替代责任这种责任形式。

2. 替代责任人应处于特定的地位

在所有的特殊侵权责任中，替代责任人都必须处于一种特定的地位。这种特定地位，表现为替代责任人在其与致害人或致害物的特定关系中所处的带有支配性质的地位。它决定了替代责任人为致害人或致害物的损害后果负责的义务的产生。例如，在对人的替代责任中，责任人都对行为人具有支配的、管理的或者约束的权力，在地位上明显优越于行为人。用人单位的工作人员在执行工作任务时致人损害，用人单位承担责任，是因为用人单位是其工作人员的组织或者团体，他们之间具有隶属关系，一方是支配者，一方是被支配者，地位是不平等的。在监护人的侵权责任中，监护人对被监护人而言，处于管教、管束、教育的地位，二者之间也处于不平等的地位。只有这样，责任人才可能对行为人的行为承担后果责任。

考察为致害人的损害后果负责的责任人的地位，主要是看：双方有无确定特定关系的事实或合同，致害人是否受有责任人的报酬或抚育，致害人的活动是否受责任人的指示、监督或监护等约束，致害人是否向责任人提供劳务或公务。如果责任人是组织，那么致害人是否为责任人事业或组织的组成部分，是确定责任人特定地位的一个简明的标准。当责任人处于这种特定地位时，责任人应当为致害人的损害后果负责。

对于致害物而言，责任人应当处于所有权人、占有人、管理人的地位。在这样的地位中，责任人对致害物享有支配权，在事实上享有支配致害物的权利。在《民法典》关于特殊侵权责任的条文表述中，对于致害物的责任人并没有使用统一的概念，事实上，只要确定谁是致害物的支配人，即明确了责任人相对于致害物的地位。

3. 致害人应处于特定状态

在特殊侵权责任的赔偿法律关系中，不仅必须责任人与致害人或致害物之间具有特定关系，责任人处于特定的地位，而且必须致害人或致害物处于特定的状态。

致害人处于特定状态，分为三种情况：一是当致害人属于责任人事业或组织的组成部分的时候，致害人的特定状态是执行职务，即《民法典》第1191条规定的“执行工作任务”和第1192条规定的“劳务”。关于确定致害人是否执行职务，在理论上有“主观说”、“客观说”和“折中说”三种不同见解，通说认为采用“客观说”较为适宜。确定执行职务时，首先应当依照雇主的授权或者指示的范围确定；对于超出雇主授权或者指示范围的，应当采用“客观说”的主张，以执行职务的外在表现形态为标准。如果行为在客观上表现为与依雇主指示办理事件的要求相一致，其表现形式是履行职务或者与履行职务有内在联系的，就应当认为属于执行职务的范围。二是当致害人完成定作人要求的加工时，致害人的特定状态是执行定作人的指示。例如，定作人明知水泥的标号不符合建筑的要求，加工人已经指出，但是定作人坚持让加工人使用这种水泥，造成损害的，由于加工人执行的是定作人的指示，因此，责任应当由定作人承担。三是当致害人是被监护人时，其特定状态是被监护人在法定代理人的监护之下。

致害物的特定状态，应当是致害物在责任人的支配之下。如果致害物为所有权人所有，但是其不在所有权人的支配之下，而是在使用人的支配之下，则所有权人不是致害行为的责任人，使用人才是致害行为的责任人。例如，动物致害，但是动物并不是在所有权人的控制之下，而是被出租给他人使用，该动物造成他人损害的，因正在占有、使用的承租人是支配该动物的占有人，因此，该承租人是赔偿责任人。

（二）赔偿法律关系当事人和赔偿形式

1. 赔偿法律关系当事人

替代责任的赔偿法律关系的当事人具有显著特点，即致害人与责任人相脱离，赔偿的义务主体是责任人，而不是致害人。

为他人行为负责的特殊侵权责任，在是最典型的替代责任。在这种赔偿法律关系中，赔偿权利主体是受害人；赔偿义务主体只能是替代责任人，而不能是致害人。用人单位责任和定作人指示过失责任的侵权损害赔偿法律关系当事人中的“赔偿义务人”是指他人的侵权行为以及其他致害原因依法应当承担民事责任的自然人、法人或者非法人组织他（它）就是替代责任人。赔偿权利人行使赔偿请求权，只能向责任人提出，而不能直接向致害人提出，因为责任人才是合格的当事人。《民法典》第1191条、第1192条等条文正是这样规定的。

当然，在致害人自己的过错行为致害而由责任人承担替代责任时，责任人在承担了赔偿责任之后，取得对有过错的致害人的追偿权，有过错的致害人应向替代责任人赔偿其自己的过错行为所致损害承担赔偿义务所造成的损失。这种可追偿的替代责任，实际上是在替代责任人承担赔偿责任之后产生的又一个损害赔偿法律关系，权利主体是替代责任人，义务主体是过错行为人。

在为责任人管领下的物件造成损害的替代责任中，由于致害的是物件，没有替代责任的行为人，因此，责任人就直接为损害负责，成为赔偿法律关系的当事人，承担赔偿义务。受害人直接向责任人请求损害赔偿。

2. 赔偿形式

替代责任的具体赔偿形式，分为以下两种类型。

(1) 可追偿的替代责任。

替代责任由于具备一定的条件而使责任人享有追偿权。享有这样的追偿权，责任人就可以通过行使这一追偿权，向致害人要求其赔偿责任人因为替致害人赔偿损失而遭受的损失。追偿权产生的要件就是，行为人在实施致害行为的时候在主观上具有过错。只要行为人在实施致害行为时有过错，责任人就可以依法向行为人请求赔偿。

因此，这种替代责任是指在行为人的过错行为致害而由责任人承担替代责任的时候，责任人承担了替代责任之后，取得对过错行为人的追偿权，过错行为人应向责任人赔偿责任人因自己的过错行为所致损害而承担赔偿义务所造成的损失。例如，在交通事故中，很多情况是，驾驶员受雇主所雇，为雇主开车。当驾驶员在执行雇佣活动中致人损害时，首先应当由雇主承担赔偿责任，不能由驾驶员直接承担赔偿责任。在交通事故是驾驶员的过错造成的时候，雇主对该驾驶员享有追偿权，可以向该驾驶员请求赔偿。

在这种可追偿的替代责任的赔偿法律关系的诉讼中，前一个诉讼法律关系的原、被告为受害人和责任人，过错行为人可被列为无独立请求权的第三人，也可以不列为当事人。第二个损害赔偿法律关系如引发争议，可诉讼于法院，原、被告分别为责任人和过错行为人。具体关系如图 11-1 所示。

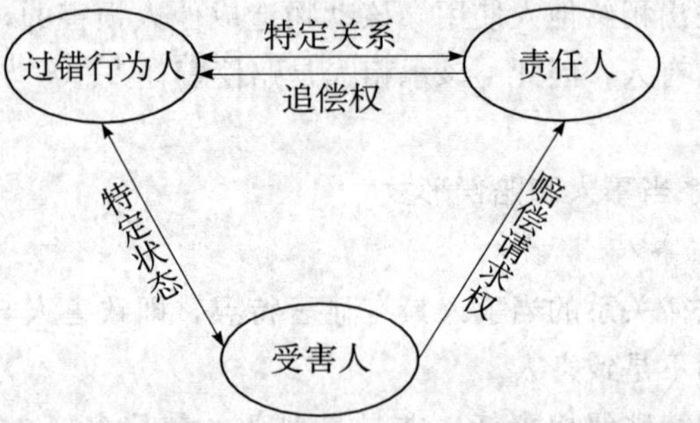

图 11-1 可追偿的替代责任中当事人之间的关系

(2) 不可追偿的替代责任。

这种替代责任是指责任人在承担赔偿责任以后，并无追偿因赔偿损失而造成的损失的权利，即责任完全由责任人自己承担的替代责任。在此种替代责任中，责任人在承担了赔偿责任以后，并不享有追偿权，只能由自己承担赔偿损失的后果，如：定作人为自己指示错误造成的损害负责；国家公务员、其他单位工作人员等在执行职务过程中没有过错，造成受害人损害的，责任人在承担了赔偿责任后，不能向行为人进行追偿；法定代理人对于在自己的亲权或监护权支配之下的行为人所造成的损害承担赔偿责任后，也无法追偿。具体关系如图 11-2 所示。

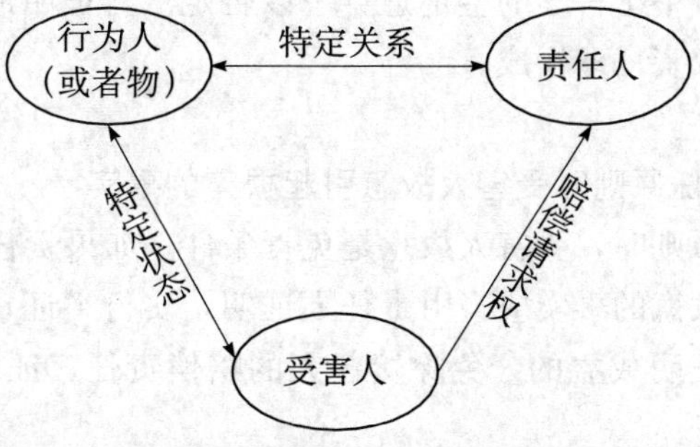

图 11-2　不可追偿的替代责任中当事人之间的关系

四、举证责任倒置

举证责任倒置，是指因法定原因，将按照举证责任分担的一般原则本由原告一方当事人承担的举证责任，转移给被告一方当事人承担的举证责任特殊规则。侵权纠纷案件中的举证责任倒置，就是把在一般侵权损害赔偿纠纷案件中某些应由原告承担的举证责任转移给被告一方承担。

在替代责任中，实行举证责任倒置，就是由被告负证明某些案件事实的举证责任。这是因为，对某些案件事实受害人由于所处的受害地位的局限性，无法或难以举证证明，但是，如果可以根据已有的事实加以推论，法律规定受害人无须举证，径由已证明的事实推论该事实成立；或者某些案件事实不需要成立，但相反事实可以推翻侵权责任的，该相反事实亦无须受害人举证，而是由加害人举证证明。前一情形为过错推定和因果关系推定，后一情形为无过错责任。举证责任倒置可以使受害人处于更为优越的地位，使其合法权益更容易得到法律保护。

实行举证责任倒置，被告举证证明的范围并非整个案件的事实，而只是因实行无过错责任原则或过错推定原则而免除原告举证责任的那一部分事实。其具体内容如下。

（一）实行过错推定的事实

适用过错推定，是由已知的违法事实、损害结果及因果关系推定责任人有过错，而无须证明。举证责任转由被告承担，被告主张自己无过错的，须举证证明。证明属实的，被告确无过错，被告不承担责任；证明不足或不能证明的，推定成立，被告应承担责任。应当特别指出，在适用过错推定时，被告认为损害的原因是由原告的故意或者原告自身的原因或者第三人的原因造成的，应由被告负举证责任证明。

（二）实行因果关系推定的事实

在环境污染致害的侵权纠纷案件中，因环境污染行为与损害事实之间的因果关系具有特殊性质，依照一般的知识难以判断，需要高深的自然科学知识，因此依照《民法典》第1230条的规定采取因果关系推定。在环境污染纠纷案件中，只要受害人证明企业已经排放了可能危及人身健康或者造成财产损害的物质，而公认人身或财产已在排污后受到或正在受到危害，就可以推定这种危害是该排污行为所致。排污企业如果主张排污行为不是该损害事实产生的原因，则应举出科学的鉴定意见予以否定。若证明成立，则免除责任；若不能证明或证明不足，侵权责任即构成。

(三) 适用无过错责任原则时受害人故意引起损害的事实

在适用无过错责任原则时，受害人故意是免责条件。如果责任人主张损害是受害人的故意所引起的，受害人故意的事实应当由责任人证明，实行举证责任倒置。责任人应当证明受害人故意的事实，证明成立的，免除责任人的赔偿责任；证明不能或者证明不足的，责任人应当承担赔偿责任。

【引例评析】

本节引例“超市举行选贼活动侵害名誉权”案中行为人是店主，法院判决店主承担赔偿精神损害抚慰金的侵权责任，毫无问题。应当研究的是，店主承担的责任，究竟是替代责任还是自己责任。这就要弄清楚店主的行为究竟是自己的行为，还是执行职务的行为。超市是一个企业，如果店主是其法定代表人，因丢失商品而进行投票选贼，是故意侵权，情节严重，应当认为店主在行使法定代表人的职权，构成执行职务的行为，因此，店主承担的责任是替代责任，应当由超市作为侵权责任主体，承担侵权责任。如果超市是一个分支机构，店主不是法定代表人，其行为也是执行职务的行为，应当适用《民法典》第74条第2款的规定：分支机构以自己的名义从事民事活动，产生的民事责任由法人承担；也可以先以该分支机构管理的财产承担，不足以承担的，由法人承担。

【问题与思考】

1. 一般侵权行为的特点是什么？第一节引例“过失跌落花盆造成行人伤害”案中，李某的行为究竟是自己的行为，还是管理不当的间接行为？
2. 侵权责任形态中的自己责任有哪些特点？
3. 具备什么样的要件，才能构成替代责任？
4. 结合讨论第二节引例“超市举行选贼活动侵害名誉权”案，思考：替代责任的基本规则是什么？

第十二章
单方责任与双方责任

参考文献

(一) 著作

1. 杨立新．侵权责任法．北京：法律出版社，2021：89－94

2. 杨立新．中国侵权责任法研究：第1卷．北京：中国人民大学出版社，2018：538－559

3. 王利明．侵权责任法研究：上卷．北京：中国人民大学出版社，2019：475－517

4. 黄薇主编．中华人民共和国民法典侵权责任编释义．北京：法律出版社，2020：28－30，67－79

5. 最高人民法院民法典贯彻实施工作领导小组．中华人民共和国民法典理解与适用：侵权责任编：上卷．北京：人民法院出版社，2020：91－98，202－209

6. 张新宝．中国民法典释评：侵权责任编．北京：中国人民大学出版社，2020：37－39，81－84

7. 邹海林，朱广新．民法典评注：侵权责任编：第1册．北京：中国法制出版社，2020：93－109，252－269

8. 王竹．侵权责任分担论．北京：中国人民大学出版社，2009：300－311

(二) 论文

1. 杨立新．侵权责任形态研究．河南省政法管理干部学院学报，2004（1）

2. 张新宝．侵权法上的原因力理论研究．中国法学，2005（2）

3. 郑永宽．过失相抵与无过错责任．现代法学，2019（1）

4. 郭海川．《民法典》视野下对过失相抵规则的审视——论《民法典》第

1173 条的适用．镇江高专学报，2021（4）

5. 孟强．公平责任归责原则的终结——《民法典》第 1186 条的解释论．广东社会科学，2021（1）

参考法规

《民法典》第 1165 条第 1 款，第 1173、1174、1186 条等

第一节　单方责任

引例　“两牛斗架造成一牛死亡”案

杨某耕田后牵牛回家，在桥头遇牵牛的张某。张某告知杨某，其牛好斗架，让杨某把他的牛暂时拉到路边躲一下。杨某不愿躲，自信可以制止牛斗架，故牵牛迎上张某。张某对牛拉扯不住，两牛斗起架来，张某的牛追顶杨某的牛，杨某的牛逃至桥下，一头扎进污泥里，待杨某、张某跑到桥下拉牛时，牛已窒息死亡。杨某起诉，要求张某赔偿其损失。

单方责任，是由一方当事人承担侵权责任的侵权责任形态。在侵权法律关系中，如果只有一方当事人承担侵权责任，另一方当事人不承担侵权责任，就是这种侵权责任形态。单方责任有两种形式：一种是加害人责任，另一种是受害人责任。

一、加害人责任

（一）加害人责任的基础是普通的过错侵权行为

在较早的侵权法理论研究中，将加害人责任形态称为普通过错。可以说，普通过错的侵权行为就是加害人责任形态的基础。

普通过错是和与有过失、共同过错相对应的过错形式，是指某个行为人因自己的过错而致受害人损害并应承担侵权责任。普通过错是一般侵权行为的最典型形式，也是最常见的侵权责任形态。

（二）普通过错的特征

1. 加害人仅为一人

普通过错的加害人仅为一人，因而不同于共同侵权和无过错联系的数人侵权。但是，在实践中，数人的行为偶然竞合而共同致受害人损害的，如果数人的行为所致受害人损害部分可以单独确定，应按单独侵权即普通过错处理；如果损害难以分开，则应按无过错联系的数人侵权处理，数人按份负责。

2. 受害人没有过错

在普通过错中，受害人对其损害的发生既无故意也无过失。如果受害人有过错，则构成与有过失或受害人引起损害的发生。因为普通过错中的损害纯粹由加害人所致，因而不适用过失相抵规则，受害人所享有的请求权内容相对简单。在数人为受害人时，受害人可共同向加害人提出请求，加害人有义务对每个受害人的损害负赔偿之责。加害人赔偿了某一受害人的损害，不影响其他受害人提出请求，而某一个受害人放弃其请求，也不影响其他受害人提出请求。

3. 适用一般侵权行为的规则

普通过错就是一般侵权行为，因此，适用侵权行为一般条款以及一般侵权行为的规则。

对推定过错是否属于普通过错，有学者认为，由于普通过错为一般侵权行为的典型形态，适用一般过错责任原则，而过错推定是采取推定方式确认过错，且在推定中常常并不考虑过失程度问题；在免责要件方面，法律对过错推定责任设有特殊规定，所以，过错推定责任应为特殊侵权责任。即使在过错推定纠纷案件中加害人仅为一人，受害人没有过错，也不属于普通过错。对此，笔者有不同意见。推定过错只是确定过错的一种不同的形式。若适用过错推定原则的同时侵权行为中只有一个加害人，并且受害人没有过错，就应当按照普通过错处理。

（三）无过错责任的加害人责任

应当注意的是，加害人责任的范围超出普通过错的范围，因为，无论是适用一般过错责任原则的普通过错，还是适用过错推定原则的普通过错，都能构成加害人责任。在适用无过错责任原则的时候，由于不考察行为人的过错，因而无法确认普通过错。但如果行为人是一个人，又是行为人单方承担责任，那也构成加害人责任。所以，无过错责任条件下的行为人单方责任，也构成加害人责任。

二、受害人过错与受害人责任

（一）受害人过错

受害人过错和与有过失不同，是一种单独的侵权行为形态。由于其内容比较狭窄，只放在本部分中作简要说明。

受害人过错，亦称非固有意义上的过错、非真正意义上的过错、对自己的过错。关于如何认定受害人过错的性质，有以下不同的主张。

1. 不忠实态度说

这种主张认为，受害人的过错乃是指受害人对自己采取了不忠实的态度，违背了诚实信用原则，因而受害人的过错应被视为道德上的过错而不是在法律上应受非难的过错。

2. 违反社会义务说

这种主张认为，受害人尽到对自己的合理注意义务乃是一种社会义务，违反此种义务，亦构成过错。

3. 未预见说

这种主张认为，受害人应当预见并且能够预见到自己可能遭受损害，而未采取措施避免或防止损害的发生，即为过错。

4. 未采取合理注意说

这种主张认为，受害人未采取合理的注意措施保护自身的财产和人身安全，不仅使自己处于不安全的状态之中，而且使他人处于负责任的不安全状态之中，因而是有过错的。

上述各种观点都不无道理，比较分析，第四种主张更为可取。任何人在社会生活中，均应负担注意自身的财产和人身安全的义务，受害人违反这种注意义务造成自身损害，为有过错。

受害人过错与加害人过错相比较，其内涵并不相同。加害人的过错意味着加害人违反了法定的不得侵害他人权利的义务，因而具有不法性。而受害人的过错只是其对自身利益的不注意状态，不具有违法性。因而，加害人的过错行为具有一定的社会危害性，应受法律制裁；受害人过错只是导致加害人不承担赔偿责任，损害责任由受害人自己负担，不具有法律制裁的意义。

值得注意的是，《民法典》第1174条规定："损害是因受害人故意造成的，行为人不承担责任。"这是典型的受害人过错。但须注意的是，受害人过错不只是受害人故意，受害人的过失如果是造成受害人损害的全部原因，同样是受害人过错，也发生受害人责任。

（二）受害人责任

受害人责任是指，损害的发生是由受害人的故意或过失所引起的，加害人根本没有过错的侵权行为形态。其法律后果是，受害人自己承担损失，加害人不承担任何责任。这种责任就称为受害人责任。

【引例评析】

本节引例"两牛斗架造成一牛死亡"案中，原告杨某遭受财产损失的原因在于，他轻信损害可以避免，而被告张某已经告知其危险，且对该牛无法控制，因而无过错。按照过错责任原则，赔偿责任归于有过错的一方当事人，无过错则无责任。加害人无过错，而受害人因对自己利益的保护疏于注意义务，构成受害人过错，故由受害人自己承担损失，加害人不承担赔偿责任。对此，《民法典》尽管没有明文规定，但按照其第1165条第1款规定推出这一结论，是完全正确的。这种责任形态就是受害人责任的侵权责任形态。

第二节　双方责任中的过失相抵

引例　“路边放置开水壶造成幼童伤害”案

受害人赵某系3岁男孩；加害人尹某某，某县职员，40岁。赵、尹两家居于同一宿舍区，相距不远。某日下午，尹某某到开水房提开水壶回家给孩子洗澡，提到赵家门口通道与公共通道汇合处，将两只装满开水的开水壶放在该处路边。此时，赵某从外面玩耍回家，倒退着行至开水壶旁，被开水壶的耳子挂着裤子跌倒，开水流出致其左背部、臀部及双下肢烫伤，面积为28%，深度为Ⅱ—Ⅲ度。赵某及其法定代理人向法院起诉，请求赔偿。

一、与有过失的概念、特征、作用和历史发展

（一）与有过失的概念

与有过失既是侵权法的概念，也是合同法的概念。在侵权法上，与有过失是一种重要的侵权行为形态，它的法律后果是过失相抵。我国《民法典》第1173条规定：“被侵权人对同一损害的发生或者扩大有过错的，可以减轻侵权人的责任。”这一规定是确认与有过失责任的法律依据。

与有过失是大陆法系的称谓，英美法系则称之为共同过失。以往，我国民法依苏联民法理论，将其称为混合过错。

侵权法上所说的与有过失，是指对侵权行为所造成的损害结果的发生或者扩大，受害人也有过错，受害人的行为与行为人的行为均具有原因力。换言之，如果对损害结果的发生或者扩大，受害人也有过错，其行为也具有原因力，那么这种侵权行为就是侵权法上的与有过失。

与有过失的法律结果是，如何确定加害人与受害人对于损害的发生均有过错，以及在这样的情况下如何适用过失相抵规则确定各自的民事责任分担。

（二）与有过失的特征

1. 受害人的过错与加害人的责任相混合

与有过失和共同过错（共同侵权行为）不同：共同过错中虽然也是数人均有过错，但是，过错只存在于加害人一方，受害人一方并没有过错。与有过失中不仅加害人一方有过错，受害人一方对损害的发生或者扩大也有过错。这是一般情况。在无过错责任原则调整

的领域，对加害人不考察过错，就不是双方都有过错。这也是将与有过失称为混合过错不妥的理由之一。

2. 导致损害发生的原因事实相混合

在与有过失中，双方当事人的行为，是导致损害结果发生的共同原因，都对损害事实的发生具有原因力。如本节引例中，尹某某将开水壶置于路边的不当行为，是赵某受到人身伤害的原因，赵某父母对赵某监护不周的行为，也是赵某受到人身伤害的原因。这两种行为互相配合，导致损害结果的发生。

3. 受害人一方受有损害

与有过失是双方当事人的过错行为导致一方当事人遭受损害，而不是双方受到损害。在实践中，有相互致损的情况，即双方当事人因各自的过错相互造成对方损害。这实际上是两个侵权行为交织在一起，而不是与有过失，不能适用与有过失的原理处理。

除此之外，与有过失适用于损害赔偿之债的场合，既包括侵权损害赔偿，也包括违约损害赔偿和缔约过失损害赔偿，其性质各有不同。

（三）与有过失制度的作用

关于与有过失制度的主要作用是什么，概括起来有四种学说。

1. 预防损害说

这种主张认为：每个人都应当照顾自己，注意自己的财产和人身安全，若人人对自己尽到最大注意，则可以有效地避免一些损害的发生，所以，与有过失制度要求受害人尽到对自己的注意义务。若未尽此种注意义务，将使其应获得的赔偿额减少，从而起到预防损害的效果。

2. 公平正义说

这种主张认为，受害人对损害的发生也有过错，表明受害人已违反了诚实信用原则，在此情况下，若使受害人获得完全赔偿，是不符合公平正义的要求的。

3. 效率说

这种主张认为，因受害人的过错而减轻其赔偿额，有助于促使受害人采取合理措施防止损害的产生和扩大，从而有利于提高经济效益。

4. 保护加害人说

这种主张认为：与有过失制度是损害赔偿责任的发展，但与过错责任略有不同。过错责任以保护受害人为基点，重点在于填补受害人的损害，而与有过失系以保护加害人为基点，重点在于减轻加害人所应负的赔偿责任。①

这些主张都是有道理的。从本质上分析，与有过失制度是过错责任原则的延伸，体现了过错责任提出的应依据过错确定责任的有无和责任范围的要求。根据受害人的过错而相应减轻加害人的赔偿数额，意味着无论是加害人还是受害人，最终都应对自己的过错行为负责，对他人的过错不负责任这不仅体现了公平正义的要求，也体现了责任自负的精神。我国侵权责任法确认与有过失制度，对于督促和教育当事人合理行为，特别是促使受害人

---

① 以上各种观点参见王利明主编：《民法·侵权行为法》，381～382页，北京，中国人民大学出版社，1993。

采取合理措施注意自身的财产和人身安全，从而预防和减少损害的发生，具有重要的作用。

（四）与有过失制度的历史发展

1. 外国法

与有过失在罗马法时期并未被承认。罗马法学家庞姆逢尼斯提出著名的“庞氏规则”，即“若因自己的过错受害，不视为受害”，不承认与有过失。《法学阶梯》确认，如果受害人对损害的发生有过错，将无权获得赔偿，除非侵权行为人的侵害行为出于故意。因而，罗马法规定，被告倘能证明原告本身对损害的发生有过失，则原告自负责任，因此，原告无诉权。“庞氏规则”和以上规定对受害人过于苛刻，所以，后来的罗马法注释法学家修正了该规则，提出在加害人犯有严重过错的情况下，如加害人出于故意，而受害人仅有单纯的过失，则受害人有权获得赔偿。这一修改虽然没有产生现代意义上的与有过失规则，但却是与有过失规则的最早形式，它影响了后世侵权法中与有过失规则的形成及发展。

罗马法中的“庞氏规则”对传统的普通法不无影响。早期普通法认为，若受害人有过失，则加害人不负赔偿责任。其依据是，被告的行为只是估计的原因，原告的过失的介入，使因果关系发生中断，因此被告应被免除赔偿责任。[①] 1855 年，美国佐治亚州的一个法令采纳了比较过失的概念。美国 1926 年《联邦雇主责任法》第 53 条规定，如果雇员的过失造成其死亡，不得因为雇员有过失而免除雇主的责任，在此情况下，陪审员应依据雇员的过失程度减轻雇主的责任。英国《1945 年法律改革法》（共同过失法）正式确立英美法系民法上的共同过失制度。它们认为，共同过失是指原告本人的疏忽，对于被其指控由于被告过错而产生的伤害或损害来说，这种疏忽亦是一个促发因素，从而构成了此种伤害或损害的全部原因或部分原因。虽然过失意味着负有防止损害发生的法定义务，但共同过失并非如此；共同过失是指对自己有疏忽，或对自己缺乏应尽的注意，这种情况构成了原告所受伤害或损害的促发因素或部分原因。共同过失的法律后果是，减少损害赔偿数额。在英美法的上述共同过失制度确立以后，如果原告有部分过错，则不再驳回其全部请求，而是由法院或陪审团参照原告本人对损害应负的责任，按照其认为公平合理的标准，减少损害赔偿的数额。[②]

大陆法系国家在立法体例上，多数将与有过失规定为债法规则，即把侵权的与有过失和违约的与有过失规定在同一个条文中。《德国民法典》第 254 条规定：“损害的发生，被害人如与有过失，赔偿义务和赔偿范围，应根据情况，特别是根据损害主要是由当事人的一方还是他方造成的，来确定。”也有的国家的立法单独规定侵权行为的与有过失。如《日本民法》第 722 条第 2 款规定了侵权行为的与有过失：“受害人有过失时，法院可以斟酌其情事，确定损害赔偿额。”大陆法系民法理论一般认为，与有过失的构成要件应包括：须被害人之行为与赔偿义务人之行为为损害之共同原因，须被害人于其行为亦有过失。[③]

---

① 参见王利明主编：《民法·侵权行为法》，379 页，北京，中国人民大学出版社，1993。

② 参见《牛津法律大辞典》，207 页，北京，光明日报出版社，1988。

③ 参见胡长清：《中国民法债编总论》，上册，261 页，上海，中华书局，1948。

与有过失的效力是过失相抵，法院得不待当事人之主张，依职权减轻赔偿额或免除之。[①]

2. 中国法

在我国，古代律法对于与有过失并没有明文规定，只是在某些条文中体现了与有过失的处理原则。清末改律变法，《大清民律草案》规定与有过失时采合一制，将侵权法的与有过失与合同法的与有过失规定在一起。《民国民律草案》亦采此制。国民党政府正式制定民法时，亦采合一制，于第217条规定："损害之发生或扩大，被害人与有过失者，法院得减轻赔偿金额或免除之。""重大之损害原因，为债务人所不及知，而被害人不预促其注意或怠于避免或减少损害者，为与有过失。"

自1949年以来，我国在民法实践中承认与有过失制度，使用"混合过错"的概念。《民法通则》第131条正式建立了我国侵权责任法的与有过失制度，《侵权责任法》第26条对此作出明确规定，《民法典》第1173条予以确认。与有过失是我国侵权责任法的一项重要制度，被广泛适用。

二、过失相抵的概念、特征和构成

(一) 过失相抵的概念和特征

1. 概念

与有过失的法律后果是过失相抵。

过失相抵是债法的概念，是指在损害赔偿之债中，由于与有过失的成立，而减轻加害人的赔偿责任。正如有学者所云，所谓过失相抵，不过为形容之语，其实为就义务者之过失与权利者之过失，两相较量，以定责任之有无及范围，并非两者互相抵销，因而有仅称为被害人之自己过失者。[②] 侵权行为中的与有过失，同样适用过失相抵原则。过失相抵是指在侵权行为中，如果存在与有过失的情形，则按照过失比较和原因力比较的方法，将损害赔偿责任分担给双方当事人的责任形态。

2. 特征

(1) 过失相抵是与有过失的法律后果。过失相抵通常被称为损害赔偿之债的原则，与损益相抵并列。无论是在侵权法中还是在合同法中，只要成立与有过失，便发生过失相抵的法律后果。在侵权法中，只要对损害的发生，加害人与受害人均有过错，即发生过失相抵的法律后果。

(2) 过失相抵的内容是减轻加害人的赔偿责任。依照过失相抵原则减轻加害人责任的依据是，受害人过错程度的轻重以及行为原因力的大小，实际上是受害人自己的过错所造成的那一部分损害，应由受害人自己负责，而不应由加害人负责。应当强调的是，过失相抵只产生减轻责任的法律后果，我国立法并不采用免除责任的后果。免除加害人的责任，只适用于受害人故意或者过失为损害发生全部原因的场合。

(3) 过失相抵是一种侵权责任形态。所谓减轻加害人的侵权责任，实际上就是受害人

---

① 参见史尚宽：《债法总论》，297页，台北，荣泰印书馆，1978。

② 参见史尚宽：《债法总论》，292页，台北，荣泰印书馆，1978。

将自己的过错造成的那一部分损失自己承担起来。这样就等于损失赔偿责任由双方当事人分担。这是侵权责任形态中，在当事人之间分配侵权责任的一种方式，因此，尽管原《侵权责任法》和《民法典》将其规定为减轻责任的自由，但是，过失相抵既是与有过失的法律后果，也是一种侵权责任形态。

(4) 认定过失相抵实行职权主义。在实务中，只要成立与有过失，并符合过失相抵的构成要件，法院可以不待当事人主张，而依职权减轻加害人的赔偿责任。

(二) 过失相抵的构成

对过失相抵的构成，应从两个方面进行考虑。对于加害人的责任，应按照侵权损害赔偿责任构成要件的要求来确定，对此，无须赘言。至于受害人应负的责任，其构成须具备以下三个要件。

1. 受害人的行为系损害发生或扩大的共同原因

侵权行为发生之后，损害的发生或者扩大，都是过失相抵的事由。当受害人的行为是损害发生或扩大的共同原因时，就具备了过失相抵的第一个构成要件。原《侵权责任法》第26条只规定了损害发生的过失相抵，没有规定损害的扩大也构成过失相抵，是不对的。《民法典》已经纠正了这个不当的规定。

所谓共同原因，是指受害人的行为与加害人的行为共同作用，促成了一个损害结果的发生或扩大，或者受害人的行为作用于已经发生的损害结果，使其继续扩大。对于损害结果的发生，受害人的行为必须是必不可少的共同原因之一，才能构成过失相抵。对于损害结果的扩大，受害人的行为可以是共同原因，也可以是单独原因。这是因为，当把损害扩大后的结果作为一个整体来研究的时候，受害人单独使损害结果扩大的行为，仍然是共同原因。

2. 受害人的行为须为不当

构成过失相抵，受害人的行为无须违法，只为不当即可。所谓不当，就是为自己利益或在伦理的观念上为不当，所以，阻却违法的行为如正当防卫、紧急避险等适法行为，不构成过失相抵。这种不当行为，既可以是积极的行为，也可以是消极的行为。消极的行为构成过失相抵，分三种情况：一是重大损害未引起注意，二是怠于避免损害，三是怠于减少损失。这三种情况都是受害人的消极行为，都构成过失相抵的要件。前者如受害人患有心脏病，与加害人进行摔跤游戏时未告知加害人应注意而致受害人心脏病发；中者是未造成损害时受害人已发现可能造成损害并可以采取措施避免却未加避免；后者为损害已经发生但可采取措施减少损失而怠于采取措施减少损失。

3. 受害人须有过错

受害人为自己的行为负责的基础是自己有过错。如果受害人的行为虽然是损害发生或扩大的共同原因，但其主观上无过错，仍然不构成过失相抵。受害人的过错，理论上认为并不是固有意义上的过错，而是受害人对于自己的过错。事实上，受害人对于自己的过失，只是受害人过错的一种。《民法典》第1173条规定的与有过失中的受害人过错，仍为一般的故意和过失的主观心理状态，在解释上应包括对自己的过失。判断受害人过错的标准，是受害人对于自己受害的危险，应当预见或可能预见，即就其行为可生权利侵害或发生损害扩大，必须有预见；或者以善良管理人的注意，应当预见。前者为故意，后者为过失。

受害人的代理人对于损害的发生或扩大有过错时，可以视为受害人的过错。受害人如果是无责任能力人，虽无法确定其有无过错，但仍可确定其法定代理人对此有无过错，法定代理人有过错的，亦可构成过失相抵。此外，加害人应负无过错责任的，如果受害人有过错，亦构成过失相抵。

三、过失相抵的责任分担、适用范围和实行

（一）过失相抵的责任分担

过失相抵的责任分担，就是在具备过失相抵的要件时，法院可以不待当事人主张，而依职权减轻加害人的赔偿责任。

关于过失相抵的效力是仅仅为减轻赔偿责任，还是包括减轻和免除加害人的赔偿责任，国外侵权法的立法例有不同：多数规定既包括减轻也包括免除加害人的赔偿责任，少数规定只包括减轻加害人的赔偿责任。在我国，民国时期的立法采前一种立法例。《民法典》采后一种立法例，即不得因受害人的过错而免除加害人的赔偿责任。这是因为双方当事人既然均有过错，以减轻加害人的赔偿责任为公平。在此情况下，如果让受害人承担全部赔偿责任，而加害人亦有过错却免除其责任，既违背公平原则，也难以让受害人息诉服判。

关于过失相抵是依职权主义还是依当事人主义，国外通行的办法是采职权主义。笔者认为，既然过失相抵是一种责任形态，当然应当是依职权主义。《民法典》第 1173 条对此未作明文规定，在实务中，法院均采职权主义，法官依其职权，得不待当事人主张，而实行过失相抵，减轻加害人的赔偿责任。这也证明，认定过失相抵是一种侵权责任形态是有法律根据的。

（二）过失相抵的适用范围

过失相抵的适用范围包括实行过错责任的侵权行为与实行过错推定的侵权行为，对此学者有一致的认识，没有争议。对于无过错责任原则调整的领域，即无过错责任的侵权行为是否适用过失相抵，有不同的意见，曾经有过较为激烈的争论。笔者认为，与有过失的适用范围包括：一是实行过错责任的侵权行为。二是实行过错推定的侵权行为。即使是推定的过错，如果构成与有过失，也应当进行过失相抵。三是实行无过错责任的侵权行为。首先，法律有明确规定的，应当依照法律的明确规定，例如《民法典》第 1237 条、第 1238 条规定不实行过失相抵，而第 1239 条、第 1240 条规定受害人有重大过失时实行过失相抵；而第 1214、1247 条的规定为绝对责任条款，有故意或者过失都不实行过失相抵。对此，均须依其规定。其次，法律没有明确规定的，加害人的行为已经构成实行无过错责任的侵权行为，但是受害人一方具有重大过失的，应当实行过失相抵；如果受害人只具有一般过失或者轻微过失，则不实行过失相抵。

（三）过失相抵的实行

过失相抵的实行，包括两个步骤：一是比较过错，二是比较原因力。下面分别阐释：

1. 比较过错

比较过错亦称比较过失，是指在与有过失中，通过确定并比较加害人和受害人的过错程度，来决定责任的承担和责任的范围。比较过错是美国侵权法自20世纪以来，特别是第二次世界大战以来广泛采纳的一项制度，与大陆法系的过失相抵制度相近似，并不是仅以保护加害人为目的，以期减轻其赔偿额，而在于衡平、保护各方的利益，充分体现了过错责任的固有作用。我们使用比较过错这一概念，更侧重于认定侵权行为双方当事人的责任基础即双方各自过错程度的方法论意义，通过比较过错而确定与有过失的责任承担。

如何比较过错？有三种不同的方法：

第一种，在双方当事人中，一方的过错在程度上要重于另一方的过错，则不论哪一方是否有故意或重大过失，都可以使受害人获得完全的赔偿或使加害人被完全免责。若受害人的过错等于或大于加害人的过错，则受害人无权获得赔偿。简言之，受害人若有49%的过错，则可以得到完全的赔偿；如果有50%的过错，就无权获得赔偿。

第二种，在双方当事人中，如果加害人出于故意或者重大过失，则加害人应负完全的赔偿责任；如果受害人具有故意或者重大过失，则可使加害人被免除或减轻责任。这种做法并不是将双方当事人的过错具体以百分比确定，而是将双方的过错具体确定为故意、重大过失、一般过失三个等级：加害人具有故意而受害人具有过失时，加害人承担全部责任；加害人具有重大过失而受害人有一般过失时，加害人承担全部责任；受害人具有故意，则加害人完全免责；受害人具有重大过失而加害人有一般过失的，加害人一般应免责。在实行过错推定时，则根据具体情况使加害人负责。

第三种，将双方当事人的过错程度具体确定为一定的比例，从而确定责任范围。对损害后果应负全部责任者，其过错比例为95%～100%；对损害后果应负主要责任者，其过错比例为51%～94%；对损害后果应负同等责任者，其过错比例为50%；对损害后果应负次要责任者，其过错比例为5%～49%；过错比例不足5%的，免除其赔偿责任，不认为存在与有过失。

以上三种办法中，第一种和第二种不符合现代过失相抵原则的主旨，不可采用。第三种办法是我国司法实务中所采用的方法。

在与有过失中，依据何种标准判定双方的过错程度，是认定过失相抵责任的关键。通常采用的标准如下：

一是，根据行为的危险性大小及危险回避能力的优劣来决定过错程度的高低。优越者的行为的危险性更大，危险回避能力更强，因而要求的过错程度更高；反之，要求的过错程度较低。

二是，根据注意义务的内容和注意标准来决定过错程度的高低。根据这一标准，首先要确定双方当事人所负有的注意内容。如果一方当事人在损害发生时应负有特殊的注意义务，而该当事人不仅没有履行此种特殊的注意义务，连一般人所应尽的注意义务都没有达到，其过错就比较严重。如果双方当事人并不应负有特殊的注意义务，就应按照“合理人”的标准衡量双方的行为，把双方的行为与一个合理的、谨慎的人的行为进行比较，以决定双方的过错和过错程度。如果当事人的行为与一个合理的、谨慎的人的行为标准相距较远，则过错较重；相距较近，则过错较轻。

三是，采用不同的标准衡量各方的行为决定过错的轻重。为使受害人能有更多的机会获得赔偿，对受害人应采取低标准或主观标准衡量其过错轻重；对加害人应采取高标准或客观标准衡量其过错轻重。

在我国司法实践中，采用第二种标准衡量双方当事人的过错轻重。这是因为，根据行为危险性大小及危险回避能力的优劣决定过错轻重的标准，只适用于交通事故等狭小的范围；根据不同的标准衡量双方的过错也有失公允；只有根据注意义务的内容和标准来决定过错的轻重，才客观、公正，可以适用于一切案件，因而其成为通用的标准。

通常掌握的确定过错轻重的标准，有以下几种：

(1) 受害人具有故意或重大过失，加害人只有轻微过失的，原则上可以免除加害人的责任。如果受害人具有重大过失，而加害人具有轻微过失的，加害人承担责任的过错比例为9%以下。

(2) 在受害人具有故意或重大过失，加害人有一般过失的情形中，受害人为故意时，可以免除加害人的责任；受害人为重大过失的，加害人的过错比例为10%～25%。

(3) 受害人具有故意，加害人有重大过失时，加害人的过错比例为25%以上不足50%。

(4) 受害人和加害人均具有故意或者重大过失，且程度相当时，加害人的过错比例为50%。

(5) 受害人具有重大过失，加害人有故意时，加害人的过错比例为50%～75%。

(6) 受害人具有一般过失或者轻微过失，加害人有故意或者重大过失时，不减轻加害人的侵权责任，不实行过失相抵。

有50%的过错比例时，加害人负同等责任；有5%至49%的过错比例时，加害人应承担次要责任；有51%至95%的过错比例时，加害人应承担主要责任；有5%以下的过错比例或95%以上的过错比例时，通常可以考虑免除加害人的赔偿责任或者使其承担全部的赔偿责任，因为在这种情况下，可以不作为与有过失实行过失相抵。不过，司法实践中也有运用过失相抵规则的，因为有过失就有责任，至为公平。

2. 比较原因力

在确定与有过失责任范围的时候，过错程度起决定性的作用，但是，原因力对与有过失责任范围的影响不能不引起足够的重视，因而，比较原因力是确定与有过失责任范围的重要一环。

原因力，是指在导致损害结果发生的共同原因中，每一个原因对于损害结果发生或扩大所发挥的作用力。与有过失中的损害结果，是由加害人和受害人双方的行为造成的。这两种行为对于同一个损害结果来说是共同原因，每一个作为共同原因的行为都对损害事实的发生或扩大具有原因力。

原因力对与有过失责任范围的影响，具有相对性。这是因为，虽然因果关系在侵权责任的构成中是必要要件，具有绝对的意义，不具备则不构成侵权责任，但与有过失责任分担的主要标准，是双方过错程度的高低，双方当事人行为的原因力大小，尽管也影响与有过失责任范围的大小，但其受双方过错程度的约束或制约。

原因力对于与有过失责任范围的相对决定性作用，主要表现在以下方面：

第一，在当事人双方的过错程度无法确定时，应依各自行为的原因力大小，确定各自责任的比例。如在适用无过错责任原则归责时，可依受害人行为的原因力大小，确定减轻加害人的赔偿责任；对于难以确定双方当事人过错程度的比例的，也可依双方行为原因力大小的比例，确定责任范围。

第二，在当事人双方的过错程度相等时，各自行为的原因力大小对赔偿责任起“微调”作用。双方行为的原因力相等或相差不悬殊的，双方仍承担同等责任；双方行为的原因力相差悬殊的，应当适当调整责任范围，赔偿责任可以在同等责任的基础上适当增加或减少，成为不同等的责任，但幅度不应过大。

第三，在加害人依其过错应承担主要责任或次要责任时，双方当事人行为的原因力起“微调”作用：原因力相等的，依过错比例确定赔偿责任；原因力不等的，依原因力的大小相应调整主要责任或次要责任的比例，确定赔偿责任。

四、确定与有过失责任的基本方法和具体问题

关于确定与有过失责任的基本方法，有过错决定说、原因力决定说和综合说三种主张。笔者认为，单纯以过错决定与有过失责任和单纯以原因力决定与有过失责任的主张，都有片面性，应采综合说的主张，比较过错和原因力，以过错程度为主要的决定因素，以原因力的大小作为相对的调整因素，综合确定与有过失责任。这种基本方法如上所述。

关于无民事行为能力或者限制民事行为能力的受害人的过错确定：在加害人的行为与无民事行为能力或者限制民事行为能力的受害人的行为共同构成损害发生的原因时，是否构成与有过失实行过失相抵？有的持否定意见，有的持肯定意见。以最高人民法院对赵某诉尹某某案件的批复意见观之，最高审判机关采肯定的主张，有学者亦持赞同意见，即以无民事行为能力或者限制民事行为能力的受害人的行为推定其法定代理人有过错。根据《民法典》第1188条的规定，行为人有无民事行为能力不影响赔偿责任的成立，只是此种责任应由无民事行为能力人或限制民事行为能力人的监护人承担，因而在无民事行为能力人和限制民事行为能力人的行为构成损害发生或扩大的直接原因时，应认定其监护人的过错比例，减轻赔偿责任。

【引例评析】

在本节引例“路边放置开水壶造成幼童伤害”案中，对于赵某的损害，尹某某当然有过失，赵某的父母对赵某监护不周，也有一定的过失，因而本案是一个典型的与有过失案件。最高人民法院对本案的批复性司法解释认为：“尹某某因疏忽大意行为致使幼童赵某被烫伤，应当承担侵权民事责任；赵某的父母对赵某监护不周，亦有过失，应适当减轻尹某某的民事责任。”

第三节　双方责任中的公平分担责任

引例　“无过错输血感染丙肝分担损失”案

原告因输卵管妊娠，在被告某医院住院治疗，输血800毫升。术后第八天，因肠粘连、梗阻做了肠剥离手术，又输血600毫升。出院一个月后原告感到身体不适，经检查，转氨酶高出正常值6至7倍，又在被告医院住院，诊断为丙型肝炎。此后10年原告一直是“肝脏异常、脾大”，确诊为慢性丙型肝炎，为被告医院输血所致。原告起诉，要求被告赔偿其损失。

一、公平分担责任的概念和历史沿革

(一) 公平分担责任的概念

公平分担责任，也叫衡平责任[①]，是指加害人和受害人都没有过错，在损害事实已经发生的情况下，以公平考虑作为标准，根据法律规定或者实际情况和可能，由双方当事人公平地分担损失的侵权责任形态。《民法典》第1186条规定：“受害人和行为人对损害的发生都没有过错的，依照法律的规定由双方分担损失。”

(二) 公平分担责任的历史发展

在侵权法的发展历史中，原本没有公平分担责任。这种责任是近代侵权法立法的产物。

一般认为，公平分担责任是1911年《瑞士债务法》予以确认的。该法第43条和第44条规定：在确定赔偿的性质和范围时，法官必须考虑案件的情节以及加害人的过错程度；债务人造成损害，既非故意也非重大过失的，如果由于支付金钱赔偿将使债务人陷入困境，则法官可以减轻其赔偿责任。这种规定更符合公平分担责任的内涵。在制定《德国民法典》时，立法者开始在草案中接受了公平分担责任的意见，但是受到了很多学者的反对，故该法典没有规定公平分担责任的一般性条文，只是在第829条对未成年人致人损害的赔偿责任中作了规定：“受害人如果不能由有监督义务的第三人取得其损害赔偿，依据情况，特别是依据当事人之间的关系，依公平原则要求作某种赔偿时，在赔偿不妨害加害人保持与自己地位相当的生计并履行法律上扶养义务所需资金限度内，加害人仍应负损害赔偿的义务。”以后的《荷兰民法典》、1922年《苏俄民法典》、1959年《匈牙利民法典》、

---

① 例如在《葡萄牙民法典》，公平分担责任就称为衡平责任。

1964 年的《波兰民法典》和《捷克斯洛伐克民法典》，都对公平分担责任作了原则性规定。1978 年《南斯拉夫债法》也采用了这一原则，把它“作为对其他法规在实施中引起不公平的结果时的一种矫正”①，规定：根据公平的要求，特别是考虑造成损害者及受害人双方的财产状况，判决造成损害者赔偿全部或部分损失。

（三）公平分担责任的意义

我国民事立法确认公平分担责任，在《民法典》中作了明文规定，是符合社会利益以及广大人民群众的意志和愿望的，既能有效地保护当事人的合法利益，又能及时地解决侵权损害赔偿纠纷，防止事态扩大和矛盾激化，促进安定团结，有利于调动一切积极因素，投入现代化建设。

公平分担责任是基于人与人之间的共同生活规则的需要，在适用过错责任与无过错责任之外，由法官根据公平的要求，斟酌双方的财产状况和其他情况，确定合情合理的责任分担，因此，公平分担责任弥补了侵权法理论的一个缺陷，是对侵权法的一个发展，有重要的社会意义。

将《民法典》第 1186 条的规定与原《侵权责任法》第 24 条的规定相比较可见，前者对后者的适用范围作了较大的限缩，将“可以根据实际情况”，改为“依据法律的规定”。这说明，适用公平分担责任不仅要符合《民法典》第 1186 条规定的条件，而且还须依照法律的具体规定。

二、公平分担责任的适用

（一）适用范围

公平分担责任的适用范围，应当限制在当事人双方均无过错，并且不属于过错责任原则、过错推定原则和无过错责任原则调整的那一部分侵权损害赔偿法律关系。超出这个范围的，不能适用这一规定。例如，高度危险作业人证明了损害是由受害人故意造成的，那么，他由于举证责任完成而被免除侵权责任。然而，在加害人不能证明受害人具有故意或者重大过失的情况下，不能因为加害人也没有过错，转而适用公平分担责任，由双方当事人分担损失。这是因为这样的领域是无过错责任原则调整的范围，不是公平分担责任调整的范围。

很多学者认为，公平分担责任主要适用于侵害财产权纠纷案件。其理由是，公平分担责任的目的是平衡当事人之间的财产状况和财产损失，并对不幸的损失在当事人之间进行合理分配。② 这种看法不妥当。事实上，公平分担责任既适用于侵害财产权纠纷案件，同时也适用于侵害人身权纠纷案件。侵害人身权引发的损害赔偿争议中，争执的内容并不是人身权受伤害本身，而是在人身权受到损害以后，如何解决侵害人身权所造成的财产损失的赔偿，因而。此时，公平分担责任同样旨在平衡当事人之间的财产状况和财产损失，同样是对不幸的损失在当事人之间进行合理分配。从实质上说，解决侵害人身权的争议，仍

---

① ［南］佛·克鲁尔杰：《南斯拉夫新债法的概念及其基本制度》，载《法学译丛》，1980（2）。

② 参见潘同龙等：《侵权行为法》，69 页，天津，天津人民出版社，1995。

然是解决财产损害赔偿的争议，公平分担责任同样适用。可以确定，公平分担责任的适用范围，既包括侵害财产权的侵权纠纷案件，也包括侵害人身权的侵权纠纷案件。

（二）适用的要件

对《民法典》第1186条规定的公平分担损失规则，究竟是一般性赔偿规则，还是要有法律专门规定才可以适用的规则，学界是有争论的。原《侵权责任法》第24条没有强调“依照法律的规定”，而是规定“可以根据实际情况”由双方分担损失，从而具有一定的弹性。将“可以根据实际情况”改为“依照法律规定”，这说明，不仅要符合《民法典》第1186条规定的条件，而且还须依照法律的具体规定，才可以适用公平分担损失规则，对双方当事人的损失进行分配。

适用《民法典》第1186条规定，对损失进行分配的要件是：第一，行为人造成了受害人的损害；第二，行为人和受害人对损害的发生都没有过错；第三，须有法律的特别规定。依照法律规定由双方分担损失的含义是，适用公平分担损失规则，应当有法律的特别规定。对具备这三个要件的损害，才可以适用公平分担损失规则，双方当事人按照公平的要求对损失进行分担。例如《民法典》第1188条第1款、第1190条和第1254条，都是法律明文规定可以分担损失的规范。第1186条规定的公平分担损失规则中并没有请求权，须在法律具体规定的条文中才包括请求权，因此，公平分担损失规则在司法实践中不可以滥用，必须符合该条规定的要件。

（三）双方分担责任

适用公平分担责任的结果是，民事责任在一般情况下实行分担，即根据损害程度和双方当事人的经济状况，以及其他相关的因素，综合判断：在应当分担损失的情况下，双方当事人的经济状况相似或相近的，可以平均分担；一方情况好而另一方情况差的，可以一方负担大部分、另一方负担小部分；如果双方的实际情况相差悬殊的，也可以由一方承担责任。在这样的基础上，再适当考虑社会舆论和同情等因素，作适当的小的调整，使责任的分担更为公平、合理。

【引例评析】

本节引例“无过错输血感染丙肝分担损失”案中，原告起诉后，当地医学会曾组织专家组进行医疗事故鉴定，认定为：原告患丙肝是输血所致，但本事件不属于医疗事故，依据是《医疗事故处理条例》第33条规定的免责事由：在紧急情况下为抢救垂危患者生命而采取紧急医学措施造成不良后果的，在现有医学科学技术条件下发生无法预料或者不能防范的不良后果的，无过错输血感染造成不良后果的。法院经审理认为，尽管对于受害人损害的发生医院没有过错，但是基于公平考虑，应当适用公平分担责任规定，医院应当承担适当的赔偿责任。

按照原《侵权责任法》第24条的规定，对这个案件适用公平分担责任规则确定双方分担损失，是正确的。但是按照《民法典》第 1186 条责任规定，这样处理因为没有法律的具体规定而不适当。

第四节　双方责任中的非机动车驾驶人或行人受害人过错责任

引例　“行人全部过错，机动车一方应当承担部分责任”案

被告张某驾驶出租汽车在北京市朝阳区东三环辅路由北往南行驶。毋某醉酒后，骑自行车由南向北逆行驶入机动车道，其自行车前轮撞到张某驾驶的出租车右前部，连人带车摔倒在地，经送至附近医院抢救无效死亡。朝阳区交通支队出具责任认定书，认定毋某醉酒逆行至机动车道，造成损害，应负全部责任。毋某的近亲属向法院起诉，要求出租汽车公司承担赔偿责任。

一、非机动车驾驶人或行人因其过错遭受交通事故损害赔偿责任的特殊性

受害人过错，是指受害人的故意或者过失是造成损害的全部原因，加害人一方的行为虽然造成了受害人的损害但不构成侵权，因此不承担侵权责任。

但是，《道路交通安全法》第 76 条第 1 款第 2 项规定：“机动车与非机动车驾驶人、行人之间发生交通事故，非机动车驾驶人、行人没有过错的，由机动车一方承担赔偿责任；有证据证明非机动车驾驶人、行人有过错的，根据过错程度适当减轻机动车一方的赔偿责任；机动车一方没有过错的，承担不超过百分之十的赔偿责任。”本项第三分句规定的是机动车致害非机动车驾驶人或者行人的“优者危险负担”规则。在这一范围中，受害人过错不导致免除责任，而是使机动车一方承担不超过 10%的赔偿责任。

受害人有过错的，本来应当免除加害人的责任，但是，由于在道路交通事故中应当适用“优者危险负担”规则，因此，即使在机动车一方完全没有责任，而受害人负有全部责任的情况下，机动车一方也应当承担部分责任。

由此构成一种特殊的双方当事人分担责任。

二、是适用无过错责任原则还是“优者危险负担”规则

有人认为，《道路交通安全法》第 76 条规定机动车一方没有过错时承担不超过 10%的

赔偿责任，是适用无过错责任原则。其理由是，只有行为人一方的行为是造成他人损害的唯一原因，且实行不问行为人过错的规则的时候，才是无过错责任。[①] 这种意见是不正确的。无过错责任原则，是指在法律有特别规定的情况下，以已经发生的损害结果为价值判断标准，其行为与该损害结果有因果关系的行为人，不问其有无过错，都要承担侵权赔偿责任的归责原则。对无过错责任的正确理解是：不考虑行为人有无过错，或说行为人有无过错对民事责任的构成和承担不产生影响[②]，而不是指在损害发生以后，既不考虑加害人的过错，也不考虑受害人的过错的一种法定责任形式。[③] 将无过错责任原则理解为只有加害人一方的行为是造成损害的原因，既不考虑加害人的过错，也不考虑受害人的过错，是不正确的，是对无过错责任原则理解的一种误导。事实上，《道路交通安全法》第 76 条的这一规定，是在过错推定原则的基础上，实行"优者危险负担"规则的结果。这就是，在侵权法的一般情况下，行为人无过错则无责任，但考虑到机动车的机动性能强、回避能力强，而非机动车驾驶人或者行人无机动性能且缺少回避能力，在机动车一方没有过错的时候也要适当补偿，在不超过 10%的范围内承担责任。[④] 这不是无过错责任原则的适用。

三、适用"不超过百分之十的赔偿责任"时应当如何掌握

在司法实践中适用《道路交通安全法》第 76 条规定的"机动车一方没有过错的，承担不超过百分之十的赔偿责任"，应当掌握以下几点。

1. 机动车一方没有过错，由机动车一方自己举证

《道路交通安全法》第 76 条第 1 款第 2 项规定的是过错推定原则，因此，机动车一方主张自己没有过错的，应当由自己承担举证责任，证明自己没有过错。能够证明自己没有过错的，才能够确定其承担不超过 10%的赔偿责任。不能证明自己没有过错的，不适用这一规定，而是适用该条第 1 款第 2 项规定的第一种规则，由机动车一方承担赔偿责任。

2. 机动车一方没有过错的标准是机动车驾驶人已经采取必要处置措施

机动车一方证明自己没有过错的标准是，机动车一方能够证明机动车驾驶人已经采取了必要处置措施仍然不可避免造成损害。在司法实践中，确定机动车一方对自己没有过错的举证责任是否充分，按照这样的证明标准处理就可以。

3. 不超过 10%的赔偿责任要根据具体情形确定

所谓不超过 10%，就是承担 10%的赔偿责任或者在 10%以下承担赔偿责任。对此，首先不能理解为赔偿责任就是绝对的 10%，可以在 10%以下确定赔偿责任。其次，究竟机动车一方应当承担多少赔偿责任，应当根据具体情形，主要是根据受到损害的非机动车驾驶人或者行人的过错程度来确定。如果受害人对于损害的发生具有重大过失，则机动车一方应当按照 5%承担责任，一般不要低于 5%；如果受害人对于损害的发生具有普通过失，则机动车一方应当承担 6%或者 7%的赔偿责任；如果受害人仅仅具有一般过失，则机动车

---

① 参见王胜明主编：《中华人民共和国侵权责任法释义》，281 页，北京，法律出版社，2013。

② 参见张新宝：《侵权责任法原理》，35 页，北京，中国人民大学出版社，2005。

③ 参见王利明：《侵权行为法归责原则研究》，129 页，北京，中国政法大学出版社，1991。

④ 参见杨立新：《类型侵权行为法研究》，881 页，北京，人民法院出版社，2006。

一方承担8%或者9%的赔偿责任；如果受害人只是具有轻微过失，则机动车一方承担10%的责任。对此，不应当适用《民法典》第1186条的规定，不能在机动车与非机动车、行人都没有过错的时候实行公平分担责任。

【引例评析】

在本节引例“行人全部过错，机动车一方应当承担部分责任”案中，非机动车驾驶人毋某在酒醉后，逆向闯入机动车道，是极为危险的行为。按照“醉酒的人犯罪，应当负刑事责任”的刑法规则，可以推出“醉酒人的行为被视为故意行为”的结论。如果这个推论成立，那么，适用《道路交通安全法》第76条第2款的规定，本案原告的诉讼请求就应当被驳回。按照交通管理部门的责任认定，本案也是受害人负全责，理由是毋某醉酒逆行。这样处理是符合《道路交通安全法》第76条规定的。

不过，确定民事责任毕竟不像确定刑事责任那样严格，同时也确实要体现对受害人的人文关怀，况且毋某也不是故意在机动车前“寻死”，因而依照《道路交通安全法》第76条的规定责令出租汽车公司承担10%以下的赔偿责任是适当的。根据受害人的过错程度，判赔5%比较合适。

【问题与思考】

1. 结合第一节引例，讨论受害人责任的基本规则是什么。

2. 与有过失的概念应当怎样界定？结合第二节引例，讨论：本案是否具备与有过失的构成要件？

3. 结合第三节引例，思考：确定公平分担责任的要素是什么？本案适用《民法典》第1186条的规定，能获得赔偿吗？

4. 应当如何理解《道路交通安全法》第76条第2款关于受害人过错的规定？

第十三章

单独责任与共同责任

参考文献

(一) 著作

1. 杨立新．侵权责任法．北京：法律出版社，2021：95－115

2. 杨立新．中国侵权责任法研究：第1卷．北京：中国人民大学出版社，2018：341－461

3. 王利明．侵权责任法研究：上卷．北京：中国人民大学出版社，2019：521－605

4. 黄薇主编．中华人民共和国民法典侵权责任编释义．北京：法律出版社，2020：14－27

5. 最高人民法院民法典贯彻实施工作领导小组．中华人民共和国民法典理解与适用：侵权责任编：上卷．北京：人民法院出版社，2020：50－90

6. 张新宝．中国民法典释评：侵权责任编．北京：中国人民大学出版社，2020：23－36

7. 邹海林，朱广新．民法典评注：侵权责任编：第1册．北京：中国法制出版社，2020：33－92

8. 王竹．侵权责任分担论．北京：中国人民大学出版社，2009：139－204

(二) 论文

1. 杨立新．论竞合侵权行为．清华法学，2013 (1)

2. 杨立新，陶盈．论分别侵权行为．晋阳学刊．2014 (1)

3. 杨立新．论不真正连带责任类型体系及规则．当代法学，2012 (3)

4. 杨立新．多数人侵权行为及责任理论的新发展．法学，2012 (7)

5. 蓝承烈．连带侵权责任及其内部求偿权．法学实践，1991 (1)
6. 张铁薇．共同侵权民事责任的新发展．求是学刊，2007 (2)
7. 刘保玉．共同危险行为争议问题探讨．法学，2007 (2)
8. 王成．高空抛物侵权行为探究．法学评论，2007 (2)
9. 王宇娣．论侵权补充责任．河北师范大学学报（哲学社会科学版），2006 (6)
10. 廖明忠．浅析交通肇事损害赔偿中车主的垫付责任．法学评论，2001 (2)
11. 肖建国，丁金珏．不真正连带责任的诉讼构造——以《民法典》第1203条为中心．宁波大学学报（人文社科学版）2021 (5)

参考法规

《民法典》第1165条第1款、第1168～1172、1188～1192、1195、1196、1202、1203条等

第一节 单独侵权行为与单独责任

引例 “职场性骚扰”案

谢某到某调查事务所应聘，经该所负责人金某同意录用，于次日上班。下午6时许，金某在办公室对谢某触摸身体并强行亲吻。半月后，谢某因拒绝金某的身体接触行为而被金某辞退。嗣后，金某多次打电话对谢某进行骚扰，在媒体记者的帮助下，谢某对金某的性骚扰电话录音。后谢某向法院起诉，请求法院判令金某赔礼道歉，并赔偿精神抚慰金。

一、单独侵权行为

单独侵权行为，是指一人单独实施的侵权行为，也就是加害人一人的行为致他人以损害。单独侵权行为是最常见、最普通的侵权行为。

单独侵权行为是相对于多数人侵权行为而言的。所谓的单独和共同，就是指数量不

同。这是这两种侵权行为的基本区别。一个人，包括一个自然人或者一个法人、非法人组织实施的侵权行为，就是单独侵权行为；而共同侵权行为的主体，是二人或者二人以上，两个或者两个以上的行为人实施的侵权行为，就是共同侵权行为。

二、单独责任

单独责任，是指单独一个人作为加害人实施侵权行为，并由其承担损害赔偿等责任方式的侵权责任形态。换言之，单独责任就是单独侵权行为实施者所承担的侵权责任形态。

构成单独侵权行为，就构成单独责任。单独责任由实施侵权行为的人自己承担。

最典型的单独侵权行为是为自己的侵权行为负责，即自己为自己的侵权行为承担责任。这是一般侵权行为的单独责任。

在特殊侵权行为中，为他人实施的行为承担侵权责任的，或者为自己管领的物件致人损害负责的，只要行为人是单独的个体，亦为单独侵权行为，由单独行为人的责任人承担侵权责任，或者由物件的所有权人、占有人等承担侵权责任。

【引例评析】

在本节引例“职场性骚扰”案中，金某对谢某在工作时间和工作场所进行性骚扰，构成侵害性自主权的侵权责任。本案的侵权人是一人，引发的是自己责任，因此，属于侵权责任形态中的单独责任，由行为人自己一人承担侵权责任。

第二节　多数人侵权行为与共同责任

引例　“发生争执被打后共同故意打伤原告构成多数人侵权”案

被告高某奇在未经允许的情况下，在原告李某伟经营的宠物市场内放羊，双方发生口角，原告先动手打了被告，后被告打电话找来其父母即被告高某生和刘某平，三被告与原告厮打在一起，将原告打伤。原告起诉。法院认为，本案起因系被告未经允许在原告经营的宠物市场内放羊而双方发生口角，三被告又将原告打伤，因此三被告应承担主要责任，原告先动手打被告，应承担次要责任；三被告系共同侵权，应连带赔偿原告80%的损失。

一、多数人侵权行为与责任的概念及意义

（一）多数人侵权行为与责任的概念界定

多数人侵权行为与责任是两个概念，一是多数人侵权行为，二是多数人侵权责任。把它们放在一起研究和表述是为了方便，但在界定这两个概念时应当分别进行。

多数人侵权行为是指由数个行为人实施，造成同一个损害后果，各行为人对同一损害后果承担不同形态的责任的侵权行为。

多数人侵权责任则是指数个行为人实施的行为，造成了同一个损害后果，数行为人对该同一损害后果按照行为的不同类型所承担的不同形态的侵权责任。

（二）研究多数人侵权行为与责任的理论意义

进入 21 世纪以来，侵权法理论研究有两个热点：一是重视受害人是多数人的侵权纠纷案件，形成了大规模侵权的理论与实践的研究热点①；二是重视侵权人是多数人的侵权纠纷案件，形成了多数人侵权行为与责任的理论和实践的研究热点。对大规模侵权行为进行研究，着重于解决对为数众多的受害人的救济问题。而对多数人侵权行为与责任进行研究的目的，则是解决侵权责任在多数侵权人之间的分担问题。前者重视的是救济的及时、有效，后者注重的是责任分担的科学、公平。当代侵权法理论对这两个热点问题的研究越来越成熟，标志着当代侵权法理论研究的发展水平越来越高。

在上述两个侵权法研究的热点问题中，多数人侵权行为与责任的研究更具侵权法本身的理论意义。这是因为，多数人侵权行为与责任关系到为数众多的侵权行为人；在造成的损害应当在数个行为人中如何分配责任的问题中，怎样才能公平、科学、合理地进行侵权责任分配，显然更具复杂性和科学性。同时，我国立法者更重视发挥侵权责任的调整功能，为制裁民事违法，保护民事权益，制定了复杂的多数人侵权责任形态，使其更具复杂性，更需要进行科学的研究和整理，以期发挥立法的调整作用。因此，研究多数人侵权行为与责任就更具理论和实践意义。

二、多数人侵权行为的类型

（一）传统侵权法对多数人侵权行为的分类

在传统的侵权法理论中，对多数人侵权行为的类型有不同见解。有的学者认为多数人侵权行为包括共同侵权行为和分别侵权行为；有的学者认为多数人侵权行为包括共同侵权行为和竞合侵权行为；有的学者认为多数人侵权行为包括数人对同一损害后果承担连带的侵权责任的侵权行为、数人对同一损害后果承担按份的侵权责任的侵权行为，以及在数个责任主体中，部分责任主体承担全部赔偿责任和部分责任主体承担补充的侵权责任的侵权行为这三种类型。

---

① 参见张新宝、葛维宝主编：《大规模侵权法律对策研究》，北京，法律出版社，2011。

传统侵权法理论对多数人侵权行为类型的理解和整理还是不完全、不完整的，没有准确概括出多数人侵权行为的类型。在《民法典》《消费者权益保护法》《食品安全法》《广告法》以及有关司法解释中出现了关于多数人侵权行为的不同规定，展现了多数人侵权行为与责任的多样化、复杂化的情况下，仅仅局限于传统的侵权法理论对多数人侵权行为类型的概括，无法全面展示多数人侵权行为的类型。对此，应当予以改进。

(二) 对多数人侵权行为体系新的概括

1. 共同侵权行为

共同侵权行为当然是多数人侵权行为，是多数人侵权行为中最典型的类型，也是最重要的类型。《民法典》第 1168～1170 条规定的都是共同侵权行为的不同类型。

2. 分别侵权行为

无过错联系的共同加害行为这个概念比较冗长，不够精练。从《民法典》第 1171 条和第 1172 条的规定中，提炼出“分别”的概念，把它叫作分别侵权行为，表述的就是无过错联系的共同加害行为。这个概念比较简洁，且非常贴切，与《民法典》第 1171 条和第 1172 条的规定相一致。

3. 竞合侵权行为

在传统的侵权法中，与不真正连带责任相对应的侵权行为形态没有被概括出来，曾经有学者使用过原因竞合的概念①，也有学者使用竞合侵权行为的概念。借鉴日本学者潮见佳男教授的意见②，本书使用竞合侵权行为的概念，对应的责任后果是不真正连带责任。

三、多数人侵权行为形态与多数人侵权责任形态的对接

(一) 以往多数人侵权行为与责任对接体系的缺陷

多数人侵权行为形态所对应的是多数人侵权责任形态。

在以往的侵权法中，多数人侵权行为形态与多数人侵权责任形态在对应关系中出现了缺陷，有的对应不起来，诸如：共同侵权行为的侵权行为形态对应的是连带责任形态；分别侵权行为形态对应的是按份责任形态；而在立法和司法中大量使用的不真正连带责任的侵权责任形态，没有一个能够直接与其对应的侵权行为形态。这具体表现为下图所示：

共同侵权行为→连带责任
分别侵权行为→按份责任或者连带责任
? →不真正连带责任

在这个多数人侵权行为的体系中，缺陷部分显而易见。

---

① 参见侯国跃：《中国侵权法立法建议稿及理由》，50 页，北京，法律出版社，2009。

② 参见［日］潮见佳男：《不法行为法》，Ⅱ，2 版，196～197 页，东京，信山社出版株式会，2011。贡献度的概念与我国侵权法的原因力概念相同。

（二）多数人侵权行为与责任的完整体系

经过长期研究，笔者认为用竞合侵权行为的概念能够填补这一理论缺陷，使竞合侵权行为对应不真正连带责任，因而和其他多数人侵权行为与责任一起，构成多数人侵权行为与责任的完整理论体系。

本书提出的多数人侵权行为形态与多数人侵权责任形态的对接关系体系如下图所示：

共同侵权行为→连带责任

分别侵权行为→按份责任或者连带责任

竞合侵权行为→不真正连带责任

这样的侵权行为形态和侵权责任形态的对接体系，构成了完整的、完善的多数人侵权行为及责任的理论体系，是非常理想的，也是多数人侵权行为及责任理论的最新发展。

【引例分析】

本案的三被告作为侵权行为人，其侵权行为形态为典型的共同侵权行为，对原告的损害后果应当承担连带赔偿责任，应当依据《民法典》第178条规定适用法律。故本案中就被告而言，构成多数人侵权行为，承担的责任形态是共同责任。同时，本案的原告先动手打人，构成与有过失，应当进行过失相抵，原、被告之间应当分担侵权责任。

第三节　共同侵权行为与连带责任

引例　“数名儿童向楼下投掷酒瓶，其中一人行为造成他人死亡，不能确认真正加害人”案

上海市静安区人民法院审理的马某某等诉付某某、曹某、吴某人身损害赔偿纠纷案，三被告均系无民事行为能力人，某日在15层楼上共同向下投掷酒瓶，砸中地面原告的两岁儿子马某头部致死。损害是一个人的行为所致，无法判明究竟是三个被告中的哪一个人的行为所致。法院判决三被告的法定代理人承担连带赔偿责任。①

① 参见《中国审判案例要览》，1993年综合本，607页，北京，中国人民大学出版社，1994。

一、共同侵权行为

（一）共同侵权行为的概念

共同侵权行为是指两个或两个以上的行为人，基于共同的故意或者过失，侵害他人合法民事权益，应当承担连带责任的侵权行为。《民法典》第1168条规定："二人以上共同实施侵权行为，造成他人损害的，应当承担连带责任。"

（二）共同侵权行为的法律特征

从上述共同侵权行为的定义中，可以看出共同侵权行为具有以下法律特征。

1. 共同侵权行为的主体须为多个人

共同侵权行为的主体即共同加害人须由二人或二人以上构成，单个的侵权人无论实施何种行为，都不能构成共同侵权行为。这是共同侵权行为的量的规定性。共同加害人可以是自然人，也可以是法人、非法人组织。

2. 共同侵权行为的行为人之间在主观上具有共同故意或者客观上的关联共同

数个共同行为人之间须有共同致人损害的故意，基于此，而使数个行为人的行为联结为共同侵权行为。

虽然行为人之间并无主观上的共同故意，但各行为人的行为共同指向侵权对象，其行为是造成损害的共同原因，造成同一个损害且不可分割的，即为客观关联共同，亦构成共同侵权行为。

3. 数个共同加害人的共同行为所致损害是同一的、不可分割的

共同加害人的行为是相互联系的共同行为，其行为无论是否有分工，都造成一个统一的损害结果，而不是把每个加害人的独立行为所引起的后果机械相加。如果没有共同的损害结果，则不构成共同侵权行为。共同过失的共同侵权行为更是如此。

4. 数个共同加害人的行为与损害结果之间具有因果关系

在共同侵权行为中，各个行为人的行为尽管对共同的损害结果发生的原因力不会相同，但必须都与损害结果之间存在因果关系，行为具有原因力。

（三）共同侵权行为的历史沿革

1. 大陆法系

共同侵权行为的历史可以上溯到罗马法。在整个罗马法的私犯制度中，更多规定的是各种具体的侵权行为及其诉讼制度，对于共同侵权行为规定得比较简略，承认一些共同加害行为，并且对一些教唆、帮助行为也有规定。《法学总论》中规定："不仅可以对实施侵害的人，例如殴打者提起侵害之诉，而且可对恶意怂恿或唆使打人嘴巴的人提起侵害之诉。"[①] 在一般情况下，罗马法的共同加害人所承担的责任，并不是连带责任，因而其行为并不是现代意义上的共同侵权行为。但是在一些特殊场合，共同加害人则须承担连带责

① ［古罗马］查士丁尼：《法学总论》，203页，北京，商务印书馆，1989。

任。例如，对于由家畜造成的损害，现实的所有主在“动物损害之诉”（actio de pauperie）中承担责任，其方式同他们在侵害之诉中对奴隶的私犯行为和“家子”的私犯行为所承担责任的方式相似；如果是数个家畜致害，则数个共同所有主负连带责任（in solidum）。①这种情况，不仅与现代共同侵权行为相同，而且与动物致害的特殊侵权行为也很相似。

《法国民法典》对于共同侵权行为一直没有规定。在实践中，法国法院采用共同责任人或者共同债务人的概念，确定共同侵权行为的整体债务，并规定共同债务人之间的求偿权。②《德国民法典》在第830条规定了共同侵权行为：“（1）a. 数人因共同侵权行为造成损害者，各人对被害人由此所受的损害负其责任。b. 不能查明数关系人中谁的行为造成损害时，亦同。（2）教唆人和帮助人视为共同行为人。”第840条规定：“数人共同对某一侵权行为所发生的损害负有赔偿责任者，视为连带债务人。”该法第一次明文规定共同侵权行为，并将共同危险行为划入共同侵权行为之中；将共同加害人被划分为行为人、教唆人和帮助人，均为共同行为人。德国法的上述规定，对于后世的侵权法立法具有极大的影响。如《日本民法》第719条规定：“（一）因数人共同实施侵权行为加害于他人时，各加害人负连带赔偿责任。不知共同行为人中何人为加害人时，亦同。（二）教唆人及帮助人，视为共同行为人。”

2. 英美法系

在英美法国家，尽管立法形式不同，但是对共同侵权行为几乎采取完全一致的立场，认为各自独立的行为结合在一起而造成他人损害，从而对受害人负有连带责任的人，是共同侵权人（joint infringer）。共同侵权人中的每一个人都有义务向被害人支付赔偿金，已支付赔偿金的共同侵权人有权向其他未支付赔偿金的共同侵权人索取补偿。③一人以上指挥或教唆他人为侵权行为，或三人以上共同经营不法事业，而其中一人实施侵权行为，行为人及其他各人均负赔偿责任。美国侵权法的共同侵权行为范围较大陆法系的共同侵权行为范围为宽，除典型的共同侵权行为之外，还包括知悉他人实施侵权行为而准许该他人在其土地上或以其工具从事行为、怠于对有可能伤害他人的人的监督义务、怠于履行对他人的保护义务或避免伤害的义务。在上述共同侵权行为中，原告得选择侵权行为人中之一人或全体对其提起损害赔偿之诉，亦得分别起诉。④不仅如此，英美法也承认共同危险行为，美国加利福尼亚州上诉法院于1980年审理辛德尔诉阿伯特制药厂案（Sindell v. Abbort Laboratories）时，由于不能确认当时生产乙烯雌粉的5家主要制药厂中是谁制造的该药致辛德尔患乳腺癌，故判决该5家制药厂共同承担连带赔偿责任。⑤

3. 中国古代和近代

在中国古代，侵权法与刑法规定在一起。在侵权行为的法律规范中，虽然没有共同侵权行为的规定，但在各朝律令的名例律中，都有共犯的规定，因而刑法上的共犯制度，也

---

① 参见［意］彼德罗·彭梵得：《罗马法教科书》，黄风译，407页，北京，中国政法大学出版社，1993。

② 参见《法国民法典》，下册，罗结珍译，1091页，北京，法律出版社，2005。

③ 参见《牛津法律大辞典》，中文版，481页，北京，光明日报出版社，1988。

④ 参见耿云卿：《侵权行为之研究》，40页，台北，“商务印书馆”，1972。

⑤ 该案参见潘维大：《英美侵权行为法案例解析》，上，270页，台北，瑞兴图书股份有限公司，2002。加州最高法院审理本案，最终改判各被告按市场份额承担按份责任。

适用于共同侵权行为，所以，不能认为中国古代立法没有共同侵权行为的规定。《大清民律草案》第950条规定："数人因共同侵权行为加损害于他人者，共负赔偿之义务。不能知孰加损害者，亦同。教唆人及帮助人视为共同行为人。"第972条规定："侵权行为所生之损害有数人共任其责者，数人作为连带债务人而任其责。"这两个条文，显系借鉴德国法的立法例。《民国民律草案》第248条规定："数人共同不法侵害他人之权利者，连带负损害赔偿责任。其不能确知孰为加害人者，亦同。""教唆人及帮助人，视为共同行为人。"这一条文，借鉴了日本民法的立法例。国民政府民法于第185条沿袭了《民国民律草案》的体例："数人共同不法侵害他人之权利者，连带负损害赔偿责任，不能知其中孰为加害人者，亦同。""造意人及帮助人，视为共同行为人。"

4. 中国当代

自1949年以来，司法实务中承认共同侵权行为。1984年最高人民法院《关于贯彻执行民事政策法律若干问题的意见》第73条规定了共同侵权行为的审判原则："两个以上致害人共同造成损害的，应根据各个致害人的过错和责任的大小，分别承担各自相应的赔偿责任。教唆或者帮助造成损害的人，应以共同致害人对待，由其承担相应的赔偿责任。部分共同致害人无力赔偿的，由其他共同致害人负连带责任。"这一司法解释，除未规定共同危险行为之外，作出的其他规定基本上符合共同侵权行为的原理。①《民法通则》第130条确定了共同侵权行为的一般原则和责任承担方式，但规定过于简略，对于共同危险行为以及教唆人、帮助人的责任没有规定。最高人民法院《关于贯彻执行〈中华人民共和国民法通则〉若干问题的意见（试行）》第148条补充了教唆人、帮助人的责任："教唆、帮助他人实施侵权行为的人，为共同侵权人，应当承担连带民事责任。教唆、帮助无民事行为能力人实施侵权行为的人，为侵权人，应当承担民事责任。教唆、帮助限制民事行为能力人实施侵权行为的人，为共同侵权人，应当承担主要民事责任。"②《侵权责任法》第8条至第10条进一步完善了我国共同侵权行为及其连带责任的规则，使我国对共同侵权行为的法律规定已经完善。

（四）共同侵权行为的立法依据

对共同侵权行为的立法依据究竟是什么，多有不同见解。有学者认为，共同侵权行为的立法根据不外乎：一是维护静的安全，二是合理分配损害，三是充分保护弱者。③ 这种主张有一定道理，但维护民事流转关系的静态安全，不仅是共同侵权行为的立法依据，也是整个侵权法、债法共同的立法依据，仅称其为共同侵权行为的立法依据，不十分准确。

共同侵权行为的立法依据主要有以下几点。

1. 置民事权益受损害之人于更为优越的法律地位

现代民法以权利为本位，整个民法所要保护的就是民事主体的民事权利及法益。整个侵权法的立法基点就是，以损害赔偿为主要手段，救济受到损害的民事权利，从更广阔的

---

① 在这一司法解释中，对连带责任的规定有所不足，即规定在部分共同加害人无力赔偿时，才承担连带责任，而不是直接规定共同侵权行为人承担连带责任。这两种表述显然是不同的。

② 在这一条文中，关于教唆、帮助无民事行为能力人或限制民事行为能力人实施侵权行为的民事责任的表述，是有不够准确之处的。在下文中，还要进一步说明。

③ 参见孔祥俊：《民商法新问题与判解研究》，245～246页，北京，人民法院出版社，1996。

范围来说，就是消除社会危险因素，保障民事主体的权益不受侵害。数人共同侵害他人权利的，无论是从加害人的数量还是侵权行为的危害上看，其社会危险因素显然超过一般的侵权行为，对受害人的损害更为严重。法律确定所有参加共同侵权行为之人，无论是实行行为人，还是教唆人、帮助人，抑或共同危险行为人，均须对受害人承担连带责任，因而使受害人处于一个十分优越的地位，其损害赔偿请求权无论在何种情况下，只要能够找到一个共同加害人，或者还有一个共同加害人有赔偿能力，就能够实现，避免了共同加害人各负其责，当若干共同加害人无力赔偿时，受害人的赔偿请求权不能完全实现的弊病。应当说，这是确立共同侵权行为制度的立法主旨。

2. 加重共同侵权行为人的责任，惩戒民事违法，减少社会危险因素

在一般情况下，尤其是在刑法领域，行为人只对自己的行为负责，对于不是自己的行为，无论造成什么样的损害后果，也不负责任。除此之外，责任与行为要相适应，"罚不当罪"，不能达到恰当的制裁效果。但是，在共同侵权行为中，让共同加害人承担连带责任，对外部而言，这是一个完整的责任，某一个共同加害人无论其行为对结果发生有多大的原因力，都不能只承担自己应承担的那一份责任，而是要承担全部责任；受害人也不是只能向全体加害人要求赔偿，而是可以向任何一个共同加害人请求赔偿，为共同加害行为的这个人或这些人也就应当承担全部责任。

共同侵权行为的这些规则，都是为了加重共同侵权行为人的责任，不仅起到保护受害人的一般权利的目的，而且更从一般预防的角度，惩戒民事违法行为，警戒社会，教育群众，最大限度地减少和预防社会危险因素，使民事主体的权利在普遍意义上得到保障。

(五) 共同侵权行为的本质

对共同侵权行为的本质究竟是什么，历来有不同的主张。其主要的见解如下。

1. 意思联络说

这种主张认为共同加害人之间必须有意思联络始能构成。意思联络即共同故意，它使主体的意志统一为共同意志，使主体的行为统一为共同的行为。反之，如无主体间的意思联络，则各人的行为就无法在实质上统一起来，因而也不构成共同侵权行为。①

2. 共同过错说

这种主张认为共同侵权行为的本质特征在于数个行为人对损害结果具有共同过错，既包括共同故意，也包括共同过失。②

3. 共同行为说

这种主张认为共同行为是共同加害人承担连带责任的基础，共同加害结果的发生总是同共同加害行为紧密联系、不可分割。③

4. 关联共同说

这种主张认为共同侵权行为以各个侵权行为所引起的结果有客观的关联共同为已足，

---

① 参见伍再阳：《意思联络是共同侵权行为人的必备要件》，载《法学季刊》，1984 (2)。

② 参见王利明主编：《民法·侵权行为法》，354 页，北京，中国人民大学出版社，1993；杨立新：《侵权损害赔偿》，135～137 页，长春，吉林人民出版社，1990。

③ 参见邓大榜：《共同侵权行为人的民事责任初探》，载《法学季刊》，1982 (3)。

各行为人间不必有意思的联络。数人为侵权行为的时间或地点，无须为统一，但损害必须不可分离，始成立关联共同。[①] 比如，两车相撞致乘客受伤。

上述各种见解可分为两种基本观点。前两种认为共同侵权行为的本质在于主观方面，后两种认为共同侵权行为的本质在于客观方面。

在很长的时间里，我国侵权法的立法、司法和理论研究对共同侵权行为的本质，都采用主观说，即共同过错说，认为只有数个行为人具有主观上的共同过错，才能构成共同侵权行为，承担连带责任。

2003 年《人身损害赔偿司法解释》对共同侵权行为本质特征的界定有了改变，除坚持共同侵权行为的共同过错的本质之外，还有条件地承认共同侵权行为的客观标准，认为数人虽无共同故意、共同过失，但其侵害行为直接结合，发生同一损害后果的，构成共同侵权，应当承担连带责任。

反对采用客观标准认定共同侵权行为的专家认为，《人身损害赔偿司法解释》这样规定，是该司法解释的一个"硬伤"，是不符合法理的，同时在实践中也不好操作。所谓的"侵害行为直接结合"，在理论上专家学者都解释不清楚，在司法实践中当然就更无法操作。按照有些人的解释，判断侵害行为的直接结合，就是数人的加害行为具有"时空一致性"，但是时空的一致性实际上并不能判断加害行为是直接结合还是间接结合。

坚持采用客观标准的学者并不这样认为。他们认为：确认共同侵权行为的客观标准，是以数人的侵害行为直接结合造成一个共同的损害后果作为判断的基础。行为直接结合和间接结合的说法，虽然在理论上比较复杂，但是它很好地说明了共同侵权行为的认定标准。数人的行为对于损害的发生不能分割，是损害发生的必要因素，各个行为均构成共同原因的，就可以解释为行为的直接结合；反之，行为对损害的发生具有独立的作用，原因力能够分割、能够比较的，是非必要的因素，不能认定为直接结合，而是间接结合。因此，确定行为的直接结合和间接结合的主要标准，就是行为是否独立对损害结果产生影响。

不过，2020 年《人身损害赔偿司法解释》已经删除了这个条文，可直接适用《民法典》第 1168 条的规定。

【拓展阅读】

有学者主张将共同侵权行为的本质界定为关联共同，分为主观的关联共同和客观的关联共同。主观的关联共同是指数个行为人之间具有意思联络，即具有共同故意；客观的关联共同是指数个行为人的行为虽然没有意思联络，但是各个行为人的行为相互关联，具有共同的原因力，且损害结果是不可分的。

（六）共同侵权行为的类型

以上描述的共同侵权行为都是狭义的共同侵权行为，只是广义共同侵权行为中的一种。广义的共同侵权行为可分为以下四种类型，即典型的共同侵权行为、共同危险行为、合伙致人损害和团伙成员的集合行为。

---

① 参见欧阳经宇：《民法债编通则实用》，78 页，台北，汉林出版社，1978。

（七）共同加害人

共同加害人是共同侵权行为的行为主体，是共同实施加害行为并造成他人损害的数个行为人。作为共同侵权行为的行为主体，共同加害人应当是二人或者二人以上，不能由单个人构成。共同加害人既可以是自然人，也可以是法人或非法人组织，还可以是自然人和法人或非法人组织。

关于共同加害人的分类，各国均分为行为人、教唆人和帮助人。我国《民法典》第1169条第1款规定："教唆、帮助他人实施侵权行为的，应当与行为人承担连带责任。"

在简单的共同侵权行为中，各个共同加害人都是实行行为人，各个共同加害人都实施了致害他人的行为。在共同故意的形式下，各个共同加害人之间可能有分工的不同，在共同侵权行为中扮演不同的角色，完成不同的任务，但他们的行为都是直接的共同侵权行为，因而都是实行行为人。在共同过失的形式下，共同加害人只能是实行行为人，不可能有分工的不同或分担任务的不同。

在复杂的共同侵权行为中，共同加害人分为实行人、教唆人和帮助人。实行人是实施具体致人损害行为的人。教唆人是造意者，是共同侵权行为的造意人，在共同侵权行为的共同故意中，起策划、主使、教唆的作用。在他的主观意志支配下，实行人具体实施侵权行为，实现教唆人的造意。帮助人是对实行人予以帮助，如提供损害工具，帮助创造侵权条件等，使侵权行为得到实施的人。

【拓展阅读】

共同加害人中的教唆人和帮助人只能存在于有共同故意的共同侵权行为之中，其在主观上必须与实行人有共同的意思联络。在教唆行为中，教唆人与实行人的主观故意容易判断，双方有一致的意思表示，即可确认。就其表示形式，明示、默示均可。在帮助行为中，关于实行人与帮助人的共同故意应须证明。应当强调的是，教唆人与帮助人均须未直接参与实施具体的侵害行为，只是由于他们与实行人之间的共同意思联络，他们的行为形成了共同的、不可分割的整体。教唆人与帮助人若直接参与实施侵权行为，则为实行人。例如，甲见朋友乙正在殴打丙，上前帮助乙殴打丙，这种"帮助"行为，是实行行为而不是帮助行为。

共同加害人均应承担连带责任。在这一前提下，各个共同加害人依自身的过错和原因力承担相应的份额。在确定教唆人和帮助人的内部责任份额时，不以其身份的不同确定责任份额的大小，同样依其过错和行为的原因力确定。实行人如果是无民事行为能力人或者限制民事行为能力人，教唆人、帮助人应当承担侵权责任，实行人的监护人未尽到监护职责的，承担相应的责任。

二、共同危险行为

（一）共同危险行为的概念

共同危险行为又称为准共同侵权行为，是共同过错的另一种形式，是指二人或二人以上共同实施有侵害他人权利危险的行为，并且已造成损害结果，但不能判明其中谁是加害人。《民法典》第1170条规定："二人以上实施危及他人人身、财产安全的行为，其中一人或者数人的行为造成他人损害，能够确定具体侵权人的，由侵权人承担责任；不能确定具体侵权人的，行为人承担连带责任。”

例如，数人均有加害行为而致损害，如果这一损害的发生是全体行为人的行为所致，则它是共同侵权行为；如果这一损害的发生是其中一人或一部分人的行为所致，而且已经判明谁是加害人，则它是单独侵权行为或者共同侵权行为，已经判明其行为与损害没有因果关系的行为人不负侵权责任；如果损害事实已经发生，并可判明损害确系数人的危险行为所致，但不能判明确为何人所致，则它就是共同危险行为。

（二）共同危险行为的特征

1. 行为是由数人实施的

共同危险行为的行为主体必须是二人或二人以上。这是共同危险行为成立的基本条件之一。一个人实施的行为即使造成他人损害，也只是单独侵权行为，不是共同危险行为。

2. 行为具有危险性

共同危险行为的这种危险性，指的是侵害他人人身权利、财产权利的可能性：在主观上，行为人没有致人损害的故意，既没有共同的故意，也没有单独的故意，只存在疏于注意的共同过失；在客观上，数人实施的行为有致人损害的现实可能性，这种致害他人的可能性可以从行为本身、周围环境以及行为人对致害可能性的控制条件上加以判断；此外，这一行为没有人为的侵害方向，其危险性不针对任何特定的人。

3. 具有危险性的共同行为是致人损害的原因

在共同危险行为中，虽然就行为而言，共同危险行为的危险性是一种可能性；但就共同危险行为的构成而言，这种危险性已经转化为现实的、客观的损害结果，具有危险性的共同行为与损害事实之间具有客观的因果关系。共同危险行为与损害结果没有因果关系的，不构成共同危险行为。

4. 损害结果不是全体共同危险行为人的行为所致但不能判明谁是加害人

在共同危险行为中，必须确认，损害结果的发生，不是全体共同危险行为人的行为所致，如果是全体共同危险行为人的行为所致，即为共同侵权行为；但是在全体共同危险行为人之中，又不能判明谁是真正的加害人，如果已经判明谁是加害人，应由已经判明的加害人来承担赔偿责任。只有损害结果不是全体共同危险行为人的行为所致，又不能判明谁是加害人的，才能构成共同危险行为。

（三）共同危险行为人

共同危险行为人是共同危险行为的行为主体，是实施共同危险行为，并造成他人损害的数个行为人。

共同危险行为人一般由自然人构成。数个自然人共同实施共同危险行为，该数个自然人构成共同危险行为的主体。在某些情况下，共同危险行为人也可以由法人构成。例如，数个工厂制造同一种产品，该产品中的一个产品致人损害，不能确认是哪一个工厂制造的产品造成该损害。对此，该数个工厂为共同危险行为人，应承担共同侵权责任。[①]

---

① 参见前文引述的辛德尔诉阿伯特制药厂案。

【拓展阅读】

共同危险行为人是一个整体，不可分离。这是共同危险行为人与共同加害人之间的明显区别之一。共同加害人可以分为实行人、教唆人和帮助人，即使是实行人，也可以有不同的分工。共同危险行为人的不可分离性，产生于共同危险行为人的共同过错。在共同危险行为中，把行为人联结在一起的是共同过错。这种共同过错，不是共同故意，也不是单独故意，因为具有共同故意的构成共同侵权行为，具有单独故意的构成单独侵权行为，均不可能构成共同危险行为。共同危险行为人的共同过错只能表现为共同过失，即共同地疏于对他人权利保护的注意。它表现为，共同危险行为人共同实施具有危险性行为时，应当注意避免致人损害，但却由于疏忽或懈怠，违反了这种注意义务，构成了共同过失。这种过失存在于每一个共同危险行为人的主观心理之中，成为造成损害的主观因素。共同危险行为人参与这种具有危险性的行为本身，就证明他们具有这种疏于注意的共同过失。这种共同过失把共同危险行为人联结成为一个共同的、不可分割的整体，使之成为一个共同的行为主体。

有的学者认为共同危险行为人并无共同过错，而是实际致害人有过错。[①] 这种认识是不正确的。共同危险行为的基本特征之一就是不知谁为致害人。在客观上，实际致害人可能有过错，但在共同危险行为中无法判断真正的致害人及其过错，而只能以共同危险行为人的共同过错作为责任的主观基础。

共同危险行为人的整体性，对于确定共同危险行为责任，具有决定性的意义。

（四）共同危险行为的发展历史

共同危险行为与共同侵权行为有着基本相同的历史，它们都是在一般侵权行为民事责任的基础上发展起来的。

1. 大陆法系

在古代早期的成文法中，有关的侵权法规范大都是对具体侵权行为的规定，归纳起来，都属于单独侵权行为；没有关于共同侵权行为的规定。在罗马法中，关于私犯和准私犯的规定也缺乏原则性的抽象概括，也没有关于共同侵权行为的规定。1804 年《法国民法典》创造了侵权法上的过错责任原则，但仍没有关于共同侵权行为和共同危险行为的规定。经过近一百年的演化，经过一些资产阶级法学家的不断探索，共同侵权行为与共同危险行为的理论创造出来了。1900 年《德国民法典》第一次规定了共同侵权行为和共同危险行为的条文。该法第 830 条规定："数人因共同侵权行为加害于他人时，各自对损害负赔偿责任。在数人中不知谁为加害者，亦同。"这一规定开创了侵权法的一个新的时期，给后世的共同侵权行为立法奠定了基础。1960 年《埃塞俄比亚民法典》第 2142 条"未查明加害人"规定："如果损害是由数人中的某个人造成的，并且不能查明所涉及的哪个人是加害人，法院在衡平需要时，可命令可能造成损害，并且在其中确定可找到加害人的那一群人共同赔偿损害。在此等情形，法院可命令依法无疑要对损害的不确定加害人承担责任的人赔偿损害。"

2. 英美法系

英美法系国家虽无成文法对共同危险行为作出规定，但在它们的判例中可以看出它们

---

① 参见孔祥俊：《试论共同危险行为》，载《法学研究》，1991（4）。

对共同危险行为学说的确认。美国加利福尼亚州上诉法院于1980年审理辛德尔诉阿伯特制药厂案时，由于不能确认当时生产乙烯雌粉的5家主要制药厂中是谁制造的该药致辛德尔患乳腺癌，故判决该5家制药厂共同承担连带赔偿责任。[①]

3. 中国立法

国民政府制定的民法第185条规定："数人共同不法侵害他人之权利者，连带负损害赔偿责任。不能知其中孰为加害人者，亦同。"这是在中国民法发展史上，第一次确认共同危险行为。

自1949年以来，中国民事审判实践对于共同危险行为学说基本上持否定态度。《民法通则》只对共同侵权行为作了规定而没有规定共同危险行为。2003年《人身损害赔偿司法解释》规定了共同危险行为的处理规则。《侵权责任法》第10条对共同危险行为作出了明确规定。

(五) 共同危险行为与共同侵权行为的区别

实施共同危险行为致人损害，共同危险行为人应当承担连带赔偿责任。这种连带赔偿责任与共同侵权行为的连带赔偿责任有很多不同之处。

1. 共同危险行为的责任基础是共同过失

共同危险行为赔偿责任的归责原则，是过错责任原则。这与共同侵权行为是一致的。共同侵权行为责任采用"共同过错说"。有人认为，共同危险行为人在实施共同危险行为时，不存在意思联络，也不存在共同过失。这种观点值得商榷。可以确定，共同危险行为人在实施共同危险行为时，主观上确实没有故意（意思联络）；假如存在共同故意，情节严重的构成共同犯罪，情节较轻的构成共同侵权行为。在共同危险行为中，行为人不仅不存在共同故意，也不存在单独的故意；假如存在单独的故意，就可以追究单独故意行为人的责任而不构成共同危险行为。共同危险行为人的主观过错只能表现为共同过失的形式，即共同地疏于注意。它表现为，共同危险行为人共同实施具有危险性的行为时，应当注意避免致人损害，但或者由于疏忽大意，或者由于过于自信，违反了这种注意义务。这种过失存在于每一个共同危险行为人的思想中。他们参与这种具有危险性的行为本身，就证明他们具有这种疏于注意的共同过失，因此，共同危险行为适用过错责任原则。

但是，共同危险行为不能适用一般的过错责任原则，而是适用过错推定原则。这是其与共同侵权行为的显著差别之一。在共同危险行为致人损害的情形下，受害人连谁是加害人都不能搞清楚，怎么能去证明加害人的过错呢？实行过错推定原则，就可以实行举证责任倒置，即从受害人的损害事实中推定共同危险行为人的共同过失。如果共同危险行为人认为他没有共同过失，可以举证证明，否则不能免责。

2. 共同危险行为的责任形式更为紧密

共同危险行为的责任与共同侵权行为的责任一样，是一个完整的整体，但它的表现形式更为紧密、不可分割。共同侵权行为的责任对一个损害结果来说，只有一个整体的责任。"但是必须明确，我们这里所说的一个责任，指的是一个总责任，它一定要由若干分

---

① 该案参见潘维大：《英美侵权行为法案例解析》，上，270页，台北，瑞兴图书股份有限公司，2002。

责任组成。”[①] 共同危险行为的责任也只是一个责任，但却不是由若干分责任组成，而是不可分割的完整责任。这个完整的责任表现为：第一，对于损害结果来说，这个责任只有一个；第二，责任的主体是一个，即对于共同危险行为人来说，他们是一个整体，分开这个整体，这个责任就不复存在；第三，这个责任的内容不能分离。因此，共同危险行为人中的一个人或一部分人只能证明自己没有过错，那还不能免除这个人或这些人的赔偿责任；只有证明谁是加害人时，才能免除非加害人的赔偿责任，不过这已经不是共同危险行为了。

3. 共同危险行为与共同侵权行为一样须承担连带责任

共同危险行为与共同侵权行为一样须承担连带责任，但是，在责任份额的确定上，有所不同。共同侵权行为人的个人责任，可以按照各自过错的程度确定，因而共同加害人所实际分担的责任份额可能并不平均。但是，由于共同危险行为人在实施共同危险行为时致人损害的概率相等，过失相当，而且由于共同危险行为的责任的不可分割性，所以在共同危险行为人的责任划分上，一般是平均分担的，各人以相等的份额对损害结果负责，在等额的基础上承担连带责任。[②]

4. 能够证明自己的行为与损害没有因果关系的责任问题

共同侵权行为和共同危险行为都引发连带责任。现在有两种立法例：第一种立法例，就是共同危险行为人之一能够证明自己的行为与损害后果之间没有因果关系的，不承担赔偿责任。第二种立法例则相反：共同危险行为人之一仅能够证明自己的行为与损害后果没有因果关系的，不能免除责任。《民法典》第1170条对此没有规定。

后一种立法例的理由是，在民事诉讼当中，证明标准是法律真实，不是客观真实，如果共同危险行为人之一有足够的证据证明自己的行为和损害结果没有因果关系，使法官建立确信，也就是说使法官形成心证，证明就完成了，就认定这样的事实。既然它是这样的证明标准，那么就可能所有参加实施共同危险行为的人都能证明自己的行为和损害结果没有因果关系，如果每一个人都能证明自己的行为和损害结果没有因果关系，按照这样的规则，每个人都可以免除责任，那么就会出现一个结果，就是损害是客观存在的，也确确实实是共同危险行为人中间的某一个人造成的，但由于各行为人都证明了自己不是真正的加害人，受害人就没有办法得到赔偿了，所以，才采用仅能够证明自己的行为和损害结果没有因果关系的不能免除责任，只有证明谁是真正的加害人的才可以免除责任的规则。

本书赞成第二种立法例。不过，由于，第一，在现有的文献中，并没有发现所有的共同危险行为人都证明了自己的行为没有造成损害后果，不是真正的加害人，因而受害人的损害没有得到赔偿的记载；第二，在我国的司法实践中也确实没有发现这样的案例，因此，采用第一种立法例应该也没有原则问题。

---

① 邓大榜：《共同侵权行为的民事责任初探》，载《法学季刊》，1982（2）。

② 在辛德尔诉阿伯特制药厂案中，最终的判决不是承担连带责任，而是承担按份责任。其理由是，如果任何一个药商均需为原告的损害负全部责任，原告就仅需向一个药商请求就可获得全部赔偿，则真正需负责任的药商极有可能逃避其赔偿责任。参见潘维大：《英美侵权行为法案例解析》，273页，台北，瑞兴图书股份有限公司，2002。

三、合伙致人损害

（一）合伙致人损害相当于共同侵权行为

合伙既不同于公民，也不同于法人、非法人组织，是自然人的组合，是数个民事主体为了某项事业而组合在一起。其基本特征之一，就是合伙成员的独立性和合伙组织的组合性。正是基于这一特征，当合伙经营或者合伙成员在执行合伙事务时致人损害，由合伙承担责任的时候，就具有了责任主体为二人以上这个共同侵权行为的特征。《民法典》第 973 条规定："合伙人对合伙债务承担连带责任。……"故合伙致人损害具有了共同侵权行为应当承担连带赔偿责任的特征。除此之外，合伙致人损害具备损害同一性、因果关系一致性和过错共同性的特征，几乎具备了共同侵权行为的一切法律特征，因而，可以把合伙致人损害作为共同侵权行为中的一个类型，以共同侵权行为规则处理合伙致人损害。

（二）合伙致人损害的类型

合伙致人损害可以分为两种类型：一是合伙人共同经营合伙事业致人损害，二是合伙人之一在执行合伙事务过程中致人损害。例如，王某与张某合资购买两辆汽车，合伙经营汽车运输业务。根据协议，二人各驾驶一辆汽车，汽车收支由双方平均承担。某日，张某在开车运货途中疲劳驾驶，致汽车失控偏右行驶，将在公路右侧同方向骑自行车的李某撞伤。① 本案造成的受害人伤害，本来是张某一人过失所致，但他是在执行合伙事务时致人损害，依照合伙的相关法律规定，执行合伙事务的行为就是合伙的行为，因此，应当由全体合伙人共同承担连带赔偿责任。这种情况虽然与第一种情况有所差别，但仍与共同侵权行为的特征基本相同。

（三）合伙致人损害的责任

对合伙致人损害的合伙人连带责任，有学者指出：民法规定合伙致人损害的责任是连带责任，实际上是把合伙致人损害的行为视为共同侵权行为。此种共同侵权责任的特点在于：虽然各合伙人对致人损害的行为无共同的意思联络，或各合伙人之间在执行合伙事务时的行为具有相对独立性，但某个或某些合伙人执行合伙事务致人损害，可以认定为合伙人共同致人损害。因为执行合伙事务的行为系全体合伙人的共同行为，体现了合伙人的共同意志和共同利益，它是合伙人内部财产共有关系、损益共担关系、合伙经营关系的外部表现，所以，因执行合伙事务而致人损害的，各合伙人对此均有过错，甚至已经退伙的合伙人对于在退伙时已产生的合伙致人损害，新入伙的合伙人对已经存在的合伙致人损害，都应当负责，受害人均可请求他们赔偿。② 这种理论上的概括很精当。

确定合伙致人损害责任，应当特别注意区分合伙人执行合伙事务的行为和合伙人的个人行为之间的界限。合伙人的行为与合伙经营的事业有直接的关联的，应认定为执行合伙事务的行为；无关联的，则为合伙人的个人行为。至于确定的标准，应采折中说，即主观

---

① 参见王利明：《侵权行为法归责原则研究》，302 页，北京，中国政法大学出版社，1992。

② 参见王利明：《侵权行为法归责原则研究》，303 页，北京，中国政法大学出版社，1992。

上有执行合伙事务的意图，客观上是为合伙经营事业谋利益。确定为个人行为者，不得由全体合伙人共同承担责任。

四、团伙成员的集合行为

（一）团伙成员的集合行为的概念

团伙成员的集合行为，是指某些团伙组织的成员，实施侵权行为造成他人损害，如果没有团伙的集合行为则可以避免造成损害的危险发生，如果该集合行为可以归责于该团伙，则该团伙的成员应当承担连带责任的侵权行为。它是一种特殊的共同侵权行为。团伙组织包括犯罪集团、犯罪团伙、黑势力帮派、邪教组织、违反治安管理团伙以及其他自发性危害治安的组织等。

对此，《荷兰民法典》率先作出规定，其第 6：166 条规定："如果一个团伙成员不法造成损害，如果没有其集合行为，则可以避免造成损害的危险之发生，如果该集合行为可以归责于这一团伙，则这些成员承担连带责任。"这就意味着，团伙的成员执行团伙的命令而实施的行为，其成员要承担连带责任。例如，一个团伙的成员按照首领的命令从事了一定的侵权行为，其他团伙成员不能因为不知道而不承担连带责任。①

（二）团伙的集合行为

确定团伙成员连带责任，最关键之处就是确定团伙的集合行为。构成团伙集合行为，该团伙的成员就要为之承担连带责任，反之，则不承担责任。

团伙的集合行为，是指这些组织的集体行为或者惯常行为，不论其行为是整个团伙实施，还是团伙中某个人、数个人实施，不论其他成员是否知晓，符合这个要求的，都可以认定为集合行为，该团伙的其他成员都有责任为该集合行为承担连带责任。

对于这种新的共同侵权行为形态，西班牙一家法院作出过判决：一名恐怖组织成员制造爆炸事件造成他人损害，但是警方没有抓获肇事者，受害人和其家属无法对加害人提起民事诉讼。但是，原告对并未参与这次爆炸行为的该恐怖组织另一个成员提起赔偿诉讼，法院判决其为团伙的集合行为承担连带责任，因而使原告胜诉。②

五、连带责任

（一）连带责任的概念

我国侵权法关于连带责任及其规则，规定在《民法典》第 178 条。这是研究我国连带责任的法律基础。

连带责任，是指受害人有权向共同侵权人或共同危险行为人中的任何一个人或数个人请求赔偿全部损失，而任何一个人或数个人都有义务向受害人负全部的赔偿责任；共同加

---

① 参见王利明：《侵权行为法研究》，上卷，716～717 页，北京，中国人民大学出版社，2006。

② 参见张新宝：《侵权责任法原理》，83 页，北京，中国人民大学出版社，2005。

害人中的一人或数人已全部赔偿了受害人的损失的，则免除其他共同加害人向受害人应负的赔偿责任。

在现代侵权法中，规定连带责任有两种体例：第一种是将连带责任仅仅规定为共同侵权行为的后果，只有共同侵权行为人才承担连带责任；第二种是德国的体例，即对共同侵权行为、雇主责任和法定代理人责任适用连带责任。对此，更多人认为第一种体例更为合理，而对第二种体例则认为不尽合理，值得商榷。[①]

我国《民法典》规定，共同侵权行为当然承担连带责任，但法律明确规定承担连带责任的，也应当承担连带责任，因此，连带责任的适用范围较宽。

（二）规定连带责任的意义

确定共同侵权行为和共同危险行为承担连带责任的意义，是加重行为人的责任，使受害人处于优越的地位，保障其赔偿权利的实现。关于其根据，有的学者解释为，共同侵权是一种较严重的违法行为，因为数人共同致人损害，较之于单独致人损害，对受害人的危害更重，因而应使行为人负连带责任；有的学者解释为，在共同侵权中，因各个行为人对损害结果所起的作用难以确定，或损害本身具有不可分割性，故应使行为人负连带责任。本书认为，共同侵权行为人与共同危险行为人承担连带责任的根据均在于数人具有共同过错，共同过错使数人的行为形成一个统一的、不可分割的整体，各个行为人的行为都构成损害发生的原因，因而，各行为人均应对损害结果负连带责任。确认这种连带责任，使受害人的损害赔偿请求权简便易行，举证负担较轻，对请求权的实现有充分的保障，共同加害人中的一人或数人难以确定，或共同加害人中的一人或数人没有足够的财产赔偿并不妨碍受害人获得全部赔偿数额。

（三）连带责任的特征

1. 连带责任是对受害人的整体责任

共同加害人中的各个加害人都对受害人负连带责任，意味着他们都有义务向受害人负全部赔偿责任。无论各加害人在实施共同侵权行为、共同危险行为中所起的作用和过错如何不同，都不影响连带责任的整体性。对外，每个加害人都对受害人的赔偿请求承担全部责任。

2. 受害人有权请求共同加害人中的任何一个人承担连带责任

正因为连带责任是对受害人的整体责任，因此，受害人有权在共同加害人中选择责任主体，既可以请求共同加害人中的一人或数人赔偿其损失，也可以请求全体共同加害人赔偿其损失。

3. 承担连带责任的各加害人内部有责任份额

共同加害人对外承担整体责任，不分份额；对内，应依其主观过错程度和行为的原因力不同，对自己的责任份额负责。各加害人各自承担自己的责任份额，是连带责任的最终归属。一方面，在确定全体共同加害人的连带责任时，须确定各自的责任份额，对外连带负责；另一方面，部分共同加害人在承担了超出自己责任份额以外的责任后，有权向没有

---

① 参见王泽鉴：《民法学说与判例研究》，第1册，66页，北京，中国政法大学出版社，1998。

承担应承担的责任份额的其他共同加害人求偿。

4. 连带责任是法定责任，不得改变

连带责任是法定责任，不因共同加害人内部责任份额或内部约定而改变其连带责任性质。在共同加害人的连带责任中，共同加害人内部基于共同协议免除或减轻某个或某些加害人的责任，对受害人不产生效力，不影响连带责任的适用，只对其内部发生约束力。

（四）连带责任的实行

《民法典》第 178 条第 1 款和第 2 款规定："二人以上依法承担连带责任的，权利人有权请求部分或者全部连带责任人承担责任。""连带责任人的责任份额根据各自责任大小确定；难以确定责任大小的，平均承担责任。实际承担责任超过自己责任份额的连带责任人，有权向其他连带责任人追偿。"

1. 整体责任的确定

共同侵权行为和共同危险行为发生以后，首先必须确定整体责任。无论受害人请求一人、数人还是全体加害人承担侵权责任，都必须先确定整体责任。

确定共同侵权行为的整体责任，应当依据侵权行为的不同形式，依照不同的归责原则进行。对于一般的侵权行为，应当适用过错责任原则确定整体责任；对于地下工作物致害权、建筑物及其地上物等致害、监护人责任、用人单位责任、定做人指示过失致害等，适用过错推定责任原则确定整体责任；对于产品责任、高度危险责任、环境污染责任、动物致害责任，适用无过错责任原则确定整体责任。确定以上整体责任，应当按照所适用的归责原则的不同要求，确定责任的有无乃至应承担的侵权责任的范围。

确定共同危险行为的整体责任，一般适用过错责任原则，无过错不构成共同危险责任。应当从共同危险行为所致的损害事实中，推定全体共同危险行为人有共同过失，共同危险行为人应举证证明全体行为人无过错，证明成立者，不承担共同责任；只证明其中一人或数人无过错者，不能免除责任。不能证明全体行为人无过错者，即可确定共同危险行为的整体责任。在实行无过错责任原则的场合，共同危险行为亦可成立。

2. 各加害人责任份额的确定

共同侵权行为的连带责任确定之后，应当在共同行为人内部确定各自的责任份额。这种做法，并不是否认连带责任的整体性，而要公平地确定各共同行为人自己应承担的责任份额。

确定共同行为人责任份额的基本要求是，将各共同行为人主观过错程度和行为的原因力这两个因素综合，确定各共同加害人各自的份额。具体方法是：

第一，确定整体责任是 100%；

第二，确定各行为人的主观过错在整体过错中的百分比，按照故意重于重大过失、重大过失重于一般过失的标准，分别确定各行为人各自过错所占比例；

第三，确定各行为人的行为对损害发生的原因力，亦用百分比表示，即全体行为人的行为的原因力总和为 100%，各行为人的行为的原因力所占百分比；

第四，某一行为人的过错百分比与行为原因力百分比相加再除以 2，即为该行为人的责任份额。例如，某一行为人的过错程度为 30%，行为的原因力为 50%，其责任份额即为 40%。

对于共同危险行为人的责任份额，原则上平均分配。这是因为，共同危险行为人在实施共同危险行为时致人损害的概率相等、过失相当，各人以相等份额对损害结果负责，是公正合理的。

3. 对外连带负责

确定各共同加害人责任份额的基础，是连带责任，因而，各共同加害人各自责任份额是连带责任的份额，而不是孤立的、单独的责任份额。在整体责任确定和各自份额确定之后，各加害人应连带承担责任。无论赔偿权利人向共同加害人中的一人、数人还是全体提出赔偿请求，连带责任人均须向赔偿权利人承担总的责任。各个加害人均能承担自己的份额者，各个加害人承担自己的份额以满足权利人的赔偿请求；其中一人或数人无力赔偿或不能赔偿时，由其他共同加害人承担这些责任，以满足权利人的赔偿请求。

4. 共同加害人之间的追偿

追偿之诉也称为责任分担之诉，它发生在共同侵权行为和共同危险行为的共同加害人之间。当共同加害人中的一人或数人承担了全部赔偿责任之后，已经承担了全部赔偿责任的共同加害人有权向其他应负责任而未负责任的共同加害人要求追偿。应承担责任而未承担赔偿责任的共同加害人，应当按照自己的责任份额，承担责任，补偿已承担赔偿责任的共同加害人因赔偿而产生的损失。

共同加害人之间发生追偿关系的原因是：

（1）一个或数个共同加害人因缺乏履行能力而受害人未要求其赔偿，或者要求其赔偿而无力赔偿，从而没有完全承担赔偿责任。

（2）一个或数个共同加害人在诉讼时因外逃、下落不明等原因而未被起诉，因而没有完全承担赔偿责任。

（3）一个或数个共同加害人没有全部承担自己应承担的责任的份额。

共同加害人之间的追偿关系，是在原共同侵权行为或共同危险行为产生的赔偿关系消灭之后，产生的新的债权债务关系，其权利、义务主体，是已经承担赔偿责任的共同加害人和未承担或未全部承担赔偿责任份额的共同加害人。已承担赔偿责任的共同加害人有权向未承担或未全部承担赔偿责任份额的共同加害人追偿，如发生争议，可以向人民法院起诉，人民法院应依法判决。其具体关系如下图所示。

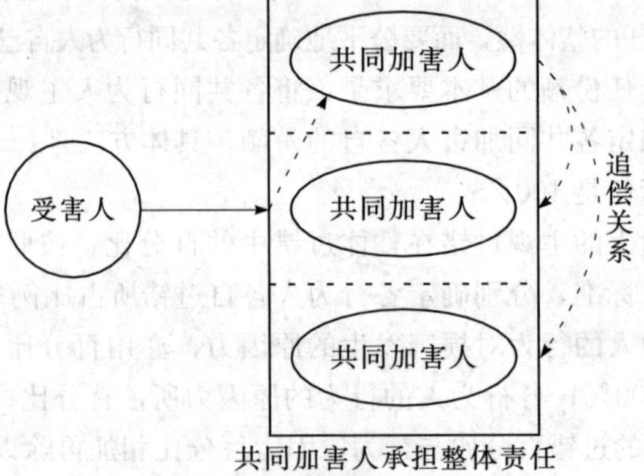

图 13－1　连带责任规则示意图

注：实线箭头表示受害人向共同加害人整体请求赔偿的关系

虚线箭头表示受害人对共同加害人中的一人请求赔偿的关系

（五）单向连带责任

《民法典》第 1169 条第 2 款规定："教唆、帮助无民事行为能力人、限制民事行为能力人实施侵权行为的，应当承担侵权责任；该无民事行为能力人、限制民事行为能力人的监护人未尽到监护职责的，应当承担相应的责任。"应当肯定的是，教唆人、帮助人与监护人之间承担的赔偿责任的性质，是连带责任，理由是教唆人、帮助人与监护人之间的关系构成共同侵权关系，且《民法典》第 1169 条第 1 款规定的也是连带责任。但是，该条在规定教唆人或者帮助人的责任时使用的是"侵权责任"，规定监护人的责任时则使用的是"相应的责任"。这样的规定，是不是与《民法典》第 178 条规定的连带责任有所不同呢？

同样，《民法典》第 1209 条规定："因租赁、借用等情形机动车所有人、管理人与使用人不是同一人时，发生交通事故造成损害，属于该机动车一方责任的，由机动车使用人承担赔偿责任；机动车所有人、管理人对损害的发生有过错的，承担相应的赔偿责任。"机动车使用人承担的赔偿责任与机动车所有人承担的相应的赔偿责任之间如果是连带责任关系，是否也与《民法典》第 1169 条第 2 款的规定存在相同的问题呢？本书认为是相同的。

这种连带责任与一般连带责任不同，是单向连带责任。单向连带责任，是连带责任中的一种特殊类型，是不能向连带责任人中特定的人请求承担全部责任，继而特定的人向其他连带责任人追偿的连带责任。在上述条文中，特别是在《民法典》第 1169 条第 2 款规定教唆人、帮助人与监护人赔偿责任时，法律明确规定监护人承担的是相应的责任，而教唆人或者帮助人承担的是侵权责任。在这种法律规定的情况下，在教唆人、帮助人承担中间责任的时候，受害人有权请求其承担全部责任，继而监护人有过错的，教唆人、帮助人向其追偿，实现监护人的最终责任。反之，由于监护人承担的是相应的责任，其承担的责任必须是"相应"的，因此，受害人只可以就其应当承担的相应的部分请求其承担责任，而不能主张其承担全部赔偿责任，通过向教唆人或者帮助人追偿，实现最终责任。

同样如此，租赁、借用机动车发生交通事故的，机动车使用人应当承担赔偿责任，机动车所有权人、管理人对损害的发生有过错的，应当承担相应的赔偿责任。显然机动车使用人承担的责任是主要责任，而机动车所有权人承担的责任是次要责任。既然机动车所有权人承担的是相应的责任，不能超过其过错程度，那么，受害人也不能向其主张承担全部责任，而只能向机动车使用人主张全部责任，继而由使用人向机动车所有权人就相应的责任部分进行追偿。

（六）部分连带责任

部分连带责任是指在多数人侵权行为中，对于一个完整的损害，有的部分由全体行为人承担连带责任，有的部分由单独行为人承担单独责任的连带责任形态。

部分连带责任的特征：一是承担部分连带责任的侵权行为形态，是多数人侵权行为，而不是单独侵权行为。二是多数人侵权行为所造成的同一个完整的损害分成两个部分，对一部分要承担连带责任，对另一部分要承担单独责任。三是对于应当承担连带责任的部分，应当由全体连带责任人共同承担，对于应当承担单独责任的部分，应当由承担单独责任的行为人单独承担。正因为如此，部分连带责任与典型的连带责任所适用的规则是不同的。

《民法典》侵权责任编规定了两种类型的部分连带责任。

1. 扩大部分的连带责任

《民法典》第1195条规定的是部分连带责任，即对于造成的网络损害事实中被侵权人行使通知权之前的损害，由侵权的网络用户承担单独责任；对于被侵权人行使通知权利之后的损害，由网络用户和网络服务提供者共同承担连带责任。

2. 半叠加的分别侵权行为的连带责任

在半叠加的分别侵权行为中，对于原因力重合部分的损害，由全体分别侵权行为人承担连带责任；对于原因力不重合部分的损害，由单独行为人承担单独责任。

【引例评析】

本节引例“数名儿童向楼下投掷酒瓶，其中一人行为造成他人死亡，不能确认真正加害人”案中，三名被告的行为是共同实施的，其行为具有危险性，一个人的行为造成了损害结果，但不能判明谁是真正的加害人，完全符合共同危险行为的特征，构成共同危险行为，行为人应当承担连带责任。法院的这一判决正是应用了共同危险行为的基本原理，判决承担连带责任，是完全正确的。

第四节　分别侵权行为与按份责任、连带责任

引例　“分别实施的侵权行为造成损害承担按份责任”案

原告何某在被告水暖卫生洁具公司购买了被告某日用电器厂生产的DL-20型不锈钢淋浴器一台，同时购买了被告某无线电厂生产的多功能漏电保护器一台并在家中安装完成。嗣后，原告之妻在某日晚用该淋浴器洗澡时，因淋浴器漏电和多功能漏电保护器质量不合格，遭电击死亡。原告向法院起诉，请求三被告承担连带赔偿责任。

一、分别侵权行为

（一）分别侵权行为的概念与特征

分别侵权行为是指数个行为人分别实施侵权行为，既没有共同故意，也没有共同过失，只是由于各自行为在客观上的联系，造成同一个损害结果的多数人侵权行为。

分别侵权行为具有以下法律特征。

1. 两个以上的行为人分别实施侵权行为

分别侵权行为最基本的特征，是行为人为两人以上，因此符合多数人侵权行为的要求，属于多数人侵权行为的范畴。"分别"概念的含义有二：一是数个行为人各自进行，自己实施自己的侵权行为，客观上没有关联共同；二是各个行为人在各自实施侵权行为时，没有主观上的联系。

2. 数个行为人实施的行为在客观上针对同一个侵害对象

分别侵权行为的数个行为人在实施侵权行为时，尽管没有主观上的联系，但在客观上，每一个行为人实施的侵权行为实际上都针对同一个侵害对象。

3. 每一个人的行为都是损害发生的共同原因或者各自原因

分别侵权行为的数个行为人的行为都作用于同一侵害对象，是损害发生的共同原因，或者是损害发生的各自原因。共同原因，是指数个行为人的行为结合在一起，共同作用于受害人的权利，集中地造成了受害人的同一个损害。各自原因，是指数个行为人的行为分别作用于受害人的权利，造成了受害人同一权利损害的后果。

4. 造成了同一个损害结果且该结果可以分割

分别侵权行为的一个本质特点是，虽然造成了一个损害结果，但该结果可以分割。在对物的损害中，这种情形尤为明显。如果受害人所受到的损害不可分割，就有可能属于客观关联共同的共同侵权行为，不构成分别侵权行为。

（二）分别侵权行为的类型

分别侵权行为分为三种，即典型的分别侵权行为、叠加的分别侵权行为和半叠加的分别侵权行为。其中半叠加的分别侵权行为并非由《民法典》第 1171 条和第 1172 条所规定，而是依两个条文逻辑上推导出来的。

1. 典型的分别侵权行为

《民法典》第 1172 条规定，"二人以上分别实施侵权行为造成同一损害，能够确定责任大小的，各自承担相应的责任；难以确定责任大小的，平均承担责任"。这种分别侵权行为，是典型的分别侵权行为，其后果是按份责任，每个行为人只对自己行为的后果承担侵权责任，不存在连带责任的问题。

2. 叠加的分别侵权行为

叠加的分别侵权行为就是《民法典》第 1171 条规定的"二人以上分别实施侵权行为造成同一损害，每个人的侵权行为都足以造成全部损害的，行为人承担连带责任"的侵权行为。这并不是分别侵权行为的典型形态。叠加的分别侵权行为的特点是：每一个行为人的行为都是分别实施的，但是，每一个人的行为都是损害发生的全部原因，都具有 100%的原因力，而损害结果却只是同一个，且不可分割。

3. 半叠加的分别侵权行为

半叠加的分别侵权行为是介于典型的分别侵权行为与叠加的分别侵权行为之间的分别侵权行为，是指两个或两个以上的行为人分别实施侵权行为，有的行为人的行为足以造成全部损害，具有全部原因力，有的行为人的行为不能造成全部损害，只有部分原因力的分别侵权行为。其后果是成立部分侵权行为，即对于损害重合部分，每一个行为人都要承担连带责任，对于损害不重合的部分，由其行为具有全部原因力的行为人单独承担责任。

二、分别侵权行为的责任形态

（一）于典型的分别侵权行为承担按份责任

于典型的分别侵权行为，各行为人应当按照各自的行为的原因力，各自承担按份责任，不实行连带责任。理由是，无过错联系的各行为人没有共同过错，不具备共同侵权行为的本质特征，不应当承担共同侵权行为的民事责任。

《民法典》第177条规定："二人以上依法承担按份责任，能够确定责任大小的，各自承担相应的责任；难以确定责任大小的，平均承担责任。"确定典型的分别侵权行为的按份责任，应当依照以下规则处理。

1. 各个分别侵权行为人对各自的行为所造成的后果承担责任

典型的分别侵权行为属于单独侵权行为而非共同侵权行为，各行为人的行为只是单独行为，各行为人只能对其行为所造成的损害后果负责。在损害结果单独确定的前提下，应当责令各行为人就其行为所造成的损害承担赔偿责任。

2. 依照分别侵权行为人各自行为的原因力确定责任份额

分别侵权行为在多数情况下有一个共同的损害结果。在共同损害结果中无法确定各行为人自己的行为所造成的后果时，各行为人按照所实施行为的原因力，按份额各自承担责任。

3. 无法区分原因力的，应当平均承担责任

对于无法区分原因力的，各行为人应当平均承担责任。

4. 不实行连带责任

各个行为人只对自己的份额承担责任，不对他人的行为后果负责。

（二）叠加的分别侵权行为承担连带责任

叠加的分别侵权行为中的数人承担连带责任，其基本规则如下。

1. 对外的中间责任

连带责任的对外效力是一个侵权责任，被侵权人可以向数个行为人中的任何一个行为人请求承担全部赔偿责任，每一个分别侵权行为人都应当就全部损害承担赔偿责任。对此，每一个分别侵权行为应当依照《民法典》第178条第1款规定的规则承担中间责任。

2. 对内的最终责任

连带责任的内部效力，是在数个连带责任人之间确定最终责任，应当按照份额确定。对此，应当按照《民法典》第178条第2款第1句规定的规则进行。

3. 追偿权

承担中间责任超过自己份额的连带责任人，有权向其他连带责任人追偿，实现最终责任，依照《民法典》第178条第2款第2句规定的规则进行。

（三）于半叠加的分别侵权行为承担部分连带责任

于半叠加的分别侵权行为适用部分连带责任规则分担责任。例如，一个行为的原因力

是50%，另一个行为的原因力是100%，其中重合的部分是50%，就此，全体分别侵权行为人承担连带责任；原因力不重合部分的损失，由单独行为人单独承担责任，故承担连带责任的一方行为人的中间责任为50%，最终责任为25%。

对于半叠加的分别侵权行为人承担部分连带责任，最高人民法院《关于审理环境侵权责任纠纷案件适用法律若干问题的解释》第3条第3款予以确认。该款规定："两个以上侵权人分别实施污染环境、破坏生态行为造成同一损害，部分侵权人的污染环境、破坏生态行为足以造成全部损害，部分侵权人的污染环境、破坏生态行为只造成部分损害，被侵权人根据民法典第一千一百七十一条规定请求足以造成全部损害的侵权人与其他侵权人就共同造成的损害部分承担连带责任，并对全部损害承担责任的，人民法院应予支持。"在司法实践中审理半叠加的分别侵权行为纠纷案件时，就可以参照这一司法解释规定的规则分担责任。

【引例评析】

本节引例"分别实施的侵权行为造成损害承担按份责任"案，造成原告之妻死亡这一损害结果的原因，一是不锈钢淋浴器的产品缺陷，二是多功能漏电保护器的产品缺陷。这两个原因结合在一起，导致了原告之妻的死亡后果；但是，在被告之间，它们并没有过错联系，只是两个行为结合到一起，造成了同一个损害结果，因此，二者的行为不是共同侵权行为，而是一个典型的分别实施的侵权行为，被告之间应当承担按份责任而不是连带责任。

第五节　竞合侵权行为与不真正连带责任

引例　"缺陷山地车造成损害请求销售商赔偿"案

姜某从光宇商场购买一辆某厂制造的山地车，在越野中，其三脚架连接处断裂，使姜某跌倒在地，造成伤害。姜某作为原告向法院起诉销售商即光宇商场，光宇商场答辩认为：自己不是缺陷产品的制造者，不应承担赔偿责任。

一、竞合侵权行为

（一）竞合侵权行为的概念

竞合侵权行为是指两个以上的民事主体作为侵权人，有的实施直接侵权行为，与损害结果的发生具有直接因果关系，有的实施间接侵权行为，与损害结果的发生具有间接因果关系，行为人承担不真正连带责任的侵权行为形态。

竞合侵权行为是新创立的一种多数人侵权行为。在此之前，我国侵权法理论中没有这个概念，只有原因竞合和行为竞合的概念。其中原因竞合是指构成侵权损害的原因不止一个，而是数个，发生竞合而造成同一个损害。有人将分别侵权行为也叫作原因竞合①，不是特别准确，因为行为与事实等结合也可以形成原因竞合。行为竞合的概念接近于竞合侵权行为的概念，但没有被提高到多数人侵权行为的地位，因而竞合侵权行为是多数人侵权行为类型的新发展。

（二）竞合侵权行为的类型

我国《民法典》以及司法解释规定了较多的竞合侵权行为的类型，规则各不相同。这既是竞合侵权行为类型的新发展，更是多数人侵权行为与责任的承担规则的新发展。竞合侵权行为分为以下四种。

1. 提供条件的竞合侵权行为

提供条件的竞合侵权行为，是指两个行为中的从行为（间接侵权行为）与主行为（直接侵权行为）竞合，从行为为主行为的实施提供了必要条件，没有从行为的实施，主行为不能造成损害后果的竞合侵权行为。换言之，间接侵权人的从行为是直接侵权人的主行为完成的必要条件，且这种从行为是积极行为。这种竞合侵权行为就是提供条件的竞合侵权行为。典型表现为《民法典》第1202、1203条规定的侵权行为。

2. “提供条件＋政策考量”的竞合侵权行为

“提供条件＋政策考量”的竞合侵权行为，是指符合提供条件的竞合侵权行为的要求，但是基于政策考量，规定间接侵权人先承担中间责任，之后向直接侵权人追偿以实现最终责任的竞合侵权行为。典型表现为《民法典》第1204条、第1252条第1款第2句和第1253条规定的侵权行为。

3. 提供机会的竞合侵权行为

提供机会的竞合侵权行为，是指两个竞合的行为中，从行为为主行为的实施提供了机会，使主行为的实施能够顺利完成的竞合侵权行为。从发挥的作用来考察，提供机会的竞合侵权行为与提供条件的竞合侵权行为有所不同，因为间接侵权人的从行为给直接侵权人的主行为造成损害结果只提供了机会，并不提供条件，因而这种间接行为通常是消极行为。典型表现为《民法典》第1198条第2款规定的侵权行为，以及第1192条第2款和第1201条规定的侵权行为。

4. 提供平台的竞合侵权行为

《消费者权益保护法》第43条和第44条规定的侵权行为类型，就是提供平台的竞合侵权行为。第44条第1款规定：“消费者通过网络交易平台购买商品或者接受服务，其合法权益受到损害的，可以向销售者或者服务者要求赔偿。网络交易平台提供者不能提供销售者或者服务者的真实名称、地址和有效联系方式的，消费者也可以向网络交易平台提供者

---

① 参见侯国跃：《中国侵权法立法建议稿及理由》，118～119页，北京，法律出版社，2009。

要求赔偿；网络交易平台提供者作出更有利于消费者的承诺的，应当履行承诺。网络交易平台提供者赔偿后，有权向销售者或者服务者追偿。”网络交易平台提供者为网络交易双方当事人提供网络交易平台，销售者销售商品或者服务者提供服务，造成消费者损害的，本无交易平台提供者的责任，但是如果符合约定条件或者法定条件的，网络交易平台提供者就要承担附条件的不真正连带责任。这种提供平台所造成的侵权行为，也属于多数人侵权行为，即为提供平台的竞合侵权行为。

二、不真正连带责任

竞合侵权行为的后果是不真正连带责任。

侵权法上的不真正连带责任，是指多数行为人违反法定义务，对同一个受害人实施加害行为，或者不同的行为人基于不同的行为而致使同一个受害人的民事权益受到损害，各个行为人对产生的同一内容的侵权责任，各负全部赔偿责任，并因行为人之一的责任履行而使全体行为人的责任归于消灭，或者依照特别规定多数行为人均应当承担部分或者全部责任的侵权责任形态。

根据竞合侵权行为的不同类型，不真正连带责任的形态有所变化，形成不同的不真正连带责任的类型和规则。前述四种不同的竞合侵权行为类型，分别对应不同的不真正连带责任形态。

(一) 提供条件的竞合侵权行为→典型的不真正连带责任

提供条件的竞合侵权行为的数个行为中，其中一个是主要的侵权行为，另一个为主要的侵权行为的实施或者损害后果的发生提供必要条件。例如，缺陷产品是由生产者形成的，该产品经过销售者而转移到消费者手中，两个行为竞合，发生同一个损害后果，生产者的行为是主要的侵权行为，销售者的行为就是侵权行为实施的必要条件。提供条件的竞合侵权行为的行为人承担典型的不真正连带责任。

典型的不真正连带责任的规则如下。

1. 中间责任

在两个不同的不真正连带责任人之间，受害人可以选择其中一个提出损害赔偿请求，即可以向任何一个责任人请求承担赔偿责任。任何一个不真正连带责任人都有义务承担全部赔偿责任，实现形式上的连带。

2. 最终责任

不真正连带责任的最终责任，是指不真正连带责任的最终后果一定要由应当承担最终责任的人全部承担责任，而不是在不真正连带责任人之间实行实质的连带，即分担责任。最终责任必定要由承担最终责任的不真正连带责任人全部承担。不真正连带责任的最终责任是一个责任，而不是份额的责任。

3. 追偿权

在不真正连带责任中，不真正连带责任人中的一人承担中间责任后，有权向最终责任人追偿，实现最终责任。中间责任人在承担责任后，对最终责任人的追偿是全额追偿，包括追偿必要的费用。

(二)“提供条件＋政策考量”的竞合侵权行为→先付责任

“提供条件＋政策考量”的竞合侵权行为，同样是提供条件的竞合侵权行为，但侵权法根据政策考量，改变这种特定的竞合侵权行为的责任承担规则，由典型的不真正连带责任改为先付责任。这种竞合侵权行为中，同样有一个是主要的侵权行为，另一个是为主要的侵权行为的实施或者损害后果的发生提供必要条件的行为，但立法者为了更好地保护受害人，使受害人的损害能够得到更为及时的救济，因而规定受害人有权直接向提供条件的侵权行为人请求损害赔偿，而不是直接向主要的侵权行为人请求赔偿，因此形成了先付责任这种特殊的不真正连带责任的类型，其规则也与典型的不真正连带责任规则不同。[①] 在《民法典》第1204条规定的产品责任中的第三人责任中，第1252条和第1253条规定的建筑物、构筑物及其他设施脱落、坠落、倒塌损害责任中，被侵权人可以直接向应当承担中间责任的生产者、销售者，或者所有权人、管理人、使用人以及第三人，或者建设单位、施工单位请求赔偿；他们在承担了赔偿责任之后，再向应当承担最终责任的其他责任人追偿。

先付责任是不真正连带责任的一种变形，是特殊的不真正连带责任。其规则是：第一，承担中间责任的责任人先承担赔偿责任。产品责任第三人责任中，生产者、销售者不是产品缺陷的制造者，因此不是最终责任人，而是中间责任人，但法律规定，被侵权人应当直接向生产者或者销售者请求赔偿，而不是直接向产品缺陷的制造者即第三人请求赔偿。在建筑物等致害责任中，适用同样的规则。第二，中间责任人在承担了赔偿责任之后，有权向最终责任人进行追偿，追偿的范围是全额追偿，即最终责任的范围是全部赔偿责任。第三，索赔僵局及破解。由于《民法典》在先付责任规则中没有规定被侵权人可以直接向最终责任人索赔，因此存在中间责任人无法承担赔偿责任、被侵权人又不能向最终责任人索赔的僵局。当出现上述索赔僵局时，应准许被侵权人直接依照《民法典》第1165条第1款的规定，对最终责任人起诉，追究其赔偿责任。

(三)提供机会的竞合侵权行为→相应的补充责任

提供机会的竞合侵权行为的法律后果是承担相应的补充责任，即有限的补充责任。补充责任也是不真正连带责任的一种变形，是特殊的不真正连带责任。其规则如下。

1. 直接侵权人即最终责任人首先承担责任

与先付责任不同，补充责任的最终责任人首先承担侵权责任，而不是中间责任人先承担责任。该最终责任人是第一顺位的侵权责任人，应当首先承担赔偿责任。

2. 间接侵权人承担补充责任

出现直接侵权人赔偿不足或者赔偿不能情形的，由承担中间责任的间接侵权人承担相应的补充责任。相应的补充责任的范围是，与其过错和原因力相适应的责任，而不是全额补充，因而补充责任人为第二顺位的侵权责任人，对第一顺位的侵权责任人享有先诉抗辩

---

① 参见杨立新：《侵权责任法》，129页，北京，法律出版社，2012。

权（检索抗辩权），以对抗第一顺位的侵权责任人。

3. 间接侵权人享有追偿权

《民法典》第1191条和第1201条第2句都规定，间接侵权人承担了补充责任之后，享有追偿权。

（四）提供平台的竞合侵权行为附条件的不真正连带责任

附条件的不真正连带责任仍然属于不真正连带责任，其基本特征是提供平台的一方，即展销会举办者、柜台出租者以及网络交易平台提供者，对在该平台上与消费者进行交易的销售者或服务者造成消费者权益损害的，只有在符合法律规定的条件的时候，才对受害人承担不真正连带责任，否则就只能由销售者或者服务者承担赔偿责任；并且平台提供者在承担了赔偿责任之后，还有权向销售者或者服务者进行追偿。

当附条件的不真正连带责任的所附条件成就时，侵权责任人即承担不真正连带责任。这时的不真正连带责任的规则，与典型的不真正连带责任的规则完全一致。

【引例评析】

本节引例“缺陷山地车造成损害请求销售商赔偿”案中，原告购买的山地车存在缺陷，造成了原告的人身损害，构成产品责任。基于这一个损害事实，原告享有两个请求权：一个是对销售商的损害赔偿请求权，另一个是对制造商的损害赔偿请求权。对这两个请求权，原告有权进行选择，可以选择其中一个请求权行使，在行使了其中一个请求权之后，另一个请求权消灭。原告在诉讼中选择的是对销售商的请求权，这个选择是符合法律规定的，法院应当支持这个选择。如果销售商不是该产品缺陷的制造者，则可以在承担了侵权责任之后，再向制造商追偿，以弥补自己的损失。

【问题与思考】

1. 多数人侵权行为与共同责任是何种对应关系？

2. 共同侵权行为分为哪些类型？共同加害人承担连带责任的基本规则是什么？

3. 共同危险行为的基本特征是什么？结合第三节引例“数名儿童向楼下投掷酒瓶，其中一人行为造成他人死亡、不能确认真正加害人”案，讨论：这个案件的判决依据是什么？

4. 结合第四节引例“分别实施的侵权行为造成损害承担按份责任”案，讨论：分别侵权行为的法律特征是什么？本案是分别侵权行为，还是客观关联的共同侵权行为？

5. 结合第五节引例“缺陷山地车造成损害请求销售商赔偿”案，试述在侵权法中应当承担不真正连带责任的侵权行为类型。

第十四章

侵权损害赔偿请求权和赔偿原则

参考文献

(一) 著作

1. 杨立新．侵权责任法．北京：法律出版社，2021：184-218

2. 杨立新．中国侵权责任法研究：第1卷．北京：中国人民大学出版社，2018：487-516

3. 王利明．侵权责任法研究：上卷．北京：中国人民大学出版社，2019：671-678

4. 黄薇主编．中华人民共和国民法典侵权责任编释义．北京：法律出版社，2020：70-72

5. 最高人民法院民法典贯彻实施工作领导小组．中华人民共和国民法典理解与适用：侵权责任编：上卷．北京：人民法院出版社，2020：210-217

6. 张新宝．中国民法典释评：侵权责任编．北京：中国人民大学出版社，2020：84-86

7. 张新宝．侵权责任法原理．北京：中国人民大学出版社，2005：468-477

8. 邹海林，朱广新．民法典评注：侵权责任编：第1册．北京：中国法制出版社，2020：270-280

9. 曾世雄．损害赔偿法原理．北京：中国政法大学出版社，2001

10. 何孝元．损害赔偿之研究．台北："商务印书馆"，1980：45

11. 陈聪富．侵权归责原则与损害赔偿．北京：北京大学出版社，2005

12. 陈聪富．因果关系与损害赔偿．北京：北京大学出版社，2004

(二) 论文

1. 王利明．我国民法典侵权责任编损害赔偿制度的亮点——以损害赔偿为中

心的侵权责任形式．政法论坛，2021年（5）

2. 杨立新．民法典对侵权损害赔偿责任规则的改进与适用方法．法治研究，2020（4）

3. 杨立新，杨彪．侵权法中的可救济性损害理论．政治与法律，2007（6）

4. 张红．交易性贬值损失之赔偿．中国法学，2021（1）

5. 朱晓峰．论《民法典》中的惩罚性赔偿体系与解释标准，上海政法学院学报（法治论丛），2021（1）

6. 李昊．论英美侵权法中过失引起的纯经济上损失的赔偿规则．比较法研究，2005（5）

7. 王徽．美国惩罚性损害赔偿判决在外国的承认与执行．现代法学，2000（1）

8. 姜战军．侵权构成的非限定性与限定性及其价值．法学研究，2006（5）

参考法规

《民法典》第1179～1187条，2020年《关于确定民事侵权精神损害赔偿责任若干问题的解释》，2022年《人身损害赔偿司法解释》

第一节 侵权损害赔偿请求权

引例 “伤害行为造成性功能障碍配偶请求精神损害赔偿”案

某环境卫生管理所（以下简称环卫所）驾驶员徐某驾驶自卸车在××街道倒车时，将位于车后关车门的张某撞倒，车的右后轮从张某的左腿外侧压过胯部，造成左骨盆骨折、后尿道损伤，致阴茎勃起功能严重障碍，构成六级伤残。张某起诉，要求被告环卫所赔偿医疗费、误工费等各项损失15.2万元；其妻王某认为，自己作为张某的合法妻子，丈夫车祸致阴茎勃起功能严重障碍，无法进行正常的性生活，从而使其陷入因漫长、不完整的夫妻生活而带来的精神痛苦之中，故作为本案原告起诉，要求被告赔偿精神损害抚慰金。

一、损害赔偿的概念和特征

（一）损害赔偿的概念

损害赔偿，按照通常解释，是指当事人一方因侵权行为或不履行债务而对他方造成损害时应承担的补偿对方损失的民事责任。对权利人来说，损害赔偿是一种重要的保护民事权利的手段；对义务人来说，它是一种重要的承担民事责任的方式。[①] 也有的释之为致害人或加害人因侵权行为或债务不履行使受害人财产、人身遭受损害而产生的债权债务关系。[②] 这些对损害赔偿概念的界定，各有特色，也各有不足之处。

界定损害赔偿的概念，首先要界定它的性质。在上述两个定义中，一个认其为责任，另一个认其为债。这是对损害赔偿概念的主要分歧。

《民法典》第118条规定侵权行为产生侵权之债，但是，侵权行为的法律后果也是侵权责任，使侵权责任徘徊在债与责任之间，体现的是侵权损害赔偿关系的双重属性。依此，损害赔偿是指当事人一方因侵权行为或违约行为等对他方当事人造成损害时，在当事人之间产生请求赔偿权利和给付赔偿义务的债权债务关系，当债务人不自觉履行赔偿义务时，该种债务即转化为损害赔偿责任。侵权损害赔偿责任就是这样的责任。

（二）损害赔偿的法律特征

1. 损害赔偿的根本目的是救济损害

有损害才有赔偿，无损害就无赔偿。赔偿的目的，最基本的是补偿损失，使受到损害的权利得到救济，恢复权利。除此之外，损害赔偿也有制裁民事违法行为的作用，以及慰抚受害人的作用，但这两个作用不是根本的。

2. 损害赔偿具有财产性的特征

损害赔偿完全是以财产的方式救济受害人。在损害的三种形式，即人身损害、财产损害和精神损害当中，对财产损失，必须以财产来赔偿；对人身损害，也必须以财产的形式赔偿受害人的财产损失；就是对精神损害，也只能以财产的方式履行其赔偿，不可能用其他方式赔偿。

3. 损害赔偿具有相对性的特征

相对性是债的关系的基本特征，损害赔偿之债同样如此。损害赔偿永远发生在相对人之间，即权利主体和义务主体永远是特定的，且损害赔偿只在相对的特定主体之间发生。受害人只能向特定的行为人请求赔偿，赔偿义务主体也只需向特定的受害人履行赔偿义务。

4. 损害赔偿义务具有转化性的特点

损害赔偿先后相继的两种不同性质，是在中间环节进行转化的。这种转化并不是整个法律关系的转化，而只是损害赔偿义务的转化，在其义务人不履行债务时，这种义务转化为责任。其他的，如权利主体、赔偿的范围、内容等，都不发生变化。

---

① 参见《中国大百科全书》，法学，571页，北京，中国大百科全书出版社，1988。

② 参见《法学词典》，增订版，749页，上海，上海辞书出版社，1984。

侵权损害赔偿责任同样具有上述这些特征。

二、侵权损害赔偿的主体

（一）赔偿权利主体

在侵权损害赔偿法律关系中，被侵权人是赔偿权利主体，进行诉讼时为原告，即诉讼请求的提出者。除被侵权人以外，还有受害人的利害关系人、死者的近亲属，也是赔偿权利主体。《民法典》第120条规定："民事权益受到侵害的，被侵权人有权请求侵权人承担侵权责任。"第1181条规定："被侵权人死亡的，其近亲属有权请求侵权人承担侵权责任。被侵权人为组织，该组织分立、合并的，承继权利的组织有权请求侵权人承担侵权责任。""被侵权人死亡的，支付被侵权人医疗费、丧葬费等合理费用的人有权请求侵权人赔偿费用，但是侵权人已经支付该费用的除外。"2022年《人身损害赔偿司法解释》第1条第2、3款规定："本条所称'赔偿权利人'，是指因侵权行为或者其他致害原因直接遭受人身损害的受害人以及死亡受害人的近亲属。""本条所称'赔偿义务人'，是指因自己或者他人的侵权行为以及其他致害原因依法应当承担民事责任的自然人、法人或者非法人组织。"这里规定了主要的侵权法律关系的赔偿权利主体，但是还需要补充。

1. 直接受害人

直接受害人是侵权行为损害后果的直接承受者，是因侵权行为其民事权利受到侵害的人。

（1）具有完全民事行为能力的直接受害人。

受害人的资格不在于是否有完全民事行为能力，而在于其是否具有民事权利能力。凡是具有实体法上的民事权利能力，又因侵权行为而民事权利受到侵害的人，就具有受害人的资格。但是，有无民事行为能力，涉及是否可以行使赔偿权利，因而，区分直接受害人的民事行为能力还是有意义的。具有完全民事行为能力的直接受害人，可以自己行使侵权赔偿请求权，向赔偿义务主体请求赔偿。

（2）无民事行为能力或限制民事行为能力的直接受害人。

直接受害人无民事行为能力或民事行为能力受限制的，自己不能行使赔偿请求权，应当由其法定代理人代其行使侵权损害赔偿请求权。法定代理人可以作为直接受害人委托的诉讼代理人进行诉讼。

（3）侵害生命权情形下的直接受害人。

侵害生命权的，有双重直接受害人，即被致死的受害人和为死者治疗、送葬而遭受财产损失和精神损害的近亲属。前者已经死亡，不能行使赔偿权利；后者可以依法行使请求赔偿财产损失和精神损害的权利。《民法典》第1181条对此作了具体规定。

2. 间接受害人

间接受害人是指侵权行为造成了直接受害人的人身损害，因此而使人身权益受到间接损害的受害人。这样的间接受害人有四种。

（1）被扶养人。

扶养来源丧失的无民事行为能力人或限制民事行为能力人。

生前被死者或者丧失劳动能力的受害人扶养的无民事行为能力人、限制民事行为能力人，因扶养人死亡或者丧失劳动能力而丧失扶养来源的，有权请求扶养来源的损害赔偿。

(2) 婚姻关系受妨害的间接受害人。

这是指行为人实施的侵害健康权行为，造成直接受害人丧失性能力，间接引起性利益减损或丧失的直接受害人的配偶。这种受害人也是间接受害人。本节引例中的王某就是这种间接受害人。

(3) 遭受反射性精神损害的间接受害人。

这是指目睹亲人在惨烈的人身损害事件中遭受损害的事实的受害人近亲属，其精神利益受到了严重的损害，产生了严重的精神痛苦。按照侵权法的一般规则，这种主体并不能享有损害赔偿请求权。现代侵权法认为，这种受害主体也是间接受害人，享有精神损害赔偿的请求权，有权向侵权人请求赔偿。

(4) 遭受纯粹经济利益损失的间接受害人。

遭受纯粹经济利益损失的受害人不是直接受害人，而是间接受到了经济利益损失，因此也是间接受害人。

3. 胎儿和死者的近亲属

(1) 胎儿。

对胎儿在孕育过程中受到损害，例如，胎儿父亲因他人侵权行为而丧生或丧失劳动能力；因污染、服药、损伤，胎儿的健康、生命法益受到损害；等等。对此，如何行使赔偿请求权?《民法典》第 16 条作了规定。依此规定，应当准许胎儿在其娩出时为活体的，视为完全民事权利能力人，行使赔偿请求权；出生为死体的，可由胎儿的父、母亲行使该权利。

(2) 死者的近亲属。

死者的姓名、名誉、隐私、肖像、荣誉，以及死者的遗体等法益受到侵害的，因其已经丧失民事权利能力和民事行为能力，其赔偿请求权由其近亲属享有。死者的近亲属可以死者利益保护人的身份向法院提起损害赔偿诉讼，以保护死者的合法利益。

(二) 赔偿义务主体 (侵权人)

在侵权损害赔偿法律关系中，侵权人是赔偿义务主体，在诉讼中，其为被告。除侵权人以外，在某些情况下，侵权人的责任承受者，即替代责任的责任人，也是赔偿义务主体。无民事行为能力人或者限制民事行为能力人致人损害的，司法实务不认其法定代理人为赔偿义务主体，但却为赔偿责任的承受者，由其支付赔偿费用。在物件致人损害中，物的所有权人、占有人为赔偿义务主体。2022 年《人身损害赔偿司法解释》第 1 条第 3 款规定了赔偿义务人的概念和范围，但是还需要补充。

1. 直接侵权人

直接侵权人即直接加害人，是直接实施侵权行为，造成被侵权人损害的人。直接侵权人分以下三种情况。

(1) 单独的直接加害人。

直接加害人为一人的，为单独加害人。单独加害人为赔偿义务主体，由其个人承担赔偿责任。

(2) 共同侵权行为人。

共同侵权行为的加害人为共同侵权行为人。共同侵权行为人承担连带赔偿责任的，在诉讼中，为必要的共同诉讼，应合并审理。

(3) 共同危险行为人。

共同危险行为的行为人不是共同侵权行为人，但因共同危险行为的责任形式是连带责任，故共同危险行为人为共同的赔偿义务主体，为共同被告。

2. 替代责任人

(1) 对人的替代责任人。

在替代责任形式的特殊侵权责任中，直接造成损害的行为人并不是赔偿义务主体，不直接承担损害赔偿责任。其赔偿义务主体是为直接造成损害的行为人承担赔偿责任的替代责任人。在实务中，在关于未成年人致人损害的赔偿纠纷案件中，确定赔偿义务主体的做法是，把实施加害行为的未成年人列为被告，将其法定代理人不列为被告，只列为法定代理人。这种做法，不符合替代责任的原理。这种做法应当改变，应将未成年人的法定代理人列为被告，直接判决该法定代理人即被告承担赔偿责任。

(2) 对物的替代责任人。

物件致人损害时，应由物件的所有权人、占有人承担赔偿责任。这是侵权法一贯遵循的规则，因而，致害物件的所有权人、占有人是该赔偿法律关系的赔偿义务主体，是赔偿诉讼中的被告。例如，高度危险作业的所有权人、占有人，地下工作物、建筑物及其他地上物的所有权人、管理人，缺陷产品的销售者、制造者，污染环境的企业的所有权人、经营者，动物的所有权人、管理人等，是赔偿义务主体。

3. 按份责任人

在分别侵权行为中，各个行为人为按份责任人。他们为共同被告，但是不承担连带责任，而是仅仅承担自己的责任份额。

4. 不真正连带责任人

不真正连带责任的责任人是竞合侵权行为的行为人，多数时候并不是作为共同被告，而是单独作为被告。至于那些因被同时起诉而作为共同被告的不真正连带责任人，最终的责任也是由其中应当承担最终责任的责任人承担，而不是共同承担。

可将以上主体归纳为表 14-1。

表 14-1 侵权损害赔偿主体一览表

赔偿主体的类型		具体的赔偿权利义务主体
权利主体	直接受害人	具有完全民事行为能力的直接受害人
		无民事行为能力或者限制民事行为能力的直接受害人
		侵害生命权情形中的直接受害人
	间接受害人	扶养来源丧失的无民事行为能力人或者限制民事行为能力人
		遭受反射性精神损害的间接受害人
		婚姻关系受妨害的间接受害人
		遭受纯粹经济利益损失的间接受害人
	胎儿和死者的利益保护人	胎儿，出生后作为权利主体
		死者的近亲属

续表

<table>
<tr><th colspan="2">赔偿主体的类型</th><th>具体的赔偿权利义务主体</th></tr>
<tr><td rowspan="8">义务主体</td><td rowspan="3">直接加害人</td><td>单独加害人</td></tr>
<tr><td>共同侵权行为人</td></tr>
<tr><td>共同危险行为人</td></tr>
<tr><td rowspan="2">替代责任人</td><td>替代责任人</td></tr>
<tr><td>对人替代责任后受追偿的行为人</td></tr>
<tr><td>按份责任人</td><td>各按份责任人</td></tr>
<tr><td rowspan="2">不真正连带责任人</td><td>最终责任人</td></tr>
<tr><td>中间责任人</td></tr>
</table>

三、侵权损害赔偿请求权基本内容

(一) 侵权损害赔偿请求权的概念

《民法典》第 120 条规定了被侵权人的侵权损害赔偿请求权，即："民事权益受到侵害的，被侵权人有权请求侵权人承担侵权责任。"在侵权损害赔偿法律关系中，赔偿权利人即被侵权人享有的权利，就是侵权损害赔偿请求权。

1. 请求权的概念

请求权是指请求他人为一定行为或不为一定行为的权利。请求权有三种含义。

(1) 作为权利类型的请求权。基本民事权利类型分为绝对权和相对权，绝对权是人格权、身份权、物权、知识产权等，这些权利都是支配权；债权是相对权，其特点是实现权利要向义务人提出请求，义务人履行义务，债权才能实现。在这个意义上，请求权与支配权相对应，区分的是民事权利类型。

(2) 与形成权相对应的请求权。民法理论把民事权利从其作用的角度，划分为请求权和形成权。请求权与形成权的不同在于，请求权的权利主体享有的权利是请求，权利的实现则需要义务主体履行义务；而形成权的权利主体所享有的权利是形成，权利人能够凭借自己的行为，如追认行为、授权行为、撤销行为、弃权行为等，就引起某种民事权利的产生、变更和消灭。这种意义上的请求权是一种行使实体权利的方法。

(3) 作为民事权利保护方法的请求权。法律赋予民事主体以民事权利，为保护民事权利，权利人享有权利保护请求权。在这个意义上，作为民事权利保护方法的请求权包括民事权利本身包含的保护请求权即固有请求权，以及因侵权行为而产生的侵权损害赔偿请求权。前者是民事权利本身包含的保护权利请求权，后者是新生的保护权利的请求权。侵权损害赔偿请求权是保护民事权利请求权中的一种，是最重要的一种。在民事权利受到侵害之后，侵权损害赔偿请求权产生，被侵权人有权请求侵权人承担损害赔偿责任以补偿被侵权人的损害。在这个意义上的请求权是一种方法性权利，是保护实体权利的方法。

2. 侵权损害赔偿请求权的定义

侵权损害赔偿请求权，是指在侵权损害赔偿法律关系中，被侵权人享有的请求侵权人承担侵权损害赔偿责任的权利。

侵权损害赔偿请求权是一种新生的权利，是民事权利的救济权、保护权。《民法典》将侵权责任规定为侵权责任之债，使侵权责任回归债法，因而，侵权损害赔偿请求权，既是民事权利的保护方法，又是一种相对性的实体请求权即债权，还是权利的行使方法，具有三重属性。

研究侵权损害赔偿请求权，应当重点掌握以下几点：

（1）侵权损害赔偿请求权是新生的权利，称为次生请求权。[①] 在侵权损害赔偿请求权发生之前，侵权损害赔偿请求权的双方当事人之间并不存在相对的权利义务关系。如果没有作为这种请求权发生根据的法律事实的出现，他们就是平等的权利主体，不存在相对的法律关系，任何人都不能请求另一方履行义务以满足自己的要求。只有发生了侵权行为，一方的行为造成了另一方损害，才能在被侵权人一方发生侵权损害赔偿请求权。

（2）侵权损害赔偿请求权的发生根据是侵权行为，而不是其他法律事实。其他法律事实也有可能使请求权产生，例如，无因管理行为可以使无因管理之债请求权产生，不当得利可以使不当得利之债请求权产生，但都不会使侵权损害赔偿请求权产生，只有侵权行为才会使侵权损害赔偿请求权产生。

（3）侵权损害赔偿请求权基于权利和利益受损害而发生。这种损害既可以是人身损害事实，也可以是财产损害事实，还可以是精神痛苦或者精神利益损害事实。例如，自然人的姓名权、肖像权、名誉权和荣誉权受损害，法人的名称权、名誉权受损害，都有可能不导致财产损害，但会导致精神痛苦或者精神利益损害。没有造成损害的行为，不产生侵权损害赔偿请求权，有可能产生其他侵权请求权，如消除危险的请求权。

（4）这种请求权的赔偿义务主体是特定的侵权人。侵权人在特定的赔偿范围（侵权行为所造成损失的范围）内承担责任。在要求精神损害赔偿的情况下，尽管这个特定的范围不是那么严格，但仍然不能离开损害影响所及的范围；只有在法律规定的承担惩罚性赔偿金的情况下，才可能出现赔偿数额超出损失的情形。

（5）侵权损害赔偿请求权的实现方法是侵权人承担侵权责任。侵权损害赔偿请求权对应的是侵权损害赔偿责任，侵权人是义务人，应当向权利人即被侵权人承担侵权损害赔偿责任，使被侵权人受到侵害的权利得以恢复至圆满状态。

（二）侵权损害赔偿请求权与举证责任

请求权与举证责任是两个密切相关的概念。

举证责任的基本规则十分明确，即“谁主张，谁举证”。《民事诉讼法》第67条第1款规定：“当事人对自己提出的主张，有责任提供证据。”

侵权损害赔偿请求权与举证责任的关系表现为以下几方面。

1. 享有请求权的一方负有举证责任

享有侵权损害赔偿请求权的人对自己的请求主张，有责任提出证据加以证明。这既是请求权人的权利，也是请求权人向人民法院应尽的诉讼义务。侵权损害赔偿请求权人在主

① 参见杨立新：《债法总则研究》，8页，北京，中国人民大学出版社，2007。

张侵权损害赔偿请求权时，应当举出证据证明对方的行为产生侵权责任，自己的侵权损害赔偿请求权依法成立；不能证明自己主张的，须承担败诉的结果。

2. 举证责任倒置

在适用无过错责任原则和过错推定原则的情况下，除原告应当证明的内容之外，对某些事实实行举证责任倒置。对于适用过错推定原则的特殊侵权责任，须由侵权人自己证明自己没有过错。例如，《民法典》第1253条规定的建筑物等损害责任、第1255条规定的堆放物损害责任、第1257条规定的林木损害责任等，都是过错推定责任，对其过错要件实行推定，实行的就是这种倒置的举证责任。在这些侵权责任类型中，免除被侵权人对过错的举证责任，只要其证明违法行为、损害事实和因果关系这三个要件，法官就直接推定侵权人具有过错，无须被侵权人再加以证明。这时，举证责任倒置，由侵权人证明自己没有过错。在适用无过错责任原则的侵权责任，如《民法典》侵权责任编第四章规定的产品责任，第七章规定的环境污染和生态破坏责任，第八章规定的高度危险责任，第九章规定的饲养动物损害责任中，被侵权人应当证明违法行为、损害事实和因果关系三个要件。如果侵权人主张是被侵权人故意引起损害，则举证责任倒置，由侵权人举证证明。能够证明成立者，免除侵权人的责任。

3. 请求权人承担举证责任，法院也有调查收集证据的职责

侵权损害赔偿请求权人有责任就自己的赔偿请求提供证据，法院的主要任务是审查、核实证据。如果当事人及其诉讼代理人因客观原因不能自行收集证据，或者人民法院认为审理案件需要，人民法院应当调查收集证据。

（三）侵权损害赔偿请求权的产生、变更和消灭

1. 侵权损害赔偿请求权的产生

（1）侵权损害赔偿请求权的产生依据。

侵权损害赔偿请求权产生所依据的法律事实是侵权行为造成了损害。侵权损害事实一经发生，被侵权人一方即享有损害赔偿请求权，依法得向侵权人要求对造成的损害予以赔偿；侵权人则承担对自己造成他人的损害进行赔偿的责任，应被侵权人的请求，赔偿被侵权人因损害所产生的损失。

（2）侵权损害事实发生的时间。

侵权损害事实发生的时间实际上是指损害后果能够确定的时间。损害后果没有确定、正在发展或者加强，不能是侵权损害事实已经发生，而是正在发生。

侵权损害事实发生的时间具体有以下四种情况。

第一，侵权行为与侵权损害事实同时出现的，侵权行为实施终了的时间就是侵权损害事实发生的时间。例如，侵权人砸毁被侵权人的家具，砸家具的行为一经终了，侵权损害事实就已经发生并且固定。

第二，侵权行为与侵权损害事实不是同时出现的，以侵权损害事实的确定时间作为侵权损害事实发生的时间。例如，甲与乙相邻不睦，为泄愤，甲在乙的土坯房山墙靠自己家一侧挖水沟蓄水，至梅雨季后期，乙的山墙坍塌。山墙坍塌是逐渐发生的，应将山墙坍塌之时作为侵权损害事实的发生时间。

第三，对于人身损害事实发生时间的确定方法是，伤害明显的，从受伤害之日起算；伤害当时未曾发现，后经检查确诊并能证明是侵害引起的，从伤势确诊之日起算。

第四，侵权行为一直处于持续状态没有结束的，应当认为侵权行为仍然在继续之中，不开始计算诉讼时效期间。

(3) 侵权损害赔偿请求权产生的时间。

确定侵权损害赔偿请求权发生时间的重要意义有二：一是确认被侵权人侵权损害赔偿请求权的产生时间，二是确定诉讼时效期间的开始时间。在通常情况下，侵权损害事实的发生时间就是侵权损害赔偿请求权产生的时间。但是，为了保护被侵权人的合法权益，在某些情况下有一定差异：

第一，财产损害赔偿请求权应当从侵权损害事实发生之时产生，包括侵权行为与损害结果同时发生和相继发生两种情形，都在确定的侵权损害事实发生之时产生请求权，同时开始计算诉讼时效期间。

第二，人身损害赔偿请求权的发生时间，从两个方面确定：一是伤害明显的，从受到伤害之时计算；二是伤害当时未曾发现，后经检查确诊并能证明是侵害引起的，从伤势确诊之日起算。这样的规定，对被侵权人保护存在一定的不利因素。本书认为，不应当从人身损害发生之时产生侵权损害赔偿请求权，而是从财产损失已经发生之时产生侵权损害赔偿请求权。例如，因人身损害住院治疗，只有伤病痊愈出院或者死亡，才能计算出实际的财产损失，否则难以确定损失的价值和赔偿范围。只有这样计算才能更好地保护被侵权人的权利。

第三，精神损害赔偿请求权应当以能够确定其损害程度时为请求权产生时间。例如，侵权人在报纸上发表文章诽谤被侵权人，文章发表之时就是请求权产生时间。

第四，被侵权人尚不知道损害发生或谁为侵权人时，应当从被侵权人已知或应知损害的发生或谁为侵权人的时候产生请求权。

2. 侵权损害赔偿请求权的变更

(1) 侵权损害赔偿请求权变更的概念。

侵权损害赔偿法律关系基于一定的法律事实而改变其主体、内容或客体。这种局部的变更必然使被侵权人的赔偿请求权随之变更。这种侵权损害赔偿法律关系的局部变更而引起的被侵权人赔偿请求权的变更，就是侵权损害赔偿请求权的变更。

(2) 侵权损害赔偿请求权变更的形式。

一是权利主体变更。除精神性人格权受到损害以外，遭受财产损害和人身损害的权利主体都可能变更。例如，遭受财产损害的被侵权人死亡的，其继承人或近亲属可以取得该项侵权损害赔偿请求权，要求侵权人予以赔偿。遭受人身损害导致的财产损失时亦可发生类似的主体变更。至于遭受人格利益损害的，被侵权人死亡后其侵权损害赔偿请求权消灭，但已经确认的侵权损害赔偿请求权和向法院起诉的除外。

二是损害事实变更。损害事实发生变更即损害事实发生变化，如原来所造成的损害后果或者发展、扩大，或者计算有错，则侵权损害赔偿请求权的赔偿范围发生变更。

三是请求权人处分部分赔偿权利。请求权人对实体权利的部分处分，可以引起侵权损害赔偿法律关系的内容发生变更，例如，权利主体要求减少赔偿额，使侵权损害赔偿请求权的内容发生变更。

（3）侵权损害赔偿请求权变更的法律后果。

侵权损害赔偿请求权一经变更，立即在诉讼中产生新的变化：第一，请求权主体变更的，将更换原告。第二，请求权内容、客体变化的，将使赔偿的责任和范围发生变化。第三，有的请求权变更可以引起诉讼时效的变化。例如，侵权人的侵权行为造成新的损害事实，使旧的诉讼时效终止，新的诉讼时效开始；被侵权人对侵权人实施侵害，造成损害事实，则产生一种新的法律关系：原侵权人享有请求权，同时原侵权人的诉讼时效开始，原被侵权人的诉讼时效则继续进行。

3. 侵权损害赔偿请求权的消灭

（1）侵权损害赔偿请求权消灭的概念和原因。

侵权损害赔偿请求权消灭是指既存的侵权损害赔偿请求权已经不复存在，也就是侵权损害赔偿的权利义务关系已终止。

侵权损害赔偿请求权消灭的情形主要有以下几种：

一是，因履行而消灭。侵权人全面、适当地履行了赔偿责任，即依侵权损害赔偿请求权要求责任人承担的给付责任已经承担，作为请求权人的被侵权人的请求权得到实现，该侵权损害赔偿的目的已经达到，侵权法律关系随之消灭。赔偿责任的承担有两种形式：（1）一次给付，（2）将来的定期给付。无论是一次的还是定期的给付，只要赔偿责任已经承担，被侵权人已经受领，被侵权人的侵权损害赔偿请求权即因履行而消灭。

二是，因抵销而消灭。在相互致害的侵权损害赔偿案件中，因双方互负侵权责任，具有同一种类的给付，并且能够抵销，因此两项责任相互充抵而同时消灭。这样，既可以使双方的侵权损害赔偿请求权都得到实现，又可以节约因实际履行所消耗的时间和费用。在一般情况下，互致损害的损失不会相等，如有差额，双方就抵销后的余额保留侵权损害赔偿关系，予以清偿。

三是，因免除而消灭。侵权损害赔偿请求权因下列两种情况的免除而消灭：第一，权利人放弃该请求权，依权利人的意思表示免除侵权人的义务而消灭请求权。在这种情况下，权利人的行为须符合《民法典》第 143 条规定的三项条件，即行为人具有相应的民事行为能力，意思表示真实，不违反法律、行政法规的强制性规定或者公序良俗。第二，依法免除侵权人的责任而消灭请求权。例如，被侵权人有故意或重大过失而侵权人仅有一般过失或根本无过失时，得免除侵权人的赔偿责任，被侵权人的侵权损害赔偿请求权则依法消灭。

四是，因超过诉讼时效侵权人行使抗辩权而消灭。按照《民法典》第 192 条关于诉讼时效期间届满义务人产生抗辩权的规定，侵权人主张抗辩权的，除特殊情况外，被侵权人的请求权消灭。特殊情况包括：第一，人民法院认为可以延长诉讼时效期间的，由人民法院决定；第二，已经超过诉讼时效期间，当事人自愿履行的，不受诉讼时效的限制，被侵权人仍享有请求权。

（2）侵权损害赔偿请求权消灭的特殊情形。

侵权损害赔偿请求权消灭还有一种特殊情形值得注意，这就是侵权人死亡。侵权人的死亡并不必然导致侵权损害赔偿请求权的消灭。如果侵权人死亡就必然导致被侵权人因侵权人的违法行为而造成的损害得不到赔偿，不仅不符合民法的公平、正义原则，而且会增加社会的负担和不安定因素。对此，具体的处理办法是：

第一，侵权人有遗产并且继承人继承了的，就应当由继承其遗产的继承人负责清偿。依照《民法典》第1161条的规定，继承人以继承的遗产为限，对请求权人承担赔偿责任。

第二，侵权人有遗产但继承人没有继承的，应当依照《民法典》第1159条的规定，直接以该遗产承担赔偿责任。

第三，侵权人的遗产没有被分割而由被继承人共同继承的，形成共同继承遗产，是死者遗产的共同继承人，应当依据《民法典》第1161条的规定，承担损害赔偿责任。

在这三种情况下，侵权人的遗产继承人或者近亲属为义务人，被侵权人的侵权损害赔偿请求权应当向他们行使。只有在侵权人生前毫无财产的情况下，被侵权人的侵权损害赔偿请求权才能够消灭。

【引例评析】

本节引例“伤害行为造成性功能障碍配偶请求精神损害赔偿”案，是一个典型的间接受害人侵权纠纷案件。这种侵权行为，属于间接妨害婚姻关系的侵权行为。侵权人的侵权行为直接侵害的对象是王某的丈夫，但是，由于侵权行为侵害了王某的丈夫的健康，导致其性功能丧失，使王某享有的配偶权中的性利益受到损害，因此，构成间接损害，王某为间接受害人，享有侵权损害赔偿请求权。

本案是我国法院判决的第一例这类案件，具有重要的借鉴意义。

第二节　侵权责任承担方式

引例　“开办养殖场未取得排污许可证排放污染物致害赔偿”案

被告张某和李某开办养猪场，未取得“排污许可证”就将废水排放在蓄粪池内，蓄粪池是在租用的莫某祥责任田内。莫某祥的责任田下游是原告宋某的责任田，与蓄粪池中间隔有其他责任田，之间有缺口相连。原告范某东诉称到田内施肥，随后被诊断为感染钩端螺旋体病，故向法院提起诉讼，请求判决被告赔偿原告因此产生的损失，承担惩罚性赔偿责任。

一、侵权责任方式的概念和特征

（一）侵权责任方式的概念

侵权损害赔偿请求权对应的是侵权责任方式，即侵权人的行为构成侵权责任，被侵权人产生侵权损害赔偿请求权，行使该请求权，侵权人将承担与其实施的侵权行为和救济被侵权人损害相适应的侵权责任，因此，侵权责任方式是指侵权人应被侵权人行使侵权损害赔偿请求权承担以损害赔偿为基本内容的侵权责任的具体形式。或言之，侵权责任方式是侵权人实施侵权行为应当承担的具体法律后果。

《民法典》第179条规定了11种民事责任承担方式，所对应的并非都是侵权请求权，多数对应的是物权请求权、违反债的二次请求权、人格权请求权、身份权请求权等固有请求权，侵权请求权对应的责任方式主要是损害赔偿请求权，以及与侵权损害赔偿相关的恢复原状请求权、未登记的动产返还请求权。这是由民法调整的财产关系和人身关系的特殊性所决定的，应当按照救济侵权损害后果和制裁侵权人的具体要求，适用具体的侵权责任方式。

（二）侵权责任方式的特征

1. 侵权责任方式是落实侵权责任的具体形式

侵权责任构成，侵权人就应当承担这种法律后果。侵权责任方式必须化为具体的形式，侵权责任是侵权责任方式的抽象，而侵权责任方式是侵权责任的具体表现。

2. 侵权责任方式是责任与义务、向法律负责和向被侵权人负责的结合

侵权责任方式既是人民法院运用审判权判令侵权人承担责任的方式，也是侵权人应向被侵权人履行的义务。侵权责任是向国家法律负责和向被侵权人负责的结合，且主要方面是向被侵权人负责。故侵权责任既是责任又是义务。

3. 损害赔偿是侵权责任的主要方式

侵权责任的基本方式是损害赔偿，《民法典》侵权责任编第二章标题确定为“损害赔偿”，说明的就是这个道理。这是由侵权责任的基本功能在于补偿受害人的损失决定的。侵权行为一般都造成了受害人的损失，但不管是财产损失还是人身伤害和死亡以及精神损害，依法律规定均可以适用赔偿损失的责任方式进行补救。

二、侵权责任方式的类型和适用的一般规则

（一）确定侵权责任方式的具体依据

在《民法典》第179条规定的11种民事责任承担方式中，只有损害赔偿、恢复原状、不登记的动产返还财产是侵权责任方式，确定的依据是：

第一，《民法典》侵权责任编第二章明确规定侵权责任的基本方式是损害赔偿，因此，侵权损害赔偿是侵权责任基本方式。

第二，《民法典》第237条和第238条规定恢复原状和损害赔偿请求权时，均加上“依

法”二字，且没有规定这两种请求权不受诉讼时效限制，可以断定这两种责任方式是侵权责任方式。

第三，《民法典》第 196 条规定，“……不动产物权和登记的动产物权的权利人请求返还财产……”不适用诉讼时效的规定，因而，排除在此之外的不登记的动产物权的返还财产受到诉讼时效的限制，属于侵权责任方式。不登记的动产物权包括依法不必登记的动产物权和可以登记但是未登记的动产物权。

基于以上分析，侵权责任方式即损害赔偿、恢复原状、不登记的动产物权返还财产，是侵权请求权的内容。在侵权责任法的术语中，侵权损害赔偿的概念，通常是狭义的概念，即单指侵权的损害赔偿责任方式。在实际使用中，有时也用广义的概念，即所有与损害赔偿相关的责任方式，都称为侵权损害赔偿。

（二）适用侵权责任方式的一般规则

对侵权行为适用民事责任承担方式，应当掌握以下规则。

1. *救济损害需要*

确定侵权责任方式最重要的原则是，根据救济受害人的权利损害需要确定。在恢复受害人受到侵害的权利的目标下，需要适用什么民事责任承担方式，就适用什么民事责任承担方式。对于单纯的财产权利损害，可以单独适用损害赔偿方式救济损害；对于生命健康权遭受的损害，既可以赔偿财产损失，也可以同时赔偿精神损害；对于精神性人格权遭受的损害，可以单独适用精神型责任方式，也可以根据需要适用财产型责任方式。在任何情况下，只要有救济损害的需要，都可以适用综合型责任方式。

2. *可以并用*

各种侵权责任方式各具特点，对于侵权行为造成损害的救济，可以单独适用一种责任方式，也可以适用多种责任方式。《民法典》第 179 条第 3 款规定：“本条规定的承担民事责任的方式，可以单独适用，也可以合并适用。”侵权责任方式是否并用，是根据各种责任形式保护受害人的利益不同而定的，如果适用一种责任形式不足以保护受害人，就应当同时适用其他责任方式。这是侵权责任聚合的表现。

3. *适当处分*

从受害人的角度看，侵权责任方式就是受害人自己享有的请求权的内容。按照民法的基本原则，权利人可以处分自己的权利。

三、侵权责任方式的适用

（一）不登记的动产物权返还财产

返还财产是普遍适用的民事责任承担方式，是指侵权人将不法侵占的财产予以原物返还。《民法典》将返还财产分为物权请求权的返还财产和侵权请求权的返还财产。不登记的动产物权返还财产，是侵权责任方式，适用侵权责任的规定。

返还财产责任因侵权人非法占有不登记的动产而产生。无法律和合同的根据而占有他人的动产，侵害了动产所有权人或者占有人的权利。如甲抢夺乙的财产据为已有，非法占有人甲负有返还财产的民事责任。

返还财产的适用条件是，被侵占财产原物依然存在。如果原物已经灭失，返还原物为客观不能，所有权人只能要求赔偿损失，而不能要求返还原物。如果原物虽然存在，但已经遭受毁损，可以在请求返还财产的基础上再请求赔偿损失。返还财产在性质上是物的占有的转移，而不是所有权的转移，因此，须占有人将所有物转移至所有权人的控制之下，才能视为财产已经返还。

返还财产的同时应当返还原物所生的孳息。构成侵权行为的侵占财产均为恶意，在恶意占有的情况下，占有人应负责返还其在恶意占有期间所获得的一切孳息，且无权请求所有权人补偿其支付的费用。

（二）恢复原状

恢复原状是指恢复到权利被侵犯前的原有状态，一般是指将损坏的财产修复，即所有权人的财产在被他人非法侵害遭到损坏时，如果能够修理，则所有权人有权要求加害人通过修理恢复财产原有的状态。在《民法典》中，虽然恢复原状与修理、重作、更换的责任形式联系十分密切，若采纳广义的恢复原状的概念，修理、重作、更换不过是恢复原状的手段，目的在于恢复权利人被侵害的权利[①]，但是，狭义的修理、重作、更换不是侵权责任方式，也不是恢复原状的具体形式，而是违约责任的方式。

适用恢复原状责任方式，应当具备两项条件：一是须有修复的可能，二是须有修复的必要。确立恢复原状请求权的基础是，如果被毁损的物是不可替代物，加害人应当负责修缮，而不能通过金钱赔偿方式请求加害人让与该物的所有权。

承认加害人对恢复原状或金钱赔偿有选择权，其主动权在于受害人，所有权失去保障的顾虑则根本不存在，因此，恢复原状应当作为一项独立的请求权。这对于保护物权具有重要意义。

恢复原状的标准是，使受到损坏的原物性状如初。通过修理或者重作以及其他方法，使受到损害的物恢复到原来状态，就完成了恢复原状的要求。不过在实际上，原物被损坏后，通过修理，尽管能够达到原物的使用性能，但通常会使价值贬损，损失并没有完全得到填补。存在这被称为“技术上贬值”的损失的，不能认为达到恢复原状的要求。通过维修等使受到损坏的物初步恢复原状，但是，仍然存在“技术上贬值”的，加害应当对贬值部分予以赔偿。

（三）赔偿损失

赔偿损失是最主要、最基本的侵权责任方式，侵权责任法的赔偿损失包括财产损害赔偿、人身损害赔偿和精神损害赔偿三种形式，特殊的损害赔偿方式是侵害人格权造成财产损失的赔偿和惩罚性赔偿。《民法典》第 1179、1180、1182、1183、1184、1185 条对此作了规定，内容比较原则，都是一般性规定。在实务中确定损害赔偿范围，应当参照最高人民法院有关司法解释的规定。

---

① 参见王利明、杨立新：《侵权行为法》，104 页，北京，法律出版社，1996。

1. 人身损害赔偿

《民法典》第 1179、1180 条规定了人身损害赔偿的基本规则。2020 年《人身损害赔偿解释》是关于处理人身损害赔偿的专门司法解释，对人身损害赔偿既作了概括规定，又有详细的具体规则。

2. 侵害人格权的财产利益损害赔偿

对于侵害他人人格权造成财产损失的赔偿责任，《民法典》第 1182 条规定了具体的方法，其基本原则是按照被侵权人因此受到的损失或者侵权人因此获得的利益进行赔偿。损失或利益难以确定，而被侵权人和侵权人就赔偿数额又协商不一致，向人民法院提起诉讼的，由人民法院根据实际情况确定赔偿数额。

3. 精神损害赔偿

《民法典》第 1183 条规定："侵害自然人人身权益造成严重精神损害的，被侵权人有权请求精神损害赔偿。因故意或者重大过失侵害自然人具有人身意义的特定物造成严重精神损害的，被侵权人有权请求精神损害赔偿。"这是对精神损害赔偿责任的规定，与原《侵权责任法》第 22 条相比，增加了第 2 款，规定了侵害自然人具有人身意义的特定物的精神损害赔偿的新规则。

4. 财产损害赔偿

《民法典》第 1184 条规定了财产损害赔偿的一般性规则，即侵害他人财产的，对财产损失按照损失发生时的市场价格或者其他合理方式计算。

5. 惩罚性赔偿

《民法典》第 1185 条规定了侵害知识产权的惩罚性赔偿，第 1207 条规定了恶意产品侵权责任的惩罚性赔偿，第 1232 条规定了故意污染环境、破坏生态造成严重后果的惩罚性赔偿，加上《消费者权益保护法》《食品安全法》规定的惩罚性赔偿，形成了比较完整的侵权惩罚性赔偿的规则体系。

【引例分析】

本案涉及《民法典》第 1232 条规定的适用要件问题。一种意见认为：开办养猪场未取得"排污许可证"，向外排放污染物和养殖废水经沼气池处理后进入净化池，再经过管道排放到未经防渗漏的水田，是明知排放污水需要取得"排污许可证"，未获得"排污许可证"就排放污水，是故意违反国家的规定实施污染环境的行为，不仅造成了严重的环境污染后果，还导致原告范某东感染钩端螺旋体病，健康受到严重损害。依照《民法典》第 1232 条的规定，被告故意污染环境，造成严重后果，符合环境侵权惩罚性赔偿责任的构成要件，应当对范某东承担惩罚性赔偿责任。另一种意见认为，被告只是没有取得"排污许可证"而排污，尚不属于故意污染环境，造成原告损害，也还不能达到造成严重后果的程度，可以承担赔偿责任，不必承担惩罚性赔偿责任。

第三节　侵权损害赔偿的原则

引例　“侵权行为致人死亡被告主张奠仪金损益相抵”案

原告张某的女儿在上班途中出胡同口时，被骑自行车的被告齐某撞倒在地，造成脑出血，经抢救无效死亡。张某起诉，请求被告承担损害赔偿责任。被告齐某答辩认为，其承担损害赔偿责任是应该的，但就原告在女儿遗体告别时获得的奠仪金5万余元应当实行损益相抵。

一、全部赔偿原则

（一）全部赔偿原则的概念

全部赔偿是侵权损害赔偿的基本原则，是指侵权人承担赔偿责任的大小，应当以行为所造成的实际财产损失的大小为依据，全部予以赔偿。换言之，就是赔偿以所造成的实际损害为限，损失多少，赔偿多少。

全部赔偿是由损害赔偿的功能决定的。损害赔偿的基本功能是补偿财产损失，以全部赔偿作为确定损害赔偿责任大小的基本原则，就是十分公平、合理的。

（二）适用全部赔偿原则的要求

适用全部赔偿原则应当特别注意以下几个问题。

1. 确定损害赔偿数额即赔偿责任的大小以实际损害作为标准予以全部赔偿

在一般情况下，不能以加害人过错程度的轻重作为确定损害赔偿数额的依据，也不能以行为的社会危险性大小作为依据，只能以财产的实际损失作为确定赔偿责任大小的标准。例外的是对于确定精神损害赔偿责任的大小，加害人的主观过错程度起重要作用，加害人有故意或者重大过失，是承担较重赔偿责任的根据。

2. 全部赔偿范围应包括直接损失和间接损失

全部赔偿要求不仅赔偿直接损失，而且对确定的间接损失也予以赔偿。对间接损失如果不能予以全部赔偿，受害人的权利就得不到全面的保护，加害人的违法行为也不会得到应有的制裁。间接损失只要是当事人已经预见或者能够预见的利益，并且可以期待、必然得到的，就应当予以赔偿。

3. 全部赔偿范围应包括为恢复权利、减少损害而支出的必要费用

受害人因权利受侵害，为恢复权利、减少损害而支出的费用，是侵权行为所造成的损

害，应当予以赔偿。但这种损失在实务中基本上不予赔偿，没有体现全部赔偿的要求。在实务中，应将受害人为恢复权利、救济损害、减少损害的必要费用的支出，列入赔偿范围，予以全部赔偿。

4. 全部赔偿的只能是合理的损失

对于不合理的损失，不应予以赔偿。对于受害人借故增加开支，扩大赔偿范围的做法，应当谴责，同时对于故意增加的赔偿开支也不应当予以赔偿。

二、财产赔偿原则

（一）财产赔偿原则的概念

财产赔偿原则是指侵权行为无论是造成财产损害、人身损害还是精神损害，均以财产赔偿作为唯一方法，不能以其他方法为之。

（二）财产赔偿原则的内容

确立财产赔偿原则的根本内容有以下三点。

1. 对于财产损害应以财产的方式赔偿

对于财产损害只能以财产的方式赔偿，不能以其他方式赔偿。这是因为，对财产损失以财产赔偿最符合民法的等价有偿原则。以支付劳务、人身拘禁等方式偿付财产损失或者其他损害，有人身制裁的性质，都是不允许的。现代侵权法也不主张进行损害投役，因为物的损害投役有可能不符合全部赔偿原则的要求，而人的损害投役会限制加害人的人身，而对人身进行强制，违反民法原则，因而被严格禁止。①

2. 对于人身损害以财产的方式予以赔偿

对于人身损害也只能以财产的方式予以赔偿，不能用其他方式赔偿。这是因为：首先，对人身损害不能用同态复仇的方式进行赔偿，以此与同态复仇相区别；其次，人身损害不能用金钱计算其价值，既不能用金钱计算出受害人受损伤器官的价格，也无法用金钱补偿人身损害本身；最后，对人身损害，如致死、致伤、致残，以财产的方式补偿医治伤害所造成的财产损失，损失多少财产，就应当赔偿多少财产，不但公平合理，而且容易计算。对于人身损害引起的痛苦，应适用精神损害赔偿方法，以财产方式予以赔偿。

3. 对于精神损害无论是否造成经济损失都应当以财产赔偿

对于纯粹的精神利益损害和精神痛苦，也只能以财产的方式予以赔偿，没有其他更合适的救济方式。精神损害并不仅仅指精神痛苦，主要是指精神利益损害。认为精神痛苦就是精神损害，法人没有精神痛苦，因而也就没有精神损害，也就不得请求精神损害赔偿的观点，是不正确的。

确认财产赔偿原则就是明确侵权行为造成的一切损害都必须以财产的方式予以赔偿。从这一原则出发，处理一切侵权损害赔偿纠纷案件，都必须公平、合理，体现等价有偿的

---

① 损害投役是罗马法规定的侵权责任方式，是指动物造成他人损害的，将动物所有权转移给受害人；人造成他人损害的，将加害人交由受害人强制役使。

原则：受害人因损害而得到的赔偿恰好能够填补实际损害，不能赔偿不足，也不能使之不当得利。判令加害人承担赔偿责任也与其行为造成的损害相适应，不能让其负担过重的赔偿责任。

三、损益相抵原则

（一）损益相抵原则的概念和特征

损益相抵亦称损益同销，是指赔偿权利人基于引发损害的同一原因受有利益者，应于损害额内扣除利益，由赔偿义务人就差额予以赔偿的确定赔偿责任范围的原则。

损益相抵原则的法律特征是：第一，损益相抵原则是损害赔偿之债的原则，适用于一切损害赔偿责任确定的场合，不仅是侵权损害赔偿的原则，也是违约损害赔偿的原则。第二，损益相抵原则解决的是确定侵权损害赔偿责任范围及如何承担的问题。它不是解决损害赔偿责任应否承担的原则，而是在损害赔偿责任已经确定应由加害人承担的前提下，确定加害人应当承担多少赔偿责任的原则。第三，损益相抵所确定的赔偿标的是损害额内扣除因同一原因而产生的利益额之差额，而不是全部损害额。例如，房屋因爆炸震塌，对于房屋所有权人而言，为损害，房屋所有权人故得请求赔偿，因倒塌而呈现之建筑材料，对于房屋所有权人而言，则是种利益。① 损益相抵就是要求受害人在请求损害赔偿时，须从房屋损害数额中扣除因此所得建筑材料的利益额，仅就该差额行使赔偿权利。第四，损益相抵原则由法官依职权适用。在诉讼中，法官可以不待当事人主张，径依职权根据确认的证据适用该原则。

（二）损益相抵的构成

在侵权责任中损益相抵的构成，须具备以下要件。

1. 须有侵权损害赔偿之债的成立

构成损益相抵必须以损害赔偿之债的成立为必要要件。没有侵权损害赔偿之债的成立，亦即缺乏损害赔偿之债的要件，尚未构成侵权损害赔偿之债，不构成损益相抵。

2. 须受害人受有利益

这是构成损益相抵的必备要件。如果受害人未因受损害而受有利益，则无适用损益相抵原则的余地。此种利益包括积极利益和消极利益。积极利益为受害人现有财产的增加，消极利益为应减少的财产而未减少。应当扣减的利益包括：物的毁损而发生的新生利益；实物赔偿新旧相抵的利益；原应支出，因损害事实的发生而免支出的费用；原无法获得，因损害的发生而获得的利益；将来的多次赔偿给付改为现在的一次性给付所避免支付的中间利息。②

3. 须有构成损害赔偿之债的损害事实与所得利益间存在因果关系

尽管损益相抵不以存在相当因果关系为绝对标准，然而因果关系作为损益相抵构成的

---

① 参见曾世雄：《损害赔偿法原理》，188页，台北，三民书局，1986。

② 将来的多次赔偿给付改为现在的一次性赔偿的中间利息，在理论上应当认定为新生利益，予以损益相抵。但最高人民法院司法解释没有规定其为新生利益可以损益相抵。

必要要件之一，为判例和学说所公认。该因果关系要求利益与损害于同一之相当原因而发生。[①] 在具体判断因果关系的构成时，基于同一赔偿原因所生直接结果的利益，成为不可分离或合一关系者；基于同一赔偿原因所生间接结果，彼此之间或者与直接结果为不可分离或合一关系者，均为有相当因果关系。通常认为不具有相当因果关系者，为损害与利益无适当关系，因此不得适用损益相抵原则。诸如：第一，第三人对于受害人赠与的财产，或受慈善机关救治，或国家、单位予以补助的财产；第二，因继承而得的利益；第三，基于退休金、抚恤金获得的利益；第四，非加害人所送的慰问金。

具备以上三个要件即构成损益相抵，应在损害额中扣除所得利益额。

（三）损益相抵的方法

损益相抵的计算与折抵方法，主要有以下五种，可以根据不同情况选择适用。

1. 差额计算法

这是指在损害造成的损失与利益均可以金钱计算时，直接相减、扣除利益，直接赔偿差额。其计算公式是：

赔偿数额＝原有价值－原有价值/可用时间×已用时间－新生利益

这一公式中的“原有价值－原有价值/可用时间×已用时间”，即为被损害之物的损失额；损失价值等于损失额与新生利益相减的差额，即为赔偿的数额。

这种方法适用于财产损害赔偿。至于人身损害中的损益相抵，则直接相减得出损害与利益的差额，即已实行了损益相抵。

2. 新生利益退还法

这是指对于损害造成的损失已经以金钱赔偿者，应由赔偿权利人将新生利益退还给赔偿责任人，实行损益相抵。例如，致毁他人汽车或房屋，如果对所损坏的汽车、房屋的损失全额赔偿，则所余残存零部件或建筑材料应归赔偿责任人所有，否则违背公平原则。

3. 实物赔偿退还差价法

这是指实物赔偿时，新旧物的差价，应由赔偿权利人退还赔偿责任人，否则赔偿权利人不当得利。

4. 返还原物退还消极利益法

这是指返还原物时应将所得消极利益退还责任人。例如，侵占他人耕牛，应负返还义务，对侵占期间受害人所受损失亦应予以赔偿，但受害人在侵占期间减少草料、喂养人工等的费用，应作为消极利益从中扣除。

5. 未来的损害赔偿扣除利息法

这是指在损害人身致残、致死的场合，赔偿责任人对丧失劳动能力的人或其他间接受害人应定期给付生活补助费；把将来的多次给付变成现在一次性给付的，应当依霍夫曼计算法扣除中间利息。其计算要点是为了计算 n 年后的每年给付金额 A 的现在价额 X，其利率为 r，则计算公式为：

$$X + Xrn = A$$

① 参见何孝元：《损害赔偿之研究》，45 页，台北，“商务印书馆”，1980。

或者

$$X(1+m)=A$$

或者

$$X=A/(1+m)$$

四、过失相抵原则[①]

过失相抵是指在损害赔偿之债中，由于与有过失的成立，而减轻加害人赔偿责任的原则。侵权行为的与有过失同样适用过失相抵原则。

实行过失相抵原则，应当通过过错的比较和原因力的比较，在此基础上，依比例确定双方当事人各自的责任比例，依此减轻加害人的责任。

五、衡平原则

（一）衡平原则的概念

作为赔偿原则的衡平原则是指在确定侵权损害赔偿范围时，必须考虑诸如当事人的经济状况等因素，使赔偿责任的确定更公正。例如，加害人的经济状况不好，全部赔偿以后将使其本人及家属的生活陷入极度困难时，可依据具体情况适当减少其赔偿数额。

（二）适用衡平原则的要求

适用衡平原则，应当强调以下几点。

1. 适用前提

适用衡平原则的前提，是已确定赔偿责任。如果不具有这个前提，赔偿责任尚未确定，就不能适用这一原则。

2. 适用顺序

衡平原则，应当在全部赔偿、财产赔偿、损益相抵和过失相抵等原则适用之后，最后考虑适用。没有依据其他赔偿原则确定赔偿的基本范围之前，就适用衡平原则，是不正确的。

3. 综合考虑各种因素

适用衡平原则应综合考虑各种因素，主要是当事人的经济情况。应考察当事人的经济收入、必要的经济支出以及富裕程度等。此外还应当考虑其他因素，如社会风俗、习惯、舆论、当事人身份、特殊需求等，综合判断是否可以减少赔偿数额。考虑这些状况时，不仅要考虑加害人的情况，也要考虑受害人的情况。

4. 保障必要的生活费

适用衡平原则，应当为加害人及其家属留下必要的生活费用。适用衡平原则的结果是

---

① 关于过失相抵，本书将其作为一种责任形态的类型论述。为了保持损害赔偿规则体系的完整性，在这里只是简要介绍这一规则的基本内容。

减轻赔偿责任，降低加害人的负担，本身就对加害人有利。其承担责任的极限在于承担责任以后还必须保留加害人及其家属的必要生活费用，而不能让其因负担赔偿责任而使生活陷入极度贫困。必要生活费用的标准，应当根据当地实际情况而定，但又不能像确定生活救济标准那样准确，原则上是让加害人在承担责任之后还能够正常生活。其家属范围应以有扶养关系的近亲属为限。

【引例评析】

实行损益相抵原则的要件是，在侵权行为造成损失的同时，受害人因此而受有新生利益。在本节引例“侵权行为致人死亡被告主张奠仪金损益相抵”案中，受害人的死亡，确实使死者的近亲属即原告获得了奠仪金这一新生利益。按照损益相抵原则，对于新生利益，应当实行损益相抵，但是，这种奠仪金在习惯上并不作为新生利益实行损益相抵，因此，被告的答辩不应被采纳。

【问题与思考】

1. 侵权损害赔偿法律关系主体的范围是什么？结合第一节引例“伤害行为造成性功能障碍配偶请求精神损害赔偿”案，说明间接受害人的特征和类型。

2. 简述侵权损害赔偿请求权的产生、变更和消灭的一般规则。

3. 结合第二节引例，说明惩罚性赔偿责任的适用条件。

4. 侵权损害赔偿原则的基本内容是什么？

5. 结合第三节引例“侵权行为致人死亡被告主张奠仪金损益相抵”案，说明损益相抵的构成和后果。

第十五章

人身损害赔偿

参考文献

(一) 著作

1. 杨立新．侵权责任法．北京：法律出版社，2021：219－231

2. 杨立新．中国侵权责任法研究：第1卷．北京：中国人民大学出版社，2018：517－528

3. 黄薇主编．中华人民共和国民法典侵权责任编释义．北京：法律出版社，2020：43－53

4. 最高人民法院民法典贯彻实施工作领导小组．中华人民共和国民法典理解与适用：侵权责任编：上卷．北京：人民法院出版社，2020：139－163

5. 张新宝．中国民法典释评：侵权责任编．北京：中国人民大学出版社，2020：53－63

6. 张新宝．侵权责任法原理．北京：中国人民大学出版社，2005：478－519

7. 邹海林，朱广新．民法典评注：侵权责任编：第1册．北京：中国法制出版社，2020：157－192

8. 何孝元．损害赔偿之研究．台北："商务印书馆"，1982：133

9. 曾隆兴．现代损害赔偿法论．台北：泽华印刷公司，1988：28

10. 陈聪富．侵权归责原则与损害赔偿．北京：北京大学出版社，2005

(二) 论文

1. 张新宝．工伤保险赔偿请求权与普通人身损害赔偿请求权的关系．中国法学，2007 (2)

2. 杨立新．侵权损害定期金赔偿规则的欠缺与具体适用．法学论坛，2021 (5)

3. 张红．中国七编制《民法典》中统一损害概念之证成．上海政法学院学报（法治论丛），2021（1）

4. 韩赤风．非财产损害赔偿制度的一次历史性变革——论《德国民法典》抚慰金条款的新近调整及其意义．北京师范大学学报（社会科学版），2007（2）

5. 王晓萍．人身损害赔偿中连带责任的探讨．学术界，2006（5）

6. 覃有土．人身损害赔偿若干疑难问题研究．法商研究，2004（1）

参考法规

《民法典》第1179～1181条，2022年《人身损害赔偿司法解释》有关条文

第一节　人身损害赔偿概述

引例　“私人医生治疗应当计入医疗费赔偿范围”案

甲为中学生，在学校因与同学嬉戏，不慎被同学乙致伤右眼。当地公立医院介绍甲去北京某医院治疗，需治疗等费用约数万元。甲的父母因经济困难，委托当地一私人医师治疗，仅花千余元即治愈。向法院起诉后，法官因原告的治疗费用属私人医师治疗费用，不符合一般的人身损害赔偿的惯例，无法判决予以赔偿。

一、人身损害和人身损害赔偿

（一）人身损害

侵权法中所称的人身损害，不仅包括轻伤害、重伤害和轻微伤害，还包括致人死亡，以及未造成人身损害的对身体权的侵害，因而人身损害这一概念在侵权法中的含义丰富，涵括了侵害生命权、身体权和健康权的一切情况，是侵权法中的一个专用概念。

（二）人身损害赔偿

人身损害赔偿，是指民事主体的生命权、健康权、身体权受到不法侵害，产生致伤、

致残、致死的后果以及其他损害的，侵权人以财产赔偿等方法进行救济的侵权法律制度。我国《民法典》第1179条规定了人身损害赔偿制度的基本内容，《国家赔偿法》和《消费者权益保护法》等法律对人身损害赔偿也作了规定，2022年《人身损害赔偿司法解释》对我国人身损害赔偿的具体办法作了全面规定。

二、人身损害的实际损害和损失

侵权行为侵害生命权、身体权和健康权，可能造成很多种损害和损失。

损害，是指对人体的实质性伤害后果；损失，是指造成人体损害以后所产生的财产上的不利益，以及精神上的痛苦和创伤。在一般情况下，侵害生命权、身体权和健康权这三种人格权，都可能造成人体上的损害、财产上的损失，以及精神上的痛苦和创伤。

（一）侵害身体权造成的损害和损失

侵害身体权可能造成两种损害：一是人体完整性的实质损害，如擅自剃除人的毛发，擅自剪除人的指（趾）甲，擅自抽取人的血液、脊髓以及其他体液等，而没有造成健康权损害后果的，都是对人体组成完整性的侵害。二是对人体形式完整的侵害，例如，没有造成伤害的殴打，擅自搜查身体，对他人的身体进行戏弄等。

这两种损害，都可能引发以下损失或者损害：一是财产利益的损失，例如，以手作为模特的人，必须保证手的健美，包括指甲的完整和美观。侵权行为造成其指甲的损害，使其在一定时期内不能从事专业工作，就会造成预期财产利益的损失，这种损失是财产损失。二是财产利益的其他损失，例如，强行抽取人的血液、脊髓、精液等，虽然没有造成受害人健康的损害，但是恢复体力需要一定的经济力量，因而，会造成财产利益的损失。三是精神损害，即侵害身体对受害人造成精神痛苦或者身体疼痛的损害。

（二）侵害健康权造成的损害和损失

侵害健康权的直接损害就是，破坏人体生理机能的正常运作和身体功能的发挥。其表现形式如前述的一般伤害、造成残疾和其他疾病。由于这种损害，可以产生以下的损失或者损害。

1. 医疗费损失

受害人的人体遭受损害，最主要的损失就是为治疗人身损害而支付的金钱。这是一种财产上的损失。这种损失是侵害健康权所直接造成的财产损失后果。

2. 误工费损失

受害人遭受人身损害，不能正常进行身体遭受损害之前所进行的工作，就会造成预期财产利益的损失。这是侵害人身造成健康损害所必然引起的结果。

3. 住院伙食费和营养费损失

人身遭受损害以后，需要住院治疗的，在住院期间要增加伙食费上的支出，于有些特别的人身损害，还要增加必要的营养，因此要增加营养费的支出。这些损失也是侵害健康权所造成的财产损失后果，是侵害健康权的直接损害后果。

4. 护理费损失

受害人遭受人身损害之后，如果行动不能自理，需要有人进行护理，就要增加护理费的支出。这种支出也是侵害健康权所造成的直接财产损失后果，是人身损害引起的财产损失。

5. 交通费损失

如果受害人遭受人身损害之后，需转院治疗，就要支出转院治疗的交通费。即使是没有转院治疗，受害人在受到伤害以后到医院进行治疗，也会有一定数量的交通费支出。这些支出的交通费也是人身损害的直接后果，是一种财产上的损失。

6. 住宿费损失

受害人在转院治疗中，以及护理人员在护理中，如果需要住宿，则要支付住宿费。住宿费的损失，也是人身损害所造成的财产损失。

7. 造成残疾后的收入损失

人身损害造成受害人残疾，致使劳动能力部分丧失或者全部丧失的，会造成受害人正常收入的减少或者丧失。这种损失是人身损害的直接后果，是一种财产损失。

8. 残疾辅助器具费损失

受害人因人身损害而残疾，为了满足生活的需要，有些需要配置残疾用具。例如，伤害四肢造成残疾的，需要配置假肢；造成腿部残疾的，需要配置轮椅、拐杖等。配置这些残疾用具的支出，是财产上的损失。

9. 精神痛苦和身体疼痛损害

受害人遭受人身损害，必然会造成精神上的痛苦和身体上的疼痛。这种精神损害的程度取决于侵害健康权所造成损害的程度。[①] 伤害越严重者，其精神损害的程度越重；伤害越轻者，其精神损害的程度越轻。

（三）侵害生命权造成的损害和损失

侵害生命权，是造成了受害人的生命丧失，使受害人的主体资格消灭。这是侵害生命权的最直接的后果。生命权丧失所造成的其他损失，包括以下几种。

1. 为救治受害人所支出的常规费用

受害人受到人身损害，但是没有立即产生死亡结果的，会发生抢救、治疗等财产的损失，因此，在侵害生命权的损失中，有的包括医疗费、误工费、住院伙食补助费、护理费、交通费、住宿费等财产损失。这些损失与侵害健康权引起的这类损失是一样的。

2. 丧葬费损失

受害人死亡以后，需要支出丧葬费，为寿衣、火化、殡葬、棺椁等支出的费用，为侵害生命权所造成的财产损失。

3. 生命利益的损失

按照人的平均寿命，受害人由于侵权行为而死亡的，其残余的寿命为丧失的生命利益。这种损害一般被称为“余命”损失。

4. 受害人近亲属的精神痛苦

侵害生命权，死者的近亲属因为丧失亲人而产生的精神痛苦，是这种侵权行为所造成

---

① 参见张新宝：《侵害公民健康权身体权的民事责任》，载《人民法院报》，2001－08－12。

的精神损害。

三、人身损害赔偿的一般范围

（一）一般赔偿范围的确定

根据人身损害的以上内容，其赔偿范围包括如下方面。

1. 人身损害的常规赔偿

这种赔偿是指侵害身体权、健康权、生命权造成人身损害的一般的赔偿范围，即造成人身损害一般都要赔偿的项目。无论致伤、致残、致死，凡有常规赔偿所列项目的费用支出的，均应予以赔偿。

2. 劳动能力丧失的赔偿

这种赔偿是指人身损害导致残废，造成劳动能力丧失所应赔偿的范围。它是在常规赔偿的基础上，对因伤害致残而丧失劳动能力的，赔偿残疾赔偿金以及相关的项目。

3. 致人死亡的赔偿

这种赔偿是侵权行为致受害人死亡所应赔偿的项目。它主要包括丧葬费等赔偿，对于常规赔偿项目，也应予以赔偿。

（二）应当注意的问题

确定人身损害赔偿的具体范围时应当注意两个问题。

1. 赔偿合理损失

赔偿损失时必须是合理的损失才能予以赔偿，如果对不合理的损失也让加害人赔偿，则有悖于损害赔偿的宗旨，既给加害人增加了不应有的经济负担，也助长了受害人的不正当行为，有损社会公德。在司法实务中，受害人借受伤害之机随意扩大赔偿范围的现象比较常见，如不加区别让加害人一律赔偿，则有失法律的公正。

2. 遵循公平和诚信原则

赔偿标准应当根据民法上的公平、正义、诚实信用原则确定，不可拘泥于教条。确定人身损害的赔偿范围时，就要实事求是，既要保证受害人的损害得到妥善的救济，又要保证确定责任合情合理，不使加害人的正当利益受到侵害。在当前，应当着重考虑的是切实保护受害人的合法权益，不能借口保护加害人的合法利益而使受害人的合法权益受到损害，使损害不能得到全部赔偿。

【引例评析】

本节引例“私人医生治疗应当计入医疗费赔偿范围”案中，司法解释和实践中的惯例都是强调治疗应由当地公立医院进行，如果需要转院治疗，须经治疗医院介绍转到上级的公立医院进行，私立医院的诊疗费一般不予赔偿，因此，本案的法官对私立医院医生的医疗费不予以认可是可以理解的。但是，人身损害赔偿就是为了补偿受害人因人身伤害产生的损失，因此，只要治疗是合情合理的，对其费用就应当予以赔偿。本案原告在当地私立医院治疗，不仅治好了伤害，而且还节省了大量的费用，使赔偿义务人也减轻了负担，因此，这些损失是合理的损失，是应当予以赔偿的。

第二节 人身损害赔偿的项目和计算

引例 “发生医疗事故应当赔偿营养费”案

原告因月经紊乱、阴道流血到被告S医院就诊。被告的医务人员在诊断中，对原告行诊刮术。当晚，原告腹痛难忍，去Y医院急诊，并于次日住进该医院，进行剖腹手术探查原因。经查，原告腹痛系被告所行诊刮术造成原告子宫穿孔而大出血，遂对原告进行了治疗。由于被告所行诊刮术的失误，原告身体严重受损，在Y医院治疗期间，原告并发肝脏出血，病危时间长达四十多天。原告出院后，已无法再工作，原聘用单位将原告解聘，使原告在经济上和精神上遭受重大损失。原告起诉，法院判决被告承担侵权责任，其中包括营养费人民币7 200元。

一、人身损害的常规赔偿

（一）常规赔偿的范围

《民法典》第1179条第一句规定：“侵害他人造成人身损害的，应当赔偿医疗费、护理费、交通费、营养费、住院伙食补助费等为治疗和康复支出的合理费用，以及因误工减少的收入。”

（二）具体赔偿项目和计算

1. 医疗费赔偿

医疗费赔偿包括医药费和治疗费。

医疗费赔偿的目的在于，对侵害人身造成伤害所致财产损失的补偿。在这项赔偿上面，实行全部赔偿原则，即损失多少就赔偿多少，赔偿应当与损失相一致。只有这样，才能够恢复受害人的权利，救济受害人的损害。

2022年《人身损害赔偿司法解释》规定了医疗费赔偿具体办法：医疗费根据医疗机构

出具的医药费、住院费等收款凭证，结合病历和诊断证明等相关证据确定。赔偿义务人对治疗的必要性和合理性有异议的，应当承担相应的举证责任。医疗费的赔偿数额，按照一审法庭辩论终结前实际发生的数额确定。器官功能恢复训练所必要的康复费、适当的整容费以及其他后续治疗费，赔偿权利人可以待实际发生后另行起诉。但根据医疗证明或者鉴定结论确定必然发生的费用，可以与已经发生的医疗费一并予以赔偿。

按照 2022 年《人身损害赔偿司法解释》第 6 条规定，医疗费赔偿的标准和计算方法是：(1) 医疗费根据医疗机构出具的医药费、住院费等收款凭证，结合病历和诊断证明等相关证据确定。(2) 举证责任分配的规定具有新意。这就是，原告提出证据证明自己的医药费损失，被告如果对其必要性和合理性提出异议，应当举证证明。这样就改变了过去司法实践中法院依职权进行鉴定的常见做法，有利于保持法院的中立地位。(3) 确定医疗费赔偿数额的截止时间，为一审法庭辩论终结的时间，在此之前的支出为案件的赔偿数额。之后的损失是后续治疗费。(4) 后续治疗费，一般原则是在判决以后，费用实际发生时再另行起诉。如果后续治疗费属于必然发生的，也可以一并赔偿。后续治疗费的范围，包括器官功能恢复训练所必需的康复费、适当的整容费以及其他后续治疗费。

在医疗费的赔偿上，应当贯彻凡是治疗损害的合理损失，都应当予以赔偿的原则，以尽量保护受害人的合法权益，使其受到损害的权利得到恢复。人身损害赔偿纠纷案件的实际情况是，在损害已经发生的情况下，对赔偿的问题发生争议，才起诉到法院进行评断，而不是在事先定出准则要当事人执行。确定了这个基点，对有些问题的研究和解决会更有实践性，并可以减少主观臆断的成分。

在医疗费的赔偿中，应当着重注意的问题有：(1) 医疗费范围的标准问题。医疗费范围，根据受害人的病历、医疗单据、诊断证明和处方确定。(2) 医院选择问题。一律强调必须选择就近的医院治疗，过于严苛。就近治疗是一个原则，但是不能过于机械地执行，要考虑实际情况的需要。在实践中，受害人就是没有到就近的医院治疗，也是合理的治疗。因此，对其合理的治疗费用也应当给予赔偿。(3) 诱发疾病的治疗费用问题。对于侵权行为所诱发的疾病的治疗，不能不予赔偿，但是完全予以赔偿也有一定的问题。处理这个问题的原则，应当是适当赔偿。确定的标准，应当是按照因果关系联系中的实际情况，即原因力的大小确定。对侵权行为所诱发的疾病，一般应当按照相当因果关系确定责任的有无。在确定了有相当因果关系以后，再判断侵权行为对疾病发生的原因力。原因力是百分之多少，就按照百分之多少赔偿支出的费用。

2. 误工费赔偿

误工费的赔偿，补偿的是受害人由于人身受到伤害，耽误工作而造成的财产损失。2022 年《人身损害赔偿司法解释》第 7 条规定：误工费根据受害人的误工时间和收入状况确定。误工时间根据受害人接受治疗的医疗机构出具的证明确定。受害人因伤致残持续误工的，误工时间可以计算至定残日前一天。受害人有固定收入的，误工费按照实际减少的收入计算。受害人无固定收入的，按照其最近三年的平均收入计算；受害人不能举证证明其最近三年的平均收入状况的，可以参照受诉法院所在地相同或者相近行业上一年度职工的平均工资计算。

计算误工费赔偿时要关注以下两个问题。

(1) 误工时间的确定。

一种情况是，以医疗机构出具的证明作为确定的标准。另一种情况是，如果造成伤残，导致持续误工，则误工时间计算至定残日的前一天。具体办法：一是以负责治疗的医疗机构出具的证明确定，二是由法医鉴定确定，三是按照受害人的实际损害和恢复情况确定。有的还可以将这三个办法结合起来确定，例如对医疗机构的证明有怀疑，就可以由法医结合受害人的实际损害和恢复情况进行鉴定，作出确切的判断。受害人致残的，有一个致残前赔偿误工费与致残后赔偿残疾赔偿金的衔接问题。对此，应当以定残之日为准，之前赔偿误工费。受害人因受伤害而死亡的，也要对受伤害之后死亡之前的实际误工费进行赔偿。误工费的计算，从侵权行为开始，计算至受害人死亡之时。

(2) 误工收入损失的计算

原则有三：一是有固定收入的，按照实际减少的收入计算。二是无固定收入的，按照最近三年的平均收入计算。三是不能举证证明最近三年的平均收入的，参照受诉法院所在地相同或者相近行业上年度职工的平均工资计算。

对这项赔偿的原则是：应当按其实际伤害程度、恢复情况并参照医疗机构出具的证明或者法医鉴定等认定。

3. 护理费赔偿

护理费赔偿，补偿的是受害人因为受损害生活不能自理，需要有人进行护理而产生的财产损失。2022 年《人身损害赔偿司法解释》第 8 条规定：护理费根据护理人员的收入状况和护理人数、护理期限确定。护理人员有收入的，参照误工费的规定计算；护理人员没有收入或者雇佣护工的，参照当地护工从事同等级别护理的劳务报酬标准计算。护理人员原则上为一人，但医疗机构或者鉴定机构有明确意见的，可以参照确定护理人员人数。护理期限应计算至受害人恢复生活自理能力时止。受害人因残疾不能恢复生活自理能力的，可以根据其年龄、健康状况等因素确定合理的护理期限，但最长不超过二十年。受害人定残后的护理，应当根据其护理依赖程度并结合配制残疾辅助器具的情况确定护理级别。

按照上述规定，护理费赔偿的办法是：(1) 一般原则是根据护理人员的收入状况和护理人数、护理期限确定。对此，要实事求是。(2) 护理人员原则上为 1 人；医疗机构或者鉴定机构有明确意见的，参照其意见确定。(3) 如果护理人员是有收入的，则按照误工费赔偿的规定计算护理费的具体数额。(4) 护理人员没有收入或者雇佣护工的，参照当地护工从事同等级别护理的劳务报酬标准计算。(5) 关于如何计算护理期限，具体办法是：一是一般原则，到受害人恢复生活自理能力时为止。二是受害人因残疾不能恢复生活自理能力的，确定护理期限，最长不超过 20 年。(6) 受害人定残后的护理，根据其护理依赖程度并结合残疾辅助器具的使用情况确定护理级别，确定护理费用。

4. 交通费赔偿

对于救治人身损害需要支出交通费的，应当赔偿交通费损失。这种赔偿是赔偿受害人因人身损害而支出的实际财产损失。2022 年《人身损害赔偿司法解释》第 9 条规定：交通费根据受害人及其必要的陪护人员因就医或者转院治疗实际发生的费用计算。交通费应当以正式票据为凭；有关凭据应当与就医地点、时间、人数、次数相符合。

交通费赔偿的计算方法和标准是：(1) 交通费赔偿的是受害人、护理人员就医、转院治疗所实际发生的交通费用。救治人身损害需要支出的交通费包括：1）在救治人身损害的当时，送受害人到医院时的交通费用；2）在转院治疗或者到外地治疗时支出的交通费。对于没有就近治疗，但是选择的医院是合理、必要的，对其交通费也应当赔偿。交通费赔偿的范围包括：一是受害人的交通费，二是参加救护的人的交通费，三是护理的人的交通费。（2）交通费赔偿的标准是，以正式票据为准，且与就医地点、时间、人数、次数相符。对于不合理的支出不应当予以赔偿。但确定的标准不宜过于严苛，对于属于合理的部分应当予以赔偿。

5. 住院伙食补助费赔偿

受害人遭受人身损害需要住院的，在住院期间支出一定的伙食费，是必需的。2022年《人身损害赔偿司法解释》第10条规定，住院伙食补助费可以参照当地国家机关一般工作人员的出差伙食补助标准予以确定。受害人确有必要到外地治疗，因客观原因不能住院，受害人本人及其陪护人员实际发生住宿费和伙食费的，对其合理部分应予赔偿。

住院伙食补助费的赔偿标准和计算方法是：（1）一般原则是参照国家机关一般工作人员出差伙食补助标准确定。这样的标准是可行的。如果受害人的伤势严重，根据医疗机构的意见，可以适当高于这个标准计算赔偿数额。（2）到外地治疗，不能住院的，受害人本人及其陪护人员实际发生住宿费、伙食费的，对合理部分应当予以赔偿。住宿费赔偿，是指对受害人在治疗期间需要住宿，以及护理人员需要住宿，实际支出的住宿费的赔偿。不仅对需要去外地治疗的，要赔偿住宿费，对于在本地治疗，确实需要住宿的，也应当赔偿。

6. 营养费赔偿

2022年《人身损害赔偿司法解释》第11条规定，营养费根据受害人伤残情况参照医疗机构的意见确定。

营养费的赔偿标准和计算方法是：根据伤残情况和医疗机构意见确定。一般说来，凡是受害人的伤势较重的，都应当赔偿适当的营养费。医疗机构认为或者根据实际情况判断有必要补充营养的，可以按照适当的标准确定。

7. 侵害身体权所造成的财产利益损失赔偿

对于侵害身体权，造成难以计算的财产利益损失的，应当参照相应的标准计算。例如，对于侵害身体、非法抽血等形式的侵权行为造成的财产利益损失，应当以所抽取的血的数量和价格作为标准，适当高于这个标准确定赔偿数额。没有办法计算的，则可以估价，以估价作为赔偿数额计算的标准。在侵害身体权造成受害人产生间接利益损失的场合，还要考虑对其所损失的间接利益给予赔偿。

二、丧失劳动能力的赔偿

（一）理论依据

劳动能力丧失是受害人的健康权遭受侵害所致严重后果，使其无法继续劳动以维持生计，因而必须予以赔偿。《民法典》第1179条确认了这项人身损害赔偿。

【拓展阅读】

在理论上关于劳动能力丧失赔偿，曾有以下不同学说：一是所得丧失说，二是劳动能力丧失说，三是生活来源丧失说。我国《民法通则》采用上述第三种主张作为劳动能力丧失赔偿的依据，其第119条规定的就是赔偿“残废者生活补助费”。最高人民法院《人身损害赔偿司法解释》转变立场，采用所得丧失说，规定“根据受害人丧失劳动能力程度或者伤残等级，按照受诉法院所在地上一年度城镇居民人均可支配收入或者农村居民人均纯收入标准”确定赔偿数额。原《侵权责任法》和《民法典》都确认这种转变是正确的，规定采用第一种主张进行赔偿，但未明确规定具体计算方法，需由司法实践补充。

（二）赔偿范围

对于劳动能力丧失的赔偿范围，2022年《人身损害赔偿司法解释》规定，受害人因伤致残的，其因增加生活上需要所支出的必要费用以及丧失劳动能力导致的收入损失，包括残疾赔偿金、残疾辅助器具费、被扶养人生活费，以及因康复护理、继续治疗实际发生的必要的康复费、护理费、后续治疗费，赔偿义务人也应当予以赔偿。

1. 残疾赔偿金

2022年《人身损害赔偿司法解释》第12条规定：残疾赔偿金根据受害人丧失劳动能力程度或者伤残等级，按照受诉法院所在地上一年度城镇居民人均可支配收入标准，自定残之日起按20年计算。但60周岁以上的，年龄每增加1岁减少1年；75周岁以上的，按5年计算。受害人因伤致残但实际收入没有减少，或者伤残等级较轻但造成职业妨害严重影响其劳动就业的，可以对残疾赔偿金作相应调整。

按照上述规定，对残疾赔偿金计算的方法是：（1）赔偿依据：根据受害人丧失劳动能力的程度或者伤残等级，确定残疾赔偿金。凡是造成劳动能力丧失的，或者定为残疾的，确定给付残疾赔偿金。（2）赔偿标准：以受诉法院所在地上一年度城镇居民人均可支配收入为标准。（3）赔偿期限：自定残之日起，赔偿20年。但60周岁以上的，年龄每增加1岁减少1年；75周岁以上的，按5年计算。（4）个别调整：其一，伤残但实际收入没有减少的；其二，伤残等级较轻但是造成严重职业妨害的，都可以对赔偿金作适当调整。

赔偿办法：可以一次性给付，也可以按定期金赔偿。一次性给付的，按照上述规定赔偿的。定期金赔偿的，则从致残时起，赔偿至受害人死亡时止，按月计算，按年给付。为防止侵权人逃避责任，按定期金赔偿的，应责令侵权人提供担保。以上两种方法，可以根据具体情况选择适用。

2. 辅助器具费赔偿

受害人遭受伤害致残，需要配置辅助器具的，对购置、安装的费用，应当予以赔偿。2022年《人身损害赔偿司法解释》第13条规定：辅助器具费按照普通适用器具的合理费用标准计算。伤情有特殊需要的，可以参照辅助器具配制机构的意见确定相应的合理费用标准。辅助器具的更换周期和赔偿期限参照辅助器具配制机构的意见确定。

按照上述规定，辅助器具费赔偿的方法是：（1）辅助器具标准为普通型，费用应当合理。（2）如果受害人的伤情有特别需要，上述赔偿标准可以变通，但是要合理，参考辅助器具配制机构的意见。（3）辅助器具的更换周期和赔偿期限，参照辅助器具配制机构的意见确定。

3. 必要的康复费、护理费和后续治疗费赔偿

对于劳动能力丧失的受害人的这三项费用的赔偿，应当按照实事求是的原则，根据实

际情况，按照前述有关规定确定赔偿数额。

三、造成死亡的赔偿

（一）理论根据

侵害生命权造成受害人死亡的，受害人的近亲属究竟依据何种根据取得对加害人的赔偿请求权，虽然与确定赔偿标准没有直接关系，但在理论上有重大意义。对此，有以下几种理论作为根据：一是“民事权利能力转化说”，二是“加害人赔偿义务说”，三是“同一人格代位说”，四是“间隙取得请求权说”。

【拓展阅读】

对于解决生命权被侵害的受害人赔偿请求权的理论基础，上述各种理论都有道理，但是，按照“双重受害人说”的理论，能更好地解决这个问题。在侵害生命权的行为造成受害人的生命权丧失的过程中，侵权行为侵害了生命权人的权利，但同时，由于对受害人进行抢救及丧葬，受害人的近亲属在财产上和精神上都受到了损害，故死者的近亲属也成为侵害生命权的受害人，即具有财产损失和精神损害的受害人。这样，在侵害生命权的场合就存在双重受害人：一是生命权丧失之人，二是因救治、丧葬受害人而受到财产损害和精神损害的死者的近亲属。按照这样的理论，死者的近亲属是因为侵害生命权的事实直接取得赔偿请求权，而不是由于继承或因其他方法而取得这种请求权。①《民法典》第1181条第2款采纳的是这种理论根据。

（二）赔偿内容

根据上述理论和实际情况，《民法典》第1179条第2句第2分句和第1180条规定：“造成死亡的，还应当赔偿丧葬费和死亡赔偿金。”“因同一侵权行为造成多人死亡的，可以以相同数额确定死亡赔偿金。”

除上述规定的赔偿项目之外，对于人身伤害的常规赔偿项目，侵害生命权的加害人也应当承担，如在遭受人身损害丧失生命的案件中，对于因抢救、治疗而发生的医疗费、误工费、护理费、交通费、住宿费、住院伙食补助费和必要的营养费，都是正常的财产支出，应按照常规赔偿项目进行赔偿。

1. 丧葬费赔偿

2022年《人身损害赔偿司法解释》第14条规定，丧葬费按照受诉法院所在地上一年度职工月平均工资标准，以6个月总额计算。

在原来的司法实践中，丧葬费的赔偿采用具体标准，就是损失多少赔偿多少。按照上述规定，丧葬费赔偿采用统一的计算方法和赔偿标准，就是受诉法院所在地上一年度职工月平均工资乘以6个月。这个方法简明，便于计算和操作，对受害人的保护也较为妥当。

2. 死亡赔偿金

对侵害生命权的受害人应赔偿死亡赔偿金，且这种赔偿金的性质是物质性损害赔偿。对此，在理论上应当怎样认识，值得探讨。在原来规定的死亡赔偿金中，赔偿的是精神痛

---

① 参见杨立新：《人身权法论》，412～414页，北京，中国检察出版社，1996。

苦，并不是物质损害赔偿。依现在的规定，赔偿的实际上是收入损失。

2022年《人身损害赔偿司法解释》第15条规定：死亡赔偿金按照受诉法院所在地上一年度城镇居民人均可支配收入标准，按二十年计算。但六十周岁以上的，年龄每增加一岁减少一年；七十五周岁以上的，按五年计算。

按照上述规定，死亡赔偿金的计算方法如下。(1) 死亡赔偿金的计算标准是：按照受诉法院所在地上一年度城镇居民人均可支配收入标准计算。(2) 用一次性方法赔偿，期限是为20年。如果受害人为60周岁以上的，年龄每增加1岁减少1年；75周岁以上的，按5年计算。

这种赔偿办法的弊病是造成“同命不同价”的后果。解决的办法是，赔偿“余命”损失。即一个人的正常寿命应当是平均寿命，由于侵权行为的侵害，受害人没有享受平均寿命，而提前死亡，因此，受害人死亡时的年龄与平均寿命之间的差额，就是“余命”。死亡赔偿金实际上赔偿的就是这一“余命”损失。

3. 其他费用赔偿

对受害人亲属办理丧葬事宜支出的交通费、住宿费和误工损失等其他合理费用，应当按照2022年《人身损害赔偿司法解释》的相关规定赔偿。对于受害人亲属办理丧葬事宜支出的交通费、住宿费和误工损失等其他合理费用，应予赔偿。

4. 被扶养人生活费

2022年《人身损害赔偿司法解释》第16条规定，被扶养人生活费计入残疾赔偿金或者死亡赔偿金。这是因为，《民法典》第1179条没有规定人身损害赔偿包括被扶养人的生活费赔偿。

四、人身伤害抚慰金赔偿

(一) 人身伤害抚慰金赔偿的地位和性质

1. 人身伤害抚慰金赔偿在精神损害赔偿中的地位

在一般的理解上，抚慰金赔偿与精神损害赔偿是同一或者近似的概念，系指对财产权以外之非财产上的损害，即精神上的损害，给付相当金额，以赔偿损害之谓。① 从严格的意义上说，精神损害赔偿与抚慰金赔偿并不是完全同一的概念。精神损害赔偿，主要是对损害精神性人格权的民事救济手段，保护的对象是名誉权、人身自由权、肖像权、姓名权、隐私权、性自主权以及一般人格权等人格权。而对人身伤害所造成的精神痛苦的抚慰金赔偿，是对损害物质性人格权造成精神痛苦的民事救济手段，保护的对象是民事主体不受精神创伤的权利。因而它只能对自然人适用，不能对法人、非法组织适用。当自然人的身体、健康、生命受到损害时，除应当赔偿其财产上的损害以外，对其本人或近亲属遭受的精神痛苦和精神创伤，应以一定数额的金钱予以抚慰。

就人身损害而言，抚慰金赔偿适用于三种场合：一是对身体权进行侵害造成精神痛苦的，二是对健康权损害造成精神痛苦的，三是侵害生命权，造成受害人其近亲属精神痛

① 参见曾隆兴：《现代损害赔偿法论》，28页，台北，泽华印刷公司，1988。

苦的。

2. 人身伤害抚慰金赔偿的性质

人身伤害抚慰金赔偿的性质是，民法赋予人身伤害的受害人救济精神痛苦的一项保护性民事权利，属于损害赔偿的请求权；相对应的，就是加害人的赔偿精神损害的义务，因而称其为民法上损害赔偿请求权，自无疑问。从另一个角度讲，这种赔偿义务以国家强制力为后盾，以承担民事责任为保障，认其为民事制裁当然也无问题。

3. 在我国人身伤害抚慰金赔偿的发展

自《民法通则》公布、实施以来，在我国人身伤害抚慰金赔偿发生了五次变化：

(1)《民法通则》在第119条中，没有规定人身伤害抚慰金赔偿，也没有类似的赔偿。这是《民法通则》第119条的漏洞。

(2) 在《道路交通事故处理办法》中，规定了死亡补偿费的赔偿。这是为了补救《民法通则》立法不足而采取的一项措施。其性质是精神损害赔偿，即侵害生命权的抚慰金赔偿。

(3)《消费者权益保护法》和《国家赔偿法》规定了死亡赔偿金和残疾赔偿金。关于死亡赔偿金和残疾赔偿金的性质，法律没有确定，一般认为是精神损害赔偿。

(4) 2001年《精神损害赔偿司法解释》规定死亡赔偿金和残疾赔偿金的性质为精神损害抚慰金。

(5) 2003年《人身损害赔偿司法解释》规定，死亡赔偿金和残疾赔偿金的性质为造成人身伤害的物质损害赔偿，不是精神损害赔偿。其第18条规定："受害人或者死者近亲属遭受精神损害，赔偿权利人向人民法院请求赔偿精神损害抚慰金的，适用最高人民法院《关于确定民事侵权精神损害赔偿责任若干问题的解释》予以确定。精神损害抚慰金的请求权，不得让与或者继承。但赔偿义务人已经以书面方式承诺给予金钱赔偿，或者赔偿权利人已经向人民法院起诉的除外。"

自此之后，这项损害赔偿没有再发生变化。原《侵权责任法》第22条规定："侵害他人人身权益，造成他人严重精神损害的，被侵权人可以请求精神损害赔偿。"《民法典》第1183条第1款确认这种精神损害赔偿。

人身伤害的抚慰金赔偿，就是人身伤害的精神损害赔偿。

(二) 人身伤害抚慰金赔偿的适用范围

人身伤害抚慰金赔偿的适用范围，包括以下三个方面。

1. 侵害身体权

关于对身体权的侵害究竟以何种方法救济，《民法典》没有明文规定，最高人民法院关于精神损害赔偿的司法解释作了规定，这就是赔偿精神抚慰金。侵害身体权，往往不会造成人身伤害的后果，因而很少有造成财产损失的可能。对此，以赔偿精神抚慰金作为救济的主要方法，辅之以对财产损失应赔偿的方法，是最好的选择。

2. 侵害健康权

凡是侵害健康权造成精神痛苦和精神创伤的，无论是否造成残疾，凡是受害人请求赔偿的，都应当予以精神损害抚慰金赔偿。对此，2020年《精神损害赔偿司法解释》已经作出了肯定的解释。

3. 侵害生命权

侵害生命权的后果在于，直接受害人死亡和其近亲属的亲人丧失，因此，不法侵害他人致死者，受害人之父母、子女及配偶所受精神上之痛苦，实较普通权利被侵害时为甚，自不可不给予相当金额，以资慰抚。① 请求权人的范围，以死者死亡时为限，包括胎儿在内。请求权人为年幼者或精神病人的，一般也包括在内。②

上述三种情况下，抚慰金赔偿请求权由权利人的专属权利。前两种情况中的直接受害人为权利人，法律明文规定该权利不得让与或继承；后一种情况中，抚慰金请求权人本身就是直接受害人的第一顺序的继承人，因而没有必要加以规定。只是抚慰金的赔偿金额已经由当事人双方约定，或者权利人已经起诉的，可以不受上述限制。对约定的赔偿金额或者经判决确定的赔偿金额，可由权利人转让他人，权利人已经死亡的，可由其继承人继承。

（三）人身伤害抚慰金的赔偿办法

1. 基本原则

对确定人身伤害抚慰金赔偿数额的基本原则，一种意见是“由法院依痛苦之程度而自由酌定”③，另一种意见是“由法院斟酌各种情形定其数额”④。后一种意见，对于确定人身伤害的抚慰金的赔偿数额是适用的。

2. 具体应当斟酌的因素

关于具体应当斟酌的因素，最高人民法院曾经规定应当包括“侵权人的过错程度、侵权行为的具体情节、给受害人造成精神损害的后果等”⑤。2020 年《精神损害赔偿司法解释》对斟酌因素又规定为：（1）侵权人的过错程度；（2）侵害的目的、场合、方式等具体情节；（3）侵权行为所造成的后果；（4）侵权人的获利情况；（5）侵权人承担责任的经济能力；（6）受理诉讼法院所在地平均生活水平。后一种规定更为全面。确定侵害人身的抚慰金时，应当根据以上具体情况，综合算定抚慰金的具体数额。

【引例评析】

本节引例“发生医疗事故，应当赔偿营养费”案中，原告在遭受人身损害后，健康受到严重损害，在治疗期间需要予以补充营养，因此，原告在诉讼中请求营养费的赔偿，是完全有道理的。事实上，对于一般的遭受伤害需要住院治疗的受害人，都应当给予营养费的赔偿。对此，《民法典》第 1179 条

---

① 参见何孝元：《损害赔偿之研究》，133 页，台北，“商务印书馆”，1982。

② 应当注意的是，该项抚慰金请求权人的范围与侵害生命权间接受害人扶养损害赔偿请求权人的范围并不相同，二者不是同一概念，适用时必须加以区别。

③ 龙显铭：《私法上人格权之保护》，64 页，上海，中华书局，1948。

④ 曾隆兴：《现代损害赔偿法论》，28 页，台北，泽华印刷公司，1988。

⑤ 最高人民法院《关于审理名誉权案件若干问题的解答》（已失效）第 10 条。

已经作了明确规定。

从本案可以看出，对人身损害的赔偿应当全面，不能使受害人受到的损害得不到全面救济。

第三节 一次性赔偿与定期金赔偿

引例 "一次性赔偿应当扣除赔偿金利息"案

未成年人许某，因攀爬高压变电房遭电击致残，终生丧失劳动能力。法院判决被告给予终身赔偿金，一次性赔偿207万元。

按照50年的终身赔偿，实际上每年才赔偿4.14万元，但是现在一次性的赔偿总额不扣除利息因素，受害人按照当年的存款利率，每年最低可以得到利息达到4万多元。这是不公正的。解决的办法就是从提前赔偿的赔偿金中扣除利息因素。

《民法典》第1187条规定："损害发生后，当事人可以协商赔偿费用的支付方式。协商不一致的，赔偿费用应当一次性支付；一次性支付确有困难的，可以分期支付，但是被侵权人有权请求提供相应的担保。"这是沿用原《侵权责任法》的规定。而早在起草《侵权责任法》时，学者就主张这个规定是要解决定期金赔偿问题，但是，实际解决的并不仅仅是定期金赔偿，还包括其他不适用定期金赔偿的一般性赔偿，如一次性赔偿或者分期支付。

分期支付并不是定期金赔偿。这两种赔偿的具体区别是：在判决确定之前发生的赔偿费用，原则上应一次性支付，必要时可以分期支付；在判决确定后发生的赔偿费用，可以一次性赔偿，也可以定期金赔偿。

一、判决之前发生的损害的一次性赔偿

在判决确定之前发生的损害赔偿，是侵权损害赔偿的常态，是常见的损害赔偿。这种损害赔偿不存在定期金赔偿问题。因为损害是在判决确定之前发生的，当然在判决时赔偿数额就确定下来了，无须定期金赔偿。《民法典》第1187条规定主要针对的是这个问题：对于判决之前发生的损害赔偿，以一次性支付为原则，一次性支付确有困难的，可以分期支付，但应当提供相应的担保。这个规定较为简单，不存在理解困难。

对此，要着重解决的是，如果确定为分期支付，则应当确定所分的期限，每次支付的时间、金额。同时，应当由侵权人提供担保，以保证赔偿金的定期支付。不能支付的，以所担保的财产优先支付。

二、定期金赔偿

（一）定期金赔偿的概念和依据

定期金是指法院判决侵权人在未来的一段时间内按照一定的期限（如按年或者按季、按月）向被侵权人支付赔偿金额。定期金赔偿主要适用于残疾赔偿金、被扶养人生活费、更换辅助器具费等以后需要继续支出费用的场合。法院判决确定的赔偿额既可以是每次支付的一个固定的数额，也可以是一个相对确定的计算标准（如上一年度国民人均收入或者当地人均收入的n倍）；判决确定的赔偿期限或支付的次数可以是固定的（如判决侵权人赔偿被侵权人20年的残疾赔偿金，每年支付一次，每次支付5 000元），也可以是相对确定的（如判决侵权人赔偿被侵权人残疾赔偿金，每年支付一次，支付的标准为上一年度当地人均收入，直至被侵权人死亡）。[①]

2022年《人身损害赔偿司法解释》第20条规定："赔偿义务人请求以定期金方式给付残疾赔偿金、辅助器具费的，应当提供相应的担保。人民法院可以根据赔偿义务人的给付能力和提供担保的情况，确定以定期金方式给付相关费用。但是，一审法庭辩论终结前已经发生的费用、死亡赔偿金以及精神损害抚慰金，应当一次性给付。"第21条规定："人民法院应当在法律文书中明确定期金的给付时间、方式以及每期给付标准。执行期间有关统计数据发生变化的，给付金额应当适时进行相应调整。定期金按照赔偿权利人的实际生存年限给付，不受本解释有关赔偿期限的限制。"这是对定期金赔偿的明确规定。

（二）定期金赔偿的必要性和合理性

在侵权法中，对于人身伤害需要终身支付的赔偿金的赔偿有两种形式：一是终身定期金赔偿，按期给付；二是一次性赔偿，即把将来的多次赔偿一并计算，在现在作一次性赔偿，使这一损害赔偿法律关系因一次性赔偿完毕而即时消灭。这样两种赔偿方式在人身伤害的终身赔偿中都可以采用。

在人身伤害的终身赔偿中，定期金赔偿方式是最为合理的。这是因为：第一，定期金赔偿，其期限是不确定的，是按照被侵权人的实际寿命，即生命延续多久就赔偿多久，而不是像现在的一次性赔偿方式那样，按照平均寿命赔偿，造成有的赔偿权利人已经死亡却已收到死亡以后的赔偿，有的赔偿权利人超过平均寿命还在生存的，却不能再收到赔偿的不合理现象。第二，把定期金赔偿改为现在的一次性赔偿，等于将赔偿义务人在若干年以后的赔偿义务，强令在现在立即履行。这样做会造成赔偿义务人因提前支付赔偿金而遭受利息损失。采用定期金赔偿不会造成这样的后果。

对于现在的一次性赔偿方式不是不能采用，而是在采用时应当避免这种赔偿方式的弊

---

① 参见张新宝：《侵害生命、健康、身体权的民事责任探讨》，载《人民法院报》，2001-08-12。

病，剔除其不公平、不合理的因素。把定期金赔偿改为现在的一次性赔偿时，应当扣除因提前给付赔偿金而损失利息，使赔偿义务人不会因为提前赔偿而受到太大的财产损失，也不会使赔偿权利人由于提前接受赔偿金而在利息上取得不当利益。例如，本节引例中，法院判处终身赔偿金 207 万元，按照 50 年计算，实际上每年才赔偿 4.14 万元，但是，现在一次性赔偿总额中不扣除利息，使被侵权人存款利息每年最低可以达到 4 万多元。这是不公正的。解决的办法就是将提前支付的赔偿金的利息扣除。

（三）实行定期金赔偿的赔偿项目

1. 残疾赔偿金

残疾赔偿金赔偿的就是赔偿劳动能力的损失。这种赔偿可以按照判决确定的标准，按年支付。这样可以使残疾的被侵权人在生活上得到最佳的保护。

2. 被扶养人生活费

被扶养人的生活费通常数额较大，而且具体数额与被扶养人的身体状况有密切关联，因此对被扶养人生活费的赔偿采用定期金赔偿是较佳的赔偿方式。采用定期金赔偿的方式，可以不必受上述时间的限制，可以赔偿至赔偿权利人死亡时。这样就可以使被扶养人的利益得到更好的保护，消除赔偿与实际生活状况错位（赔偿权利人的实际生存年限往往长于或者短于一次性赔偿所预定的赔偿年限）的弊端。2022 年《人身损害赔偿司法解释》第 20 条将这一赔偿项目从定期金赔偿中删除，是不适当的，因为对有的被扶养人生活费是可以用定期金赔偿的。

3. 辅助器具费

对于将来的辅助器具费也可以实行定期金赔偿，因为身体残疾的被侵权人终身需要辅助器具的辅助，但并非余生只支付一次辅助器具费就足够，在以后的生活中可能需要多次更换辅助器具。对此，采取定期金赔偿的方式对保护残疾被侵权人更为有利。

（四）定期金赔偿的担保

采用定期金赔偿是有风险的，这就是赔偿义务人在日后可能无赔偿能力，如赔偿义务人破产，而使赔偿权利人的赔偿权利无法实现。此外，实行定期金赔偿还存在一些困难，如定期金赔偿存续时日遥远，执行较为麻烦。为此，在确定赔偿义务人的支付定期赔偿金的责任后，应当责令赔偿义务人提供担保，以避免赔偿义务人将来逃避赔偿或无法赔偿。

2022 年《人身损害赔偿司法解释》也规定了在定期金赔偿中的担保问题。由于该司法解释并未对具体的担保方式作出规定，在司法实践操作中法院应当以《民法典》及其司法解释的规定为依据，结合具体的情况作出决定。在人身损害定期金赔偿中最主要的担保方式应当为保证和抵押。除此之外，也可以采取其他起担保作用的方式，如由银行代管、代发赔偿金等。①

---

① 参见最高人民法院民事审判第一庭：《最高人民法院人身损害赔偿司法解释的理解与适用》，403 页，北京，人民法院出版社，2004。

（五）定期金赔偿的确定

选择定期金赔偿还是一次性赔偿，应当由被侵权人决定，如果被侵权人请求定期金赔偿，法院应当准许。如果采取定期金赔偿方式将会实际增加赔偿权利人的负担，则人民法院不应决定采取定期金赔偿方式。[①]

（六）定期金赔偿的方法

实行定期金赔偿的，必须将定期金的给付时间、方式及每期给付标准在法律文书中予以明确。

1. 法律文书中需要确定的事项

（1）定期金赔偿的给付时间。

定期金赔偿的给付时间，是指每月、每季或者每年，在什么时候给付。定期金可以按月给付、按季给付，也可以按年给付。但按月、按季支付会导致次数太多，过于烦琐，而按年支付较为合理并容易执行。法院在法律文书中应当确定每年的给付数额，每年年终或者年初一次性给付一年应当给付的数额，直到执行完毕或者赔偿权利人死亡。

（2）定期金赔偿的给付方式。

定期金赔偿的给付方式，是指采用什么方法给付，或者当面支付，或者通过特定机构给付等。在定期金赔偿中，可以采取由赔偿义务人定期送款的给付方式，也可以采取银行划拨、邮局汇款、微信支付、支付宝支付等方式。

（3）定期金赔偿的每期给付标准。

定期金赔偿的每期给付标准，也就是每次应当给付的数额。由于定期金赔偿的适用范围为残疾赔偿金、被扶养人生活费与辅助器具费，所以在确定定期金赔偿的每期给付标准时，应当按照2022年《人身损害赔偿司法解释》第20、21条的规定进行。

2. 定期金赔偿的相应调整

由于定期金赔偿是在直至执行完毕或赔偿权利人死亡的时间内进行的，时间较长，涉及赔偿的统计数据标准会发生变化，因此，在执行期间有关统计数据发生变化的，应当适时对给付金额进行相应调整。定期金赔偿的变化必须由法院作出决定，并体现在法律文件中。

3. 定期金赔偿的期限

定期金赔偿，按照赔偿权利人的实际生存年限给付，不受一次性赔偿期限的限制。对未成年被侵权人的扶养损害赔偿支付至其满18周岁时；对其他的未来的损害赔偿，支付期限为被侵权人的终生。

【引例评析】

本节引例“一次性赔偿应当扣除赔偿金利息”案，从一个侧面说明，将来的多次性赔偿变为现在的一次性赔偿中，存在诸多不合理的问题，而采用

① 参见最高人民法院民事审判第一庭：《最高人民法院人身损害赔偿司法解释的理解与适用》，407页，北京，人民法院出版社，2004。

定期金赔偿更为科学、合理。但是，定期金赔偿又有一定的风险，因此，被侵权人应当斟酌，选择对自己最有利的方法请求类似的损害赔偿。

【问题与思考】

1. 结合第二节引例“发生医疗事故，应当赔偿营养费”案，思考：人身损害常规赔偿有哪些项目？赔偿方法是什么？

2. 死亡赔偿金的性质和赔偿的理论根据是什么？

3. 结合第三节引例“一次性赔偿应当扣除赔偿金利息”案，思考：在将来的多次性赔偿中，一次性赔偿和定期金赔偿各有哪些利弊？定期金赔偿的具体方法是什么？

第十六章

精神损害赔偿与惩罚性赔偿

参考文献

（一）著作

1. 杨立新．侵权责任法．北京：法律出版社，2021：235－247

2. 王利明．侵权责任法研究：上卷．北京：中国人民大学出版社，2019：708－729

3. 黄薇主编．中华人民共和国民法典侵权责任编释义．北京：法律出版社，2020：57－61

4. 最高人民法院民法典贯彻实施工作领导小组．中华人民共和国民法典理解与适用：侵权责任编：上卷．北京：人民法院出版社，2020：173－181

5. 张新宝．中国民法典释评：侵权责任编．北京：中国人民大学出版社，2020：66－72

6. 张新宝．侵权责任法原理．北京：中国人民大学出版社，2005：520－530

7. 邹海林，朱广新．民法典评注：侵权责任编：第1册．北京：中国法制出版社，2020：207－225

8. 曾世雄．损害赔偿法原理．北京：中国政法大学出版社，2001：291及以下

（二）论文

1. 杨立新，等．最高人民法院关于民事侵权精神损害赔偿司法解释释评．法学家，2001（5）

2. 杨立新，李怡雯．侵权责任编规定精神损害赔偿应当增加震惊损害赔偿．新疆师范大学学报（哲学社会科学版），2020（1）

3. 刘晓璇．论违约精神损害赔偿．法学杂志，2021（6）

4. 薛军.《民法典》对精神损害赔偿制度的发展.厦门大学学报（哲学社会科学版），2021（3）

5. 杜文聪.关于完善我国精神损害赔偿制度的立法思考.郑州大学学报（哲学社会科学版），1999（4）

6. 韩赤风.论精神损害赔偿的适用及其排除——以中德法律及司法实践为视角.法学，2006（10）

7. 杨立新，李怡雯.生态环境侵权惩罚性赔偿责任之构建——《民法典（侵权责任编草案）》二审稿第一千零八条的立法意义及完善.河南财经政法大学学报，2019（3）

8. 王冲.民法典环境侵权惩罚性赔偿制度之审视与规制.重庆大学学报（社会科学版），2021（5）

9. 王承堂.论惩罚性赔偿与罚金的司法适用关系.法学，2021（9）

10. 杨立新.《民法典》规范下的侵权惩罚性赔偿规则具体适用.荆楚法学，2022（1）

参考法规

《民法典》第1183、1184、1207、1232条，《消费者权益保护法》第55条第2款，《食品安全法》第148条等，2020年《精神损害赔偿司法解释》

第一节　精神损害赔偿

引例　“禁止‘丑女’进酒吧侵害人格尊严”案

某咨询公司市场主管高某在进入敦煌公司开办的“The Den”酒吧时，酒吧工作人员因其“面容不太好，怕影响店中生意”而拒绝其入内。高某向北京市某区人民法院提起诉讼，认为酒吧工作人员的行为侵害了其人格尊严，给其造成了极大精神伤害，要求被告赔偿精神损失费5万元及经济损失2 847元，并公开赔礼道歉。

一、精神、精神损害和精神损害赔偿的概念

（一）精神的概念

精神这一概念，在不同的领域有不同的含义。从本质上看，精神是与物质相对应、与意识相一致的哲学范畴，是由社会存在决定的人的意识活动及其内容和成果的总称。① 马克思主义哲学认为，精神是高度组织起来的物质即人脑的产物，是人们在改造世界的社会实践中通过人脑产生的观念、思想上的成果。人们的社会精神生活即社会意识是人们的社会物质生活即社会存在的反映。哲学上的精神包含两个层次：一是精神生产，二是社会精神生活。其在范围上主要表现为精神生产，精神生产成果的传播与意识的传播，以及精神享受。精神享受与精神生产、精神传播三者互相联系，构成一定社会的丰富多彩的精神生活。②

【拓展阅读】

法律上使用精神这一概念，并不是使用哲学上精神概念的全部内容，只是使用其中的一部分内容，主要是指精神活动，并且总是与精神损害、精神损害的法律后果即精神损害赔偿联系在一起使用。法律学上的精神活动，是与法律上的财产流转活动相对应的活动，包括生理上或心理上的活动和维护精神利益的活动。自然人的精神活动包括上述两项内容。法人作为拟制的法律人格，不存在生理上或心理上的精神活动，但存在保持和维护其精神利益的精神活动。

（二）精神损害的概念

精神损害是指对民事主体精神活动的损害。侵权行为侵害自然人、法人或非法人组织的人身权利以及具有人格象征意义的特定纪念物品，造成对自然人生理、心理上的精神活动和自然人、法人或非法人组织维护其精神利益的精神活动的破坏，最终导致精神痛苦和精神利益丧失或减损。精神损害的最终表现形式就是，精神痛苦和精神利益的丧失或减损。

1. 精神痛苦和精神利益的丧失或减损

精神痛苦的产生有两个来源：一是侵害自然人人体的生理损害。当侵权行为侵害身体权、健康权、生命权时，给权利主体造成生理上的损害，使其在精神上产生痛苦。二是侵害自然人心理的心理损害。当侵权行为侵害自然人的人身权利时，侵害了自然人的情绪、感情、思维、意识等活动，导致自然人的上述精神活动的障碍，使自然人产生愤怒、恐惧、焦虑、沮丧、悲伤、抑郁、绝望等不良情感，造成精神痛苦。

精神利益丧失或减损，是指自然人、法人或非法人组织维护其人格利益、身份利益的活动受到破坏，因而导致其人格利益、身份利益受有损害。这种损害，首先不以民事主体是否具有生物形态而有所不同，对自然人、法人或非法人组织均可造成这种损害。其次，自然人、法人或非法人组织享有的人身权种类不同，受有损害的范围也不同。如自然人享

① 参见王利明主编：《民法·侵权行为法》，617页，北京，中国人民大学出版社，1993。

② 参见《中国大百科全书》，哲学，379页，北京，中国大百科全书出版社，1987。

有的人身自由权、肖像权、性自主权、配偶权、亲权、亲属权等，法人或非法人组织并不享有，因而对法人或非法人组织不可能造成这种人格利益和身份利益的损害。

2. 法人、非法人组织的精神损害

有些学者认为法人或非法人组织不存在精神损害。最高人民法院《关于审理名誉权案件若干问题的解答》第10条第4款否认法人有精神损害问题。精神损害包括精神痛苦与精神利益丧失，法人的精神损害不包括精神痛苦，而仅指精神利益丧失。精神利益包括人格利益和身份利益，是民事主体人格的基本利益所在，否认法人、非法人组织有精神损害，就等于否认法人、非法人组织的人格，其结果会使法人、非法人组织本身失去存在的依据。

（三）精神损害赔偿的概念

精神损害赔偿是民事主体因其人身权益受到不法侵害，其人格利益和身份利益受到损害或遭受精神痛苦等无形损害，要求侵权人通过财产形式的赔偿等方法，进行救济和保护的民事法律制度。《民法典》第1183条第1款确认，人身权益受到严重精神损害的，被侵害人可以请求精神损害赔偿。

精神损害赔偿是侵权法的组成部分，是侵权民事责任的一种具体承担方式，是行为人实施侵权行为之后应当承担的法律后果。它与人身损害赔偿和财产损害赔偿一起，构成了侵权责任的基本形式。

（四）精神损害赔偿在侵权民事责任中的地位

在侵权法中，损害赔偿制度具有完整的体系，除精神损害赔偿外，还包括人身损害赔偿和财产损害赔偿。精神损害赔偿只是其中的一种形式。

在这三种损害赔偿形式中，精神损害赔偿是一种重要的形式，其适用范围之广，为其他两种损害赔偿形式所不及。

这主要表现在精神损害赔偿的适用范围的广泛程度上。首先，精神损害赔偿有其独自的适用范围，这就是对精神性人格权和身份权受侵害的救济。对精神性人格权和身份所受损害的救济，基本的形式就是精神损害赔偿。其次，对人身损害赔偿和财产损害赔偿的适用范围，精神损害赔偿也参与调整。对物质性人格权的侵害，造成了人身伤害的，侵权人要承担人身损害赔偿责任，同时，侵害物质性人格权造成受害人精神痛苦的，也应当予以精神损害赔偿救济。在某些具有人格利益因素的财产权受侵害的场合，对于造成精神利益损害或者精神痛苦的，也可以精神损害赔偿予以救济。

二、精神损害赔偿的结构

（一）历史发展形成的结构

精神损害赔偿结构，是指精神损害赔偿在其内在的部分究竟是怎样构成的，是由哪几部分构成的。随着社会文明的进步和法律文化的发展，侵权损害赔偿责任不断发展，才构成了今日精神损害赔偿的内在结构。

在罗马法初期，损害赔偿是一个笼统的概念。到了罗马法后期，损害赔偿发生了变化。侵辱行为（injuria）既包括对人身的损害，也包括对精神的损害。在罗马法后期，对身体的有形损害即侵害生命健康权的行为从侵辱行为中分离出来，变成了独立的侵权行为，使精神损害赔偿与人身损害赔偿对立起来，形成了侵害人身权损害赔偿制度中的两大基本制度。

其后，在精神损害赔偿制度的内部，又逐步分成两个不同的部分：一是对人格权的非财产损害赔偿，即人格权精神利益的损害赔偿制度；二是对侵害人格权、身份权造成人的精神痛苦、精神创伤的抚慰金赔偿制度。这一进程，是在近现代民法的发展中实现的。对精神利益损害的赔偿，与对人身损害造成的痛苦的赔偿，成为各不相同但又相互联系的制度，构成了今天精神损害赔偿的内部结构。

（二）两种结构的内容

对精神利益损害的赔偿，主要是指对精神性人格权损害的民事救济手段，保护的对象是名誉权、人身自由权、肖像权、姓名权、隐私权、性自主权以及一般人格权和身份权。具体进行分析，这种保护手段大体包含三个层面：一是对精神性人格权、身份权侵害造成的财产损害的赔偿；二是对精神性人格权、身份权侵害造成的精神利益损害的赔偿；三是对精神性人格权、身份权侵害造成的自然人精神痛苦的抚慰金赔偿。在立法上，对上述第二、第三两个层面的保护，通常不加区分，而这正是侵害自然人和法人或非法人组织精神性人格权相同的损害结果，因此，在这一点上，自然人和法人或非法人组织都存在精神利益的损害，都可以实行精神损害赔偿。

对精神痛苦的抚慰金赔偿，是对人格权损害造成的精神痛苦的民事救济手段，保护的对象是民事主体不受精神创伤的权利，因而它只能对自然人适用，不能对法人或非法人组织适用。当自然人的人格权受到损害时，除应当赔偿其财产上的损害以外，对其本人或亲属遭受的精神痛苦，应以一定数额的金钱予以抚慰。抚慰金赔偿制度是对自然人物质性人格权受侵害的救济。①

（三）精神损害赔偿结构的成因

精神损害赔偿制度之所以出现这样的内在结构，是由这一制度保护的客体——人格权的复杂性和可划分性所决定的。民法发展到今天，民事主体享有的人格权达十几种，构成了庞大的人格权体系。尽管它们是那样的复杂、繁多，却可以用最简单的方法被划分为两大类，即以人格权的存在方式为标准，分为物质性人格权和精神性人格权。前者依托于自然人的物质实体，“是自然人对于物质性人格要素的不转让性支配权”②。后者以观念的形态存在，是自然人和法人或非法人组织“对其精神性人格要素的不转让性支配权的总称”③。对这两种不同的人格权进行民法上的保护，依据它们的不同特点，采取的保护方法

---

① 关于抚慰金赔偿的适用范围，应当限制在侵害物质性人格权的保护范围之中，这样会使对精神利益损害的救济和对精神痛苦的救济的区别更加分明，逻辑层次更加清楚。

② 张俊浩主编：《民法学原理》，142 页，北京，中国政法大学出版社，1991。

③ 张俊浩主编：《民法学原理》，146 页，北京，中国政法大学出版社，1991。

当然也不会相同。对物质性人格权的侵害，会造成财产上的损失和精神上的痛苦，因而要赔偿财产损失和抚慰金。对精神性人格权的侵害，也会造成一定程度上的财产损失，同时造成精神利益损害，对财产损害当然要进行赔偿，对于精神利益损害，可以一并用精神损害赔偿的方法，予以保护。正因为如此，精神损害赔偿制度形成以上两种结构。

【拓展阅读】

从另一个角度分析，无论侵害人格权，还是侵害身份权，抑或侵害某些特定的财产权及人身利益，都可能造成两种损害，即精神痛苦和精神利益丧失或减损。精神损害赔偿作为对精神损害的救济手段，也必然形成对精神痛苦的抚慰金赔偿和对精神利益丧失或减损的精神利益损害赔偿这样两种结构。

三、精神损害赔偿的功能

（一）关于精神损害赔偿之功能的不同学说

关于精神损害赔偿的功能有诸多学说，归纳起来，分为以下三种基本观点。

1. 单一功能说

这种学说认为精神损害赔偿只有单一的功能。该学说认为这种单一功能，或者是惩罚，或者是补偿，或者是满足，或者是克服，或者是调整。①

2. 双重功能说

这种学说认为精神损害赔偿的功能有双重性，其具有两种不同的功能，互相作用。其中一种意见认为精神损害具有补偿和满足的双重功能，另一种意见认为精神损害赔偿既具有补偿的功能又具有惩罚的功能。②

3. 三重功能说

这种学说认为精神损害赔偿的性质是经济补偿，仍具备填补损害、抚慰受害人和制裁违法这三种功能。③

（二）精神损害赔偿的三种不同功能

精神损害赔偿的首要功能就是补偿损害。尽管精神损害不是现实的、有形的损害，但它毕竟是一种损害事实。法律肯定精神损害赔偿制度，就是要肯定其补偿对受害人的作用，因此，不可否认，精神损害赔偿具有填补损害的功能。

精神损害赔偿的抚慰功能，相当于国外学说中的满足功能和克服功能。正如有学者所指出的那样：金钱作为价值和权利的一般尺度，可以成为满足受害人人身及精神需要的物质手段。尽管它无法弥补受害人的精神利益，但是它可以使受害人在其他方面得到精神的享受，因此，金钱赔偿在这种情况下是民法唯一可以采用的给受害人以满足的方法。这种需要的满足，恰恰是为了平复受害人精神创伤，慰藉其感情的损害，通过改变受害人的外

① 参见王利明主编：《人格权法新论》，658～661页，长春，吉林人民出版社，1994。

② 参见王利明主编：《人格权法新论》，663页，长春，吉林人民出版社，1994。

③ 参见杨立新：《侵权损害赔偿》，206～207页，长春，吉林人民出版社，1990；杨立新：《论人格损害赔偿》，载《河北法学》，1987（6）。

环境来克服其内环境即心理、生理以及精神利益受损害所带来的消极影响，恢复身心健康。

精神损害赔偿制度兼具惩罚性。惩罚性（或称制裁性）的来源是侵权人承担损害赔偿责任，不仅不能因自己的侵权行为而得到任何经济上的便宜，还会遭受更大的经济损失。这种惩罚（制裁）职能可以刺激侵权人履行自己的法定义务。[①] 这种赔偿是对违法行为的制裁。近现代法律分工后，刑法担负惩罚职责，民法主要担负补偿职责。认为精神损害赔偿乃至整个损害赔偿制度具有惩罚性，并非对古代民法那种民刑不分的回复，而是在克服古代民法的上述弊端的基础上，更加注意保护受害人的利益，加重对加害人的处罚，以达到防止侵权行为、稳定社会秩序的目的。[②] 另外也应当看到，精神损害赔偿的惩罚功能不是其基本功能，应是其填补损害功能附带的、兼具的另一种功能。

四、我国精神损害赔偿制度的发展

(一)《民法通则》第 120 条初步确立我国的精神损害赔偿制度

1949 年至 1986 年，我国没有建立精神损害赔偿制度，并将精神损害赔偿视为落后的民法制度。《民法通则》第 120 条第一次规定了精神损害赔偿制度，规定侵害姓名权、肖像权、名誉权、荣誉权，可以运用精神损害赔偿的方法进行法律保护。

但是，《民法通则》的这一规定还有很多不完善之处：一是对物质性人格权受到损害的，没有规定精神损害赔偿的保护方法；二是对精神性人格权规定不完全，没有规定隐私权、人身自由权、性自主权等人格权，特别是没有规定一般人格权，因而精神损害赔偿所保护的范围不够完善；三是对身份权则完全没有规定，更没有规定精神损害赔偿的保护方法。

(二) 2001 年《精神损害赔偿司法解释》对精神损害赔偿制度的发展

2001 年《精神损害赔偿司法解释》阐发《民法通则》规定的原则以及其他单行法律的规定，补充立法的不足，对我国自然人的人身权进行司法保护有六个重大突破，表明了我国法律对自然人人格权、人格利益和身份权法律保护的重大进步，使我国对自然人人身权的司法保护实现了重大进展。这些突破是：第一，在保护生命权、身体权和健康权方面的重大突破，特别是直接承认身体权为独立人格权，适用精神损害赔偿的保护方法进行保护；第二，对人格尊严和人身自由法律保护方面的重大突破，确认人格尊严的一般人格权的最高地位，确认人身自由是独立的人格权；第三，对隐私权的保护从间接保护改为直接保护，更有利于对隐私权的保护；第四，对亲权和亲属权等身份权可以采用精神损害赔偿方法进行保护作出明确规定；第五，全面扩展保护死者人格利益的范围，确认对死者的姓名利益、肖像利益、名誉利益、荣誉利益、隐私利益以及遗体、遗骨进行保护；第六，将精神损害赔偿的适用扩展到具有人格因素的某些财产权损害的场合，侵害特定纪念物品

---

① 参见《中国大百科全书》，法学，571 页，北京，中国大百科全书出版社，1984。

② 参见王利明主编：《人格权法新论》，664 页，长春，吉林人民出版社，1994。

的，受害人可以请求精神损害赔偿。

在该司法解释中，有一个特别重要的条款，就是第1条第2款关于“违反社会公共利益、社会公德侵害他人隐私或者其他人格利益，受害人以侵权为由向人民法院起诉请求赔偿精神损害的，人民法院应当依法予以受理”的规定中，有关侵害“其他人格利益”起诉精神损害赔偿应予受理的规定。这个“其他人格利益”保护条款的最重要作用，就是概括对人格利益保护的全部未尽事宜。这就是说，任何人格利益，尽管没有明文规定，只要需要依法保护的，都可以概括在这个概念里面，依法予以精神损害赔偿的保护。

（三）原《侵权责任法》第22条规定的精神损害赔偿

原《侵权责任法》第22条规定：“侵害他人人身权益，造成他人严重精神损害的，被侵权人可以请求精神损害赔偿。”这一规定看似简单，但内容非常全面，几乎包括了2001年《精神损害赔偿司法解释》的全部内容。

（四）《民法典》第1183条第1款规定的精神损害赔偿

《民法典》第1183条第1款坚持原《侵权责任法》第22条规定的精神损害赔偿制度。根据相关司法解释和司法经验，依照《民法典》的规定，确定精神损害赔偿的适用范围是：

第一，侵害物质性人格权的精神抚慰金。侵害生命权、健康权或身体权，造成精神痛苦的，侵权人应当承担精神损害抚慰金的赔偿责任。对此，被侵权人享有损害赔偿请求权。

第二，侵害精神性人格权的精神损害抚慰金。侵害精神性人格权的精神损害抚慰金，依照《民法典》第1183条第1款的规定确定，自无问题。但有一点，即是否一定要达到“严重精神损害”的标准，才可以请求精神损害赔偿。对此，有两个办法可以解决：（1）在实践中掌握，侵害精神性人格权造成较为严重的精神损害的，可以请求精神损害赔偿；（2）降低严重精神损害的标准，法官在掌握精神损害严重程度时降低尺度，使更多的被侵权人能够得到精神损害赔偿。

第三，侵害身份权的精神损害抚慰金。侵害身份权的精神损害抚慰金，按照《民法典》第1183条第1款的规定，自然也无问题，因为身份权是人身权的类型之一。我国原来的民事立法没有规定身份权，对侵害身份权是否可以适用精神损害赔偿似乎还有疑问。《民法典》已经确认身份权是民事权利，第1183条第1款规定的保护范围又是“人身权益”，因而不再存在这个问题。侵害配偶权、亲权、亲属权或监护权的，被侵权人可以请求精神损害抚慰金赔偿。对于侵害著作权中的身份权的，例如侵害署名权、修改权、维护作品完整权，造成严重精神损害的，也应当准许被侵权人提出精神损害抚慰金的赔偿请求。

第四，故意侵害人格利益造成严重损害的精神损害抚慰金。故意侵害人格利益，造成严重精神损害的，被侵权人有权请求精神损害抚慰金赔偿。震惊损害，应当包括在这种精神损害责任类型之中。对于死者人格利益的保护，20多年来也有成熟的经验，侵害死者人格利益的，也应当适用《民法典》第1183条规定的精神损害赔偿责任。

第五，侵害具有人身意义的特定物的精神损害赔偿。侵害具有人身意义的特定物，对被侵权人造成严重精神损害的，准许被侵权人请求精神损害赔偿。《民法典》第1183条第2款对此已经作了规定，侵害具有人身意义的特定物，受到损害的是所有权，但同时也侵害了该特定物中所包含的人格利益，精神损害赔偿正是救济这种人格利益损害的方法，而不是救济财产损害的措施。

五、精神损害赔偿的一般形式

精神损害赔偿的内容实际上包括对精神利益损害的赔偿和对精神痛苦的赔偿。前者被称为精神利益损害赔偿，后者被称为抚慰金赔偿。在最高人民法院的司法解释中，上述两种精神损害赔偿都被称为精神损害抚慰金赔偿。这种做法当然有其根据，但不利于区分两种不同的精神损害赔偿的界限。

【拓展阅读】

应当看到，精神损害赔偿中的精神利益损害赔偿和精神痛苦损害赔偿，虽然都是精神损害赔偿，但它们的性质是不同的。精神利益损害赔偿，是对精神性人格权中的精神利益受到的损害的赔偿。精神痛苦损害赔偿则是对受害人因为身体权、健康权和生命权受到侵害，在心灵上受到的创伤和痛苦所进行的救济。

六、精神损害赔偿的类型

（一）精神利益损害赔偿

1. 精神利益损害赔偿的作用

对精神利益损害的赔偿，是精神损害赔偿的主要形式。

这种精神损害赔偿，主要是在侵害一般人格权以及精神性人格权和身份权，造成受害人精神利益的损害时，对受害人的这种精神利益损害，以财产补偿的形式进行救济。

严格地说，这种精神损害赔偿还是侵权责任中的赔偿损失。但是与一般的侵权损害赔偿相比，这种损害赔偿所救济的对象不是财产的损失，而是由于受害人一般人格权、精神性人格权和身份权受到侵害，对这些权利中所含有的精神利益所受损害的赔偿。正是这样，精神损害赔偿的真实意义是救济精神利益所受的损害，而不是对财产利益损失的补偿。

2. 精神利益损害赔偿的适用范围

精神利益损害赔偿的范围：一是侵害一般人格权；二是侵害名誉权，侵害人身自由权，侵害肖像权，侵害姓名权，侵害名称权，侵害隐私权，侵害信用权，侵害性自主权，侵害荣誉权；三是侵害其他人格利益；四是侵害配偶权，侵害亲权，侵害监护权。

（二）抚慰金赔偿

侵害物质性人格权，造成精神痛苦的，也应当进行精神损害赔偿。这种精神损害赔偿就是抚慰金赔偿。[①]

物质性人格权，包括身体权、健康权和生命权。在这三种权利中，最主要的利益是非财产性的利益，即人作为民事主体所应当具备的物质性人格基础。当人的物质性人格基础受到损害，产生残缺时，人的人格就会受到严重损害，甚至于丧失，因此，侵害物质性人格权所造成的损害，不是一般的财产上的损失，也不是精神利益上的损害，而是在物质上损害乃至消灭人的人格。对于这样的侵权行为所造成的后果，必须认识到其严重性，坚决予以制裁，以保护受害人的人格利益。

抚慰金赔偿适用的范围是：(1) 导致死亡的。侵害生命权造成受害人死亡的，抚慰金赔偿的是死者近亲属的精神痛苦。(2) 导致残疾的。侵权行为造成了受害人残疾，丧失劳动能力的，抚慰金赔偿的是受害人的精神痛苦。(3) 导致一般伤害的。对于侵权行为造成健康权受损害，即造成人身损害但是还没有造成残疾的，应当给予抚慰金赔偿。(4) 侵害身体权的。对于侵害身体权但没有造成伤害后果的，如果需要赔偿，也给予这种抚慰金赔偿。(5) 侵害特定财产的。侵害具有人身意义的特定物，造成受害人的人格利益损害的，采用抚慰金赔偿予以救济。

（三）违约侵害人格权的精神损害赔偿

《民法典》第 996 条规定："因当事人一方的违约行为，损害对方人格权并造成严重精神损害，受损害方选择请求其承担违约责任的，不影响受损害方请求精神损害赔偿。"这是当违约行为造成精神损害时可以直接适用精神损害赔偿责任救济的规定，以前的司法解释是禁止在违约责任中适用精神损害赔偿予以救济的。

一个违约行为造成合同预期利益损害和严重精神损害这两种损害的形成机制是：对合同约定的义务，债务人未履行，造成了债权人的可得利益损害；而该合同履行利益对债权人而言，不仅具有财产利益，而且具有人身意义，该人身意义又包含着精神利益。当违约行为发生时，一方面造成了债权人的财产利益损害，另一方面又造成了债权人的精神利益损害，也侵害了债权人的人格利益，造成严重精神损害。例如，旅行社组织的旅行团混进了严重传染病病人，其他团员面临感染疾病的威胁，产生严重精神损害。

长期以来，我国采取对违约行为不得请求适用精神损害赔偿责任的做法，当事人如果坚持主张，则应通过民事责任竞合的方法，选择侵权诉讼方可获得支持。这个规则是最高人民法院《精神损害赔偿司法解释》确立的，并为司法实践一直所坚持。[②] 这样的做法虽然有一定道理，但是对当事人形成诉累：一个违约行为既造成债权人的财产利益损害，又造成精神利益损害，非违约方却须提起两个诉讼，并且这两个诉讼可能还不是由同一个法院管辖。《民法典》第 996 条规定，因违约造成严重精神损害的，受害人可以直接起诉精神损害赔偿责任。这就可以解决这个问题也有利于受害人方便、及时地行使权利，保护自己。

---

① 关于精神损害抚慰金赔偿的问题，本书第十五章已作详细说明，在这里为了保持精神损害赔偿体系的完整，稍作说明。

② 最高人民法院的这一司法解释确定的这个规则，是通过该司法解释的标题体现出来的，即"确定民事侵权精神损害赔偿责任"，不适用于违约责任。

对违约方请求精神损害赔偿的要件是：(1) 双方当事人存在合同等债的关系；(2) 一方当事人违反合同，构成违约行为；(3) 在侵害了债权人债权的同时，还侵害了债权人的人格权并造成严重精神损害；(4) 既造成了债权人的财产利益损害，也造成了严重精神利益损害。具备上述要件，受损害一方请求违约人承担违约责任的，也可以一并请求违约方承担精神损害赔偿责任。

七、精神损害赔偿的计算方法

(一) 算定精神损害赔偿金的原则

1. 国外关于算定精神损害赔偿金的原则

国外关于算定精神损害赔偿金的原则，大致分为以下五种。

(1) 酌定赔偿原则。

这种原则下不制定统一的赔偿标准，而是法官根据案件的具体情况酌定。英美法系法院通常采用这种原则，根据具体案情，法官自由裁量精神损害赔偿金的具体数额。这种原则自由、灵活，可以根据具体情况酌定，是其优点；但缺乏算定精神损害赔偿金的统一标准，导致法院在面对相似的案件时对同样的精神损害可能作出赔偿数额相差悬殊的判决。

(2) 比例赔偿原则。

有些国家认识到酌定赔偿原则的缺点，通过确定与有关医疗费的一定比例而使对痛苦和遭遇赔偿的数额标准化。在德国，痛苦和遭遇的赔偿额通过医疗费用的价值数额估算确定。在秘鲁规定，法官只能在受害人所必须花费的医疗费数额的半数和两倍之间来估算赔偿金数额。

(3) 标准赔偿原则。

这种赔偿原则是确定每日赔偿标准，按标准计算赔偿金数额。如在丹麦，在 1968 年之前，加害人对躺在床上的病人给付的精神损害赔偿金每天为 15 丹麦克朗，给付其他病人的为每天 7.5 丹麦克朗；在 1968 年以后，这两种精神损害赔偿金的标准分别增加到每天 25 丹麦克朗和每天 10 丹麦克朗。

(4) 固定赔偿原则。

在日本，对于某些方面的人身损害抚慰金赔偿，制定固定的抚慰金赔偿表格，规定各种精神损害的固定的赔偿数额，法官只要查表，即可确定应当赔偿的数额。例如，在交通事故造成的人身损害中，就有固定的抚慰金赔偿表格，详细规定住院治疗的每天赔偿多少钱，不住院治疗的每天赔偿多少钱等。法官只要按照表格中的固定数额计算即可。

(5) 限额赔偿原则。

这种赔偿原则规定了精神损害赔偿的最高限额，法官可在最高限额下酌定具体数额。如埃塞俄比亚的法律规定精神损害赔偿数额最高不能超过 1 000 埃塞俄比亚比尔，哥伦比亚法律规定不得超过 2 000 比索。

2. 我国关于算定精神损害赔偿金的原则

我国关于算定精神损害赔偿金的原则有三个，其中一个是基本原则，另两个是辅助性原则。

（1）自由酌量原则。

这是算定精神损害赔偿金的基本原则，它赋权法官在处理精神损害赔偿纠纷案件时，依自由裁量权，确定精神损害赔偿金的具体数额。自由裁量权不是无限制的权利，并不意味着法官可以在确定赔偿金数额时随心所欲、主观臆断，而是必须遵循一定的规则和办法。对于这一原则，原《侵权责任法》无明文规定，最高人民法院《关于审理名誉权案件若干问题的解答》第10条规定："公民并提出精神损害赔偿要求的，人民法院可根据侵权人的过错程度、侵权行为的具体情节、给受害人造成精神损害的后果等情况酌定。"其中"酌定"二字，就是指的自由酌量原则。《民法典》第998条规定："认定行为人承担侵害除生命权、身体权和健康权外的人格权的民事责任，应当考虑行为人和受害人的职业、影响范围、过错程度，以及行为的目的、方式、后果等因素。"这个规定，确定的就是侵害精神性人格权时精神损害赔偿计算的酌定方法。

（2）区别对待原则。

在自由酌量原则的基础上，在具体确定精神损害赔偿金的时候，必须对不同利益因素所受的损害予以区别对待，根据其不同特点，依据不同的计算规则，逐个计算出应赔偿的数额，最后酌定总的赔偿金数额。如，对于财产利益的直接损失，应当参照财产损害赔偿的计算规则计算；对于精神利益中的财产利益损害，应当依照精神利益中财产利益损害的计算法和某些权利转让使用费的计算规则计算；对于纯精神利益损害和精神痛苦，按照酌定规则和抚慰金计算规则计算；对于侵害人身自由权的，依照《国家赔偿法》第33条的规定，每日赔偿金按照国家上年度职工日平均工资计算。实行区别对待原则，有利于克服自由酌量原则的不足之处，使精神损害赔偿金的算定更为准确、可行。

（3）适当限制原则。

在实行自由酌量原则的基础上，除适用区别对待原则以外，还应实行适当限制原则，其目的也是克服自由酌量原则的不足之处，防止误导人们盲目追求高额赔偿。适当限制原则表现在两个方面：一是对于精神损害情节一般的，可以责令承担非财产性质的民事责任，造成财产利益损失或者精神损害情节较重的，可以责令加害人承担赔偿责任。二是对精神损害赔偿金的数额应当适当限制，应当考虑当地居民实际负担能力，自然人、企业、单位负担能力的不同，以及其他情况，酌定限额。

（二）算定精神损害赔偿金的具体规则

根据司法实践，在我国精神损害赔偿金算定的基本办法，是综合法，即由法官按照具体规则，综合各项精神损害的各个赔偿数额，酌定损害赔偿金总额。综合法是上述算定精神损害赔偿金的三项原则的具体体现。

1. 概算规则

对于纯精神利益损害的赔偿和精神痛苦抚慰金的算定，适用概算规则。适用概算规则的，法官应将考量情况分为加害人过错程度的轻重、受害人的精神利益受损害后果及所受精神痛苦程度、双方的经济负担能力与经济状况，以及受害人的资力这四种因素，其中前三种是着重考虑的因素。在计算时，首先按照当地精神损害赔偿金的一般限额，分成低、中、高三个档次，依前三种着重考虑的因素确定适用哪一个档次；然后再依照其他因素，在这一档次的幅度中浮动；最后确定具体赔偿数额。办法是，把上列前三种着重考虑的因素列为两类情况：一类是提高赔偿数额的情况，如损害后果严重，加害人出于故意，加害人生活水平高而受害人生计困难等。另一类是降低赔偿数额的情况，如侵害结果较轻，加害人出于过失，加害人经济状况不佳而受害人经济状况良好等。符合前一类情况的，可以给予较多的赔偿；符合后一类情况的，可以给予较少的赔偿；两类情况兼而有之的，可以给予中等水平的赔偿。在确定了三种赔偿幅度中的一种之后，再斟酌当事人的身份、地位、年龄、职业以及案件的其他因素，确定具体的数额。

2. 比照规则

现行立法对于精神损害赔偿金的算定已有明确规定的，应当比照该规定算定精神损害赔偿金数额。目前立法中，只有《国家赔偿法》对人身自由权侵害、生命权侵害和扶养请求权侵害是由国家行为造成的时有具体的赔偿规定。对于人身自由权侵害的精神损害赔偿金，该法第33条规定："侵犯公民人身自由的，每日赔偿金按照国家上年度职工日平均工资计算。"这虽然是国家赔偿标准，但在关于人身自由权侵害的精神损害赔偿没有正式标准的情况下，可以比照这一规定执行。

3. 参照规则

在确定精神利益中财产利益损失的数额时，可以参照其他标准确定赔偿金数额。

(1) 参照受害人在被侵权期间可得利益的损失数额。

在法人、非法人组织的人身权受到侵害时，这种可得利益的损失较为明显，较容易计算。实际上，这种损失就是受害人在侵权期间受到的财产不利益。对此，可以参照财产损害赔偿中的"参照受害人在被侵权期间可得利益的损失数额计算方法"计算。

(2) 参照侵权人在侵权期间因侵权而获得的财产利益数额。

侵权人因侵权行为所获得的利益，是不法所得，可被视为受害人所受到的损失。计算出侵权人在侵权期间的非法所得，即可确定精神损害赔偿金数额。对此，可以参照财产损害赔偿中的"参照侵权人在侵权期间因侵权而获得的财产利益数额的方法"计算。这种参照规则，适用于法人、非法人组织为侵权人侵害他人人身权的场合。

(3) 参照某些人格权转让使用的一般费用标准。

在肖像权、名称权转让使用中，可以约定一定的使用费。为此，有约定使用费数额标准的，依其约定标准计算；没有约定标准的，参照类似使用费的一般标准，确定赔偿金数额。

4. 全部赔偿规则

对于侵害精神性人格权和身份权而造成的财产的直接损失，应当比照侵害财产权的全部赔偿原则，以全部财产损失作为精神损害赔偿金数额。所应注意的是，其财产损失应是合理的、必要的费用支出。不合理、不必要的支出，不应计算在内。

【拓展阅读】

在依据上述四项具体规则分别计算出纯精神利益损害、精神痛苦损害的具体数额以后，法官可依自由酌量原则，综合评断，确定精神损害赔偿金的总额，并依此作出判决。

在算定精神损害赔偿金时，还有几个问题必须注意：

第一，一个行为侵害数个精神性人格权时，应以所侵害的主要人格权为准，在计算赔偿金时，应将一并侵害的人格权事实作为加重情节，适当提高精神损害赔偿金总额。

第二，单一民事主体的数个行为侵害一个权利的，应作为一个侵权行为计算精神损害赔偿金数额。单一民事主体的数个行为侵害数个权利的，是数个侵权行为，应分别计算，最后综合确定精神损害赔偿金总额。

第三，综合评定精神损害赔偿金总额，应以各种损害所应赔偿的数额相加的总和为标准，依据案情作适当的调整，但不应与总和数额相差悬殊。当一个侵权行为只造成一项利益损害时，则按该项利益损害计算精神损害赔偿金数额，并综合评定之。

【引例评析】

在本节引例“禁止‘丑女’进酒吧侵害人格尊严”案中，被告禁止所谓的“丑女”进酒吧消费，是严重的人格歧视行为。这种行为所侵害的客体，就是人格尊严。对于人格尊严受损害的，只能以精神损害抚慰金赔偿方法予以救济。对于本案，法院应当判决被告承担侵权责任，以保护受害人的人格尊严。

第二节 惩罚性赔偿

引例 “使用美容化妆品导致消费者面部毁容，请求惩罚性赔偿”案

原告黄某与被告某化妆品专卖店签订协议书，被告承诺用其“一品莲特号祛痘液”为原告治疗面部皮肤，原告支付对价 4 000 元。经多次治疗，原告的面部情况不仅没有好转，反而逐步恶化，最后面部皮肤瘢痕毁容。司法鉴定结论为，美容失败导致面部瘢痕，为六级伤残。原告请求判令被告支付惩罚性赔偿 12 000 元、误工费 13 784.75 元、残疾赔偿金 291 560 元、精神抚慰金 25 000 元、交通费 1 000 元、鉴定费 500 元，合计 343 844.75 元。法院判决支持原告的诉讼请求。

一、《民法典》规定的侵权惩罚性赔偿规则

（一）《民法典》规定的侵权惩罚性赔偿责任的内容

惩罚性赔偿又称报复性赔偿，是指由法院判决作出的赔偿数额超出实际损害数额，对侵权人具有惩罚功能的损害赔偿责任。它分为侵权惩罚性赔偿和违约惩罚性损害赔偿。侵

权惩罚性赔偿是加重赔偿，目的是在对侵权人故意实施侵权行为造成的损失进行填补性损害赔偿之外，再令侵权人在财产上承担超出其所行为所致损失之范围的赔偿责任，惩罚恶意侵权行为人，发挥社会警示作用。

对于侵权惩罚性赔偿，大陆法系与英美法系的态度截然不同。英美法系民法坚持惩罚性赔偿；而大陆法系民法一般排斥侵权惩罚性赔偿的适用，理由是侵权惩罚性赔偿使私法具有了公法的功能，混淆了私法与公法的界限，且使被侵权人因侵权损害而获得超出其损害的不当利益，易引起故意造成损害而索赔的不良社会效果。

在大陆法系成文法国家中，我国对待惩罚性赔偿的态度是例外的。1993 年制定《消费者权益保护法》，于第 49 条规定了产品欺诈和服务欺诈的违约惩罚性赔偿，在规范市场经济秩序、保护当事人合法权益方面取得了较好效果。在制定原《侵权责任法》过程中，专家认为适当规定侵权惩罚性赔偿是有积极意义的。[①] 立法机关采纳了这样的意见，在第 47 条规定了恶意产品侵权的惩罚性赔偿责任。随后修订的《消费者权益保护法》《食品安全法》《商标法》都规定了侵权惩罚性赔偿。2020 年制定的《民法典》通过四个条文对侵权惩罚性赔偿进行规范。

《民法典》的四个条文是：(1) 第 179 条第 2 款规定，"法律规定惩罚性赔偿的，依照其规定"。(2) 第 1185 条规定，"故意侵害他人知识产权，情节严重的，被侵权人有权请求相应的惩罚性赔偿"。(3) 第 1207 条规定，"明知产品存在缺陷仍然生产、销售，或者没有依据前条规定采取补救措施，造成他人死亡或者健康严重损害的，被侵权人有权请求相应的惩罚性赔偿"。(4) 第 1232 条规定，"侵权人故意违反国家规定污染环境、破坏生态造成严重后果的，被侵权人有权请求相应的惩罚性赔偿"。其中，第 179 条第 2 款是 2017 年《民法总则》规定的；第 1185 条是新增加的对故意侵害知识产权适用惩罚性赔偿的规定；第 1207 条是在原《侵权责任法》第 47 条的基础上修改而成的，增加了对产品流通后发现存在缺陷没有及时采取补救措施的惩罚性赔偿；第 1232 条是对环境污染和生态破坏惩罚性赔偿的规定，是环境污染和生态破坏责任的新规则。

(二)《民法典》规定的侵权惩罚性赔偿规范的不同性质

《民法典》上述四条有关惩罚性赔偿的规范的性质并不一样。

第 179 条第 2 款是《民法典》关于惩罚性赔偿责任适用的一般规则，其主要作用是：第一，确定惩罚性赔偿责任的合法性，即在民事法律关系中，为救济某些民事权利遭受的严重损害，惩罚具有恶意的侵权人和违约人的行为。令其承担超出实际损害的惩罚性赔偿是法律赋予被侵权人的权利，也是侵权人承担民事责任的方式之一。第二，确定惩罚性赔偿不是普遍适用的民事责任承担方式，须另有"法律规定"，即依照其规定进行，故这一条款并不存在请求权的法律基础，只有其他"法律规定"才包含惩罚性赔偿的请求权基础。第三，规定惩罚性赔偿包含的范围，即《民法典》规定的惩罚性赔偿，既包括侵权惩罚性赔偿，也包括违约惩罚性赔偿。第四，惩罚性赔偿适用的具体范围和计算方法等，由包含惩罚性赔偿请求权基础的"法律规定"确定，不是该一般规则规定的内容。

---

① 参见王胜明主编：《中华人民共和国侵权责任法释义》，271 页，北京，法律出版社，2013。

《民法典》规定的其他三个侵权惩罚性赔偿规范，性质也不相同：（1）第1185条既是一个具体规范，也是一个一般规则，包括授权知识产权法规定惩罚性赔偿责任：一方面规定，故意侵害他人知识产权，情节严重的，可以适用惩罚性赔偿；另一方面规定，在知识产权单行法，如《商标法》等法律中，可以规定侵权惩罚性赔偿的具体规则。（2）第1207条和第1232条是侵权惩罚性赔偿请求权的具体规范，对于符合这两个条文规定的产品责任或者环境污染、生态破坏的侵权行为，被侵权人可以请求侵权人承担惩罚性赔偿责任。

（三）《民法典》第179条与其他法律有关惩罚性赔偿规定的关系

在《民法典》之外，《著作权法》第54条第1款第二句、《商标法》第63条第1款第二句、《专利法》第71条第1款第二句、《反不正当竞争法》第17条第3款第二句、《消费者权益保护法》第55条第2款、《食品安全法》第148条第2款、《电子商务法》第42条第3款也规定了侵权惩罚性赔偿。这些规定都属于《民法典》第179条第2款规定的“法律规定”，是《民法典》的特别法。《民法典》第179条第2款规定的惩罚性赔偿一般规则与其他“法律规定”的惩罚性赔偿规定的关系如下。

1. 与知识产权单行法规定的侵权惩罚性赔偿规范的关系

《民法典》第179条第2款与知识产权单行法中的侵权惩罚性赔偿规范的关系如下文所示：

《民法典》第179条第2款→《民法典》第1185条→《著作权法》第51条第1款第二句、《商标法》第63条第1款第二句、《专利法》第71条第1款第二句、《反不正当竞争法》第17条第1款第二句、《电子商务法》第42条第3款等。①

2. 与《民法典》分则和其他特别法规定的惩罚性赔偿规范的关系

《民法典》第179条第2款与分则各编和其他特别法规定的惩罚性赔偿规范的关系如下。

（1）有关产品责任的规定。

《民法典》第179条第2款→《民法典》第1207条→《消费者权益保护法》第55条第2款、《食品安全法》第148条第2款。

应当注意的是，《民法典》第179条第2款规定了两种惩罚性赔偿：一是侵权惩罚性赔偿，如本书所研究的内容；二是违约惩罚性赔偿，如《消费者权益保护法》第55条第1款规定的产品欺诈和服务欺诈应当承担价金3倍、不足500元可以请求500元的惩罚性赔偿；《食品安全法》第148条第2款规定的生产、经营食品欺诈行为的价金10倍、不足1 000元应当承担1 000元的惩罚性赔偿。在司法实践中混淆二者所导致的法律适用错误较多，应当特别加以区别。其最基本的界限，就是造成了损害还是没有造成损害。

（2）有关环境保护法的规定。

《民法典》第179条第2款→《民法典》第1232条→环境保护法和生态保护法的相关规定（目前还没有）。

---

① 箭头表示：该规定的细化程度。

在上述关系中，《民法典》第1185条、第1207条和第1232条都包含独立请求权，能直接作为侵权惩罚性赔偿请求权的法律基础，行使相应的请求权；也能作为民法单行法规定的侵权惩罚性赔偿规范的上位法。例如，知识产权单行法尚未规定惩罚性赔偿的，如果故意侵害知识产权，情节严重的，被侵权人可以直接依据《民法典》第1185条的规定请求侵权人承担惩罚性赔偿责任。

二、侵害知识产权惩罚性赔偿司法解释对其他侵权惩罚性赔偿的借鉴意义

2021年3月3日开始施行的最高人民法院《关于审理侵害知识产权民事案件适用惩罚性赔偿的解释》[①]，对正确适用《民法典》第1185条作出了解释。该司法解释虽然是针对侵害知识产权惩罚性赔偿纠纷案件的适用法律作出的解释，但对其他领域侵权惩罚性赔偿责任的法律适用有重要借鉴意义。

（一）《侵害知识产权惩罚性赔偿司法解释》规定的具体规则

1. 侵权惩罚性赔偿请求权及行使规则

对侵害知识产权惩罚性赔偿请求权及行使规则，该司法解释规定了以下内容。

（1）该司法解释第1条第1款规定，原告主张被告故意侵害其依法享有的知识产权且情节严重，请求判令被告承担惩罚性赔偿责任的，法院应当依法审查处理。这一请求权的法律基础就是《民法典》第1185条的规定。当行为人故意侵害被侵权人的知识产权，情节严重时，被侵权人享有侵权惩罚性赔偿请求权，侵权人承担侵权惩罚性赔偿责任。被侵权人行使该请求权，向法院起诉的，法院应当依法受理，依照法律规定审理。

（2）该司法解释第2条规定，被侵权人行使请求权，请求侵权人承担侵权惩罚性赔偿责任的，在诉讼请求中应当提出明确的赔偿数额、计算方式以及所依据的事实和理由。这意味着，被侵权人行使知识产权侵权惩罚性赔偿请求权的，不仅要述明该请求权产生的事实和理由，还须明确提出具体的赔偿数额以及计算方式。只有这样，法院才能确定惩罚性赔偿请求权是否成立，如果成立应当如何确定惩罚性赔偿的具体数额以及计算方式。

（3）被侵权人行使侵权惩罚性赔偿请求权的时间要求：一是在提起诉讼时提出。二是在提起诉讼时没有提出，在一审法庭辩论终结前增加惩罚性赔偿请求的，法院应当准许。超出这个期限，例如在一审法庭辩论终结后主张行使惩罚性赔偿请求权的，一审不再审理，但可以在二审中提出。三是在二审中增加惩罚性赔偿请求的，法院可以根据当事人自愿的原则进行调解；调解不成的，告知当事人另行起诉，当事人应当作为另案向法院专门提起惩罚性赔偿的诉讼，按照程序法的要求进行审理。

2. 对侵权人侵害知识产权的故意要件的认定

《民法典》第1185条规定，侵害知识产权惩罚性赔偿请求权的构成要件，首先就是侵权人具有侵害知识产权的故意。这是构成侵害知识产权惩罚性赔偿请求权的主观要件，其认定规则如下。

---

① 以下简称《侵害知识产权惩罚性赔偿司法解释》。

（1）对于侵害知识产权的故意要件，《商标法》和《反不正当竞争法》规定为恶意，《著作权法》和《专利法》规定的是故意。恶意也是故意，通常认为，恶意是故意中的最恶劣者，是比一般故意更恶劣的故意。[①] 不过，在侵害知识产权的故意要件中，即使上述两部法律规定了恶意，也不能认为在侵害知识产权的行为中，行为人的故意尚未达到恶意者，就不产生惩罚性赔偿请求权，恶意只是对惩罚性赔偿究竟确定为几倍的尺度。这是因为：一是新法优于旧法的法律适用原则；二是虽然《民法典》是普通法，《商标法》是特别法，但是，普通法和特别法对于同一事项作出不同规定的，不宜适用特别法优先原则；三是《民法典》的立法目的在于扩大适用惩罚性赔偿的适用范围，以保护知识产权、惩罚故意侵权人，所以采用相对宽松的主观要件（故意）而不是采用更为严格的主观要件（恶意）来规范惩罚性赔偿的适用。[②]

（2）认定侵害知识产权的故意须确定一般标准。按照通常的看法，故意是指行为人预见到自己行为的损害结果，仍然希望或放任结果的发生。[③] 故意包括两种形态：行为人明知损害将要发生，一是希望损害结果的发生，二是放任结果的发生。如果被侵权人能够证明行为人侵害知识产权的上述目的，即可认定故意。不过，该司法解释特别强调，对于侵害知识产权的故意的认定，应当综合考虑被侵害知识产权的客体类型、权利状态和相关产品知名度、被告与原告或者利害关系人之间的关系等因素。

（3）该司法解释特别规定了可以认定为侵害知识产权故意的具体情形。法院可以初步认定被告具有侵害知识产权的故意的情形有：一是被告经原告或者利害关系人通知、警告后，仍继续实施侵权行为的；二是被告或其法定代表人、管理人是原告或者利害关系人的法定代表人、管理人、实际控制人的；三是被告与原告或者利害关系人之间存在劳动、劳务、合作、许可、经销、代理、代表等关系，且接触过被侵害的知识产权的；四是被告与原告或者利害关系人之间有业务往来或者为达成合同等进行过磋商，且接触过被侵害的知识产权的；五是被告实施盗版、假冒注册商标行为的；六是其他可以认定为故意的情形。凡是具有上述情形之一，可以认定为行为人具有侵害知识产权的故意。这里提到的“初步”认定故意，应当是指这种证明并非已经证明了行为人主观方面的故意，而是从客观事实上认定故意。对此，应当实行举证责任倒置：行为人如果能够证明自己没有故意，推翻初步故意认定的，不能认定故意要件；不能证明推翻的，认定故意要件构成。

3. 对侵权行为情节严重的认定

侵害知识产权的侵权行为情节严重，是《民法典》第1185条规定的客观要件。应当怎样认定情节严重，该司法解释第4条从两个方面作出规定。

（1）认定侵害知识产权情节严重的一般方法是，综合考虑侵权手段、次数，侵权行为的持续时间、地域范围、规模、后果，侵权人在诉讼中的行为等因素，例如公然手段、多次侵权，持续时间长、覆盖地域范围广，损害后果严重，以及被侵权人在诉讼中的具体态度等。

（2）侵害知识产权情节严重的具体情形包括：一是因侵权被行政处罚或者法院裁判承

---

① 参见张新宝：《中国民法典释评·侵权责任编》，81页，北京，中国人民大学出版社，2020。

② 参见张新宝：《中国民法典释评·侵权责任编》，81页，北京，中国人民大学出版社，2020。

③ 参见王利明：《侵权责任法研究》，上卷，341页，北京，中国人民大学出版社，2019。

担责任后，再次实施相同或者类似的侵权行为；二是以侵害知识产权为业；三是伪造、毁坏或者隐匿侵权证据；四是拒不履行保全裁定；五是侵权获利或者权利人受损巨大；六是侵权行为可能危害国家安全、公共利益或者人身健康；七是其他可以认定为情节严重的情形。

符合上述要求的侵害知识产权的侵权行为，应被认定为符合《民法典》第 1185 条规定的侵害知识产权的侵权行为情节严重。

4. 惩罚性赔偿数额的确定方法

在适用侵权惩罚性赔偿规范时，确定具体的惩罚性赔偿数额是关键问题。对此，应当从两个方面着手。

(1) 确定侵权惩罚性赔偿的计算基数。

确定惩罚性赔偿的计算基数，应当依照该司法解释第 5 条的规定进行，即分别依照相关法律，按照三个标准计算：一是原告的实际损失数额，二是被告的违法所得数额，三是因侵权所获得的利益。这三个计算基数均难以计算的，则依法参照该权利许可使用费的倍数合理确定，并以此作为惩罚性赔偿数额的计算基数。计算基数原则上不包括原告为制止侵权所支付的合理开支；如果法律另有规定的，依照其规定。

计算基数的证明，由被侵权人即原告负担。在原告举证后，实行举证责任转换，法院依法可以责令被告提供其掌握的与侵权行为相关的账簿、资料，被告负有提供证据的义务。被告无正当理由拒不提供或者提供虚假账簿、资料的，法院可以参考原告的主张和证据确定惩罚性赔偿数额的计算基数。构成《民事诉讼法》第 111 条规定的妨害司法行为的，依法追究法律责任。

(2) 确定侵权惩罚性赔偿数额的倍数。

计算侵权惩罚性赔偿数额，在确定了计算基数之后，须确定计算倍数。依照该司法解释第 6 条的规定，确定惩罚性赔偿的计算倍数时，应当综合考虑被告的过错程度、侵权行为的情节严重程度等因素。

由于适用侵害知识产权惩罚性赔偿规范的主观要件是故意，因此，被告的过错程度就是故意的程度。通常认为，故意分为直接故意和间接故意，直接故意又分为一般故意和恶意。可以说，故意的轻重程度依次是：间接故意→一般故意→恶意。在此基础上，再进一步考察情节严重的具体程度。

侵权行为的情节严重程度，也是在情节严重的范围内进一步确定情节严重的不同程度。根据这些具体情形，在法律规定的惩罚性赔偿数额倍数范围内，确定具体的惩罚性赔偿数额的倍数。例如《商标法》规定的惩罚性赔偿数额的倍数是 1 至 5 倍，可根据侵权的具体情形，在 1 至 5 倍的范围内确定具体的赔偿数额。

在确定具体的惩罚性赔偿数额时，侵权人因同一侵权行为已经被处以行政罚款或者刑事罚金且执行完毕的，如果侵权人主张减免惩罚性赔偿责任，依照《民法典》第 187 条关于“民事主体因同一行为应当承担民事责任、行政责任和刑事责任的，承担行政责任或者刑事责任不影响承担民事责任”的规定，其主张不能成立，因此不予支持；但是，在确定惩罚性赔偿数额的倍数时，可以综合考虑，适当减少。这是因为，惩罚性赔偿不是补偿性赔偿，行政罚款和刑事罚金与惩罚性赔偿在性质和功能上相同，因而综合考虑就是达到惩罚的目的即可，而不必一律适用 5 倍的“顶格”倍数。

(二)《侵害知识产权惩罚性赔偿司法解释》对其他惩罚性赔偿规范的借鉴意义

在目前法律规定的侵权惩罚性赔偿适用范围中，除知识产权侵权惩罚性赔偿责任外，还有其他 7 种惩罚性赔偿责任，即《民法典》第 1207 条规定的恶意产品侵权责任，以及未采取有效补救措施责任；第 1232 条规定的故意污染环境、破坏生态损害责任；《消费者权益保护法》第 55 条规定的商品欺诈、服务欺诈造成严重人身损害责任；《食品安全法》第 148 条规定的生产食品和经营食品故意侵权造成严重损害责任（是两种惩罚性赔偿）；《电子商务法》规定的知识产权人侵害平台内经营者权益责任。对前三种情形，《民法典》规定了适用要件，但没有规定惩罚性赔偿的计算基数和计算倍数；对后四种情形，法律规定了惩罚性赔偿的计算基数和计算倍数，缺少的是对适用要件的具体解释。因而，需要借鉴有关法律的规定和司法解释规定的规则，确定上述惩罚性赔偿的具体要件。

在这方面，虽然该司法解释规定的知识产权惩罚性赔偿的性质与上述 6 种侵权惩罚性赔偿的性质有所不同，但是，该司法解释规定的惩罚性赔偿具体规则有重要借鉴意义。这主要表现在以下两个方面。

1. 适用惩罚性赔偿要件认定具体规则的借鉴价值

《民法典》《消费者权益保护法》《食品安全法》《电子商务法》有关惩罚性赔偿的规范中，对侵权惩罚性赔偿构成要件的规定都是一般规则，在司法实践中应当有具体的操作规则。该司法解释对《民法典》第 1185 条规定的故意侵害知识产权惩罚性赔偿的构成要件，即故意和情节严重，都规定了具体的认定规则，包括一般认定方法和具体表现情形，具有实际的可操作性。适用其他侵权惩罚性赔偿规范时可以借鉴这些规定，确定适用认定要件的具体规则。

2. 计算侵权惩罚性赔偿数额具体规则的借鉴价值

确定侵权惩罚性赔偿数额的要点有二：一是计算基数，二是计算倍数。《消费者权益保护法》《食品安全法》对其规定的惩罚性赔偿的计算基数和计算倍数都作了规定，《民法典》第 1207 条和第 1232 条对侵权惩罚性赔偿的计算基数和计算倍数都没有规定。对此，该司法解释提出的确定方法可以提供参考，同时也可以借鉴其他相关规定确定这些侵权惩罚性赔偿的计算基数和计算倍数。

有了该司法解释提供的经验，在司法实践中确定侵权惩罚性赔偿数额时，就会有比较准确的、统一的计算方法，从而保障侵权惩罚性赔偿规范的统一实施。

三、对各种侵权惩罚性赔偿责任的构成要件的认定

除侵害知识产权惩罚性赔偿责任之外的其他侵权惩罚性赔偿责任，按照法律规定的构成要件，可以细分成以下七种类型。

(一) 明知产品（商品）存在缺陷仍然生产、销售的产品侵权责任

《民法典》第 1207 条规定的恶意产品侵权责任分为两种类型：一是明知产品存在缺陷仍然生产、销售的侵权责任，是原《侵权责任法》第 47 条规定的惩罚性赔偿责任；二是编

纂《民法典》时新增加的惩罚性赔偿责任。《消费者权益保护法》第 55 条第 2 款规定的明知商品有缺陷仍然生产、销售的侵权责任，与《民法典》第 1207 条规定的第一种类型的侵权惩罚性赔偿责任重合，因此放在一起阐释。

明知产品[①]存在缺陷仍然生产、销售的惩罚性赔偿责任的构成要件如下。

1. 生产、销售的产品须存在缺陷

这一客观要件是指生产者生产出来的产品存在缺陷，或者销售者销售的产品存在缺陷。对于缺陷，应当依照《产品质量法》关于缺陷是产品中存在的危及人身、他人财产安全的不合理的危险的标准来界定[②]，包括设计缺陷、制造缺陷、警示说明缺陷等。当生产的、销售的产品存在设计上、制造上或者警示说明上的不合理危险时，就成立这一要件。

2. 生产者、销售者对其生产、销售的产品存在缺陷须为明知

这是构成该种惩罚性赔偿责任的主观要件，即明知生产或者销售的产品存在缺陷。明知的内容是，生产、销售的产品有缺陷，有造成他人损害的不合理危险，而不是明知生产、销售后必定造成他人损害。"明知"不包括应知，是确定地知道，证明责任在原告。对明知的认定，应当综合考虑案件的具体情形，例如侵权人已经被被侵权人或者利害关系人通知、警告，仍继续实施该种侵权行为，即可认定为明知。

至于明知商品有缺陷究竟构成何种过错，一般认为，行为人在主观上与一般的损害赔偿责任中的行为人不同，即要具有故意或者恶意。[③] 也有人认为，"明知"是指缺陷产品的生产者、销售者确实、明确地知道产品存在缺陷。从过错角度看，行为人存在故意或者重大过失。"明知"排除一般过失和轻微过失。[④] 立法专家认为，产品责任中惩罚性赔偿的适用条件，是行为人具有主观故意。[⑤] 按照一般理解，明知产品有缺陷而继续生产、销售的，行为人的主观态度，一是希望，二是放任，三是轻信可以避免。如果是最后者，为重大过失而不是故意，因而适用惩罚性赔偿责任的主观要件包括重大过失似乎也有道理。不过，惩罚性赔偿惩罚的是恶意侵权，主张重大过失也构成侵权惩罚性赔偿，与立法目的不合。确定明知产品有缺陷的主观要件是故意，不包括重大过失，更为妥当。

3. 生产者、销售者对有缺陷的产品仍然继续生产、销售

生产者、销售者明知产品存在缺陷，却仍然继续生产、销售，是构成惩罚性赔偿责任的行为要件。继续生产、销售的时间点为明知产品有缺陷之后，如果在明知有缺陷之前生产、销售，则构成一般的产品责任，只赔偿造成的实际损失，行为人不承担惩罚性赔偿责任。

4. 造成他人死亡或者健康严重损害

这是适用侵权惩罚性赔偿责任的损害后果要件。缺陷产品造成他人死亡，是惩罚性赔偿责任的构成要件。缺陷产品造成他人健康严重损害，也构成惩罚性赔偿责任。对具体确定的标准，《中华人民共和国侵权责任法释义》没有说明，《中华人民共和国民法典侵权责

---

① 在本节中所说的"产品"包括商品，下文同。

② 《产品质量法》第 46 条规定："本法所称缺陷，是指产品存在危及人身、他人财产安全的不合理的危险；产品有保障人体健康和人身、财产安全的国家标准、行业标准的，是指不符合该标准。"

③ 参见王利明：《侵权责任法研究》，下卷，281 页，北京，中国人民大学出版社，2019。

④ 参见张新宝：《中国民法典释评》，侵权责任编，149 页，北京，中国人民大学出版社，2020。

⑤ 参见黄薇主编：《中华人民共和国民法典侵权责任编释义》，127 页，北京，法律出版社，2020。

任编释义》也没有说明，可以参照最高人民法院、最高人民检察院《关于办理生产销售假药、劣药刑事案件具体应用法律若干问题的解释》第2条第1款关于“生产销售的假药、劣药被使用后，造成轻伤以上伤害，或者轻度残疾、中度残疾，或者器官组织损伤导致一般功能障碍或者严重功能障碍，或者有其他严重危害人体健康情形的，应当认定为刑法第141条规定的‘对人体健康造成严重危害’”的规定来确定。“对人体健康造成严重危害”与“造成健康严重损害”，是否为完全等同概念，主要决定于“危害”和“损害”。有的学者认为，健康受到严重损害并不仅指重伤或者残疾，也可能是轻伤以及器官功能障碍。[①] 也有学者认为：这里所称的造成健康严重损害，并不一定导致残疾。如果确实造成残疾，则可以直接认定已经造成了健康严重损害。[②] 如果产品缺陷未造成严重的人身伤害，而仅造成轻微的人身伤害或者财产损害，则不适用本条规定的惩罚性赔偿。[③] 与这些意见比较起来，参照“对人体健康造成严重危害”的司法解释来确定，更为准确，即造成轻伤以上伤害，或者轻度残疾、中度残疾，或者器官组织损伤导致一般功能障碍或者严重功能障碍，或者有其他严重危害人体健康情形的，构成“造成健康严重损害”。

（二）发现发展风险没有采取有效补救措施的产品侵权责任

这种侵权惩罚性赔偿责任的适用情形也被称为拒绝补救[④]，其构成要件如下。

1. 投入流通的产品存在缺陷

生产者生产的产品在投入流通时，由于当时的科学技术水平所限，还不能发现该产品是否存在缺陷，因此，即使产品造成损害，也不追究生产者的责任。这就是产品责任制度中的发展风险规则。[⑤] 不过，在将这种产品投入流通后，法律要求生产者负有跟踪观察义务，发现缺陷后应当及时采取停止销售、警示、召回等补救措施，以制止损害扩大。这就是跟踪观察义务。[⑥] 未及时采取补救措施或者采取的补救措施不力，造成损害扩大的，生产者应当依照《民法典》第1206条的规定承担损害赔偿责任，不构成惩罚性赔偿责任。

2. 生产者未依照法律规定采取有效补救措施

生产者对投入流通的产品已经发现存在缺陷，负有及时采取补救措施的义务，但是没有依照法律规定采取有效补救措施，是构成惩罚性赔偿责任的要件。这是行为的客观要件，即没有采取有效补救措施，或者采取的补救措施不是有效的补救措施。停止销售、警示、召回的补救措施救济的内容不同。停止销售，是要求不得再将发现有缺陷的产品投入流通，以杜绝发生新的损害。警示针对的是产品存在合理危险，通过警示和说明正确的使用方法就可以避免损害。召回是对存在不合理危险的产品，召回并消除缺陷后，再返还或者更换给消费者使用。没有采取这些补救措施，或者采取的补救措施没有针对缺陷的性质

---

① 参见最高人民法院民法典贯彻实施工作领导小组主编：《中华人民共和国民法典理解与适用》，侵权责任编，350页，北京，人民法院出版社，2020。

② 参见王利明：《侵权责任法研究》，下卷，282页，北京，中国人民大学出版社，2019。

③ 参见邹海林、朱广新主编：《民法典评注》，侵权责任编，451页，北京，中国法制出版社，2020。

④ 参见张新宝：《中国民法典释评》，侵权责任编，149页，北京，中国人民大学出版社，2020。

⑤ 《产品质量法》第41条第2款规定：“生产者能够证明有下列情形之一的，不承担赔偿责任：……（三）将产品投入流通时的科学技术水平尚不能发现缺陷的存在的。”

⑥ 参见杨立新：《侵权责任法》，379～380页，北京，法律出版社，2021。

而没有发生效果，例如该召回的只是采取了警示的方法，或者只是采取了停止销售的方法，就应当认定为没有采取有效补救措施。

3. 主观上有过错

产品生产者已经发现了投入流通的产品存在缺陷，也明确自己负有及时采取补救措施的义务，但是没有采取有效补救措施的，在主观上存在放任损害后果发生的间接故意。生产者也可能存在重大过失，例如轻信损害可以避免。不过，由于惩罚性赔偿的着眼点在于惩罚故意侵权者，因而仍然应当以故意为主观要件比较稳妥，即有明知即可认定为故意。

4. 造成他人死亡或者健康严重损害

这一损害后果要件，与明知产品存在缺陷仍然生产、销售的侵权责任的同一要件的要求相同。

在确定这种惩罚性赔偿责任时，应当看到发展风险、跟踪观察缺陷与没有采取有效补救措施造成严重损害三种情形在产品责任中的递进关系。一是发展风险规则，即依照《产品质量法》第41条第2款关于生产者能够证明将产品投入流通时的科学技术水平尚不能发现缺陷的存在情形的免责规定，不承担赔偿责任。二是依《民法典》第1206条规定，即构成发展风险，生产者未及时采取补救措施或者采取补救措施不力造成损害扩大的，对发展风险所致损害而扩大的损失部分，生产者应当承担损害赔偿责任。三是出现发展风险事由，生产者没有采取有效补救措施，造成他人死亡或者健康严重损害的，承担惩罚性赔偿责任。这三个部分紧密相连，根据三种不同的情形，分别适用免责、就扩大损失部分承担损害赔偿和承担惩罚性赔偿三种不同的法律后果。

(三) 明知服务存在缺陷仍然向消费者提供的侵权责任

依《消费者权益保护法》第55条关于“经营者明知商品或者服务存在缺陷，仍然向消费者提供，造成消费者或者其他受害人死亡或者健康严重损害的，受害人有权要求经营者依照本法第四十九条、第五十一条等法律规定赔偿损失，并有权要求所受损失二倍以下的惩罚性赔偿”的规定，明知商品存在缺陷仍然向消费者提供的惩罚性赔偿责任与《民法典》第1207条规定的规则重合，而经营者明知服务存在缺陷仍然向消费者提供的惩罚性赔偿责任，却不在《民法典》第1207条规定的范围内，因此，这是民法特别法规定的侵权惩罚性赔偿责任，属于《民法典》第179条第2款规定的“法律规定惩罚性赔偿”的范围，应当“依照其规定”确定其构成要件。

明知服务存在缺陷仍然继续向消费者提供的惩罚性赔偿责任的构成，除服务存在缺陷这一要件外，其他方面的构成要件都与明知商品存在缺陷继续提供的惩罚性赔偿责任的相应构成要件是一样的，因此，需要研究的就是服务存在缺陷这一要件。对此，应当研究以下两个问题。

1. 服务的概念和特点

服务，一般是指服务者向消费者提供以特定的劳务为内容的作为或者不作为，消费者向服务者支付对价或者不支付对价的债权债务关系。① 有学者认为，服务具有以下特殊的

① 参见杨立新、杜泽夏、吴烨：《消费者保护中的服务及其损害赔偿》，载《法律适用》，2016 (5)。

属性：(1) 信息不对称性，服务者与消费者对特定服务的信息完全不对称，因此才存在接受服务的需求，(2) 非库存性，服务的提供与消费同时进行，难以像商品那样进行贮藏和保存，(3) 无形性，服务行为不能物型化，而是以劳务或者行为的方式提供，没有空间的有形性，(4) 复原、返还的不可能性，正因为服务是劳务或者行为，一旦给付被对方受领，就不可能复原或者返还，(5) 服务者特质的制约性，亲自履行是服务合同的基本特征，(6) 受领人的协作性，服务者提供服务时，消费者须予以协作，受领服务行为的履行，否则无法实现服务义务的履行。[①] 该学者对服务这些特殊属性的说明，大体上是正确的，只是关于服务行为不能物型化的意见，值得斟酌，因为物型服务也是服务的一种类型。

尽管服务是指不涉及或甚少涉及物质产品交换的市场交易形式，一方提供给另一方的是不可感知且不导致任何所有权转移的活动或利益，其在本质上是无形的，可以分为高接触性服务、中接触性服务和低接触性服务，但是，物型合同和非物型合同的划分，在确定明知服务有缺陷仍然予以提供的惩罚性赔偿责任的构成中，具有更重要价值。

立足于服务过程中行为与物的关系，以及服务结果是否具备特定性这两个维度，可以将服务区分为物型服务、行为型服务和叠加型服务三种类型。物型服务是指服务者将其劳务行为凝聚在特定的物中，使劳务物化，并将该物交付给消费者，消费者予以受领的服务，包括服务者以自己的给付行为加工新物，以及服务者的给付行为凝结于特定物之中。行为型服务，是指服务者依照消费者的要求对消费者提供单纯的给付行为，消费者予以受领，满足自身需要的服务。叠加型服务是行为与物叠加，即在服务过程中，服务行为依赖特定的产品或物，将其作为行为的材料、设备或手段，完成特定给付行为的服务，包括“服务者携带服务之物＋服务者给付行为”“消费者自备服务之物＋服务者给付行为”两种方式。[②] 物型服务与叠加型服务由于有某种物的交换，虽然物的所有权并未转变，但是物的交换是客观存在的。行为型服务中没有物的交换，是非物型服务，服务人员的技术、技能水平等会存在不符合服务标准问题。

2. 服务缺陷的界定

通常认为，服务缺陷即服务具有安全上或卫生上之危险性。[③] 这一定义过于抽象，不完全符合服务类型的实际情况。[④]

物型服务中的物和叠加型服务中的物，其缺陷与产品缺陷的概念基本一致，即物存在危及人身、财产安全的不合理危险，包括设计缺陷、制造缺陷、警示说明缺陷和跟踪观察缺陷。不同的是，物型服务中物的缺陷，不是生产者、销售者所致的原发型缺陷，而是服务者在加工、修理中形成的继发型缺陷；而服务者因消费者定作而制作的新物的缺陷为原发型缺陷，是因服务者的行为而发生。叠加型服务中物的缺陷，是通常的产品缺陷，为原发型缺陷，是生产者、销售者的行为所致，与服务者的行为无关。

---

① 参见周江洪：《服务合同研究》，16页以下，北京，法律出版社，2010。

② 参见杨立新、杜泽夏、吴烨：《消费者保护中的服务及其损害赔偿》，载《法律适用》，2016 (8)。

③ 参见李适时主编：《中华人民共和国消费者权益保护法释义》，227页，北京，法律出版社，2013。

④ 以下对服务缺陷的说明，请参见杨立新、杜泽夏、吴烨：《消费者保护中的服务及其损害赔偿》，载《法律适用》，2016 (5)。

服务行为的缺陷，是指服务的给付行为具有的安全上或卫生上的不合理危险。判断这种不合理危险的标准是，服务于其提供时，不具有通常可合理期待的安全性。所谓通常，是指符合当时的科技或者专业水准。具体表现是：第一，对于已依科学、专业水准的合理期待可得认识的危险，却因科技、专业的水准而无法予以克服、回避时，服务者自有必要以科学、专业水准的要求予以标示、说明，使消费者知其危险性的存在，而以其他方法以求减轻损害，甚至因而有所回避。服务者违反此项标示警告，自应因此成立损害赔偿责任。第二，服务属于非可期待的合理接受，只要消费者系以服务者提供服务的方法接受服务并因而受有损害，对于消费者而言，因为皆可属于可期待的合理接受服务，服务者自应有被论断成立责任的可能。第三，服务提供的时期，是指服务符合提供服务当时的科技或者专业水准的要求，即使其后有较佳之服务，亦不得认为该服务具有不合理危险，反之，即有缺陷。[①]

（四）生产不符合食品安全标准的食品损害责任

因食品涉及公众的健康安全，《食品安全法》第 148 条第 2 款对食品侵权惩罚性赔偿责任的构成要件要求偏低，不必达到一般的产品侵权惩罚性赔偿责任要件的要求，即生产不符合食品安全标准的食品造成消费者损害的，就构成惩罚性赔偿责任。其要件如下。

1. 生产不符合食品安全标准的食品

按照《食品安全法》第 150 条的规定，食品安全指食品无毒、无害，符合应当有的营养要求，对人体健康不造成任何急性、亚急性或者慢性危害。食品安全标准就是关于食品无毒、无害，符合应当有的营养要求，对人体健康不造成任何急性、亚急性或者慢性危害的强制性标准。《食品安全法实施条例》第 3 条规定：食品生产经营者应当依照法律、法规和食品安全标准从事生产经营活动，建立健全食品安全管理制度，采取有效管理措施，保证食品安全。食品生产经营者对其生产经营的食品安全负责，对社会和公众负责，承担社会责任。食品安全标准包括：一是食品相关产品中的致病性微生物、农药残留、兽药残留、重金属、污染物质以及其他危害人体健康物质的限量规定。二是食品添加剂的品种、使用范围、用量。三是专供婴幼儿的主辅食品的营养成分要求。四是对与食品安全、营养有关的标签、标识、说明书的要求。五是与食品安全有关的质量要求。六是食品检验方法与规程。七是其他需要制定为食品安全标准的内容。八是食品中所有的添加剂必须详细列出。九是食品生产经营过程的卫生要求。

食品生产者生产不符合食品安全标准的食品，就构成这一惩罚性赔偿责任要件。

2. 生产不符合食品安全标准的食品出于故意或者重大过失

生产不符合食品安全标准的食品是一个客观要件，是行为要件，但是，这一行为须包含主观内容。食品生产者对于生产不符合食品安全强制性标准的食品，肯定是明知的。这是对食品生产者的一般性要求。明知而生产，在主观上就具有故意的心态。尽管对于生产不符合食品安全标准的食品造成损害并非故意，但是对生产不符合食品安全标准的食品具有故意。生产者正因为存在这样的故意心态，才应承担惩罚性赔偿责任。不过，在这一条

---

① 参见朱柏松：《消费者保护法论》，增订版，196 页，台北，2004。

法律规定中，与规定经营不符合食品安全标准的食品承担惩罚性赔偿责任所要求的经营者“明知”，是有区别的。应当确定，生产不符合食品安全标准的食品，并非必须明知，应知也应当构成。所以，出于故意或者重大过失生产不符合食品安全标准的食品，是这种惩罚性赔偿责任的主观要件。

3. 造成消费者损害

造成消费者损害的要件是指生产者生产的不符合食品安全标准的食品造成消费者的人身损害。这种损害，首先，不包括财产损害，尽管条文中没有这样明确规定，但是基于惩罚性赔偿主要保护的是生命权和健康权，可作此推定。其次，没有要求造成死亡或者健康严重损害的后果，而仅指人身损害。这也和一般产品侵权责任的构成要求人身损害的要件不同。

符合上述三个要件之要求的，构成生产不符合食品安全标准的食品的惩罚性赔偿责任。

(五) 经营明知是不符合食品安全标准的食品的损害责任

经营明知是不符合食品安全标准的食品的惩罚性赔偿责任，是《食品安全法》规定的第二种食品损害惩罚性赔偿责任类型。这种食品损害惩罚性赔偿责任，与生产不符合食品安全标准的食品的惩罚性赔偿责任的区别，主要在于以下两个要件。

1. 经营者经营不符合食品安全标准的食品

经营者经营食品，包括经营食品的成品以及经营自己制作的食品，因而经营者经营食品应当是销售食品或者提供食品服务。销售生产者生产的食品是经营食品；自己加工食品提供给消费者，主要存在于餐饮业，例如饭店、快餐、外卖等餐饮经营业。不论以上述何种形式，只要是经营的食品不符合食品安全标准的，就构成这一要件。

2. 明知经营的食品不符合食品安全标准

经营者明知经营的食品不符合食品安全标准，是构成这种惩罚性赔偿责任的主观要件。其要求是，经营者须明知经营的食品不符合食品安全标准，不论是销售生产者生产的不符合食品安全标准的食品，还是经营自己制作的不符合食品安全标准的食品，经营者在主观上应当对其明知。不符合食品安全标准的食品，就有可能造成消费者损害，经营者明知而为之，就构成故意。

具备上述两个要件，再加上具备造成消费者损害的后果要件的，就构成经营者明知经营不符合食品安全标准的食品的惩罚性赔偿责任。

(六) 违反法律规定故意污染环境、破坏生态的损害责任

对于这种惩罚性赔偿责任的构成要件，立法机关的解读比较到位。[①] 参照该解读意见，概括为以下要件。

1. 侵权人实施了不法行为

侵权人的环境污染和破坏生态行为违反了法律规定，是构成环境污染和生态破坏惩罚性赔偿责任的第一个要件。在一般情况下，企业的排污行为只要符合环境法律、法规的要求就是合法的，企业的正常生产经营活动为社会正常发展所必需，受法律的保护和鼓励。

---

① 参见黄薇主编：《中华人民共和国民法典侵权责任编释义》，188～189页，北京，法律出版社，2020。

不过，尽管企业的排污行为符合法律、法规的规定，按照无过错责任原则的要求，造成他人损害的，也应当承担填补性损害赔偿责任。对企业的合法排污行为施以惩罚性赔偿，须以企业违反法律规定为前提，否则不具有正当性。

2. 侵权人主观上具有故意

构成该种惩罚性赔偿责任的，应当符合侵权人的主观状态须为故意的要件要求。在编纂《民法典》的过程中，有学者建议将该主观要件规定为故意或者重大过失，认为仅规定故意会不恰当地缩小惩罚性赔偿的适用范围，削弱受害人维权的积极性。这种看法不妥，因为在环境侵权中引入惩罚性赔偿制度不应扩大范围。立法专家认为，故意作为一种主观状态，可以通过侵权人的行为来认定，如侵权人多次非法排污并受到行政机关处罚，侵权人将未经处理的废水、废气、废渣直接排放或者倾倒，侵权人关闭环境在线监测系统或者故意干扰监测系统，侵权人在正常排污设施外还留有偷排孔等，都能证明侵权人对其排污行为可能造成的后果不是疏忽大意而是故意为之，放任严重后果的发生。环境侵权司法解释可以将故意要件细化为具体行为，受害人只要证明侵权人有列举的情形，就可以认定其为故意，减轻受害人的举证负担。①

3. 造成严重损害

在环境污染和生态破坏中，侵权人的行为造成严重后果的，才能构成惩罚性赔偿责任。这样要求的目的是，遵循惩罚性赔偿适用的谦抑原则，使惩罚性赔偿的适用罚当其错。损害后果严重，不仅是指对受害人的人身、财产造成严重损害，还包括对生态、环境造成严重损害，甚至造成不可逆转的损害。（1）造成人身严重损害，并非要达到《民法典》第1207条规定的“造成死亡或者健康严重损害”的程度，造成死亡，当然构成严重损害；造成一人或者数人健康严重损害，也构成严重损害；甚至造成多人的人身一般损害，也构成人身严重损害。（2）造成财产严重损害，即造成财产损害巨大、财产损害的范围广泛、财产损害的性质特别严重等。（3）造成生态、环境严重损害。造成生态环境的不可逆转的损害，就构成严重损害；其他如生态、环境的损害范围广、影响后果严重等，都构成严重损害。

符合上述要件要求的，构成环境污染和生态破坏的惩罚性赔偿责任。

（七）电子商务平台的恶意通知损害责任

《电子商务法》第42条第3款规定：通知错误造成平台内经营者损害的，依法承担民事责任。恶意发出错误通知，造成平台内经营者损失的，加倍承担赔偿责任。这是电子商务平台损害责任，简称为恶意通知损害责任，其构成要件如下。

1. 发出通知的行为人是自称为知识产权权利人的人

在电子商务平台经营中，权利人对侵害其知识产权的平台内经营者可以行使通知权发出通知，要求电子商务平台经营者对平台内经营者的侵权行为采取删除、屏蔽、断开链接、终止交易或服务等必要措施，阻止侵权后果继续发生。构成恶意通知造成平台内经营者财产损失的惩罚性赔偿责任，其行为人是自称为知识产权人的，可能是知识产权人，也可

① 参见黄薇主编：《中华人民共和国民法典侵权责任编释义》，188页，北京，法律出版社，2020。

能不是知识产权人，他们请求平台经营者对平台内经营者的经营行为采取上述必要措施。

2. 电子商务平台经营者应行为人要求对平台内经营者采取必要措施

根据知识产权权利人的通知，电子商务平台经营者对平台内经营者采取了删除、屏蔽、断开连接、终止交易或服务等必要措施，使平台内经营者不能利用该平台进行经营活动。平台内经营者包括利用电子商务平台进行销售或者服务的销售者或者服务者。

3. 行为人发出的通知错误并造成平台内经营者的损失

行为人以平台内经营者实施侵害其知识产权的侵权行为为由发出通知，电子商务平台经营者对平台内经营者采取必要措施后，已经确定该平台内经营者并没有侵害其知识产权，确认其行使通知权是错误的时，电子商务平台经营者因该错误通知而对平台内经营者采取了必要措施并造成的损失，是经营损失，是因错误通知而使平台内经营者因经营活动受阻而产生的财产损失，不包括人身损害。

4. 行为人在主观上具有侵害平台内经营者合法权益的恶意

行为人实施错误通知在主观上具有恶意，即故意用错误通知的方式侵害平台内经营者的合法权益，损害其经营活动。行为人不具有恶意，只是出于过失造成损害的，承担补偿性赔偿责任；具有恶意的，承担惩罚性赔偿责任。

四、侵权惩罚性赔偿数额的计算方法

确定侵权惩罚性赔偿数额时，按照《侵害知识产权惩罚性赔偿司法解释》规定的规则，应当首先确定计算基数和计算倍数，其次在法定的计算倍数范围内裁量具体的赔偿数额。

(一)《民法典》及其他法律的相关规定

在《民法典》和其他法律中，有的规定了惩罚性赔偿的计算基数和倍数，有的没有规定，需根据实际情况确定。

1. 法律已经规定了计算方法的侵权惩罚性赔偿

对故意侵害知识产权的侵权惩罚性赔偿计算方法，《民法典》第1185条虽然没有规定，但是，有关知识产权的单行法有明确规定。

(1)《著作权法》第54条第1款第二句规定："对故意侵犯著作权或者与著作权有关的权利，情节严重的，可以在按照上述方法确定数额的一倍以上五倍以下给予赔偿。"第2款规定："权利人的实际损失、侵权人的违法所得、权利使用费难以计算的，由人民法院根据侵权行为的情节，判决给予五百元以上五百万元以下的赔偿。"第3款规定："赔偿数额还应当包括权利人为制止侵权行为所支付的合理开支。"

(2)《商标法》第63条第1款第二、三句规定："恶意侵犯商标专用权，情节严重的，可以在按照上述方法确定数额的一倍以上五倍以下确定赔偿数额。赔偿数额应当包括权利人为制止侵权行为所支付的合理开支。"

(3)《专利法》第71条规定："对故意侵犯专利权，情节严重的，可以在按照上述方法确定数额的一倍以上五倍以下确定赔偿数额。""权利人的损失、侵权人获得的利益和专利许可使用费均难以确定的，人民法院可以根据专利权的类型、侵权行为的性质和情节等因素，确定给予三万元以上五百万元以下的赔偿。”“赔偿数额还应当包括权利人为制止侵权行为所支付的合理开支。”

(4)《反不正当竞争法》第 17 条第 3 款第二、三句规定：“经营者恶意实施侵犯商业秘密行为，情节严重的，可以在按照上述方法确定数额的一倍以上五倍以下确定赔偿数额。赔偿数额还应当包括经营者为制止侵权行为所支付的合理开支。”

(5)《电子商务法》第 42 条第 3 款规定：“恶意发出错误通知，造成平台内经营者损失的，加倍承担赔偿责任。”

(6)《消费者权益保护法》第 55 条第 2 款规定：“产品欺诈或者服务欺诈造成损害的，承担实际损失的两倍以下的惩罚性赔偿。”

(7)《食品安全法》第 148 条第 2 款规定，构成生产不符合食品安全标准的食品或者经营明知不符合食品安全标准的食品造成损害的，承担 3 倍以下的惩罚性赔偿。

2. 法律没有规定计算方法的侵权惩罚性赔偿

(1) 恶意产品侵权责任的惩罚性赔偿责任。

《民法典》第 1207 条规定恶意产品侵权责任的惩罚性赔偿时，没有规定计算基数和计算倍数。立法专家对确定这种惩罚性赔偿的意见是：为防止滥用惩罚性赔偿，避免被侵权人要求的赔偿数额畸高，规定被侵权人有权请求相应的惩罚性赔偿。这里的相应，主要指被侵权人要求的惩罚赔偿金的数额应当与侵权人的恶意相当、与侵权人造成的损害后果相当、与对侵权人的威慑相当，具体赔偿数额由人民法院根据个案具体判定。①

(2) 故意污染环境、破坏生态的惩罚性赔偿责任。

《民法典》第 1232 条规定污染环境、破坏生态的惩罚性赔偿时，也没有规定惩罚性赔偿的计算基数和计算倍数，目前的法律也没有直接可以参照的规定，需要探索。对此，学理应当提出参照方案。立法专家的意见是，考虑到惩罚性赔偿金的计算是一个综合过程，需要考虑多个因素，如侵权人的主观恶性程度，侵权人违法行为的严重性、频率，损害后果的严重性，侵权人的生产经营情况和执行能力，侵权人是否积极采取补救措施，侵权人受到刑事罚金、行政处罚的情况等，很难用一个统一的公式来表达，故这一点留待司法实践进一步探索。② 最高人民法院有关人员解释认为，第 1232 条规定的“相应”，说明惩罚不是无限的。人民法院判定侵权人赔偿超过损失数额的额度，应与侵权人的主观恶意、损害后果、对侵权人的威慑等大致相当，不能畸高。通常，法院在确定惩罚性赔偿数额时可以考虑以下因素：1）侵权人的过错程度；2）污染物的种类、浓度、排放量，破坏生态的方式、范围、程度；3）侵权人所造成的后果，如被侵权人遭受的实际损失等；4）侵权人因侵权行为所获得的利益；5）侵权人承担责任的经济能力；6）侵权人已经受到的刑事或者行政处罚；7）受诉法院所在地平均生活水平；8）案件的社会影响等。根据具体案情，惩罚性赔偿数额可以是被侵权人遭受的实际损失的倍数，也可以是侵权人所获违法利益的一定比例或者倍数。③

---

① 参见黄薇主编：《中华人民共和国民法典侵权责任编释义》，127 页，北京，法律出版社，2020。

② 参见黄薇主编：《中华人民共和国民法典侵权责任编释义》，189 页，北京，法律出版社，2020。

③ 参见最高人民法院民法典贯彻实施工作领导小组主编：《中华人民共和国民法典理解与适用》，侵权责任编，537～538 页，北京，人民法院出版社，2020。

这些说法有道理，但是，既然是计算惩罚性赔偿数额，就应当有一个上限，在确定的最高限额内，根据实际情况，由法官根据案件的具体情况自由裁量。这里的倍数，是应当被认真考虑的。

（二）惩罚性赔偿计算基数的确定

1. 法律已经确定惩罚性赔偿计算基数的，依照法律规定

（1）侵害著作权的惩罚性赔偿的计算基数是权利人因此受到的实际损失或者侵权人的违法所得；权利人的实际损失或者侵权人的违法所得难以计算的，可以参照该权利使用费。权利人的实际损失、侵权人的违法所得、权利使用费难以计算的，由人民法院根据侵权行为的情节，判决给予500元以上500万元以下的赔偿。赔偿数额还应当包括权利人为制止侵权行为所支付的合理开支。

（2）恶意侵犯商标专用权情节严重的惩罚性赔偿的计算基数是，权利人因被侵权所受到的实际损失；实际损失难以确定的，可以按照侵权人因侵权所获得的利益；权利人的损失或者侵权人获得的利益难以确定的，参照该商标许可使用费。

（3）故意侵犯专利权情节严重的惩罚性赔偿的计算基数是，权利人因被侵权所受到的实际损失或者侵权人因侵权所获得的利益；权利人的损失或者侵权人获得的利益难以确定的，参照该专利许可使用费。权利人的损失、侵权人获得的利益和专利许可使用费均难以确定的，人民法院可以根据专利权的类型、侵权行为的性质和情节等因素，确定给予3万元以上500万元以下的赔偿。赔偿数额还应当包括权利人为制止侵权行为所支付的合理开支。

（4）经营者恶意侵犯商业秘密情节严重的惩罚性赔偿的计算基数是，权利人因被侵权所受到的实际损失；实际损失难以计算的，按照侵权人因侵权所获得的利益。权利人因被侵权所受到的实际损失、侵权人因侵权所获得的利益难以确定的，由人民法院根据侵权行为的情节判决给予权利人500万元以下的赔偿。

（5）恶意通知侵害平台内经营者合法权益的惩罚性赔偿的计算基数，是通知错误造成平台内经营者的损害。

（6）产品欺诈或者服务欺诈造成损害的惩罚性赔偿的计算基数，是造成的实际损失。

（7）生产不符合食品安全标准的食品或者经营明知不符合食品安全标准的食品的惩罚性赔偿的计算基数，是造成的实际损害。

2. 法律没有规定但有法律可以参照的惩罚性赔偿计算基数的确定

《民法典》第1207条规定了恶意产品侵权责任的惩罚性赔偿，没有规定惩罚性赔偿的计算基数。这种惩罚性赔偿比较容易找到可以参照的标准，即对恶意产品侵权责任的惩罚性赔偿，可以参照《消费者权益保护法》第55条第2款以及《食品安全法》第148条的规定，以实际损失作为计算基数。

3. 没有法律规定的惩罚性赔偿的计算基数的确定

《民法典》第1232条规定了污染环境或者破坏生态的惩罚性赔偿，也没有规定惩罚性赔偿的计算基数。对此，侵害知识产权惩罚性赔偿的计算基数的确定提供了有益的思考。

由前述内容可知，惩罚性赔偿的计算基数一般是侵权行为所造成的实际损失。确定了

侵权行为造成的实际损失，就确定了惩罚性赔偿数额的计算基数。

之所以确定侵害知识产权惩罚性赔偿的计算基数的规则比较复杂，是因为侵害知识产权的实际损失比较难确定。《侵害知识产权惩罚性赔偿司法解释》第5条规定，惩罚性赔偿的计算基数，依照相关法律，可以按照三个标准确定：一是权利人的实际损失数额，二是侵权人的违法所得数额，三是因侵权所获得的利益。这三个计算基数均难以计算的，则依法参照该权利许可使用费的倍数合理确定，并以此作为惩罚性赔偿数额的计算基数。在计算基数中，不包括权利人为制止侵权所支付的合理开支；法律另有规定的，依照其规定。

结合实际情况，借鉴侵害知识产权惩罚性赔偿计算基数的确定规则，确定侵权惩罚性赔偿的计算基数的方法有如下几种。

（1）一般标准。

《消费者权益保护法》第55条第2款、《食品安全法》第148条第2款规定的惩罚性赔偿的计算基数，是“实际损失”；《电子商务法》第42条第3款规定的“加倍承担赔偿责任”的计算基数，也是实际损失。凡是这些法律对计算基数有明确规定，符合计算基数的一般标准要求的，直接依照法律规定确定惩罚性赔偿的计算基数。

（2）选择标准。

关于侵害知识产权惩罚性赔偿的计算基数，虽然法律规定也是以损失数额作为计算基数，但规定的是选择性标准。尽管《侵害知识产权惩罚性赔偿司法解释》规定了可以选择的具体标准，但是不同的单行知识产权法规定的计算基数都不相同，因此，应当以法律的具体规定为准。

这些规定确定的计算基数是选择性的：一是权利人的实际损失，二是侵权人违法所得，三是侵权人所获利益，四是该权利的使用费。应当根据法律的具体规定，按照选择例示的方法确定计算基数。

适用上述标准还不能确定的，权利人的损失、侵权人获得的利益和权利许可使用费均难以确定的，可以根据被侵害权利的类型、侵权行为的性质和情节等因素，确定给予500万元以下的赔偿。

值得注意的是，这些法律规定的选择标准都是递进式的，有先后顺序。不过，《民法典》第1182条规定的侵害人格权造成财产损失的计算，已经把原《侵权责任法》第20条规定的递进式改为选择式，更有道理。①

（3）特别标准。

在上述法律规定的惩罚性赔偿数额的计算基数中，都规定了“赔偿数额还应当包括权利人为制止侵权行为所支付的合理开支”的内容。对此，相关开支应当计入选择性惩罚性赔偿的损失数额中，作为计算基数。

（4）酌定标准。

《著作权法》《商标法》《专利法》都规定了酌定的计算基数。权利人的实际损失、侵权人的违法所得、侵权人非法获利以及权利许可使用费难以计算的，由人民法院根据侵权

---

① 参见杨立新、李怡雯：《中国民法典新规则要点》，614～615页，北京，法律出版社，2021。

行为的情节，判决给予500万元以下的赔偿。其中《著作权法》规定的下限是500元，《专利法》规定的下限是3万元，《商标法》《反不正当竞争法》没有规定下限。在这样的范围内，法官根据实际情况，确定具体的惩罚性赔偿数额。

这个限额究竟是实际损失的数额，还是惩罚性赔偿的数额，本书更倾向于认为是实际损失数额，可以作为惩罚性赔偿的计算基数。

由上可知，侵害知识产权惩罚性赔偿因损失难以确定，所以采取了多种计算基数并存的方式。参照这一模式，污染环境或者破坏生态的惩罚性赔偿也应当原则上以实际损失作为计算基数，在例外情形下，可以适用“选择标准”“特别标准”“酌定标准”来确定计算基数。

4. 惩罚性赔偿计算基数的举证责任

法院为确定赔偿数额，在权利人已经尽力举证，而与侵权行为相关的账簿、资料主要由侵权人掌握的情况下，可以责令侵权人提供与侵权行为相关的账簿、资料；侵权人不提供或者提供虚假的账簿、资料的，人民法院可以参考原告的主张和证据确定惩罚性赔偿的计算基数。

这里适用的是举证责任缓和规则。[①] 当原告承担举证责任达到较大可能性即盖然性标准的程度时，实行举证责任倒置，由被告承担推翻原告证明的责任。如果被告不提供或者提供虚假的账簿、资料，就确定其不能完成应当承担的举证责任，原告的举证证明的主张就成立，可以依照原告的主张和证据确定惩罚性赔偿的计算基数，确定惩罚性赔偿数额。

（三）惩罚性赔偿计算倍数的确定

1. 法律已经确定惩罚性赔偿计算倍数的，依照法律规定

（1）知识产权领域的法律规定。

《著作权法》第54条第1款第二句、《商标法》第63条第1款第二句、《专利法》第71条第1款第二句和《反不正当竞争法》第17条，都将故意侵害知识产权的惩罚性赔偿的计算倍数规定为1倍以上5倍以下。

对于知识产权人恶意通知，造成平台内经营者损失的惩罚性赔偿的计算倍数，《电子商务法》第42条第3款规定为“加倍”，即为1倍。

尽管《民法典》第1185条没有规定故意侵害知识产权惩罚性赔偿的计算倍数，但是按照上述其他法律的规定，可以确定侵害知识产权以及知识产权人恶意侵害平台内经营者合法权益的惩罚性赔偿的计算倍数。

（2）消费领域的法律规定。

对产品欺诈或者服务欺诈造成损害的惩罚性赔偿的计算倍数，《消费者权益保护法》第55条第2款规定为两倍。对生产不符合食品安全标准的食品或者经营明知不符合食品安全标准的食品造成损害的惩罚性赔偿计算倍数，《食品安全法》第148条第2款规定为3倍。

---

① 关于举证责任缓和规则，请参见杨立新：《侵权责任法》，4版，534～537页，北京，法律出版社，2021。

2. 法律没有规定但有法律可以参照的惩罚性赔偿计算倍数的确定

《民法典》第1207条规定了恶意产品侵权责任的惩罚性赔偿，但没有规定其计算倍数，可以参照《消费者权益保护法》《食品安全法》的规定，于一般产品为2倍以下，于食品为3倍以下。

3. 没有法律规定的惩罚性赔偿计算倍数的确定

对完全没有法律规定惩罚性赔偿计算倍数的故意污染环境和破坏生态的惩罚性赔偿的计算倍数，法官有自由裁量权，但是也不能超出自由裁量权的范围造成惩罚性赔偿数额畸高的后果，应当有一定的上限。目前法律规定的惩罚性赔偿计算倍数有：一是故意侵害知识产权的上限为5倍；食品安全特别重要，故相关惩罚性赔偿计算倍数的上限是3倍，于一般的产品侵权和服务侵权是2倍；恶意通知侵害平台内经营者权益的，为1倍。经过比较可以看到，污染环境、破坏生态的惩罚性赔偿涉及公共利益和代际利益，意义重大，即使如此，确定计算倍数为5倍以下也略显过重，以事关食品安全的相关惩罚性赔偿的计算倍数即3倍以下确定其计算倍数，比较稳妥。

（四）确定惩罚性赔偿数额的考虑因素

依照《侵害知识产权惩罚性赔偿司法解释》第6条的规定，法院依法确定惩罚性赔偿的倍数时，应当综合考虑被告的过错程度、侵权行为的情节严重程度等因素。因同一侵权行为已经被处以行政罚款或者刑事罚金且执行完毕，被告主张减免惩罚性赔偿责任的，人民法院不予支持，但在确定计算倍数时可以综合考虑。侵权人承担了公益诉讼的赔偿责任的，也是一个可以综合考虑的因素。

对于知识产权单行法规定的依据选择性标准不能确定实际损失数额，可以在500万元以下确定的，法官在自由裁量权的范围内，也应当依照综合考虑上述因素，合理确定损失数额。

【引例评析】

引例中的被告专卖店提供给原告使用的产品包装标识存在明显的瑕疵，为不合格产品。被告作为专门从事化妆品销售和美容服务的企业，应当具有辨别产品是否合格的能力，明知产品不合格而销售，存在欺诈行为，并且因此造成原告人身损害致其残疾，构成产品欺诈造成人身损害的侵权责任。其承担惩罚性赔偿的法律依据是《民法典》第1207条，或者《消费者权益保护法》第55条第2款，即经营者明知商品或者服务存在缺陷，仍然向消费者提供，造成消费者或者其他受害人死亡或者健康严重损害的，受害人有权要求经营者赔偿损失，并有权要求所受损失二倍以下的侵权惩罚性赔偿。原审法院判决被告赔偿其支付商品及服务对价的三倍，依据的是《消费者权益保护法》第55条第1款规定的违约惩罚性赔偿的规定，因而虽然支持了原告的诉讼请求，但是适用法律不当。

【问题与思考】

1. 结合讨论第一节引例“禁止‘丑女’进酒吧侵害人格尊严”案，问：在法律上，精神、精神损害和精神损害赔偿三个概念应当怎样准确理解？

2. 如何理解精神损害赔偿在侵权法中的地位和作用？

3. 确定精神损害赔偿责任的原则是什么？

4. 结合讨论第二节引例“使用美容化妆品导致消费者面部毁容，请求惩罚性赔偿”案，说明侵权惩罚性赔偿的适用范围和具体计算方法。

第十七章

财产损害赔偿和人身权益财产利益损害赔偿

参考文献

（一）著作

1. 杨立新．侵权责任法．北京：法律出版社，2021：232-234，248-251

2. 杨立新．中国侵权责任法研究：第1卷．北京：中国人民大学出版社，2018：517-528，560-571

3. 王利明．侵权责任法研究：上卷．北京：中国人民大学出版社，2019：679-707

4. 黄薇主编．中华人民共和国民法典侵权责任编释义．北京：法律出版社，2020：62-66

5. 最高人民法院民法典贯彻实施工作领导小组．中华人民共和国民法典理解与适用：侵权责任编：上卷．北京：人民法院出版社，2020：182-201

6. 张新宝．中国民法典释评：侵权责任编．北京：中国人民大学出版社，2020：73-80

7. 张新宝．侵权责任法原理．北京：中国人民大学出版社，2005：535-537

8. 邹海林，朱广新．民法典评注：侵权责任编：第1册．北京：中国法制出版社，2020：226-251

9. 曾世雄．损害赔偿法原理．北京：中国政法大学出版社，2001

（二）论文

1. 杨立新．怎样计算财物损害价值．现代法学，1986（2）

2. 金颖．浅谈侵害财产占有权的损害赔偿．当代法学，1997（2）

3. 李永．论凶宅贬值损害赔偿纠纷处理的法律适用．法律适用，2019（9）

4. 李昊．“损害”概念的变迁及类型建构——以民法典侵权责任编的编纂为视角．法学，2019（2）

5. 徐建刚．论汽车贬值损失的损害赔偿．清华法学，2017（4）

参考法规

《民法典》第1184条、第1182条

第一节 财产损害赔偿

引例 “借口鉴定真伪侵占他人珍贵邮票”案

叶某与胡某系同学关系，都是集邮爱好者。胡某的父亲将自己收藏的一枚“放光芒”邮票（1956年国庆节拟发行的纪念邮票，为“1956特15首都名胜4”，由于有关部门认为该邮票有政治错误而未发行，但是江西某地提前发行过十几枚，邮市上极为罕见）交给胡某收藏。该邮票是盖销票，票面盖有“1956·10·16·江西南昌”的邮戳。胡某向叶某说明此事，叶某便要求借看这枚邮票。叶某到胡某家后，认为该邮票真假难辨，要借走邮票找其老师鉴定真伪，胡某应允，叶某便将该邮票放在书本中夹着带走。嗣后，胡某多次要求叶某返还邮票，叶某都以邮票丢失需要找寻为借口，长期拖延不还。某年6月，南昌市邮票市场出现一枚盖有“1956·10·16·江西南昌”邮戳的“放光芒”邮票，标价3万元，没有成交。由于该邮票在邮市上是第一次出现，引起轰动。叶某的老师证实，曾看到过叶某持有这枚邮票。胡某向法院起诉，法院以侵占财产为由，确认叶某侵权责任成立，限期返还财产，不能按期返还则应按照高于该邮票的市场流通价的数额赔偿原告的财产损失。

一、财产损害的概念和特征

（一）财产损害的概念

财产损害是指侵权行为侵害财产权，使财产权的客体遭到破坏，其使用价值和价值贬损、减少或者完全丧失，或者破坏了财产权人对财产权客体的支配关系，使财产权人的财产利益受到损失，从而导致财产权人拥有的财产价值的减少和可得财产利益的丧失。《民法典》第1184条规定：“侵害他人财产的，财产损失按照损失发生时的市场价格或者其他合理方式计算。”

【拓展阅读】

在一般的意义上而言，财产损害从其物理形态上分析，是物本身的损害，即物的毁损和被侵占。《民法通则》第117条正是这样规定的。但是，财产权的客体，绝不仅仅有形物本身，还包括他物权、债权、知识产权中的财产利益，这些无形财产对于权利人而言，其重要性绝不亚于有形物。确认财产损害的概念，仅仅从损坏和侵占的狭义角度去理解，是不正确的，其后果，就是对财产权人的财产权利保护不完备。《民法典》第1184条的规定是正确的。

从广义的角度去理解，财产损害中的财产比物权要更广泛，指的是广义的财产权利，应当包括自物权、他物权、占有以及债权和知识产权，因此，财产损害中的财产，是指物权、债权和知识产权中的财产利益。

（二）财产损害的特征

1. 财产损害是侵权行为侵害财产权所造成的客观后果

侵权行为侵害财产权，必然造成财产损害后果。财产损害在侵权法上有两个最基本的意义：其一，财产损害作为侵害财产权民事责任的构成要件之一，决定着侵权责任的构成与否。在这个意义上，财产损害的决定作用是基于其是否客观存在，而不是基于财产损害范围的大小。其二，财产损害作为确定侵权赔偿责任范围的尺度，起决定作用的，正是它的损害范围的大小，而不是其是否客观存在。在这个意义上，确定财产损害不是以事实是否存在为准，而是以其财产价值量的变化作为标准。财产损害正是以它的客观存在形态和客观损失大小这样两个相互对立又相互统一的客观因素，完整、和谐地构成一个整体，在财产损害赔偿中起着决定的作用。

2. 财产损害是指财产的价值量的改变

财产损害不是指财物的物理形态的变化和灭失，而是指财产价值量的改变。从客观上说，财产损害在财物的侵占和毁损上，是指财物的物理形态的变化和灭失；但是，财产损害不仅是指物的损失，还包括其他财产利益的损害；并且财产损害虽然有的表现为财产权人财产的减少和灭失，但从法律意义上看，财产损害的表现形式，应是权利人的财产的价值量的改变，其财产既包括有形财产也包括无形财产，既包括积极财产也包括消极财产。只有以价值的损失作为财产损害的形态，才能准确地计算财产损害的具体范围，并且按照这种损害范围来予以赔偿。

3. 财产损害的表现形式是价值量的贬损、减少和灭失

财产损害的表现形式，是财产权人财产价值量的贬损、减少和灭失。贬损，是指财产利益遭受贬值、损毁等不利益；减少，是指财产价值量的降低；灭失，则是指一定范围内财产价值量的全部失去。财产损害的上述表现形式，总是体现在某项特定的财产或者财产利益上，如某件财产、某项权利中的某种财产利益的贬损、减少和灭失。虽然它们最终表现为受害人财产拥有总量的减少，但原则上只计算特定财产即受到侵害的财产的损害，而

不计算受害人拥有的全部财产损失多少。

二、财产损害的种类

一般认为，财产损害分为侵占财产和损坏财产两种。这显然不能涵括全部财产损害的客观后果。财产损害的种类除上述两种以外，还应当包括其他财产权益的损害。从侵权法的救济手段来认识，财产损害的种类应当包括三种：侵占财产、损坏财产和其他财产权益损失。

（一）侵占财产

侵占财产是以对他人所有的财产的非法占有为特点，使该财产的所有人对该财产丧失占有，乃至丧失所有权。最典型的侵占行为是偷窃、抢夺，还包括其他侵占财产的行为，诸如非法扣押他人财产等。侵占财产的最典型的表现形态是“位移”，即由所有权人或者合法占有人占用、支配的特定的财物，转而被行为人所占有、支配，物的所在位置发生了变化，被侵害的财产是因侵权行为而转移占有。

（二）损坏财产

损坏财产是以对他人所有的财产进行毁损为特点，使该财产的价值和使用价值受到破坏，以致完全丧失，使原所有权人的财产拥有量减少，以致丧失。损坏财产的最典型的表现形态是“质变”，即财物的外在形态和内在质量受到破坏，财物虽然还在所有权人或者合法占有人的控制支配之下，但是由于财物的“质变”，权利人所拥有的财产价值量发生了变化，受到了损失。损坏财产包括对财产的毁灭和损坏。前者是指财物的质的根本改变。由于侵害，该物已经不是原来意义上的财物，而是成为另外一种意义上的物，使用价值完全改变。例如，建筑物被毁坏，不再成为建筑物，而是成为建筑材料或者垃圾；木制家具被毁坏，不再是家具，而成为木材。后者是指财物的非本质的改变，作为原来意义上的财物并没有发生变化，只是其使用价值降低。区分毁灭和损坏的意义是，对财物的毁灭只能进行赔偿，如果财物损坏后还有残存的价值，则有适用损益相抵原则的必要；对财物的损坏，可以使用恢复原状的方法救济，也可以使用折价赔偿的方法救济。

（三）其他财产权益损失

其他财产权益损失，是指除所有权以外的其他财产权受到损害而损失的财产利益。例如，他物权、占有、债权和知识产权中所包含的财产利益损失，均属之。就是相邻权也具有相当的财产利益因素。除财产权利之外，还有财产利益的损失。这些权益受到侵害以后，就会造成财产利益的损失。随着市场经济的日益发展，人们越来越重视这些权利及其体现的财产利益，这些财产利益在社会中也越来越重要。侵权法必须适应社会的发展需求，把这种财产利益的损失作为侵权行为的重要后果，采取相应的措施，加以切实、有效的保护。

三、财产损害的赔偿范围

（一）一般规则

确定财产损害赔偿范围，应当以全部赔偿为原则，即财产损害赔偿数额的确定，以客观的财产、财产利益所损失的价值为标准，损失多少，赔偿多少。

这种赔偿原则的依据是财产损害赔偿的性质。财产损害赔偿的基本性质是补偿受害人的损失。既然如此，补偿就只能以财产损失的多少为依据。赔偿大于损失，就超过了补偿的意义；赔偿小于损失，就没有达到补偿的要求；只有全部赔偿，才能完全体现损害赔偿的补偿性质。

（二）具体注意事项

对财产损害全部赔偿，应当着重强调以下几点。

1. 坚持客观标准

对损害赔偿责任范围的确定，不能采用刑事责任的确定方法。首先，不能以过错的程度作为赔偿范围的确定依据，不能认为对故意造成的损害应该全赔或者多赔，对过失造成的损害就可以少赔。其次，也不能以行为的损害程度作为赔偿范围的确定依据。刑事责任的主要确定标准在于行为的社会危害程度。损害程度指的是损害所达到的地步，很难加以准确计算。作为财产责任的损害赔偿，必须以民法的公平和等价有偿原则作为衡量的尺度，损失多少，就应该赔偿多少。只有精确计算，实事求是，才能在侵权法中实现等价有偿的原则。赔偿范围依据损害程度来确定是不科学的。最后，认错态度的好坏也不能作为确定责任范围的标准。刑事责任会因被告人的悔罪程度而发生变化，而民事责任绝不会如此，无论加害人如何悔悟，财产的价值损失是不变的。

既然损害赔偿的目的主要是补偿受害人的财产损失，确定赔偿责任范围的唯一依据是财产损失的大小，那么，对于财产的损失必须给予全部赔偿。

2. 全部赔偿包括直接损失和间接损失

加害人既要对现有财产的直接减少进行赔偿，也要对在正常情况下实际上可以得到的利益即间接损失进行赔偿。直接损失是行为人的加害行为所直接造成的受害人的财产减少，如侵犯财产权而造成的财物的损坏、灭失，都属于直接损失，应当予以全部赔偿。间接损失原则上也应当予以全部赔偿，因为在正常情况下，受害人本应当得到这些利益，只是由于加害人的侵害这些可得利益才没有得到。这种损失虽然与直接损失有些区别，但这种区别只是形式上的，在实质上并没有根本的区别。对于间接损失如果不予全部赔偿，受害人的权利就得不到全部保护，同时加害人的违法行为也得不到应有的制裁，因此，间接损失也应当全部予以赔偿。

3. 赔偿合理损失

在实行全部赔偿原则的时候，必须有一个前提，就是予以赔偿的损失必须是合理的。对不合理的损失不应赔偿。对于受害人故意或者过失扩大的财产损失，不能予以赔偿，而应当由受害人自己承担损失。

4. 实行损益相抵

实行全部赔偿，必须从全部损失中扣除新生利益，实行损益相抵。对此，应当依照损益相抵原则，进行科学、准确的计算，对其相抵以后的损失额，予以全部赔偿。

四、财产损害数额的计算

(一) 直接损失的计算

财产损害无论表现为何种形式，都可以分为直接损失和间接损失。计算财产损害，就是计算财产的直接损失和间接损失，然后实行全部赔偿。对财产权益损失的计算方法，《民法典》第1184条规定为“按照损失发生时的市场价格或者其他合理方式计算”，前者并不完全适当，应当着重考虑其他合理方式计算。

1. 直接损失的界定

直接损失是指现有财产的减少。《说文解字》称：“损，减也。”《说文解字注》称：“在手而逸去为失。”按照“损失”的本义讲，实际上其是指的直接损失，并不包括间接损失。在日后的发展中，出现了间接损失的概念，再创造出了直接损失的概念，使直接损失和间接损失相对应，而使损失成为这两个概念的属概念。

侵害财产权的直接损失，是指加害人的侵权行为侵占或损坏受害人的财产，致使受害人现在拥有的财产价值量的实际减少。在实践中，直接损失是直观的、实在的。侵占财产，就表现为权利人财产的丧失占有，该物的全部价值就是直接损失。损坏财产，表现为被损坏的财产价值量的减少和灭失。灭失者，该物的全部价值就是直接损失；减少者，减少的部分就是直接损失。在侵占财产已经无法返还原物和损坏财产无法恢复原状的情况下，存在财产的直接损失；即使在可以返还原物和恢复原状，但原物的价值和使用价值已经发生减损的情况下，也存在财产的直接损失。

【拓展阅读】

对直接损失全部赔偿的方法，是对被侵害的财产计算出实际减少的价值，按照实际减少的价值进行赔偿。这就是对直接损失的赔偿范围。对于侵害财产使原物灭失，即原物的价值全部丧失的，以原物的原有价值进行赔偿；对于侵害财产使原物受到损坏，或者可以返还原物或恢复原状，但原物价值仍然受到一定程度影响的，就要计算出原物实际减少的价值，进行赔偿。中国古代侵权法中的备偿制度和偿所减价制度，就是指的上述这两种情况。

2. 直接损失的计算方法

计算直接损失的赔偿范围，必须首先确定原物的价值。对原物价值的计算，必须根据原物的原有价格，参照可用时间、已用时间等因素，综合判断。其公式是：

$$原物价值=原物价格-\frac{原物价格}{可用时间}\times 已用时间$$

对“原物价格”的确定，在实践中往往出现由于实物的价格发生变化，其赔偿价格难以掌握的问题。在损失的计算中遇到价格确定时，主要有三种情况，均须按不同情况酌情处理。

(1) 原价高、现价低的物品。

对此，折价赔偿应按原价计算，还是按现价计算？应实事求是地按现价处理，因为这样处理，受害人的损失也能得到全部补偿。

（2）原价低、现价高的物品。

有的物品相比之下提价了，在这种情况下，也应从现实价格考虑，否则，受害人的合法财产权益就会得不到切实的保护。

（3）原价高、现价低的特殊物品。

例如某些贵重首饰、珍藏等，现价低于原价，而且市场上难以买到。对于这类物品的损害，应当实事求是地按照受害人购进的价格计算。不过，这种计算应当有证据证明，避免有的受害人趁机虚报损害物价值。

公式中的“原物价格÷可用时间”，实际上是对财物单位时间的折旧。在实践中，有些财产有固定的折旧率，可以按照其折旧率计算这个量。有些财产没有固定的折旧率，则可以根据一般的经验法则按这个公式计算。公式中的“已用时间”这个量比较好确定，关键是要有准确的证据。

在按照上述公式计算了原物的价值以后，要根据被侵害财产的原物价值和残存价值之间的差额确定赔偿数额。这里所说的就是损益相抵的过程，即：原物价值就是全部损失，残存价值就是新生利益，以全部损失扣除新生利益，损益相抵以后，即为应当赔偿的范围。

计算出该财产被侵害的直接损失，公式是：

财产直接损失＝原物价值－残存价值＝赔偿范围

其中的残存价值即新生利益，只存在于原物并没有全部灭失的场合。尽管有的财产被损坏以后，原物已经不存在，但其残存物仍有价值，形成新生利益。例如机器损坏和家具损坏，会遗留金属制品、木材制品等；汽车报废，还有部分零件及残骸具有价值；牲畜被打死，其骨、肉、皮还具有价值。如果原物全部灭失，并且毫无残存价值，那么，原物的价值就是直接损失，也就是直接损失的赔偿范围。

确定加害人对直接损失的赔偿数额还可以用下列公式计算，即：设定应赔偿的数额为 S，被损害的物的原价为 M，被损害以前的质量为 P，被损害以后的质量为 Q，用公式表示为：

$$S = M \times P - M \times Q$$

这一计算方法的精确度，只是相对的，因为物价本身往往是上下波动的，原价和现实价格会有差异，同时，质量的估算也只能是大体上正确，因此，其运用是有条件的。在运用上述公式的时候，要经过专家的技术鉴定，或者经过公正评议。

（二）间接损失的计算

1. 间接损失的界定

间接损失是可得利益的减少。财物损害造成间接损失的情况比较复杂，无论是理论上还是实践中都有争议。财物损害的间接损失，是指加害人侵害受害人所有的财物，致使受害人在一定范围内的未来财产利益的损失，它属于“其他重大损失”的范围。

间接损失有三个特征：一是损失的是一种未来的可得利益，在侵害行为实施时，它只具有一种财产取得的可能性，还不是一种现实的利益。二是这种丧失的未来利益是具有实际意义的，而不是抽象的或者假设的。三是这种可得利益必须是一定范围内的，即损害该财物的直接影响所及的范围是确定的，超出这个范围的，不能认为是间接损失。

【拓展阅读】

间接损失与直接损失有原则上的区别。首先，间接损失不是现有财产的减少，不表现为受害人现实拥有的财产价值量的实际减少，而是受害人应当得到的财产利益因侵权行为的实施而没有得到。它不是“在手而逸去”，而是“该得而未得”。其次，有些间接损失具有依附性，而直接损失不具有依附性。有的间接损失与直接损失有直接的关联，即间接损失是依据直接损失的发生而发生，而不是自己独立产生的，没有直接损失，就没有间接损失；但是，间接损失又不是直接损失本身，二者存在的形态各不相同。其他财产权以及财产利益的间接损失，则无此依附性，是独立存在的。最后，直接损失是直观的、现实的财产价值的损失；间接损失虽然也是客观的损失，但是，它不是那么直观，而是要根据实际情况经过计算才能得出实际的间接损失的量。比如饭店因他人破坏电网而停电，在此期间不能营业，所受利益损失就是一种间接损失。

2. 间接损失的计算方法

对于财产损害间接损失的赔偿，关键在于三个方面：一是间接损失的性质，二是间接损失赔偿适用的场合，三是间接损失的计算。把这三个问题弄清楚以后，即可按照赔偿规则加以赔偿。

间接损失是违法行为对处于增值状态中的财产进行损害的结果。[①] 处于增值状态的财产是指正常生产、经营过程中以生产、经营资料的面目出现的财产。没有处在生产、经营过程中的财产不会发生增值。例如，购买的供自己阅读的图书，它不会发生增值，但以其作为经营资料出租收取租金的时候，图书则成为增值状态的财产。依照马克思主义政治经济学原理，生产过程中的生产资料并不创造价值。同样，处于增值状态的财产本身也并不会增值。在生产、经营的过程中，增值状态的财产只把原有的价值转移到生产、经营的成果当中。增值是与该财产结成一定的生产、经营关系的人创造的，因此，间接损失产生的机制是，不法行为破坏了生产者、经营者与作为生产、经营资料的财产构成的生产、经营关系中的物质条件，使生产、经营者（受害人）不能正常地利用这一生产、经营资料进行生产、经营活动，造成了可得利益的减少和丧失。对财产损害间接损失的赔偿，不是对该财产价值损失的赔偿，而是对该财产的所有者利用该财产在经营中应创造而因遭受损害未创造出的新价值的赔偿。对间接损失的赔偿，赔偿的是人的损失，而不是物的损失。这一点必须明确。

在侵害财产造成间接损失予赔偿的场合，原则上应当是有间接损失就应当赔偿。财产损害赔偿的原则是全部赔偿原则，如果对一般的间接损失不予赔偿，就违背了全部赔偿原则，也违背了损害赔偿的填补损害功能的要求，对受害人来说是不公平的。具体适用的场合，既包括侵占财产，也包括损坏财产；既包括侵害生产、经营中的财产，也包括侵害未处于生产、经营状态但可以应用于生产、经营，产生利润的财产；既包括侵害种类物，也包括侵害特定物。因此，适用财产间接损失赔偿，标准并不绝对在于侵权行为的方式和侵害对象的种类，而在于侵权行为使受害人的可得利益丧失。只有掌握这一基本标准，才能准确地确定间接损失赔偿的适用场合。

计算财产损害间接损失的赔偿范围，同样要计算间接损失的价值，以间接损失价值的

---

① 参见吴小华：《试论间接损失的赔偿责任》，载《法学季刊》，1982 (1)。

数额，作为对间接损失的赔偿数额。在间接损失价值的计算中，必须注意两个问题：一是，财产的损害本身不是间接损失，而是直接损失，不能将财产损害本身计入间接损失当中；二是，在侵害的财产是生产、经营资料，受害人因财产被侵害而无法进行生产、经营的时候，不能在计算财产损害的间接损失的同时，再计算受害人停产的误工工资，因为这两项内容是同一性质的损失，是一个损失，不能重复计算。

计算间接损失价值的公式是：

间接损失价值＝单位时间增值效益×影响效益发挥的时间

在这一公式中，“单位时间增值效益”是一个关键的量。确定这个量时，通常用三种方法。

（1）收益平均法，即计算出受害人在受害之前一定时间里的单位时间平均收益值。例如，甲经营汽车运输，汽车被损坏后，10 天没能营运。对此，可以用前一个月的总收益除以该月的天数，即得出该汽车一天营运的收益额。在使用这种计算方法时，要注意季节等条件因素对经营的影响，应取同等条件或相似条件的季节作为参照来计算。

（2）同类比照法，即确定条件相同或基本相同的同类生产、经营者，以其为对象，计算出其在同等条件下的平均收益值，作为受害人损失的单位时间增值效益的数额，按此数额确定受害人的单位时间增值效益。使用这种计算方法要注意同等条件，如同等劳力、同等财产，同等生产、经营因素等。条件越相似，计算结果就越接近准确。

（3）综合法，即将以上两种方法综合使用，使计算的结果更趋于准确。

“影响效益发挥的时间”这个量的计算，因财产的损坏和财产的侵占、灭失而不同。于财产一般损坏，其影响效益发挥的时间，是从损坏发生之时到经维修可正常使用之时。于财产被侵占、灭失，该时间则是从侵害发生之时，到返还、购买的财产可正常使用之时。

在确定了这两个量以后，就可以按照上述计算公式计算出实际的间接损失，决定赔偿数额。

（三）其他财产利益损失的推算

1. 其他财产利益损失的界定

在其他财产利益损害赔偿中，绝大部分是赔偿间接损失。且这种间接损失，绝大多数赔偿的是预期利益损失。例如侵害债权，使债权人丧失的利益，就是依其债权可得的预期利益；侵害用益物权，受害人损失的财产利益，就是占有、用益该用益物应当得到而未能得到的预期利益。即使于侵害担保物权，受害人受到的损失，实际上也是设置担保物权时，所担保的债权的预期利益，当债权丧失物权担保时，债权可能全部或部分不能实现，因而受到的损失是全部或部分预期利益。

2. 其他财产利益损失的计算方法

对于预期利益损失的计算，必须首先准确地确定预期利益的数额，在此基础上，减去已得利益额和必要支出的费用，其余额即是对预期利益损失的赔偿数额。

在其他财产利益损害赔偿中，还有一种损失数额的计算问题，就是对其他财产利益损失的推算问题。

（1）参照侵权人在侵权期间因侵权而获得的财产利益数额。

侵权人因侵权行为所获得的利益，是不法所得，可视为受害人所受到的损失。计算出侵权人侵权期间的非法所得，即可确定赔偿金数额。其计算公式是：

$$W=A\times(P-C)$$

其中，W是所获利益额，A是侵权人在侵权期间的生产、经营总量，P为单位产品或服务的价格，C是单位产品或服务的成本。依此公式，可计算出侵权期间侵权人所获得的不法利益，推定其为受害人的财产利益损失额，依此确定赔偿数额。

（2）参照受害人在被侵权期间可得利益的损失数额。

在生产、经营者的其他财产利益受到侵害时，这种可得利益的损失较为明显，很容易计算。实际上，这种损失就是受害人在侵权期间受到的财产不利益。其计算公式是：

$$W=(P-C)\times(A_1-A_2)$$

其中，W是损失数额，P是单位产品或服务的价格，C是单位产品或服务的成本，A_1是在侵权期间受害人应生产、经营的总量，A_2是在侵权期间受害人实际的生产、经营总量。依此计算出的W，实际上就是赔偿数额。

五、财产损害赔偿的方法

（一）折价赔偿

严格地说，折价赔偿是当受损害实物不能恢复原状、返还原物时，将物所遭受的损害折合成现金，以金钱予以赔偿。在复杂的财产损害面前，如果只从字面上进行理解，就不能涵括所有的财产损害赔偿问题，故而必须扩展其内容，使其能够包括所有的财产损害赔偿。

折价赔偿应当被理解为金钱赔偿，这样，不仅可以概括实物损害的金钱赔偿，也能够概括各种财产利益损失的赔偿问题，将财产利益折合成金钱，以金钱予以赔偿。

折价赔偿的关键，是对损失的计算。对于财产损害的直接损失和间接损失，按照计算方法计算出实际损失数额以后，以金钱全部赔偿，即补偿了受害人的财物损害。

【拓展阅读】

对于其他财产利益的损失如何折价赔偿，可以根据财产利益损失的具体情况和性质，确定其是直接损失还是间接损失，分别按照直接损失和间接损失的计算方法计算损失数额，予以金钱赔偿。例如，侵害债权，损失的财产利益一般是预期利益，可以视为间接损失，按照计算、赔偿间接损失的办法计算、赔偿。侵害地役权，使地上工作物受到损害的，则按计算、赔偿直接损失的方法计算、赔偿。某些财产利益损害既不是直接损失，又不是间接损失的，可以采用估算方法，确定一个概略的财产利益损失数额，依此予以赔偿。例如，对相邻权的侵害多表现为建筑物遮挡相邻人的阳光或影响通风，这种财产利益损害就既不是直接损失也不是间接损失，不能用前述方法计算损失数额，只能够估算损失数额，以金钱赔偿。

在折价赔偿中，还有一个重要问题是如何确定法定利率。

货币可以产生孳息。当侵占货币等侵权行为发生时，货币的法定孳息就是该财产侵害的间接损失。计算这种间接损失，关键是确定法定利率。法定利率实际上就相当于前述计算公式中的“单位时间增值效益”，是确定侵占货币造成的间接损失的一个关键的量，应当有一个准确的规定。

所谓法定利率，是指法律规定的货币借贷利率。它也适用于类似货币借贷的其他货币支付场合，在当事人双方对于货币借贷等没有约定利率的情况下适用。《民法典》没有关于法定利率的规定，因而在确定侵占货币或者其他侵害财产场合，需要按照货币利息计算，确定间接损失时，没有法定利率可依循。对此，可以按照最高人民法院《关于审理民间借贷案件适用法律若干问题的规定》确定的“一年期贷款市场报价利率4倍”的标准，即中国人民银行授权全国银行间同业拆借中心自2019年8月20日起每月发布的一年期贷款市场报价利率，计算法定利率。

（二）实物赔偿

用实物赔偿，简便易行，只要是用同种类、同等质量的实物赔偿，就达到了全部赔偿的目的。所要注意的是，被侵害的财产，一般多为已经使用过的物品，有折旧的问题。而赔偿的实物，往往是新购置的种类物，故在赔偿的时候，有时会出现赔偿范围过大的情况。在这种情况下，应当考虑这种因素，按照受损坏物品的实际折旧，计算出其中的差价，由侵权人按照差价赔偿，比较公平合理。如果双方争议过大，一般就不考虑实物赔偿的办法，而采用折价赔偿的方法。因此，实物赔偿的办法在调解中采用得较多，在判决中采用得并不多。

【引例评析】

本节引例“借口鉴定真伪侵占他人珍贵邮票”案是典型的侵占财产的侵权行为。值得注意的是，在这个案件中，原告起诉的案由是借用返还原物纠纷。法院经过研究，确认其法律关系的性质不是借用，而是侵占财产，属于侵权行为。对于侵占的侵权行为，首先应当判决返还原物，返还原物不能的，判决予以赔偿，故法院首先是判决返还原物，如果不能返还原物，由于侵占的是珍贵邮票，应当判决侵占人即叶某按照高于市场价的数额，承担赔偿责任。

第二节　人身权益财产利益损害赔偿

引例　“某家私有限公司使用演员黄某肖像宣传产品”案

某家私有限公司在其微信公众号发表题为《老腊肉黄某逆袭记》的文章，使用影视演员黄某的九张照片，照片后载有文字内容：“不仅人能成功逆袭，家具也能……”后附多张家具图片。文章尾部有该公司的宣传图片。该文章的阅读数为905，点赞数为5。黄某向法院起诉，请求某家私有限公司公开赔礼道歉并赔偿损失。

一、人身权益财产利益损害赔偿的确定方法

《民法典》第993条规定了公开权，即："民事主体可以将自己的姓名、名称、肖像等许可他人使用，但是依照法律规定或者根据其性质不得许可的除外。"第1182条与这一条文相对应，规定了侵害公开权造成财产损失的赔偿规则："侵害他人人身权益造成财产损失的，按照被侵权人因此受到的损失或者侵权人因此获得的利益赔偿；被侵权人因此受到的损失以及侵权人因此获得的利益难以确定，被侵权人和侵权人就赔偿数额协商不一致，向人民法院提起诉讼的，由人民法院根据实际情况确定赔偿数额。"

对于这一条规定，有不同见解。有的认为，这是规定所有的侵害人身权益造成财产利益损害的赔偿规则，包括：一是侵害他人生命、健康、身体等权益造成财产损失的赔偿；二是侵害他人名誉权、荣誉权、姓名权、肖像权和隐私权等人身权益造成的财产损失的赔偿。[①] 有的认为这是对侵害公开权造成财产损失的赔偿规则。[②] 其实，对于侵害物质性人格权的财产损失赔偿，《民法典》第1179条和第1180条已经规定了，不必再由第1182条规定。第1182条规定的侵害人身权益造成财产损失，按照被侵权人受到的损失予以赔偿，就是侵害公开权的损害赔偿。

公开权是指民事主体，包括自然人、法人和非法人组织，对其具有一定声誉或吸引力的人格标识利益进行商业化利用并享有财产利益的权利，属于抽象人格权的范畴。

公开权保护的是能够被商业化开发的人格利益。民事主体对自己的姓名、名称、肖像、信用、名誉、隐私、声音、形象等人格标识进行支配、利用，以主体的人格的独立性、完整性与不可侵犯性为基础，同时也是为了使自身的价值得到充分的发挥。对人的姓名、肖像等人格利益的商业化使用的保护，正是衍生于对人格利益的保护。自然人会因其姓名或肖像被用于商业用途而感到窘迫和羞辱，会因他们的姓名或肖像被投入商业用途却未得到任何报酬而感到愤怒，因而法律才将一个人控制其姓名或肖像的商业化利用的权利称为公开权。同时，被商业化利用的人格标识与人格的社会评价密不可分，例如知名人物的声音、形体、习惯性动作等，之所以可能成为商业化利用的对象，并非因为上述形象因素本身的艺术美感，而是因为消费者对依附于其上的知名人物的社会影响力所产生的信赖。对于这样的人格利益的损害，必然造成被侵权人的财产利益的损害，其理应得到侵权法的保护，获得财产损害赔偿。这正是《民法典》第1182条规定的理论基础。

这些被侵害的人格利益都是人格权中包含的精神性人格利益。对这些人格利益进行

---

① 参见黄薇主编：《中华人民共和国民法典侵权责任编释义》，54、55页，北京，法律出版社，2020。

② 参见杨立新、李怡雯：《中国民法典新规则要点》，修订版，14页，北京，法律出版社，2021。

商业化利用，会产生财产利益，该利益应当归属于权利人本人。他人未经权利人同意而将权利人的姓名、名称、肖像、隐私、个人信息等人格利益予以公开，就侵害了权利人的人格权，使权利人本人的人格利益受到损害并造成财产利益损害，故侵权人应当承担赔偿责任，赔偿权利人受到的财产损失。

二、人身权益财产利益损害的赔偿方法

(一) 三种基本的赔偿方法

对计算侵害人身权益造成的财产利益损失，《民法典》第 1182 条规定的基本赔偿方法包括如下几种。

1. 按照被侵权人受到的损失赔偿

侵害他人的人身权益造成财产利益损害的，如果其财产利益损害是能够计算的，则应当按照被侵权人因此受到的损失进行赔偿。例如，侵害名称权，造成了被侵权的法人或者非法人组织的财产利益损失，包括直接损失和间接损失，则对于这些损失都应当予以赔偿。被侵权人在被侵权期间因被侵权所受到的损失，包括（1）人身权益受到侵害造成的财产利益的直接损失，例如，对某公司的信用权进行损害，导致大批客户退货；（2）侵害自然人的人身自由权导致损失的劳动收入和劳动报酬等；（3）被侵权人为制止侵权行为所支付的合理开支。其计算方法，应当参照财产损害的一般计算方法。

2. 按照侵权人获得的利益进行赔偿

侵害他人的人格权益造成的财产损失如果难以确定，无法计算财产利益的损失数额的，则应当按照侵权人因此获得的利益进行赔偿。例如，侵害姓名权、肖像权、隐私权以及形象利益等，被侵权人的损失无法计算，但侵权人非法利用他人的姓名、肖像、隐私、形象等做广告，因而获得了财产上的收益，应当按照侵权人获得的财产收益确定赔偿责任，进行赔偿。

3. 根据实际损害情况进行赔偿

侵害他人人格权益造成的财产损失不仅难以确定，无法按照前述两种方法计算损失数额进行赔偿，而且被侵权人和侵权人就损害数额协商不一致，向人民法院起诉的，由人民法院根据实际情况确定赔偿数额。这种酌定的赔偿方法，是人民法院按照被侵权人的人格权益所受实际损害，以及侵权人实施侵权行为的实际情况进行斟酌，确定一个适中的损失数额进行赔偿。

(二) 赔偿方法的选择权

侵害公开权造成财产利益损失的赔偿方法，按照原《侵权责任法》第 20 条的规定，是有顺序的，即：一是被侵权人因此受到实际财产损失的，按照实际受到的损失承担赔偿责任；二是被侵权人的损失难以确定，侵权人因此获得利益的，按照其所获得的利益承担赔偿责任；三是侵权人因此获得的利益难以确定，双方当事人可以进行协商，按照协商一致的方法确定赔偿责任；被侵权人和侵权人就赔偿数额协商不一致，向人民法院提起诉讼的，由人民法院根据实际情况确定赔偿数额。

《民法典》第1182条对此作了改变，即：一是侵害他人人身权益造成财产损失的，按照被侵权人因此受到的损失或者侵权人因此获得的利益赔偿；二是被侵权人因此受到的损失以及侵权人因此获得的利益难以确定，被侵权人和侵权人就赔偿数额协商不一致，向人民法院提起诉讼的，由人民法院根据实际情况确定赔偿数额。

这一新的赔偿方法与原《侵权责任法》第20条规定的相比，区别在于：第一，将计算方法的三个顺序改为两个层次，降低了复杂程度。第二，将被侵权人因此受到的实际损失和侵权人因此获得的利益并列在一起，由原来的先后顺位关系，改为由权利人进行选择的关系：究竟是选择依前一种方法还是选择依后一种方法计算损失数额，被侵权人有选择权，可以根据自己的利益作出选择，而不是由侵权人进行选择。这是《民法典》第1182条修改原《侵权责任法》第20条规定的关键之处。侵害他人人身权益，例如将他人的肖像非法使用，可能会使被侵权人受到财产上的损失，也可能会使侵权人获得利益，两种计算方法的计算结果并不相同，尤其是前一种不容易计算。按照原《侵权责任法》第20条的规定，首先按照第一种方法计算并赔偿；被侵权人的损失难以确定，才按照侵权人因此获得的利益计算并赔偿。按照《民法典》第1182条的规定，选择权被赋予被侵权人，由被侵权人选择，用哪种方法计算对自己有利，就可以选择哪种方法计算。这样就能够保障被侵权人的合法权益，并且使侵权人不能因侵权行为获得非法利益。

【引例分析】

本节引例“某家私有限公司使用演员黄某肖像宣传产品”案中的原告即黄某，是知名影视演员，其肖像具有商业化利用价值。该家私有限公司的宣传行为涉及侵犯黄某肖像公开使用的公开权；进行商品宣传推广，侵害了人身权益中的财产权益，造成损失，该公司应当赔偿损失等。依照《民法典》第1182条，该公司应当按照被侵权人因此受到的损失或者侵权人因此获得的利益赔偿。

【问题与思考】

1. 财产损害和财产损害赔偿的概念、特征是什么？
2. 直接损失和间接损失的区别是什么？
3. 结合第一节引例“借口鉴定真伪侵占他人珍贵邮票”案，讨论财产损害赔偿的基本方法。
4. 对侵害人身权益造成财产利益损害的赔偿应当怎样理解？
5. 结合第二节引例“某家私有限公司使用演员黄某肖像宣传产品”案，讨论侵害人身权益造成财产利益损害的赔偿方法。

图书在版编目（CIP）数据

侵权责任法原理与案例教程/杨立新著. --4版. --北京：中国人民大学出版社，2022.9
21世纪法学系列教材/曾宪义，王利明总主编
ISBN 978-7-300-30877-7

Ⅰ.①侵… Ⅱ.①杨… Ⅲ.①侵权行为—民法—中国—高等学校—教材 Ⅳ.①D923

中国版本图书馆CIP数据核字（2022）第145481号

21世纪法学系列教材
总主编 曾宪义 王利明
侵权责任法原理与案例教程（第四版）
杨立新 著
Qinquanzerenfa Yuanli yu Anli Jiaocheng

出版发行	中国人民大学出版社		
社　　址	北京中关村大街31号	**邮政编码**	100080
电　　话	010-62511242（总编室）		010-62511770（质管部）
	010-82501766（邮购部）		010-62514148（门市部）
	010-62515195（发行公司）		010-62515275（盗版举报）
网　　址	http://www.crup.com.cn		
经　　销	新华书店		
印　　刷	天津鑫丰华印务有限公司	**版　　次**	2008年1月第1版
规　　格	185 mm×260 mm　16开本		2022年9月第4版
印　　张	26.25插页1	**印　　次**	2022年9月第1次印刷
字　　数	610 000	**定　　价**	68.00元

《　　　　　　　》※任课教师调查问卷

为了能更好地为您提供优秀的教材及良好的服务，也为了进一步提高我社法学教材出版的质量，希望您能协助我们完成本次小问卷，完成后您可以在我社网站中选择与您教学相关的1本教材作为今后的备选教材，我们会及时为您邮寄送达！如果您不方便邮寄，也可以申请加入我社的**法学教师QQ群：436438859（申请时请注明法学教师）**，然后下载本问卷填写，并发往我们指定的邮箱（cruplaw@163.com）。

邮寄地址：北京市海淀区中关村大街31号中国人民大学出版社806室收

邮　　编：100080

再次感谢您在百忙中抽出时间为我们填写这份调查问卷，您的举手之劳，将使我们获益匪浅！

基本信息及联系方式：※

姓名：__________ 性别：__________ 课程：________________

任教学校：____________________ 院系（所）：________________

邮寄地址：____________________ 邮编：________________

电话（办公）：__________ 手机：__________ 电子邮件：__________

调查问卷：※

1. 您认为图书的哪类特性对您选用教材最有影响力？（　　）（可多选，按重要性排序）

   A. 各级规划教材、获奖教材　　B. 知名作者教材

   C. 完善的配套资源　　D. 自编教材

   E. 行政命令

2. 在教材配套资源中，您最需要哪些？（　　）（可多选，按重要性排序）

   A. 电子教案　　B. 教学案例

   C. 教学视频　　D. 配套习题、模拟试卷

3. 您对于本书的评价如何？（　　）

   A. 该书目前仍符合教学要求，表现不错将继续采用。

   B. 该书的配套资源需要改进，才会继续使用。

   C. 该书需要在内容或实例更新再版后才能满足我的教学，才会继续使用。

   D. 该书与同类教材差距很大，不准备继续采用了。

4. 从您的教学出发，谈谈对本书的改进建议：________________

____

____

选题征集：如果您有好的选题或出版需求，欢迎您联系我们：

联系人：黄　强/宁丹丽　联系电话：010-62515955/5536

索取样书：书名：________________________________

书号：____________________________________

备注：※为必填项。